U0642370

Political economics

政治经济学

（第四版）

主编　马伯钧　余新民

中南大学出版社

www.csupress.com.cn

图书在版编目(CIP)数据

政治经济学/马伯钧,余新民主编.—4 版.
—长沙:中南大学出版社,2013.7
ISBN 978-7-5487-0909-1

Ⅰ.政...　Ⅱ.①马...②余...　Ⅲ.政治经济学-高等学校-
教材　Ⅳ.F0

中国版本图书馆 CIP 数据核字(2013)第 154945 号

政治经济学

马伯钧　余新民　主编

□责任编辑	陈雪萍		
□责任印制	易建国		
□出版发行	中南大学出版社		
	社址:长沙市麓山南路		邮编:410083
	发行科电话:0731-88876770		传真:0731-88710482
□印　　装	长沙鸿和印务有限公司		

□开　　本	787×960 1/16　□印张 27　□字数 554 千字		
□版　　次	2013 年 8 月第 4 版　□2016 年 1 月第 4 次印刷		
□书　　号	ISBN 978-7-5487-0909-1		
□定　　价	46.00 元		

图书出现印装问题,请与经销商调换

高等院校经济、管理类专业"十一五"规划教材编委会

编委会主任： 王耀中（长沙理工大学党委书记、教授、博导）
田银华（湖南科技大学校长、教授、博导）

编委会副主任： 曾福生（湖南农业大学副校长、教授、博导）
赵　敏（吉首大学副校长、教授）

编　　　委：（按姓氏笔画排序）
马伯钧（湖南师范大学商学院教授、博导）
王涛生（湖南涉外经济学院商学院院长、教授）
邓德胜（中南林业科技大学商学院院长、教授）
叶　泽（长沙理工大学副校长、教授）
刘天祥（湖南商学院经济与贸易学院院长、教授）
刘友金（湖南科技大学副校长、教授）
朱开悉（湖南商学院会计学院院长、教授）
许　鹏（湖南大学金融与统计学院教授、博导）
匡　钰（湖南工学院经济与管理副教授）
李明贤（湖南农业大学经济学院院长、教授、博导）
张亚斌（湖南大学经济与贸易学院院长、教授、博导）
邹新月（湖南科技大学公共管理学院院长、教授）
邹安全（长沙学院工商管理系主任、教授）
冷志明（吉首大学商学院院长、教授）
肖东生（南华大学经济管理学院院长、教授）
陆远如（湖南商学院北津学院院长、研究员）
汤腊梅（湖南城市学院商学院院长、教授）
宋继权（怀化学院经济学系主任、副教授）
杨胜刚（湖南大学金融与统计学院院长、教授、博导）
欧绍华（湖南工业大学商学院院长、教授）
周发明（湖南人文科技学院副院长、教授）
易伟义（湖南工程学院经济管理学院院长、教授）
胡振华（中南大学商学院党总支书记、教授、博导）
柳思维（湖南商学院经济管理研究所所长、教授、博导）
袁　凌（湖南大学工商管理学院副院长、教授、博导）
黄福华（湖南商学院工商管理学院院长、教授）
楚尔鸣（湘潭大学商学院院长、教授、博导）
颜爱民（中南大学商学院教授）
薛　姝（湖南城市学院城市管理学院院长、教授）

总　序

　　21 世纪的中国高等教育蕴含着一系列的突破与创新，其中教材的创新即是重点之一。湖南省高等院校经济、管理类专业"十一五"规划教材，是在湖南省"九五"、"十五"规划立项教材建设的基础上，面向 21 世纪而推出的一套容量大、体例新、质量精、系统性强、适应面广的全新系列规划教材。它既汇聚了我省过去十多年来在经济管理类教材建设中所取得的主要成果，又代表了我省在新时期积极探索教材改革与创新的最新发展趋势。

　　该系列教材拟推出共 28 本，包括：政治经济学、微观经济学、宏观经济学、管理学、市场营销学、会计学、统计学、国际贸易理论与实务、国际金融学、货币金融学、财政学、管理信息系统、财务管理学、现代企业管理、技术经济学、管理经济学、国际经济学、电子商务概论、投资学、保险学、企业战略管理、生产与运作管理、人力资源管理、项目管理、现代企业物流管理、供应链管理、市场调研、组织行为学等。这套系列教材基本上涵盖了经济管理类各专业的核心课程，成为一个具有可塑性的核心教材库，可供经济管理类各专业各层次根据学生的专业培养目标进行挑选和组合。在我的印象中，如此浩大而具有系统的教材建设工程，在我省尚无先例。

　　参加该系列教材建设的单位包括中南大学、湖南大学、湘潭大学、湖南师范大学、湖南农业大学、长沙理工大学、湖南科技大学、湖南商学院、南华大学、吉首大学、湖南城市学院、长沙学院、湖南工程学院等十多所省内著名高校。编写委员会的主要成员都是来自于这些高校且在省内外有重要影响的经济学、管理学专家，他们不仅在所属学科研究领域具有权威性，而且对教学和教材编写的组织管理颇具经验。所有参编人员均有长期从事经济学和管理学教学的丰富实践基础，他们既深知我国高等教育的发展现状，又了解本学科教与学的具体要求。毫无疑问，该系列教材的面世，既是我省多所著名高校携手合作的结果，也是来自于经济学、管理学教学与科研前沿和一线的众多教授和专家集体智慧的结晶。

　　该系列教材编写的指导思想是：以培养学生的综合素质为主，贯彻经济学、管理学学科研究与教学的最新思想，遵循学科自身发展规律和教育规律，以教育部颁布的教学大纲为指导并结合学术发展的最新成果，编写出切合社会发展实际和高等教育需要的，具有科学性、前瞻性、启发性，低起点、高出点的真正好学、好教，有利于学生创造性地掌握学科知识并在此基础上形成自己创新思维的高等教育教材，以推动我省高等财经教育事业的蓬勃发展。

　　我们诚恳地希望各界同仁及省内外广大教师关注并支持这套教材的建设，及时将教材使用过程中遇到的问题和改进意见反馈给我们，以供修订时参考。

王耀中

2003 年 7 月

第一版前言

　　政治经济学有悠久的历史，有深厚的学术沉淀，有汗牛充栋的著作和教材，但政治经济学教材必须不断更新。因为社会经济生活和经济体制在不断地变化，作为大学生书本知识基本来源的教材，必须反映变化了的现实，适应现实的需要，为现实服务；必须告诉大学生对社会和人生有用的知识。同时，古老的经济理论发展到今天，正处在一个创新和更新的浪潮期，政治经济学教材必须及时系统地反映理论创新的成果，把最新的学科前沿知识告诉大学生。另外，各种政治经济学教材如雨后春笋般涌现，说明原有教材总有某些不完善的地方和不恰当的内容；说明教材在学科建设中具有重要地位和重大价值；说明好教材有重大的社会影响和社会作用，有巨大的市场需求和市场价值。好教材甚至比专著更重要。好教材是一种不朽的事业。

　　教材难写。政治经济学教材更难写。我们力图奉献给读者一本好教材。这本政治经济学教材具有以下几个特点：

　　一是坚持和发展相统一。坚持对现实具有解释能力和指导作用的政治经济学的基本原理，毫不动摇。写法上删繁就简，通俗易懂。对理论界公认的创新成果，如劳动价值论的新发展、资本和地租的一般和特殊、按生产要素分配、"走出去"战略、新型工业化、全面建设小康社会等都有简要的论述。

　　二是系统完整性和突出重点相统一。内容的系统完整性主要体现在，无论是资本主义部分，还是社会主义部分，都设置了生产、交换、分配和消费的专门章节，同时突出了市场化和经济全球化的内容。这主要体现在资本主义部分突出和强调对市场经济一般的相关理论的阐述，社会主义部分突出和强调现代企业制度、现代市场体系、分配、社会保障、宏观经济调控等社会主义市场经济体制基本框架或五大支柱内容的阐述。资本主义部分和社会主义部分还突出了对经济国际化和经济全球化内容的阐述。

　　三是坚持理论和实践相结合。本书不是纯理论的叙述，也不是纯材料的堆积，而是用大量的历史材料和现实材料来讲述基本理论，使本教材的观点建立在严密的理论推导、自然的逻辑延伸和坚硬的事实证明相结合的基础上，具有实实在在的特点。

四是本书具有较大的包容性和广泛的适用性。我们力图用人类经济知识的总和来展开教材内容的阐述。我们力图弘扬实事求是、追求科学、追求真理、与时俱进的科学精神，只要是今天用得着的科学真理，我们就兼收并蓄。本书篇幅适中，资本主义部分和社会主义部分各设九章，两大板块大体相当，适合作为各种层次、各种类型、各种专业的政治经济学教材，特别适合作为经济类、管理类专业的政治经济学教材。

五是本书的作者群是湖南省主要大学长期从事政治经济学专业课教学的正教授和副教授，档次较高，教学经验丰富，主编和参编过多部政治经济学教材。我们力图吸收已有的各种版本的政治经济学教材的精华，结合实践的新发展和理论的新进展，立足于建设中国特色社会主义的现实，面向世界，面向未来，写出高水平的教材。

本书选题由中南大学出版社策划，最初由湖南商学院副院长黄河教授任主编，并写出了初步的编写大纲。黄河教授在美国调研时不幸因车祸去世，令人惋惜。中南大学出版社邀请我和曾伏秋、余新民、田官平共同负责。我们同作者们在中南大学开会讨论，对原写作大纲进行了大的修改和调整，增加了作者，明确了分工。我审读了作者们写出的教材初稿，并提出了修改意见，有的还作了一些修改。由于 2003 年夏天超常炎热，长沙以外的作者的初稿由我作了部分修改。最后由我统一修改定稿。

本书写作的分工是：第一章，湖南商学院曾伏秋副教授；第二章和第十一章，湖南商学院谭军良副教授；第三章和第十八章，湘潭大学余新民副教授；第四章和第五章，湖南大学余传贵副教授；第六章和第十四章，中南大学袁乐平副教授、博士生，湖南经济干部管理学院曾咏梅硕士；第七章，湘潭大学莫小芳讲师、硕士；第八章，吉首大学田官平教授；第九章，湖南师范大学刘乐山副教授、博士生；第十章，湖南师范大学李兴国副教授、陈艳硕士；第十二章和第十五章，湖南师范大学马伯钧教授；第十三章和第十六章，湖南师范大学易辉煌副教授，湖南商学院吴明育讲师写了第十三章的一部分；第十七章，吉首大学龙祖坤讲师。

中南大学出版社的领导对本教材的写作、编辑和出版十分重视和关心，中南大学出版社的编辑彭达升、陈雪萍、谭晓萍三位同志为此书的出版付出了大量辛勤劳动，谨向他们表示谢意。

马伯钧

2003 年 8 月于湖南师范大学景德村

第四版前言

　　这本《政治经济学》教材自 2003 年初版到现在 2013 年的第四版，已经整整 10 周年了。"十年磨一剑"、"十年树人"等广为流传的用语说明，凡要做好一件事情，都是需要时间打磨的；反之，事情是否做好了，也需要用最权威的时间来裁判、来证明。要写出好的教材，也是需要时间打磨的，更需要用时间来证明。

　　10 年来，我们根据自己的教学实践，根据经济理论研究的新进展，根据中国经济和世界经济的新变化，根据我们对经济理论和实践认识的深化，不断对这本《政治经济学》教材进行修改完善，不断提高教材的档次和水平。2005 年，该书第一版获中南地区大学出版社协会"优秀畅销书奖"；2008 年，该书第二版获湖南省第九届哲学社会科学优秀成果三等奖，获评全国普通高等教育"十一五"国家级规划教材；2009 年，该书第三版获评中国大学出版社协会图书奖首届优秀教材一等奖；2010 年获湖南师范大学高等教育教学成果二等奖。已有的成绩只是进一步前进的新起点。没有最好，只有更好。我们期望这本《政治经济学》教材与时代同行，受到越来越多的使用者的欢迎。

　　此次修订历时半年。此次修订根据中国共产党第十八次全国代表大会的精神，先由各位作者根据主编马伯钧教授的意见进行修改，再由马伯钧教授逐章修改定稿。教材内容的修改主要有三个方面：一是教材各章，特别是社会主义经济部分的各章，全面阐述和体现了党的"十八大"关于"全面建成小康社会"、"加快完善社会主义市场经济体制和加快转变经济发展方式"、"改善民生"、"大力推进生态文明建设"、"坚定不移沿着中国特色社会主义道路前进"等新的理论观点；二是对教材各章的观点的论述进行了大量的改写，改进了教材的叙述方法和叙述风格；三是消费越来越重要，增设了"社会主义消费关系"一章。

　　第四版修订的分工是，第一章、第二章、第十二章和第十六章，湖南师范大学商学院马伯钧教授、博士生导师；第三章、第五章和第十九章，湘潭大学商学院余新民教授；第四章和第九章，湖南商学院刘乐山博士、教授；第六章和第十四章，中南大学商学院袁乐平教授、博士生导师；第七章和第十八章，湘潭大学商学院潘志强博士、副教授；第八章，湖南师范大学商学院唐强松讲师；第十章，湖南师范大学商学院李兴国副教授、长沙学院陈艳副教授；第十一章和第十三章，湖南师范大学商学院李君华博士、副教授；第十五章和第十七章，湖南师范大学商学院邝小文博士、讲师。

　　10 年过去了，又是新的开始。

　　中南大学出版社陈雪萍副编审对第四版很重视，不辞辛劳，特致谢忱。

马伯钧

2013 年 7 月于湖南师范大学上游村

目　录

第一章 导 论

本章主要分析政治经济学的形成和发展，政治经济学的研究对象、研究目的和研究方法，以及学习政治经济学的意义和方法。

第一节 政治经济学的形成和发展

一、政治经济学的由来和发展

（一）"经济"一词的由来和含义

"经济"一词来源于古希腊语，是家庭经济和规律两个词的组合，原意是奴隶主家庭生产和消费的经济管理。在西方，古希腊经济学家色诺芬在其著作《经济论》中最早使用"经济"一词。

古汉语中也有"经济"一词，最早见于隋人王通的著作《文中子·礼乐篇》中的"皆有经济之道"，但含义与古希腊语不同，原意是经邦济世、经国济民，意为治理国家、拯救庶民，与今天的"政治"一词含义接近。如对联"文章西汉双司马，经济南阳一卧龙"，李白诗《嘲鲁儒》"鲁叟谈五经，白发死章句，问以经济策，茫如坠烟雾"等皆为此意。

近代中国的严复在翻译西方文献时，将今天的"经济"一词译为计学、生计学。19 世纪日本学者在翻译西方著作中的 economy 一词时，借用古汉语的"经济"一词，译成现代"经济"一词的含义。20 世纪初，我国接受日本译法，将 economy 统一译作经济。总之，"经济"一词的名称是古汉语的，但译名和含义是外来的。

现代用语中的"经济"一词，大体有七种含义。一是指社会经济关系或社会经济制度，如资本主义经济、社会主义经济。二是指经济活动方式，如自然经济、商品经济。三是指资源配置方式，如市场经济、计划经济。四是指生产、交换、分配、消费的经济活动，如分配经济、消费经济。五是指一个国家的国民经济部门或国民经济总体，如农业经济、工业经济、知识经济。六是指日常生活中的节约、节省及家庭收支状况，或指有行贿受贿及贪污的经济问题等。七是指经济活动或经济关系的范围，如微观经济、宏观经济。

（二）经济学的由来、含义和分类

经济学是在奴隶社会出现的。色诺芬（约公元前 430 ~ 公元前 354 年）的《经济论》的问世，表明西方开始出现经济学。古代西方奴隶制时代的经济学，以色诺芬、柏拉图、亚里士多德为代表；封建社会西方以阿奎那为代表，中国、印度、埃及也提出过许多闪光的经济思想。但古代世界的经济学，还没有形成一门独立的学科。

经济学的古希腊语含义是关于奴隶主家庭经济管理的学问。今天的含义是研究物质资料生产、交换、分配和消费等经济活动和经济关系规律及其应用的科学的总称。也可以说是研究一个社会如何利用稀缺资源生产人们需要的各种商品，并把商品分配给社会成员以供消费之用的学科。其中，资源稀缺是经济学分析的前提，选择行为是分析的对象，资源有效配置是分析的中心目标，可持续发展是分析的基本要求。

经济学发展到今天，其学科门类已发展成为一个庞大的家族，已有定论的经济学学科就有100多个。从总体上看，经济学大体上可以分为四大部分：一是理论经济学，如政治经济学、西方经济学、国际经济学。二是应用经济学，如货币银行学、产业经济学、会计学。三是历史性经济学，如经济史和经济思想史。四是数量经济学，如数理经济学、经济数学、经济统计学和经济计量学等。

（三）政治经济学的由来和发展

"政治经济学"一词是在17世纪初出现的。法国重商主义者安·德·蒙克莱田（1575—1622年）1615年在其《献给国王和王后的政治经济学》一书中首先使用"政治经济学"这一概念。他以"政治经济学"为书名，说明他论述的经济问题已超出了家庭经济的范围，是对国家或社会经济问题的研究。有一种观点认为政治经济学是一门既研究经济又研究政治的学科。这种观点是不对的。因为政治经济学中的"政治"一词的含义同今天的"政治"一词的含义不同，它的含义是"社会的"或"国家的"意思，因此，政治经济学是研究整个社会经济问题的学科。资产阶级经济学家大卫·李嘉图、萨伊、约翰·穆勒等写的经济学著作都用过"政治经济学"的名称。后来的西方经济学家将"政治经济学"改称为"经济学"，并沿用至今。

依据不同的标准，可将政治经济学划分为不同的类型。如根据阶级标准，可将政治经济学划分为资产阶级政治经济学和无产阶级政治经济学两大类。

政治经济学作为一门独立的学科，是随着资本主义生产方式的产生和发展而逐步形成的。14～15世纪，随着商业特别是对外贸易的发展，出现了重商主义思想。重商主义是资产阶级最初的经济学说。它把研究范围局限在流通领域，认为金银是财富的唯一形式，对外贸易是财富的真正源泉。资产阶级政治经济学以重商主义为前史，分为资产阶级古典政治经济学、资产阶级庸俗政治经济学、小资产阶级政治经济学和当代西方经济学。资产阶级古典政治经济学是现代经济学的开始。资产阶级古典政治经济学由威廉·配第创始，亚当·斯密集大成，大卫·李嘉图最后完成。古典经济学将研究对象从流通领域转向了生产领域，对资本主义生产方式的内在联系进行了较为客观的探索，奠定了劳动价值论的基础，因而有一定的科学性。资产阶级庸俗政治经济学以萨伊、马尔萨斯、西尼尔、巴师夏、庞巴维克、克拉克等为代表，是为资本主义辩护的经济学说。小资产阶级政治经济学以西斯蒙第和蒲鲁东等为代表。当代西方经济学以马歇尔、凯恩斯、萨缪尔森、斯蒂格利茨、弗里德曼、哈耶克等为主要代表。资产阶级经济学划时代的著作是亚当·斯密的《国民财富的性质和原因的研究》和约翰·梅纳德·凯恩斯的《就业利息和货币通论》，最权威的教科书是阿弗里德·马歇尔的《经济学原理》、约翰·穆勒的《政治经济学原理》和保罗·A·萨缪尔森的《经济学》。

　　无产阶级政治经济学包括空想社会主义政治经济学和马克思主义政治经济学。空想社会主义政治经济学以圣西门、傅立叶、欧文为主要代表。马克思主义政治经济学以马克思、恩格斯、列宁、斯大林、毛泽东、邓小平为主要代表。马克思主义政治经济学分为原理、原著、学说史三个方面。马克思主义政治经济学划时代的著作是卡尔·马克思的《资本论》。马克思主义政治经济学原理又分为资本主义和社会主义两大部分。本书主要阐述马克思主义政治经济学资本主义部分和社会主义部分的基本原理。

　　根据研究对象的范围，可将政治经济学分为广义政治经济学和狭义政治经济学。狭义政治经济学是只研究一个社会的生产关系及其发展规律的科学，广义政治经济学是研究各种社会生产关系及其发展规律的科学。恩格斯曾把只研究资本主义生产关系及其运动规律的政治经济学称为狭义政治经济学，认为广义政治经济学尚待创造。

　　马克思主义政治经济学是研究生产关系及其发展规律的科学。对生产关系的研究不应局限在对生产关系的本质及规律的研究，还应重视对经济体制和经济运行机制的研究，重视对资源配置的研究。

二、马克思主义政治经济学的创立和发展

（一）马克思主义政治经济学创立的历史背景和理论来源

　　马克思主义政治经济学是在 19 世纪中叶创立的。这是时代的客观要求，是具有客观必然性的重大事件。

　　首先，资本主义生产方式的确立和发展，使马克思主义政治经济学产生成为可能。从 18 世纪末到 19 世纪中叶，英、法、德、美等国相继完成了产业革命，使资本主义生产方式最终确立和走向成熟，使资本主义本身具有的各种矛盾日益显露。这为研究资本主义生产方式的内在本质和运动规律及发展趋势提供了充分条件，使马克思主义政治经济学的产生成为可能。

　　其次，无产阶级作为独立的政治力量登上了历史舞台，使马克思主义政治经济学产生成为必要。随着资本主义生产方式的确立和发展，无产阶级已不再是依附于资产阶级的反封建力量，而是作为推翻资本主义生产方式的社会力量，作为独立的政治力量登上了历史

舞台。无产阶级和资产阶级的矛盾已发展成为社会的主要矛盾。无产阶级的革命斗争,无产阶级从"自在阶级"向"自为阶级"的转变,需要革命的经济理论的指导,使马克思主义政治经济学的产生成为必要。

第三,资产阶级古典政治经济学和空想社会主义经济学说,是马克思主义政治经济学产生的主要理论来源。资产阶级古典政治经济学,以亚当·斯密和大卫·李嘉图为主要代表,达到了触及资本主义生产方式本质的最高成就。空想社会主义以圣西门、傅立叶和欧文为代表,它是不成熟的无产阶级的不成熟意识的反映,它为马克思和恩格斯创立无产阶级政治经济学准备了思想资料。马克思、恩格斯批判地继承了前人的一切优秀文明成果,创立了马克思主义政治经济学,这是人类经济思想史上的一次伟大革命。

马克思的两个伟大发现,使社会主义从空想变成科学。马克思一生有两个伟大发现。一是发现了历史唯物主义。它科学地阐明了人类历史发展的一般规律,实现了人类社会历史观的根本变革,从一般规律的高度证明了资本主义不是从来就有的,也不是永恒不变和永远存在的。二是发现了剩余价值理论。它是马克思经济理论的基石。它发现了资本主义社会的特殊运动规律,实现了政治经济学的伟大变革。这两大发现,把人类社会发展的一般规律和资本主义社会发展的特殊规律结合起来,充分揭示了资本主义产生、发展的历史必然性和历史暂时性。围绕这两大发现,马克思主义政治经济学从批判资本主义旧世界中论述了社会主义和共产主义新世界的一系列基本原理,使社会主义从空想变成了科学,即社会主义已不再是人们头脑中的空想,而是资本主义发展的历史趋势。科学社会主义的根本任务已不再是设计理想社会的具体蓝图,而是从社会历史和社会经济的发展过程中,研究改造社会的条件,研究建设社会主义的实践、理论和政策。

(二)马克思主义政治经济学的发展

马克思主义政治经济学是开放和发展的理论,具有与时俱进的品格和强大的生命力。马克思主义政治经济学并没有穷尽真理,而是开辟了认识真理的道路。马克思主义政治经济学不是现成的教条,而是行动的指南,是进一步研究的出发点,是我们观察和分析社会经济现象的世界观和方法论。生活之树常青,社会实践在不断发展和变化,马克思主义政治经济学要与时俱进,在实践中接受检验,随实践的发展而不断发展。马克思主义政治经济学的发展也是通过批判地吸收各种经济理论流派的合理成分而实现的。

一个多世纪以来,一代又一代的马克思主义者,在坚持马克思主义政治经济学基本原理的同时,创造性地丰富和发展了马克思主义政治经济学。列宁、斯大林、毛泽东、邓小平是坚持和发展马克思主义政治经济学的伟大代表。

列宁根据资本主义发展的新变化和新特点,对垄断资本主义作出了全面深刻的科学分析,揭示了垄断资本主义的基本经济特征和经济实质,创立了垄断资本主义经济理论。同时,列宁通过对资本主义发展不平衡规律的深刻分析,得出了社会主义革命可能首先在一国或几国取得胜利的新结论,领导俄国工人阶级取得了"十月革命"的伟大胜利,开辟了社会主义革命和建设的新纪元。另外,列宁提出的关于社会主义建设的一系列基本原则,奠定了社会主义政治经济学的理论基础。

在列宁之后,斯大林在领导苏联社会主义建设过程中,阐述了社会主义建设中的许多重大理论问题,如首次明确提出社会主义基本经济规律理论,提出了"各尽所能,按劳分配"的社会主义公式等,为社会主义政治经济学的发展作出了新的贡献。

毛泽东把马克思主义普遍真理与中国的具体实际相结合,形成了伟大的毛泽东思想。毛泽东思想是马列主义同中国实际相结合而实现的第一次飞跃的理论成果。毛泽东首先提出了从中国国情出发的新民主主义经济理论,领导中国人民夺取了新民主主义革命的伟大胜利,在 20 世纪中期创建了新中国,把一个半殖民地半封建的旧中国变成了社会主义新中国。其次,毛泽东对中国建设社会主义的道路进行了艰苦探索,创立了有中国特色的社会主义改造思想,特别是开创了探索建设中国特色的社会主义道路的先河。

以邓小平为代表的中国共产党人,根据中国社会主义建设的实际和当代资本主义发展的新特点,创立了建设有中国特色的社会主义理论,实现了马列主义同中国实际相结合的第二次理论飞跃,开创了中国社会主义建设的新局面。邓小平理论是当代中国的马克思主义,是马克思主义在中国发展的新阶段。邓小平提出的社会主义市场经济论、社会主义本质论、社会主义初级阶段论、社会主义改革开放论、科学技术是第一生产力论、社会主义经济发展战略论等,都丰富和发展了马克思主义政治经济学。以江泽民、胡锦涛为代表的中国共产党人,提出"三个代表"重要思想,提出科学发展观,进一步丰富和发展了马克思主义政治经济学。

第二节 政治经济学的研究对象

一、生产

物质资料生产是指人们以一定的方式结合起来改造自然和生产物质资料的过程,是使用生产工具的有意识、有目的的创造性活动,同动物的本能式的活动有根本区别。

生产具有社会性,孤立的个人不能从事生产。因为个人是社会分工体系中的一个环节,不能离开整体而独立存在;人作为生产者和消费者,其生产用的生产资料和生活用的消费资料的大部分或全部来自社会;人作为生产者的生产经验、才能、生产技术都来自社会。人离开了社会,不仅不能进行生产,甚至不成其为人。

物质资料生产是人类社会存在和发展的基础。首先,物质资料生产是人类社会存在的基础。因为民以食为天,人类要生存,就要补充新陈代谢耗费的物质能量,就要吃穿住用行，而自然界不能满足人们吃穿住用行对物质资料的需要，也不能用望梅止渴一类的想象来满足人们对物质资料消费的需要，只能用物质资料生产来解决。其次，物质资料生产是人类社会发展的基础。因为先有农牧业的发展，然后才有商业、工业和运输业的发展；先有物质生产的发展，然后才有精神产品生产的发展。

物质资料生产是政治经济学研究的出发点。因为政治经济学的研究对象是社会生产关系，而生产关系是在物质资料生产过程中形成的，并随物质资料生产的发展而发展的，因此，研究生产关系必须先研究物质资料生产。同时，物质资料生产是人类社会存在和发展的基础，是最基本的实践活动，是决定其他一切活动的东西。

生产、交换、分配、消费是社会生产总过程的四个环节。四个环节之一的生产是直接生产过程，是狭义生产；包括四个环节在内的生产是广义生产。在四个环节中，生产是起点，居于首要地位，是起主导作用的环节，是具有决定意义的环节；交换和分配是中介环节；消费是终点。从再生产过程看，从市场经济的市场需求导向看，消费也是起点。生产决定交换、分配和消费，交换、分配和消费对生产有反作用。

生产和消费是对立同一关系。生产和消费的同一性包括直接同一性、互为中介、各自创造对方三个方面。直接同一性是指生产是消费，消费是生产。物质资料的生产过程同时就是消费生产资料和劳动力的双重消费过程。生活消费过程同时是劳动力的生产和再生产过程。生产和消费互为中介是指生产中介消费，因为它为消费提供外在对象；消费中介生产，因为消费为生产创造内在对象。生产和消费各自创造对方。一是指生产创造消费，因为生产为消费创造材料，即创造外在对象；生产创造消费的方式，产品说明书就是消费方式说明书；生产引起消费的需要，如电脑的生产引起人们对电脑消费的需要。二是指消费创造生产，因为消费为生产创造内在对象，这是生产经营者进行市场行情预测、搜集市场信息的基本依据；消费创造新的生产需要，创造生产的动力，这是生产创新和进行再生产的动力源泉；消费使生产最后完成，生产在消费中被证实，产品不能被消费就不是产品。

生产和消费的对立性是说生产和消费是两个不同的要素。生产决定消费，因为从个人看，生产是生产物质和精神产品，消费是消耗物质和精神产品，是先生产后消费。从社会看，产品的生产者并不一定就是该产品的消费者，产品生产出来后要通过交换和分配才能部分回到生产者手里。从总体上看，生产决定消费的对象、水平、数量和结构，生产的性质决定消费的性质，生产决定消费的具体方式。在短缺经济中，是供给决定需求，是消费对生产有反作用。一方面，消费能促进生产的发展。也就是说，生产出来的产品通过消费满足人们的消费需要，从而使产品的功能得到最终实现，而消费需要的增长，又为生产的进一步发展创造出动力。另一方面，消费可能会阻碍生产的发展。在过剩经济即买方经济中，是需求决定供给，是消费拉动生产。因为买方经济是有效需求不足的经济；是市场需求导向的经济；消费需求是持久的最终需求，是第一需求。

生产和交换的相互关系。交换有三种：一是生产中的活动和能力的交换，这主要指产品生产中的分工协作；二是产品的交换，这主要是同一工厂内不同车间之间的产品交换，如纺织厂中的纺纱车间将纱供给织布车间；三是商品交换，指不同所有者之间的产品交换。如果没有特别的说明，交换一般是指商品交换。生产和交换的关系是生产决定交换、交换对生产有反作用的关系。生产决定交换表现在三个方面：首先，生产的社会分工是交换的前提和基础，没有社会分工就没有交换，生产为交换提供对象。其次，生产的性质决定交换的性质，生产的方式决定交换的具体方式。最后，生产的规模和结构决定交换的深度（人们对交换的依赖程度）和广度（交换的范围）。交换对生产的反作用也表现在三个方面：交换对生产的规模和速度有重大影响；交换对一定生产关系的形成和发展有重大影响；交换在特定条件下决定生产，如当生产缺乏原材料时，或当产品大量积压不能出售时，交换就决定生产。在买方经济中，交换的反作用更明显、更重要。正如马克思所说，商品第一形态的变化或卖，"是商品的惊险的跳跃"①。总之，交换的发展和扩大能够推动生产的发展，反之使生产的发展遇到困难。

生产和分配的相互关系。分配有两种：一种是产品的分配，包括国民收入分配和个人消费品的分配；另一种是生产条件的分配，包括物的生产条件（生产资料）和人的生产条件（劳动者）的分配。生产条件的分配指生产条件归谁所有。生产条件的分配属于生产本身，也是进行生产的前提。因为最初的生产资料是自然界提供的自然物；从历史上看，生产资料作为进行生产的前提是前期生产发展的结果；从一个社会当中看，生产资料分配的改变也是由生产决定的。通常所说的分配是指国民收入的分配和个人消费品的分配。

生产和分配的关系是生产决定分配，分配对生产有反作用。生产决定分配表现在：生产决定分配的对象，因为分配的只是生产的成果；生产的发展水平决定可分配的产品的数量，决定分配的水平和结构；生产的性质决定分配的性质，如生产的资本主义性质决定分配的资本主义性质；生产决定分配的具体方式。例如，社会成员分配他们在社会产品中所得到的份额的方式，是由他们参与生产的方式决定的。分配对生产的反作用表现在两个方面：当分配方式同生产发展相适应时，就能调动生产者的积极性和主动性，就会推动和促进生产的发展；当分配方式同生产发展不相适应时，就会延缓和阻碍生产的发展。

物质资料生产有生产力和生产关系两个方面。生产力讲的是生产中人和自然的关系，生产关系讲的是生产中人和人的经济关系。

二、生产力

生产力又称社会生产力、物质生产力，它有时与劳动生产率同义。生产力可分为自然生

---

① ［德］马克思：《资本论》第 1 卷，人民出版社 2004 年版，第 127 页。

产力和社会生产力，一般指社会生产力，是人们改造和利用自然以及生产物质资料的能力。

人们改造自然和利用自然的水平，反映生产中人和自然的关系。生产力是推动社会发展的决定因素。生产力有劳动者、劳动资料和劳动对象三个独立的实体性要素，是相加性要素。劳动者是生产力中人的要素，劳动资料是生产力中物的要素。

劳动者是指具有一定生产经验和生产技能的能劳动的人，是生产过程的主体，是生产力中首要的能动的要素，是最重要的决定性的要素。劳动者包括劳动力数量和质量两个方面。劳动力数量指劳动者人数；劳动力的质量是指劳动者的素质，包括劳动者的体力、智力、科学文化素养、思想道德素质和生产经验及生产技能的状态等。在我国，劳动力数量充足，但劳动者素质需要进一步提高。机器人出现后，劳动者仍然是生产力的主体，是生产力中起决定作用的独立要素。因为无人工厂不可能真正无人；无人工厂实际上只是直接作用于劳动对象的劳动者数量减少，但劳动者素质却大大提高，间接作用于劳动对象的总体工人也大量增加了。

劳动对象是被劳动直接加工的对象，是人的劳动加于其上的一切东西，它形成产品的物质实体。劳动对象分为两类：一是自然界直接提供的自然物质，如地下开采的矿石，原始森林中砍伐的树木等。二是劳动加工后提供的原材料，如纺纱用的棉花，制造机器用的钢材等。一切原材料都是劳动对象，但劳动对象并不就是原材料。劳动对象的革新和利用，不仅对生产力的提高起重要作用，而且关系到劳动资料的质量。同时，科技的进步，生产力的提高，又提高了劳动对象的品质，扩大了劳动对象的范围。

劳动资料又称劳动手段，是影响和改变劳动对象的一切物质资料和物质条件。它分为狭义劳动资料和广义劳动资料两类。狭义劳动资料是用来影响和改变劳动对象的一切物质资料，包括生产工具、厂房、机器设备等，主要是生产工具，其中，机械性生产工具是生产的骨骼系统和肌肉系统，管、桶、篮、罐是生产的脉管系统。生产工具是人和劳动对象之间的导体，是人的智力和技巧及科学技术的结晶，是人类器官的延长和扩张，是生产力发展水平或发展状况的最主要的物质标志，是划分社会经济制度及其发展阶段的主要标准。广义劳动资料是用来影响和改变劳动对象的一切物质条件，包括仓库、桥梁、道路、河流等。

科技、管理、信息是三个附着性的生产力要素，是自乘性要素。随着社会生产的发展，附着性要素在生产力发展中作用越来越大，地位越来越重要。

生产力诸要素在彼此分离的条件下只是可能的生产力，要成为现实的生产力，就必须使它们结合起来。劳动者同生产资料的结合，从生产技术要求的角度来说，主要是一个管理问题；从生产的社会形式的角度来说，实行这种结合的特殊方式和方法，使社会结构区分为各个不同的经济时期。

生产力的特点。生产力是最革命最活跃的因素，它总是向前发展的。它的发展具有加速性、阶段性和国际性。生产力自身内部的矛盾是生产力发展的根本原因，生产力的发展还要受到生产关系和上层建筑的影响。生产力的发展过程总体上可分为手工生产力和机器生产力两大阶段。手工生产力又可分为石器、青铜器、手工铁器三个发展阶段，机器生产力又可分为蒸汽机、电动机、自动化机器三个发展阶段。生产力发展的国际性是说一国生产力的发展还要受到国际因素的影响和制约，在经济全球化的今天，情况更是如此。

"科学技术是第一生产力。"①科学技术本身是知识形态的生产力，是可能的生产力，是潜在的生产力，要成为现实的生产力，必须实现两个转化，即"人化"和"物化"。首先是科学技术向主体性要素劳动者渗透，提高劳动者素质和管理水平。渗透的途径以前是生产→技术→科学，现在是科学→技术→生产。其次是科学技术向中介性要素劳动资料渗透，使劳动资料中的劳动工具从机械化向智能化转化，革新生产工艺。最后是科学技术向客体性要素劳动对象渗透，开辟劳动对象的来源，扩大劳动对象的范围，提高劳动对象的品质，如从纳米科技到纳米材料，充分显示了科学技术对劳动对象变革的重大作用。科学技术是第一生产力是说科学技术的应用在生产力提高中的作用越来越大，科学→技术→生产的时间越来越短。据统计，发达国家科学技术对国民生产总值的贡献率，20世纪初为5%～20%，20世纪中叶上升到50%，20世纪80年代上升到60%～80%。科技进步对经济增长的贡献已明显超过了资本和劳动力的作用。而科技应用于生产的周期19世纪是几十年，20世纪初期和中叶从十几年缩短到几年，甚至一年，今天的电子技术应用于生产的周期更短，电脑技术更是一年升级几次。

生产力标准是一个根本标准。对生产力发展是促进还是阻碍及促进或阻碍作用之大小，是衡量比较一切社会制度优越性大小的根本标准，也是在既定的社会基本制度的前提下，检验和判断一切工作是非的根本标准。

三、政治经济学的研究对象是生产关系

生产关系是政治经济学的研究对象。因为政治经济学是研究社会"生产方式以及和它相适应的生产关系和交换关系"的②，是"研究人类各种社会进行生产和交换并相应地进行产品分配的条件和形式的科学"③。因为每一门学科都有自己特定的研究对象，政治经济学要达到揭示社会经济运动规律的目的，只有研究生产关系才行。政治经济学研究生产关系就是研究生产的社会方面而不是研究生产的技术方面，这也是马克思主义政治经济学同其他经济学区别开来的根本标志。政治经济学不仅要研究生产关系的本质，还要研究经济体制和经济运行机制，研究资源配置。马克思主义政治经济学同西方经济学的根本区别，

---

① 《邓小平文选》第3卷，人民出版社1993年版，第274页。
② ［德］马克思：《资本论》第1卷，人民出版社2004年版，第8页。
③ 《马克思恩格斯选集》第3卷，人民出版社2012年版，第528页。

不在于要不要研究资源配置，而在于怎样研究资源配置和研究资源配置的目的不同。

生产关系又称经济关系，是人们在物质资料生产和再生产过程中结成的相互关系，是各种社会关系中最基本的关系。

生产关系可分为广义生产关系和狭义生产关系。狭义生产关系是直接生产过程中人和人的经济关系，其内涵包括生产资料所有制形式，以生产资料所有制形式为基础的劳动者和生产资料的结合方式，以生产资料所有制形式和结合方式决定的社会生产的性质和目的，由上述几个方面决定的人们在生产中的活动和能力的交换关系，对生产的组织管理方面的关系等。狭义生产关系决定交换关系、分配关系和消费关系，交换关系、分配关系和消费关系对狭义生产关系有反作用。

广义生产关系是包括狭义生产关系、交换关系、分配关系和消费关系在内的生产关系体系，即生产关系的总和。

生产关系还可分为三个方面的关系，一是生产资料所有制形式，二是人们在生产中的地位和相互关系，三是产品的分配形式。其中，生产资料所有制形式是生产关系的基础，决定生产关系的性质，决定生产关系的其他两个方面，生产关系的其他两个方面对生产资料所有制形式又有反作用。

生产关系的特点是具有相对稳定性。所谓"稳定性"，是指一种生产关系一经确立，就会在一定社会历史阶段存在和发展下来，在它所能容纳的全部生产力发挥出来以前是绝不会灭亡的。所谓"相对"，是指一种社会经济制度的寿命不管多长，终究要被新的更高级的生产关系所取代。按社会性质划分，人类社会生产关系的演进大体上可分为五个发展阶段，这就是原始共产主义生产关系、奴隶制生产关系、封建生产关系、资本主义生产关系、社会主义和共产主义生产关系。按生产资料是公有还是私有划分，人类社会的生产关系可分为两大类：一类是以公有制为基础的生产关系，包括原始社会公有生产关系和社会主义、共产主义生产关系；另一类是以私有制为基础的生产关系，包括奴隶制生产关系、封建生产关系和资本主义生产关系。

怎样研究生产关系？首先要从生产力和生产关系的矛盾运动中来研究生产关系。因为只有联系生产力才能说明生产关系产生、发展、存在和变革的原因，才能判断一种生产关系是否适合生产力的状况。其次，也要从经济基础和上层建筑的矛盾运动中来研究生产关系，因为生产关系要受到上层建筑的影响。

四、生产关系一定要适合生产力性质的规律

生产力和生产关系统一构成社会生产方式。生产力是生产的物质内容，生产关系是生产的社会形式。生产力和生产关系的矛盾，是人类社会的基本矛盾，是推动人类社会发展的基本动力。

在生产力和生产关系的矛盾运动中，生产力是矛盾的主要方面，它是最革命最活跃的因素；生产关系是矛盾的次要方面，它是相对稳定的。

生产关系一定要适合生产力性质的规律，是指生产力决定生产关系，生产关系一定要适合生产力发展的客观必然性，是以社会生产为存在的经济条件的人类社会共有的普遍经济规律。这个规律是马克思首先发现的，是斯大林首先表述的。

"生产力的性质"是指生产力不断发展的本性及发展程度。

"一定要适合"是指生产关系能为生产力的发展开辟广阔的道路或不能成为生产力发展的桎梏。

生产关系一定要适合生产力的性质，是因为生产力对生产关系具有强制性和决定性，旧的过时的生产关系必然适应生产力的变化而变化；生产关系对生产力具有依赖性，新的生产关系只能适应生产力发展的客观要求而建立。"一定要适合"是从根本上和最终意义上讲的。适合是基本的和相对的。"一定要适合"的运动形式是基本适合→基本不适合→新的基本适合。

生产关系一定要适合生产力性质规律的主要内容是生产力决定生产关系，生产关系对生产力有反作用。所谓生产力决定生产关系，一是指生产力的性质决定生产关系的性质。例如，人类历史中的五种不同性质的生产关系，就是由不同性质的生产力决定的。这正如马克思所说，"手推磨产生的是封建主的社会，蒸汽磨产生的是工业资本家的社会"①。二是指生产力的发展变化决定生产关系的发展变化。这又表现在生产力的部分质变决定生产关系的部分质变，生产力的变化程度决定生产关系的变化程度，生产力的变革决定旧的生产关系被新的生产关系所取代，生产力的实际发展水平决定生产关系的具体形式。总之，有什么样的生产力，就有什么样的生产关系。所谓生产关系对生产力的反作用，是指当生产关系同生产力状况相适应时能推进生产力的发展，当生产关系不适应生产力发展的要求时，会阻碍生产力的发展。

生产关系一定要适合生产力性质的规律具有重大现实意义。生产关系一定要适合生产力性质的规律是人类社会普遍存在的客观经济规律，它在一切社会形态中都存在和发生作用，它决定人类社会从低级向高级发展，决定着旧的生产关系向新的生产关系的过渡，决定着同一社会形态内部从低级阶段向高级阶段的发展。它是考察一切社会现象的根本出发点，是无产阶级政党制定路线、方针和政策的基本理论依据，是进行经济体制改革的基本理论根据。

历史事实也证明，生产关系一定要适合生产力性质是一条普遍的经济规律。

原始社会生产关系的一般特征是人们共同占有生产资料、产品实行平均分配原则。这

---

① 《马克思恩格斯选集》第 1 卷，人民出版社 2012 年版，第 222 页。

种生产关系同原始社会以石器、木棒为代表的生产力是相适应的。随着原始社会末期生产力的发展，这主要表现在金属工具的使用大大提高了劳动效率，使个体劳动成为可能。同时，社会分工和交换的发展，同原始社会生产关系发生冲突，导致了原始社会生产关系的瓦解和奴隶制生产关系的产生。

奴隶制生产关系的一般特点是，奴隶主占有土地和其他生产资料，并且直接占有直接生产者奴隶，奴隶在主人的强制下从事劳动。奴隶主不仅占有奴隶劳动的全部剩余产品，还占有奴隶的一部分必要产品。虽然奴隶制残酷又野蛮，但它同当时的生产力水平是相适应的，它促进了生产力的发展，但奴隶只是主人的财产，只是会说话的工具，没有劳动和发展生产的积极性。奴隶制生产关系在经过一个很长的发展过程之后成了生产力进一步发展的障碍，最终被封建生产关系取代。

封建生产关系的一般特征是地主占有基本的生产资料土地，农民租种地主的土地，地主依靠超经济强制对农民进行地租剥削。封建生产关系只是同手工铁器为标志的生产力相适应的，是同自给自足的自然经济相适应的。随着封建社会生产力的发展，特别是封建社会后期商品经济的迅速发展，封建生产关系便成了生产力进一步发展的桎梏，封建社会进入解体阶段。封建社会的解体，既是农奴制崩溃和封建社会组织瓦解的过程，又是资本主义生产关系产生和发展的过程。

资本主义制度从16世纪算起，已经历了400多年的历史，资本主义社会生产力的高度发展以及与之相适应的生产关系的发展，使人类社会发展到前所未有的高度，为社会主义代替资本主义提供了物质基础和社会基础。

第三节　政治经济学的研究目的和研究方法

一、政治经济学的研究目的

政治经济学的研究目的或根本任务是揭示社会经济运动的客观规律即经济规律。

（一）经济规律的含义

经济规律是经济现象和经济过程内在的、本质的和必然的联系，它体现着经济发展过程的必然趋势。经济规律以经济条件为转移。经济条件不同，经济规律就不同。例如，生产关系一定要适合生产力性质的规律是以社会生产为存在的经济条件的，价值规律是以商品经济为存在的经济条件的。经济条件改变了，经济规律也就改变了。例如，随着原始生产资料公有制转变为奴隶主土地私有制，平均分配就被按地产分配所替代。经济条件是生产力和生产关系，主要是生产关系，特别是生产资料所有制形式。

（二）经济规律的客观性和人的主观能动性

1. 经济规律具有客观性

经济规律和自然规律一样，具有客观性。一是经济规律都是在一定的客观经济条件的基础上产生的，是不以人们的主观意志和意识为转移的，人们不能创造、改造和消灭经济规律。二是经济规律的内容是客观的。如商品要按它的价值量进行等价交换是客观的，不是主观人为规定的。三是经济规律的作用是客观的。无论人们对经济规律认识还是不认识，它都会按照自己的要求发挥作用，人们如果违背经济规律的要求，就会受到经济规律的惩罚。如我国曾在所有制问题上搞"穷过渡"，违背了生产关系的具体形式一定要适合生产力性质的规律，因而大吃苦头。

2. 人们对经济规律具有主观能动性

经济规律是客观的，但人们不是经济规律的奴隶，不能把经济规律偶像化，人们对经济规律具有主观能动性。这主要表现在：其一，人们可以发现和认识经济规律，自觉驾驭和利用经济规律，按照经济规律的要求办事。怎样认识和利用经济规律？通过学习和实践认识经济规律，通过政策、方案和措施来驾驭和利用经济规律。实践证明，认识和利用经济规律绝非易事。其二，人们可以通过研究各种经济条件下经济规律的作用，结合现实的经济条件，选择和利用对社会经济发展有利的经济规律的实现形式。其三，人们可以不断总结、认识和利用经济规律的经验和教训，不断提高认识和利用经济规律的水平。

（三）经济规律的特点

经济规律具有不同于自然规律的特点。首先，经济规律是人的经济活动和经济关系的规律，离开人的经济活动和经济关系就不能独立存在，也不起作用，而自然规律是可以离开人们的活动而独立存在和发生作用的。其次，大多数经济规律具有历史性，只在一定社会历史阶段存在和发生作用，而大多数自然规律具有永恒性，在自然界永远存在和起作用。最后，认识和利用经济规律具有阶级背景。如马克思因为发现了资本主义经济规律而被资本主义各国视为危险人物。因为在阶级社会里，生产关系表现为阶级之间的经济利益关系，人们认识和利用经济规律必然直接涉及一定社会阶级和集团的经济利益。而认识和利用自然规律一般不会涉及阶级之间的利益冲突，但认识和利用自然规律的人有时也会受到迫害，如伽利略因为阐述哥白尼的"太阳中心说"被罗马教廷"异端裁判所"判处终身监禁，布鲁诺因宣传哥白尼的"太阳中心说"被罗马教廷用火烧死。这是科学史上的一大悲剧。

（四）经济规律的分类

根据经济规律形成的经济条件和起作用的范围的不同，可将经济规律分为三类：一是一切社会形态共有的经济规律。如生产关系一定要适合生产力性质的规律、按比例分配社会劳动的规律、劳动生产率不断提高的规律、消费需求上升规律等，它们以社会生产为经济条件，只要存在社会生产这个经济条件，这些规律就存在并发生作用。二是几个社会形态共有的经济规律。如价值规律、供求规律、竞争规律、价格规律、货币流通规律等，它们以商品经济的存在为经济条件，在小商品经济、资本主义商品经济和社会主义商品经济中，这些规律都存在和发生作用。三是一个社会特有的经济规律。如平均分配为原始共产主义社会所特有，它以生产资料原始公有制和生产力水平极端低下为经济条件。按需分配为共产主义高级阶段所特有，它以生产资料社会公有和生产力高度发达、产品极大丰富为经济条件。在一个社会经济中存在和起作用的经济规律有很多，它们相互联结、相互作用，构成一个有机联系的经济规律体系。各个社会经济既以特殊经济规律相区别，又以共有经济规律相联系。

二、政治经济学的研究方法

经济学研究方法有两层含义。一是经济学研究方法的哲学基础。马克思主义政治经济学研究方法的哲学基础从总体上同资产阶级经济学根本不同。二是经济学的具体研究方法。它为各种经济理论所共有。

马克思主义政治经济学的研究方法总的来说是唯物辩证法，具体方法是抽象法、逻辑和历史相一致的方法、归纳和演绎的方法、分析和综合的方法、现代自然科学的方法等。

（一）唯物辩证法

运用唯物辩证法来研究政治经济学，主要是运用对立统一规律、量变质变规律和否定之否定规律，来分析社会经济现象和经济发展过程的矛盾运动，从而揭示社会经济现象的本质和经济发展过程的运动规律。例如，马克思运用对立统一规律研究使用价值和价值的关系，分析商品的使用价值和价值的内在矛盾通过外化为商品和货币的外部对立来解决；分析相对价值形式和等价形式的矛盾，通过产生货币来解决。马克思运用量变引起质变规律来研究货币和资本的区别，认为资本的最低数量界限大大高于中世纪行会的最高界限，并强调不同行业不同时期货币转化为资本的数量标准是不同的。马克思还运用否定之否定规律研究资本主义积累的历史趋势，认为资本主义私有制是对以自己劳动为基础的私有制的第一个否定。但资本主义生产由于自然过程的必然性，造成了对自身的否定。这是否定的否定。这种否定不是重新建立私有制，而是在生产资料共同占有的基础上，重新建立个人所有制。《资本论》中到处都有唯物辩证法的典型例证，我们甚至可以说，《资本论》就是马克思的唯物辩证法论。

（二）抽象法

抽象法是从现象抽出本质的方法。就经济科学而言，抽象法是用思维从经济现象抽出本质的方法。就是人们运用抽象思维的能力，从大量的经济现象中，用思维得出最简单、最抽象、最本质的东西，并综合它的各种发展形式，找出其内在的必然性，揭示出经济运动的规律。马克思曾说过，分析经济形式，既不能用显微镜，也不能用化学试剂，二者都必须用抽象力来代替。因为经济学的研究对象是社会经济关系，它是看不见摸不着的。运用抽象力研究经济关系，有从具体到抽象，再从抽象到具体两条道路。从具体到抽象，首先要充分地占有材料，其次要对材料进行去粗取精、去伪存真、由表及里、由此及彼的分析，最后形成若干概念、范畴，揭示出本质。从抽象到具体，指叙述从抽象的本质规定开始，逐渐上升到复杂的具体，这个具体是被认识了的具体。

2002 年，美国经济学家费农·史密斯因开创"实验经济学"而获得诺贝尔经济学奖，认为经济理论完全具备实验检验的条件，抛弃了"社会科学不可实验"的旧论，解决了纯数学推导同现实世界不一致的问题。实验经济学开辟了研究经济关系的新方法，但主要是研究解决微观经济问题的方法，它没有取代抽象力的方法。

(三)归纳和演绎的方法

归纳法是从研究个别经济现象得出一般结论的方法。要使从个别经济现象得出的一般结论正确，必须使个别经济现象具有代表性，不同的个别经济现象应有共同的历史条件。归纳分为完全归纳和不完全归纳。完全归纳的结论必然是对的。不完全归纳如抽样检查，其结论不一定是对的。因此，要运用科学归纳法，即对归纳得到的结论还要进行分析和研究。演绎法是运用一般原理分析研究个别经济现象，对个别经济现象作出结论的方法。正确运用演绎法，要求一般原理和个别经济现象具有相同的性质。演绎法的典型形式是"三段式推理"，例如，资本是要增值的，公有资本是资本，公有资本也是要增值的。

(四)分析和综合的方法

分析的方法是通过分析某种经济现象的表现形式和内在矛盾，揭示其本质的方法。例如，通过分析工资的基本形式计时工资和计件工资，揭示工资的本质是劳动力价值。综合的方法是在揭示经济现象的本质后对经济现象加以综合，揭示一定本质之所以采取这种表现形式的原因。如工资的本质是劳动力价值，但工资的本质为什么要采取不同的表现形式呢？因为不同的工资形式适合不同的情况，不同的工资形式具有不同的经济效率。

(五)逻辑和历史相一致的方法

逻辑的方法是从简单的抽象的经济关系和经济范畴，逐步上升到复杂的具体的经济关系和经济范畴的方法。历史的方法是按照历史发展的真实过程来研究社会经济关系和经济现象的方法。历史从哪里开始，思维过程也应从哪里开始。历史和逻辑是一致的。但由于历史发展具有偶然性，历史和逻辑有时又是不一致的。因此，在研究社会经济现象和经济关系时，要坚持历史和逻辑相一致的方法，排除历史发展的偶然性的干扰。例如，马克思研究资本，顺序是商品→货币→资本，这体现了逻辑和历史相一致的方法。

(六)定性分析和定量分析相结合的方法

定性分析是对某一经济现象或经济关系的性质或本质进行分析。定量分析是对某一经济现象或经济关系进行数量分析。任何事物都是质和量的统一体。政治经济学的研究对象也是质和量的统一体。因此,研究经济关系,必须把定性分析和定量分析结合起来。马克思的《资本论》是定性分析和定量分析相结合的典范。如马克思分析价值,先分析价值的质,再分析价值的量;分析相对价值形式,也是先对相对价值形式进行定性分析,再对相对价值形式进行定量分析等。重视定量分析,是经济学研究方法的新趋势。对经济活动和经济关系进行定量分析,可增强经济学的精确性,增加制定政策、方案和措施的科学性。我们要坚持马克思把定性分析和定量分析结合起来的学术传统,强化经济学研究中的数量分析,纠正过去研究社会主义经济只搞定性分析不搞定量分析的不足,吸取现代西方经济学把数量分析搞得过头的教训,努力推进社会主义经济理论研究。

(七)借鉴现代自然科学的分析方法

现代科学发展的重要特点之一,是自然科学和社会科学在一些理论和研究方法上的相互渗透和融合,因此,政治经济学的研究有可能也有必要借鉴和运用现代自然科学的某些理论和方法。如借鉴和运用信息论、控制论和系统论的方法。因为社会经济是一个庞大的系统,有系统就有结构,有结构就有控制,要控制就需要信息。运用系统论、控制论和信息论的方法来研究社会经济,会得出新的结论,得到更有效的解决经济问题的新方案。再如耗散结构论、突变论和协同论给经济研究提供了开放系统分析法、非平衡分析法等一些新的方法,提供了新的思路。

(八)借鉴西方经济学的分析方法

西方经济学的研究方法大体上可分为三类:一类是资产阶级古典经济学的科学性和庸俗性并存的研究方法;另一类是资产阶级庸俗经济学家的庸俗辩护的研究方法;再一类是有实用价值的具体的研究方法,如实证分析和规范分析的方法、均衡分析和非均衡分析的方法、静态分析和动态分析的方法、总量分析和个量分析的方法、边际分析的方法、投入产出分析的方法、供求分析的方法等,这些方法都是我们研究马克思主义政治经济学应当借鉴的方法。当然,其中有些方法马克思在《资本论》中也曾用过,并不完全是西方经济学的方法,如总量分析(宏观分析)和个量分析(微观分析)的方法,马克思在《资本论》第2卷第一篇和第二篇中对资本循环和资本周转的分析,就是对资本运动的个量分析即微观分析;第三篇对社会资本再生产和流通的分析,就是对资本运动的总量分析即宏观分析。

第四节 政治经济学的性质、学习意义和学习方法

一、马克思主义政治经济学是阶级性和科学性的统一

政治经济学作为一门社会科学,同其他社会科学一样,具有鲜明的阶级性。这是由它的研究对象的特殊性决定的。政治经济学的研究对象是社会生产关系,而生产关系归根到底是一种人们最敏感的物质利益关系。在阶级社会里,生产关系表现为一定的阶级之间的

经济利益关系，代表不同阶级利益的经济学家对社会经济关系具有不同的认识和解释，提出和形成代表本阶级利益的政治经济学，这是政治经济学必然具有阶级性的根本原因。

资产阶级经济学家尽可能将其政治经济学的阶级性隐藏起来，与此相反，马克思主义政治经济学公开申明自己是代表工人阶级和劳动人民根本利益的经济学说。马克思主义政治经济学的阶级性，首先是经济方面的含义，其次才是由这种经济含义决定或派生的政治含义和意识含义。虽然不少人不承认或极力回避当代西方经济学的阶级性，声称西方经济学是为各阶级共同利益服务的超阶级的具有普世价值的经济理论，但也有一些西方经济学家如凯恩斯和索洛，公开承认西方经济学的阶级性。

马克思主义政治经济学具有高度的科学性。政治经济学有无科学性，取决于它能否揭示经济关系的本质和客观经济规律。马克思主义政治经济学揭示了经济关系的本质和社会经济运动的客观规律，具有高度的科学性和真理性。马克思主义政治经济学并没有穷尽政治经济学的全部真理，并不是万古不变的绝对真理。它要接受实践的检验，要随着实践的发展而不断丰富和发展。

马克思主义政治经济学是阶级性和科学性的统一。因为马克思主义政治经济学代表工人阶级的根本利益，而工人阶级的利益同广大劳动人民的根本利益是完全一致的，工人阶级作为先进生产力和先进生产方式的代表，其阶级地位和阶级利益同社会发展的方向是完全一致的。这两个"完全一致"从根本上决定了马克思主义政治经济学的阶级性和科学性是统一的，决定了马克思主义政治经济学能够坚持以科学的态度去探索、认识和反映社会经济发展的客观规律。

二、学习政治经济学的重要意义

第一，政治经济学是最古老的艺术，最新颖的科学。诺贝尔经济学奖的设立说明了经济学的重要性和有用性。知识就是力量，知识就是资本，说明了学习政治经济学知识的重要性和必要性。

第二，是坚持和发展马克思主义的需要。我国是一个以马克思主义为指导的社会主义国家，要坚持和发展马克思主义，必须先学习和懂得马克思主义，而政治经济学是马克思主义三个组成部分之一，是马克思主义的主要内容，因此要学习政治经济学。

第三，是社会主义市场经济建设的理论指导。我国现在搞市场经济、以经济建设为中心，需要建设者们有经济头脑，需要有经济理论的指导。因为经济理论具有认识的功能、实践的功能和方法论的功能。因此，学习政治经济学对于我们发展社会主义市场经济，搞好社会主义经济建设，具有重要意义。

第四，政治经济学是人类知识结构的基础学科。政治经济学是经济管理类专业的理论基础，是经济学类专业的核心课程，是研究生入学考试的必考科目。因此，要学好各种具体的经济类专业和管理类专业，必须先学好政治经济学（理论经济学）。虽然有些经济学家极力淡化政治经济学的基础地位，但科学的政治经济学是"淡化"不了的。

第五，政治经济学同每个人的工作生活密切相关。因为政治经济学是研究经济生活的，经济生活是人们最基本的社会生活，要提高经济生活的质量，需要经济理论的指导。

三、学习政治经济学的方法

学习政治经济学看似容易，但要学好政治经济学却绝非易事，非下一番苦功不可。

第一要多读。政治经济学的东西没有什么巧，关键要读得多。阅读使人充实。要精读教材和经典著作，广泛涉猎相关文献资料。

第二要多思。深思而敏于行，深思则造其学。通过思考能融会贯通掌握知识、发现问题、提出见解。思考多则疑问多则进步快，思考多则提问多、讨论多则学得牢用得活。光读书不思考就会变成书呆子。

第三要多写。多写课堂笔记，多作读书摘要，多写论文。多写是多读和多思的结果，又是多读和多思的动力。多读、多思和多写三位一体，互相联系，互相促进，互相制约。

第四要理论联系实际，解决实际问题。学习政治经济学要密切联系生活的实际，联系国内外的现实，联系历史的实际。理论是从实际中来的，要随着实践的发展而发展，联系实际就容易学得通。学习政治经济学要以解决实际问题为中心。学习政治经济学重在理解，贵在运用和创新，贵在能够解决实际问题。

思考题

1. 解释下列基本概念：
经济　生产　生产力　生产关系　经济规律
2. 什么是政治经济学？政治经济学的研究对象是什么？
3. 论生产、交换、分配和消费的相互关系。
4. 为什么说科学技术是第一生产力？
5. 如何理解生产关系一定要适合生产力性质的规律？
6. 为什么说经济规律是客观的，如何认识和利用经济规律？

阅读书目

1. ［德］马克思：《资本论》第 1 卷第 1 版序言，人民出版社 2004 年版。
2. ［德］马克思：《政治经济学批判》导言，见《马克思恩格斯选集》第 2 卷，人民出版社 2012 年版。
3. ［英］莱昂内尔·罗宾斯：《经济科学的性质和意义》，商务印书馆 2000 年版。

第二章　商品经济

政治经济学对社会经济关系，尤其是对资本主义经济关系的研究，是从分析商品开始的。本章主要运用定性分析和定量分析的方法，对商品理论、货币理论和价值规律进行了理论分析，阐述了劳动价值理论的基本内容，为以后各章的理论阐述奠定了理论基础。

第一节　商品经济的历史地位

一、自然经济

自然经济是指生产目的是为了直接满足生产者本人或经济单位需要的一种自给自足的经济形式。自然经济的第一个重要特点是自给自足。每一个生产者或经济单位，利用自身的经济条件，几乎生产自己所需要的一切。生产什么，生产多少，如何生产，为谁生产，完全由家庭或村落根据本能、习惯、协商或家长自行决定。自然经济的第二个重要特点是农业和家庭手工业相结合，排斥社会分工，排斥社会生产力的自由发展。"男耕女织"是自然经济的具体写照。自然经济的第三个特点是因循守旧、墨守成规、闭关自守。

自然经济与低下的生产力水平和不发达的社会分工相适应。从原始社会末期到奴隶社会再到封建社会，虽然社会分工和商品经济有了一定的发展，但自然经济一直占据统治地位，商品经济居于从属地位，起补充作用。自然经济一直到封建社会末期才逐步瓦解，为资本主义商品经济所代替。在当今世界的发展中国家和地区，自然经济仍在一定范围内存在。

二、商品经济

1. 商品经济的含义

商品经济是直接以交换为目的的经济形式，包括商品生产、商品交换和货币流通。在原始社会末期，随着社会生产力的发展，逐渐出现了剩余产品和偶然的物物交换，社会分工也随之形成和发展起来，从而出现了直接以交换为目的的商品生产。商品生产和交换发展到一定程度，为了克服物物交换的困难，货币就产生了。商品货币关系的形成，是商品经济产生的一个重要标志。

2. 商品经济产生的基本条件

商品经济的产生有两个基本条件。第一是社会分工。这是一切商品经济产生和存在的一般基础或前提条件。社会分工以劳动分工为基础，劳动分工是社会劳动的分化和各种社会劳动的独立化，即各种社会劳动划分和独立为不同的行业和部门。一些生产者生产这种产品，另一些生产者生产那种产品，这就形成了生产单一性和消费多样性的矛盾。这种矛盾决定了不同的生产者之间需要相互交换其劳动产品，由此产生了交换的客观必要性。正如马克思所说："社会分工使商品占有者的劳动成为单方面的，又使他的需要成为多方面的。"①第二是生产资料和产品属于不同的所有者。这是商品经济产生的决定性条件。马克思说："使用物品成为商品，只是因为它们是彼此独立进行的私人劳动的产品。"②因为是不同的所有者，具有各自的经济利益，为了维护并体现各自的经济利益，在劳动产品进行交换时，就必须按其价值实行等价交换，这样，劳动产品就成了商品。在人类历史上，在原始社会后期，随着社会分工和生产力的发展，出现了私有制这一商品经济产生的决定性条件。马克思说，"只有独立的互不依赖的私人劳动的产品，才作为商品互相对立。"③因此，一般地说，商品经济的产生，是以社会分工和生产资料或产品属于不同的所有者为经济条件的。商品经济是一个历史范畴。

3. 商品经济的类型

商品经济有简单商品经济、资本主义商品经济和社会主义商品经济三种类型。

(1)简单商品经济，也称小商品经济，是以小私有制和以自己劳动为基础的商品生产和商品交换。它的特点一是以商品生产者自己占有生产资料和自己劳动为基础；二是生产目的是为了满足自己的需要；三是商品交换反映的是商品生产者之间的劳动交换关系；四是商品生产者在价值规律自发作用下产生两极分化。简单商品经济在原始社会以来到现今为止的各种社会中都存在，但都处在从属的经济地位，从未在社会经济中占过主导地位。直到资本主义社会，小商品经济才被资本主义商品经济所取代，商品经济才成为占统治地位的社会经济形式。

(2)资本主义商品经济，是建立在生产资料资本主义私人制和雇佣劳动基础之上的商品经济；生产剩余价值或赚钱是资本主义商品经济的唯一目的和决定性动机；资本主义商品经济一方面使商品经济形式普遍化了，它不仅使一切劳动产品都成为商品，还把人的劳动力也变成了商品；另一方面，商品是资本主义经济细胞，商品经济是占统治地位的社会经济形式。

(3)社会主义商品经济，是建立在社会主义基本经济制度基础上的商品经济，是以社会化大生产为基础，以满足人民日益增长的物质文化生活需要为生产目的的商品经济，因而与简单商品经济和资本主义商品经济存在着本质上的区别。

---

① ［德］马克思：《资本论》第 1 卷，人民出版社 2004 年版，第 127 页。
② ［德］马克思：《资本论》第 1 卷，人民出版社 2004 年版，第 90 页。
③ ［德］马克思：《资本论》第 1 卷，人民出版社 2004 年版，第 55 页。

三、商品经济的历史地位

商品经济产生后，商品经济的发展、社会分工以及社会化大生产的发展之间就存在着相互依赖、相互促进的紧密联系。如果把人类社会经济形式作为一个与生产力发展水平相适应的过程来考察，商品经济就是社会经济发展不可逾越的阶段。

首先，商品经济的发展是人类社会三大经济形式的历史演进中不可缺少的历史阶段。马克思在《资本论》(手稿)中曾经把人类社会划分为三大社会形态，认为"人的依赖关系(起初完全是自然发生的)，是最初的社会形态，在这种形态下，人的生产能力只是在狭窄的范围内和孤立的地点上发展着。以物的依赖性为基础的人的独立性，是第二大形态，在这种形态下，才形成普遍的社会物质交换、全面的关系、多方面的需求以及全面的能力的体系。建立在个人全面发展和他们共同的社会生产能力成为他们的社会财富这一基础上的自由个性，是第三个阶段。第二个阶段为第三个阶段创造条件"①。马克思在这里揭示了人的能力的发展及其与之相适应的社会经济形式的演变过程的关系，第一阶段是自然经济，第二阶段是商品经济，第三阶段是产品经济，这三个阶段的依次发展是人类社会经济发展的普遍规律。因此，自然经济是与低下的生产力(主要是手工工具)和在狭小的范围内组织生产和分配相适应的社会经济形式，产品经济是与高度发达的生产力和在全社会范围内来组织生产和分配相适应的社会经济形式，在生产力虽有一定发展但尚未充分发展(机器大工业时期)和生产社会化尚未充分发达的阶段，社会经济形式只能采用商品经济形式。况且，产品经济是以生产力的高度发展、物质产品的极大丰富为前提条件的，而这一前提条件只有通过商品经济的高度发展才能创造出来。总之，社会生产力只能由量变到质变、由低级到高级地向前发展，其经济形式也必须与之相适应，这是一个不以人的意志为转移的客观规律。

其次，商品经济的发展能够推动全社会范围内的社会分工的发展，促进生产的社会化的发展。社会分工是商品经济产生和发展的基础条件。列宁在《俄国资本主义的发展》一书的第一章中曾经指出："社会分工是商品经济的基础。加工工业与采掘工业分离开来，它们各自再分为一些小的和更小的部门，这些部门以商品形式生产专门的产品，并用以同其他一切生产部门进行交换。这样，商品经济的发展使单独的和独立的生产部门的数量增加。这种发展的趋势是：不仅把每一种产品的生产，甚至把产品的每一部分的生产，都变成专门的生产部门；而且不仅把产品的生产，甚至把产品准备好以供消费的各个工序都变成单独的生产部门。"②可见，商品生产和商品交换是在社会分工的基础上产生的，它出现之后反过来极大地扩大社会分工，推进生产的社会化进程。在漫长的奴隶社会和封建社会

---

① 《马克思恩格斯全集》第46卷上册，人民出版社1979年版，第104页。
② 《列宁选集》第1卷，人民出版社2012年版，第164页。

中，商品经济促进了社会分工和生产力的发展，但由于奴隶制、封建制生产关系的束缚，商品经济在社会经济中处于从属的地位，它的作用并没有充分发挥出来。到了资本主义社会，商品经济进入社会化大生产阶段之后，开始显示出它的巨大威力。当然，人类社会经济发展是多种因素交互作用的结果，特别是科技进步对现代经济的发展具有决定性作用。但在促进社会生产的迅速增长，促进生产的社会化，使社会经济从封闭走向开放等方面，商品经济则起着基础性的作用。

再次，商品经济的发展是推动技术进步，实现社会生产现代化的有力杠杆。商品生产的内在动力主要来自于生产者对物质利益的追求，通过商品的等价交换使双方在使用价值方面都得到好处的同时，商品的价值（量）是衡量生产者获利与否、获利大小的一种"神奇而伟大"的社会尺度。在商品经济中，人们对商品价值、价值增殖的追求，最大限度地把人力、物力和财力召唤出来，把它们的潜力充分发挥出来；克服自然经济条件下个人的和地域的局限，将狭小的地方市场汇合成统一的全国市场，直至越出民族和国家的疆界，形成世界市场，使生产发展有了巨大的刺激力和迅速发展的可能性。在商品经济中，商品生产以商品价值为首要标准，价值创造和价值实现不仅能够对生产者的个别劳动消耗作出比较公正的市场评价，从而使生产者千方百计提高生产效率，竞相把个别劳动时间降到社会必要劳动时间以下，在客观上使经济效率迅速提高，而且能对生产者的劳动是否符合社会需要作出比较客观的评价，从而推动生产者按照社会需求进行生产，使社会经济平衡发展，使社会资源得到有效配置和充分利用。在商品经济中，广泛存在并日趋激烈的竞争及竞争压力，不断推动着商品生产者竞相采用先进技术，提高企业管理水平，使自己处在生产或市场的有利地位，以实现其超额利润。商品生产者追求技术进步的趋势，必然推动整个社会的技术创新和管理创新，使社会生产走向高度社会化和现代化。

最后，商品经济的发展，在社会经济内部各部门之间建立一种互相促进、互相制约的有效机制，为社会化大生产的有效运行和国家的宏观经济调控提供了灵活的经济机制和经济杠杆。商品经济不仅是一种生产组织形式，而且是一种经济关系体系。在商品经济自身的发展中，不仅形成了价格机制、供求机制、竞争机制和风险机制等市场机制，为社会化生产有效进行创造了价格、工资、利润、利息等经济杠杆和企业、银行、股份公司、股票市场等组织形式，而且还形成了宏观与微观相结合的调控方式，社会经济发展既能用"看不见的手"即价值规律进行调节，又可以用"看得见的手"即政府通过经济的、法律的和行政的措施进行宏观调节。商品经济作为有效组织社会生产、交换、分配和消费的经济形式，在当今世界，任何一个国家要有效地组织社会经济生活，都不能离开它。

总之，商品经济虽然不是永恒的，但商品经济及其充分发展是人类社会经济发展中一个必经的历史阶段。只有经过这一阶段，人类社会才有可能向更高级的阶段发展。纵观人类社会经济的发展，商品经济，尤其是市场经济，对生产力的发展和人类社会的进步所起的推动作用是非常巨大的，是不可替代的。

第二节　商　品

商品是商品经济的元素形式和经济细胞，它包含着商品经济一切矛盾的萌芽。我们的研究就从分析商品开始。

商品是用来交换的劳动产品，是使用价值和价值的统一体，是体现生产关系的历史范畴。商品可分为一般商品和特殊商品、有形商品和无形商品。

一、商品二因素

（一）使用价值

物的有用性或效用就是物的使用价值，是满足人的某种需要的属性。有用性是由它的自然属性决定的。自然属性是指物本身的物理、化学、生物等的性质。自然属性不同，使用价值也就不同。随着科学技术的进步和人类社会生产的发展，原来只有一种用途的东西会开发出多种用途。使用价值都是不同质的，所以不能在量上比较大小。使用价值为物品、劳动产品、商品所共有的，所以马克思说，"不论财富的社会形式如何，使用价值总是构成财富的物质的内容"①。但商品的使用价值是通过交换供别人使用的，是交换价值和价值的物质承担者。

（二）交换价值

交换价值首先表现为一种使用价值同另一种使用价值相交换的量的关系或比例。例如，20 码麻布 = 1 件上衣，1 件上衣就是 20 码麻布的交换价值。20∶1 就是它们之间交换的量的关系或比例。这个比例随着时间和地点的不同而不断改变。同时，价值是交换价值的内容和基础，交换价值是价值的表现形式。

（三）价值

价值是抽象劳动的凝结（或物化）。抽象劳动是无差别的人类劳动即一般人类劳动，是劳动者在生产过程中的脑力和体力的耗费。价值是同质的，只有量的差别，因而可以比较量的大小，并形成相应的交换比例。价值是看不见摸不着的，但在商品同商品交换的社会关系中表现出来；是商品的社会属性、本质属性，是在物的外壳掩盖下商品生产者之间的社会生产关系，是历史范畴。抽象劳动是价值实体，价值是抽象劳动的凝结。要把经济学中的价值概念同日常生活和哲学中的价值概念区别开来。

（四）商品是使用价值和价值的矛盾统一体

使用价值和价值是商品二因素。使用价值和价值是对立统一的。所谓统一，是指使用

---

① ［德］马克思：《资本论》第 1 卷，人民出版社 2004 年版，第 49 页。

价值和价值共处于商品这个统一体之中，两者相互依存、互为条件，也就是说，一种物品要成为商品，必须同时具有使用价值和价值，二者缺一不可。首先，没有使用价值的东西，不能成为商品。其次，有使用价值而无价值的东西也不是商品。再次，有的劳动产品虽然有使用价值，但不用于交换，其劳动也就不表现为价值，也不成为商品。可见，商品是使用价值和价值的统一体。所谓对立，是指使用价值和价值之间是相互排斥，互相对立的。这主要表现在：一是商品的使用价值和价值是不同的；二是对于从事商品生产或商品交换的当事人来说，商品的使用价值和价值二者不可兼得。对于商品生产经营者来说，为了得到商品的价值，必须让渡商品的使用价值；对于购买者来说，为了获得商品的使用价值，必须付出价值，必须"一手交钱，一手交货"。那么，使用价值和价值的矛盾怎么解决呢？只有通过交换才能解决。交换成功意味着购买者获得了使用价值，商品生产经营者实现了价值，否则就会造成生产的东西卖不掉和需要的东西买不到的严重后果。商品二因素是由劳动二重性决定的。

二、劳动二重性

生产商品的劳动具有二重性，从一方面看是具体劳动，从另一方面看是抽象劳动。

（一）具体劳动

具体劳动是在一定的具体形式下进行的劳动，是生产使用价值的劳动，又称有用劳动。各种具体劳动，其目的、操作方式、劳动对象、劳动手段、劳动结果都是不相同的。具体劳动的种类是发展变化的。具体劳动创造商品的使用价值，但要依靠自然力的帮助，正如威廉·配第所说，"劳动是财富之父，土地是财富之母"。具体劳动形成社会分工，社会分工是商品生产存在的条件。具体劳动都是不同质的，是看得见摸得着的。具体劳动是人和自然之间的物质变换的一般条件，是人类生活的永恒的自然条件，是人类生活的一切形式所共有的，是一个永恒的范畴。

（二）抽象劳动

抽象劳动是人类劳动力在生理学意义上的耗费，是人的体力和脑力的生产耗费，即人的脑、肌肉、神经、手等的生产耗费。抽象劳动作为抽掉劳动一切具体形式的人类无差别的体力和脑力的耗费，在质上是相同的，在量上可以比较大小。什么劳动形成价值？抽象劳动形成价值。为什么形成价值？这主要是因为，抽象劳动是和商品生产、商品交换相联系的。如果不存在商品生产和商品交换，没有必要把劳动分为具体劳动和抽象劳动。当商品生产和商品交换出现以后，才有必要把多种不同质的具体劳动还原为同质的抽象劳动，从而在量上进行互相比较，这就使抽象劳动具有了一种特殊的社会形式。怎样形成价值？劳动必须支出在对人类有用的形式上才能形成价值。抽象劳动是价值实体，价值是这个社会实体的结晶。正如马克思所说："商品价值体现的是人类劳动本身，是一般人类劳动的耗费。"①抽象劳动是历史范畴,是劳动的社会属性。

劳动二重性是对立统一关系。一方面,具体劳动和抽象劳动是统一的。因为劳动二重性是生产商品的同一劳动的两个方面,不是两次劳动,也不是独立存在的两种劳动,二者统一于生产同一商品的劳动过程之中。另一方面,具体劳动和抽象劳动又是矛盾的。因为具体劳动和抽象劳动是不同性质的范畴;具体劳动通过交换还原为抽象劳动存在矛盾,交换不成功矛盾对立,交换成功矛盾解决。

(三)劳动二重性决定商品二因素

具体劳动创造商品的使用价值,抽象劳动形成商品的价值。马克思说,"一切劳动,一方面是人类劳动力在生理学意义上的耗费;就相同的或抽象的人类劳动这个属性来说,它形成商品价值。一切劳动,另一方面是人类劳动力在特殊的有一定目的的形式上的耗费;就具体的有用的劳动这个属性来说,它生产使用价值"②。劳动二重性决定商品二因素,商品经济的基本矛盾决定劳动二重性。

生产商品的劳动二重性,是由马克思首先发现和证明的。在马克思之前,资产阶级古典政治经济学家虽然已经提出了劳动创造价值的理论,但他们只是笼统地讲劳动创造价值,既无法解释什么劳动创造价值、为什么创造价值、怎样创造价值的问题,也无法理解为什么生产商品的各种不同劳动可以进行比较。马克思吸收了古典政治经济学劳动价值学说中的科学内核,创造劳动二重性理论,揭示了价值的真正源泉,从而使劳动价值理论成为科学。劳动二重性是理解政治经济学的枢纽。劳动价值论是剩余价值理论的基石,是政治经济学理论体系的基础。

三、商品价值量

(一)社会必要劳动时间决定商品的价值量

商品的价值量是体现在商品中的社会必要劳动量。劳动量一般是由劳动持续的时间来计量的,即由小时、天、周、年等来计量的。因为第一,由于各生产者的主客观条件不同,生产同样一种商品花的时间有多有少。这种个别商品生产者生产某种商品所耗费的劳动时间,是个别劳动时间。如果商品的价值量由最好的生产条件的个别劳动时间决定,会导致供不应求;由最差的生产条件的个别劳动时间决定,势必得出"谁越懒惰,技术水平越低,花的时间越多,他生产的商品的价值就越大"的十分荒谬的结论。第二,同一时间同一地点同一商品的价格是一样的。第三,形成商品价值的劳动是相同的人类劳动,商品价值是社会价值。因此,决定商品价值量的不是个别劳动时间,而是社会必要劳动时间。

---

① [德]马克思:《资本论》第1卷,人民出版社2004年版,第57页。

② [德]马克思:《资本论》第1卷,人民出版社2004年版,第60页。

马克思说："社会必要劳动时间是在现有的社会正常的生产条件下，在社会平均的劳动熟练程度和劳动强度下制造某种使用价值所需要的劳动时间。"①这表明，决定商品价值的社会必要劳动时间有三个方面的规定性：一是在现有的生产条件下生产某种商品所需要的劳动时间。所谓"现有的生产条件"是指当前的生产条件，而不是指过去或将来的生产条件。比如一种普通商品不管过去生产它用了多少时间，如果放到现在才卖，也要按现在生产这种商品所用的时间衡量。二是在社会正常的生产条件下生产某种商品所需要的劳动时间。所谓"社会正常的生产条件"，是指一定时期某一生产部门大多数产品的生产条件，主要是劳动工具条件。如果大多数生产者用机器生产，那么机器生产就是"正常的生产条件"。三是在社会平均的劳动熟练程度和劳动强度下生产某种商品所需要的劳动时间。所谓"平均的劳动熟练程度"主要是指大多数商品生产者所能达到的平均技术熟练操作的程度。所谓"平均的劳动强度"，就是单位时间内体力和脑力消耗的多少的平均水平。在同样的时间内，劳动熟练程度较高和强度较大的劳动，可以比熟练程度较低和强度较小的劳动创造出更多的价值。当然，社会必要劳动时间不是由哪一个人主观决定的，而是生产同种商品的生产者通过市场竞争自发形成的。可见，社会必要劳动时间是从主体和客体双重角度规定的，是平均标准。

社会必要劳动时间决定商品的价值量是价格、供求和竞争机制共同作用的结果，决定商品生产者的命运。个别劳动时间等于社会必要劳动时间，通过商品交换，商品生产者的劳动耗费可以得到正常补偿；个别劳动时间大于社会必要劳动时间，大于的部分社会不予承认，通过商品交换，商品生产者的劳动耗费得不到正常补偿，就会出现亏损或破产；个别劳动时间小于社会必要劳动时间，通过商品交换，生产者的劳动耗费不仅能够得到补偿，还能比别人获得更多的价值。所以，社会必要劳动时间决定着商品生产者的优胜劣汰，促使每个商品生产者不断改进自己的生产，千方百计地降低劳动消耗，提高产品质量。

（二）价值量和劳动生产率

劳动生产率是指劳动者生产某种产品的能力或效率。它通常有两种表示方法：一是以单位时间内所生产的产品的数量来表示，即：产品数量/单位时间；二是以单位产品所耗费的劳动时间来表示，即劳动时间/单位产品。劳动生产率的高低，主要取决于五个因素：劳动者的劳动平均熟练程度、科学技术的发展水平及其在工艺上应用的程度、生产过程的社会结合、生产资料的规模和效能、自然条件等。其中，科学技术及其应用程度所起的作用越来越重要。

商品的价值量随劳动生产率的变化而变化。从对商品价值量的影响来看，要区分部门劳动生产率（或社会劳动生产率）和企业劳动生产率。部门劳动生产率是指同类产品平均

---

① ［德］马克思：《资本论》第1卷，人民出版社2004年版，第52页。

的生产率，体现社会必要劳动时间。企业劳动生产率，是指个别生产者的劳动生产率，体现个别劳动时间。部门劳动生产率和商品的使用价值量成正比例，与同一时间生产的价值总量无关，同单位商品的价值量成反比例。单个企业劳动生产率与商品价值量成正比。这就是商品生产者在竞争中不断追求更高的劳动生产率的秘密所在。

（三）简单劳动和复杂劳动

社会必要劳动时间是以简单劳动为尺度计量的劳动时间。因此，在比较不同种商品的价值量时，还应将复杂劳动还原为简单劳动。简单劳动，是不需要经过任何专门训练，一般劳动者都能胜任的劳动。复杂劳动，是需要经过专门培养和训练，具有一定技术专长才能胜任的劳动。复杂劳动是自乘的或倍加的简单劳动。1小时复杂劳动创造的价值等于若干小时简单劳动创造的价值。这就要求在分析不同种商品的价值量的决定时，必须把复杂劳动还原为简单劳动。当然，这种折合或还原并不是在交换中自觉地进行的，而是在商品生产者的背后由社会过程决定的，就是说，是根据历史习惯和实践经验自发地形成的，或者说是由市场自发形成的。简单劳动和复杂劳动的区分是相对的。随着生产技术的发展和文化教育水平的提高，过去的复杂劳动现在就可能成为简单劳动。但是，在一定的历史条件下，从全社会看，简单劳动和复杂劳动的区分又是相对稳定的。简单劳动和复杂劳动的区分，不同于体力劳动和脑力劳动、熟练劳动和非熟练劳动的区分，不能混同。

四、商品经济的基本矛盾

商品经济中存在着许多矛盾，如使用价值与价值的矛盾、具体劳动与抽象劳动的矛盾、私人劳动和社会劳动的矛盾、个别劳动时间和社会必要劳动时间的矛盾等。这些矛盾都是由商品经济的基本矛盾——私人劳动（或局部劳动）与社会劳动的矛盾引起的。

私人劳动与社会劳动的矛盾，是指生产商品的劳动，既是私人劳动，又必须得到社会承认而转化为社会劳动这一现象，表现为生产商品的劳动的社会性质要求产品在数量、质量和品种等方面都要符合社会需要；但是，生产商品的劳动的私人性质却使生产出的产品在数量、质量和品种上又往往不能与社会的需要相一致。这一矛盾源于商品经济产生的两个基本条件：一是社会分工，二是不同利益主体的存在。在社会分工的条件下，商品生产者既为别人提供产品，又需要别人的产品，可以说每一个商品生产者的劳动都是社会总劳动的一部分，具有社会劳动的性质，是社会劳动。同时，在一定条件下，由于商品生产者是不同的利益主体，每个商品生产者的劳动都是为获得自身经济利益而自主进行的，生产什么、生产多少和怎样生产，全由商品生产者根据市场需要自行决定，而且生产出来的产品也被视为自己的所有物，因此，每个商品生产者的劳动又具有私人劳动的性质，直接表现为私人劳动。

私人劳动与社会劳动的矛盾是商品经济的基本矛盾。因为，第一，这一矛盾存在于商品经济的一切发展阶段，并决定着商品经济产生和发展的全过程。由于生产商品的私人劳动在商品经济的不同发展阶段具有不同的社会性质，这一矛盾也就有不同的表现形式。在简单商品经济阶段，商品生产者以小私有者的身份从事商品生产活动，这时，私人劳动与社会劳动的矛盾就表现为以小私有制为基础的个体劳动与社会劳动的矛盾；在商品经济尤其是市场经济阶段，商品生产者大多是作为独立的企业法人从事生产活动的，这时，私人劳动与社会劳动的矛盾一般表现为社会化生产和资本主义私有制的矛盾；在以公有制为基础的商品经济中，商品生产者是相对独立的物质利益主体，生产商品的劳动会表现为局部劳动和社会劳动的矛盾。第二，私人劳动与社会劳动的矛盾，决定着商品生产者的命运。如果商品生产者生产的商品不符合社会需要，卖不出去，他的劳动就不为社会所承认，就不能转化为社会劳动；即使商品生产者生产的商品是社会所需要的，如果他耗费的个别劳动时间高于社会必要劳动时间，那么他的一部分个别劳动时间也不能转化为社会劳动。第三，决定和影响商品经济其他矛盾的存在和发展，是商品各种内在矛盾的根源。私人劳动能否转化为社会劳动，取决于他所生产的商品是否符合社会需要，能否卖得出去。如果他生产的商品不为社会需要，卖不出去，那么他在生产经营商品上所耗费的劳动就不能转化为抽象劳动，就是说具有使用价值的东西不能实现其价值。因此，商品交换是否成功，直接关系到商品的使用价值能否让渡，其价值能否实现，具体劳动能否转化为抽象劳动；或者说，商品使用价值和价值的矛盾，具体劳动和抽象劳动的矛盾，其根源就在于私人劳动与社会劳动的矛盾。第四，是推动商品经济从低级向高级发展的动力。

第三节　货　币

在现实生活中，商品价值是通过一定的形式被表现出来的。交换价值是价值的表现形式。马克思通过对价值形式的研究，揭示了货币的起源和本质。

一、货币的起源和本质

价值是商品的社会属性，它客观存在，但它又不能由商品自身直接表现出来。孤立地拿一个商品，不管你怎样颠来倒去，总看不到它的价值。因为价值是一种生产关系，只能在商品交换关系中表现出来。如 20 码麻布的价值是多少，从麻布本身是根本无法看出来的，只能在它和其他商品如 1 件上衣相交换时，表现在 1 件上衣上，1 件上衣就是 20 码麻布的交换价值。

价值形式是价值的表现形式，是交换价值。商品生产和商品交换在人类历史上存在了几千年，价值形式也经历了长久的发展过程，经历了简单价值形式、扩大价值形式、一般价值形式和货币形式四个发展阶段，它们是从低级到高级发展的。简单商品形式是货币形式的胚胎，货币形式是价值形式的完成形式。

（一）简单的价值形式

简单价值形式是一个商品同另一个不同种商品的价值关系。用公式表示：

$$20 \text{ 码麻布} = 1 \text{ 件上衣}$$

一切价值形式的秘密都隐藏在这个简单价值形式中。因此，分析这个形式确实困难。在这个价值形式中，一种商品的价值简单地表现在另一种商品上，20 码麻布的价值通过 1 件上衣表现出来。所以说它是简单价值形式，是因为这一价值形式反映了被交换对象的所有者之间偶然的交换关系，那时人们还不是为交换而生产，只是把多余的个别商品拿去交换。偶然的和个别的，就是简单的。

在这个等式中，等式两极是对立统一关系。等式两极有不同的地位和作用。等式左边是相对价值形式，即麻布的价值要通过别的商品如上衣表现出来，起主动作用；等式右边是等价形式，用商品上衣的使用价值来表现商品麻布的价值，起被动作用。

相对价值形式可以从质和量两个方面来分析。从质上看，在"20 码麻布 = 1 件上衣"这一等式中，麻布的价值是怎样表现出来的？通过和上衣的价值关系表现出来；为什么价值关系能表现？因为等价表现能把不同种商品包含的不同种劳动化为共同的一般人类劳动；如何表现？一个商品的价值用另一个商品的使用价值来表现。通过价值关系，商品上衣的物体成了反映商品麻布的价值的镜子，用商品上衣的使用价值表现出来的商品麻布的价值具有相对价值形式。从量上看，价值形式不只是要表现价值一般，而且要表现价值量。商品麻布本身的价值量和表现出来的价值量的关系，有四种情况：第一，假定麻布本身的价值起了变化，上衣的价值不变，则麻布表现出来的价值与麻布本身的价值变化成正比。第二，麻布的价值不变，上衣的价值起了变化，则麻布表现出来的价值和上衣的价值变化成反比。第三，麻布和上衣本身的价值量按同一方向、同一比例同时发生变化，它们的相对价值不变。第四，麻布和上衣的价值量按同一方向但不同程度同时发生变化，或者按相反的方向变化，麻布的相对价值的变化可根据前面三种情况推知。商品本身的价值量和表现出来的价值量不会一致，也不需要一致，就像内容和形式、本质和现象不会一致也不需要一致一样。

等价形式是一个商品能与另一个商品直接交换的形式。等价形式有三个特点：一是使用价值成为它的对立面即价值的表现形式。二是具体劳动成为它的对立面即抽象劳动的表现形式。三是私人劳动（或局部劳动）成为它的对立面即社会劳动的表现形式。等价形式的商品不表现自身的价值和价值量。货币没有价格。

简单价值形式使商品使用价值和价值的内部对立表现为两个商品之间的外部对立。在相对价值形式位置的商品，只表现为使用价值，表现为具体劳动的产物，它的价值由处于等价形式位置的商品表现出来；处于等价形式位置的商品只是当作价值、抽象劳动的体现，它的使用价值是另一种商品价值的表现材料。

在简单价值形式中，商品价值的表现是不充分的，是一种胚胎形式，是一种商品偶然地同另一种商品交换，因此它在质上是否同所有的商品都一样，即都是无差别的人类劳动，还未充分表现出来，在量上也不能准确地反映生产麻布的实际劳动耗费。只有通过一系列的形态变化，才成熟为价格形式。

（二）扩大的价值形式

随着生产力的发展，交换成为一种经常现象。这样，价值形式便发展到第二阶段，即扩大的价值形式。

扩大的价值形式是指一种商品的价值通过许多商品表现出来。用公式表示：

$$20\ 码麻布\begin{cases} =1\ 件上衣 \\ =40\ 磅咖啡 \\ =1\ 夸脱小麦 \\ =10\ 磅茶叶 \\ =2\ 盎司黄金 \\ =一定量的其他商品 \end{cases}$$

这一价值形式比简单价值形式更能充分地反映价值的性质，即价值真正是无差别的人类劳动的凝结。因为现在一种商品如麻布的价值，已经不是偶然地反映在某一种商品上，而是反映在一系列商品上，每一种其他商品都成为反映麻布的价值的材料。商品的相对价值表现是未完成的，它的表现系列永无止境，没有获得统一的价值形式；在这种价值形式中，由于等价物有许多不同的商品，仍然是物物交换，会使交换经常发生困难。

（三）一般的价值形式

困难和解决困难的手段同时产生。人们从无数次的交换中认识到，在一定的市场上，有些商品是大家愿意接受的。人们只要把自己的商品先换成大家比较乐意接受的商品，然后再用这种商品去换自己需要的商品，交换不仅成功，而且十分省事。这样就有一种商品会自然而然地从许多商品中分离出来，变成一切商品的等价物，一切商品价值都通过这种商品表现出来，这种价值形式便成为一般价值形式。简言之，一般价值形式是指一切商品的价值都通过一种商品表现出来。用公式表示：

$$\left.\begin{array}{l} 1\ 件上衣 \\ 40\ 磅咖啡 \\ 1\ 夸脱小麦 \\ 10\ 磅茶叶 \\ 2\ 盎司黄金 \\ 一定量的其他商品 \end{array}\right\}=20\ 码麻布$$

等式右边的麻布这时已成为其他商品的等价物，这就是一般等价物。所谓一般等价物就是充当一切商品统一的价值表现材料的特殊商品。商品的价值表现是简单的和统一的，因而是一般的。

一般价值形式不是扩大的价值形式公式的简单颠倒，它的出现是价值形式发展的一个质的飞跃，它意味着以一般等价物为媒介的商品交换代替了物与物的直接交换，克服了物物交换的困难，但充当一般等价物的商品还是不固定的，不利于商品交换的进一步发展。

（四）货币形式

商品交换的发展，使充当一般等价物的商品逐步固定在金、银等贵金属上，这样货币就产生了。金或银之所以能够固定地担当这个重任，首先是因为它本身也是商品，也有价值；其次，是因为金银具有体积小、价值大、便于携带和保管、不易变质损坏、质地均匀、易于分割等方面的特性，最适合充当货币材料。因此，"金银天然不是货币，但货币天然是金银"。当金银从商品世界中分离出来，固定地独占一般等价物的地位时，就成为货币。也就是说，货币形式是指一般等价物固定在黄金或白银上，一切商品的价值都通过金或银来表现。货币形式的公式是：

$$
\left.
\begin{array}{l}
20\ 码麻布\\
1\ 件上衣\\
40\ 磅咖啡\\
1\ 夸脱小麦\\
一定量的其他商品
\end{array}
\right\} = 2\ 盎司黄金
$$

货币形式与一般价值形式没有本质区别，区别只在于货币形式中由贵金属充当一般等价物是稳定的、固定的，而一般价值形式中充当一般等价物的商品是暂时的、地区性的，不固定的。货币是价值形式发展的结果，是商品交换过程内在矛盾发展的产物，不是政府规定的，也不是某个人的发明创造。这就是货币的起源。

货币的本质在于，货币无非是固定地充当一般等价物的特殊商品，体现了商品生产者之间的生产关系。说货币是特殊商品，因为货币具有双重使用价值，一是和其他商品一样，具有由它的自然属性决定的使用价值；二是具有由它的社会职能所产生的使用价值，即可以用来购买其他一切商品。货币同时是一般商品，因为货币是一般等价物，是商品价值的一般代表。说它体现了商品生产者之间的生产关系，是因为商品生产者必须通过货币来实现相互之间的劳动交换关系。

货币的产生虽然解决了物物交换的困难，但并没有消除商品经济的内在矛盾，却使商品内在的使用价值和价值的矛盾发展为商品和货币的外部对立，一切商品只有转化为货币，才能实现其价值。这样，货币作为商品交换的媒介，使商品交换表现为"商品→货币→商品"，从而使卖和买在时间上和空间上出现分离或脱节，包含有危机的可能性，使商品经济的内在矛盾进一步发展。

二、货币的职能

货币是固定地充当一般等价物的商品，货币的这种本质只有通过货币的职能才能充分表现出来。货币有五种职能：价值尺度、流通手段、贮藏手段、支付手段、世界货币。前面两种职能是货币的基本职能，后面三种职能是随着商品经济发展而产生的。

（一）价值尺度

价值尺度，就是货币充当计量其他一切商品价值量大小的尺度。是货币两大基本职能之一。衡量物品的长短可以用尺子，确定物品的重量可以用秤，商品价值量的大小就用货币作尺度来衡量。货币具有价值尺度的职能是因为货币本身也是商品，本身也凝结着一般人类劳动，也有价值，就像尺子能够用来衡量物品的长度，是由于它本身也有长度一样。

货币执行价值尺度的职能，就是把商品的价值表现为一定的价格。劳动时间是商品价值的内在尺度。货币就是商品价值的外在尺度。这种外在尺度是通过商品价格来实现的。因此，价值是价格的基础，价值决定价格；价格是价值的货币表现，价格反映价值。价格的高低，一方面取决于商品价值的多少，另一方面也取决于货币价值量的大小，它是商品价值与货币价值的比率。商品价格的变化，同商品本身价值的变化成正比例，同货币价值的变化成反比例。货币在执行价值尺度的职能时，是在表现商品价值，而不是实现价值，因而只要有想象的或观念的货币就可以了，不需要实在的货币。

货币作为价值尺度的职能是通过价格标准来实现的。价格标准，是货币本身的计量单位及其等分。最先的货币单位名称和其重量单位名称是一致的，如中国古代将金银分成两、钱等计量单位。后来，金银的货币计量单位名称同原来的重量单位名称逐渐分离，如我国现在纸币计量单位是元、角、分。

价值尺度和价格标准既有联系又有区别。货币执行价值尺度的职能，必须有价格标准，这是二者的联系。但价格标准又不同于价值尺度。一是作用不同，价值尺度是衡量商品价值的，价格标准是计量货币数量的。二是与劳动生产率的关系不同。价值尺度随劳动生产率的变动而变动，价格标准与劳动生产率无关。三是产生的条件不同。价值尺度是商品交换内在矛盾和价值形式发展的结果，价格标准是人为规定的。四是职能性质不同。价值尺度是独立的社会职能，价格标准是技术职能。

（二）流通手段

流通手段，指货币充当商品交换的中介的职能，以货币为中介的商品交换就是商品流通，用公式表示为：商品→货币→商品（W→G→W），是货币的第二大基本职能。

执行流通手段的货币必须是实在的货币，但不一定是足值的货币。例如，铸币在长期流通中会产生磨损，由足值的货币变为不足值的货币。但由于人们关心的是它能代表多少价值，可以换回多少商品，因而，不足值的货币仍然可以同足值的货币一样使用。正是由于这个缘故，所以由金银铸成的货币也可以由纸币来代替。

随着经济发展和科学技术的进步，货币形式不断发展。最先是实物货币为金银条块货币所代替，没有固定形状和分量的金银在执行流通手段职能的过程中逐渐为铸币所代替，后来铸币又逐步为纸币所代替，有形的纸币为无形的电子货币所代替，等等。

铸币，就是按一定的成色、一定的重量和面额铸造成某种形态的金属货币。纸币，是由国家发行并强制流通的价值符号。纸币不同于金属货币，它本身没有价值，原先仅作为一定量金属货币的价值符号，现在仅作为价值符号，在商品交换中起中介作用。现代纸币主要有现金和支票两种形式。电子货币，是一种无形的货币，它是贮存于以银行为中心的电子计算机网络中的存款货币。电子货币的具体形式是各种名目的信用卡。信用卡是集存款、提款、转账、结算、查询等多种功能于一身的电子货币。

货币作为流通手段带来了商业危机的可能性。在物物交换中，卖的过程同时就是买的过程，二者在时空上是结合在一起的。而在以货币为中介的商品流通中，卖和买在时间上和空间上可能被分割为两个过程。买卖的分离，可能产生市场供求矛盾，在整个商品流通的序列中发生连锁反应，在一定的条件下，就有可能发生商业危机。

（三）贮藏手段

贮藏手段，指货币退出流通领域而被人们当作社会财富的一般形式或独立的价值形态保存的职能。货币能够成为贮藏手段，是因为货币是一般等价物，是社会财富的一般代表，它可以随时变成任何其他商品。作为贮藏手段的货币同作为价值尺度的货币是不同的。作为价值尺度的货币，可以是想象的或观念的货币；作为贮藏手段的货币，必须是实在的和足值的货币。铸币和金银条块可以作为贮藏手段。在币值稳定的条件下，纸币也可以成为贮藏手段。货币贮藏有三种形式，作为财富的贮藏、美的贮藏和作为支付手段准备金的贮藏。

货币作为贮藏手段具有自发调节货币流通量的作用。在金属货币流通的情况下，货币贮藏手段就像贮水池，自发地调节流通中的货币量。马克思说，"货币贮藏的蓄水池，对于流通中的货币来说，既是排水渠，又是引水渠，因此，流通中的货币永远不会溢出它的流通的渠道"①。因此，在金属货币流通的情况下，不会出现流通中货币量过多或不足的现象。

（四）支付手段

支付手段，指货币用来清偿债务、缴纳赋税、支付租金和工资等方面的职能。由于多方面的原因，在经济生活中，存在着商品的赊购现象以及与商品交换无关的价值转移现象。例如，债务人用货币延期支付或还本付息、纳税人用货币缴纳税款等。在这里，货币

① ［德］马克思：《资本论》第 1 卷，人民出版社 2004 年版，第 157－158 页。

执行一般支付手段的职能。

货币执行支付手段职能时，交换双方的信用是非常重要的前提。因为，赊账买卖实际上是一种信贷活动。随着信贷活动的发展，产生了许多信用货币，如期票、支票、汇票、银行券等。货币作为支付手段，既促进了商品经济的发展，又加深了商品经济的矛盾。货币作为支付手段，可以使商品在缺乏现金的情况下实现流通；有些债务可以相互抵消，可以节省流通中所需要的货币量，这都有利于商品经济的发展。但是，货币作为支付手段，本身也意味着许多商品生产者之间以赊账买卖的方式发生了债权债务关系，形成一系列的债务链，从而有产生支付危机的可能性。

（五）世界货币

世界货币，指货币在国际市场上起一般等价物的作用，主要表现在三个方面：一是作为支付手段，用来支付国际收支的差额；二是作为购买手段，用来购买国外的商品和劳务；三是作为财富的一般代表，由一国转移到另一国。

随着货币形式的发展和经济全球化的加深，黄金作为世界货币的职能已经大为减弱，某些经济实力雄厚国家或地区的货币，如英镑、美元、欧元等逐步为世界各国接受而成为世界货币，在一定程度上起着世界货币的作用。自20世纪60年代后期起，国际货币基金组织创设了特别提款权，作为一种储备资产和记账单位，亦称"纸黄金（Paper Gold）"。它是国际货币基金组织分配给会员国的一种使用资金的权利。会员国在发生国际收支逆差时，可用它向基金组织指定的其他会员国换取外汇，以偿付国际收支逆差或偿还基金组织的贷款，还可与黄金、自由兑换货币一样充当国际储备。但由于其只是一种记账单位，不是真正的货币，使用时必须先换成其他货币，且不能直接用于贸易或非贸易的支付。

货币的五种职能之间存在着有机的联系，它们共同体现货币作为一般等价物的本质。

三、货币流通规律

（一）货币供应量

在现代经济生活中，人们根据货币的流动性，一般将货币供应量分为流通中的现金、狭义货币和广义货币三个层次，用符号依次表示为M0、M1、M2。M0＝流通中的现金，包括纸币和硬币。它是最活跃的货币，与消费物价水平变动密切相关，一直是央行关注和调节的重要目标。M1＝M0＋企事业单位的活期存款。活期存款灵活性很强，随时可以提取，或开出支票当作货币在市面上流通、使用，流动性仅次于M0；是反映企业资金松紧的重要货币指标。M2＝M1＋企事业单位的定期存款＋居民储蓄存款。M2的流动性最弱，但它的变化能够反映社会总需求的变化，对宏观调控具有重要意义，因而在考虑货币供应量时，也把它计算在内。

（二）货币流通规律

货币的流通规律，是指一定时期内流通中所需货币量的规律。一定时期流通中所需要的货币量取决于三个因素，一是待售商品数量，二是待售商品的价格水平，三是货币流通速度。货币流通速度是货币从银行出来又回到银行中间的使用次数。待售商品数量和待售商品价格水平的乘积，是待售商品价格总额。一定时期流通中所需要的货币量与待售商品的价格总额成正比，与货币流通速度成反比。用公式表示是：

$$\text{一定时期流通中所需要的货币量} = \frac{\text{待售商品价格总额（待售商品总量} \times \text{待售商品价格）}}{\text{货币流通速度（同一货币单位的平均周转次数）}}$$

货币支付手段职能产生后，货币流通规律的公式应作相应修正。用公式表示为：

$$\text{流通中需要的货币量} = \frac{\text{待售商品价格总额} - \text{赊销商品价格总额}}{\text{同一单位货币平均流通次数}} +$$

$$\frac{\text{到期支付价格总额} - \text{相互抵消的价格总额}}{\text{同一单位货币平均流通次数}}$$

在金本位制度下，纸币的流通规律以金属货币的流通规律为基础。"纸币的发行限于它象征地代表的金（或银）的实际流通的数量"[1]。因为纸币是代表金属货币执行流通手段职能的，当纸币的发行量相当于商品流通中所需要的金属货币量时，纸币就同金属货币一样具有同等的购买力；当纸币的发行量超过了流通中所需要的金属货币量时，纸币就会贬值。在现行货币制度下，纸币流通规律是纸币的发行量限于流通中实际需要的纸币量。

（三）通货膨胀和通货紧缩

流通中货币量的多少，对社会经济发展有着重要的影响。如果违背货币流通规律，流通中货币过多或过少，往往会造成通货膨胀或通货紧缩。

通货膨胀是指纸币的发行量超过流通中所需要的货币量，引起纸币贬值从而物价总水平持续上涨的现象。由于通货膨胀总与物价上涨相联系，所以通过计量物价水平的上升幅度，可以作为反映通货膨胀的指标。通货膨胀的程度，通常用通货膨胀率来衡量。通货膨胀率是指从一个时期到另一个时期价格水平变动的百分比。用公式可以表示为：$\pi_t = \frac{P_t - P_{t-1}}{P_{t-1}}$。式中，$\pi_t$ 为 t 时期的通货膨胀率，P_t 和 P_{t-1} 分别为 t 时期和 $t-1$ 时期的价格水平。相应地，通货紧缩是指流通中的纸币量不足，引起纸币升值从而物价总水平持续下降的现象。值得注意的是，纸币发行超额（或不足）引起纸币供应量扩大（或紧缩）从而引起通货膨胀（或紧缩）的程度，不能只考虑纸币发行多少这一因素，更多地还要考虑通过信用的扩张、派生存款创造等因素所产生的乘数作用。

---

① ［德］马克思：《资本论》第 1 卷，人民出版社 2004 年版，第 150 页。

第四节　商品经济的基本规律

价值规律是商品经济的基本规律，市场机制是价值规律得以贯彻的形式。

一、价值规律的主要内容和表现形式

（一）价值规律的主要内容和客观要求

价值规律的主要内容和要求是：商品的价值量由生产商品的社会必要劳动时间决定，商品交换要按照价值量相等的原则来进行。决定商品价值量的不是个别劳动时间，而是社会必要劳动时间，这是不以人的意志为转移的客观规律；按照价值量相等的原则进行交换，又称为等价交换原则，是商品生产者通过市场评价公平地实现和得到自己的利益的基本要求和途径，这也是商品价值如何在交换中得以实现的客观要求。

（二）价值规律的表现形式

货币出现以后，商品的价值表现为商品的价格，等价交换要求价格符合价值。但在实际生活中，由于多种因素的影响，如供求失衡、垄断的存在、政策的限制等，商品的价格和其价值经常存在不一致的现象。如果商品供过于求，卖者之间的竞争就可能导致价格下降；如果商品供不应求，买者之间的竞争就可能导致价格上升，价格总是随着供求关系的变化以价值为中心上下波动，这正是价值规律发生作用的表现形式。因为，第一，价格虽然经常时涨时落，但不会完全脱离价值这根轴线，总是以价值为基础的，总是围绕价值自发地上下波动。第二，从局部或短期看，价格可能低于或高于价值；但从一个较长时期考察，一段时间商品的价格高于价值，另一段时间商品的价格低于价值，高于的部分和低于的部分可以相互抵消，价格仍然等于价值。第三，从全部商品来看，有的商品价格高于价值，有的商品价格低于价值，但全部商品的总价格和总价值是相等的。由此可见，价格以价值为基础，自发地围绕价值上下波动，不是对价值规律的否定，而是价值规律发生作用的表现形式。正是在这种不断的价格波动中，价值规律才能得以贯彻，社会必要劳动时间决定商品价值量才能成为现实。

二、价值规律的作用及其实现

价值规律的作用，一般可以概括为三个方面：一是调节作用。可以自发地调节生产和流通，实现资源的有效配置。二是动力作用。可以刺激商品生产者改进技术，改进管理，提高劳动生产率，促进社会生产力的发展。三是分化作用。可以促进生产者的优胜劣汰，导致商品生产者的两极分化。这三个作用，主要是通过建立在价格与价值、个别劳动时间与社会必要劳动时间等矛盾及其运动基础上的市场机制来实现的。

（一）价值规律通过市场机制，自发地调节商品生产和商品流通，实现社会资源在不同生产部门之间的有效配置

商品的价格与价值受供求关系的影响存在不一致的矛盾。这一矛盾，影响着商品生产者的商品价值的实现，也直接影响着商品生产者的收益。价值规律就是在价格与价值的这种矛盾运动中起调节作用的。在商品经济条件下，商品的价值表现为价格。市场价格是商品生产者可以直接观察到的市场信号和收益实现途径。商品生产者通过市场上价格的波动，可以知道市场上需要什么；市场上的商品价格不仅传递和反馈市场供求信息，而且直接关系到每个商品生产者物质利益的实现程度。在一定时期，在其他条件不变的情况下，当某种商品供不应求价格上涨时，意味着该商品的社会需求大，生产该商品有利可图，生产者在经济利益的驱使下，就会决定增加生产这类商品，从而使社会资源流入该生产部门；相反，当某种商品供过于求价格下跌时，就意味着该种商品生产量超过了需求量，生产该商品利润减少，甚至可能亏损，这样，生产者就会缩小生产规模，社会资源就会退出该生产部门。价值规律就是这样像一只"看不见的手"，通过价格的上下波动，自发调节着商品生产和商品流通，使社会资源在各部门的分配不断地得到调整。

（二）价值规律通过市场机制，刺激商品生产者不断改进技术，改进管理，提高劳动生产率，促进社会生产力的发展

我们知道，由于主客观因素的影响，不同的商品生产者生产同种商品所花费的个别劳动时间是有差别的，而价值规律则要求商品的价值量由社会必要劳动时间决定，进行等价交换。这样，如果某些商品生产者生产某种商品的个别劳动时间小于社会必要劳动时间，他就可以按社会必要劳动时间来实现其商品的价值，从商品交换中实现较多的社会价值，从而获得较多的收益；反之，如果商品生产者生产某种商品的个别劳动时间大于社会必要劳动时间，而他又只能按社会必要劳动时间来实现其商品的价值，商品生产者在商品交换中就会有一部分劳动消耗得不到补偿，并在市场竞争中处于不利的地位。商品生产者为了在竞争中处于有利地位，实现较多的收益，必然千方百计地降低生产商品的个别劳动时间。而要降低商品的个别劳动时间，商品生产者除了尽可能地减少生产资料的消耗外，还要不断提高活劳动的生产率，而这两个方面一般都依赖于生产技术的改进和经营管理水平的提高。一般来说，技术越先进，管理越科学，劳动生产率就越高，就越有可能使个别劳动时间小于社会必要劳动时间，所生产的商品价值按社会必要劳动时间实现，就越有可能多赚钱；相反，技术越落后，管理越差劲，劳动生产率就越低，个别劳动时间就越有可能大于社会必要劳动时间，按社会必要劳动时间出售，就越亏损。因此，在市场充分竞争的条件下，各个商品生产者都必须努力改进技术、提高管理水平，降低商品生产的个别劳动时间。同时，每个商品生产者都努力改进技术、提高管理水平，就会在全社会范围内推动技术进步和管理水平的提高；每个商品生产者努力降低商品生产的个别劳动时间，也会在全

社会范围内将该种商品生产的社会必要劳动时间降下来，这意味着同样的社会总劳动可以生产出更多的社会产品。而且，只要这种商品存在着市场需求，这一过程就会不断进行下去，围绕着已经降低了的社会必要劳动时间，力求进一步降低商品个别劳动时间的新一轮竞争又会展开。在这样的竞争过程中，就会不断地刺激技术的进步，推动社会生产力的发展。

（三）价值规律通过市场机制，促进生产者的优胜劣汰，导致商品生产者的两极分化

从主观上看，每个商品生产者都力求不断地改进生产技术，降低商品的个别劳动时间，在竞争中占据优势，以获得更多的收益。但在客观上，并不是所有的商品生产者都能如此。如在一定时期，一些商品生产者受客观条件的限制，没有力量及时更新设备或添置新的技术装备，商品生产的个别劳动时间难以降低，生产经营的收益不断下降，或者遭遇到难以承受的市场冲击，导致亏损，甚至破产，结果被市场淘汰。而另一些生产条件好的商品生产者，由于劳动生产率较高，竞争能力较强，在竞争中处于优势地位，就能获得较多的收入。那些在竞争中的优胜者，就能够不断地扩大生产规模和经营范围，加强其竞争优势，因而能得到更多的收入。因此，价值规律通过竞争、风险等市场机制，促进了商品生产者的优胜劣汰，在一定的社会条件下，也会导致商品生产者的两极分化。

第五节　劳动价值论的新发展

一、劳动价值论的主要内容

在经济学说史上，劳动时间决定商品价值的观点，是英国经济学家威廉·配第于1662年在他的《赋税论》中首先提出的。他认为，"劳动是财富之父，土地是财富之母"，"一切只取决于劳动时间"。由这一基本观点的发展而形成的劳动价值论，经过亚当·斯密、大卫·李嘉图的继承与发展，最后由马克思创立了科学的劳动价值论。马克思的劳动价值论的基本内容包括：

（一）商品二因素理论

商品是用来交换的劳动产品，是使用价值和价值的统一体，是体现生产关系的历史范畴，可分为一般商品和劳动力这种特殊商品。使用价值和价值是商品二因素。使用价值是商品的自然属性，价值是商品的社会属性、本质属性。价值的质是抽象劳动的凝结，价值量由社会必要劳动时间决定。价值的质和量是通过价值形式表现出来的。劳动二重性决定商品二因素。

（二）劳动二重性理论

具体劳动和抽象劳动是劳动二重性。具体劳动是在一定具体形式下进行的劳动，抽象

劳动是劳动者在生产过程中的体力和脑力的耗费。劳动二重性是同一劳动过程的两个方面，不是两次劳动，也不是两种劳动。劳动二重性是理解政治经济学的枢纽，劳动二重性是由商品经济的基本矛盾决定的。

（三）价值规律理论

价值规律是商品经济的基本规律。价值规律的主要内容和客观要求是商品的价值量由社会必要劳动时间决定，商品交换要等价交换。价值规律的表现形式是价格围绕价值上下波动；价值转化为生产价格以后，价值规律的表现形式是市场价格围绕生产价格上下波动；在垄断资本经济条件下，价值规律表现为垄断价格规律。价值规律通过价格、供求、竞争机制，起调节、动力、分化三大作用。

（四）货币理论

货币是商品交换内在矛盾发展的产物，是价值形式发展的结果。货币的本质是一般等价物，是社会财富的一般代表。货币的本质体现在它的职能中，货币有价值尺度、流通手段、贮藏手段、支付手段和世界货币五大职能，其中，价值尺度和流通手段是货币的两大基本职能。货币流通规律是一定时期流通中所需要的货币量的规律，这个规律是普遍适用的。

（五）商品拜物教理论

商品拜物教性质是商品的神秘性质。商品拜物教来源于商品的价值形式，来源于生产商品的劳动特有的社会性质。拜物教是同商品生产分不开的。商品拜物教在资本经济社会进一步发展为货币拜物教和资本拜物教。在非商品经济的社会里，就没有商品拜物教。

二、劳动价值论的新发展

从马克思创立劳动价值论到现在的一百多年来，伴随着第三产业的发展，知识经济的兴起，社会主义市场经济的建立和发展，经济生活中出现了许多新情况、新问题、新特点，劳动价值理论有了新的发展。

第一，生产部门范围扩大，精神产品和服务产品生产部门加速发展。现代市场经济的发展，必然导致产业结构的升级换代，生产部门扩大。一百多年前马克思所着重分析的物质生产部门，在当代社会产业部门中所占的比重不断下降，而科技产业、信息咨询业、金融保险业以及为生产和生活服务的众多服务生产部门在国民经济中所占的比重日益提高，已成为国民经济的重要组成部分。生产部门的范畴从物质生产部门是生产部门，扩大到精神产品生产部门、服务产品生产部门也是生产部门。

第二，生产劳动者范围扩大。马克思劳动价值论所研究的生产劳动者，主要是私有制条件下的商品生产者和资本主义生产方式下直接生产过程中的雇佣工人，包括总体工人。在现代市场经济条件下，生产劳动者与传统意义上的对象有很大的不同。比如，在我国以公有制为主体、多种所有制经济共同发展的社会主义经济制度下，既有公有制经济中的生产劳动者，也有非公有制经济中的生产劳动者，还有为公有制和非公有制经济提供中介服务的生产劳动者。马克思研究的生产劳动者，主要是物质生产部门的劳动者。今天的生产劳动者，既有第一产业和第二产业的劳动者，还有第三产业的劳动者；生产劳动者由体力劳动者为主转变为以脑力劳动者为主。

第三，生产要素中的活劳动要素发生变化，产品中的活劳动含量日益减少，活劳动中创新性劳动的作用日益增强，活劳动形式多样化。由于迅速发展的高新技术在生产中的应用，单位产品，无论是物质产品、精神产品还是服务产品，其中所包含的活劳动已经大大减少。但活劳动创新性增强，通过高新技术的"杠杆"作用，在市场经济条件下，可以创造出比过去多几十倍甚至几百倍的商品。在现代经济生活中，科技工作者与企业家的创新劳动在发展生产和价值创造中的作用越来越突出，成为提高产品竞争能力、推动社会经济蓬勃发展的重要源泉。随着经济全球化和知识经济的发展，活劳动的形式也与过去已大不相同。人的活劳动虽然包括人的体力和脑力劳动的支出，但这种体力和脑力的支出在形态上已呈现出多样化、复杂化的特点。如脑力劳动中就出现了理论研究型、知识运用型和技术创新型等活劳动形态。

第四，生产要素中的科技和管理要素在生产过程中的作用越来越重要。过去，劳动、资本、土地这些独立性生产要素最重要，起加法作用。今天，知识、技术、企业家才能、管理、信息等附着性要素更重要，起乘法作用。科技是第一生产力。当代科技在生产中的广泛运用，商品价值创造由体力劳动为主转变为以脑力劳动为主。生产要素的优化组合和产业结构优化日益重要，彰显出管理的日趋重要。

第五，生产劳动范畴外延扩大，服务劳动、科技劳动、管理劳动都是生产劳动。马克思曾依据不同的标准，对生产劳动范畴进行了一系列区分。但他把自己研究、考察的重点放在物质生产部门的劳动，这也是当时的条件所限定的。在马克思所处的时代，可以仅将物质生产部门的劳动、以及为物质生产部门直接服务的运输业、邮政电信业和商品仓储业等服务业的劳动视为生产劳动。因为当时其他服务业在国民经济中的地位还微不足道，现在已成为国民经济的重要组成部分。生产劳动的范畴不仅从物质生产部门的劳动是生产劳动，扩大到服务劳动也是生产劳动，而且扩大到科技劳动和管理劳动也是生产劳动。《中共中央关于制定国民经济和社会发展第十个五年计划的建议》指出："随着生产力的发展，科学技术工作和经营管理作为生产劳动的重要形式，在社会生产中起着越来越重要的作用。"党的十六大报告强调："要尊重和保护一切有益于人们和社会的劳动。不论是体力劳动还是脑力劳动，不论是简单劳动还是复杂劳动，一切为我国社会主义现代化建设作出贡献的劳动，都是光荣的，都应该得到承认和尊重。"

第六，劳动形成价值的国际性增强。马克思在研究社会必要劳动时间决定商品价值时，侧重在一国范围内研究价值的形成。但他创造了国际价值理论，已经明确指出，生产效率较高的国民劳动在世界市场上也被算作强度较大的劳动，而且强度较大的国民劳动比强度较小的国民劳动会在同一时间内生产出更多的价值，而这又表现为更多的货币。经济国际化和全球化的发展，当代劳动价值论更注重从国际范围研究价值的新特点，价值形成的国际性大大增强。

第七，价值载体有了变化，非物质性载体增加。过去，马克思劳动价值论研究的重点是物质生产部门，他所考察的劳动又主要是物质生产劳动，相应地，价值的载体也主要是具有使用价值的物质商品。当代，随着生产部门和生产劳动范畴的拓宽，产品中无形产品的比重增大，价值载体也出现了非物质性的特点，除了传统的物质商品是价值载体外，还有大量非物质性的商品，如知识、信息、技术、管理等也成了重要的价值载体。

思考题

1. 解释下列基本概念：
商品　商品经济　价值　抽象劳动　社会必要劳动时间　货币　通货膨胀　价格　价值规律
2. 为什么说商品经济充分发展是社会经济发展不可逾越的阶段？
3. 为什么说马克思的劳动二重性学说是理解政治经济学的枢纽？
4. 简述价值规律的作用及其实现。
5. 论马克思的劳动价值理论的主要内容及其现实意义。

阅读书目

1. ［德］马克思：《资本论》第 1 卷，人民出版社 2004 年版。
2. 许涤新主编：《政治经济学辞典》上册，人民出版社 1980 年版。
3. 戴相龙主编：《领导干部金融知识读本》，中国金融出版社 1997 年版。

第三章　资本的生产过程

本章阐述马克思的剩余价值生产理论。首先分析资本主义经济制度的产生和基本特征，然后阐述货币转化为资本的条件、剩余价值的生产过程和生产方法，以揭示资本增殖的秘密、资本和剩余价值及剩余价值规律的一般性质与不同所有制下的特性，最后说明工资的本质和具体形式及其国民差异。

第一节　资本主义经济制度

一、资本主义经济制度的产生

（一）小商品生产者的两极分化

从生产力发展角度看，人类社会生产必然经历自然经济、商品经济、产品经济三个发展阶段。自然经济是以家庭(氏族)的自然分工为基础，自给自足为特征的经济形式。商品经济是以社会分工为基础，为交换而生产的经济形式。长达二三百万年的原始社会，是完全的自然经济。在奴隶社会和封建社会里，虽然商品经济已经产生并已有一定程度的发展，但自然经济仍占据统治地位。封建社会末期，生产力和商品经济得到迅速发展，促进了自然经济的瓦解和封建生产关系的解体，两极分化急剧发展，少数人发财致富成为资本家，多数人贫困破产变成雇佣工人，逐步形成资本主义生产关系。

最早的资本主义萌芽于欧洲。在 14 世纪和 15 世纪意大利北部的威尼斯、热那亚、比萨、佛罗伦萨、米兰等城市以及法国的马赛、巴黎，德国的科伦，尼德兰南部佛兰德尔地区的布鲁日、根特以及英国的伦敦，贸易活动日益活跃，不仅加速了这些城市的商业资本积累，而且推动了手工业的发展、质变与分化。一部分生产条件好、掌握新技术的手工业者在经济上日益富裕起来，他们突破封建行会限制竞争和阻碍技术进步的清规戒律，使用更多的帮工，不断扩大生产规模，成为最早的工业资本家；而帮工学徒以及技术落伍经营不善的破产者则沦为雇佣劳动者。于是，原来的手工作坊逐渐变成了资本主义性质的手工工场。资本主义手工工场的另一部分是通过商人资本控制小生产者形成的。一些包买商通过供应原料、收购产品，提供生产工具、资金以及生活必需品，逐步将小生产者与市场的联系完全割裂，使小生产者成为他们手工工场链条上的一个环节，包买商也就因此而蜕变为工业资本家。

　　农村中商品经济的发展，同样瓦解着农村的封建性自然经济，使资本主义生产关系在农村逐步产生和发展起来。当时席卷整个西欧的拓殖运动的展开和商品货币关系的发展，使封土制和庄园经济先后衰落，由劳役地租、实物地租过渡到货币地租，农民和地主之间的人身依附关系也就逐渐转变为单纯的契约关系，随之而来的是越来越多的农民成为独立的小商品生产者。随着商品经济的发展，在两极分化中，少数原来的贵族、地主拥有越来越多的土地，成为大土地所有者；一部分有经营能力和经验的人则大规模租种土地，成为农业资本家；而卷入小商品生产者行列的绝大多数农民则沦为农业雇佣工人。

　　可见，资本主义生产方式是在封建社会的母体中孕育、在小商品生产者两极分化的基础上产生的。

　　（二）资本原始积累

　　资本主义经济制度的建立在经济上需要具备两个基本条件：一是大量的有人身自由但失去生产资料的劳动者，二是在少数人手中积累起为组织资本主义生产所需要的大量货币财富。小商品生产者的两极分化渐进地、缓慢地准备着这两个条件。然而，"这种方法的蜗牛爬行的进度，无论如何也不能适应 15 世纪末各种大发现所造成的新的世界市场的贸易需要"①，不能满足资本主义发展的需要。新兴的资产阶级在强烈的致富欲望的推动下，使用暴力手段来加速上述两个条件的形成过程，这就是资本原始积累过程。大量的工业资本家是通过原始积累迅速产生的。所有资本主义国家都经历过资本原始积累的过程，尽管各国所采取的方式有所不同，但其实质都是迫使生产者与生产资料相分离、生产资料和货币财富迅速集中到少数人手中的过程。暴力掠夺农民的土地，把农民变为无产者，是整个资本原始积累的基础。这个过程在历史上以英国长达 300 多年的"圈地运动"最为典型。当时，由于地理大发现，欧洲市场扩大了对羊毛的需求，使羊毛价格不断上涨，因而经营牧羊业比种植农作物更为有利可图。于是，一些资本主义化了的贵族地主和土地经营者，为了把耕地变为牧场，便强行剥夺租给农民的土地，把大批农民从他们长期生活的土地上赶走，并拆除和烧毁他们的房屋，然后把大片土地圈起来作为牧羊场，这就是历史上有名的"羊吃人"的时代。大批丧失了土地的农民背井离乡，流离失所，成为流浪者，他们不得不到资本家开设的手工工场去出卖自己的劳动力。

　　最初货币财富的积累，同样是通过殖民制度、国债制度、现代税收制度和保护关税制度等掠夺方式完成的。新兴资产阶级利用国家的强制力量，对本国人民和殖民地人民实行野蛮的掠夺，加速了封建生产方式向资本主义生产方式转变的过程。正如马克思指出的，这种剥夺的历史是用血和火的文字载入人类编年史的，"资本来到世间，从头到脚，每个毛

---

① ［德］马克思：《资本论》第 1 卷，人民出版社 2004 年第 2 版，第 860 页。

孔都滴着血和肮脏的东西"①。

（三）工业革命

资本主义生产关系从产生到逐步壮大经过了几个世纪。资本主义经济制度最终确立其统治地位是在18世纪60年代发生于欧美国家的工业革命即机器大工业时代。工业革命从工作机的发明应用开始，接着进入动力机及传动机的发明与采用，最后实行机器制造机器。一方面，机器体系的严密分工协作和工厂制使原来的手工劳动者成为任由资本摆布的附属物，使劳动实际隶属于资本，从而形成稳定的雇佣劳动关系。另一方面，工业革命推动了农业、交通运输等领域的巨大变革，农业部门也通过采用机器生产、建立资本主义农场加速实现了封建制向资本主义农业的演变。虽然各个国家的历史条件不同，资本主义农业发展的具体道路亦不同。资本主义生产方式最终排挤了封建地主和大部分中间阶级，社会阶级结构分化为两极：资产阶级和无产阶级。

二、资本主义经济制度的基本特征

从本质上看，资本主义经济制度是建立在生产资料资本家私有制和雇佣劳动制基础上的剥削制度。资本家凭借对生产资料的占有，购买雇佣工人的劳动力，以获取剩余价值和不断增大自己的财富。资本主义经济制度的基本特征有：①生产资料的资本主义私人占有，它不仅是资本主义经济制度的基本经济特征，而且是资本主义经济制度的基础。②资本家在生产过程中居于支配地位，雇佣工人则处于被剥削和被奴役的地位。③剩余价值生产是生产的直接目的和决定动机，是资本主义生产的实质。④资本主义分配方式是按资本分配，对雇佣工人的按劳动力价值分配是从属于按资本分配的。下面对资本主义经济制度的基本特征作些具体分析：

（一）关于生产资料资本家私人占有制的认识

生产资料和货币财富集中在少数人手中，既是资本主义产生的历史条件，也是资本主义运行的现实条件。随着生产技术的发展，资本主义生产关系也在不断调整，经历了"个人资本→股份资本→垄断资本"的演变，出现了资本社会化的新特征，即资本积累方式的社会化、资本占有方式的社会化、资本管理职能的社会化、资本生产方式的社会化。股份制中，法人持股率上升，个人持股率下降，实行职工股份制和股权进一步分散化。"这是作为私人财产的资本在资本主义生产方式本身范围内的扬弃。"②同时，在资本主义经济发生变化的过程中，特别是第二次世界大战之后，出现了国有垄断资本，而且它在资本主义国民经济中的比重在一段时间内有所增大，但整个资本主义经济制度的私有制性质并没有改

---

① ［德］马克思：《资本论》第1卷，人民出版社2004年第2版，第871页。

② ［德］马克思：《资本论》第3卷，人民出版社2004年第2版，第495页。

变。因为，一方面，国有垄断资本的发展是有限的，不可能成为国民经济的主体；另一方面，国有垄断资本除在公共部门外，主要集中在某些特殊部门，这些部门都是私人资本不愿经营或不能经营、对于社会经济发展又是不可缺少的部门，因此，这些国有垄断资本的本质是为私人资本服务的。更何况20世纪70年代开始的私有化浪潮从欧洲到美国席卷了全世界，国有垄断资本几乎在此期间遭到了全盘否定，除了号称福利国家的北欧诸国外，国有垄断资本在资本主义经济中的地位又回到了20世纪30年代以前。

（二）关于雇佣劳动制度的分析

雇佣劳动制度是资本主义生产方式的本质特征。资本主义制度造成直接生产者与生产资料分离，而劳动者与生产资料的重新结合是在雇佣劳动制度下实现的。由于资本家掌握了生产资料，而劳动者除了自己的劳动力以外一无所有，不得不将自己的劳动力出卖给资本家，通过出卖自己的劳动力与生产资料结合起来进行生产活动。在资本主义的生产过程中，劳动者与生产资料一样，是作为资本的存在形式的。劳动者在生产过程中不仅创造出自己的工资收入，而且无偿地为资本家生产出剩余价值。剩余价值不断地积累、沉淀、增殖，创造了资本财富骤增的神话。在以后的章节中，我们将会详细了解到，是资本主义社会造就了劳动力成为商品的特殊条件，使一般生产要素成为资本存在形态，在物质资料再生产过程中，不断再生产出资本主义生产关系。

（三）关于资本主义剥削制度的分析

资本主义是以雇佣劳动制度为特征的剥削制度。无论资本主义的具体形式如何变化，雇佣劳动制度是始终不变的。事实上，在资本主义发展的历程中，雇佣劳动制度覆盖的范围是不断扩大的。这表现在主要资本主义国家的雇佣劳动者的人数在全部就业人数中的比重的增大上。据《美国统计摘要》资料显示，1900年美国雇佣劳动者占全部就业人员的67.9%，1950年上升为79.7%，1980年上升到91.2%。随着社会经济的发展，特别是科学技术的进步及其所创造的日益增长的劳动生产率，为资本家对雇佣劳动剥削率的不断提高提供了现实的物质基础。只是这种雇佣劳动制度同以往的奴隶制度和封建制度相比，具有许多新特点：①具有隐蔽性。在奴隶制度和封建制度下，剥削与被剥削的关系是公开的、赤裸裸的。在资本主义雇佣劳动制度下，剥削关系被商品交换的物的关系掩盖着，披上了一层"自由、平等"的外衣。②采取"文明"的剥削形式。奴隶制和封建制的剥削，对劳动者采取了人身占有、半占有或者人身依附的形式，用棍棒、镣铐来维持劳动纪律，用野蛮的高压政策统治劳动者，实行超经济的强制。资本主义商品经济的发展，要求有自由生产和经营的条件，要求有自由贸易和自由竞争的市场，要求有自由流动的劳动力。因而，资产阶级总是力图采取更加"文明"、"科学"的形式和手段，来充分挖掘生产力要素中人和物两个因素的潜力，以获得最大限度的利润。

资产阶级在一定程度上顾及雇佣劳动者的情绪所做的一些"妥协"，并没有超过资本主义生产方式本身的范围，也不可能改变资本主义雇佣劳动制度的本质，资本与雇佣劳动的关系以及不平等的分配关系仍然存在。

如何看待剥削有不同认识。因为在我国社会主义初级阶段，私有制经济中还存在类似资本主义的雇佣劳动关系。为了调动投资者的积极性，有人认为应当淡化剥削观念；有人认为剥削是个中性词，在社会经济不够发达的阶段，存在一定程度的剥削现象是必然的；有人甚至否认资本主义剥削制度性质。也有人认为"既然存在雇佣劳动关系，就存在资本无偿占有剩余劳动的关系，资本收入就是剥削收入。不能因为现阶段需要它而否认其收入的剥削性质"①。社会主义经济制度的本质是对以往剥削制度的否定，这是不容置疑的。根据我国现阶段生产力发展状况而确立的基本经济制度中允许和鼓励非公有制经济共同发展，是倡导尊重劳动、尊重知识、尊重人才、尊重创造，鼓励人们通过勤奋劳动和投资创业、合法经营而富裕起来。不能简单地把有没有财产、有多少财产当作判断人们政治上先进和落后的标准，而主要应该看他们的思想政治状况和现实表现，看他们的财产是怎么得来的以及对财产怎么支配和使用。②

第二节　货币转化为资本

一、货币与资本

货币是资本的最初表现形式。人们在从事经济活动时，总是要有一定数量的货币作为初始投资。从历史上看，资本主义以前的商人资本和高利贷资本，都是采取货币形式。但货币本身并不是资本，只有在一定条件下才能转化为资本。

作为商品流通媒介的货币与作为资本的货币的区别在于以下五个方面：

（1）流通公式不同。货币的流通公式是：商品—货币—商品，即 $W—G—W$，其运动的结果是实现了不同商品的交换。作为资本流通的公式是：货币—商品—更多的货币，即 $G—W—G'$。其中 $G' = G + \Delta G$，ΔG 表示增加的货币（即资本的增殖额）。这个增殖了的部分，马克思称之为剩余价值。资本就是能带来剩余价值的价值。

（2）运动的形式不同。$W—G—W$，是先卖后买，运动的起点与终点都是商品，货币是整个过程的中介，货币不流回；$G—W—G'$ 是先买后卖，运动的起点和终点都是货币，商品是这个过程的中介，货币要流回。

（3）运动的内容和目的不同。商品流通的目的是满足消费需要；内容是不同的使用价

---

① 洪银兴：《社会主义条件下私有资本及其收入的属性》，《中国社会科学》2002 年第 4 期。
② 《江泽民文选》第 3 卷，人民出版社 2002 年版，第 540 页。

值相交换。资本流通的目的是价值增殖；内容是同质不同量的货币的交换，是从流通中取回的货币，多于起初投入的货币。

（4）运动的限度不同。在 $W—G—W$ 中，使用价值是实际运动的主体，货币只是交换的中介，运动一结束，货币就退出流通领域，货币运动以满足需要为限度。相反，在 $G—W—G'$ 中，价值是运动的主体，货币是每个价值增殖过程的起点和终点，资本对价值增值的追求是无止境的，资本的运动是没有限度的。

（5）数量不同。作为购买手段的货币，没有严格的数量限制，人们总是根据自己的支付能力选择所购商品的种类、数量和档次，即有多少钱，满足多大的消费需求。虽然通过延期支付可以实现提前消费，但终究受支付能力限制。而作为资本的货币，有一定的数量要求。必须凑足一定数量的初始资本，才能从事生产和经营活动。在不同发展阶段和不同生产部门，货币转化为资本的最低数量界限也是不同的。

二、资本总公式

$G-W-G'$ 是资本总公式。它不只是商业资本所特有的运动形式，也适用于产业资本和生息资本。产业资本的运动形式是：

$$G—W \begin{matrix} Pm \\ \diagup \\ \diagdown \\ A \end{matrix} \cdots P \cdots W'—G',$$

即用货币（G）购买生产资料（Pm）和劳动力（A），将其投入生产过程（P），生产出新商品（W'），按照价值出售，换回更多的货币（G'）。而生息资本的运动形式是 $G-G'$，即货币贷出，连本带息偿还。产业资本在流通以外有一个生产过程，生息资本在运动中省略了中介。但二者都是从货币出发，最后取回了更多的货币，本质内容是相同的。

资本总公式的矛盾是资本价值增值和价值规律等价交换的矛盾。从形式上看，资本总公式同价值规律是相矛盾的。价值规律要求商品交换按照等价原则进行，因而交换的结果是价值量不会发生变化。但资本总公式表明，货币资本在流通过程中发生了增殖。这就是资本总公式的矛盾。

解决资本总公式矛盾的条件：要解决资本总公式的矛盾，关键在于说明剩余价值是在什么条件下产生的，它的来源是什么，也就是要阐明货币在资本主义条件下是怎样转化为资本的。在资本的总公式中，剩余价值表现为流通的结果。但是，剩余价值是不可能从流通领域中产生的。在商品流通中，无论是等价交换还是不等价交换，都不能产生剩余价值。如果是等价交换，预付 10000 元，收回仍然是 10000 元，价值量没有发生变化。如果是不等价交换，即低于价值购买或高于价值出卖，似乎可以得到更多价值。但是，由于商品生产者不断变换买者和卖者的身份，他作为买者多得的，当他作为卖者时又会失掉。即使某些商品生产者在交换中始终能贱买贵卖，从流通中取得了更多的价值，但这也不能说明剩余价值的真正来源。因为他多得到的，正是别人失去的，流通中的价值总量没有增加，整个社会不能靠欺诈发财致富。那么，剩余价值离开流通过程能不能产生呢？也不能。如果离开流通过程，不同其他商品所有者发生联系，价值和剩余价值既无从产生，也无法实现。由此可见，剩余价值不能产生于流通过程，但又离不开流通过程，它必须以流通过程为媒介。这就是解决资本总公式矛盾的条件。

解决资本总公式矛盾的前提。根据这个条件来解决资本总公式的矛盾，即资本要在生产与流通相统一的过程中增殖，关键是劳动力成为商品。首先，货币所有者必须在流通中(市场)按等价交换原则购买到生产要素：生产资料(Pm)、特别是劳动力(A)这一特殊商品，为资本价值增殖作准备。然后，在生产过程中通过对劳动力的使用，使资本发生价值增殖。因为劳动力这种商品具有特殊的使用价值，在生产过程中通过对它的使用即劳动能创造价值，且能创造大于其自身价值的价值。最后，通过市场销售商品使剩余价值得以实现。因此，劳动力成为商品并为资本家所雇佣，是货币转化为资本的前提。

三、劳动力的买和卖

马克思把劳动和劳动力区分开来，建立了劳动力商品理论，为剩余价值理论奠定了科学基础。劳动力是指人的劳动能力，是人的体力和脑力的总和。劳动力在任何社会中都是生产的基本要素。但只有在一定条件下劳动力才会成为商品。马克思认为，劳动力成为商品必须具备两个基本条件：一是劳动力所有者必须有人身自由，可以自由地出卖自己的劳动力；二是劳动力所有者丧失了一切生产资料和生活资料，除了自己的劳动力以外一无所有，必须靠出卖劳动力为生。资本主义条件下劳动力同时具备了这两个条件。所以，劳动力商品是一个历史范畴。

劳动力商品二因素理论揭示了剩余价值的来源和本质。像任何商品一样，劳动力商品也具有价值和使用价值。但是，劳动力是特殊商品，它的价值和使用价值具有不同于普通商品的特点。劳动力商品的价值是由生产和再生产劳动力所需要的社会必要劳动时间决定的。生产和再生产劳动力所需要的社会必要劳动时间，可以还原为维持劳动者自身生存及其子女所需要的生活资料价值。它包括三部分：①维持劳动者自身生存所必需的生活资料价值，用于劳动力自身再生产；②劳动者繁育后代所必需的生活资料价值，用于延续劳动力的供给；③劳动力接受教育和训练所支出的费用，用以适应机器大工业和科学技术的发展，提高劳动质量。当代发达国家，这部分费用占的比重大。教育投资形成知识、技能，构成特殊形态的资本即人力资本。人力资本是一种稀缺的生产要素，是经济增长、社会发展的决定性因素。

劳动力商品的价值决定具有特殊性，即它包含着历史和道德的因素。这就是说，雇佣工人必要生活资料的种类和数量要受一定历史条件下的经济和文化发展水平以及各个国家风俗习惯的制约。劳动者必要的生活资料不是仅仅指满足人的生理需要的生活资料，而是指在一定社会历史条件下维持劳动者正常生活需要的生活资料。随着社会经济和文化的发展，必要的生活资料的种类和数量也会增加，质量和结构也会发生变化，再生产劳动力所需物质资料的内容也会不断扩大。但是，在一定国家的一定时期，必要的生活资料是一个可以确定的量，它是决定劳动力价值的基本标准。

　　劳动力商品的使用价值也具有特殊性。劳动力的使用价值是劳动能力或能劳动。劳动创造价值，而且创造出超过劳动力自身价值以上的价值，超过的部分就是剩余价值。也正是这一特点，才促使投资者到市场上寻找这一特殊商品。

　　劳动力商品理论揭示了剩余价值怎样被生产出来。在劳动力的买卖过程中，货币所有者和劳动力所有者是作为具有平等权利的商品所有者发生关系的。他们都支配属于自己的东西，都是用等价物去换取等价物，等量劳动相交换这一价值规律的要求并没有被违反。离开流通领域，进入生产领域，原来的货币所有者变成资本家，劳动力的所有者变成了雇佣工人。

　　社会主义条件下，劳动力是不是商品？有人用马克思分析资本主义条件下劳动力成为商品的特殊条件来否认这个问题。其实，撇开生产资料所有制性质，劳动力成为商品的一般条件是劳动力的个人所有权和收入差距的存在以及市场的发育。封建社会后期，劳动者脱离了人身依附关系，有了劳动力的个人所有权（人身自由），但市场特别是劳动力市场狭小，只有少量的劳动力成为商品。资本主义大市场，使一切生产要素包括劳动力都成为商品。在社会主义市场经济中，市场机制配置生产要素，劳动力也必然成为商品，因为劳动力是主要的生产要素。承认劳动力的商品性，有利于合理配置人力资源，促进个人效率和社会效率的提高。目前我国已经形成"双向选择"的劳动就业机制，合同制、聘用制的实行，人才交流中心、职业介绍所等劳动力市场的形成，表明劳动力成为商品是客观事实。

第三节　剩余价值的生产过程

一、劳动过程和价值增殖过程

　　资本主义生产过程具有二重性，一方面是生产使用价值的劳动过程，另一方面是生产剩余价值的价值增殖过程。所以，资本主义生产过程是劳动过程与价值增殖过程的统一。

　　（一）劳动过程

　　任何社会的劳动过程都是劳动者通过有目的的活动，运用劳动资料，作用于劳动对象，改变自然物质的性质和形态，创造出满足人们某种需要的使用价值的过程。但是，资本主义劳动过程的一切因素都属于资本家，劳动过程是资本家消费他所购买的劳动力的过程，因而具有以下两个重要特点：一是工人的劳动属于资本家，工人在资本家的监督下劳动;二是劳动产品全部归属于资本家。

在资本主义生产过程中,劳动者用具体劳动改变劳动对象的物质形态,生产了商品的使用价值,并把生产资料的价值转移到新产品中去。同时,劳动者的劳动作为抽象劳动,又形成商品的新价值。如下所示:

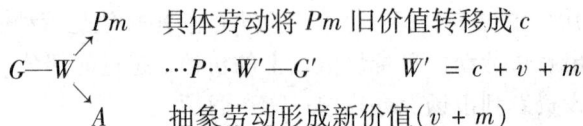

$$G—W \begin{cases} Pm \quad \text{具体劳动将} Pm \text{旧价值转移成} c \\ \\ A \quad \text{抽象劳动形成新价值}(v+m) \end{cases} \cdots P \cdots W'—G' \qquad W' = c+v+m$$

(二)价值形成过程

为了说明剩余价值是如何产生的,我们首先把资本主义生产过程作为价值形成过程来考察。

如果形成的新价值恰好等于资本家支付的劳动力价值,那么在商品价值中,就只有转移的生产资料价值和劳动者新创造的等于劳动力价值的新价值,而没有剩余价值。

例如,某纱厂的纺纱工人劳动 6 小时生产 10 公斤棉纱,需要消耗棉花 10 公斤,价值 100 元,消耗厂房纱锭等劳动资料价值 20 元。工人的劳动力日价值是 30 元,投资者共垫付了 150 元。6 小时劳动过程结束时,工人运用纱锭等通过"纺"的具体劳动,将 10 公斤棉花纺成 10 公斤棉纱。棉花和纱锭等生产资料的价值(共 120 元)随之转移到新产品中。纺纱工人的劳动作为抽象劳动的支出,形成了 30 元新价值,也同时加到棉纱中。10 公斤棉纱按照价值出售,总共为 150 元。如下所示:

工人劳动 6 小时,生产 10 公斤棉纱

$$Pm \begin{cases} \text{棉花 10 公斤} \quad 100 \text{ 元} \\ \text{劳动资料} \qquad 20 \text{ 元} \end{cases} \longrightarrow \text{转移} \qquad 120 \text{ 元}$$

$$A \quad \text{日价值} \qquad\qquad 30 \text{ 元} \longrightarrow \text{创造新价值 30 元}$$

_____

垫付 150 元　　　　　收入 150 元

这样,产品的价值等于预付资本的价值,价值没有增殖。这只是商品经济条件下的一般价值形成过程。劳动过程和价值形成过程的统一,是商品的生产过程。

(三)价值增殖过程

为了使预付资本发生价值增殖,就要加强对劳动力的使用,在生产技术条件和劳动强度既定的条件下,主要是延长工人的劳动时间。对投资者来说,他既然支付了劳动力的日价值,那么,劳动力一天的使用权就全归他。因此,投资者要求工人劳动更长时间。假定投资者要工人一天劳动 12 小时,生产资料的消耗与劳动时间同比例增加,则投资者垫付资本为 270 元(其中 20 公斤棉花 200 元,厂房纱锭等劳动资料消耗 40 元,劳动力日价值仍为 30 元)。生产结果,产品价值共计 300 元。纺纱工人劳动 12 小时共转移生产资料旧价值

240 元，创造新价值 60 元，其中 30 元(耗费 6 小时)补偿劳动力价值，尚余 30 元(另 6 小时创造)被投资者占有。产品按价值出卖后，投资者收回原预付价值 270 元，净赚 30 元。图示如下：

工人必须劳动 12 小时，生产 20 公斤棉纱

$$
Pm\begin{cases} 棉花 20 公斤 & 200 元 \\ 劳动资料 & 40 元 \end{cases} \longrightarrow 转移 \qquad 240 元
$$

A　　日价值　　　　30 元 ——→ 创造新价值　60 元

垫付 270 元　　　　　　收入 300 元

产生剩余价值 30 元，变成了资本的价值增殖过程。

价值增殖过程就是超过一定点而延长的价值形成过程。这个"一定点"就是雇佣工人的活劳动所创造的新价值等于劳动力本身的价值。劳动力价值和劳动者新创造的价值是两个不同的量。所以，价值增殖过程，就是超过劳动力价值的那部分新价值的形成过程。实际上，雇佣工人的劳动分为两部分：一部分是必要劳动时间，用于再生产劳动力价值；另一部分是剩余劳动时间，用于无偿地为资本家生产剩余价值。图示如下：

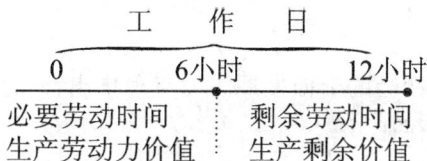

工　作　日

0　　　　6小时　　　　12小时

必要劳动时间　　　剩余劳动时间
生产劳动力价值　　生产剩余价值

剩余价值就是雇佣工人在剩余劳动时间生产的超过劳动力价值的那部分价值。劳动过程和价值增值过程的统一，是资本主义生产过程。

二、剩余价值的占有与性质

(一)剩余价值的分享

在马克思所处的业主资本主义时代，由于资本家具有资本提供者与管理者的双重身份，因而囊括了全部剩余价值，而劳动者只能获得劳动力的价值。马克思指出：剩余价值，或者商品全部价值中体现着工人剩余劳动或无偿劳动的那一部分，称之为利润。在资本家的"产业利润中也包含一点属于工资的东西(在不存在领取这种工资的经理的地方)。资本家在生产过程中是作为劳动的管理者和指挥者出现的，在这个意义上说，资本家在劳动过程本身中起着积极作用。……这种与剥削相结合的劳动(这种劳动也可以转给经理)当然就与雇佣工人的劳动一样，是一种加入产品价值的劳动"[1]。

----

[1]　《马克思恩格斯全集》第 26 卷第 3 册，人民出版社 1975 年版，第 550 – 551 页。

　　而在当代，由于资本所有者和经营管理者分离，出现了资本社会化和管理社会化，劳动者中越来越多的人具备了知识劳动的特点，进入了管理层；同时为了缓和劳资矛盾，资本主义国家在制度改良中，部分企业推行所谓的剩余分享制，即资本家从剩余价值中分割少部分来激励员工特别是高层管理人员、技术骨干。至于劳动者能在多大程度上参与剩余价值的分享，则取决于劳动的创新程度和劳动效果可观测性的大小，同时，还取决于工人阶级力量的强弱。有人认为日本员工分享额占公司剩余价值的比重在42%～67%之间，美国经理人员的报酬结构中固定工资、年末奖金和股票选择权的比例大体在4∶3∶3左右。[①]但现存的制度安排，不可能真正实现剩余价值的分享。在新科技革命的刺激下，劳动生产率大大提高，劳动力价值的补偿费用(v)在劳动者创造的新价值($v+m$)中所占的比例大大下降；劳动力价值中教育培训费用大大增加，工资往往只能补偿劳动力价值所需的正常费用。例如，日本企业的m/v，1950年作为基数是100%，1979年则提高到1200%。所谓剩余价值分享实质上是在做大了的蛋糕中分割一小块补偿相对减少的劳动力价值份额。

　　(二)剩余价值的一般本质与特殊性

　　剩余劳动是人类进入文明时期以来任何社会都存在的一般范畴，是社会存在和发展的重要物质基础。只有在为劳动者提供自身所需生活资料的基础上还有剩余，才能进一步提高社会的生活质量，解放劳动力，发展社会分工，开拓新的社会生产领域，包括物质生产和精神生产的领域，以赢得社会的全面发展。马克思指出："剩余劳动一般作为超过一定的需要量的劳动，应当始终存在。"[②]

　　剩余劳动的表现形式，反映了一定社会生产方式的特点。由于商品交换或商品经济不发达，剩余劳动在原始社会末期、奴隶社会、封建社会主要表现为剩余产品。在资本所有权和劳动力所有权相分离即商品经济条件下，人与人之间的劳动关系表现为价值关系，剩余劳动必然以剩余价值的形态存在。马克思论证了剩余价值具有的一般性，他指出："把价值看作只是劳动时间的凝结，只是对象化的劳动，这对于认识价值本身具有决定性的意义。同样，把剩余价值看作只是剩余劳动时间的凝结，只是对象化的剩余劳动，这对于认识剩余价值也具有决定性的意义。"[③]"如果我们把工资和剩余价值，必要劳动和剩余劳动的独特的资本主义性质去掉，那么，剩下的就不再是这几种形式，而只是它们的为一切社会生产方式所共有的基础。"[④]

　　剩余价值由谁占有和是否无偿占有，反映了一个特定社会的生产关系的性质。社会主

---

①　翁君奕：《支薪制与分享制比较》，《经济社会体制比较》1996年第5期，第51－55页。

②　[德]马克思：《资本论》第3卷，人民出版社2004年第2版，第927页。

③　[德]马克思：《资本论》第1卷，人民出版社2004年第2版，第251页。

④　[德]马克思：《资本论》第3卷，人民出版社2004年第2版，第992页。

义与资本主义的区分不在于是否存在剩余价值，而在于对剩余价值的占有的方式和所反映的生产关系的性质不同。剩余价值被资本家阶级无偿占有，反映的是资本主义的剥削关系，这是剩余价值的一种特殊形式，是马克思重点考察的；剩余价值直接或间接被劳动者自己占有，表现的是全体社会成员共同、一致的利益，则为社会主义性质，这是剩余价值的又一种特殊形式，为避免混同，教科书中常用"利润"或"盈利"一词代替。因此，剩余价值既有反映商品经济共性的一般属性，又有表现特定社会的生产关系的特殊属性。马克思认为社会主义不存在剩余价值，这是因为他曾设想的社会主义社会不存在商品经济，因此剩余产品就不能以剩余价值的形式存在；但在社会主义市场经济条件下，剩余产品必然表现为剩余价值，企业经营目标是追求利润的最大化。当前美国最流行的政治经济学教科书将利润定义为剩余产品的货币价值，并认为，在分析任何社会结构时，剩余产品如何形成、剩余产品的规模、谁控制它以及如何利用它，是要予以考虑的最为重要的问题，这些问题使我们得以追溯一个社会的历史演进，并决定了其经济允许并支持该社会所有成员过上繁荣发达的生活的程度。①

三、资本的一般本质与特殊本质

资本就其一般本质而言，是自行增殖的价值，是"生金蛋"的本钱。从形式上看，资本表现为货币、机器设备厂房、原材料燃料、产品等价值物。实际上，只有在劳动力和生产资料都成为商品时，货币才转化为资本。因此，资本是商品经济占统治地位即市场经济的产物。资本的一般共同本质如下：

一是增殖性。不断地和无限地追求自身的价值增殖，是资本区别于一般货币的根本特征。资本一旦停止了增殖，也就丧失了它的基本职能，与一般货币一样，放置一年或者十年，也不会多出一个子儿。资本所有者必须通过资本置换或者重组激活资本。资本的增殖能力越强，资本的生命力越旺盛。

二是运动性。资本只有在生产过程和流通过程相统一的运动过程中才可能增殖。任何形态的资本，一旦停止运动，也就不会带来价值的增殖；而资本运动速度的快慢，也同时反映了资本增殖的强弱和增殖量的多少。资本所有者或经营者在作出投资决策的时候，往往要预期资本增殖率的高低和投资回收期的长短。

三是风险性。投资风险即有盈利、亏损和破产的可能性。资本的增殖程度与市场竞争的激烈程度及经济风险成正比。马克思在《资本论》中曾援引英国评论家邓宁的话说："资本逃避动乱和纷争，它的本性是胆怯的。这是真的，但还不是全部真理。资本害怕没有利润或利润太少，就像自然界害怕真空一样。一旦有适当的利润，资本就胆大起来。如果有

---

① 塞缪尔·鲍尔斯等：《理解资本主义：竞争、统制与变革》第3版，中国人民大学出版社2009年版，第85页。

10%的利润，它就保证到处被使用；有20%的利润，它就活跃起来；有50%的利润，它就铤而走险；有100%的利润，它就敢践踏一切人间法律；有300%的利润，它就敢犯任何罪行，甚至冒绞首的危险。如果动乱和纷争能带来利润，它就会鼓动动乱和纷争。走私和贩卖奴隶就是证明。"[①]

四是体现生产关系的历史范畴。马克思指出："资本不是一种物，而是一种以物为中介的人和人之间的社会关系。"[②]资本不是从来就有的，也不会永远存在下去。

资本与不同社会经济制度结合在一起，表现为不同的社会属性，这体现了资本的特殊性质。①体现的生产关系不同。在资本主义社会，资本是与生产资料私人占有制结合在一起的，私有资本的特殊本质是资本家无偿占有雇佣工人创造的剩余价值的剥削关系。在社会主义社会，资本主体是生产资料公有制，公有资本体现的是共同富裕的社会主义生产关系。②资本的所有者不同。私人资本的所有者是私人，是资本家；公有资本的所有者是国家和集体，是共同体。③增值的价值的占有者不同。私人资本的增值归资本家私人占有，公有资本的增值归大家共同占有。④公有资本和私有资本的占比不同。资本主义以私人资本为主，或私人资本一统天下；社会主义以公有资本为主体，公有资本的数量或质量在社会总资本中占优势。

四、不变资本和可变资本

根据资本的不同部分在剩余价值生产过程或价值增殖过程中所起作用的不同，马克思把资本区分为不变资本和可变资本。

不变资本是变为生产资料的那部分资本。生产资料在生产过程中被消耗，生产出新产品。生产资料的价值是通过工人的具体劳动被转移到新产品中，其转移的价值量不会大于它原有的量。尽管转移的方式不同，劳动对象的价值是在一次生产过程中全部转移，劳动资料的价值是在多次生产过程中逐渐转移，但转移的总是生产资料原有的价值量。以生产资料形式存在的资本在生产过程中不改变自己的价值量，所以叫做不变资本，用 c 表示。

可变资本是变为劳动力的那部分资本。可变资本的价值在生产过程中不是转移到新产品中去，因为资本家购买劳动力支付的价值被工人用于购买生活资料，在生产过程以外被消费掉了。劳动力的价值是由工人的劳动创造的新价值的一部分来补偿的。而劳动力在生产过程中发挥作用的结果，不仅再生产出劳动力的价值，而且生产出剩余价值。以劳动力形式存在的这部分资本价值，在生产过程中发生了量的变化，即发生了价值增殖，所以叫做可变资本，用 v 表示。

---

① ［德］马克思：《资本论》第1卷，人民出版社2004年第2版，第871页。
② ［德］马克思：《资本论》第1卷，人民出版社2004年第2版，第877－878页。

把资本区分为不变资本和可变资本具有重要的意义。

第一，它揭示了剩余价值的来源。剩余价值是由可变资本带来的，即雇佣工人的剩余劳动是剩余价值产生的唯一源泉。不变资本虽然也是价值增殖的必备物质条件，但它本身不带来剩余价值。使用自动化机器体系代替了人的部分劳动，减少了雇佣工人人数，然而再先进的机器都要由人设计、制造、安装、调试、操纵和维修，它提高了工人劳动的复杂程度，这种复杂程度很高的活劳动凝结了更多的价值。同时增加了总体工人的人数。机器价值只能按照磨损程度转移到新产品中。离开人的活劳动，机器不能发挥任何作用。剩余价值来源于雇佣工人的剩余劳动，但被物质生产要素的所有者即资本家集团全部瓜分占有，而劳动力的所有者只能获取劳动力价值的补偿费用，两种生产要素所有者之间贫富悬殊。同时，从整体上看，作为活劳动吸收器的物质生产条件的不变资本，从资本原始积累起就打上了掠夺的印记，然后依靠剩余价值积累迅速膨胀，给资本家不断带来巨额财富。

第二，它为确定资本家对雇佣工人的剥削程度提供了科学依据。资本家投入不变资本和可变资本，即 $c+v$，经过生产过程，产生剩余价值，结果生产出价值为 $c+v+m$ 的产品，其中的剩余价值 m 只是可变资本 v 产生的。因此，人们通常用剩余价值与可变资本的比率来反映预付的可变资本的增殖程度，即工人创造剩余价值的能力。剩余价值与可变资本之间的比率就是剩余价值率。剩余价值率的实质是剥削率。剩余价值率通常用 m' 来表示，则：

$$m' = \frac{m}{v}$$

这是一种物化劳动表示法。它表示在雇佣工人的劳动所创造的新价值中，资本家和工人各占多少份额。

另一种是活劳动表示法：

$$剩余价值率 = \frac{剩余劳动时间}{必要劳动时间} = \frac{剩余劳动}{必要劳动}$$

该公式表明，在工人的一个工作日的全部劳动时间中，有多大部分用于补偿劳动力的价值，多大部分用来无偿地给资本家生产剩余价值。

剩余价值率的高低是决定资本家获得剩余价值量多少的一个重要因素，另外一个因素是雇佣工人数量或可变资本量的多少。如果资本家雇佣工人总数是一定的，则剩余价值率越高他获得的剩余价值量也越多。用 m 代表剩余价值量，v 代表可变资本量，则：

$$m = \frac{m}{v} \cdot v$$

即

$$m = m'v$$

可见，资本家可以通过两个途径增加剩余价值：一是扩大生产规模，增加可变资本数量，使用更多的工人；二是提高剩余价值率，即每个工人提供更多的剩余价值，这是主要途径。

第三，为资本有机构成、平均利润和生产价格理论奠定了理论基础。马克思把资本区分为不变资本和可变资本，提供了一把解决经济学上最复杂问题的钥匙，对研究资本主义生产总过程及其历史发展趋势，揭示资本主义的经济运动规律，具有重要的理论意义和实际意义。

第四节　生产剩余价值的两种基本方法

一、绝对剩余价值生产

剩余价值生产的基本方法有两种，一是绝对剩余价值生产，二是相对剩余价值生产。绝对剩余价值是指在必要劳动时间不变的条件下，由于延长工作日的长度而生产的剩余价值。这种生产方法就是绝对剩余价值生产。

例如，假定劳动日长度为 10 小时，其中 5 小时为必要劳动时间，5 小时为剩余劳动时间，则剩余价值率为 100%。如果资本家把劳动日延长到 12.5 小时，必要劳动时间不变，仍然是 5 小时，剩余劳动时间就从 5 小时增加到 7.5 小时，剩余价值率就是 150%。

企业之所以采取延长劳动日的方法来增加剩余价值的生产，是因为劳动日的长度是一个可变量。但是，它只能在一定限度内变动。它的最高限度取决于：①生理界限。一个人每天总要有吃饭、睡觉等非劳动时间。这是生理因素决定的，没有这种需要，就不会有劳动力的恢复。②道德界限。工人必须有时间满足精神方面的需要，如抚育子女和参加必要的社会活动等。这种需要的范围与数量，由经济和文化发展的一般状况决定。但是，工作日的生理界限和道德界限都有很大的伸缩性，在必要劳动时间以上延长劳动日的可能性还是很大的。撇开伸缩性很大的界限不说，资本家坚持他作为买者的权利，它尽量延长工作日；工人坚持他作为卖者的权利，要求正常工作日。于是这里出现了二律背反，权利同权利相对抗，这两种权利都是商品交换规律所承认的。在平等的权利之间，力量就起决定作用。现实工作日的长度，取决于无产阶级和资本家阶级力量的对比。

在资本主义发展的早期阶段，由于工人阶级还没有成为一种自觉的政治力量，资本家凭借饥饿和法律的强制，将工作日延长到现代人难以想象的地步。例如，在 17 世纪和 18 世纪直至 19 世纪的英国，工作日长达 14～16 小时，甚至 18 小时。在半殖民地半封建的旧中国，在某些行业，工作日甚至长达 20 小时。在这种情况下，连起码的生理和道德界限都被突破，工人的身心受到严重的摧残。从 19 世纪初开始，各国工人阶级为争取缩短工作日进行了不屈不挠的斗争。1889 年 7 月，在巴黎召开的第二国际社会主义工人代表大会上，法国代表拉文提议：把 1886 年 5 月 1 日美国工人争取 8 小时工作制的斗争日，定为国际无产阶级的共同节日。代表们一致通过了这项具有历史意义的决议，并提出了实行 8 小时工作日的号召。但直到第一次世界大战以后，在工人阶级斗争的强大压力下，西方资本主义国家才被迫普遍实行 8 小时工作日。

到 20 世纪 80 年代初，工人每周实际劳动时间，日本为 41.6 小时，英国为 37.4 小时，美国为 36.7 小时，法国为 34.4 小时，联邦德国为 33.4 小时。劳动日缩短的原因，一方面，是工人阶级持续斗争的结果。在不减少收入的条件下，缩短劳动时间，已成为资本主义国家工人阶级在现阶段的主要社会经济要求之一。另一方面，也反映了现代科技革命带来的新变化。一是劳动生产率大幅度提高，工人为再生产劳动力价值所需要的必要劳动时间不断减少；二是生产自动化的推广，工人的劳动强度增加，特别是脑力、眼力的高度集中使用，缩短劳动时间也是弥补劳动消耗、保证劳动力正常发挥的需要；三是科学技术的急速发展，需要工人不断补充科学技术知识，缩短劳动日也是适应现代化的需要。总之，当代发达资本主义国家缩短工人的劳动时间，不仅有了可能，而且有利于维持资本统治。这并不意味着剥削程度的减轻，也并不等于绝对剩余价值生产就完全失去了现实意义。因为不发达与发达的资本主义国家今天仍在相当广泛的范围内存在绝对剩余价值生产。

二、相对剩余价值生产

延长工作日生产绝对剩余价值的方法，受到工作日长度的自然限制，又容易引起工人阶级的反抗，不能满足资本家追求更多剩余价值的贪欲。于是，资本家为了在工作日既定的条件下提高剩余价值率，主要依靠缩短必要劳动时间以延长剩余劳动时间。在工作日长度不变的情况下，通过缩短必要劳动时间，相应延长剩余劳动时间而生产剩余价值，叫做相对剩余价值。

为什么缩短必要劳动时间就能够生产相对剩余价值呢？因为，在工作日一定的条件下，必要劳动时间的缩短意味着剩余劳动时间的增多，等于延长了剩余劳动时间，因而能生产出更多的剩余价值。例如，假定工作日 8 小时不变，当必要劳动时间是 4 小时，剩余劳动时间是 4 小时，则 $m' = 100\%$；当必要劳动时间缩短到 3 小时，剩余劳动时间就延长到 5 小时，则 $m' = 166.7\%$。

相对剩余价值生产的条件是整个社会劳动生产率普遍提高。相对剩余价值生产的关键在于缩短必要劳动时间。如何缩短必要劳动时间呢？这里排除资本家把工人的工资强行压低到劳动力价值以下的那种情况，在等价交换原则的基础上来说明问题。这样，为缩短必要劳动时间，必须降低劳动力的价值。要降低劳动力的价值，就要降低再生产劳动力所必需的生活资料的价值，只有这些生活资料的价值普遍降低了，劳动力的价值才能降低。要降低这些生活资料的价值，必须提高农业、轻工业等消费资料生产部门以及相关的生产资料部门的劳动生产率，使生产这些生活资料的社会必要劳动时间减少。可见，缩短必要劳动时间，实现相对剩余价值的生产，是整个社会劳动生产率普遍提高的结果。相对剩余价值的生产，经历了简单协作、工场手工业、机器大工业三个发展阶段。简单协作是资本主义生产的起点，协作不仅提高了个人的生产力，而且还创造了新的集体生产力，给资本家生产了更多的剩余价值。工场手工业是以社会分工为基础的手工业性质的劳动协作形式，进一步提高了劳动生产力，增加了剩余价值。机器大工业改变了劳动过程的技术条件，改变了社会劳动的组织和劳动协作的性质，大大提高了劳动生产力，相对剩余价值生产不断扩大。机器大工业又经历了三次工业革命。资本主义社会生产力的发展过程，就是相对剩余价值生产不断扩大的过程。

追求超额剩余价值是整个社会劳动生产率提高的动力。个别企业首先采用新技术、提高劳动生产率的直接动机，就是追求超额剩余价值。然而，个别企业纷纷追逐超额剩余价值的结果，必然促使整个社会劳动生产率的普遍提高和劳动力价值的降低，从而所有的企业都能获得相对剩余价值。所以，相对剩余价值的生产是作为各个企业自发竞争和追求超额剩余价值的结果而实现的。

超额剩余价值是商品个别价值低于社会价值的差额。例如，假定纺织部门生产布的平均劳动生产率为：每个工人一天 8 小时生产 80 尺布，耗费生产资料价值 240 元，8 小时劳动生产创造的新价值是 160 元$(40v+120m)$，80 尺布的价值共计 400 元，每尺布的社会价值是 5元。如果有一个纺织厂首先改进生产技术，企业劳动生产率提高了 1 倍，工人在 8 小时内可以生产 160 尺布，160 尺布耗费的生产资料价值是 480 元，8 小时劳动创造的新价值仍是 160元，160 尺布的总价值便是 640 元，每尺布的个别价值下降到 4 元。但这个纺织厂的资本家仍可按每尺布 5 元的社会价值出卖。这样他便可从每尺布中获得 1 元的超额剩余价值(m_2 总额为 160 元）。这个厂的 m' 就会由 300% 提高到 700%。即使在需要降低出售价格的情况下，只要每尺布的价格高于 4 元以上，仍可获得超额剩余价值。如表 3－1 所示：

表 3 － 1   超额剩余价值的形成

劳动生产率	劳动时间（小时）	产品（布）（尺）	$c+v+m$（元）	单价（元）		总价（元）		剩余价值（元）		m'（%）
				个别价值	社会价值	个别价值	社会价值	m_1	m_2	
社会一般水平	8	80	240 + 40 + 120	5	5	400	400	120	0	300
某企业提高生产率 1 倍	8	160	480 + 40 + 120	4	5	640	800	120	160	700

超额剩余价值和相对剩余价值既有联系又有区别。联系一是它们都是相对剩余价值，但超额剩余价值是变相的相对剩余价值；二是追逐超额剩余价值是动力，获得相对剩余价值是结果。区别一是超额剩余价值只是个别企业获得，相对剩余价值是所有企业都能获得。二是超额剩余价值生产是个别企业首先提高劳动生产率的结果，不降低劳动力价值；

相对剩余价值生产要求整个社会劳动生产力提高，降低劳动力价值。三是超额剩余价值是个别企业暂时获得，相对剩余价值是所有企业经常获得。因为经过激烈的竞争，迫使其他资本家也采用新技术。而当新技术普遍采用后，部门平均劳动生产率提高了，这种商品的社会价值随之下降，个别先进企业的超额剩余价值也会消失。不过，超额剩余价值在这个企业消失，又会在另一个企业产生。因而从整个社会看，它的存在仍是持续不断的。而且，正是这种此起彼伏追逐和实现超额剩余价值的竞争过程，导致了社会劳动生产率的普遍提高，从而使工人必需生活资料趋于便宜，劳动力价值日益降低，相对剩余价值不断增加。

　　生产剩余价值的两种基本方法既有联系，又有区别。二者的联系是，第一，绝对剩余价值的生产构成资本主义的一般基础，并且是相对剩余价值生产的起点。资本家无论何时都必须使工人的劳动超出必要劳动，出现剩余劳动，才有可能获得剩余价值。而相对剩余价值的生产则是工作日已经分为必要劳动时间和剩余劳动时间为基础的。第二，进入大机器工业之后两种方法并不能截然分开。劳动都隶属于资本。第三，绝对剩余价值是相对的，相对剩余价值是绝对的。二者的区别是，首先，绝对剩余价值的生产只同工作日的长度有关，相对剩余价值生产使劳动的技术过程和社会组织发生根本的革命。其次，两种生产剩余价值的方法在资本主义发展的不同阶段上起着不同的作用。在资本主义生产的初期，由于生产工具没有重大变化，生产力发展比较缓慢，绝对剩余价值生产是资本主义生产剩余价值的主要方法。随着资本主义的发展，科学技术在生产中广泛应用，生产力有了突飞猛进的发展，从而相对剩余价值生产的作用就日益突出了。当然，这两种方法不是互相排斥的，资本家总尽可能地同时并用，以便获取更多的剩余价值。最后，劳动对资本的隶属关系不同。在绝对剩余价值生产阶段，劳动在形式上隶属于资本；在相对剩余价值生产阶段，劳动在实际上隶属于资本。

三、当代剩余价值生产的新特点

　　第二次世界大战后，以原子能、电子计算机、合成材料和太空技术等为主要标志的新科技革命，是以机器操纵机器、机器部分代替人脑的劳动为特点的。这一特点对发达资本主义国家生产力的发展产生了巨大影响。一方面，它使社会的物质技术基础发生了巨大变化，拓宽了社会物质生产领域，并使整个社会生产的重心从物质生产部门向非物质生产部门转移，在国民生产总值中农业和工业的比值下降，第三产业的比重上升。如发达国家第三产业从第二次世界大战后的不到50%，发展到如今的70%以上。另一方面，它促使生产力的主体因素——劳动者发生了巨大变化，专家和工程技术人员占全部职工的比重不断上升，劳动力素质普遍提高。在就业结构上，第一产业和第二产业就业人数比重不断下降，第三产业就业人数比重不断增加，在绝大多数发达资本主义国家已超过50%，而美国在1985年就达到了73.1%。

新科技革命对资本主义生产方式引起的巨大变化，使剩余价值生产呈现出新的特点：①生产剩余价值的部门大为扩展。在第一次世界大战前的相当长时期内，提供剩余价值的主要是物质生产和物质交换部门。在当代，第一和第二产业即传统的剩余价值生产部门的产值在国民经济中的比重大大下降，而第三产业的比重大大上升，其中包括从直接物质生产过程中独立出来的产品开发、生产决策、市场分析、信息获取、设备维修、售后服务等部门，都成为提供剩余价值的重要部门。②生产剩余价值的主体有所变化。过去，第一产业和第二产业的工人是提供剩余价值的主体，而当代已从体力劳动者为主逐渐向脑力劳动者为主转化。③生产剩余价值的手段更文明。早期的泰罗制、福特制等加强劳动强度来提供更多剩余价值的手段已淡化，逐渐被文明的"行为管理"所取代。它强调对人的行为的激发与引导，重视对企业职工高级需要的满足，以调动持久的动力。现在，从表面上看，劳动者的劳动条件大为改善，繁重的体力劳动明显减少，而劳动者的脑力支出、紧张和专注程度却明显提高了。

四、剩余价值规律

生产剩余价值或赚钱是资本主义的绝对规律，是市场经济发展的一般规律，在资本主义社会和社会主义社会都存在并发生作用。但作为基本经济规律，剩余价值规律是资本主义所特有的。在一个社会经济形态的经济规律体系中起主导作用的经济规律，就是基本经济规律。资本主义的基本经济规律就是剩余价值规律。它的内容是：资本主义的生产目的和动机是追求尽可能多的剩余价值，达到这一目的的手段是延长劳动时间生产绝对剩余价值和提高劳动生产率生产相对剩余价值。剩余价值规律决定着资本主义生产的实质。资本主义生产的实质就是增殖资本的价值或者说生产剩余价值。资本家从事一切生产经营活动的决定性动机，就是为了获取尽可能多的剩余价值。资本主义企业生产什么、生产多少和如何生产，都是以能不能获得剩余价值以及取得多少剩余价值为转移的。只有生产剩余价值的劳动才是生产劳动。对剩余价值的追求是资本主义生产发展的动力。

剩余价值规律决定着资本主义生产发展的一切主要方面和主要过程。资本主义的生产、流通、分配和消费等主要方面，都是以剩余价值为出发点和归宿的。资本主义生产过程是剩余价值的生产过程；流通过程是剩余价值生产的准备过程和剩余价值的实现过程；分配过程实质上是分割剩余价值的过程；资本家的个人消费是消费无偿占有的剩余价值；雇佣工人的个人消费是劳动力的再生产过程，它是为资本家提供生产剩余价值的必要条件。剩余价值规律还决定了资本主义生产方式的发展及其历史趋势。资产阶级为了追求剩余价值，总要设法进行技术创新，不断扩大生产规模和销售市场，从而推动了资本主义经济的发展。同时，正是资产阶级对剩余价值的追求，不断扩大和加强对工人阶级和其他劳动群众的剥削，从而不断激化和深化资本主义社会的生产力和生产关系的矛盾，从而决定资本主义的发生、发展变化和发展趋势。

剩余价值理论是马克思主义经济理论的基石。马克思通过对资本主义生产过程的剖析，揭示了资本和剩余价值的一般本质和特殊本质、剩余价值的来源和资本主义生产的实质，这就解决了剩余价值理论的核心问题。这是马克思的伟大发现。正是由于这一发现，才完成了政治经济学的革命，建立了科学的政治经济学。马克思在批判的基础上建立起来的剩余价值学说，是理解全部资本主义经济关系的一把钥匙。对此，恩格斯评价说，这个问题的解决是马克思著作的划时代的功绩。它使社会主义者早先像资产阶级经济学者在深沉的黑暗中摸索的经济领域一样，得到了明亮的阳光照耀。科学的社会主义就是从此开始，以此为中心发展起来的。

第五节 工 资

一、工资的本质

工资是企业成本的重要组成部分。从现象上看，雇佣工人在资本家的工厂里劳动一天，资本家付给一天的工资；劳动一个月，付给一个月的工资；或者按照生产的合格产品件数付给工资。这样，就给人们造成一种假象，好像工人出卖给资本家的是劳动，而不是劳动力，工人的全部劳动都得到了报酬。资本家支付的工资似乎是劳动的价值或价格。

其实，劳动力和劳动是两个不同的概念。在资本家同工人的买卖关系中，工人出卖的是劳动力，而不是劳动，能成为商品的只是劳动力，劳动根本不能成为商品。这是因为：第一，劳动价值本身不能以劳动决定。如果说8小时劳动的价值是8小时的劳动，是毫无意义的同义反复。第二，劳动不能作为商品独立存在和出卖。假如劳动能够作为商品在市场上出卖，它必须在出卖前就已经存在。但是，当工人以卖者的身份进入市场时，劳动还没有开始。当劳动过程开始时，劳动已不再属于工人。第三，把劳动看作商品，不是违反价值规律，就是否定了剩余价值规律。假定劳动是商品，资本家用货币(物化劳动)同作为商品的活劳动直接交换，只能发生两种情况；一是如果要获得剩余价值，只能实行不等价交换，这就违反了价值规律的要求；二是等价交换，这就不能获得剩余价值，就否定了剩余价值规律的存在。

实际上，工人在市场上出卖的不是劳动而是劳动力。劳动不是商品，劳动力才是商品。资本主义工资的本质是劳动力价值。马克思指出："工资不是它表面上呈现的那种东西，不是劳动的价值或价格，而只是劳动力的价值或价格的隐蔽形式。"①

从现象上看，工资是劳动的价值或价格。因为第一，劳动力的买卖是等价交换，买者支付一定的货币，卖者在一定时间内出让自己的劳动能力，由于劳动能力看不见，人们看

① 《马克思恩格斯选集》第3卷，人民出版社1995年版，第310页。

到的是劳动，好像工人出卖的是劳动，工资就表现为劳动的价格了。第二，工资支付一般在工人劳动之后，工资支付的这种特点，使人们更容易认为工资是劳动的价值或价格。第三，在实际生活中，劳动多就工资多，强化了工资是劳动的价值或价格的观念。由于劳动力的价值或价格转化为工资，表现为劳动的价值或价格，消灭了工作日划分为必要劳动时间和剩余劳动时间、劳动分为有酬劳动和无酬劳动的痕迹，全部劳动表现为必要劳动或有酬劳动，因而掩盖了资本家无偿占有剩余劳动的事实真相。资产阶级学者萨伊提出的三位一体公式中，关于劳动的报酬是工资就是以工资的假象为依据的。

二、工资的基本形式

工资的形式有多种多样，但它的基本形式不外乎两种，即计时工资和计件工资。

计时工资是按一定的劳动时间来支付的工资，其实质是劳动力的月价值、周价值、日价值的转化形式。

计件工资则是按工人完成的产品数量或完成的工作量来支付的工资，它是计时工资的转化形式。因为计件工资的制定是以计时工资为基础的，资本家是用日工资除以每个工作日的产量定额的办法，来确定每件产品的工资单价的。资本家往往根据劳动力较强、技术较熟练的工人的日产量来制定标准的日产量定额。一般说来，计件工资是更有利于降低工资成本，刺激工人提高劳动生产率的形式。因为计件工资把工人收入同劳动成果直接挂钩，工人劳动的数量、质量和强度，都由工资形式本身来控制，这就使工资成为从物质利益上刺激工人更紧张、更有效劳动的重要手段。同时也使资本家降低了劳动力管理费用。随着生产自动化的发展，劳动强度和劳动质量受到流水线等自动机器的控制，多数生产部门已不再采用计件工资。

另外，为了缓和阶级矛盾，西方资本主义国家都逐步实行了最低工资立法，并在此基础上形成劳资集体谈判制度。劳资集体谈判的内容主要包括：①劳动报酬协议，即在政府制定的强制性最低工资标准基础上，对工资、薪金级别、计时工资标准和职员月薪的数额进行规定；②工资、薪金范围协议，即对工资、薪金级别和每一级别工资、薪金的范围作出规定；③奖励工资；④企业津贴与福利；等等。

三、名义工资与实际工资

名义工资是劳动者出卖劳动力实际得到的一定数量的货币工资。实际工资是指用这些货币工资所能买到的消费资料和服务的数量。实际工资的高低反映着人们的实际生活水平。在市场经济条件下，商品价格与价值是否一致，市场上商品供给与需求是否平衡，货币供应量与商品流通需要量是否相适应等，都会使劳动者的实际工资与名义工资之间产生差异。在资本主义发展过程中，工资水平的变动趋势总的来说是名义工资呈上升趋势，实际工资也呈现曲折上升趋势。这是因为：一是随着社会生产力的发展，对劳动力素质要求越来越高，工人必要生活资料的范围、种类和数量扩大，特别是劳动力价值中的教育费用大大增加，从而引起实际工资的增长；同时，社会劳动生产率迅速提高，工人在相同时间内创造的财富增多，相对剩余价值生产虽然以劳动力价值下降为条件，工资的相对份额减少，但工资的绝对量是增加的，并且货币工资所能买到的各种生活资料和服务的数量增加。二是工人阶级长期为争取提高工资而斗争。围绕工资问题反复重演和升级的劳资冲突，迫使西方资本主义国家逐步实行有关工资立法以确保工资水平。当然，也存在实际工资下降的因素：一是由于科技的发展，新机器和生产技术在生产中的应用，排挤了大量工人，劳动力供过于求严重。二是经济衰退和战争时期，大量工人失业，通货膨胀引起货币贬值、物价上涨，以及捐税加重，使在业工人的实际工资被迫下降。第二次世界大战后，总的趋势是实际工资有所上升。因为工资具有刚性，考虑社会居民的心理承受能力，政府要求确保工资增长幅度大于生活资料价格上涨幅度。

但是，实际工资的提高并不意味着剩余价值率降低了。在劳动生产率的提高比实际工资提高更快的条件下，工人所创造的财富有更大的部分被资本家无偿占有，这意味着剩余价值率的提高和剥削程度的加重。在工人创造的新价值中，即在国民收入分配中，资本家的利润所占比重越来越大，相对工资呈现下降趋势。例如，在美国工人实际工资水平较高的 20 世纪 70 年代初期，制造业工人的工资占制造业国民收入的比重，1947 年为 50%，1970 年为 42.8%，1975 年为 41.8%。

四、工资的国民差异

各个国家的工资水平存在的差别叫做工资的国民差异。比较各个国家的工资水平，必须首先把不同国家同一行业的平均日工资与同样长度的工作日相比较，因为工资量相等而工作日不等不能比较。例如，在机械行业，1994 年工人平均每小时工资：瑞士 24 美元，日本 16.9 美元，美国 16.5 美元，新加坡、韩国为 5 美元左右。2005 年制造业的小时工资：德国 32.89 美元，美国 23.49 美元，英国 23.52 美元，日本 21.64 美元，韩国 13.48 美元，巴西 4.07 美元，墨西哥 2.62 美元。其次要测量出劳动强度和劳动生产率的情况，名义工资最好能换算成实际工资。例如，2006 年中国与美国制造业工资比较，从小时工资和工资总额看，中国与美国的差异比较大，分别是 1∶26.57(0.89∶23.65 美元)和 1∶19.26(2286.2∶44035 美元)，但实际工资总额(按 PPP 即购买力平价折算)是 1∶5.11(8609.9∶44035 美元)。

比较各国工资差异，必须考虑决定劳动力价值量变化的一切因素。如"自然的和历史地发展起来的首要的生活必需品的价格和范围，工人的教育费用，妇女劳动和儿童劳动的作用，劳动生产率，劳动的外延量和内涵量"[1]。即使做简单的比较，首先要求把不同国家

---

① ［德］马克思：《资本论》第 1 卷，人民出版社 2004 年第 2 版，第 644 页。

同一行业的平均日工资化为长度相等的工作日，还必须把计时工资换算为计件工资，因为只有计件工资才是计算劳动生产率和劳动内涵量的尺度。还有与国际价值决定相关的劳动强度、劳动生产率不同。强度较大和劳动生产率较高的国民劳动在世界市场上被算作倍加的劳动，表现为较高的工资水平。"国家不同，劳动的中等强度也就不同；有的国家高些，有的国家低些。于是各国的平均数形成一个阶梯，它的计量单位是世界劳动的平均单位。因此，强度较大的国民劳动比强度较小的国民劳动，会在同一时间内生产出更多的价值，从而表现为更多的货币。……一个国家的资本主义生产越发达，那里的国民劳动的强度和生产率，就越超过国际水平。因此，不同国家在同一劳动时间内所生产的同种商品的不同量，有不同的国际价值，从而表现为不同的价格，即表现为按各自的国际价值而不同的货币额。"①由于货币的相对价值发达国家比发展中国家小，因此，发达国家名义工资比发展中国家高，但实际工资不一定是这样，相对劳动价格发展中国家比发达国家高。

思考题

1. 解释下列基本概念：
资本　不变资本　可变资本　剩余价值　剩余价值率　超额剩余价值　资本原始积累　工资
2. 简述货币和资本的联系和区别。
3. 为什么说劳动力成为商品是货币转化为资本的前提？
4. 论资本的一般本质和特殊本质。
5. 剩余价值是如何生产出来的？
6. 剩余价值生产包括哪两种基本方法？
7. 为什么说剩余价值规律是资本主义生产方式的基本经济规律？
8. 如何理解资本主义经济制度的基本特征？
9. 概述马克思剩余价值生产理论的主要内容。

阅读书目

1. ［德］马克思：《资本论》第1卷，人民出版社2004年第2版。
2. ［美］塞缪尔·鲍尔斯等著，孟捷等译：《理解资本主义：竞争、统制与变革（第五章　剩余产品：冲突和变革）》，中国人民大学出版2009年第3版。
3. ［美］约瑟夫·熊彼特著，吴良健译：《资本主义、社会主义与民主》，商务印书馆1999年版。
4. ［美］奥利弗·E·威廉姆森著，段毅才 王伟译：《资本主义经济制度》，商务印书馆2004年版。

① ［德］马克思：《资本论》第1卷，人民出版社2004年第2版，第645页。

第四章　资本积累

　　资本主义再生产是扩大再生产。在上一章分析资本主义生产过程及剩余价值来源的基础上，本章重点分析资本主义简单再生产和扩大再生产的内涵、特征，揭示扩大再生产与资本积累、资本有机构成及相对人口过剩的关系，揭示资本积累的实质以及它对工人阶级命运的影响。

第一节　资本主义的简单再生产

一、社会生产和再生产

　　无论人类社会采取何种社会制度或社会形态，生产资料和消费资料的生产总是人类社会存在和发展的基础。"一个社会不能停止消费，同样，它也不能停止生产。"①一方面，人类社会不能停止消费，而消费品必须通过生产来取得，因而要消费也就不能停止生产；另一方面，只有消费得到基本满足之后，人们才能从事科学、艺术和其他非生产性的活动，而且消费之后还须继续进行生产，再生产出满足下一次消费需要的生活资料。因此，社会生产是一个连续进行、不断重复的生产过程，我们把这个连续进行、不断重复进行的生产过程称之为再生产过程。

　　社会再生产过程，我们可以从人与自然和人与人的关系两个不同的角度来考察。首先，从人与自然的角度来看，社会再生产是产品的生产过程，在再生产过程中，劳动者不断地将劳动资料作用于劳动对象，因而每次生产过程既要消耗一定数量的劳动力，也要消耗一定数量的物质资料和服务产品，生产结果是一定数量的、新的生产资料和生活资料；新的生产资料为下一次生产过程提供了物质条件，新的生活资料为下一次生产过程准备了潜在的劳动力，从而使再生产过程能够继续进行下去。其次，从人与人的角度来看，社会再生产是生产关系的再生产。因为，一方面，任何生产过程总是在一定的生产关系下进行的，离开了一定的生产关系，任何生产和再生产过程都无法进行。例如，资本主义生产过程就是在资本主义生产关系的条件下进行的，生产过程具有资本主义生产关系的性质。另

　　① ［德］马克思：《资本论》第1卷，人民出版社2004年版，第653页。

一方面，在再生产过程中，原来的生产关系得到维持、巩固和发展。例如，资本主义再生产过程不仅不断地生产出新的商品，而且把资本主义生产关系即资本家和雇佣工人之间的雇佣劳动关系再生产出来。因此，任何社会的再生产过程都是产品再生产和生产关系再生产的统一。

从社会生产的数量或规模的角度来看，可以将社会再生产过程划分为简单再生产和扩大再生产两种类型。所谓简单再生产，即生产规模不变的再生产。为什么生产规模不变呢？因为，新生产出来的产品，除了用来补偿在生产过程中所消耗掉的生产资料以外，其余部分完全被用于个人消费，不能给生产过程提供追加的生产要素，因而生产规模不变。所谓扩大再生产，即生产规模扩大的再生产。扩大再生产的前提条件是，新生产出来的产品除了用于补偿消耗掉的生产资料和消费资料之外，还有剩余的生产资料和消费资料，多余的生产资料和消费资料追加到生产过程中去，增加了新的机器、厂房、原材料和劳动力，使原有生产规模得到扩大。简单再生产和扩大再生产不是截然分开、相互对立的两种生产类型，简单再生产既是扩大再生产的基础和出发点，也是扩大再生产最重要的组成部分；没有简单再生产，也就没有扩大再生产，只有在原有生产规模实现的基础上，才能有生产规模的进一步扩大。

怎样才能实现规模扩大的再生产呢？从技术是否变化的角度，我们可以将其划分为内涵扩大再生产和外延扩大再生产两种类型。所谓内涵扩大再生产，指依靠技术进步，改善生产要素的质量，提高劳动效率和生产效率等途径使原有生产规模扩大的再生产。例如，改进排版和印刷机的科技含量，可以提高排版和印刷机的单位时间产量。所谓外延扩大再生产，指生产技术、劳动效率和生产要素质量不变的情况下，单纯通过增加生产要素（生产资料和劳动力）数量和扩大生产场所的途径，使原有生产规模扩大的再生产。例如，把生产皮鞋的流水线和劳动者人数增加一倍，可以将皮鞋的产量相应地增加一倍。不过，在现实经济生活中，内涵扩大再生产和外延扩大再生产有时是结合进行的。例如，在增加新的机器设备和劳动者时，追加的机器设备与原有机器设备不同，它有更高的技术含量和生产效能，追加的劳动者有更高的劳动素质，从而有更大的生产规模。

二、资本主义简单再生产

在资本主义私有制的条件下，再生产过程既生产物质资料和服务，也把资本主义生产关系再生产出来，这个再生产过程通过价值和剩余价值的生产来实现。根据上述划分简单再生产和扩大再生产的标准，我们同样把剩余价值是否追加到原有资本上作为依据，来判别资本主义再生产是资本主义简单再生产还是资本主义扩大再生产。因此，资本主义简单再生产，指资本家把剩余价值全部用于个人消费，不将部分剩余价值追加到原有资本上，使资本主义再生产由于得不到追加的生产要素而在原有规模上重复进行。相反，资本主义扩大再生产，指资本家将部分剩余价值追加到原有资本上，由于生产要素增加，在原有生产规模扩大基础上重复进行的再生产过程。

作为社会化大生产的资本主义再生产，它的特征必然是扩大再生产，因为，扩大再生产可以获取更多的剩余价值。然而，扩大再生产不能离开简单再生产，它必须以简单再生产作为基础和出发点，因此，在考察资本主义生产关系再生产时，必须首先考察资本主义简单再生产中的生产关系。

在考察资本主义生产关系时，如果我们仅仅只考察一个孤立的生产过程，而不是从再生产角度来分析资本主义生产关系，那么，下述资本主义生产关系的特点是无法了解的。实际上，"资本主义生产过程在本身的进行中，再生产出劳动力和劳动条件的分离。这样，它就再生产出剥削工人的条件，并使之永久化。它不断迫使工人为了生活而出卖自己的劳动力，同时不断使资本家能够为了发财致富而购买劳动力"①。

从再生产角度考察，资本主义简单再生产具有如下特征：

第一，资本家付给工人的工资即可变资本是雇佣工人自己创造的。为了进行剩余价值生产，资本家必须购买劳动力并支付给工人与劳动力价值相当的工资。如果只从一次孤立的生产过程来看，资本家用来购买劳动力、支付给工人的工资，即可变资本，似乎是资本家的自有资本，是资本预付；一些资产阶级经济学者正是利用孤立生产过程中所存在的这一假象，宣扬"资本家养活工人"的谎言。然而，如果从再生产过程来考察，则可以清楚地看到，资本家支付给工人的工资，实际上是工人阶级在上一个生产过程中所创造的新价值被资本家占有后，将其中相当于可变资本的部分以工资的形式支付给工人的那部分价值。或者说，在劳动力买卖时，资本家并没有因为工人进入生产过程就即刻支付给工人工资，而是等到工人劳动一定时间、资本家出售新产品、收回产品价值后，将产品中相当于工资部分的新价值以工资形式发给工人。工资的支付方式表明，资本家事先并不存在一个可变资本，也不存在资本家养活工人的现象。相反，工人把劳动力预支给资本家，资本家用工人活劳动所创造的新价值的一部分以工资形式支付给工人之后，将另一部分新价值即剩余价值据为己有，用于扩大再生产规模和个人消费的需要。可见，在资本主义私有制的条件下，不是资本家养活了工人，恰恰相反，是工人的活劳动创造了可变资本，养活了自己，同时又为资本家创造了剩余价值，养活了资本家。

第二，资本家的全部资本都是工人的活劳动创造的。如果我们假定，在生产过程的初始阶段，资本家用于投资的全部资本是资本家本人通过"辛勤劳动"积攒起来的结果，但是，从资本主义简单再生产过程来看，在经过若干个生产过程之后，资本家最初投入生产过程中的资本实际上已经被资本家作为消费基金消耗殆尽了，因为，在生产过程中，资本

① ［德］马克思：《资本论》第 1 卷，人民出版社 2004 年版，第 665－666 页。

家只是价值的消费者,不是价值的创造者。现在,他手中保留的资本实际上是雇佣工人在若干次生产过程中所创造的剩余价值转化而来的产物。当然,那些承担了企业家功能的资本家,在一定程度上也参与了资本的创造。

第三,工人阶级的个人消费是资本主义再生产的必要条件。资本主义再生产既是资本的再生产,也是雇佣工人的再生产,而雇佣工人的再生产,离不开工人的个人消费。从表面上看,工人的个人消费,似乎只是他个人的事情,与生产无关。但是,只要我们考察的不是单个生产过程,而是再生产过程,就可以看出工人的个人消费,不论在劳动过程以内或以外进行,都是资本生产和再生产的一个要素。因此,在资本主义私有制的条件下,工人阶级通过消费恢复和再生产出劳动力,不过是给资本主义再生产过程或剩余价值生产劳动力,因而是资本主义再生产过程继续进行的必要条件,体现工人阶级与资本家在资本主义社会中的经济地位和经济关系。总之,"资本主义生产过程,在联系中加以考察,或作为再生产过程加以考察时,不仅生产商品,不仅生产剩余价值,而且还生产和再生产资本关系本身:一方面是资本家,另一方面是雇佣工人"①。

第二节　资本积累

一、资本积累的含义

资本主义再生产的特点是扩大再生产,而不是简单再生产。为了获取更多的剩余价值,为了增强自己在市场中的竞争能力,资本家不会把占有的剩余价值全部消费完毕,而是倾向于把剩余价值的一部分合并到原有资本上,即将一部分剩余价值转化为追加资本,用来购买追加的生产资料和劳动力,以便扩大生产规模。由此可见,资本家把剩余价值的一部分转化为资本,使生产能够在扩大的规模上重复进行,这就是资本主义扩大再生产。把剩余价值转化为资本,或者说,将剩余价值资本化,就是资本积累。资本积累是市场经济中所有厂商所共有的行为和特征。

资本主义扩大再生产不仅是物质资料的扩大再生产,同时也是资本主义生产关系的扩大再生产,是两种再生产的统一。从资本主义生产关系的角度看,资本主义扩大再生产具有以下几个特点:第一,不仅资本家的全部资本是工人阶级的活劳动创造出来的,而且资本家用于扩大再生产的追加资本,也是工人阶级的活劳动部分——无酬劳动形成的剩余价值的转化形式。显然,不占有工人阶级所创造的剩余价值,就没有积累,也就没有追加资本。第二,用于扩大再生产的追加资本,不仅是资本家无偿占有工人剩余劳动的结果,而

---

① ［德］马克思:《资本论》第 1 卷,人民出版社 2004 年版,第 666 - 667 页。

且，是资本家进一步无偿占有工人阶级剩余劳动的手段。因为，把部分剩余价值转化为追加资本，可以购买更多的生产资料和劳动力，进一步扩大生产规模，从而获取更多的剩余价值，使资本财富日益增大起来。第三，可以进一步发现资本主义市场上劳动力商品等价交换，即劳动力买卖的真实内容是资本家用无偿占有工人创造的剩余价值的一部分，即转化为资本的积累部分，来换取更大量的新工人或追加工人的活劳动。从表面上看，资本家和工人在劳动力市场上进行等价交换，双方是平等的商品所有者。但是，资本家实际上是用无偿占有的工人阶级所创造的剩余价值的一部分，作为追加资本来购买追加的劳动力，用追加的劳动力为资本家生产更多的剩余价值；换句话说，资本家是用他人的劳动产物（剩余价值），购买追加的劳动力，用最初的无偿占有去获得更多的无偿占有。当然，资本主义扩大再生产的这一特征，同时也体现了市场配置资源条件下一切市场主体所共有的经济特征。

二、资本积累的实质与动因

上述分析表明，剩余价值是资本积累的唯一源泉，而资本积累又是扩大再生产的重要源泉。离开了剩余价值，或者不把剩余价值转化为资本，资本积累就无从谈起。因此，资本积累规模的大小与剩余价值的多少有着直接的联系。在剩余价值分为积累部分和资本家个人消费部分的比例不变的情况下，资本家取得的剩余价值量越多，资本积累的规模就越大，而资本积累的规模越大，资本家就可以获取更多的剩余价值。可见，资本家利用无偿占有的剩余价值进行资本积累，扩大生产规模，从而进一步无偿地占有更多的剩余价值，是资本积累的实质。为了更好地理解资本积累的实质，我们必须理解商品生产的所有权规律转变为资本主义的占有规律。所谓商品生产的所有权规律，即商品经济中的等价交换规律，它的基本内容和要求是：参与交换的双方，都是自己商品或货币的所有者，对自己的商品或货币拥有所有权，从而在交换的过程中彼此均以平等的身份——所有者来对待对方，即实行等价交换，任何一方均无权无偿占有对方的产品。所谓资本主义的占有规律，即资本主义的剩余价值规律，它的含义是，在生产过程中，资本家和工人阶级具有不平等的经济地位，资本家可以凭借其不平等的经济地位，无偿占有工人阶级所创造的剩余价值。这样，在资本主义市场经济条件下，商品生产的等价交换规律就转变为资本主义的无偿占有规律。其原因就是由于在资本主义商品生产条件下，劳动者同生产资料的所有权发生分离，生产资料的所有权属于资本家。在这种情况下，劳动者不能占有自己创造的劳动产品。劳动产品由资本家所占有。劳动者要想获得生活资料，只能将劳动力出卖给资本家或将劳动力变成商品。在劳动力市场上，资本家同工人阶级彼此均以平等的身份——商品交换者来对待，资本家购买劳动力商品，劳动者出卖劳动力商品，二者均按照等价交换的原则来进行，体现了商品生产的所有权规律。但是这种等价交换仅仅只是表面的平等，因为，一旦离开商品交换领域，无偿占有就发生了。

资本家购买劳动力是为了使用其使用价值，购买以后，将劳动力投入生产过程，并按一定的技术要求将劳动力与生产资料进行组合。在生产领域，劳动者用自己的劳动，形成比劳动力价值更大的价值量，新价值大于资本家购买劳动力的价值量，经过销售，实现商品中包含的价值和剩余价值，剩余价值由资本家而不是由他的创造者所占有。这样，就实现了从商品生产的所有权规律向资本主义占有规律的转变。资本家正是通过将一个规律转变为另一个规律来获得剩余价值，把剩余价值转化为资本积累，把资本积累作为扩大剥削的手段，才使资本像滚雪球一样越滚越大。可见，商品生产所有权规律转变为资本主义占有规律，是以资本主义生产方式即劳动者同生产资料所有权相分离为前提的，没有资本主义生产方式，商品生产的所有权规律就不会转变为资本主义的占有规律，资本家也就不会获得剩余价值。因此，"商品生产按自己本身内在的规律越是发展成为资本主义生产，商品生产的所有权规律也就越是转变为资本主义的占有规律"①，一旦生产资料由社会所占有，资本主义的私人占有规律将发生本质性的改变，即商品生产的所有权规律将转变为社会主义的共同占有规律。在混合经济中，这两种规律将会同时存在并发生作用。

揭示了资本积累的实质，我们也就不难理解，资本家进行资本积累的动因是什么的问题。从动因来看，资本积累是由资本主义经济规律即剩余价值规律和竞争规律所决定的：第一，对剩余价值的追求，是资本家进行资本积累的内在动力。资本家进行资本积累，并不是为了"社会进步"和增加就业，而是为了无止境地追求更多的剩余价值。因为，资本积累越多，资本规模从而生产规模就会越大，资本家才能获得更多的剩余价值量。因此，只要有可能，资本家就不会停止资本积累和扩大再生产。第二，资本主义商品经济中所存在的竞争规律，作为一种优胜劣汰的强制力量，也迫使资本家不断地进行资本积累，这是资本积累的外在压力。因为，只有不断地积累资本，增大资本规模，资本家才能够更快地和更有效地改进生产技术，提高劳动生产率，降低商品的生产成本和提高商品的质量，增强企业在市场上战胜对手的竞争能力。所以，资本主义的竞争规律强制资本家千方百计地进行资本积累，扩大生产规模。由此可见，资本积累是资本主义私有制和市场经济存在和发展的必然趋势。

三、影响资本积累的因素

上面，我们从质的方面知道了资本积累的实质和动因，知道资本积累是资本主义剩余价值规律的产物，具有客观必然性。但是，我们没有说明，影响资本积累量的因素是什么。下面，我们从剩余价值分为消费部分和积累部分的比例是否可变两个不同的角度来分析。

---

① ［德］马克思：《资本论》第 1 卷，人民出版社 2004 年版，第 677 – 678 页。

在剩余价值量一定的情况下，剩余价值用作积累和消费的比率决定资本积累的数量。在剩余价值量一定的情况下，剩余价值用于资本家个人消费的比例部分越大，积累数量就越小；反之，剩余价值用于资本家个人消费的比例部分越小，积累数量就越大。例如，有甲、乙两个资本家，一年获取的剩余价值都是 100 万元，甲资本家的剩余价值中用于消费和积累的比例为 8∶2，那么，甲资本家资本积累数量就是 20 万元；乙资本家的剩余价值中用于消费和积累的比例为 7∶3，那么，乙资本家的资本积累数量就是 30 万元。可见，在剩余价值量相同的条件下，乙资本家的积累率高于甲资本家，乙资本家的积累量大于甲资本家的积累量。

在剩余价值分为积累和消费的比例已定的情况下，资本积累的数量取决于剩余价值的绝对量，从而一切能够决定剩余价值量的因素，都会影响资本积累的数量。这些因素包括：第一，剩余价值率高低。剩余价值率高，单位可变资本所带来的剩余价值量就越多，而剩余价值量越多，资本积累的数量也就越多。并且，资本积累的数量与剩余价值率成正比。而提高对劳动者剥削程度的主要手段有：提高劳动强度和延长劳动时间，可以生产出更多的剩余价值。在劳动力供大于求的情况下，资本家还可以采取压低工人工资即将工资压低到劳动力价值以下的办法来提高剩余价值率。压低工人工资的方法实际上不过是把工人的必要消费基金的一部分转化为资本积累基金的办法。第二，社会劳动生产率水平的高低。如果社会劳动生产率得到提高，单位商品的价值量就会降低，而单位商品价值量降低则有利于资本积累。首先，由于社会劳动生产率提高，使得劳动力和生产资料价值下降，同量资本可以购买更多的劳动力和生产资料，从而扩大生产规模，提高剩余价值率，增加剩余价值量，增加资本积累。其次，随着社会劳动生产率的提高和商品价值量的下降，同量剩余价值可以表现为更多的商品和服务，这样，资本家就可以在不减少甚至增加他的个人消费的情况下，提高资本积累率和增加资本积累量。再次，在社会劳动生产率水平提高时，可以用效率更高但价格更便宜的生产资料代替原有的生产资料，使资本家获得超额剩余价值或相对剩余价值，从而促进资本的积累。第三，所用资本和所费资本之间的差额大小。所用资本是指在生产过程中所使用的全部资本，所费资本是指在生产过程中实际消耗的资本。在生产过程中，劳动资料如厂房和机器等以其整体参加发挥职能，但他们是逐步磨损的，因而其价值是逐渐丧失，并一部分一部分地转移到新产品中去。这样，所使用的是全部资本价值，而所消耗的只是磨损和转移的小部分资本价值，所用资本和所费资本之间便形成了一个差额，所用资本总是大于所费资本。这个差额的大小，取决于劳动资料的质量和数量，劳动资料的质量越好，越经久耐用，折旧率越低，所费资本或折旧额就越小，从而所用资本和所费资本之间的差额就越大。所用资本和所费资本的差额表明，劳动资料在其使用过程中，它的部分价值虽已转移，但是，它的"身体"即使用价值却并不随体内价值量减少或折旧而下降，仍然作为一个完整的劳动资料发挥生产的作用。例如，当一台机器的价值已转移或折旧一半，它的生产作用却没有因此而减少一半，它仍然作为一台具有完整功能的机器在生产过程中发挥作用。因此，劳动资料中不含价值的使用价值部分，就会无代价地为生产服务。在劳动资料提供无代价服务、照常发挥生产功能的条件下，资本家可以把每年转移的劳动资料价值作为折旧基金提取出来，用作资本积累，扩大生产规模。折旧率越低，所用资本与所费资本之间的差额越大，劳动资料无代价服务的时间就越长。可见，所用资本和所费资本的差额越大，就越有利于资本积累。[①] 第四，预付资本量的大小。在剩余价值率既定的情况下，剩余价值量取决于雇佣工人人数的多少，即取决于可变资本数量的多少。在不变资本和可变资本的比例不变时，预付资本总额的数量越大，可变资本量越大，被雇佣的工人人数就会越多，从而资本家所获得的剩余价值量也会越多。可见，预付资本的数量影响资本积累。

第三节 资本有机构成提高与相对人口过剩

一、资本有机构成提高

随着资本不断积累，不仅资本总额不断增大，而且，资本有机构成也会发生变化，而资本有机构成的变化会对无产阶级的命运和生活状况产生深刻的影响。那么，什么是资本有机构成呢？我们可以从物质形式和价值形式两个不同的方面来考察。从物质形式上看，资本表现为一定数量的生产资料和劳动力，生产资料和劳动力之间存在一定的比例关系。一般来说，二者的比例关系是由生产的技术水平决定的。企业的技术水平越高，每个劳动力所操纵的生产资料数量就会越多。反之，生产技术水平越低，每个劳动力所使用的生产资料数量就会越少。这种由生产技术水平所决定的生产资料和劳动力的比例关系，就是资本的技术构成。从价值形式上看，资本是由不变资本和可变资本构成的，生产资料是不变资本的存在形式，劳动力是可变资本的存在形式；不变资本和可变资本之间的比例关系，就是资本的价值构成。资本的技术构成和资本的价值构成之间存在着密切的联系，资本的价值构成以资本的技术构成为基础，资本技术构成变化，必然引起资本价值构成发生变化；资本价值构成变化，反映着资本技术构成的变化。例如，在某纺织厂，每个工人均能操作两台机器，这是资本的技术构成；工人的劳动力日价值为100元，每台机器的价值为1万元，资本的价值构成为200∶1，200∶1的价值构成是由资本技术构成即一个工人操作两台机器决定的，但是，200∶1又反映了资本技术构成的状况。这种由资本的技术构成决定而又反映资本技术构成变化的资本价值构成，就是资本的有机构成。资本有机构成通常用

.   ① 所用资本与所费资本之间的差额同折旧年限成正比，同折旧率成反比。

$c:v$ 来表示。

资本的有机构成，会随着资本积累不断增长而不断提高。所谓资本有机构成提高，即技术进步引起不变资本在总资本中的比重提高，或可变资本在全部资本中的比重下降。为什么资本有机构成会不断提高呢？因为为了获取更多剩余价值的内在动力和迫于激烈竞争的外在压力，资本家必然不断改进生产技术和采用新的机器设备，提高劳动生产率，这就必然会出现不变资本在总资本中的比重日益增大，可变资本在总资本中的比重日益缩小的现象，即出现资本有机构成日益提高。资本有机构成提高包括两种情况：一是追加资本有机构成提高，原有资本有机构成不变，使得资本对劳动力需求的相对量有所减少，但绝对量有所增加；二是追加资本与原有资本的有机构成都提高，使得资本对劳动力需求不仅相对减少，而且绝对地减少。

二、资本积聚和资本集中

资本有机构成提高意味着企业科技含量上升，那么，怎样才能提高企业的科技含量或资本有机构成呢？在一般情况下，资本有机构成提高是以个别资本增大为前提的。个别资本即单个资本，单个资本增大，资本实力就更雄厚，就更有条件采用新的生产技术和新的机器设备，提高劳动生产率，从而提高资本有机构成。在资本主义市场经济条件下，单个资本增大有两个重要途径，即通过资本积聚和资本集中来扩张单个资本的规模。

所谓资本积聚，即单个资本依靠自身的资本积累来增大资本总额，它是资本积累即剩余价值转化为资本的直接结果。显然，通过资本积累这一形式来增大单个资本总额是有缺陷的，其缺陷是资本积聚的速度比较缓慢。因为，它要受到原有资本规模、剩余价值量以及社会能提供多少追加的物质资料等条件的限制。因此，在资本主义条件下，在资本积聚的速度跟不上生产规模扩张的速度时，企业往往采取资本集中的形式来增大单个资本。

所谓资本集中，即把原来分散在社会上的众多中小资本组织起来，合并为少数大资本，使个别资本的规模得到扩大。在市场经济条件下，资本家可以采取多种形式来实行资本集中，如大资本吞并小资本的形式、合并如组织股份公司的形式等。在资本集中的过程中，信用制度和经济危机起了推波助澜的作用，是资本集中的外生变量。例如，一方面，实力雄厚的大资本可以利用自己的信用取得贷款，战胜中小资本，使大资本进一步得到壮大；另一方面，信用也促进了中小资本的联合，信用制度利用其广泛的业务网络和较低的费用，推动了股份公司的创建，加速了资本的集中。

资本积聚和资本集中都能使单个资本增大，它是市场经济条件下单个资本试图增大自身的两种基本形式。两者既有联系又有区别。二者的区别是：①在是否增大社会资本总量上不同。由于资本积聚是通过剩余价值转化为资本的途径来实现的，它必然使社会资本总额增大；而资本集中是通过使已经存在的中小资本合并或重组的形式来实现的，所以它不会增大社会资本的总量。②在是否受到社会财富增长的限制上不同。由于资本积聚的实现要受到社会财富绝对增长的限制，因此增长缓慢；而资本集中的实现是通过原有资本合并或重组的途径，所以就不受社会财富绝对增长的限制。③在单个资本增大速度上不同。由于资本积聚是通过剩余价值转化为资本的途径来实现，追加资本的增长会受到生产规模或剩余价值生产规模及增长速度的限制，因此它的增长速度比较缓慢；而资本集中只是改变现有资本的组合状况，因而不受生产规模或剩余价值生产规模及增长速度的限制，它可以在短期内将无数分散的中小资本组成为一个规模庞大的单个资本，所以资本集中可以有较快的增长速度。由于资本积聚增大资本的速度比较缓慢，而资本集中则能够在较短的时间内增大资本规模，因此，竞争中的企业往往走资本集中的道路，如组建股份公司、资产重组等。

资本积聚和资本集中也是相互依赖和相互促进的。一方面，随着资本积聚的进行，必然增大单个资本的规模，增强竞争能力，加速资本集中的进程。另一方面，由于资本集中在短期内迅速扩大资本，有利于扩大生产规模、改进技术和提高劳动生产率，扩大剩余价值的生产规模，从而增加积累的规模，加快资本积聚。因此，"通过集中而在一夜之间集合起来的资本量，同其他资本量一样，不断再生产和增大，只是速度更快，从而成为社会积累的新的强有力的杠杆。因此，当人们谈到社会积累的增进时，今天已经默默地把集中的作用包括在内"①。

在市场经济条件下，企业之间的竞争空前激烈，为了能立于不败之地，必须增强自己资本的竞争实力，资本积聚与资本集中是重要的手段。因此，马克思的资本积聚和资本集中理论对于分析社会主义市场经济发展中的规模经济和失业问题也有重要的指导意义。

三、相对过剩人口

伴随着资本积聚和资本集中的不断进行，单个资本规模不断增加，不仅使资本主义生产规模获得量上的扩展，而且使资本有机构成不断提高，即技术含量得到提高。然而，在资本主义市场经济条件下，资本有机构成提高却给工人阶级带来了严重的后果即失业，出现资本主义相对过剩人口的现象。例如，2012 年 12 月，法国的失业率为 10.6%，美国的失业率为 7.8%，加拿大的失业率为 7.1%。

所谓相对过剩人口，即劳动力的供给量超过了资本对它的需要量，劳动力供大于求，过剩的劳动力成了社会"多余"的人口。在资本主义社会，劳动力过剩不是绝对过剩，它仅仅只是劳动力相对于资本对它的需要即生产剩余价值的需要而言过剩。劳动力相对过剩同资本主义私有制以及它所采取的市场经济运行方式是分不开的。具体地说，相对过剩人口

① ［德］马克思：《资本论》第 1 卷，人民出版社 2004 年版，第 724 页。

的形成同资本积累以及资本有机构成的提高有着密切的联系。因为，在资本主义的发展过程中，随着资本积累及资本有机构成的不断提高，必然产生两种对立的趋势，即劳动力的供给不断扩大和劳动力的需求相对萎缩。

相对过剩人口产生的第一个原因是：资本对劳动力的需求相对减少。在生产资料资本主义私有制的条件下，资本有机构成不断提高，必然造成可变资本在资本总量中所占比重日益下降。由于资本对劳动力的需求不取决于资本总额的大小，而是取决于资本总额中的可变资本量的多少及所占比例的大小，当可变资本在资本总额中所占比例下降时，资本对劳动力的需求必然相对减少有时甚至会绝对减少。首先，如果原有资本有机构成不变，追加资本有机构成提高，那么，资本对劳动力的需求会相对减少，但绝对量因追加资本中的可变资本增加而有所增加。其次，如果原有资本有机构成和追加资本有机构成均不同程度地提高，那么，原有资本有机构成提高会造成原有资本对劳动力的需求绝对减少，出现部分工人被解雇的现象；虽然追加资本能够追加新的劳动力，但是，当原有资本中被解雇的劳动力数量大于追加资本新吸收的劳动力数量时，就会出现资本对劳动力的需求绝对减少的现象。

相对过剩人口产生的另一个原因是：劳动力对资本的供给绝对增加。首先，随着资本有机构成提高，生产技术不断进步，不仅使许多原来复杂的操作变得简单，而且对劳动者的体力要求也大大降低了，从而扩大了劳动者的来源，增加了劳动力的供给。其次，在资本主义市场机制即优胜劣汰规律的作用下，小商品生产者之间的两极分化现象不断发生，促使大量农民和手工业者破产，纷纷加入雇佣劳动者的队伍，增加了劳动力的供给。例如，由于农业劳动的边际生产力下降、农产品进入世界市场等原因，造成许多农民破产。再次，在资本主义市场机制即优胜劣汰规律的作用下，不仅小商品生产者之间的两极分化现象不断发生，而且也使一些中小资本家陷入破产和倒闭的困境，加入到雇佣劳动大军的行列。此外，由于人口基数增长，新的就业人口（如毕业学生）不断增加。

可见，随着资本积累增长和资本有机构成不断提高，造成资本对劳动力的需求减少和劳动力的供给绝对增加。资本主义劳动力市场供大于求现象的存在，不可避免地引起工人阶级大量失业，即出现相对过剩人口。

马克思认为，相对过剩人口既是资本积累的必然产物，同时也是资本主义生产方式继续存在和发展的必要条件。因为：一方面，相对过剩人口的存在，可以随时调节和满足资本主义生产周期变动对劳动力的需求。在资本主义市场经济条件下，资本主义再生产具有周期性的特点，即时而高速增长，时而陷入经济危机。这时，相对过剩人口的存在对周期运动的资本主义经济就起了劳动力蓄水池的作用：当生产高涨时，生产规模扩大，资本家可以从劳动力蓄水池中吸收大量的劳动力；当经济危机到来时，资本对劳动力的需求大大减少，可以把工人赶出工厂，使他们成为下一次经济高涨所需要的劳动力后备军。另一方面，资本家可以利用相对过剩人口的存在，提高对在业工人的剥削率。因为，相对过剩人口即劳动力供大于求，在劳动力供大于求的情况下，资本家可以利用市场机制或经济规律，迫使在业工人接受低于劳动力价值的工资，从而加大对工人的剥削，以达到榨取更多剩余价值的目的。可见，只要存在资本主义市场经济，失业现象就不可能消除。

相对过剩人口有三种基本表现形式，即流动形式的过剩人口、潜在形式的过剩人口、和停滞形式的过剩人口。所谓流动形式的过剩人口，指由于经济周期波动所造成的过剩人口。在资本主义经济周期的过程中，生产时而扩张时而缩小。当生产扩张时，工人被吸收到生产过程中；当经济萎缩时，工人就会被排斥出生产过程。这样，工人阶级就不得不经常处于就业和失业彼此交替的流动状态中。所谓潜在形式的过剩人口，主要指农业中的过剩人口。随着社会生产力水平提高，农业中资本有机构成也会或快或慢地提高，资本对农业工人的需要日益减少，部分农业工人被排挤出农业生产过程。这样，在农业中便会形成大量的过剩人口。同时，随着资本主义生产方式在农业中的发展，虽然在表面上农民还保留着少量生产工具和少量土地，似乎农业中不存在失业，但是，由于农业人口增长或者农产品市场竞争条件恶化，他们根本不能依靠自己的少量生产资料及其产品来维持其原有的生活水平，随时有可能破产并准备出卖劳动力，加入城市失业大军的队伍。"资本主义生产一旦占领农业，或者依照它占领农业的程度，对农业工人人口的需求就随着在农业中执行职能的资本的积累而绝对地减少……因此，一部分农村人口经常准备着转入城市无产阶级或制造业无产阶级的队伍"。①所谓停滞形式的过剩人口，主要指那些由于身体、年龄方面的原因或缺乏专门劳动技能的城乡劳动者。这些人的特点是：没有固定职业，主要从事家庭劳动和打零工，但是，他们的劳动时间长、劳动条件差，且工资很低。他们的生产状况和生活水平均处于工人阶级的平均水平以下。

资本有机构成提高导致相对人口过剩，在市场经济发展的一定时期具有普遍性，因此，马克思的相对人口过剩理论对于分析社会主义市场经济发展中的失业问题也有重要的指导意义。

四、资本主义积累的一般规律和历史趋势

(一)资本主义积累的一般规律

关于资本主义积累的一般规律，马克思概括地指出："社会的财富即执行职能的资本越大，它的增长的规模和能力越大，从而无产阶级的绝对数量和他们的劳动生产力越大，产业后备军也就越大。可供支配的劳动力同资本的膨胀力一样，是由同一些原因发展起来的。因此，产业后备军的相对量和财富的力量一同增长。但是同现役劳动军相比，这种后

---

① [德]马克思：《资本论》第 1 卷，人民出版社 2004 年版，第 739–740 页。

备军越大，常备的过剩人口也就越多，他们的贫困同他们所受的劳动折磨成反比。最后，工人阶级中贫苦阶层和产业后备军越大，官方认为需要救济的贫民也就越多。这就是资本主义积累的绝对的、一般的规律。"①从马克思关于资本主义积累的一般规律的表述中可以看出，资本主义积累的一般规律包括资本积累规律、相对人口过剩规律和无产阶级贫困规律三个方面的内容。前两个规律在上面已经进行了讲解，下面对无产阶级贫困规律做一些介绍。

资本主义积累的一般规律，深刻揭示了资本积累和无产阶级贫困之间的内在联系，揭示了无产阶级和资产阶级之间经济利益的根本对立。随着资本积累的不断增长，资本主义社会形成两极分化的趋势：一极是财富在资产阶级的手中积累，另一极是贫困在无产阶级的身上积累。

无产阶级的贫困，具体表现为相对贫困和绝对贫困两种形式。所谓相对贫困，指在全部国民收入中，无产阶级所占比重和资产阶级所占比重相比呈日益下降趋势。所谓绝对贫困，指无产阶级的生活状况，有时候出现绝对恶化的现象。或者说，工人阶级的生活状况，有时出现这个时期比上个时期绝对下降的情况。绝对贫困主要表现在以下几个方面：①失业和半失业人口经常存在并且在增加。当前，资本主义各国均不同程度地受到高失业率的困扰。②实际工资下降。在通货膨胀严重时期，物价、房租、医药费用不断上涨，如果货币工资没有相应提高，那么，实际工资就会下降；尤其是，在经济危机爆发时，大批工人失业，在业工人的工资被大大压低，实际工资进一步下降。③大量的工人生活在"贫困线"以下，而资本主义国家官方所规定的"贫困线"，是维持最低消费水平的生活费用标准。

全面、正确地理解马克思关于资本主义制度下无产阶级贫困化理论，应当把握如下要点：①贫困的根源在于资本主义根本制度；②既要考察发达资本主义国家无产阶级贫困化问题，还要考察发展中资本主义国家无产阶级贫困化问题；③既要考察现役劳动者的状况，还要考察产业后备军的状况；④要将经济景气与不景气时无产阶级就业与生活状况统一起来考察。

（二）资本主义积累的历史趋势

同任何其他形式的生产资料所有制的发展过程一样，资本主义生产方式在它发展的过程中，也有力地推动了社会生产力的发展，推动了历史的进步。但是，当资本主义生产方式成为占统治地位的生产方式之后，它所固有的各种矛盾和弊端，特别是决定各种矛盾的基本矛盾就日益尖锐起来了。资本主义基本矛盾越来越成为阻碍和束缚社会生产力进一步发展的桎梏，资本主义不得不让位给新的生产方式。

所谓资本主义生产方式的基本矛盾，即生产的社会化同生产资料资本主义私人占有之

①　［德］马克思：《资本论》第 1 卷，人民出版社 2004 年版，第 742 页。

间的矛盾。生产资料资本主义占有方式是一种完全不同于以往、大规模的生产资料占有形式。由于资本主义生产方式把分散的、小规模的小生产发展成为社会化的、大规模的大生产，它同时也就把小私有制变成了资本主义私有制。前者使生产社会化，后者使生产资料成为资本主义占有形式。

生产的社会化同生产资料资本主义私人占有之间的矛盾，构成整个资本主义生产方式中的基本矛盾。

生产的社会化包括三个相互联系的方面，这就是生产资料使用的社会化、生产过程的社会化和产品的社会化。生产资料使用的社会化是指生产资料从单个劳动分散使用变为大批人共同使用。机器大工业刚刚开始的时候是这样，机械化和自动化不断发展的今天更是如此。生产过程的社会化是指生产过程从一系列的个人行动变为一系列的社会行动。从一个企业来说，生产过程的社会化表现为许多工人分工协作，共同劳动，由此才能完成一件产品的制作；从不同部门的相互联系来说，生产过程的社会化表现为最终产品是由一系列部门的企业连续加工的结果，任何部门都离不开别的部门。产品的社会化是指产品不是或主要不是满足直接生产者自己需要，而是通过交换来满足社会的需要。在这种情况下，生产、分配、交换和消费在全社会范围内更加紧密地联系起来，任何一个环节都不能离开其他环节，任何一个环节的变化都会立即影响其他环节的变化。

生产的社会化，在客观上要求生产资料和劳动产品归社会共同占有，以便对社会生产实行有效的宏观调控和计划管理，并根据社会的需要分配劳动产品。只有这样，生产关系才能适合生产力的社会化性质，社会生产力才能得到迅速的发展。但是，由于资本积累和竞争的加剧，生产资料和劳动产品却越来越集中在少数资本家手中，生产资料的这种资本主义占有使社会生产按比例进行更加困难。这表明，资本主义的基本矛盾更加尖锐化了。

资本主义基本矛盾的日益尖锐化成了社会生产力进一步发展的严重障碍。同时，基本矛盾也引起了资本主义社会的一系列其他矛盾，诸如单个企业生产的有组织性和整个社会生产的无政府状态之间的矛盾，生产无限扩大的趋势和劳动人民有支付能力的需求相对缩小之间的矛盾，无产阶级和资产阶级之间的矛盾，等等。因此，要想解放和进一步发展社会生产力，必须消灭资本主义私有制，建立与生产的社会化性质相适应的社会主义公有制。社会主义公有制必将代替资本主义私有制，是社会历史发展的客观规律，是资本主义积累的历史趋势。当然，在现实的历史进程中，由于资本主义上层建筑的作用，社会主义代替资本主义需要经历一个长期和曲折的历史过程；社会主义不会自发地实现，它需要通过无产阶级进行革命斗争，才能最终建立起社会主义制度。

思考题

1. 解释下列基本概念：

内涵扩大再生产　外延扩大再生产　资本积累　资本积聚　资本集中　资本有机构成　相对过剩人口

2. 分析从资本主义简单再生产可以看出资本主义生产关系具有哪些特点？

3. 影响资本积累的因素有哪些？

4. 简述资本积聚和资本集中的相互关系。

5. 资本的技术构成、价值构成和有机构成的相互关系是怎样的？

阅读书目

1. ［德］马克思：《资本论》第 1 卷，人民出版社 2004 年版。

2. ［英］马尔萨斯：《人口原理》，商务印书馆 1992 年版。

第五章　资本的流通过程

本章考察资本的流通过程，是生产过程和流通过程相统一的广义的资本流通过程，包括单个资本运动和社会资本运动。在考察单个资本的运动过程时，主要阐述单个资本正常循环的条件，以及单个资本周转速度对剩余价值生产的影响。在考察社会资本运动时，主要揭示社会总产品的实现问题，即社会资本顺利进行再生产的各种条件。通过分析资本流通过程，阐述资本运动的特点和规律，说明社会化大生产和经济运动的一般规律，揭示资本主义再生产过程所存在的各种矛盾。

第一节　资本循环

一、资本循环的三个阶段及其三种职能形式

资本只有通过不断地循环运动才能实现价值增殖。在各种资本形式中，最能体现通过循环运动增殖价值的资本是产业资本。所谓产业资本，即投在工业、农业、采掘业、交通运输业和建筑业等生产部门中从事生产经营活动、发挥价值增殖职能的资本。马克思以产业资本运动公式说明资本循环原理。

所谓资本循环，即产业资本依次通过三个阶段，采取三种职能形式，使投入生产过程中的资本发生价值增殖，最后又回到原来出发点的全部运动过程。这个全部运动过程即资本循环，可用下列公式表示：

$$G-W{\begin{smallmatrix}Pm\\ \\ A\end{smallmatrix}}\cdots P\cdots W'-G'$$

这个公式反映产业资本循环要经历三个阶段，并采取三种职能形式，实现三种职能。下面分别考察产业资本循环的三个阶段以及与之相适应的三种职能形式和职能。

（一）第一阶段：购买阶段

在这个阶段上，资本家以购买者的身份出现在生产要素市场上，用货币资本购买生产资料和劳动力。如果以 G 代表货币资本，W 代表商品，A 代表劳动力，Pm 代表生产资料，那么，生产要素的购买阶段可用如下公式表示：

$$G\text{—}W\begin{smallmatrix} Pm \\ \\ A \end{smallmatrix}$$

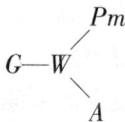

用货币购买作为生产要素的商品，即把货币转化为商品，从表面上来看，这是一般的商品流通阶段，但是，在这里，它却是资本循环的一个特定阶段。因为，资本家在这里所购买的不是普通商品，而是具有特殊使用性质的商品。在质的方面，它可以分为生产资料和劳动力；在量的方面，生产资料和劳动力还必须保持适当的比例，从而使这两种生产要素的结合及其使用，不仅能为资本家生产出某种新商品，而且还能生产出剩余价值。

在这个阶段，资本的职能形式是货币资本，资本的职能是为生产剩余价值做准备。在资本循环的第一阶段，作为资本的货币扮演着两种角色：一方面，它执行货币的职能，即充当购买手段或支付手段；另一方面，它又执行着资本的职能，它所实现的购买生产资料和劳动力的行为，是整个资本运动过程中一个不可缺少的阶段，为剩余价值生产准备客观的物质条件。马克思说："$G\text{—}A$ 是货币资本转化为生产资本的一个具有特征性质的因素，因为它是以货币形式预付的价值得以实际转化为资本，转化为生产剩余价值的价值的本质条件。"①

（二）第二阶段：生产阶段

经过购买阶段，资本的职能形式由货币资本形式转化为生产资本形式，即货币资本变成了生产资本，于是，产业资本循环便进入第二个阶段，即剩余价值的生产阶段。在这个阶段，资本家以商品生产者的身份，把购买来的生产资料和劳动力按一定的比例结合在一起，进行资本主义的商品生产。职能是生产剩余价值。如果用 P 表示生产过程或代表处于生产领域的生产资本，用 W' 表示包含剩余价值的商品资本，资本循环这一阶段可用下列公式表示：

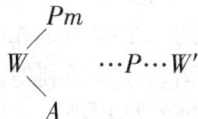

$$W\begin{smallmatrix} Pm \\ \\ A \end{smallmatrix}\cdots P\cdots W'$$

表面看来，这一阶段是与普通商品生产完全相同的一般商品生产过程，但是，其实质却是资本循环的一个特定阶段，即剩余价值的生产阶段。一般说来，劳动力和生产资料是任何社会生产都必须具备的要素即人的因素和物的因素，它们本身并不是资本。但是，资本主义私有制及其雇佣劳动制度，决定了劳动力和生产资料成为资本家生产剩余价值的可变资本和不变资本。在资本主义私有制的条件下，劳动者同生产资料所有权相分离，只能

---

① ［德］马克思：《资本论》第 2 卷，人民出版社 2004 年版，第 36 页。

通过劳动者将劳动力出卖给资本家，并在资本家的支配下实现劳动力与生产资料的结合，在二者结合的条件下生产出包含剩余价值的商品。正是这种特殊的结合方式和特殊的作用，才使生产资料和劳动力不仅起着一般生产要素的作用，而且执行着生产资本的职能，才使得这一生产过程实质上成为剩余价值的生产过程。

（三）第三阶段：销售阶段

经过剩余价值的生产阶段，资本不仅从生产要素形态转化为商品形态，而且发生了价值增殖，资本循环由此进入第三个阶段，即商品资本的销售阶段。如果以 G' 代表包含着剩余价值的货币资本，资本循环这一阶段即商品资本销售阶段可用下列公式表示：

$$W' \text{—} G'$$

在这个阶段，资本的职能是实现包含在商品中的价值和剩余价值。产业资本家带着生产阶段生产出来的、包含剩余价值的商品来到市场上，通过出卖这些商品，实现商品中所包含的价值和剩余价值，将商品资本重新转化为货币资本。商品能否出售、出售多少以及按什么价格出售，直接关系到能否收回预付资本价值和实现剩余价值，从而关系到资本循环能否继续不断地正常运行下去以及资本家的命运。

在这个阶段，资本的职能形式是商品资本。表面看来，资本循环的这一阶段同一般商品流通过程中的销售阶段一样，销售的也是商品，实际上，它只是产业资本循环的一个特定阶段，它所销售的不是普通意义上的商品，而是商品资本。因为：第一，这个阶段上的商品 W'，不是简单商品生产过程的产物，而是资本主义生产过程的产物，体现着资本家对雇佣工人进行剥削的生产关系，包含剩余价值。第二，这个阶段上的商品 W'，不是普通商品，而是商品资本。它具有资本的职能，并不是由商品流通过程的性质决定的，而是由资本主义生产过程的性质决定的。

产业资本循环的第一阶段和第三阶段都是资本的流通阶段，即购买阶段和销售阶段，第二阶段是资本的生产过程，因此，产业资本的循环过程是流通过程和生产过程的统一。在产业资本的循环过程中，资本循环的三个阶段是相互依存、相互联系的。资本只有不断地从一个阶段转入另一个阶段，循环运动才能顺利地进行。如果资本循环在第一个阶段遇到障碍，不能变成生产要素，货币就仍然是货币，不能发挥货币资本的职能；如果资本停滞在第二阶段，即生产资料和劳动力处于闲置状态，不去生产商品，剩余价值也就不能被创造出来；如果产业资本在第三阶段处于停顿状态，即商品积压、没有销售，或者削价——按成本价格销售，商品中包含的剩余价值自然也就不能得到实现。

在资本循环即产业资本不断经历上述三个阶段的过程中，产业资本也相应地在其循环运动中，依次采取货币资本、生产资本和商品资本三种形式。三种资本形式在循环过程中分别执行三种职能：一是货币资本职能，即购买劳动力和生产资料，为生产剩余价值准备生产条件的职能；二是生产资本职能，即让劳动力和生产资料以资本主义的生产方式，并按一定的技术要求结合起来，在生产过程中生产出剩余价值的职能；三是商品资本职能，即通过商品的销售，实现包含在商品中的价值和剩余价值的职能。

二、资本循环的三种形式

资本的生命在于运动。产业资本循环是一个连续不断、周而复始、永无止境的运动过程。产业资本的这种循环运动，可用如下公式表示：

$$G—W{\cdots}P{\cdots}W'—G' \cdot G—W{\cdots}P{\cdots}W'—G' \cdot G—W{\cdots}$$

公式表明，在产业资本的循环运动中，产业资本的每一种职能形式都要在经历资本循环的三个阶段之后又重新回到各自原来的出发点，从而产业资本循环就有货币资本循环、生产资本循环和商品资本循环三种不同的循环形式。产业资本循环是三种循环形式的统一。

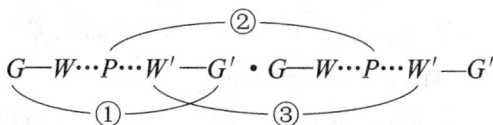

（一）货币资本循环

货币资本循环是指资本从货币资本形式开始，经过购买、生产和销售三个阶段，变换三种职能形式，价值得到增殖，最后回到货币资本形式的运动。用公式表示即：

$$G—W{\cdots}P{\cdots}W'—G'$$

货币资本循环形式具有两个特征：第一，循环的两端，即循环的起点和终点，都是货币形式的资本，但是，后者在数量上大于前者，这是产业资本家预付货币资本的目的，即实现价值增殖。因此，这种循环形式最清楚地表明了资本主义生产的目的。第二，虽然货币资本循环形式揭示了资本主义生产的目的是价值增殖，但是，这种循环形式存在着片面性，即在产业资本循环中具有决定意义的生产阶段位于两个流通阶段之间，成为流通过程的中介，这就给人一种假象，似乎剩余价值是从流通领域中产生出来的，似乎货币本身具有产生更多货币的能力。

（二）生产资本循环

生产资本循环从生产资本开始，其间经历商品资本和货币资本形式的变换，经过生产阶段、销售阶段和购买阶段，最后返回到原来的出发点，形成一个循环过程。用公式表示即：

$$P{\cdots}W'—G' \cdot G—W{\cdots}P$$

生产资本循环具有三个特征：第一，生产资本在一次循环运动中就已表明了再生产，因为这个循环是从生产过程开始、经过流通过程的中介，又重新开始一个新的生产过程。在这里，价值得到增殖的货币，还要继续投入流通。如果是简单再生产，剩余价值完全被资本家消费掉，那么，始点的 P 就等于终点的 P。如果是扩大再生产，剩余价值的一部分就会转化为追加的生产资料和劳动力，则后者终点的 P' 就要大于前者的 P。用公式表示为：

$$P\cdots W'—G' \cdot G— W {\overset{Pm}{\underset{A}{}}} \cdots P'$$

而货币资本循环不同，它只表示资本的一次生产过程，不能表明再生产。因为，G' 是货币资本循环的终点，只有当它与下一个循环相联系时，才会表示再生产。第二，在生产资本循环中，资本的总流通过程 $W—G' \cdot G—W$，成为两个生产过程的中介。这就表明，剩余价值是从生产过程而不是从流通过程中产生的，不再把资本循环视为货币价值的自行增殖过程，货币在这里只表现为转瞬即逝的价值形式。因此，生产资本循环揭穿了剩余价值是在流通过程中产生的假象，消除了货币自行增殖的错觉，从而揭示了剩余价值产生的真正来源。第三，由于生产资本循环是从生产资本出发再回到生产资本，这又造成了一种新的假象，好像资本主义生产的目的(即终点)不是剩余价值，而是为了生产而生产，为了尽可能多地进行生产。可见，生产资本循环的片面性同样掩盖了资本主义生产的本质。

(三)商品资本循环

商品资本循环从商品资本开始，中间经过货币资本和生产资本的变换，其间还要经过销售阶段、购买阶段和生产阶段，最后回到原来的出发点。商品资本的这种循环运动可用下列公式表示：

$$W'—G' \cdot G—W\cdots P\cdots W'$$

商品资本循环具有三个特征：第一，商品资本循环以已经增殖的资本价值 W' 为起点，既包含资本价值的循环，又包含剩余价值的循环，表明剩余价值是资本主义生产过程的结果，是在流通过程中实现的。第二，商品资本循环表明了生产与消费的内在联系。因为，商品资本循环是从两个相互独立而又相互联系的流通阶段开始的。在第一个流通阶段 $W'—G'$ 中，起点是一个包含剩余价值的商品，是商品的销售阶段，以商品能被消费为基础。在第二个流通阶段 $G—W$ 中，是货币资本购买生产要素的购买阶段，以社会已经生产出所需要的生产要素为前提条件。第三，在商品资本循环中，流通过程占首要地位。首先，商品必须能够销售出去，同时，所需要的生产要素又能够买进来，否则，循环就会停止下来。因此，商品资本循环给了我们一种假象，好像资本主义生产的直接目的不是为了获取剩余价值，而是为了满足社会的需要。商品资本循环掩盖了资本主义生产的实质和决定性动机，因此，它是一种具有片面性的循环形式。

三、资本循环的实现条件

通过对产业资本三种循环形式的分析，我们不难发现，三种循环形式具有共同的特点：价值增殖既是资本循环的目的，也是资本循环的动机。但是，产业资本的三种循环形式在其循环的过程中，既有各自的特征，又存在着各自的片面性。因此，只有把资本循环的三种形式从运动的总体上统一加以考察，才能全面了解资本运动的全过程及其实质。其次，由于货币资本、生产资本和商品资本并非三种独立存在的资本，只是同一产业资本的三种职能形式，因此，与此相适应的三种循环形式是不可分割的，必须从统一的角度进行考察。再次，对三种循环形式分别考察，假定全部产业资本在一定时间内只采取某一种职能形式，其目的在于对产业资本在循环中需要顺次经过的不同阶段和采取的不同职能形式进行分类描述，但是在这样的假定条件下，产业资本循环是不能连续进行的，它不符合产业资本循环的现实。实际上，在现实的资本循环运动过程中，产业资本的三种循环形式并不是彼此孤立、独立进行的。每种循环形式都把其他循环形式当作自己的前提，而且每种循环形式的反复进行，都包含着其他形式的循环在内。三种循环形式是互相配合的。

产业资本循环是三种循坏形式的统一。

产业资本只有不断地连续运动，才能不断地实现资本价值增殖。因此，连续性既是产业资本运动的特征，也是资本主义生产以及一切资本运动的特征。

产业资本要实现连续不断地循环运动，必须具备如下两个条件：

第一个条件：产业资本的各种职能形式必须在空间上同时并存。指资本家不能把全部资本同时放在某一种职能形式上，应当将全部产业资本按一定比例分割成三个部分，使之同时并存于货币资本、生产资本、商品资本三种职能形式，各自发挥不同的职能。因为，如果将产业资本全部放在生产资本形态上，流通过程就会发生中断。相反，如果将全部资本放在货币资本或商品资本形态上，生产过程就会中断。由于产业资本循环是生产过程和流通过程的统一，因此，不管是生产过程中断还是流通过程中断，都会使整个资本运动的连续性受到破坏。

第二个条件：产业资本的各种循环形式在时间上的继起性。指产业资本的每种职能形式，必须连续不断地依次进行各自的循环，即每种职能形式均从自己的出发点开始运动，分别转化为其他两种职能形态，最后又回到自己原来的出发点。如果任何一种职能形式在循环的任何一个阶段中断了运动，那么，就既不能保证三种循环形式在时间上依次进行，也不能保证产业资本三种职能形式在空间上并列存在，从而产业资本的运动过程就会发生中断。

产业资本实现连续循环的这两个条件是互为前提、互相制约的。首先，相继运行是由并列存在决定的。如果产业资本的各种职能形式不能在空间上并列存在，那么，产业资本也就不能在时间上相继运行。其次，并列存在是相继运行的结果。如果产业资本在循环运动中不能在时间上保持相继运行，那么，产业资本在空间上并列存在也是不可能的。只有同时具备这两个互相联系的条件，并在三种循环形式的统一中进行，产业资本才能实现连续和顺利的运动。"产业资本的连续进行的现实循环，不仅是流通过程和生产过程的统一，而且是它的所有三个循环的统一。但是，它之所以能够成为这种统一，只是由于资本的每个不同部分能够依次经过相继进行的各个循环阶段，从一个阶段转到另一个阶段，从一种职能形式转到另一种职能形式"①。但是，在资本主义市场经济条件下，由于生产社会化和生产资料资本家私人占有制这个资本主义基本矛盾的存在，必然使产业资本循环所必要的条件经常遭到破坏，生产无政府状态和周期性的经济危机经常发生，从而使产业资本的循环运动不能正常进行。

第二节　资本周转

在资本主义市场经济条件下，企业生产的目的不仅是为了获得剩余价值，而且是要不断地、连续地获取剩余价值。因此，为了实现这个目的，产业资本不能只经历一次循环就停止运动，而必须一次循环接着一次循环，周而复始、连续不断地进行下去。这种周而复始、不断重复进行的资本循环运动，就是资本周转。

资本循环和资本周转都是单个资本的运动形式，不过，考察二者的目的是不同的。考察资本循环的目的在于分析产业资本顺利运动的条件，指出产业资本在运动过程中要经历哪些阶段、要采取哪些职能形式以及如何才能实现价值增殖等；而考察资本周转的目的则在于揭示出，产业资本在循环运动中需要花费多少时间或运动的速度如何、运动速度对价值增殖有何影响等。

一、资本周转时间和周转次数

资本周转时间和周转次数既是计量资本周转速度或周转快慢的两种方法，同时也是计量资本周转速度的两个基本计量单位。

资本周转时间，即产业资本家从预付一定形式的资本开始，经过资本循环运动，实现价值增殖，然后重新回到原来预付的资本形式为止所经历的全部时间，也是产业资本一个循环周期所花费的时间。由于资本周转要经过生产过程和流通过程，因此，资本周转一次的时间，包括生产时间和流通时间。资本的周转时间是资本的生产时间和流通时间的总

---

① ［德］马克思：《资本论》第 2 卷，人民出版社 2004 年版，第 119 页。

和，即周转时间 = 生产时间 + 流通时间。

为了考察和比较不同生产部门和企业的资本周转速度，必须计算资本周转时间或周转次数。资本周转次数，即在一定的时间（通常为"一年"）一定量资本的价值周转次数。如果以 U 表示资本周转的计量单位"年"，以 u 表示资本周转一次或一次循环所花费的时间，以 n 表示资本在一定时间内周转的次数，那么，一年内一定量资本的周转次数可用下列公式表示：

$$n = \frac{U}{u}$$

例如，某企业资本周转一次或一次循环需要 4 个月，那么，该企业一年内资本的周转次数就是：$n = 12 \div 4 = 3$（次），即每年周转 3 次。

上面的分析（公式）表明：第一，资本周转时间与资本周转速度成反比，即资本周转时间越短，资本的周转速度越快，反之，资本周转时间越长，资本周转速度就越慢。第二，资本周转次数与资本周转速度成正比，即资本周转次数越多（少），资本周转速度越快（慢）。

二、影响资本周转速度的因素

影响资本周转速度的因素主要是：生产资本的构成以及资本周转时间的长短。下面，我们分别进行分析。

（一）生产资本的构成影响资本的周转速度

所谓生产资本的构成，指固定资本和流动资本在生产资本中各自所占的比例。固定资本和流动资本在生产资本中各自所占的比例不同，资本的周转速度就不同。

将生产资本区分为固定资本和流动资本两个不同的部分，其依据是：生产资本的不同部分在资本周转的过程中有不同的价值周转方式。所谓固定资本，即以机器、厂房等劳动资料形式存在的生产资本。固定资本周转方式的特点是：从物质形态角度来看，它会随着使用而磨损，但是，在有效的使用年限内，它会始终保持原有的形态，并全部加入生产过程；从价值形式角度来看，随着物质形态被磨损，它的价值会逐渐转移到新产品中去，通过出售商品，逐渐收回其价值。所谓流动资本，即以原料、燃料、辅助材料等劳动对象和劳动力形式存在的那部分生产资本。流动资本周转方式的特点是：从物质形态角度来看，原料、燃料和辅助材料等劳动对象在生产过程中完全改变其原有的实物形式；从价值形态角度来看，劳动对象的价值在生产过程中是一次性全部转移到新商品中，购买劳动力的可变资本价值也是一次性全部加入到新商品中，通过出售商品，流动资本的这两部分价值一次性全部收回。

根据上述分析，可以发现，固定资本和流动资本具有如下区别：①二者的价值周转方式不同。投在固定资本上的资本价值一次性预付，经过多次生产过程后逐步收回；而投在流动资本上的资本价值虽然也是一次性预付，但却在一次生产过程结束后全部被收回。价值周转方式不同是生产资本被划分为固定资本和流动资本的根本依据。②二者的周转速度不同。固定资本的价值周转较慢，每次周转额只是固定资本总量的一部分，而流动资本的价值周转较快，每次周转额是流动资本的全部价值。③二者的实物更新方法不同。固定资本的物质形态可以在多次生产过程中发挥作用，不需要在每次生产过程结束之后进行更新；而流动资本的物质形态则必须在每次生产过程结束之后替换或更新。

显然，固定资本和流动资本的划分与不变资本和可变资本的划分是两类完全不同的划分：①二者划分的依据不同。将资本划分为不变资本和可变资本，根据的是资本不同部分在剩余价值生产过程中所起的作用不同；将生产资本划分为固定资本和流动资本，根据的是资本不同部分的价值周转方式不同。②二者划分的内容不同。不变资本包括用于劳动资料和劳动对象的资本，而固定资本只包括用于劳动资料的资本；可变资本只是以劳动力形式存在的资本，而流动资本则既包括以劳动力形式存在的资本，也包括以劳动对象形式存在的资本。③二者划分的目的不同。将预付资本划分为不变资本和可变资本，目的在于通过这种划分，揭示出不变资本的物质因素只是生产剩余价值的物质条件和必要条件，即工人活劳动的"吸收器"，可变资本才是生产剩余价值的源泉这个事实。而将生产资本划分为固定资本和流动资本，目的在于通过这种划分，揭示生产资本的不同部分对资本周转速度从而对剩余价值生产的影响。上述情况可以列表表示如下：

表 5 - 1   固定资本和流动资本与不变资本和可变资本的区别

按资本的不同部分在剩余价值生产中的作用划分	资本的各个部分	按生产资本中的价值周转方式划分
不变资本	机器、厂房和工具等	固定资本
	原材料、燃料、辅助材料	流动资本
可变资本	劳动力	

下面，我们分析固定资本的磨损和折旧问题。

固定资本在其使用的过程中，有两种磨损形式，即有形磨损和无形磨损。所谓有形磨损也叫物质磨损，指固定资本在有效的使用年限内，其物质形态出现磨损或损耗的现象。固定资本产生有形磨损的原因是：第一，由于固定资本在生产过程中被使用而引起物质耗损，如机器的齿轮磨损等；有形磨损和使用成正比。第二，由于自然力的作用而引起物质耗损，如机器生锈、木制设备腐朽、砖瓦建筑风化、劳役牲畜衰老等。有形磨损和不使用成反比。固定资本的无形磨损，又叫做精神磨损，指固定资本在其有效使用期内，由于生产技术进步而引起固定资本的价值损失。造成这种磨损的原因是：第一，随着生产技术改进和劳动生产率提高，机器制造业生产同样的机器设备所需要的社会必要劳动时间减少，导致原有机器设备的价值降低；第二，随着科学技术进步，机器制造业生产出了工作效率更高的机器设备，高效率的机器设备加入到市场竞争中，引起原有机器设备价值降低或提前报废。这种无形磨损所造成的固定资本价值损失，并不能转移到新产品中去，只能构成企业的投资损失。

固定资本的两种磨损对资本周转速度具有重要的影响：第一，在一定的时间内，固定资本使用的时间越长，使用的次数越多，使用的强度越大，有形磨损越严重；自然力对固定资本的作用力越大，有形磨损越严重。在社会必要的使用年限范围内，固定资本的有形磨损越严重，其使用价值消失的速度越快，转移到新产品中去的价值额就越多，固定资本的周转速度就越快；反之，则越慢。第二，为了降低或者避免固定资本的无形磨损，资本家或企业总是尽可能地采取延长工作日长度、提高劳动强度和实行轮班制等办法来提高机器设备的利用率，以便在较短的时间内收回在固定资本上的投资；科学技术进步的速度越快，产业资本家就越是要采取上述方法加快固定资本的周转速度，以避免因科学技术进步而造成价值损失。

与固定资本两种磨损形式相适应，固定资本折旧也影响资本周转速度。所谓固定资本折旧，即把固定资本在使用过程中因损耗而转移到产品中去的那部分价值，待产品销售后提取并储备起来，以便将来更新固定资产的一种固定资产补偿方式。产品销售后提取并储备起来的那部分固定资本补偿金，称为折旧基金或折旧费。折旧费通常以年为单位提取。折旧费与固定资本原始价值的比例，称为折旧率。折旧费和折旧率可用如下公式表示：

$$折旧费 = 固定资本原始价值 \div 固定资本平均使用年限$$
$$折旧率 = (折旧费 \div 固定资本原始价值) \times 100\%$$

折旧额与折旧率对资本周转速度的影响表现在：折旧额越大，或折旧率越高，固定资本的周转额就越大，在流动资本的周转速度及其在生产资本中所占比重一定的情况下，固定资本从而预付总资本的周转速度就越快。正因为如此，产业资本家总是力图提高折旧率，因为，提高折旧率既可以避免科学技术进步对其造成的无形磨损，又可以加快资本周转速度，提高经济效益。

(二)周转时间影响资本周转速度

产业资本循环要经历生产领域和流通领域，周转时间 = 生产时间 + 流通时间。

所谓生产时间，即产业资本停留在生产阶段内的时间，它是生产资料和劳动力从进入直接生产过程开始到生产出产品为止所花费的时间。根据劳动力和生产资料是否结合，可以将生产时间划分为劳动时间与非劳动时间两部分。

劳动时间即劳动者与生产资料直接结合的时间，也就是劳动者运用劳动资料作用于劳动对象生产出某种产品所需要的时间。劳动时间是生产时间中最重要的部分，劳动时间的长短是由产品的性质、生产技术水平、劳动生产率高低、企业管理水平以及分工协作的程度等多种因素决定的。生产产品所花费的劳动时间越长，生产资本停留在生产过程中的时间就越长，资本周转速度就越慢；反之，资本周转速度就越快。

非劳动时间即生产资料已进入直接生产领域，但还没有与劳动力直接结合的时间。非劳动时间包括生产资料的储备时间、停工时间和自然力对劳动对象独立发生作用的时间等。在自然力对劳动对象独立发生作用的时间里，劳动过程全部或部分停止，但生产过程仍在继续，劳动对象在生产过程中独立发生化学、生物或物理变化，如农业和林业中植物生长、酿酒业中发酵等。非劳动时间虽然不能形成价值和剩余价值，但它并非毫无意义。正常限度内的非劳动时间，是生产过程得以顺利进行所必要的条件。由于非劳动时间不能形成价值和剩余价值，因此，资本家总是力图减少非劳动时间，以缩小生产时间与劳动时间的差距，以便形成并获得更多的剩余价值。减少非劳动时间的主要途径有：第一，将生产储备量降低到尽可能少的水平。第二，采用新技术、新工艺，缩短劳动对象受自然力作用的时间。例如，制造家具需要干燥的木材，靠自然干燥木材需要一两年时间，而用高频电流只需几十分钟就够了。第三，增加工作班次，减少生产资料中断的时间。

所谓流通时间，即资本停留在流通领域的时间，包括生产资料和劳动力等生产要素的购买时间和商品的销售时间两部分。购买时间是货币资本转化为生产资本的时间，销售时间是商品资本转化为货币资本的时间。流通时间的长短影响资本的周转速度，而其中的商品销售时间对资本周转时间的长短及资本周转速度尤其具有决定性作用。因为：第一，一般说来，商品出售比生产要素购买要困难得多，占用的流通时间自然较长。第二，商品出售时间的长短，受商品本身自然性质的限制。对于那些容易腐坏变质的商品来说，要求尽可能地缩短它的销售时间。第三，销售时间的长短直接影响生产要素购买时间的长短。如果商品出售时间延长，货币资本的回收就会放缓，货币资本向生产资本的转化就会受阻，从而推迟商品的购买时间。

在流通时间内，资本价值只发生形态变化——货币资本变为生产资本或商品资本变为货币资本，而不能增殖价值，因为，在流通领域中，交易双方实行等价交换。尽管如此，流通时间的长短对价值增殖却有非常重要的影响。因为，流通时间越长，生产过程的更新就会越慢，一定数量的资本在流通领域中占用的部分越大，则在生产领域中发挥作用的资本部分就会越小。这样，就限制了生产规模，限制了资本作为生产资本来发挥作用，从而也就限制了价值增殖的程度。

可见，流通时间不仅直接影响价值和剩余价值的实现，而且影响价值的增殖程度。因此，资本家总是力图缩短流通时间。影响流通时间的主要因素有：商品的需求状况，生产企业距市场的远近，交通运输和信息条件等。缩短资本流通时间的主要方法是发展交通运输事业。运输方法的进步和运输工具的改良，可以相对缩短生产地点与商品销售市场及原材料供应地的距离，从而在一定程度上缩短资本的流通时间，加速资本的周转。

三、预付资本的总周转

（一）预付资本总周转次数的计算

生产资本的各个组成部分由于价值周转方式不同，因而有不同的周转速度，但是，作为各个组成部分之和的预付总资本，怎样计算其总周转速度或一年内的周转次数呢？

计算预付资本的总周转速度，就是把固定资本的周转速度和流动资本的周转速度加以平均计算，其计算公式是：

$$预付资本的总周转次数 = \frac{固定资本周转价值总额 + 流动资本周转价值总额}{预付资本总额}$$

例如，假定全部预付资本为 100000 万元，其中固定资本为 80000 万元，流动资本为 20000 万元。在固定资本 80000 万元中，厂房价值为 30000 万元，可使用 30 年，每年周转的价值为 1000 万元；机器设备的价值为 40000 万元，可使用 10 年，每年周转价值为 4000 万元；小工具价值 10000 万元，可使用 5 年，每年周转的价值为 2000 万元。因此，固定资本年周转价值总额为 1000 万元 + 4000 万元 + 2000 万元 = 7000 万元。流动资本价值为 20000 万元，每年周转 5 次，因此，流动资本年周转价值总额为 20000 万元 × 5（次）= 100000 万元。预付资本总周转次数为：（7000 万元 + 100000 万元）÷ 100000 万元 = 1.07（次）。

上例预付资本的年周转次数的计算可用表 5 - 2 说明：

表 5 - 2 预付资本的年周转次数计算表

生产资本的各种要素		价值（万元）	年周转价值总额（万元）	一年周转次数（次）
全部固定资本		80000	7000	7000/80000
其中	厂房	30000	1000	1/30
	机器设备	40000	4000	1/10
	工具	10000	2000	1/5
流动资本		20000	100000	5
全部预付资本		100000	107000	107000/100000

（二）资本周转速度对剩余价值生产的影响

研究资本周转的中心问题是资本周转的速度问题，而研究资本周转速度的目的则是揭示资本周转速度对剩余价值生产的影响。资本周转速度对剩余价值生产的影响主要表现在以下四个方面：

第一，加速固定资本周转可以避免科学技术进步对其造成的无形磨损，可以提高资本利用率，取得更多剩余价值。

第二，加速资本周转，可以节省预付资本，尤其是可以节省预付的流动资本。因为，资本周转速度越快，周转时间越短，需要预付的流动资本数量就会越少，从而有利于资本价值增殖，获取更多的剩余价值。

第三，加速资本周转，可以增加年剩余价值量。因为，预付资本的周转速度越快，其中的可变资本部分的周转速度自然也就会越快，一定数量的可变资本所发挥的作用就越大，从而雇佣的劳动力数量及创造的剩余价值量也就越多。而可变资本的年周转次数越多，则一年内预付的一定数量的可变资本带来的剩余价值量就越多；反之，则越少。可见，可变资本周转速度的快慢与年剩余价值量的多少成正比例变化。如果以 M 表示年剩余价值量，m' 表示剩余价值率，v 表示可变资本，n 表示可变资本周转次数，则年剩余价值量的计算公式是：

$$M = m' \cdot v \cdot n$$

即年剩余价值量等于剩余价值率与预付可变资本量及周转次数的乘积。

第四，加速资本周转，可以提高年剩余价值率。年剩余价值率是一年内生产的剩余价值总量 M 同一年内预付的可变资本 v 的比率。如果以 M' 表示年剩余价值率，则年剩余价值率的计算公式是：

$$M' = M/v$$

或

$$M' = m' \cdot v \cdot n/v = m' \cdot n$$

即一年内生产的剩余价值总量除以一年内预付的可变资本。公式表明，资本周转越快，年剩余价值量越多，年剩余价值率也越高；反之，则越低。

年剩余价值率和剩余价值率是两个既有联系又有区别的概念。二者的联系是：第一，二者均从不同的方面反映了资本对雇佣劳动的剥削关系。第二，年剩余价值量和年剩余价值率都要以剩余价值量和剩余价值率为计算基础。年剩余价值率的高低既取决于资本的周转速度，又取决于剥削率即剩余价值率的大小，它们成正比例关系。二者的区别是：第一，二者的计算公式不同。剩余价值率指在一次生产过程中，工人所创造的剩余价值与预付可变资本的比率，其计算公式是：$m' = m/v$。年剩余价值率则是指年剩余价值总量与预付可变资本的比率，其计算公式是：$M' = M/v = m' \cdot v \cdot n/v$。第二，剩余价值率表示资本对雇佣劳动的剥削程度，年剩余价值率表示预付可变资本在一年中的增殖程度。第三，一般来说，年剩余价值率大于剩余价值率；只有当预付可变资本年周转次数小于或等于 1 次时，年剩余价值率才小于或等于剩余价值率。

第三节　社会资本的再生产和流通

分析资本运动，不仅要分析处于个别资本运动上的资本循环和资本周转，还要研究社会总资本的再生产和流通相统一的整体经济运行。本节内容通过阐述马克思社会资本再生产理论，揭示社会生产必须按比例发展规律。

一、社会总资本和社会总产品

(一)单个资本和社会资本

单个企业的资本在再生产过程中彼此独立地完成各自的循环和周转，实现价值增殖。这种各自独立发挥资本职能作用的资本就是单个资本。

那么，什么是社会总资本呢？从量上来说，它是全社会所有企业所拥有的单个资本的总和。但是，从资本的运动过程来看，单个资本之间又是相互联系、相互依存的。因为，在社会化大生产即以社会分工为基础的商品经济中，每个企业既要向其他企业销售本企业所生产的产品，也要从其他企业购买生产所需要的生产资料，它们互为市场、互为供给和需求，各个企业的单个资本正是通过这种以市场为纽带的商品购销关系而联结成一个有机的整体。我们把这种互相联系、互相依存的所有单个资本的总和称为社会总资本或社会资本。

单个资本要在再生产中不断地实现价值增殖，就必须连续不断地进行资本循环和周转，这种单个资本的循环与周转，构成单个资本的运动。各个单个资本的循环和周转是相互联系、彼此交错、互为条件的。例如，钢铁企业销售钢材，在它的商品资本转化为货币资本的同时，购买钢材的汽车制造企业的货币资本就转化为生产资本。这种相互交错、互为条件的单个资本运动的总和，形成社会总资本的运动或社会资本运动。

既然社会资本运动是由单个资本运动的总和所构成的，那么，社会资本运动与单个资本运动就有许多共同之处：从运动的内容来看，都包含着生产剩余价值的生产消费；从运动的形式来看，都采取货币资本、生产资本、商品资本三种职能形式，并完成各自的循环；从运动的过程和所经历的环节来看，都要经过购买、生产、销售三个阶段，都是生产过程与流通过程的统一；从运动的目的来看，都是为了实现资本价值增殖。但是，由于社会资本是作为所有单个资本的有机整体而存在的，它的运动也就必然具有与单个资本运动不同的特征。单个资本运动与社会资本运动的区别不仅仅是一种单纯数量上的个体与整体的关系，而且是社会资本运动的内容与单个资本运动不同。单个资本运动只包括生产消费以及与此相适应的资本流通，而不包括工人和资本家的个人生活消费以及与此相适应的一般商品流通。当然，这并不是说在实际生活中，每一个企业的工人和资本家不要进行个人的生活消费，不购买个人生活品，而只是说这种个人生活消费以及与此相适应的一般商品流通，是在单个资本运动以外进行的，不构成单个资本本身的运动内容。而在社会资本运动中，既包括生产消费，又包括个人生活消费；既包括与生产消费相适应的资本流通，又包括与个人生活消费相适应的一般商品流通。因为，从社会资本的运动来看，资本家和工人用货币购买个人生活消费品的过程，也就是生产和销售消费品的资本家出卖商品的过程，即把他们的商品资本转化为货币资本的过程。这个过程是社会资本运动的一个重要组成部分。

（二）分析社会资本再生产的出发点和核心

由于社会资本运动既包括生产消费也包括个人生活消费，因此，我们考察社会资本运动必须从社会总产品出发。因为，社会总产品既包括生产资料，又包括生活资料；社会总产品的运动既包括资本流通过程，又包括一般商品流通过程。所谓社会总产品，即社会物质资料生产部门在一定时期内（通常是以年为单位）所生产出来的全部物质资料的总和，即 $\sum(Pm + Km)$。在商品经济条件下，社会总产品也就是一个国家的总商品资本，其价值表现为社会总产值，即 $\sum(c + v + m)$。从社会总产品出发，也就是从社会总商品资本出发，以商品资本流通公式作为考察的基础。

从社会总产品出发考察社会资本运动，核心问题是社会总产品的各个组成部分是如何实现的，即社会总产品如何实现补偿的问题。社会总产品的实现（或补偿）具有双重含义，包括价值补偿和实物补偿（或替换）两个相互联系的方面。所谓价值补偿，指社会总产品各个组成部分的价值如何通过商品的全部出售以货币形式收回，用以补偿生产中预付的不变资本和可变资本价值并获得剩余价值。所谓实物替换，指社会总产品的各个组成部分的价值转化为货币形式以后，如何再进一步地将货币资本转化为再生产所需要的生产要素（生产资料和劳动力）。其中，相当于不变资本的价值从哪里和怎样重新取得所需要的生产资料，相当于可变资本价值和资本家用于个人消费的剩余价值如何重新取得所需要的生活资料。

社会总产品的实现问题是社会资本再生产的核心问题，因为，第一，社会总产品的价值补偿是社会资本运动正常进行的基础和前提。社会资本运动或社会资本再生产顺利进行最基本的条件是，社会总产品必须能够全部销售出去，从而才能补偿预付的不变资本和可变资本价值并获得剩余价值。只有这样，才能重新购买再生产所需要的生产资料和劳动力。如果社会总产品不能或不能全部销售出去，生产这些产品所消耗的资本价值就不能全部得到补偿，剩余价值就不能全部实现，社会资本再生产就无法顺利进行。第二，社会总产品的物质补偿或替换是保证社会资本运动正常进行的关键。社会资本再生产要正常进行，最起码的条件就是上一生产过程中所消耗掉的生产资料和消费资料能够得到补偿或替换，所需要的劳动力能够重新获得，否则，再生产过程就无法继续进行，就会发生中断或萎缩。可见，社会总产品的实现问题是社会资本再生产的核心问题。因此，研究社会资本再生产和流通的核心问题，是要说明生产社会总产品时所消耗掉的生产资料和消费资料能否从社会总产品中得到补偿，这种补偿是如何进行的，在什么条件下才能顺利实现补偿，即"再生产过程必须从 W' 的各个组成部分的价值补偿和物质补偿的观点来加以考察"①。

（三）分析社会资本再生产的基本理论前提和理论假设

1. 社会生产的分类和价值构成

考察社会总产品的实现及其所需要的条件，首先必须分析社会总产品分类并与此相适应的社会生产部类的划分，以及社会总产品的价值构成。因为社会总产品的实现包括实物替换和价值补偿两个方面。

社会总产品按其最终用途或最主要用途不同，可分为生产资料和消费资料两大类。其中的生产资料将用于补偿生产中已消耗掉的生产资料，消费资料用于满足资本家和工人的个人生活需要。与社会总产品的分类相适应，社会生产部门可分为制造生产资料的部类即第一部类（用符号"Ⅰ"表示）和制造消费资料的部类即第二部类（用符号"Ⅱ"表示）。

社会总产品的价值即社会总产值，按其构成不同可分为不变资本价值（c）、可变资本价值（v）和剩余价值（m）三个部分。不变资本价值是旧价值的转移部分，用于补偿商品生产过程中消耗掉的预付不变资本；可变资本价值和剩余价值是雇佣工人全年创造的新价值，前者用于补偿生产中已消耗掉的预付可变资本，后者则用于资本家的个人消费及扩大再生产的资本积累。

社会生产分为两大部类，社会总产品价值由 c、v、m 三部分构成是分析社会资本再生产的两个基本理论前提。

2. 几个理论假设

社会资本再生产与流通是一个十分复杂的问题，为了便于从本质上进行分析，揭示出社会再生产的规律性，必须排除一些次要的和非本质的因素，对分析的对象进行合理抽象。分析社会总产品实现问题的主要抽象点是：第一，假设所考察的是纯粹的资本主义经济，整个社会只存在资本家和雇佣工人两个阶级；第二，假设在一个为期一年的生产周期中，不变资本价值全部转移到新产品中去；第三，假设全部商品都按价值出卖，商品的价格与价值一致；第四，假设没有对外经济关系，全部社会产品都要在国内得到补偿和实现；第五，假设剩余价值率为 100%；第六，假设资本的有机构成不变。

_____

① ［德］马克思：《资本论》第 2 卷，人民出版社 2004 年版，第 436 页。

二、社会资本简单再生产

资本主义再生产的特征不是简单再生产而是扩大再生产，但是，为了更好地考察社会资本扩大再生产条件下的实现问题，我们按照从抽象到具体的分析思路，首先分析简单再生产的实现问题。因为：第一，从社会资本再生产的实际运动来看，简单再生产不仅是扩大再生产的基础和重要组成部分，而且简单再生产条件下所生产的剩余价值是扩大再生产的前提。第二，从理论方面来看，分析扩大再生产条件下社会总产品的实现问题，困难不在于资本积累上，而在于揭示社会总产品实现的基本途径和规律。从简单再生产出发，把简单再生产条件下社会总产品的实现问题弄清楚了，扩大再生产的实现问题也就迎刃而解了。

（一）社会资本简单再生产的实现过程

分析社会资本简单再生产的实现问题，我们从下列公式开始分析：

$$\text{I}.\ 4000c + 1000v + 1000m = 6000 \quad \sum Pm$$
$$\text{II}.\ 2000c + 500v + 500m = 3000 \quad \sum Km$$

上述公式的含义是，全社会在一年内生产的社会总产品的价值为9000货币单位，其中：第一部类所生产的全部产品即生产资料的价值为6000，包括不变资本价值4000、可变资本价值1000和剩余价值1000；第二部类所生产的全部产品即消费资料的价值为3000，包括不变资本价值2000、可变资本价值500和剩余价值500。

在资本主义市场经济条件下，社会产品都是商品，社会总产品的实现即其各个组成部分的价值补偿和实物替换都要通过市场中的商品交换来完成，这个实现价值补偿和实物替换的商品交换过程，主要由以下三大交换所组成：

第一大交换是，I.4000c 在第一部类内部各部门、各企业之间进行交换。第一部类中的产品4000c，在实物形态上是各种各样的生产资料，在价值形态上代表本部类已消耗掉的不变资本价值。为了能够继续进行简单再生产，生产中消耗掉的生产资料4000c必须用新的生产资料来补偿和替换；作为新生产出来的生产资料4000c，其目的是用来满足再生产替换需要的。这部分产品的价值补偿和实物替换，是在第一部类内部通过交换实现的。因为只有第一部类生产生产资料。

第二大交换是，II.500v + 500m 在第二部类内部各部门、各企业之间进行交换。第二部类中的产品500v + 500m 在实物形态上是各种各样的消费资料，在价值形态上代表工人和资本家用于个人消费的可变资本价值（工资）和剩余价值。为了维持工人和资本家的个人消费需要，他们必须获得消费资料，以便进行再生产；作为新生产出来的消费资料500v + 500m，其目的是用来满足消费需要的。因此，这部分产品的价值补偿和实物替换，是在第二部类内部通过交换实现的。因为只有第二部类生产消费资料。

第三大交换是，第一部类和第二部类之间的交换，即 I（1000v + 1000m）= II 2000c。

通过第二部类内部交换，第二部类还剩下 2000c 的产品，它在价值上相当于第二部类消耗掉的不变资本，但是，第二部类 2000c 的实物形式却是消费资料，无法替换第二部类已经消耗掉的生产资料，因而无法在第二部类内部实现，必须同第一部类进行交换，以获得再生产所需要的生产资料。第一部类 1000v + 1000m 的产品，它在价值上相当于第一部类的可变资本价值和剩余价值，将用于第一部类的工人和资本家的个人生活消费，但是，第一部类 1000v + 1000m 的实物形态却是生产资料，不能直接用于生活消费，因而无法在第一部类内部实现，必须同第二部类进行交换，以获得消费资料。所以，两大部类的各部门、各企业之间必须进行交换。而在上述公式中，第一部类的 1000v + 1000m 所代表的生产资料价值，正好与第二部类的 2000c 所代表的消费资料的价值相等，因此，通过二者之间交换，第一部类各部门、各企业把 1000v + 1000m 的生产资料，卖给需要生产资料的第二部类各部门、各企业，并向第二部类购买消费资料；而第二部类则把价值 2000c 的消费资料卖给需要消费资料的第一部类各部门、各企业，并向第一部类购买自己所需要的生产资料。这样，就使第一部类的工人和资本家得到了能够满足个人消费所需要的价值 2000 的消费资料，而第二部类的资本家则得到了再生产所需要的价值 2000 的生产资料，从而使第一部类价值为 2000 的生产资料和第二部类价值为 2000 的消费资料都得到实现。

社会总产品通过上述三大交换而实现的过程，可用图式表示如下：

$$
\begin{array}{l}
\text{I.}\ \boxed{\underset{①}{4000c}} + \boxed{1000v + 1000m} = 6000 \\
\qquad\qquad\ \underset{③}{\vphantom{x}} \\
\text{II.}\ \boxed{2000c} + \boxed{\underset{②}{500v + 500m}} = 3000
\end{array}\ \Bigg\} \ 9000
$$

经过上述三大交换，社会总产品的各个部分就不仅在价值上得到了补偿，而且在实物上得到了替换，从而使下一个再生产过程的社会资本简单再生产能够正常进行。需要明确的是，上述三大交换不是三次交换，而是在一个再生产周期中，各部门、各企业相互之间经过不断地无数次交换逐步完成的。社会资本再生产过程本身，也就是在这种复杂的商品交换和商品流通过程中实现的。

（二）社会资本简单再生产的实现条件

从上述社会资本简单再生产条件下社会总产品的实现过程可以看出，两大部类相互交换的产品之间必须保持一定的比例关系，这是社会总产品实现必须具备的基本条件。具体来说，就是第一部类的可变资本和剩余价值之和，必须等于第二部类的不变资本。用公式表示是：

$$\text{I}\,(v + m) = \text{II}\,c$$

这个条件表明，在社会资本简单再生产条件下，社会生产两大部类之间存在着互为条件、密切联系的内在关系。公式左端的 $I(v+m)$ 一方面在实物形式上代表第一部类能够提供给第二部类的生产资料，另一方面在价值形式上又代表第一部类对第二部类消费资料的需求；公式右端的 IIc 一方面在实物形式上代表第二部类能够提供给第一部类的消费资料，另一方面在价值形式上又代表第二部类对第一部类生产资料的需求。因此，第一部类提供给第二部类的生产资料和第二部类对生产资料的需求之间，第二部类提供给第一部类的消费资料和第一部类对消费资料的需求之间，必须保持平衡，否则，社会资本简单再生产就不能顺利进行。如果 $I(v+m) > IIc$，则第一部类生产的生产资料不能全部实现销售，价值不能全部实现，同时第一部类的工人和资本家所需要的消费资料也得不到充分满足（因为价值补偿是实物替换的前提）。如果 $I(v+m) < IIc$，则第二部类所消耗的生产资料不能在实物上全部得到替换，同时，第二部类所生产的消费资料也不能全部实现销售，价值不能全部实现。因此，只有保持 $I(v+m) = IIc$ 这样一种平衡关系，两大部类的产品才能全部实现，社会资本简单再生产才能顺利进行。正由于此，$I(v+m) = IIc$ 是实现社会资本简单再生产的基本条件。该公式还意味着，两大部类产品的生产和需要之间不仅要在价值量上保持平衡，而且要在实物构成上互相适应，所以，两大部类的平衡也称为结构平衡条件。

从上述基本实现条件中，可以引申出另外两个实现条件。一是在公式 $I(v+m) = IIc$ 的两端同时加上一个等量的 Ic，则得出新的公式：

$$I(c+v+m) = Ic + IIc$$

该公式的含义是，第一部类所生产的全部生产资料价值，必须等于两大部类消耗掉的不变资本价值的总和，其实物形态刚好能够用于补偿两大部类消耗掉的生产资料。公式左端的 $I(c+v+m)$ 在价值和实物上代表全社会所生产的全部生产资料，右端的 Ic 和 IIc 在价值上分别代表第一部类与第二部类对生产资料的需求。这个条件意味着，全社会的生产资料总供给要等于两个部类对生产资料的总需求，二者不仅要在价值量上相等，而且要在实物结构上完全吻合。

二是在公式 $I(v+m) = IIc$ 的两端同时加上一个 $II(v+m)$，则得出另一个新的公式：

$$II(c+v+m) = I(v+m) + II(v+m)$$

该公式的含义是，第二部类所生产的全部消费资料价值，必须等于两个部类的可变资本价值和剩余价值的总和，其实物形态（消费资料）刚好能够满足两大部类的工人和资本家的需要。公式左端的 $II(c+v+m)$ 在价值和实物上代表全社会所生产的全部消费资料，右端的 $I(v+m)$ 和 $II(v+m)$ 在价值上分别代表第一部类和第二部类的工人和资本家对消费资料的需求。这个条件意味着，全社会的消费资料总供给要等于两大部类的工人和资本家对消费资料的总需求，二者不仅要在价值量上相等，而且要在实物结构上完全吻合。

上述三个公式，体现了简单再生产过程中两大部类之间及其内部应当遵循的基本比例关系。这些基本比例关系从不同的侧面反映了在社会资本简单再生产过程中，社会生产与社会消费之间的内在联系，表明社会生产两大部类之间、生产资料生产与生产资料需求之间、消费资料生产与消费资料需求之间、供给与需求之间、使用价值（结构上）和价值（总量上）之间各个方面都必须保持一定的比例关系，社会生产才能协调发展。可以把公式 $Ⅰ(c+v+m)=Ⅰc+Ⅱc$ 和 $Ⅱ(c+v+m)=Ⅰ(v+m)+Ⅱ(v+m)$ 合称为总量平衡条件（社会总供给与社会总需求的总量平衡），其中，$Ⅰ(c+v+m)=Ⅰc+Ⅱc$ 是生产资料的供需总量平衡条件，$Ⅱ(c+v+m)=Ⅰ(v+m)+Ⅱ(v+m)$ 是消费资料的供需总量平衡条件。

为了使分析能够在纯粹的状态下进行，我们在上面的分析中假设，包括机器和厂房等固定资本在内的不变资本价值在一年中全部消耗并转移到新产品中去，实际上，不变资本中的固定资本价值不会在一年内全部消耗、全部转移到商品中去并全部得到补偿，而是一部分一部分地消耗、转移和得到补偿。如果把这个因素考虑进来，那么，社会资本简单再生产的实现条件就会有所变化。以上面所列举的社会资本简单再生产公式来看，如果第二部类转移到产品中去的不变资本价值 2000 中，有 200 单位的价值属于固定资本的价值转移；由于固定资本在当年不需要进行实物替换，200 单位的转移价值以折旧基金形式积累起来。这样，第二部类不变资本价值 2000 中，当年需要进行实物补偿的就只有 1800，当年只需要向第一部类购买价值 1800 的生产资料即可进行简单再生产。于是，第一部类就有 200 单位价值的生产资料卖不出去，这又必然引起第一部类向第二部类所购买的消费资料相应减少 200 单位价值，最终导致社会资本简单再生产的实现条件遭到破坏。在这种情况下，固定资本怎样进行补偿和替换，才不致影响社会资本简单再生产顺利进行呢？由于在现实情况下，每个企业在固定资产更新（或固定资本实物补偿）上存在时间差，即当一部分企业把当年固定资本转移的价值以折旧基金形式积累起来时，另一些企业却把历年积累的折旧基金用于当年的固定资本更新。只要这两部分的价值量相等，社会总产品仍然能够全部实现。因此，固定资本补偿条件下社会资本简单再生产的实现还需要具备另外一个条件，即全社会一部分企业一年间在实物形式上更新的固定资本总额，应当等于另一部分企业当年积累起来的折旧基金总额，否则，即使具备了社会总产品实现的基本条件 $Ⅰ(v+m)=Ⅱc$，社会总产品仍然不能完全得到实现，社会资本简单再生产仍然要受到影响。

三、社会资本的扩大再生产

（一）社会资本扩大再生产的前提条件

1. 有追加的生产资料

社会资本扩大再生产的前提条件，从价值形态看是要有资本积累，从实物形态看是社会要有追加的生产资料和追加的消费资料。因为，资本积累形成追加的资本。资本积累所形成的追加资本分为两部分：一部分作为追加的不变资本，用于购买追加的生产资料；另一部分作为追加的可变资本，用于购买追加的劳动力。在资本主义社会，庞大的产业后备军为资本主义扩大再生产准备了随时可以追加的劳动力，因此，实现扩大再生产的关键是社会能否提供追加的生产资料和追加劳动力所需要的消费资料。

扩大再生产所追加的生产资料是第一部类生产的，因此，为了能够实现扩大再生产，第一部类所生产的年产品除了能够满足两大部类补偿消耗掉的生产资料外，还必须存在剩余的生产资料，用以满足两大部类扩大再生产对追加生产资料的需要。用公式表示就是：

$$\text{I}(c+v+m) > \text{I}c + \text{II}c$$

它是扩大再生产的第一个物质前提条件。若不等式两端同时减去 $\text{I}c$，公式就简化为：

$$\text{I}(v+m) > \text{II}c$$

该公式的含义是，第一部类向第二部类提供的生产资料，除了能够满足第二部类补偿消耗掉的生产资料外，还有生产资料剩余，能够用于两大部类扩大再生产对追加生产资料的需要。

2. 有追加的消费资料

第二部类所生产的年产品，除了能够满足两大部类简单再生产条件下的工人和资本家对消费资料的需求外，也必须存在剩余的消费资料，用以满足两大部类扩大再生产对追加消费资料的需要。用公式表示就是：$\text{II}(c+v+m) > \text{I}(v+m/x) + \text{II}(v+m/x)$，它是扩大再生产的第二个物质前提条件。若将公式（不等式）两端同时减去 $\text{II}(v+m/x)$，公式即简化为：

$$\text{II}(c+m-m/x) > \text{I}(v+m/x)$$

式中：m/x 为剩余价值中供资本家个人消费的部分，$m-m/x$ 为剩余价值中用于积累的部分。资本积累分别用于 Δc 和 Δv，$m = \Delta c + \Delta v + m/x$。这个公式表明，第二部类向第一部类提供的消费资料，除了能够满足第一部类简单再生产条件下的工人和资本家的个人消费需要外，还必须存在剩余消费资料，以便能够满足两大部类扩大再生产条件下对消费资料的新增需求。

只有同时具备了上述两个前提条件，资本积累才能真正转化为现实的生产力，社会生产才能在扩大规模上进行再生产。

(二)社会资本扩大再生产的实现过程

具备了扩大再生产所必需的两个前提条件，社会资本扩大再生产顺利进行就有了可能性。但是，扩大再生产的可能性要变为现实，还需要将社会总产品按照上述两个前提条件重新组合，即不仅要把以生产资料和消费资料形式存在的一部分剩余产品，追加到扩大再生产过程中去，而且要使社会总产品的各个组成部分全部得到实现。因此，必须考察扩大再生产的具体实现过程。

分析社会资本扩大再生产的实现问题，我们以下列公式为例进行说明：

$$I. \quad 4000c + 1000v + 1000m = 6000 \quad \sum Pm$$

$$II. \quad 1500c + 750v + 750m = 3000 \quad \sum Km$$

公式告诉我们，扩大再生产的前提条件已经具备，因为，$I(4000c + 1000v + 1000m) >$ $I\,4000c + II\,1500c$，意味着第一部类所生产的全部生产资料在满足了两大部类简单再生产对生产资料补偿的需要之外，还存在着生产资料剩余。

为了进行扩大再生产，必须从剩余产品中提取出追加的生产资料和消费资料。

假定第一部类的资本家把剩余价值 1000 中的一半即 $500m$ 用作追加的资本，即 50% 的积累率，另一半用作资本家的个人消费。公式中第一部类的资本有机构成为 4:1，如果资本有机构成不变，则追加的资本 500 按照 4:1 的比例（即 $\Delta c : \Delta v = c : v$）分配，则剩余产品 500 转化为追加的不变资本 $400\Delta c$ 和追加的可变资本 $100\Delta v$。因此，为了实现扩大再生产，第一部类的年产品价值按照扩大再生产的要求分配剩余产品后，重新组合为如下几个部分：

$$I. \quad 4000c + 400\Delta c + 1000v + 100\Delta v + 500\ m/x = 6000$$

即：
$$I. \quad 4400c + 1100v + 500\ m/x = 6000$$

式中：$4400c$ 代表用于维持和扩大第一部类再生产所需要的生产资料价值，其实物形态是生产资料。剩下的 $1100v + 500\ m/x$ 代表第一部类的工人和资本家用于个人消费的价值部分（收入），但是，它的实物形态却是生产资料。因此，这部分产品只有与第二部类的消费资料进行交换后，才能使第一部类的工人和资本家的收入价值部分变成再生产所需要的消费资料。同时，也只有通过这个交换，第二部类生产消费资料所消耗掉的生产资料才能得到补偿和替换。但是，由于第二部类再生产所需生产资料即不变资本价值只有 $1500c$，比第一部类需要与它交换的 1600 在价值上少 100，因此，为了适应第一部类的扩大再生产，第二部类的资本家有必要从剩余价值 $750m$ 中提取 100 用作追加的不变资本。按照既定的资本有机构成，即追加资本的有机构成也是 2:1 的比例（即 $\Delta c : \Delta v = c : v$），那么，资本家应当从剩余价值 750 中提取 150，其中 100 用作追加的不变资本，即 $100\Delta c$，50 用作追加的可变资本，即 $50\Delta v$。于是，为了实现扩大再生产，第二部类的年产品价值按照扩大再生产的要求分配剩余产品后，重新组合为如下几个部分：

$$II. \quad 1500c + 100\Delta c + 750v + 50\Delta v + 600\ m/x = 3000$$

即：
$$II. \quad 1600c + 800v + 600\ m/x = 3000$$

式中：$800v + 600\ m/x$ 代表用于第二部类工人和资本家的消费资料的价值，其实物形态是消费资料。剩下的 $1600c$ 在价值上代表第二部类已经消耗掉的和追加的生产资料，但是，它的实物形态却是消费资料，因此，这部分产品只有通过与第一部类的生产资料进行交换后，才能得到实现。

两大部类的剩余产品在经过分配之后，就为社会资本扩大再生产情况下社会总产品的实现创造了条件。同社会资本简单再生产条件下的社会总产品的实现一样，同样存在实现过程，其实现过程也是通过三大交换而完成的：第一，第一部类的 $4400c$，通过本部类内部不同企业之间的交换得到实现；第二，第二部类的 $800v+600\ m/x$，通过本部类内部的工人和资本家与不同企业之间的交换得到实现；第三，第一部类的 $1100v+500\ m/x$ 和第二部类的 $1600c$，通过两大部类之间的相互交换得到实现。这一实现过程如下图所示：

$$\text{I.}\ \boxed{\underset{①}{4400c}} + \boxed{1100v+500m} = 6000 \left.\begin{array}{c} \\ \underset{③}{} \\ \\ \end{array}\right\} 9000$$
$$\text{II.}\ \boxed{1600c} + \boxed{\underset{②}{800v+600m}} = 3000$$

通过上述三大交换，社会总产品全部得到实现，下一年社会资本扩大再生产能够顺利进行了。

在下一年的扩大再生产中，如果剩余价值率仍为 100%，那么，两大部类生产出来的社会总产品的价值构成将是：

$$\left.\begin{array}{l} \text{I.}\ 4400c + 1100v + 1100m = 6600 \\ \text{II.}\ 1600c + 800v + 800m = 3200 \end{array}\right\} 9800$$

可见，在具备扩大再生产前提条件和两大部类内部及相互之间交换的基础上，社会资本再生产的规模会由上年的 9000 扩大到 9800，从而实现社会资本的扩大再生产。以后各年的社会资本扩大再生产的实现过程，均可以根据上述方法类推出来。

(三)社会资本扩大再生产的实现条件

1. 基本实现条件

上述分析表明，社会资本扩大再生产要想顺利实现，就必须使两大部类之间相互交换的产品保持一定的比例关系，即第一部类简单再生产所需要的可变资本价值，加上扩大再生产时追加的可变资本价值，再加上第一部类的资本家用于个人消费的剩余价值之和，应当等于第二部类简单再生产所需要的不变资本价值和扩大再生产时追加的不变资本价值之和。社会资本扩大再生产的这一基本实现条件，可用下列公式表示：

$$\text{I}\ (v + \Delta v + m/x) = \text{II}\ (c + \Delta c)$$

该公式的含义是，在扩大再生产过程中，两大部类之间同样存在相互依赖的联系和比例，两大部类相互交换的那部分产品必须建立平衡关系。公式 $\text{I}(v + \Delta v + m/x) = \text{II}(c + \Delta c)$ 左端的 $\text{I}(v + \Delta v + m/x)$，代表第一部类的工人和资本家对消费资料的原有需求和新增需求的价值，其实物形态即第一部类在扩大再生产条件下销售给第二部类的生产资料；公式右端的

Ⅱ$(c + \Delta c)$代表第二部类对生产资料的原有需求和新增需求的价值，其实物形态即第二部类在扩大再生产条件下销售给第一部类的消费资料。因此，第一部类销售给第二部类的生产资料同第二部类对生产资料的需要之间，以及第二部类销售给第一部类的消费资料同第一部类对消费资料的需求之间，必须保持一定的比例关系（即数量上相等，结构上吻合）。

2. 第二个实现条件

第一部类所生产的全部产品价值，必须等于两大部类补偿简单再生产所消耗掉的不变资本价值与扩大再生产所需要的追加不变资本价值之和。用公式表示即：

$$Ⅰ(c + v + m) = Ⅰ(c + \Delta c) + Ⅱ(c + \Delta c)$$

该公式的含义是，在社会资本扩大再生产情况下，第一部类生产的全部生产资料即Ⅰ$(c + v + m)$同两大部类对生产资料的需求即Ⅰ$(c + \Delta c) + Ⅱ(c + \Delta c)$之间，必须保持平衡关系，也就是扩大再生产条件下全社会生产资料的总供给与总需求保持平衡。

3. 第三个实现条件

第二部类所生产的全部产品价值，必须等于两大部类简单再生产所需要的可变资本价值与扩大再生产所需要的追加可变资本价值，以及资本家用于个人消费的剩余价值之和。用公式表示即：

$$Ⅱ(c + v + m) = Ⅰ(v + \Delta v + m/x) + Ⅱ(v + \Delta v + m/x)$$

该公式的含义是，在社会资本扩大再生产条件下，第二部类所生产的全部消费资料即Ⅱ$(c + v + m)$同两大部类的工人和资本家对消费资料的需求即Ⅰ$(v + \Delta v + m/x) + Ⅱ(v + \Delta v + m/x)$之间，必须保持平衡关系，也就是扩大再生产条件下全社会消费资料的总供给与总需求保持平衡。

上述三个公式，体现了扩大再生产过程中两大部类之间及其内部存在基本的比例关系。只有社会生产两大部类之间、生产资料生产与生产资料需求之间、消费资料生产与消费资料需求之间、供给与需求之间、使用价值（结构上）和价值（总量上）之间各个方面均保持一定的比例关系，社会生产才能协调地发展。可以把公式Ⅰ$(c + v + m) = Ⅰ(c + \Delta c) + Ⅱ(c + \Delta c)$和Ⅱ$(c + v + m) = Ⅰ(v + \Delta v + m/x) + Ⅱ(v + \Delta v + m/x)$合称为扩大再生产条件下的总量平衡条件，即社会商品总供给与社会商品总需求的平衡，其中，Ⅰ$(c + v + m) = Ⅰ(c + \Delta c) + Ⅱ(c + \Delta c)$是生产资料的供需总量平衡条件，Ⅱ$(c + v + m) = Ⅰ(v + \Delta v + m/x) + Ⅱ(v + \Delta v + m/x)$是消费资料的供需总量平衡条件。

四、生产资料生产的优先增长

在分析社会资本扩大再生产的实现问题时，我们采用抽象分析法，即假定社会生产技术没有发生变化，扩大再生产以资本有机构成不变为前提。但是，在实际生活中，社会资本扩大再生产往往是在生产技术不断进步、资本有机构成不断提高的条件下进行的。列宁在《论所谓市场问题》一书中把这个因素引入马克思的社会资本扩大再生产图示中，发现了新规律，即在技术不断进步、资本有机构成不断提高的扩大再生产过程中，必然会出现这样一种现象：第一部类的生产比第二部类生产增长得快，即生产资料生产优先增长。产生生产资料生产优先增长的原因是：随着资本有机构成不断提高，原有预付资本以及由剩余价值转化而来的追加资本中，转化为不变资本的比重必然越来越大，转化为可变资本的比重必然越来越小。随着资本总量中不变资本的增长速度快于可变资本，社会生产的两大部类对生产资料的需求也必然快于对消费资料需求的增长。因此，在其他条件不变的情况下，资本有机构成提高的结果，是生产资料生产的增长速度快于消费资料生产的增长速度。

生产资料生产优先增长说明，不仅从两大部类的相互关系来看，生产资料生产（第一部类生产）的增长要快于消费资料生产（第二部类生产）的增长，而且从第一部类内部来看，要使生产资料生产优先增长得到保证，也要求第一部类中为本部类制造生产资料的生产的增长要快于为第二部类制造生产资料的生产的增长。但生产资料生产优先增长是有条件的，只有这个条件具备时，它才能发挥作用。这个条件是：由技术进步而引起的资本有机构成的不断提高。同时，生产资料生产优长增长，也不意味着生产资料生产可以脱离消费资料生产而无约束地孤立增长，更不意味着生产资料生产比消费资料生产增长得越快越好。因为，生产资料生产的增长，归根到底要依赖或受制于第二部类消费资料生产的增长，这表现在：第一，第一部类扩大再生产时追加的劳动力对消费资料的需要，依赖第二部类生产的增长来满足，否则，第二部类扩大再生产对消费资料的追加需要就无法得到实现，扩大再生产也就无法顺利进行。第二，第一部类为第二部类提供生产资料，它所提供的产品数量、品种、规格等，受到第二部类生产发展的影响；如果没有第二部类生产的相应发展，第一部类所提供的这部分产品就无法实现。第三，第一部类为本部类制造生产资料的生产，最终也要受到第二部类生产发展的制约。因为，为第一部类自身需要而生产生产资料，其数量最终也要受到第二部类发展的制约；第二部类发展越快，为本部类提供的生产资料也就会越多。

从 2008 年下半年开始，我国经济发展速度的迅速降温，就同我国经济发展过程中第一部类过快发展有关。根据国家统计局《国民经济和社会发展统计公报》，2003 年以来，我国全社会固定资产投资增长速度以年均25%左右的增长速度递增，而同期内消费品及机电产品的国内外销售增长速度却远远低于这个水平；伴随着国外市场萎缩，2008 年，我国出口从上年年均增长25.7%迅速下降到17.2%，出口型企业以及大量为出口型企业服务的其他企业的产品大量积压，企业破产、减产和工人失业大量增加。到2009 年 1 季度，我国国内生产总值也从 2007 年年均增长 11.4%迅速下滑到6.1%。

综上所述，马克思主义社会资本再生产理论包括相互联系的五个方面内容：①考察社会资本再生产的出发点是社会总产品，其核心是社会总产品的实现问题即价值补偿和实物补偿。②考察社会资本再生产的两个基本理论前提是，社会生产分为两大部类，社会总产品价值由 c、v、m 三部分构成。③社会总产品的实现即价值补偿和实物补偿是通过两大部类之间及各部类内部的相互交换来实现的。马克思运用公式分别考察了社会资本简单再生产和扩大再生产的交换关系和实现条件，说明社会生产两大部类之间及内部必须保持适当的比例关系。④社会资本再生产的特征是扩大再生产，社会资本扩大再生产的前提条件，从价值形态看，是社会要有资本积累；从实物形态看，是社会要有追加的生产资料和消费资料。⑤在技术不断进步、资本有机构成不断提高的扩大再生产过程中，必然会出现生产资料生产优先增长，但不能脱离消费资料生产的发展而片面增长。这五个方面的内容都是围绕社会生产必须按比例发展原理或规律这个中心来阐述的。社会生产两大部类之间及内部各生产部门必须保持一定的比例关系，比例被破坏，便会导致经济危机。社会主义市场经济体制下发挥市场配置社会资源的基础性作用，价值规律的自发调节带有盲目性，可能造成社会生产的比例失调。因此需要加强政府宏观调控，保持社会总供给与总需求的总量、结构平衡。

第四节　经济危机

经济危机指社会再生产过程中周期性地爆发以生产过剩、经济增长率大幅下降为特征的整个社会经济生活严重紊乱状态。在生产领域，生产规模大幅度缩减，大量工厂倒闭，大批工人失业；在流通领域，商品严重积压，甚至成批销毁；在金融市场，现金奇缺，利率猛涨，有价证券猛跌等。但是，生产过剩不是社会生产的绝对过剩，不是社会产品生产得太多，超过了劳动人民在物质生活各个方面的需要，而是社会所生产的商品供给量从消费资料方面来看超过了劳动人民有支付能力的需求，从生产资料方面看是相对资本获利要求的过剩。例如1929—1933年发生的世界性资本主义经济危机不仅销毁了大量消费资料，也销毁了大量炼钢炉、海洋轮船，使有的国家经济倒退近40年。因此，生产过剩实际上是生产相对过剩。任何社会的生产，如果相对于无限发展和不断变化的人的需求而言，总会显得不足，根本不可能出现绝对过剩。资本主义历次经济危机的事实证明：在危机期间，一方面，商品大量过剩浪费；另一方面，广大劳动者却因为失业而生活窘迫。

一、经济危机的根源

货币的购买手段和支付手段职能具备了经济危机的可能性，但是，在简单商品经济条件下，可能性没有转变成现实。而且，它也没有伴随资本主义政治制度和经济制度的产生而立即出现。例如，第一次经济危机出现在1825年的英国，而英国早在17世纪就不仅建立了资本主义政治制度，而且资本主义市场经济获得了长足的发展。那么，什么是经济危机的根源呢？经济危机的根源是资本主义生产方式内在的基本矛盾，即生产资料资本主义私人占有形式同高度发达的市场经济或社会化大生产之间的矛盾。

社会化大生产是建立在机器大工业基础之上的科学技术和社会分工高度发达的专业化生产活动，它把社会生产的各个行业、世界各国的经济紧密地联系起来，相互依赖和促进。社会化大生产的这些特性在客观上要求社会生产的各个行业必须按比例分配生产要素，以便使社会生产的各个方面按比例协调发展。但是，由于生产要素所有权分散占有，每个要素所有者均按照自己的意愿（根据利润或收益最大化原则和市场状况）自由地当然也是盲目地进行投资活动。在社会化大生产条件下，每个只有有限理性的要素所有者在世界范围内盲目投资活动，必然导致社会生产各个方面的比例关系遭到破坏，当资本主义基本矛盾导致社会生产各方面的比例关系严重破坏时，就会引起经济危机。

资本主义基本矛盾的具体表现是：①单个企业生产的有组织性同整个社会生产的无政府状态之间的矛盾，导致社会生产比例失调。为了获取尽可能多的利润，资本家必然会在企业内部实行严格的科学组织、计划和管理，使企业的生产和经营活动有序运行。然而，由于生产要素所有权分散占有，市场上相互依赖、相互联系的企业分属于不同的资本家，企业生产什么、生产多少以及怎样生产，均由每个资本家作出决策。这就必然使得整个社会生产处于无政府状态之中，社会资本再生产正常进行所需要的比例关系无法实现。当比例关系严重失调，经济危机也就产生了。②生产无限扩大的趋势和劳动人民有支付能力的需求相对缩小之间的矛盾，造成生产与消费脱节，社会总供给大于社会总需求。在剩余价值规律和竞争规律的驱动下，资本家总是不断地扩大生产规模——增加生产设备和劳动人手，但是，这种生产规模的扩大，却没有与之相适应的日益扩大的社会购买力相伴随。因为，工人阶级的购买力是由他们的劳动力价值决定的，它不会随着生产扩张而经常变动，与此同时，由于失业大军的存在，劳动力价格经常低于劳动力价值。因此，与不断扩大的生产增长相比，劳动人民有支付能力的需求呈逐渐缩小的趋势。当这一矛盾十分尖锐时，必然造成商品大量积压，导致经济危机爆发。

第二次世界大战后，西方主要资本主义国家试图运用国家的力量来驱走经济危机的魔影，最典型的做法是实行凯恩斯主义，即从财政和金融两个方面对国民经济实行宏观调控。例如，法国和日本等国就实行了全国性的指导性计划。但是，由于这些计划或者说它们所实施的宏观经济调控政策及方略均不是以解决资本主义基本矛盾为目的的，而是在基本矛盾不变的情况下对资本主义经济所进行的有限调节，因此，这些国家必然不能摆脱经济危机的梦魇，只能一次又一次地陷入经济危机的泥沼当中。例如，日本从 1961 年开始制定和实施"国民收入倍增计划"，从 20 世纪 60 年代到 80 年代，该计划的确帮助和推动日本经济获得较快发展，但是，好景不长，从 20 世纪 80 年代后半期开始，日本经济逐渐步入衰退；1997 年，日本卷入亚洲金融危机；2008 年开始，日本再次卷入由美国金融危机所衍生出来的世界性经济危机之中。

二、经济危机的周期性

（一）经济危机的周期性

资本主义社会并非每时每刻都处在经济危机之中，而是每隔若干年才爆发一次，即周期性爆发。资本主义经济危机产生是由资本主义基本矛盾的状态决定的，只有当资本主义基本矛盾处于激化状态时，才会爆发经济危机。在经济危机期间，社会生产力遭到巨大破坏，生产无限扩大的趋势受到遏制，社会资本再生产所需要的比例关系暂时地强制性地达到平衡，即商品供给超过有支付能力需求的状况逐渐恢复，从而使资本主义经济逐渐摆脱危机，并逐步走向恢复和发展。但是，经济危机并没有消除产生经济危机的根源，即没有消除资本主义基本矛盾。当经济恢复、经济总量的水平发展到一定程度，剩余价值规律和竞争规律又会推动经济走向繁荣，资本主义基本矛盾重新激化——生产极大地超过需求，从而导致下一次经济危机爆发。正是由于资本主义基本矛盾及其运动过程的这些特点，决定了资本主义经济危机具有周期性的特点。

（二）周期性经济危机的物质基础

资本主义经济危机的周期性，往往以固定资本更新为其物质基础。所谓固定资本更新，指以厂房、机器设备等物质形式存在的那部分生产资本，由于磨损或其他原因而用新的物质形式来更换。那么，固定资本更新为什么是周期性经济危机的物质基础呢？我们必须从固定资本更新的两种作用上来认识。

首先，固定资本更新为资本主义暂时摆脱危机、使复苏和高涨阶段尽早到来准备了物质条件。其原理是：在萧条阶段，资本家为摆脱困境，获取高额利润，必然要用包含先进技术的新设备代替旧设备，进行固定资本更新，以降低成本、提高劳动生产率、增强竞争能力。这就推动了生产资料部门生产的恢复和发展，就业增加，工资水平增长，从而又引起对消费资料需求的增加，推动消费资料生产部门的生产也得到恢复和发展。社会生产两大部类相互促进和推动，促使整个社会经济从萧条走向复苏，而复苏阶段大规模固定资本更新则推动资本主义经济从复苏走向高涨。

其次，复苏和高涨阶段大规模的固定资本更新，又为下一次危机阶段的到来创造了物质前提。因为，大规模的固定资本更新，促使生产规模进一步扩大，产量更加提高；同时，由于先进技术设备的运用，造成社会资本有机构成提高，引起相对过剩人口增加，从而使劳动者有支付能力的需求进一步相对缩小。这样，由固定资本大规模更新所引起的生产盲目扩大与劳动者有支付能力的需求相对缩小的矛盾进一步激化，从而为新的危机的到来埋下了隐患。虽然固定资本大规模更新是资本主义周期性经济危机的物质基础，但是，危机和危机周期性爆发的根本原因仍然在于资本主义基本矛盾及其运动。

三、经济危机的新特点

第二次世界大战后,在新的科学技术革命迅速发展、生产和资本快速国际化的情况下,国家垄断资本主义获得长足发展,资本主义国家加强了对经济生活的直接干预。国家对经济生活的直接干预,对当代资本主义生产、流通、分配和消费产生了重大的影响,促使战后资本主义国家的经济危机和再生产周期出现了新的特点。

第一,经济危机的冲击力和破坏程度相对减弱。在发达资本主义国家,战后发生的历次经济危机的程度一般都比战前要轻,表现在危机中工人的失业率、固定资本投资及经济增长率下降幅度比战前小。因为,战后资本主义国家不断实施和加强"反危机"措施(如财政政策、货币政策和外贸政策等),同时垄断组织也大大加强了对某些重要商品的生产和市场的控制,采用新的管理技术来调节企业生产和库存。因此,战后经济危机不再表现为大规模的生产设备破坏和商品毁弃,而是表现为生产能力大量闲置和企业经常性开工不足。战后资本主义国家的反危机措施,虽然使经济危机的冲击力相对减弱,但并不能消除经济危机,它只是使经济危机的形势变得更加复杂。

第二,经济危机频繁爆发和经济危机周期缩短。在自由竞争资本主义时期,大概每隔10年左右爆发一次经济危机,进入垄断资本主义阶段后至第二次世界大战前,大约每隔7~8年爆发一次。第二次世界大战后,大约每隔4~5年爆发一次,经济危机爆发的周期进一步缩短。

第三,再生产周期的特征不明显。由于资本主义国家对经济生活实行宏观调控,采取了刺激经济发展的种种"反危机"措施,使再生产周期发生变形,经济周期四个阶段的依次更替及各阶段的特征均不如战前鲜明,同时,危机阶段的持续时间明显缩短了,危机期间生产下降的幅度也减小了:首先,在危机之后,整个经济没有经过明显的萧条和复苏,就在较短时期恢复到危机前的最高点从而进入高涨阶段,随后又爆发危机。同时,也难以看到再生产周期四个阶段的明显界限,再生产周期往往只表现为从危机到高涨,紧接着就从高涨到危机这样的经济循环。在美国克林顿政府以前的若干年内,整个经济就呈现这种特征。其次,资本主义世界的再生产周期若干阶段的更替,往往被局部地区的经济危机或生产停滞所间断,这就大大增加了资本主义世界再生产周期的复杂性。再次,生产能力大量过剩和失业严重的现象,不仅存在于危机阶段,而且贯穿于资本主义再生产周期的各个阶段。20世纪70年代以后,这种现象更加明显。1973—1975年世界性经济危机之后,资本主义世界经济长期处于萧条和停滞阶段,低经济增长率和高失业率状况一直持续至今。

第四,经济危机的同期性和非同期性同时出现。战前,由于国际市场的发展和世界经济一体化进程的加快,各国之间的经济交往日益紧密,主要资本主义国家的再生产周期具有了统一运动的趋势，从而使经济危机在主要资本主义国家的爆发时间日趋一致，经济危机的同期性越来越明显，经济危机具有世界性的特色。但是，由于战后国家垄断资本主义的发展和资本主义国家对经济生活的直接干预、对再生产周期的宏观调控，使得各国的再生产周期长短不一，经济危机爆发的时间有先有后，导致资本主义各国经济危机爆发的非同期性。

第五，主要发达国家的金融危机引起世界性经济危机爆发。第二次世界大战后，随着主要资本主义国家科学技术和经济的快速成长（经济规模占世界经济规模 50% 以上），金融资本获得大规模发展，如各种基金组织、投资银行大量产生。为了追逐最大化的超额利润，金融资本"创造"了大量超过实体经济规模的金融衍生产品。随着金融衍生产品的增长速度大大超过实体经济的增长速度，虚假的经济繁荣或经济泡沫破灭、信贷金融危机出现，必然导致经济危机。从 2008 年开始的经济危机，就是从美国投资银行"雷曼兄弟"倒闭开始的一场由金融危机演变而成的席卷世界各国的世界性经济危机。已经长达五年还未摆脱经济衰退的阴影，这是自第二次世界大战以来陷入滞胀尴尬局面最为严重的纪录。

思考题

1. 解释基本概念：

资本循环　资本周转　固定资本　流动资本　社会资本　社会总产品　年剩余价值率　经济危机

2. 实现产业资本连续循环的条件是什么？
3. 简述影响资本周转速度的因素及资本周转速度对剩余价值生产的影响。
4. 预付资本总周转次数与剩余价值率、年剩余价值率是如何计算的？
5. 什么是社会资本简单再生产的实现条件、扩大再生产的前提条件和实现条件？
6. 概述马克思主义社会资本再生产理论的内容及其现实意义。
7. 简述经济危机的根源和第二次世界大战后再生产周期的新特点。

阅读书目

1. ［德］马克思：《资本论》第 2 卷，人民出版社 2004 年版。
2. ［德］恩格斯：《反杜林论》第三编第二部分，见：《马克思恩格斯选集》第 3 卷，人民出版社 2012 年版。

第六章　资本主义的分配

本章分析资本主义的分配关系。工资范畴已在第三章作了讨论，因此，本章对资本主义分配关系的讨论只限于剩余价值的分割。

第一节　平均利润和生产价格

一、成本价格

生产商品的实际生产费用，是按照劳动的耗费来计算的，包括全部物化劳动和活劳动的耗费，等于商品的全部价值，即 $c + v + m$。但是，生产商品使资本家耗费的东西和商品生产本身所实际耗费的东西，无论在含义上还是在数量上都是不同的。生产商品耗费资本家的只是资本，即 $c + v$，而商品价值中的剩余价值，不需要他耗费什么，它是由工人的剩余劳动所创造的。资本家在商品生产中实际耗费的不变资本和可变资本所构成的价格叫成本价格。若用 k 表示成本价格，则商品的价值 $W = k + m$。可见，成本价格只是商品价值的一部分。成本价格这个范畴，对资本主义生产具有重要意义。它是账簿上的一个项目，对现实生产产生实际影响，是商品出售价格的最低界限，是决定企业赚钱或亏损的真正界限，也是决定资本家在竞争中胜利或失败的关键。

二、剩余价值转化为利润，剩余价值率转化为利润率

成本价格这一范畴，使不变资本和可变资本在剩余价值生产上的不同作用被抹杀了。由于不变资本价值和可变资本价值转化为成本价格，商品价值的另一部分即剩余价值，必然表现为成本价格以上的增加额。剩余价值本来是可变资本带来的，但在资本家看来，剩余价值却是成本价格以上的增加额。

成本价格不是全部预付资本。预付资本不仅包括生产商品所耗费的成本价格，而且包括继续在生产中发挥作用但其价值尚未转移的那部分资本。全部预付资本对剩余价值的生产都是必不可少的。因此，在资本家看来，剩余价值不只是所耗资本带来的，而是全部预付资本的产物。把剩余价值看作全部预付资本的产物，剩余价值就转化为利润。马克思

说:"剩余价值,作为全部预付资本的这样一种观念上的产物,取得了利润这个转化形式。"[1]利润和剩余价值本来是一个东西,所不同的只是,剩余价值是对可变资本而言的,利润是对全部预付资本而言的。剩余价值是利润的本质,利润是剩余价值的转化形式。剩余价值和利润的关系,是内容和形式的关系、本质和现象的关系。如果用 P 表示利润,那么,商品价值公式就转化为 $W = k + P$,即商品价值 = 成本价格 + 利润。

剩余价值转化为利润,是以剩余价值率转化为利润率为前提的。在资本主义经济的现实运行中,资本家唯一关心的是利润率(P'),他们总是以利润率来确定预付资本可以获得多少利润量。剩余价值与预付总资本(用 C 表示)的比率就是利润率,用公式表示就是:$P' = m/C$。利润率是剩余价值率的转化形式。同一剩余价值与可变资本相比是剩余价值率,与预付总资本相比是利润率。利润率表示预付总资本的增殖程度,剩余价值率则表示资本家对工人的剥削程度。由于预付总资本在数量上总是大于可变资本,因此,利润率总是小于剩余价值率。剩余价值率表明了剩余价值的来源是可变资本,利润率却掩盖了剩余价值的来源,似乎剩余价值是全部预付资本产生的。

利润率是资本主义生产的推动力,追求最大限度利润是资本的唯一目标。但是,利润率是经常变动的。影响利润率的高低主要有以下四种因素:第一,剩余价值率的高低。在预付资本已定的条件下,剩余价值率越高,利润率也越高,二者之间成正比例变化。第二,资本有机构成的高低。在剩余价值率和劳动力价值一定时,资本有机构成越低,总资本中可变资本部分就越大,从而所使用的劳动力也就越多,创造的剩余价值也越多,因此,利润率也会越高;反之,利润率就越低。利润率同资本有机构成反方向变化。第三,资本周转速度的快慢。在其他条件不变时,一年内资本周转速度越快,其中可变资本周转的次数也越多,同量可变资本带来的剩余价值也就越多,从而年剩余价值量与预付资本的比率即年利润率也就越高。年利润率与资本的周转速度成正比。第四,不变资本的节省。在其他条件不变的情况下,节省不变资本,既降低了成本,又减少了预付资本量,利润率就会提高。

三、部门内部的竞争形成市场价值

部门内部的竞争,是指同一生产部门生产同种商品的各个资本家之间,为了获得超额利润而展开的竞争。部门内部的竞争在生产领域表现为:开展技术革新、节约消耗、降低成本、提高产品质量、改进品种等;在流通领域表现为:争夺销售市场、取得优质原材料、调整产品销售价格等。竞争的结果必然是使生产同种商品的个别价值形成为统一的市场价值。

马克思说:"市场价值,一方面,应看作是一个部门所生产的商品的平均价值,另一方

---

① 《马克思恩格斯全集》第25卷,人民出版社1974年版,第44页。

面，又应看作是在这个部门的平均条件下生产的、构成该部门的产品很大数量的那种商品的个别价值。只有在特殊组合下，那些在最坏条件下或在最好条件下生产的商品才会调节市场价值。"①市场价值是市场价格涨落的中心。显然，某种条件下的商品的权数越大，比重就越大，对市场价值的决定作用就越大。具体说来，市场价值的决定有三种情况：①如果中等生产条件生产的商品量占很大数量，市场价值就按中等生产条件下的商品的个别价值来决定。②如果最坏生产条件生产的商品量占很大数量，那么，市场价值就按最坏生产条件下的商品的个别价值来决定。③如果最好生产条件下生产的商品量占很大数量，那么，市场价值就按最好生产条件下的商品的个别价值来决定。

市场价值是市场价格涨落的中心。市场价格的高低主要取决于市场价值的高低。此外，市场价格还受市场供求关系的影响。当供求不一致时，就会产生市场价格与市场价值的背离。当供大于求时，市场价格就会低于市场价值；当供小于求时，市场价格就会高于市场价值。但是，供求关系的变动也会形成抵消市场价格与市场价值偏离的趋势，从而使市场价格总额与市场价值总额趋于一致。也就是说，商品市场价值与市场价格的一致，是从商品交换过程的长期趋势、从价格涨落的平均数来看的。

四、部门之间的竞争形成平均利润率

由于各部门影响利润率的因素不同，存在着各种不同的部门利润率。同量资本投在利润率不等的各个部门，就获得不等量的利润。这一现象，必然引起资本家之间为追逐最大利润而展开竞争，促使利润率平均化。

假定社会上有 Ⅰ、Ⅱ、Ⅲ 三个不同的生产部门，各个部门的资本有机构成不同（资本周转速度的差别存而不论），但剩余价值率相同，从而各个部门的利润率不同。经过部门之间的竞争，形成了平均利润率。其过程可用表 6－1 加以说明：

表 6－1 平均利润率的形成

生产部门	资　本	m'	m	W	P'	$\overline{P'}$	$\overline{P}$
Ⅰ	$70c + 30v = 100$	100%	30	130	30%	20%	20
Ⅱ	$80c + 20v = 100$	100%	20	120	20%	20%	20
Ⅲ	$90c + 10v = 100$	100%	10	110	10%	20%	20
合　计	$240c + 60v = 300$		60	360			60

---

① 《马克思恩格斯全集》第 25 卷，人民出版社 1974 年版，第 199 页。

在表6-1中，Ⅰ、Ⅱ、Ⅲ这三个不同的生产部门投入的资本量都是100，剩余价值率都是100%，但部门利润率却分别为30%（Ⅰ）、20%（Ⅱ）、10%（Ⅲ）。部门之间的利润率差异必然引起部门之间的竞争。部门之间的竞争不同于部门内部的竞争，它是为争夺更有利的投资场所而进行的竞争。这种竞争表现为资本从利润率低的部门向利润率高的部门转移，它既包括原有资本在各个部门间的流出和流入，也包括新资本的投向和规模大小的变动。资本在各个部门之间的这种自由转移，通过各个部门商品供求总量的变化和商品市场价格的上下波动，结果造成一种趋势：社会各个不同部门的不同利润率平均化，形成社会平均利润率（$\overline{P'}$）。可见，平均利润率的形成，是部门之间竞争的必然结果。

平均利润率就是剩余价值总量与社会预付总资本的比率。其公式是：

平均利润率 = 剩余价值总量 ÷ 社会预付总资本 × 100%

按照这个公式，上述三个部门的平均利润率为：60 ÷ 300 = 20%。

社会各个部门的资本家，根据平均利润率获得与其资本量大小相适应的那部分利润，就是平均利润（$\overline{P}$）。虽然从全社会来说，利润总量和剩余价值总量是一致的，但当利润转化为平均利润以后，许多部门的剩余价值量和利润量就不一致了。等量资本取得等量利润，似乎利润的多少是由资本的数量决定的，利润的实质和来源被掩盖起来了。

五、价值转化为生产价格

随着利润转化为平均利润，商品价值也转化为生产价格。剩余价值转化为平均利润以后，商品不再是按照价值 $c + v + m$ 出售，而是按成本价格加平均利润构成的生产价格出售。生产价格是商品价值的转化形式。为了说明生产价格的形成过程，列表6-2如下：

表6-2 生产价格的形成过程

生产部门	资 本	m'	m	W	$\overline{P'}$	$\overline{P}$	生产价格	生产价格和价值的差额
Ⅰ	$70c + 30v = 100$	100%	30	130	20%	20	120	−10
Ⅱ	$80c + 20v = 100$	100%	20	120	20%	20	120	0
Ⅲ	$90c + 10v = 100$	100%	10	110	20%	20	120	+10
合 计	$240c + 60v = 300$		60	360		60	360	0

从表6-2可以看出，由于平均利润率的形成，各个部门的商品都按照生产价格出售，各个资本家都获得了平均利润。

价值转化为生产价格并不是对价值规律的背离。生产价格是在价值基础上形成的，是商品价值的转化形式。首先，商品价值转化为生产价格以后，从个别商品看，生产价格和价值在量上不一致，但从全社会看，社会各个部门的平均利润总额和剩余价值总额还是相等的，因而，各个部门的生产价格总额和价值总额也是相等的。其次，生产价格的变动虽然有它的特殊性，但最终还是由商品的价值变动引起的。决定生产价格变动的因素有二：一是平均利润率的变化，二是商品价值本身的变化。由于平均利润率的变动是一种趋势，只具有相对稳定性，因此，生产价格的变动主要取决于商品价值本身的变动。生产价格中的成本价格是由不变资本价值和可变资本价值构成的，它们本身就是商品价值的组成部分；生产价格中的平均利润是由社会资本总额和平均利润率决定的，如果社会资本总额既定，就取决于平均利润率的高低，而平均利润率的变化又取决于剩余价值率本身的变化和剩余价值总额与预付资本总额的变化，这两种变化，最终还是归结为价值的变化。

随着商品价值转化为生产价格，价值规律作用的形式发生了变化。商品价值转化为生产价格是同商品经济发展的历史过程相一致的。从原始社会解体到资本主义发展初期的几千年中，商品按照价值进行交换，商品的市场价格围绕价值这一中心上下波动。只有到了资本主义机器大工业阶段，科学技术的应用和生产社会化的发展，资本自由转移，平均利润率形成，价值才转化为生产价格。价值转化为生产价格之后，市场价格围绕生产价格上下波动。随着世界资本主义的发展，商品生产和商品交换越出一国的边界进入世界市场时，竞争也就在世界市场上展开，平均利润率就越出一国的范围，但它要受到国际垄断因素的影响。

六、平均利润率趋向下降规律

随着资本主义的发展，由各生产部门的相互竞争而形成的平均利润率并不是永远不变的。从长期来看，平均利润率的水平存在着下降的趋向。

平均利润率趋向下降的规律，是指平均利润率随着社会资本有机构成的提高而趋向下降的客观必然性。平均利润率下降的根本原因，是社会资本的平均有机构成的提高，可变资本在总资本中的比重下降，从而资本所运用的劳动力相对减少，由可变资本带来的剩余价值总额与总资本的比率也必然随之降低。因此，平均利润率下降的趋势，"只是劳动的社会生产力日益发展在资本主义生产方式下特有的表现"[1]。

平均利润率的下降绝不意味着资本家所获得的利润量的减少，因为决定利润量的因素不仅仅是利润率，而且还取决于资本总量。如果资本的总量不变，利润量会随着利润率的变化而变化；如果利润率不变，利润量又会随着资本总量的增减而增减。随着资本主义生产的发展和资本积累，社会资本总量也在不断增大。在日益增大的社会总资本中，虽然可

---

[1] 《马克思恩格斯全集》第25卷，人民出版社1974年版，第237页。

变资本的相对量随着资本有机构成的提高而减少，但其绝对量却在增加。因此，即使利润率下降，利润量仍然会增加。

利润率的下降和利润量的增加是资本积累规律发生作用的必然结果。一方面，由于资本积累使资本总量增大，其中可变资本也增加，利润量必然不断增加；另一方面，资本积累过程又使资本有机构成提高，在可变资本增长的同时，不变资本以更快的速度增长，从而引起利润率的下降。由于在资本积累的过程中，利润率的下降同利润量的增长紧密联系，所以，平均利润率下降的规律又称为利润率下降但利润量同时增长的规律。

在资本主义的发展过程中，平均利润率并不是直线下降，而是一种趋势，因为有一系列的因素发生相反作用，阻碍、延缓并部分抵消这种下降。第一，剩余价值率提高。在资本主义生产的发展中，资本家采取各种办法榨取剩余价值，特别是采取相对剩余的生产方法，不断提高剩余价值率，就会延缓利润率的下降。第二，生产资料价值的下降。由于劳动生产率的提高，会降低生产资料的价值，使不变资本的价值与它的实物量不按同一比例增加，从而延缓资本有机构成提高的速度，阻碍利润率的下降。第三，相对过剩人口的存在。这一方面给在业工人造成压力，使他们的工资水平下降，另一方面又使某些部门和企业宁愿使用手工劳动而不使用机器。这样一来，既能增加剩余价值量，又能延缓资本有机构成的提高。第四，对外贸易的发展。资本主义发达的国家，通过对外贸易大量输入廉价的原材料和生活资料，降低不变资本的价值和劳动力的价值，从而提高剩余价值率和利润率。同时，又把商品输出到经济落后的国家去，获得较高的利润率，取得大量的利润。

第二节　商业资本和商业利润

一、商业资本

产业资本在其循环过程中，经过三个阶段，依次采取货币资本、生产资本和商品资本三种职能形式，相应地分别执行三种资本职能，起初都是由产业资本家完成的。随着资本主义生产的发展和规模的扩大，销售的商品量增多，市场范围扩大，如果产业资本家既从事商品生产，又从事商品销售，就要增加流通领域的资本，相对地减少生产领域的资本，而且还会因销售业务扩大延长资本的流通时间，从而降低产业资本的利润率。产业资本家为了减少流通资本，增加生产资本，摆脱日益增多的商业事务，以便专门从事生产，这就需要把商品销售业务让给专门从事商品买卖的商业资本家去承担。于是，产业资本运动中的商品资本职能就逐渐分离出来，独立发挥作用，成为产业资本派生的独立化的资本形式，即商业资本。

商品资本从产业资本中独立出来成为商业资本，必须具备以下两个条件：一是产业资本家和商人之间已形成了一种社会分工，商品资本最终转化为货币资本的过程，已由专门从事商品买卖的人来担任；二是商人必须有自己的独立资本进行投资，形成独立的商人资本运动形式：$G—W—G'$。

总之，商业资本是从产业资本的商品资本职能形式中分离出来独立发挥作用的资本形式，是商品资本职能的独立化形态。这就是资本主义商业资本的本质。商业资本的职能，是商品资本的职能，也就是从事商品销售，实现预付资本的价值和剩余价值的职能。它是通过商品资本的购买阶段和出售阶段来进行的。在购买阶段，商业资本的购买 $G—W$ 同时就是产业资本的销售 $W'—G'$。这时，商业资本家向产业资本家购买包含有剩余价值的商品，发生了商品所有权的转移。商业资本家从产业资本家那里买进商品以后，但商品还没有真正被卖掉，还要进入第二阶段，即出售阶段 $W'—G'$。当商业资本家把商品销售出去，商品才真正退出流通领域进入消费领域，完成商品资本的职能，也才因此实现预付资本的价值和剩余价值。

二、商业利润

在流通领域内作为单纯商品买卖活动的商业资本，和产业资本一样，目的也是为了取得剩余价值，即利润。从现象上看，商业利润是来自商品的出售价格高于购买价格的差额。这就造成一种假象，似乎商业利润来源于商品价值以上的加价，商业利润是从流通领域中产生的。其实，资本是不能在流通领域中自行增殖的。商业利润只是产业工人在生产过程中创造的剩余价值的一部分，是产业资本家让渡给商业资本家的。由于商业资本家独立承担商品买卖的业务，产业资本家用低于生产价格的价格把商品卖给商业资本家，商业资本家再把商品按照生产价格卖给消费者，这种购销之间的差额，就是商业利润。商业资本独立化以后，同产业资本一样，也必须获得平均利润。商业利润率的高低，同样也受平均利润率的支配，并由产业资本家和商业资本家之间的竞争来决定。

假定一年内全社会的产业资本是 900，资本有机构成为 $720c:180v$，$m'=100\%$，固定资本价值在一年内全部转移到新产品中去，到年终时：

社会总产品价值　　$W=720c+180v+180m=1080$

社会平均利润率　　$\overline{P'}=180m\div(720c+180v)=20\%$

再假定，商业资本家预付的商业资本总额为 100，商业资本经过 10.8 次周转，把价值为 1080 的社会总产品价值全部销售出去。这时，整个社会的总资本 = 900（产业资本）+ 100（商业资本）= 1000。由于商业资本在运行中不能创造价值和剩余价值，所以，整个社会的剩余价值总量仍为 180。职能资本家通过竞争而形成平均利润率。职能资本平均利润率 = $180m\div(900+100)=18\%$。按照职能资本平均利润率，产业资本获得的平均利润 = $900\times18\%=162$，商业资本获得的平均利润 = $100\times18\%=18$。这样，产业资本家向商业资本家出售的商品价格 = $720c + 180v + 162 = 1062$；商业资本家向消费者出售的商品价格 = $1062 + 18 = 1080$。商业资本家从商品的进货价和销售价的差额中得到商业利润18。由于商业资本家的商品出售价格（1080）和社会总产品的生产价格（1080）相等，也同总产品的价值相等，因此，没有违反价值规律。

从现象上看，商业资本家参加了剩余价值的分割，降低了社会的平均利润率，即由20%下降到18%，似乎对产业资本家不利。其实不然，只要商业资本家不超过社会必要的数量，它同产业资本家自行销售商品时所花费的资本量相比要少得多。如果产业资本家自己销售商品，用于商品买卖的资本和费用会更多，流通时间会更长，平均利润率会下降更多。相反，商业资本独立化，会加速产业资本周转，在实际上提高了平均利润率。

三、商业形式

（一）现货交易

1. 批发商业

批发商业是资本家彼此之间的商业，专门经营大宗商品买卖，它具有三个特点：第一，它一般不与普通消费者打交道，而是与产业资本家、包买主和零售商人打交道，也有批发商与批发商之间的交易。第二，它主要是从事大宗的商品交易，大批地买卖商品。第三，批发商一般只专门经营一类商品。

2. 零售商业

零售商业是零售商人同广大消费者之间的商业。通过这种商业形式，商品零星出售以后，就从流通领域进入消费领域。当前，在资本主义国家的零售商业活动中，集中经营和分散经营两种趋势同时并存，形成了百货公司、专卖店、超级市场、连锁商店、邮购商店、自动售货机售货、个体零售商业等各种商业形式和买卖方式。

（二）期货交易

期货交易是买卖标准化的期货合约的交易。它是在远期合同交易的基础上发展起来的。在远期现货合同交易中，合同本身就具有价格差或利益差，因而完全可以通过买卖这个合同来获利，而不需要实物交割。期货交易与远期合同交易的区别在于：远期合同交易是以远期合同方式买卖现货，而期货交易买卖的对象是期货合约本身。期货交易为现货交易提供了一种回避价格涨落风险的机会，同时期货交易对于现货市场上价格的形成有一定的影响。但期货交易具有很大的投机性，实际是买卖双方以价格变动的预测作为赌注的投机交易，因而各国政府对期货交易都进行严格监管。

期货交易具有以下特点：①见钱不见物。期货交易是期货合约的买卖，双方成交时并非凭现货，而是凭既定的标准质量的商品成交，实物商品并不进入期货交易市场。大多数的交易都由合约的对冲来进行，很少进行实际商品交割。②交易人员有严格限制。参加期货交易必须是会员单位。③期货交易有固定的交易程序和交易规则。④期货交易的商品种类有较大限制。上市商品一般具备一定的条件。

（三）赊销（消费信贷）

消费信贷是由银行、商店等机构向消费者提供赊销服务和消费支出贷款而形成的一种信贷方式和商品销售方式。具体做法包括使用信用卡、分期付款、短期信用贷款和中长期抵押贷款等。

消费信贷的特点是：①贷方要允许消费者能及时地、直接地从贷方手中间接地通过信用卡的方式购买商品或得到贷款。②消费者既可以一次向贷方付清所欠款项，也可每月向贷方支付一定的贷款额。③贷方可以对未付差额向消费者征收定期的费用。

消费信贷的作用是：①它既有利于商业企业扩大商品销路，又有利于金融机构扩大信贷、赚取利息。商业、生产企业和银行都从中获得利润。②对广大消费者来说，一方面，消费信贷使他们能够购买那些一次付款买不起的商品，另一方面，也让他们背上沉重的债务负担。③就整个社会而言，消费信贷的推行，在一定时期可以缓和生产和消费之间的巨大矛盾，但同时也可能使这种矛盾在未来的时间里变得更加尖锐。

（四）电子商务

随着世界经济一体化、全球化进程的加快，电子商务在经济贸易领域得到了迅速发展。所谓电子商务，是指利用电子数据标准化、通讯技术和计算机自动处理技术进行远程信息传输及自动处理的现代化贸易手段。

与传统的贸易方式相比，电子商务的特点是：①将有关贸易文件转换成电子报文标准格式，是一种电子形式交易；②主要通过增值网等专用网络作为信息发布媒介，其载体是计算机应用系统；③一系列业务过程无需人的干预，主要通过计算机应用系统，根据不同的要求，经不同软件的自动处理来完成；④没有实地存在的场景，进口买方通过连接网络的计算机屏幕中的虚拟来了解自己所需要的商品及其性能、构造和特点等。

电子商务把市场客户和出口企业的经营管理紧密地联系在一起，突破了原来时空上的限制，从而获得强有力的竞争力：①电子商务最基本的优势是高速的信息传输，便于进出口商增强获取市场信息的速度和广度，及时了解市场需求，快捷地进行贸易磋商和合同的订立。②电子商务能有效地实现即时供应，加强出口企业对市场的应变能力。③电子商务能降低成本，提高经营管理的经济效益，如降低文件单证的成本、人员费用开支、存货占用成本，加快资金流动，减少因单证出错或失落而做事后补救所产生的费用。④优化企业的运作机制，如优化企业内部组织机构、运营机制、经营决策等。⑤电子商务增加了市场的透明度，从而增加贸易机会。

第三节　生息资本和利息

生息资本就是能够为它的所有者带来利息的资本。资本所有者通过让渡资本使用权获取利息。在资本主义社会之前，生息资本表现为高利贷资本。在资本主义社会的生息资本表现为借贷资本。宽泛地讲，生息资本也可以包括银行资本、股份资本等形式。生息资本的出现，使资本取得了双重存在，即发生了资本所有权和使用权的分离。拥有生息资本的资本家也参与了对剩余价值的分割。

一、借贷资本、利息和利息率

借贷资本是生息资本的一种形式，是为了取得利息而暂时借给职能资本家使用的货币资本。它是一种通过货币的借贷关系来参与剩余价值分配的资本形式。

借贷资本的形成和发展是为适应产业资本和商业资本生产经营活动对资金的需要而产生和发展起来的。在资本主义再生产过程中，一些资本家手中出现了暂时闲置的货币资本。这种暂时闲置的货币资本主要由以下三种情况形成：①未到更新期的固定资本折旧费；②卖出商品后不立即购头而暂时闲置的流动资本；③用于积累但尚未投资用于扩大再生产的剩余价值。这些暂时闲置的货币资本，不能为资本家带来剩余价值。握有闲置资本的资本家必然要想方设法为它寻找出路，以使资本增殖。另一方面有些资本家缺少货币资本，急需补充货币资本，用于更新固定资本、用于购买原材料或支付工资、用于扩大再生产等。这样，闲置的货币资本便转化为借贷资本。

借贷资本作为一种独立形态的资本，具有如下特点：第一，它是生息资本。在资本主义条件下，一定量的货币如果当作资本来使用时，就能为它的所有者带来剩余价值。这样，作为资本的货币就比作为货币的货币多了一种使用价值，它不仅可以用来充当一般等价物，作为商品流通的媒介，而且还可以为它的所有者带来利息。第二，它是财产资本。借贷资本作为生息资本与职能资本相对立，出现了资本所有权与资本使用权的分离。对于资本的所有者来说，它是财产资本；对于资本的使用者来说，它是职能资本。第三，借贷资本具有独特的运动形式 $G—G'$。这一独特运动形式，致使资本关系取得了最富有拜物教的性质，似乎货币可以自行增殖，从而掩盖了借贷资本的本质。

借贷资本的形成，对于资本主义经济发展有着十分重要的作用，它可以加速货币资本的周转，充分利用货币资本，及时地满足职能资本家的需要，扩大资本规模，促进资本主义经济的发展。

资本是带来剩余价值的价值。借贷资本家绝不会无代价地把货币资本的使用权出让给职能资本家。他要求从资本的使用权的转让中获得一定的利息。要了解利息的来源，必须考察借贷资本的实际运动过程。

借贷资本的实际运动形式是：$G—G—W—G'—G'$。

公式的最初阶段 $G—G$ 表示借贷资本家把货币资本贷给职能资本家，中间阶段 $G—W—G'$ 表示职能资本家用借入资本进行经营活动的过程，最后阶段 $G'—G'$ 表示职能资本家向借贷资本家偿还本金和支付利息。由借贷资本的实际运动形式可以看到，货币资本 G 的两次支出和两次回流，是在借贷资本家和职能资本家之间的转手，不发生任何价值增殖。只有在生产经营阶段，由于雇佣工人的剩余劳动创造或实现了剩余价值，职能资本家才能把剩余价值的一部分作为借贷利息支付给借贷资本家。

由于职能资本家在经营过程中，只能得到平均利润，所以利息只能是平均利润的一部分。如果利息等于或大于平均利润，职能资本家就会因无利可图而不愿借贷；但是，利息也不能等于零，否则，借贷资本家就宁愿把闲置货币锁在保险柜里而绝不会贷放出去。所以，利息量是在大于零小于平均利润之间根据借贷资本供求状况而波动的。这样，职能资本家使用借贷资本而带来的平均利润，就分解为企业主收入和利息两部分。由借贷利息的来源可以清楚地看到借贷利息的本质：借贷利息是平均利润的一部分，是借贷资本家凭借资本所有权而取得的收入，是剩余价值的一种特殊转化形式。

利息率是以百分数表示的一定时期的利息量和借贷资本量的比率。用公式表示为：

利息率 = 利息量 ÷ 借贷资本量 × 100%

利息率的高低，首先取决于平均利润率的高低。在其他条件不变的情况下，利息率与平均利润率按相同的方向变化。其次，取决于借贷资本的供求状况，也就是由借贷资本家与职能资本家之间的竞争决定。在平均利润率一定的情况下，借贷资本供过于求，则利息率下降；反之，则上涨。但无论上涨或下降，利息率始终在零与平均利润率之间波动。这就反映了借贷资本家与职能资本家在榨取剩余价值这一根本问题上利益是一致的，而在平均利润的分割上，又存在着尖锐的矛盾和斗争。最后，利息率的高低和产业发展的水平成反比。低利率多数与经济繁荣时期相适应，高利率则与危机相适应。

二、银行资本和银行利润

银行是商品经济的产物。商品经济发展到一定阶段，货币流通中的技术性活动和货币借贷活动，就需要有专门人员和机构从事借贷中介与支付中介活动，这种中介体就是银行。商品经济越发展，银行的作用就越大。在市场经济条件下，银行的作用主要是：①充当信用中介。即银行通过存款形式把社会闲置的货币集中起来，再以贷款的形式把货币贷给需要货币的生产经营者，作为货币资本的贷者与借者之间的中介体。在这里，银行起着把社会各阶层的货币收入和积蓄转化为职能资本的作用。②充当支付中介。即银行办理与货币资本运动有关的技术性业务。如根据生产经营者的委托办理货币的收付与转账结算、贵金属的保管、货币兑换等。③发行代替铸币的信用流通工具。银行在票据流通的基础上，发行代替现实货币的信用工具，如银行券、支票、信用卡等。总之，银行既是商品经济运动中的支付中介和信用中介，又是社会经济关系的聚结点，是现代经济的核心。

在资本主义社会里，货币资本的借贷主要是通过银行进行的。资本主义制度下的银行，是经营货币资本的资本主义企业。在现代市场经济国家，银行体系构成大致包括金融中介机构和中央银行两类。中央银行是一国最高金融当局，它统筹管理全国金融活动，实施货币政策。它是发行的银行，银行的银行，国家的银行。金融中介机构最主要的是商业银行。其他金融中介机构还有储蓄和贷款协会、信用协会、保险公司、私人养老基金等。

银行支配着暂时闲置的巨额货币资本，并把它转化为借贷资本。银行资本是银行资本家所支配的货币资本，它由两个部分构成：自有资本和借入资本。自有资本是银行资本家自己垫支的资本，只占银行资本的很小部分，银行资本的大部分来自于银行吸收进来的各种存款，即借入资本。银行存款的来源，首先是职能资本家为便利收支和取得银行贷款而把暂时闲置的货币资本存入银行；其次是食利者阶层为获得利息存款于银行；最后是城乡居民为生活、生产留有后备而进行的小额存款。这说明银行资本与职能资本之间存在着相互推动的作用和相互依赖的关系。

银行充当借贷中介，所以，银行业务就分为负债业务(吸收资金的业务，包括招集股金和吸收存款)和资产业务(贷出资金业务)。银行资本家经营银行业务，目的仍是为了获得利润。银行利润从形式上看，是由于贷款利息大于存款利息，存款与贷款利息的差额扣除银行业务费用后的余额就是银行利润，即"银行利润 = 贷款利息 - 存款利息 - 银行经营费用"。实际上，银行利润来源于职能资本家付给的贷款利息。所以，它是产业工人创造的剩余价值的一部分。

银行利润与银行资本家创办银行预付资本的比率，就是银行资本的利润率。由于银行是独立经营的资本主义企业，所以，银行资本家要求按垫支资本的数量获得平均利润。银行资本家参与了平均利润的分配。

银行资本获取平均利润的特点是，银行资本家用获取的利润额同自有资本相比较，使银行利润率趋于社会平均利润率。因为，银行把货币资本贷给职能资本家获取的利息，高于支付给把借贷资本存入银行的借贷资本家的利息。银行收入的贷出资本利息与支付的借入资本利息之间的差额，构成银行利润。在银行资本家看来，这些利润是他为经营银行而预付的自有资本带来的，它应该同投资于其他部门的资本一样，获得平均利润。否则，银行资本家就不经营银行业务，而把资本转移到工商部门中去。部门之间的竞争必然使银行自有资本的利润率趋于社会平均利润率。银行利润是银行资本家依靠银行雇员的中介性服务而实现的。

三、股份资本和股票价格

股份资本是以发行股票的方式,集中众多单个资本进行股份联合经营的集团资本。通过发行股票的形式集中许多单个资本联合经营的企业,就是股份公司。

股份公司的基本特点是:①股份资本取得了社会资本的形式。在古典资本主义企业中,个别资本家拥有对资本的所有、占有、支配和使用权。在股份公司中,个别资本家对资本的所有权转化成对公司的股权,私人资本由股份公司统一占有、支配和使用。②资本的所有权与经营权分离,所有权制约着经营权。在股份公司中,资本的所有者称为公司的股东,股份公司的最高权力机构是股东大会,它决定着公司的一切重大决策和重要人事任免,但不直接干预公司经营决策和具体的经营过程。在股东大会闭会期间,由董事会代行其职权。董事会作为股东大会的常设机构,是股份公司的权力机构和经营决策机构。董事会聘任总经理经营企业,并对董事会负责。总经理组建各种必要的职能机构,聘用各类管理人员,形成以总经理为核心的管理体系,实现董事会制定的战略决策和经营目标。总经理及其领导层人员拥有经营权,如果工作失职,造成重大损失,则根据公司法规、公司章程、公司内部细则,追究其责任,从而使雇佣的管理人员在行使资本经营权的过程中,能够确保资本所有者权益的实现。③经营风险分散化。股份制企业的所有权收益分散化,经营风险也随之由众多的股东共同分担;在有限责任公司和股份有限公司中,股东对公司债务的清偿责任以其出资额为限,公司以其全部资产对公司债务承担有限责任。

股份公司又是大资本支配中小资本的组织形式。由于股东大会的表决权原则上是一股一权,这就使得占有股票量大的大股份资本所有者支配着公司的经营。取得对一个股份公司控制权所必需的股票数量限制,叫做股票控制额。在现代市场经济中,由于股票分散,持有少量股票的股东较多,通常只要掌握公司股票总数的 30% ~ 40%,有的甚至只要掌握股票总数的 5% ~ 10%,就可以取得对股份公司的控制权。因而,取得控制权的大股份资本所有者,不仅可以控制整个公司,还控制了别人资本的经营权,利用别人的资本为自己谋利益。

股份公司是市场经济发展的产物,它的产生克服了单个资本数量有限性与生产社会化发展要求建立规模巨大的企业的矛盾。正如马克思所说:"假如必须等待积累去使某些单个资本增长到能够修建铁路的程度,那么恐怕直到今天世界上还没有铁路。但是,集中通过股份公司转瞬之间就把这件事完成了。"[1]

股东凭借资本所有权定期从股份公司分取的利润,就是股息。股东的资本所有权证书就是股票,它是股份公司发给股东的借以证明其股份数额并用以取得股息的凭证,属于有

---

[1] 《马克思恩格斯全集》第 23 卷,人民出版社 1974 年版,第 688 页。

价证券中的资本证券。股票有三个特点：①不返还性。即当它被股东认购以后，不能向企业退股索回本金。②风险性。股票持有人既有按规定获得股息的权利，又有承担公司债务风险的责任。③流通性。股票可以转让、抵押和买卖。股票一般分为优先股和普通股两种。优先股的股息是预先规定并固定不变的，在企业赢利中要首先支付，持股人对公司事务没有表决权，它多为一般股民购买；普通股的股息随公司盈利多少而增减，持股人拥有对公司事务的表决权，它一般为大股东所操纵。

在资本主义制度下，股息是股份公司中雇佣工人创造或实现的剩余价值的一部分。资本家按照各自占有的股份资本额来分配公司的剩余价值。股息一般低于平均利润。

由于股票能够给它的所有者带来股息收入，在市场经济条件下，股票也成为买卖的对象。买卖股票是转让领取股息的凭证的活动，是资本所有权和收益分配权的有偿转让。股票在市场上买卖的价格就是股票价格。股票价格形成的基本因素有两个：预期股息和银行利息率。股票价格与预期股息的大小成正比，与银行利息率的高低成反比。用公式表示为：股票价格＝预期股息÷利息率，或：股票价格＝股票面额×预期股息率÷利息率。如股票面额为100元，预期股息率为6%，可领取股息6元，而当时银行利息率为5%，则股票价格就是6元÷5%＝120元。在实际经济生活中，影响股票价格的还有其他一些具体因素，包括企业经营状况、股票供求关系、经济波动周期的不同阶段、物价变动情况、国家金融政策、税收政策等经济因素，以及国际形势变化、战争、政府更迭、重大政治事件等政治因素。此外，影响股票价格变动的还有人为投机因素，包括各种玩弄股票阴谋的欺诈、造谣活动，它使股票价格变化无常，股市混乱，利于投机者牟取暴利。投机者还会利用影响股票价格的各种内部和外部因素的变动，达到吞并别人股份资本和暴富的目的。

四、虚拟资本

生息资本进一步展开为虚拟资本。虚拟资本是以有价证券的形式存在，并能给持有者带来一定收入流量的资本，如股份公司的股票，企业和国家发行的债券等。

虚拟资本的实质是收入流量的资本化。生息资本带来利息，其公式是：生息资本×利息率＝利息。反过来，当人们把一个规则的会自行反复的收入流量，当作一个资本按市场利息率贷出所提供的收入来计算时，他们就把这个收入资本化了。由这种方式推算出来的资本便是虚拟资本。其计算公式是：定期收入÷利息率＝虚拟资本。虚拟资本的实体形态并不存在，只是代表一种获取收益的权利，是一种虚拟的幻想的资本。

股票和债券是虚拟资本的主要形式。虚拟资本本质上不同于实际资本。它没有价值，又不进入资本主义生产和流通过程执行职能，只不过是资本所有权的证书。其中，债券是已消灭的资本的纸质复本，股票是现实资本的纸质复本。由于资本掺水，股票面额大于投入企业的实际资本，股票价格又通常大于股票面额，各种有价证券的价格总额，即虚拟资本的数量，总是大于实际资本。虚拟资本数量的变化也不反映实际资本数量的变化。

虚拟资本市场价格同资本收益大小成正比，同利率的高低成反比。随着虚拟资本的出现和迅速增长，证券交易所应运而生。证券交易所是专门买卖证券的市场。在证券交易所里，交易参与者按照交易所随时登记的行市买卖各种有价证券。正常的证券交易起着自发地分配货币资本的作用。证券市场具有剧烈的波动性。企业经营的盛衰，国家财政收支的盈余或赤字，国内外经济形势的变动，都会引起证券预期收入的变动、利息和证券供求状况的变化，从而最终导致证券行市发生大的变动，甚至大幅度升降。证券市场的波动性使证券交易所成为资本家进行投机活动、集中资本的场所。

第四节　资本主义地租

一、土地所有权

历史上存在过各种不同的地租，一切形态的地租都是"土地所有权借以实现的经济形式"[①]。但是，在不同的土地所有制条件下，地租的性质和体现的生产关系是不同的。因此，分析资本主义地租，先要考察资本主义土地所有制形式。

资本主义土地所有制的主要特点是：一方面，大量的农业生产者摆脱了对封建地主的人身依附关系，并失去了生产资料——土地，成为一无所有、自由的雇佣劳动者；另一方面，大量的土地集中在资本主义大土地所有者手中，但他们却不经营农业，而把土地出租给农业资本家。所以，在资本主义农业中存在三个相互依存又相互对立的阶级：大土地所有者、农业资本家和农业工人。

二、资本主义地租的本质

在资本主义社会，投资经营土地的农业资本家，要向土地所有者承租土地，从而要向土地所有者缴纳地租。任何地租都是土地所有者凭借土地所有权取得的收入，来源于劳动者的剩余劳动。资本主义地租仍然来源于农业雇佣工人创造的剩余价值，是剩余价值超过平均利润的余额。因为农业资本家经营农业，也要按照等量资本取得等量利润的要求，得到平均利润，否则他就不会去经营农业。正是这种情况决定了农业资本家从农业工人身上榨取来的剩余价值必须分成两个部分：一部分是平均利润归自己占有；另一部分作为地租，缴纳给大土地所有者。所以，资本主义地租是农业工人创造的被农业资本家缴纳给大土地所有者的超过平均利润的那一部分剩余价值。这就是资本主义地租的本质。

① 《马克思恩格斯全集》第25卷，人民出版社1974年版，第714页。

真正的地租和租金是不同的。真正的地租可称为狭义地租，是使用土地本身而支付的地租，包括级差地租、绝对地租和垄断地租。广义地租即租金是除真正的地租外，还包括土地资本利息、折旧费、农业资本家平均利润的扣除、农业工人工资的扣除等。

土地资本是投入土地、固定在土地上和土地合并的资本，包括改良土壤的投资和土地上的建筑物的投资。土地资本是固定资本。

三、级差地租

级差地租就是耕种某些较好的土地所获得的，归土地所有者占有的超额利润。由于这种地租与土地的等级相联系，所以被称为级差地租。

级差地租产生的原因在于土地经营的垄断。土地是农业中最基本的生产条件，但土地的面积又总是有限的。土地的肥沃程度和地理位置也是各不相同。谁租种了好地，谁就获得了经营这种土地的垄断权。其他资本家要想经营农业，只有从土地所有者手里租借劣等地，而经营劣等地的资本家也要求取得平均利润，否则他们是不会去经营农业的。如果没人经营劣等地，就会造成农产品供不应求，价格上涨。当农产品价格一直上涨到经营劣等地的农业资本家也能获得平均利润时，劣等地才会被利用。因此，农产品的价格是由劣等地上生产的农产品的生产价格来决定的。经营优等地和中等地的资本家，不但能获得平均利润，也能够比较长期和稳定地获得超额利润。但由于优等地和中等地都是从土地所有者那里按合同租来的，土地所有者当然要求他们比租用劣等地的资本家缴纳较高的地租。这样，经营优等地和中等地的资本家所获得的超额利润，便往往落入土地所有者手里，形成级差地租。

由此可见，级差地租形成的条件是土地的优劣不同或距离市场远近的差异，形成的原因则在于土地经营的垄断，级差地租的实质是农产品的个别生产价格低于社会生产价格而形成的超额利润，而超额利润不过是超额剩余价值的一种转化形式，因此，级差地租的源泉，乃是农业工人剩余劳动所创造的一部分剩余价值。实际生产价格和社会生产价格的差额形成虚假的社会价值，它是由市场价值规律造成的。

级差地租由于形成的具体条件不同而有两种形态：级差地租第一形态(级差地租Ⅰ)和级差地租第二形态(级差地租Ⅱ)。

级差地租第一形态(级差地租Ⅰ)，是指雇佣工人在肥沃程度较高或位置较好的土地上创造的超额利润转化的地租。它是并列地投入不同地块的等量资本具有不同生产率的结果。造成这种不同结果的条件，一是土地肥沃程度的差别，二是土地位置的差别。由于农产品的社会生产价格由劣等地的个别生产价格所决定，优等地和中等地的农产品的个别生产价格低于社会生产价格而产生超额利润，形成级差地租Ⅰ。这里，我们以面积相等而肥沃程度不同的三块土地为例，列表6-3来说明级差地租Ⅰ的形成。

表6-3　土地肥沃程度不同条件下级差地租的形成　　　　单位: 元

土地种类	投入资本	平均利润	产量（担）	个别生产价格		社会生产价格		级差地租Ⅰ
				全部产品	单位产品	单位产品	全部产品	
优	100	20	6	120	20	30	180	60
中	100	20	5	120	24	30	150	30
劣	100	20	4	120	30	30	120	0

　　表6-3中三块土地的投资都是100元，平均利润都是20元。但是由于产量不同，每块土地单位产品的个别生产价格也就不同，优、中、劣三块土地分别为20元、24元、30元。可是，农产品的社会生产价格是由劣等地的个别生产价格决定的，这样，优等地和中等地生产的农产品也按劣等地的个别生产价格即社会生产价格30元出卖，经营优中等地块的资本家，就可以从他们的产品的社会生产价格和个别生产价格的差额中，分别获得60元、30元的超额利润，并由此形成级差地租Ⅰ。

　　级差地租第二形态（级差地租Ⅱ），是指雇佣工人连续在同一地块追加投资而提高了劳动生产率所创造的超额利润而转化的地租。在通常情况下，连续不断地追加投资会提供不等的生产率。只要追加投资的生产率高于劣等地的生产率，就会带来超额利润。这种超额利润形成级差地租Ⅱ。我们用表6-4来说明级差地租Ⅱ的形成。

表6-4　级差地租Ⅱ的形成　　　　单位: 元

土地种类	投入资本	平均利润	产量（担）	个别生产价格		社会生产价格		级差地租	
				全部产品	单位产品	单位产品	全部产品	数量	形态
优	100	20	6	120	20	30	180	60	Ⅰ
追加	100	20	7	120	120/7	30	210	90	Ⅱ
中	100	20	5	120	24	30	150	30	Ⅰ
劣	100	20	4	120	30	30	120	0	

　　表6-4中的优等地，原来的投资是100元，生产出6担粮食，按每担30元的生产价格出卖，获得20元平均利润，60元级差地租Ⅰ。现在假定，又在原有基础上追加投资100元，假定这样可以增产7担，增产部分还按单位产品社会生产价格30元出卖，可得210元，除去投资100元和平均利润20元，还有超额利润90元，这90元超额利润形成级差地租Ⅱ。这里，在优等地上追加投资所以能产生级差地租Ⅱ，是以劣等地的存在为前提条

件的。

级差地租Ⅰ和级差地租Ⅱ既有联系又有区别。主要区别是：级差地租Ⅰ是资本向不同地块扩散的结果，级差地租Ⅱ是资本向同一土地上集中投放的结果；级差地租Ⅰ只是以不同肥力和土地位置的差别为条件，级差地租Ⅱ除了以这种差别为条件外，还要以同一块土地上连续投资的差别为条件；在粮价不变和各级土地肥力差别不变的情况下，级差地租Ⅰ每块土地上的地租量不变，级差地租Ⅱ则由于投入土地的资本量增加，地租量也会增加；级差地租Ⅰ要全部交给土地所有者，级差地租Ⅱ在租约有效期内归农业资本家所有。级差地租Ⅰ和级差地租Ⅱ的联系主要是：级差地租Ⅱ的产生以级差地租Ⅰ的存在为基础，级差地租Ⅱ的运动也是以级差地租Ⅰ的实现为基础；级差地租Ⅰ和级差地租Ⅱ都是超额利润的转化形式，都来自农产品的社会生产价格同个别生产价格的差额。

四、绝对地租

绝对地租是由于土地所有权的存在，农业资本家无论租种好地或劣等地都必须缴纳的地租。绝对地租形成的原因是土地私有权的垄断。对于土地私有者来说，他绝不会无代价地把土地送给农业资本家经营，即使是劣等地，如果不能给他带来地租，他宁肯让土地荒芜。所以，租种劣等地也必须交给土地所有者一定数量的地租。这种凭借土地私有权的垄断所得到的地租，称为绝对地租。

从形成绝对地租的条件来看，在资本主义相当长的历史时期内，农业资本的有机构成低于工业资本的有机构成，在剩余价值率相等时，同量农业资本所获得的剩余价值就比工业资本多，利润率也比工业资本高。同时，由于土地私有权的垄断，阻碍了工业资本向农业的自由转移，因此，农业工人创造的剩余价值不参加社会利润率的平均化，超过平均利润的那部分剩余价值就被截留在农业内部。这样，农产品不是按社会生产价格出卖，而是按其价值出卖。经营劣等地的农业资本家在获得平均利润后，仍有一部分超额利润，作为绝对地租，缴纳给土地所有者。列表 6-5 如下：

表 6-5　绝对地租的形成

单位：元

生产部门	资本有机构成	剩余价值	平均利润	产品价值	生产价格	绝对地租
工　业	80∶20	20	20	120	120	0
农　业	50∶50	50	20	150	120	30

假定工业部门平均资本有机构成是 80∶20，剩余价值率为 100%，那么，剩余价值和平均利润都是 20，商品价值和生产价格都是 120。再假定农业部门的资本有机构成是 50∶50，

剩余价值率是 100%，那么，剩余价值就是 50，而农产品的价值就是 150 了。要是按照部门之间竞争的原则，农业资本家只能得到和工业资本家相同的平均利润 20，农产品也只能按生产价格 120 出售。但是，事实上，农产品总是按照高于生产价格的价值 150 出卖，这样，农业资本家可多得 30 的超额利润，这 30 的超额利润就转化为绝对地租。所以，农业的资本有机构成低于社会平均的资本有机构成，是绝对地租形成的条件。

资本主义农业发展到现代，农业资本有机构成逐渐同工业资本有机构成接近或拉平。这样，由农产品价值和生产价格的差额转化而成的绝对地租也就消失了。这时的绝对地租或是来自对农业资本家的利润和农业工人工资的扣除；或是来自垄断价格，即高于价值和生产价格出售农产品所得的额外收入。这种垄断价格来源于各国政府对农产品规定的"支持价格"，它是对工业资本家利润和社会成员工资收入的一种扣除。

由此可见，无论在什么情况下，农业绝对地租都是来源于劳动者（主要是农业雇佣工人）创造的剩余价值。

五、垄断地租

在资本主义社会里，除了级差地租和绝对地租两种基本的地租形式之外，还存在一种垄断地租的形式。所谓垄断地租，就是由垄断价格产生的超额利润所构成的地租。这个垄断价格，是指由于某些地块具有特别好的自然条件或者具有某种特性的自然条件，它可以生产出某种名贵而又非常稀少的产品（如质量特别好的水果、酒、稀少的矿产品等），同时由于这种地块的有限性，这种产品十分稀少名贵，所以这种产品的生产和销售容易被从事这种产品生产和经营的人所垄断。垄断者可以按照一种不仅大大超过生产价格，而且大大超过价值的垄断价格，来出售他的稀少名贵产品。这种价格与一般商品的市场价格不同，它不是由产品的生产价格或价值决定，而是由购买者的欲望和支付能力决定的。垄断价格超过价值的部分，便形成了垄断超额利润。由于土地私有权的垄断，致使垄断超额利润转化为地租缴纳给土地所有者，这就是垄断地租。

六、矿山地租和建筑地段地租

建筑房屋，开采矿山，都离不开土地。只要土地所有权存在，只要土地所有权与土地经营权相分离，开采矿山和使用某些地块进行建筑也得缴纳地租。

（一）矿山地租

矿山地租是指资本家租用矿山而向矿山土地所有者缴纳的地租。在采矿业中，特别是对于开采非常稀少的矿产的土地来说，除了缴纳级差地租、绝对地租外，还要缴纳垄断地租。

首先，矿山要缴纳级差地租。形成这种地租的条件是：各矿山的资源蕴藏量不一样，矿产的深度不同从而开采的难易程度不同，距离销售市场的远近也不同，追加投资所取得的生产率高低也不一样。在这种情况下，各个矿山开采出来的矿产品的个别生产价格也不一样。由于矿山数量有限，矿山经营的垄断，使矿产品也必须按照劣等生产条件所决定的社会生产价格出售。这样一来，开采的富矿、中等矿都能经常获得超额利润，并转化为级差地租。

其次，同样需要支付绝对地租。这种绝对地租也是由矿产品的价值超过其生产价格的余额而形成的。采矿业中资本有机构成是比较低的，因此能够提供绝对地租。矿山又为私人所有，所以必须缴纳绝对地租。

再次，还要缴纳垄断地租。稀少的矿产品，由于可以按高额垄断价格出售，获得垄断超额利润，土地所有者以土地所有权的垄断来索取这部分垄断超额利润而转化为垄断地租。

矿山地租和矿山所有权的存在，对资本主义社会生产力的发展，起着阻碍作用。它既提高了矿产品的价格，又限制了对采矿业的投资，因此，地下矿藏得不到合理的开发利用。

（二）建筑地段地租

建筑地段地租是指资本家为建筑住房、工厂、商店或其他建筑物，租用土地而缴纳给土地所有者的地租。其特点是：第一，在建筑地租中，土地的位置起着决定作用。建筑用地的位置离城市越近，特别是在大城市中心的繁华地区，建筑地段的地租就越高。第二，垄断价格占有优势。随着城市人口大量增长和城市工商业的发展，对城市建筑用地的需求日益增加。因此，城市建筑地段的土地所有者就尽量提高建筑地段的地租，从而获得大量的垄断地租。第三，土地所有者只是利用社会进步，而对这种进步没有什么贡献。

建筑地租的趋势是不断提高。随着建筑地段地租的提高，城市房租也不断上涨。当然应该看到，建筑地段地租并不等于房租，房租中除了房屋地基的地租以外，还包括建筑物的折旧费和利润、附加在建筑费用上的利息、房屋的修缮费等。但是，建筑地段地租的提高是房租上涨的主要原因。建筑投机的真正的基本对象是地租，而不是房屋。

七、土地价格

土地本身是自然物，不是劳动产品，因而是没有价值的。但是，在市场经济条件下，土地作为生产要素，也是买卖对象，也有价格。土地的价格不是土地价值的货币表现，实质是资本化的地租。决定土地价格的因素，一是地租额的多少，二是银行存款利息率的高低。土地价格的计算公式为：

土地价格 = 地租 ÷ 利息率 ×100%

例如，某一块土地一年收入地租200元。卖掉土地所得的地价，若存入银行，每年可获得的利息也应为200元。假定银行存款的年利率为5%，则这块土地的价格便是4000

元。所以，土地价格无非是地租收入的资本化。在现实生活中，有些地段土地价格暴涨，主要是由于城市建设、经济发展等方面的原因，这些土地的预期租金收益的迅速升高所致；另一方面利润率从而利息率有下降趋势，使土地价格有提高的趋势。

思考题

1. 解释下列概念：

利润　平均利润　市场价值　生产价格　借贷资本　利息　股份资本　虚拟资本　地租　级差地租　绝对地租　土地价格

2. 平均利润率是怎样形成的？价值怎样转化为生产价格？

3. 生产价格形成后价值规律作用的形式有何变化？

4. 资本主义商业资本的性质和职能是什么？试述商业利润的来源。

5. 借贷资本的本质和特征是什么？试述借贷利息和银行利息的来源。

6. 什么是级差地租和绝对地租？它们产生的条件、原因和源泉是什么？

阅读书目

1.《马克思恩格斯全集》第 25 卷，人民出版社 1974 年版。

2. [德]鲁道夫·希法亭：《金融资本》，商务印书馆 1994 年版。

第七章　垄断资本主义

资本主义制度的确立，使社会生产力得到了极大的发展。而生产力的巨大发展与自由竞争的资本主义制度存在着矛盾，它迫使资产阶级在资本主义生产方式范围内对资本主义生产关系进行局部调整，从而使自由竞争资本主义发展为私人垄断资本主义，再发展到国家垄断资本主义。本章主要论述自由竞争资本主义发展为垄断资本主义的历史必然性、垄断资本主义的基本经济特征及其新发展，以及国家垄断资本主义的产生和发展、国家垄断资本主义的基本形式与主要作用，从而揭示国家垄断资本主义的实质。

第一节　自由竞争资本主义发展为垄断资本主义

一、资本主义发展的两大阶段

资本主义经济制度有一个产生、发展和演变的过程。生产力的不断发展，决定了资本主义生产关系在资本主义生产方式范围内呈现出阶段性发展的特征。

随着社会生产力的发展，资本主义经历了两个大的发展阶段：自由竞争资本主义阶段和垄断资本主义阶段。而垄断资本主义的发展也经历了从低级形态向高级形态的演变过程，并大致可分为两个阶段，即私人垄断资本主义和国家垄断资本主义。

人类社会向资本主义时代发展演变开始于 16 世纪。16 ～ 18 世纪这 200 年左右的时间，是资本原始积累时期。第一次工业革命(其主要标志是蒸汽机、纺织机的发明和使用)的完成以及世界市场的形成，使资本主义制度最终确立，自由竞争在经济领域内居于统治地位，这就是自由竞争资本主义阶段。资本主义自由竞争体制曾被视为古典经济学的理想模式。但事实上，完全自由竞争模式在现实生活中绝对不可能存在，而且它也不可能是资本主义的理想模式，更不是资本主义的终结模式。自由竞争的自由，只不过是资本的自由，正如马克思所说："自由竞争使资本主义生产的内在规律作为外在的强制规律对每个资本家起作用"①，"在自由竞争情况下，自由并不是个人，而是资本"②。资本主义制度内

---

① 《马克思恩格斯全集》第 23 卷，人民出版社 1972 年版，第 300 页。
② 《马克思恩格斯全集》第 46 卷下册，人民出版社 1979 年版，第 300 页。

天然存在的生产社会化和生产资料资本主义私人占有的基本矛盾，必然促使自由竞争资本主义向垄断的方向发展，在资本主义生产方式的范围内暂时地缓和各种矛盾，自由竞争资本主义随之向垄断资本主义过渡，"资本主义转化为帝国主义"①。

（一）私人垄断资本主义阶段（19世纪末20世纪初至第二次世界大战期间）

19世纪六七十年代至19世纪末20世纪初，自由竞争资本主义过渡到私人垄断资本主义。这一过程大致可以分为三个时期：第一个时期，是从19世纪60年代到70年代垄断的萌芽时期。这一时期自由竞争资本主义发展到顶点，垄断组织已开始在美国、德国等发达国家出现，但仍属于萌芽状态。第二个时期，是从19世纪70年代到90年代的广泛发展时期。1873年资本主义经济危机加速了这一进程，但垄断组织仍不稳固，只是暂时现象。第三个时期，是从19世纪末到20世纪初垄断资本主义的最终确立时期。

（二）国家垄断资本主义阶段（第二次世界大战以后至20世纪70年代末）

私人垄断资本主义虽然适应了工业化生产的需要，但同时也使资本主义生产的无政府状态更加严重。第二次世界大战以前，国家垄断资本主义就有所发展，但真正获得广泛发展并成为垄断资本主义主导形式则是在第二次世界大战以后。20世纪上半叶，资本主义国家发生了历史上最为严重的生产过剩经济危机，并引起长达十余年的两次世界大战，使资本主义遭遇沉重打击。"战争和经济破坏逼迫各国从私人垄断资本主义走向国家垄断资本主义。"②国家作为垄断资本家的总代表介入经济运行，实行宏观调控，解决有效需求不足和生产过剩的矛盾，使其免受经济危机的打击，保障垄断资产阶级的长远利益。国家对经济的干预在一定程度上缓和了资本主义社会日益激化的各种矛盾，将资本主义从灾难性的经济危机中暂时拯救出来，使其在"垂死"的边缘获得了一线生机。

二、私人垄断资本主义的形成

（一）自由竞争的资本主义

自由竞争引起生产和资本的集中，而生产和资本集中发展到一定阶段就必然会形成垄断，这是市场经济自行运行的一般规律和必然趋势。

（二）生产集中与资本集中的形成

所谓生产集中，是指资本主义社会中生产资料、劳动力和商品的生产日益集中于少数大企业的过程，其结果是大企业所占的比重不断上升；而资本集中是许多单个资本通过竞争或信用方式合并为大资本的过程，其结果是越来越多的资本为少数大资本家所支配。生产和资本集中是资本积累发展的必然产物，是竞争的必然结果。在19世纪末20世纪初，

---

① 《列宁全集》第27卷，人民出版社1990年版，第338页。

② 《列宁选集》第32卷，人民出版社1985年版，第364页。

各主要资本主义国家生产和资本集中达到很高的程度。

　　生产和资本集中及其迅速发展的主要原因在于：①是社会生产力发展的客观要求。19世纪70年代前后发生了以电力的运用、电动机、内燃机等新型发动机的发明和使用为主要标志的第二次产业革命，它促使工业部门的结构发生了变化，重工业取代了轻工业而占主要地位，而只有较大的资本才能从事这些部门的生产经营活动，这就加速了资本的合并和股份公司的发展，从而促进了生产的集中。②是资本主义自由竞争的结果。为了在竞争中战胜对手，资本家不断扩大生产规模，大企业拥有雄厚的资本，容易取得银行贷款，更有采用新技术和新设备的能力，并因此而节约和降低成本，在竞争中总是处于有利地位。竞争的结果往往是大企业战胜中小企业，大资本吞并中小资本，使生产和资本日益集中到少数大企业手中。③19世纪70年代到20世纪初资本主义经济危机频繁爆发，造成了大批中小企业的破产并被大企业吞并。而大企业为了保持竞争优势，纷纷联合或合并，从而使生产和资本集中达到更高的程度。④股份公司是大资本利用和支配中小资本，促进生产集中的一种形式。股份公司制度作为资本主义企业财产组织形式的逐渐推广，它一方面壮大了大资本的实力，使其更容易吞并中小资本；另一方面，也为大资本兼并中小资本以及大资本与大资本、中小资本与中小资本之间的合并提供了最简便的形式，即通过股份参与、控制的办法实现不同资本主义企业之间的联合，形成更大的企业。

　　到20世纪初期，各主要资本主义国家生产和资本的集中都达到了很高的程度。例如，1909年的美国，仅占企业总数约1%的企业，已控制了美国工业生产的将近一半。1907年德国拥有工人50人以上的企业就有30588个，只占企业总数的0.9%，但它们的工人几乎占总数的39.4%，它们的蒸汽马力占全国总数的75.3%，电力占全国总数的77.2%。其中拥有工人1000人以上的企业有586个，它们的工人占总数的10%，它们的汽车和电力占总数的32%。因此列宁指出："几万个最大的企业就是一切，数百万个小企业算不了什么。"①

　　（三）私人垄断的形成

　　垄断又称"独占"，是指少数资本主义企业为获取高额垄断利润而联合起来，控制和独占一个或几个部门的产品生产和销售市场。垄断首先是在工业生产部门中产生，而后发展为全部经济生活的基础。

　　生产和资本集中发展到一定程度，必然产生垄断。生产高度集中引起垄断的主要原因是：①生产集中达到相当高的程度，才具备垄断的可能性。第一，少数大企业容易达成协议。在资本主义自由竞争阶段，一个行业的生产分布在成千上万个中小企业中，由于企业数目太多，难以联合起来达成垄断协议；且单个资本规模很小，即使有几个或十几个中小

---

① 《列宁全集》第27卷，人民出版社1990年版，第332页。

企业彼此达成协议，也难以达到操纵市场的程度。只有当生产和资本集中到少数大企业手中时，为操纵和控制一个行业或部门的生产和流通就容易彼此达成协议，从而为垄断的形成提供了可能性。正如列宁所说："在这里，企业家垄断同盟卡特尔和托拉斯，多半是在相互竞争中的主要企业的数目缩减到'一两打'的时候才产生。"①第二，少数大企业造成竞争困难。一个部门生产和资本高度集中时，在一定程度上阻碍了竞争，这些部门的中小企业很难与少数大企业进行较量；同时也阻碍了新企业的建立和进入；企业规模巨大使资本转移困难。②生产集中达到相当高的程度，产生了垄断的必要性。第一，生产和资本集中形成了生产的巨大规模同狭小的市场发生冲突，为了调节生产和销售需要形成垄断。第二，由于这些企业规模大，资本雄厚，这就大大增加了竞争的危险性和破坏性，容易造成竞争双方两败俱伤。几个势均力敌的企业为防止两败俱伤，获得高额垄断利润，有必要谋求暂时的妥协，彼此勾结起来控制生产和市场，形成垄断。因此，垄断是垄断资本主义阶段的主要标志和基本经济现象。

垄断统治是通过一定的垄断组织形式来实现的。资本主义企业或公司联合起来组成控制一个部门的生产和市场，以保证获得高额利润的组织，就是垄断组织。垄断组织具有从流通领域到生产领域的各种形式。第二次世界大战前，最简单的垄断组织形式是不稳定的短期价格协定。比较复杂的垄断组织形式主要有：①卡特尔（法语 Cartel 的音译），是同一部门内的少数大企业签订瓜分市场、规定产量、价格等协议而形成的垄断联合。这是一种初级的垄断组织形式。参加卡特尔的企业在生产、销售和法律上都是独立的，只在产量确定、价格规定、市场选择上丧失了独立性。这种垄断组织形式曾在德国广泛流行。②辛迪加（法语 Syndicate 的音译），是同一部门内的大企业建立共同采购原材料、销售产品的垄断组织。辛迪加是一种比卡特尔较为高级的垄断组织形式。参加辛迪加的企业在生产和法律上是独立的，只在流通领域丧失了独立，辛迪加统一采购和销售。这种垄断组织形式曾在法国广泛流行。③托拉斯（英语 Trust 的音译），是生产同类产品的企业，或在生产上有密切关系的企业联合组成的垄断组织。托拉斯是比辛迪加更高级的一种垄断组织形式。参加托拉斯的企业在生产和法律上都丧失了独立性，托拉斯统一生产经营，企业只是托拉斯的股东。托拉斯在美国最流行，自 1882 年美孚石油公司成为第一个托拉斯组织以来，美国的托拉斯获得了广泛的发展。④康采恩（德语 Konzern 的音译），又称为财团，是在金融上以某个最大资本家集团为基础的生产、流通、运输、保险、银行企业的联合组织。这一垄断组织形式出现得较晚，但它是更为复杂、更为庞大的一种高级垄断组织形式。核心企业通过收购股票、人事参与、财务控制等手段来控制参加康采恩的其他企业。20 世纪 30 年代，康采恩首先出现在法国，随着垄断资本主义的发展而日益成为最重要的垄断组织形式。

---

①《列宁选集》第 27 卷，人民出版社 1990 年版，第 335 页。

　　垄断组织的各种形式，特别是托拉斯和康采恩等发达形式，实际上是在企业组织创新的基础上，企业自觉地调整它们之间的关系，组成企业集团，进行更高层次的产业组织的过程。

三、垄断资本主义的基本经济特征

　　在《帝国主义是资本主义最高阶段》一书中，列宁所说的帝国主义，即私人垄断资本主义。列宁概括了资本主义垄断阶段的五个基本经济特征："（1）生产和资本集中发展到这样高的程度，以致造成了在经济生活中起决定作用的垄断组织；（2）银行资本和工业资本已经融合起来，在这个'金融资本'的基础上形成金融寡头；（3）与商品输出不同的资本输出有了特别重要的意义；（4）瓜分世界的资本家国际垄断同盟已经形成；（5）最大资本主义大国已把世界上的领土瓜分完毕。"[①]

　　（一）垄断组织对社会经济生活起决定作用

　　1. 垄断资本统治的实质

　　垄断组织的形成与发展，使得垄断资本在社会经济生活中占据了统治地位；而垄断资本对经济和社会生活各方面的统治，其最终目的是获得高额的垄断利润。因此，垄断统治的实质是垄断组织通过联合达到独占和瓜分一个或几个行业的商品生产和销售市场，操纵垄断价格，以获取垄断利润。

　　2. 垄断价格

　　垄断利润主要是通过垄断价格来实现的。垄断价格是垄断组织凭借垄断地位直接保证垄断企业获得垄断利润的商品价格。垄断价格是大大偏离商品价值的一种市场价格，由商品的成本价格加上垄断利润构成，它包括垄断高价与垄断低价。垄断高价是指垄断组织在销售商品时规定的大大超过商品价值的垄断价格。垄断低价则指垄断企业利用有利的垄断地位压低其所购买的投入品的价格。

　　应当指出，尽管垄断价格在数量方面很难与商品本身的价值一致，这并不意味着价值规律消失了，垄断价格只是改变了价值规律的作用形式，即价值规律表现为绝大多数商品的市场价格不以商品价值和生产价格为中心上下波动，随着市场供求的变化而变化，而是采取垄断价格形式，具有相对的稳定性。垄断价格没有消灭价值规律，这是因为：①垄断并没有消灭竞争，垄断价格的确定不能完全脱离商品的价值。由于在某种程度上受到市场供求关系和成本的制约，垄断组织不能任意地提高和降低商品价格，垄断价格的确定总是受到商品价值的制约，价值仍然是价格的基础。②垄断本身不可能增大或减少由社会必要劳动量决定的商品价值量。垄断价格出现后，全社会的商品价格总额仍然等于商品的价值

---

　　① 《列宁选集》第 2 卷，人民出版社 2012 年版，第 651 页。

总额。③垄断价格只是把其他商品生产者的一部分利润转移到垄断价格的商品上，因此，通过垄断价格实现的垄断利润仍然来源于雇佣工人创造的剩余价值和其他劳动人民创造的一部分价值。可见，价值规律的作用并没有消失，只是在资本主义经济不同的发展时期，表现形式不同而已。在自由竞争阶段初期，价值规律作用的表现形式是商品的市场价格围绕着商品价值上下波动；在生产价格形成后，价值规律作用的表现形式是商品的市场价格以生产价格为中心而上下波动；到垄断价格形成后，价值规律的作用则表现为大部分商品的市场价格采取垄断价格的形式。因此，垄断价格实质上是垄断资产阶级利用他们在生产和流通中的垄断地位进行有利于本集团利益分配的工具。

3. 垄断利润及其来源

垄断利润是垄断资本凭借其在生产和流通中的垄断地位而获得的大大超过平均利润的高额利润。垄断本身并不能创造和增加价值，垄断组织通过垄断价格实现的垄断利润，归根结底来源于雇佣工人以及其他劳动者在生产过程中所创造的剩余价值和价值。具体而言，来源于以下几个方面：①垄断企业内部工人创造的剩余价值；②通过垄断价格将非垄断企业工人创造的一部分剩余价值和小生产者创造的一部分价值转移过来；③通过垄断价格和对外扩张获得发展中国家劳动人民创造的一部分价值；④通过国家财政进行国民收入再分配，获取国内劳动人民必要劳动创造的一部分价值。

4. 垄断与竞争

在垄断阶段，垄断取代自由竞争占据统治地位，这并不是说竞争不复存在，垄断与竞争并存是垄断资本主义经济活动的基本格局。这是因为：第一，垄断并没有消除竞争的动因与基础。竞争是商品经济的产物，垄断并没有消灭资本主义商品经济，所以垄断并不能消除竞争。垄断虽会在某个经济部门暂时减弱竞争，但长期内，垄断企业追求高额垄断利润的动机必然驱动其进行更为激烈的垄断竞争。在自由竞争基础上产生的垄断并不改变市场经济运行方式，并不消除竞争的基础与动因，垄断必然与竞争并存。第二，不存在"清一色的垄断"，垄断和非垄断之间有竞争；不存在"绝对的垄断"，垄断组织之间有竞争。因为：首先，现代市场经济条件下，一国国民经济体系极其庞大，不可能形成某一家垄断组织独霸天下的局面，从而为中小企业的生存与发展提供了空间。其次，社会经济生活错综复杂，社会需求又极其多样与多变，垄断不可能包办一切，从而为中小企业的生存与发展提供了广阔的市场空间。最后，国家为中小企业的发展提供各种优惠政策，也为中小企业的生存与发展创造了机会。中小企业是经济增长的重要推动力量，是吸引劳动力就业的重要场所，是弥补垄断资本不足、满足社会不可缺少的各种需求的重要途径。利用广大中小企业符合垄断资本的利益，是巩固垄断统治的需要。为此，国家在调节整个社会经济活动的过程中对中小企业都实施扶持和优惠政策。因而，在垄断组织之间、垄断组织与非垄断中小企业之间以及各中小企业之间，竞争在所难免。第三，科学技术的重大变革和创新是激发垄断竞争的重要因素。现代科学技术不断开辟着新的领域，突破人为垄断的种种限制，促进了垄断竞争。同时，科技的不断创新缩短了科技转化为生产力的周期，从而使任何技术和相关产品生产都不可能持久地垄断。垄断企业在技术、产品和产业领域等方面都充满着激烈的竞争。

但是，垄断资本主义条件下的竞争，是垄断占统治地位的竞争，是在更高生产力、更完善的市场经济层次上的竞争形式。因此，与自由竞争时期的竞争相比，垄断时期的竞争有着许多不同的特征，表现为：①竞争的目的有所变化。在垄断资本主义阶段，垄断资本家竞争的目的是为了攫取高额垄断利润，自由竞争是为了获得超额利润。②竞争的手段有所变化。在垄断资本主义阶段，传统价格竞争手段弱化，非价格竞争手段增强；同时，垄断组织还要凭借强大的经济实力和政治上的统治力量来打垮对手，甚至不惜采取暴力等各种强制手段。③竞争的范围不同。竞争的范围已从国内扩展到国外，而且渗透到经济、政治、军事、文化诸领域。④竞争的程度和结果有所不同。竞争的程度较之自由资本主义阶段更为激烈，竞争的破坏性后果较之自由资本主义阶段更为严重。

5. 战后生产与资本的高度集中，垄断统治进一步加强

（1）企业规模不断扩大，巨型公司数目剧增，垄断程度不断提高。以美国为例，第二次世界大战后初期的1946年，资产在10亿美元以上的大公司只有14家，1960年就变成了28家，到1970年增加到107家，1983年达234家。1960年只有1家资产在100亿美元以上的特大公司，1975年就增加到9家，1983年发展到25家，1994年增加到224家；到1999年，全球最大的公司——微软公司的市值高达4072亿美元。而2008年《福布斯》公布的全球最大上市公司中总资产在100亿美元以上的已经超过了500家。1952—1989年美国制造业的100家最大公司在制造业全部资产总额中所占比重从34.5%增加到50%。到1985年，美、英、法、加拿大等国最大的20家工业公司的销售额在本国全部工业企业的销售总额中所占的比重，分别达到18.6%、35.3%、32.5%、26%。同时，垄断企业的控制力也在大幅提高。一个典型的案例是，1996年12月15日，世界最大的航空制造公司——位于美国西雅图的波音公司宣布兼并世界第三大航空公司——美国麦克唐纳道格拉斯公司（简称麦道公司）。通过兼并，波音公司拥有500亿美元的资产和20万名员工，成为占世界民用客机75%销售量的最大的飞机制造企业。2000年1月，波音公司出资收购通用汽车公司所属的休斯电子公司航天和通讯业务部，从而使波音公司成为全球最大的商业卫星制造商。

（2）生产集中的形式和垄断组织形式也发生了新的变化。企业联合或兼并是生产和资本集中的重要途径。19世纪末20世纪初垄断组织的资本集中主要采取"横向联合"，即同一部门内部各企业间的合并。到20世纪20年代，资本集中的主要形式改变为"纵向联合"，即不同部门的、生产上相互联系的、彼此供应原料的企业的合并。第二次世界大战

后，在第三次科技革命和生产社会化提高的基础上，生产和资本集中出现了混合兼并的形式，从而混合联合公司成为当代垄断组织的一种主要形式。"混合联合公司"是一种跨部门的多样化经营的新型垄断组织。当垄断组织已控制了某一部门的生产和销售，而该部门商品相对市场需求已趋于饱和，垄断组织要获得巨额垄断利润，就只有把资本投向本部门以外的垄断程度较低的其他部门以及新兴的工业部门，建立"混合联合公司"。单从"混合联合公司"本身的名称是不能想象出它的全部业务范围。例如，美国通用电气公司，是美国乃至全世界最大的电器和电子设备制造公司，其产值占美国电工行业全部产值的 1/4 左右，它除生产消费电器、工业电器设备外，还是一个巨大的军火承包商，制造宇宙航空仪表、喷气飞机引航导航系统、多弹头弹道导弹系统、雷达和宇宙飞行系统等。闻名于世的可载原子弹和氢弹头的阿特拉斯火箭、雷神号火箭，就是这家公司生产的。

（二）金融资本的形成与金融寡头的统治

1. 生产集中垄断是银行集中垄断的基础

垄断资本主义的统治不仅表现在工业垄断资本的形成和统治，更主要的集中地表现为金融资本的形成与金融寡头的统治。20 世纪初期，在工业形成集中和垄断的同时，银行业也实现了集中和垄断。

工业集中和垄断是形成银行集中垄断的基础。生产集中于少数大企业手中，它们一方面要求银行提供数额大、期限长的贷款；另一方面它们在资本循环过程中形成了大量暂时闲置的货币资本，需要存入银行，从而促进了大银行的发展。因此，生产集中不仅为银行业集中提出了客观要求，而且也提供了物质条件。

银行业集中也是通过竞争实现的。大银行利用自己的实力和信誉，一方面，直接兼并中小银行，使银行资本和存款日益集中到自己手中；另一方面，通过"参与制"控制大批中小银行，吸收它们加入自己的集团，形成以少数大银行为核心的庞大的银行集团。同工业集中走向垄断一样，银行业集中到一定程度，几家大银行为了避免在竞争中两败俱伤，为了获得高额垄断利润，必然联合起来走向垄断。

银行垄断形成后，银行的性质和作用发生了根本的变化，银行由"普通的中介人"变成了"万能的垄断者"。拥有雄厚资本的银行垄断组织与工业企业之间的关系发生了深刻的变化，银行在原来基础上具有新的作用，主要表现在：①大银行与工业企业关系日趋稳定、利益紧密结合，这就使银行利用借贷等手段对工业企业实行监督控制，甚至决定企业命运。②大银行利用自身拥有的巨额货币资本购买工业企业的股票，参与和控制工业企业。③大银行选派人员充当与自己有密切联系的工业企业的董事或经理，实现银行与工业企业人事上的结合，直接掌管和控制企业。

2. 金融资本的形成与金融寡头的统治

银行新作用的产生过程，也就是金融资本的形成过程。金融资本是垄断的银行资本和垄断的工业资本融合而形成的一种新型垄断资本。金融资本形成的主要原因：①客观原因是共同的利益关系。大银行把大量的资金借给工业资本家，工业资本家也把大量暂时不用的闲置资本存入大银行，形成一损俱损一荣俱荣的共同的经济利益关系。②主观原因是互相渗透。一种是"资本交织"，即大银行通过向工业企业贷款、购买股票或创办新企业，以便从内部直接控制企业；垄断的大工业企业购买银行的股票，或是自己创办新银行，向银行渗透。另一种是"人事结合"，即通过人事往来，相互向对方派出自己的代理人在对方的企业中任职。

总之，金融资本作为一个融合体，既控制了生产，又控制了流通，操纵着国家的经济命脉。列宁指出："生产集中、由集中而成长起来的垄断、银行和工业的融合或混合生长，这就是金融资本产生的历史和这一概念的内容。"①

金融资本形成的同时，也产生了金融寡头。金融寡头是指掌握着庞大金融资本，操纵国民经济命脉，在社会生活的各个方面占统治地位的少数最大的垄断资本家或垄断资本家集团。它们是资本主义国家的真正统治者。

金融寡头在经济上的统治，主要通过"参与制"来实现。"参与制"是指金融寡头利用掌握企业股票控制权来层层控制企业的一种方式。通过构筑"母公司—子公司—孙公司"这样一种金字塔形结构，使金融寡头可以控制一大批企业和银行，支配着比自有资本大得多的他人资本，实现其在经济领域的统治。此外，金融寡头还通过创办企业而掠取"创业利润"②、改组企业实行"资本掺水"③，以及发行有价证券、办理公债、从事各种金融投机和房地产买卖等办法，来牟取高额垄断利润。

金融寡头在经济上的统治必然导致在政治上以及社会生活各个方面的统治。列宁指出："垄断既然已经形成，而且操纵着几十亿资本，它就绝对不可避免地要渗透到社会生活的各个方面去，而不管政治制度或其他任何'细节'如何。"④这是因为垄断资产阶级要巩固他们的经济地位，进而获取更多的经济利益，就必须握有政治权力，利用上层建筑的力量来为其经济基础服务，而在上层建筑中，最重要的是国家政权。金融寡头操纵和控制国家机器的最突出的手段是通过"个人联合"，采取"打进去，拉出来"的办法，把自己的代理人打入国家机关担任要职，有时还亲自出马担任国家机关的要职；或者安排前国家机关的要员担任企业董事或经理，以此控制和操纵国家机关。他们还运用自己强大的经济实力，控

---

① 《列宁选集》第27卷，人民出版社1990年版，第362页。
② 创业利润是指股份公司创办人通过高价出卖股票所获得的发行股票的价格总额大于实际投入企业的资本总额的差额。
③ 资本掺水是指股份公司在扩大、改组或合并企业时，通过高估资产的虚假手段，使发行的股票金额超过实际投入的资本金额。
④ 《列宁全集》第27卷，人民出版社1990年版，第372页。

制教育、新闻、出版等机构和社团，甚至操纵党派组织，从而实现对上层建筑和社会生活各方面的广泛统治。

3. 战后金融资本与金融寡头统治的新特点

在工业资本集中和垄断不断得以强化的同时，金融资本与金融寡头的统治也大大加强，并且成为战后世界兼并活动的一大主要特征。第二次世界大战后，金融领域出现了一些新特点：

（1）金融资本的实力大大增强，拥有和支配的资本大量增加，出现了一些巨大的银行和银行集团。如美国摩根和洛克菲勒两大家族所控制的资本量，1912 年为 25 亿美元，1948 年为 820 亿美元，1978 年则达 8000 亿美元。银行业兼并的一大显著特色是大银行之间的兼并呈现明显趋势。最典型的例子是，1995 年 3 月 8 日，名列日本第六的三菱银行和名列第十的东京银行合并，成立东京三菱银行，总资产高达 52.6 万亿日元，一跃成为世界第一大银行。在美国，1995 年 8 月，排名第四的化学银行与排名第六的大通银行合并，成为总资产达 2976 亿美元的美国第一大银行，在世界排名也由第 37 位上升到第 14 位。1996 年富国银行兼并第一联美银行，其兼并价值高达 142 亿美元，成为美国兼并史上第一大兼并案。1998—1999 年间，美国掀起了又一轮银行业兼并的高潮，美国花旗银行兼并了旅行者银行，美洲银行兼并了国民银行，第一芝加哥银行兼并了第一银行，其中花旗银行兼并旅行者银行的兼并额达到 726 亿美元。

（2）金融机构和其业务更加多样化和专业化，力图把社会上一切经济活动都纳入自己的信贷活动中。第二次世界大战后，混合联合金融业垄断组织已成为金融业资本集中与垄断的主要组织形式。在金融自由化的趋势下，为了追逐更多的利润，原本只经营短期贷款的大垄断商业银行，逐渐突破了传统的业务范围，广设金融公司、投资公司、保险公司等各种非银行金融机构，从事不动产、金融期货、信托投资、出口信贷、租赁、保险等多种非商业银行金融业务。与此同时，各种专业化经营的非银行金融机构也从事银行和其他金融机构的许多业务，如投资公司除经营原有的有价证券业务外，还经营金融公司、保险公司、商业银行、储蓄放款协会等其他金融机构的业务。

（3）垄断财团家族色彩日趋淡化，股权结构发生新的变化。由于生产日益社会化，任何单个家族的资本都无法独占一个大企业或一个大集团公司，这就导致了垄断财团之间的相互渗透，使金融资本集团变为由多个家族共同控制，原本较为明显的家族色彩日益淡化，财团的股权结构由单一家族持股转变为兼有法人持股结构①。例如，到 1979 年，摩根公司本身在摩根银行中仅占 1.05% 的股权；洛克菲勒家族虽仍是大通曼哈顿银行和埃克森石油公司的第二大股东，但已不能独占鳌头。

---

① 法人持股是指公司资产和经营为两个以上具有法人地位的公司或社团所控制。

（4）私人垄断银行资本与国家政权直接紧密结合，形成不同类型有利于加强私人垄断银行资本统治的金融体系。在国家垄断资本主义广泛发展的条件下，国家政权与工业垄断资本结合的同时，又与银行垄断资本相结合。例如，日本的中央银行，其股本官方占55％，私人垄断银行占45％。私人垄断寡头是国家金融政策的主要决策人，垄断银行通过与国家政权紧密结合，便能将其"万能垄断者"的作用充分发挥出来。如美国的国家银行领导成员大部分来自垄断银行和垄断公司。

（三）资本输出具有特别重要的意义

1. 资本输出的含义

资本输出是指资本主义国家的政府、资本家或垄断组织，为了获得高额利润与利息，以及取得其他经济利益而对国外进行投资或贷款。金融资本的形成，金融寡头加强对国内的统治，而资本输出就是金融资本和金融寡头把垄断统治延伸到国外，加强对其他国家的人们进行剥削的一个重要手段。资本输出是垄断资本主义的一个重要经济特征，正如列宁所说："自由竞争占完全统治地位的旧资本主义的特征是商品输出，垄断占统治地位的最新资本主义的特征是资本输出。"[①]

2. 资本输出的必要性和可能性

垄断资本主义时期，资本输出具有必要性，这是因为：①垄断形成后，出现了大量所谓"过剩"的资本，是资本输出的财力基础。垄断资本家集团或垄断组织通过垄断价格获得了高额的垄断利润，他们手中积累了大量的货币资本，这些货币资本由于本部门垄断的形成而不利于继续扩大投资；同时，国内一切能够获得高额利润的部门投资场所大都被垄断了，新资本很难进入这些部门或行业。对于没有形成垄断的部门或行业，因为其利润较低，垄断资本是不愿投资于这些部门的。这样，在国内就出现了资本过剩，即相对于垄断资本追求高额利润的需求来说是过剩的资本。②资本投放最佳的场所是输出国外，特别是经济落后的国家，在那里，劳动力资源丰富且价格低廉，资本稀缺，原材料和土地价格便宜，市场广阔，资本输出可获得高额的回报。③资本输出不仅能够带动商品的输出，垄断原料来源，而且还有利于金融资本或金融寡头在海外统治的建立和加强。

垄断资本主义时期不仅产生了资本输出的必要性，而且也具备了资本输出的可能性。一般垄断资本主义形成时期，世界上的其他国家的经济也处在不断发展的过程中，特别是垄断资本主义国家对经济落后国家的商品输出和经济侵略，使这些国家原有的自然经济逐步瓦解，商品经济开始发展起来，并被卷入世界市场。而且，这些国家的劳动力市场供给充足且价格低廉，一些基础设施如铁路、公路、港口也有所发展，为资本输出提供了基本条件；再加上发展到一般垄断资本主义阶段的国家本身金融业和信用制度的发展，交通通

---

① 《列宁全集》第27卷，人民出版社1990年版，第376页。

讯设备的现代化,都为资本输出提供了便利条件,使大规模的资本输出成为可能。

3. 资本输出的形式和实质

资本输出的形式,从资本形态来看主要有两种:一是借贷资本输出,它是由垄断资本主义国家的政府或私人银行和企业,将货币资本贷给外国的政府、银行或企业,这是一种间接投资;二是生产资本输出,即输出国的政府、银行或企业,在国外直接投资开办工厂、矿山或银行等企业,这是一种直接对外投资(FDI)。但从资本输出的主体来看,可以分为私人资本输出和国家资本输出,前者是私人垄断资本家集团或垄断组织向外国贷款或直接投资;后者是输出国向外国的贷款或直接投资。

资本输出的实质是垄断资本主义国家的金融资本掠夺和奴役其他国家人们的重要手段,是垄断资本主义国家掠夺和剥削其他国家劳动人民、确立和巩固金融资本对世界统治的重要工具,是国际垄断的基础。

4. 战后当代资本输出的新特点

第二次世界大战后,由于国际分工、生产国际化发展以及跨国公司的崛起,资本主义国家的资本输出呈现出一些新特征,主要表现为:①资本输出的规模迅速扩大、结构发生改变。第二次世界大战后特别是20世纪60年代以来,各国私人垄断资本大量进行对外直接投资,从而形成以生产资本为核心的资本国际化。②以借贷资本为主的国家资本输出成为资本输出的重要形式。发达国家及国际金融机构通过"援助"、贷款等形式进行的国家资本输出,其终极目的是为牟取稳定的垄断利润和维护资本主义世界体系服务。③私人垄断资本输出难以单纯依靠自身力量,它必须借助国家的扶持,并同资产阶级国家政权紧密结合在一起。④资本输出的流向也发生了根本变化,由过去主要流向殖民地和附属国,逐渐转为流向发达资本主义国家,从而形成发达资本主义国家之间资本相互渗透的局面。

(四)国际垄断同盟在经济上瓜分世界

1. 国际垄断同盟形成的必然性

国际垄断同盟是资本主义各国最大的垄断组织通过订立协定而结成的国际性垄断经济联盟,它是金融资本在国内统治的基础上向外扩张的必然结果。

在资本主义制度下,国内市场与国际市场是紧密联系的。当垄断组织形成后,首先是瓜分国内市场,建立国内市场的统治,在此基础上,垄断组织为追求更高的利润,必然要通过商品输出和资本输出来向外扩张,通过世界市场来加强金融资本在世界范围的统治。但在世界市场上,各垄断资本主义国家和垄断组织既有共同的利益,也有不同的利益,因此,它们之间在世界市场上存在着既联合又争夺的复杂关系。各国在争夺国外的商品市场、原材料产地和有利的投资场所方面的竞争愈演愈烈,如同国内竞争发展到一定阶段必然要产生垄断一样,垄断资本主义国家在世界市场的竞争发展到一定程度,几个强国的最大的垄断组织为避免竞争中的两败俱伤并获得更高的利润,会暂时妥协,通过签订各种国际性的协定或条约，划分世界市场范围，在经济上对世界进行瓜分，从而形成国际垄断同盟。

2. 国际垄断同盟的目的与实质

私人垄断资本国际化和跨国垄断资本主义的出现是资本主义基本矛盾发展的必然结果，其根本特征是生产和资本集中突破了国家的地域疆界，并且力图超越国家的管制，在全球范围内实现生产要素的最优组合，使资本在全球范围内获得最大限度的增殖。而全球信息通讯网络和交通网络则为生产和资本的全球集中提供必不可少的物质基础和技术手段。国际垄断同盟建立的目的是为了获得高额利润而暂时结合起来在经济上瓜分世界。这种瓜分是通过各国最大的垄断组织之间的协议实现的，但绝不是一次分割就完结，而是通过多次的、不断的分割来建立其在世界市场中的地位；协议的订立、瓜分的结果是以各国的经济实力为基础，当各国、各垄断组织的实力地位发生变化时，这种瓜分就会重新进行。这是因为：第一，资本主义各国之间、各垄断组织之间的发展总是不平衡的，这种从经济上对世界市场的瓜分也就会不断进行下去；第二，经济形势总处在不断的变化和发展中，订立国际协议时的情况如果出现了不利于某些或某个垄断资本主义国家时，也会通过重新订立协议来重新瓜分世界。因此，国际垄断同盟的产生，实质上是各垄断资本主义国家、各垄断组织为获得高额利润而扩大自己的势力范围。

3. 战后国际垄断同盟的新特点

国际垄断同盟的形成也需要建立相应国际垄断组织。早期的国际垄断组织主要是国际卡特尔、国际辛迪加、国际托拉斯等；而当代国际垄断组织的形式则是以跨国公司和国家垄断资本主义的国际垄断同盟为主。

跨国公司取代国际卡特尔成为第二次世界大战后国际垄断组织的主要形式。跨国公司实施全球一体化发展战略，利用高度发达的信息和交通网络，在全球范围内设置工厂、组建子公司，实现资本、技术、劳动力、原材料等生产要素的最优组合，在全球基础上实现生产、研发和营销的规模效益。全球协作分工体系大大提高了劳动生产率，创造着世界上最高效的生产力，给资本带来了超额垄断利润。全球协作分工体系已经成为工业制造业的流行模式。此外，知识密集型的科研开发活动也有新的特征，跨国公司组建全球知识网络，实现智力资源的最优组合。比如，诺基亚公司在 14 个国家设立了 52 个研发中心，通过交互式计算机联网，交流设计思想，协调工作进度，提高新技术的全球适应性。

同时，在竞争和信用这两个杠杆的作用下，国际垄断资本日渐形成。首先，国际范围内的竞争导致全球大小垄断资本之间或吞并或联合，从而使得资本更加高度集中。其次，在信用杠杆的作用下，金融资本高度发达。在金融机构多样化的基础上，金融市场实现了全球化。20 世纪 70 年代布雷顿森林体系崩溃以后，各国金融体系逐渐开放，高性能的信息通讯网络使资本在全球各个角落高速流动，随时寻找最大的收益。货币、股票、债券市场的全球化使全球资本市场日益整合在一起，跨国公司可以突破一国的限制在全球范围内寻找最低成本的资金。在跨国垄断阶段，私人垄断资本结合成更庞大的国际垄断资本，垄断资本集团的利益日益交织在一起，形成"你中有我、我中有你"的国际垄断同盟，并进而从经济一体化向政治一体化迈进。

（五）垄断资本主义大国瓜分和重新瓜分世界领土的斗争

1. 殖民体系的形成

垄断组织通过资本输出和建立国际垄断同盟在经济上瓜分世界，必然会导致垄断资本主义国家采取政治、经济、军事等手段进一步从领土上瓜分世界，即抢占殖民地。在资本主义自由竞争阶段，就有一些经济较为发达的资本主义国家在对外进行商品输出、贩卖奴隶的同时，已经开始了殖民地的侵占活动，甚至在资本原始积累时期，就有国家通过抢夺殖民地财富集中了大量的资金与物资，加速了资本的原始积累。到19世纪80年代，随着向垄断资本主义阶段的过渡，出现了争夺殖民地的高潮。从1876到1914年，英、俄、法、德、美、日六个国家共占领了2500万平方公里的殖民地；其中，英国所占领的殖民地的面积已经超过本土面积的110多倍，其殖民地遍布世界各地，成为"日不落"帝国。到19世纪末20世纪初，即私人垄断资本主义形成时期，垄断资本主义国家第一次把世界领土瓜分完毕，从此，世界各国被划分为两部分：一部分是垄断资本主义国家和宗主国，它们统治着本国和殖民地，在国际经济活动中处于有利地位；另一部分是广大经济落后的国家，它们处于垄断资本主义列强的压迫和奴役之中，从而在世界上形成了垄断资本主义的殖民体系。

2. 殖民地对资本主义国家的发展的作用

殖民地对资本主义国家的发展具有相当大的作用，这主要表现在：首先，它是垄断资本主义国家最重要的原材料供应地；其次，它是垄断资本主义国家最可靠的商品销售市场和最有利的投资场所；再次，它是维持垄断资本主义国家霸权地位和建立军事基地的重要条件，同时也是加强国内统治的重要条件。因此，在垄断资本主义时期，从殖民地掠夺走的巨额财富是资本主义国家积累、发展和增长的重要源泉，也是它们维持垄断统治和经济实力的源泉。

进入垄断资本主义阶段，世界领土第一次被资本主义大国瓜分完毕，但"所谓完毕，并不是说不可能重新瓜分了——相反，重新瓜分是可能的，并且是不可避免的——而是说在资本主义各国的殖民政策之下，我们这个行星上无主的土地都被霸占完了"①。正因为殖民地曾是垄断资本主义赖以生存的重要条件，直接关系到垄断资本主义国家金融资本的根本利益，在世界领土第一次被瓜分完毕后，垄断资本主义大国又开始了对世界领土重新瓜分的斗争。原因在于瓜分世界领土是按照垄断资本主义国家的政治、经济和军事实力对比来决定的，而垄断资本主义时期各国的政治经济发展不平衡规律的作用，使各大国之间的

---

① 《列宁选集》第2卷，人民出版社2012年版，第640页。

力量对比必然发生新的变化，后起的垄断资本主义国家实力强大起来后，必然要同已呈衰落趋势的老牌资本主义国家争夺殖民地，导致重新瓜分世界领土成为不可避免。重新瓜分世界与第一次瓜分世界略有不同，第一次瓜分世界是在"无主"的土地上进行，而重新瓜分世界则是对"有主"的土地进行分配。重新瓜分世界实际上是各国实力的重新较量，实力强大的垄断资本主义国家在战胜对手后，就可以将土地从战败国的手中转到战胜国的手中。所以，重新瓜分世界往往导致垄断资本主义国家之间的战争，20世纪爆发的两次世界大战，都是由垄断资本主义国家争夺世界霸权和重新瓜分世界领土而引起的。

3. 战后殖民统治的新特点

第二次世界大战后，民族解放运动空前高涨，旧的殖民体系彻底崩溃，绝大多数殖民地和半殖民地国家实现独立，成为发展中国家。但新独立的发展中国家大多经济力量薄弱，难以完全摆脱发达国家的经济剥削。垄断资本主义为了维护其经济利益，仍千方百计地妄图将发展中国家控制在自己的势力范围内，继续成为它们的原料基地、投资场所和商品销售市场。在旧殖民体系已经瓦解的情况下，发达资本主义国家则主要利用经济手段，使发展中国家在财政经济上处于从属与依附于垄断资本的地位。发展中国家要摆脱垄断资本的控制，还必须在政治独立的基础上，大力发展自己的民族经济，争取经济上的完全独立。

第二节　国家垄断资本主义

一、国家垄断资本主义的产生与发展

（一）国家垄断资本主义的含义

1. 国家垄断资本主义的含义

国家垄断资本主义，是垄断资本与资产阶级国家政权相结合的资本主义。它凌驾于私人垄断资本之上，调节着社会经济，为垄断资产阶级的总利益服务，是垄断资本在国内发展的更高形式。

2. 对国家垄断资本主义的正确理解

为确切理解国家垄断资本主义的含义，我们可以从以下几个方面加以分析理解：

第一，国家垄断资本主义与资产阶级经济学家所谓的"混合经济"。第二次世界大战后，资本主义经济发生了深刻的变化，各国普遍采用国家干预的形式，运用财政政策、货币政策、经济计划化和产业政策等手段调节宏观经济。著名经济学家萨缪尔森认为，这种新的经济体制既非纯粹的市场经济，又非纯粹的"公共经济"，而是一种由国家管理的公共经济和私有经济共同构成的"混合经济"。究其实质，这种"混合经济"就是国家垄断资本

主义经济，即资本主义国家同垄断资本相结合而形成的一种垄断资本主义。

第二，在国家垄断资本主义阶段，作为国家垄断资本主义两因素之一的国家和纯粹意义上的国家权力机构的比较。后者属于上层建筑范畴，它以军队、警察、法庭、官吏等身份为巩固垄断资产阶级的统治服务。而前者不仅仍具有单纯国家权力机构的性质，而且已经和私人垄断资本融合为一体，以"总资本家"身份直接参与资本主义再生产过程，成为国家垄断资本主义的一个方面。

第三，国家垄断资本主义与国家资本主义的比较。两者的区别集中表现在与国家政权相结合的私人资本是否具有垄断性质。国家垄断资本主义是垄断资本与资产阶级国家政权相结合的资本主义。而在国家资本主义中，与国家政权相结合的私人资本不具有垄断性。基于此，在社会主义国家中也可以存在国家资本主义。如我国通过引进外国资本创办的"三资"企业，它们都是根据我国法律，按照平等互利原则，经我国政府批准，尊重我国主权，接受我国政府监督和管理，在社会主义公有制经济的制约下进行经营的。在中外合资和合作企业中，我方还掌握了部分所有权和经营权，能够根据实际情况实行某些社会主义的经营原则。因此，它们从本质上都属于社会主义条件下的国家资本主义。

第四，近代中国历史上也存在着国家垄断资本主义。与资本主义国家不同的是，近代中国资本主义产生条件的具备，主要不是中国资本主义萌芽的自然发展过程，而是外国资本主义入侵的结果。在这一过程中，以蒋、宋、孔、陈四大家族为首的官僚资本主义，借助旧中国国家政权的力量，聚敛了大量的财富。大资本即官僚垄断资本，依附于帝国主义并和封建主义相勾结，垄断了旧中国的经济命脉，严重阻碍了中国生产力的发展，是反动统治的经济基础。因此，无产阶级国家政权建立后，就立即对官僚垄断资本进行没收。

(二)国家垄断资本主义的产生和发展

1. 国家垄断资本主义产生的阶段

国家垄断资本主义是生产社会化程度更高的一种资本形式，它凌驾于私人垄断资本之上，对社会经济进行宏观调控，从而把垄断资本主义推向新的发展阶段。国家垄断资本主义的产生和发展过程大体分为三个阶段：

第一个阶段，19世纪末到第一次世界大战前后，是国家垄断资本主义产生和开始形成时期。第一次世界大战期间，交战国为了动员和集中力量支持战争，纷纷成立战时经济管理机构，对国民经济的各个重要部门的生产、原料分配、劳动力调度、重要生活必需品的分配、贸易、金融、物价等实行国家直接控制和强制调节。有些国家还实行了国有化和兴办了一些国有企业。这一时期国家垄断资本主义的发展，主要涉及军事工业企业，并且主要是为战争服务，因而带有明显的军事性质和临时性质，列宁称之为"军事国家垄断资本主义"。

第二个阶段，从第一次世界大战后到第二次世界大战结束初期。这是国家垄断资本主义不稳定发展时期，并带有行政性。第一次世界大战结束后，各国解除了战时经济管理体制，向和平经济过渡，国家对经济的干预和调节有所减弱。但 1929—1933 年世界性经济危机严重地冲击了资本主义制度。各国为了摆脱经济危机、缓和阶级矛盾，纷纷开始放弃"自由放任"的政策，加强了对经济的干预和调节，国家垄断资本主义再度有了显著发展，其中最为典型的是美国实行的"罗斯福新政"。英、法等国对私人企业实行国有化的举措，德、意、日等国通过法西斯专政使经济走上了国民经济军事化的轨道。同时，帝国主义"战争异常地加速了垄断资本主义向国家垄断资本主义转变的过程"[①]。因此，"战争和经济破坏逼迫各国从垄断资本主义走向国家垄断资本主义"[②]。

第三个阶段，第二次世界大战后特别是 20 世纪 50 年代以来是国家垄断资本主义的普遍发展阶段。这一阶段中，国家垄断资本主义的发展具有经常性、广泛性、持续性和稳定性的特点，并且在经济生活中占据了支配地位，所起的作用越来越大。目前，国家垄断资本主义已不再只涉及社会经济生活的个别部门、个别方面以及资本主义再生产的个别环节，而是渗透到社会经济生活的一切方面和一切部门以及资本主义再生产的各个环节；其活动范围已不再局限于一国国内经济生活，而是广泛介入了国际经济领域；国家垄断资本主义也不再是一种非常时期采用的临时措施，而是成为这些国家长期稳定的社会生产关系体系。

2. 战后国家垄断资本主义迅速发展的原因

战后国家垄断资本主义得到迅速发展，其根本原因是资本主义基本矛盾进一步激化的结果，即资本主义私人占有与社会化大生产之间矛盾深化的结果；它绝不是一种偶然现象，而是适应生产社会化和科学技术的发展，在不改变资本主义经济关系本质的条件下，由作为"总资本家"的国家与私人垄断资本相结合发展起来，在资本主义生产方式许可范围内使资本主义生产关系再一次进行的局部调整。具体来说，主要表现在：①科学技术的发展促进了社会生产力的巨大发展。社会化大生产以及一系列新兴工业的建立，需要巨额投资，这些仅靠私人垄断资本难以承担，因而不得不靠国家的直接投资和帮助。这样，资产阶级国家作为"总资本家"的角色的作用越来越重要。②社会化大生产要求整个国民经济协调发展。科学技术的发展，使国民经济中新兴工业部门不断增多，各部门之间的联系日趋复杂，因而客观上要求对整个国民经济进行社会规模的协调，这只有国家干预才能实现。③社会生产的不断发展使市场问题日益严重。社会产品大幅度的增加，同国内外市场日益相对狭小的矛盾越来越突出，要缓和这一矛盾，必须借助于国家的力量来开拓国内外市场。④社会生产力的高速发展与私人垄断竞争的盲目性进一步加剧了生产力与生产关系

---

① 《列宁全集》第 32 卷，人民出版社 1985 年版，第 364 页。

② 《列宁全集》第 32 卷，人民出版社 1985 年版，第 218 页。

的矛盾。经济危机的频繁爆发，阶级矛盾不断尖锐起来，这就使垄断资产阶级必须依靠国家的强制力量来干预和调节社会再生产过程和劳资关系，设置失业救济、医疗保险等社会保障措施来缓和阶级矛盾。⑤国际经济一体化与国际竞争加剧的矛盾。第二次世界大战后国际条件发生了很大的变化，旧的殖民体系瓦解，使垄断资本争夺投资场所、原料产地和商品销售市场的斗争进一步加剧。在这种情况下，各国垄断资本需要国家出面，参与国际性的经济协调，乃至建立像欧共体（现已改为欧盟）那样的国际区域经济一体化组织，建立国际竞争的新秩序。

二、国家垄断资本主义的基本形式

国家垄断资本主义中国家作为总垄断资本家的代表，在经济基础范围内，作为经济基础的组成部分，而不是作为上层建筑与私人垄断资本相结合，可以被区分为以下三种基本形式：国有垄断资本或资本主义国有企业、国私共有垄断资本或国私合资企业、国家垄断资本和私人垄断资本在社会范围内的结合。

（一）国有垄断资本或资本主义国有企业

1. 国有垄断资本的含义

国有垄断资本是资产阶级国家直接掌握的，通过财政手段在社会范围内集中起来的垄断资本，其中包括国家用于经营国有企业的资本和用来调节社会经济的各种基金。资本主义国有企业则是国家投资兴建的企业或对私人垄断资本实行国有化而形成的国有企业。它是国家垄断资本主义的典型形式。

在资本主义生产方式建立之初，国有企业就已经存在，但为数不多，对整个国民经济的影响也极其有限。垄断确立以后，尤其是第二次世界大战后国有企业在资本主义经济生活中占据着极其重要的地位。截至1972年，各主要资本主义国家国有资本占全部企业资本的比重：英国为29%，意大利为30%，法国为33.5%，原联邦德国为21%。1973年，国家资本在金融业总资本中所占的比重：奥地利为82%，意大利为75%，法国为60%，原联邦德国为54%，英国为20%。

2. 战后国有垄断资本形成的途径

第二次世界大战后西方各国国有垄断资本的形成，主要通过以下几种途径：①私营垄断资本企业国有化。所谓国有化，是指国家用高价收买或其他补偿办法，把一些私人垄断资本创办的企业收归国有或将私营企业收归国有。战后初期，英、法、意、奥等国都对本国的电力、煤炭、城市煤气、铁路运输、航空、邮政、电讯等公共生产服务部门及传统产业部门实行国有化。②国家财政拨款直接建立国有垄断企业。这种形式主要分布于一些投资数量大、资本周转时间长、利润率较低，但又是社会再生产不可缺少而私人垄断资本没有能力或不愿意投资的产业部门。据1977年统计数据，各主要资本主义国家的基础设施和原材料工业，如邮电、广播通讯、电力、煤炭、铁路运输、航空等部门，企业的一半或全部由国家经营。而如电子工业、宇航工业、核能工业等高科技、高风险新兴工业部门，私人垄断资本无力经营或不愿投资，但它又是科技革命的先行部门，对一国国民经济发展和国际竞争具有举足轻重的地位。因此，美、日等发达国家，包括许多发展中国家都特别重视对高科技产业的投资。

从 20 世纪 70 年代中期开始，发达资本主义国家出现"经济滞胀"局面，生产率下降、失业剧增、生产停滞、物价上涨，国有垄断资本增殖的运动再次遇到障碍。于是，凯恩斯主义遭遇危机，以米尔顿·弗里德曼为代表的新自由主义思潮再次兴起。在这一思潮的影响下，以里根政府和撒切尔政府为代表的资本主义国家在 20 世纪 80 年代开始了经济重建行动：对金融、交通、通讯、能源等部门解除管制，国有企业实行私有化，降低政府的公共支出和投资，减少公共福利，大力推行旨在实现商品、劳务、货币自由流动的政策，削弱工会权力，等等。因此，资本主义国有垄断资本虽仍占重要地位，但国有企业的数量有所下降。由于改革触动了一部分垄断资产阶级的眼前利益，最终改革难以为继，里根政府及撒切尔政府等右翼政党的许多私有化政策也随着他们执政地位的丧失而被取消。

资本主义国有经济的性质由资本主义的国家性质决定。从形式上看，资本主义国有经济取得了公有制的表象，但这并不能改变它的资本主义所有制的性质。在这里，资产阶级国家与垄断资本融为一体，以"总资本家"的身份直接参与资本主义生产过程，对社会经济生活实行广泛的干预和调节。所谓"国有制"，实际上是全体资本家特别是垄断资本家的共同所有制。国有企业中的工人并没有改变其为资产阶级创造剩余价值的受剥削地位。

（二）国私共有垄断资本或国私合资企业

国私共有垄断资本或国私合资企业是国家垄断资本主义的又一种形式。国私合资企业由国家垄断资本和私人垄断资本混合组成，股份所有权分属于国家和私人垄断组织。这是国有垄断资本与私人垄断资本在企业范围内的结合，其组织形式表现为国私合资的股份公司。这种结合主要有三种途径：一是国有垄断资本以参与制方式与私人垄断资本合办企业，二是国家与私人垄断资本共同投资创办新企业，三是吸收私人垄断资本加入到国家或地方政府创办的企业。在这种合资的股份公司中，以国有垄断资本的股份为参照，可以分为两大类：一类是国家拥有控股权的企业，另一类是国家参股的企业。

国私合资企业可利用国有垄断资本加强自己的经济实力，并可更便利地从国家得到各种补贴、信贷、税收等方面的优惠。而国家则可通过持股公司，贯彻政府各种振兴经济的意图，如调动大量资本，改造和整顿那些落后的又为社会所必需的生产部门，开发落后地区和新兴产业等。因此，国私合资企业在促进各国经济发展，增强国际市场的竞争能力等方面，都发挥了极为重要的作用。

（三）国家垄断资本和私人垄断资本在社会范围内的结合

这是一种以私人垄断资本为主体，国家垄断资本参与调节相结合的方式。这种结合表现在：一是剩余价值生产方面的结合。包括国家通过向私人垄断资本出售国有企业或国有资产，或对私人垄断资本企业给予补贴、资助、优惠贷款等方式，直接为私人垄断资本企业提供生产所需的固定资本和流动资本；还包括通过国家对科学研究、基础设施、教育及社会保障，为私人垄断资本企业的发展创造良好的外部条件及提供高素质的劳动力。二是剩余价值实现方面的结合。在国内，国家作为商品和劳务的采购者，向私人垄断组织大量订货，提供稳定的市场；在国际上，国家通过国有垄断资本输出为私人垄断资本企业开辟国际市场，促进其商品输出。三是剩余价值分配的结合。即在剩余价值的分配中，私人垄断企业以缴税的形式把剩余价值或超额利润转到国家手中，国家再通过财政渠道进行国民收入再分配，以各种形式保证私人垄断资本的利益。

三、国家垄断资本主义对国内外经济的全面干预和调节

国家垄断资本主义不仅在经济基础范围内与垄断资本结合，而且凭借各种干预与调控政策对社会经济实行全面调节。这包括：①微观经济规制政策。如对企业进入和退出市场、产品和服务的质量和价格等的一系列规定。西方国家把政府对企业的直接干预称为管制或规制。②宏观调控政策。这一方面包括国家通过与私人垄断企业的三种结合形式以调节社会再生产的各种比例关系，也包括运用各种宏观调控政策手段间接地调节社会再生产中的局部比例与宏观比例。从性质上讲，这是国家发挥着上层建筑职能，对资本主义再生产进行经济调节。下面对几种主要的宏观调控政策手段进行简要分析。

（一）财政政策

财政包括政府支出和收入两个方面。当政府支出大于政府收入时，称为财政赤字；当政府收入大于政府支出时，称为财政盈余。财政政策就是政府根据对经济形势的判断，增加或减少政府的支出或税收以调节经济的政策。西方学者提出了一种以"逆风向而动"为特征的斟酌使用的财政政策。当认为总需求非常低，即出现经济衰退时，政府应通过削减税收、降低税率、增加支出或双管齐下以刺激总需求。反之，当认为总需求非常高，即出现通货膨胀时，政府应增加税收或削减开支以抑制总需求。前者被称为扩张性（膨胀性）财政政策，后者被称为紧缩性财政政策。究竟什么时候采取扩张性财政政策，什么时候采取紧缩性财政政策，应由政府对经济发展的形势加以分析权衡，斟酌使用或相机抉择。

由于在实际经济生活中存在各种限制因素，如时滞、不确定性及政府投资对私人投资的"挤出效应"等，使斟酌使用的财政政策具有许多局限性，想根据再生产周期灵活变换政策极不容易。

第二次世界大战后，美国为刺激经济的发展，采取积极的财政政策，其主要目的是实

现充分就业和经济增长；根据市场经济发展的不稳定性特征，主要通过扩大政府的财政支出规模与调整支出结构的扩张性财政政策刺激经济增长。但这一时期美国的经济并没有出现持续的增长，相反，形成了通货膨胀与经济停滞并存的局面。到 20 世纪 80 年代后，里根政府采取低税率和削减政府支出的财政政策；克林顿时期采取增加财政支出与削减财政赤字的财政政策。在 2007 年金融危机爆发后，美国政府为应付经济危机的威胁，使美国经济摆脱萧条的阴影，采取以下扩张性财政政策：冻结减税计划，防止财政赤字的进一步扩大；加大转移支付力度以刺激经济增长，如美国参议院通过了总价值为 8380 亿美元的财政刺激法案；加大政府购买的力度，特别是对提高生产率有积极意义的科研活动加强了财政支持。但是，在实施积极的财政政策的同时也辅以相应的汇率政策与货币政策。

（二）货币政策

货币政策是中央银行通过控制货币供应量以及通过货币供应量来调节利率进而影响投资和整个经济以达到一定经济目标的行为。货币政策一般也分为扩张性和紧缩性的。前者是通过增加货币供给来带动总需求的增长。货币供给增加时，利息率降低，从而信贷更为容易，因此经济萧条时多采用扩张性货币政策。反之，紧缩性货币政策是通过削减货币供给来降低总需求水平，从而取得信贷较困难，利率也随之提高。因此，在通货膨胀时多采用紧缩性货币政策。中央银行一般通过以下三种工具对货币供给量进行调整：①再贴现率政策；②公开市场业务；③调整法定准备金率。

货币政策在实践中也存在一些局限性。这主要表现在以下几个方面：第一，在通货膨胀时实行紧缩性货币政策可能效果明显，但在经济衰退时，实行扩张性货币政策效果就不明显。第二，从货币市场均衡情况看，增加或减少货币供给要影响利率的话，必须以货币流通速度不变为前提，否则货币供给变动对经济的影响就要打折扣。第三，货币政策作用的外部时滞也影响其政策效果。因此，货币政策作为平抑经济波动的手段，作用也是有限的。

从发达资本主义国家的货币政策实践来看，作为最古老的货币政策工具——调整法定准备金率已经被一些国家放弃。以美国为例，从第二次世界大战后到 20 世纪 70 年代，一直采取以利率为中心传导的相机抉择货币政策；20 世纪 80 年代后，采取以控制货币供应量为目标的货币政策。2007 年美国爆发"次贷危机"后，美国政府为消除经济剧烈波动带来的影响，稳定金融市场，采取了一系列宽松的货币政策来进行宏观调控，以促进国内就业和内需的增长，其中主要包括：①大幅度放松货币政策，表现在通过利率的降低来降低信贷成本和放松银根，从 2007 年 9 月到 2008 年 4 月，美联储连续 9 次降息，将联邦基金目标利率从 5.25% 下调至 2%；②政府向金融市场提供流动性的资金支持以解决信贷危机流动性不足和改善金融市场的功能，从 2007 年 8 月 9 日到 2008 年 4 月 22 日，美联储连续 13 次向金融系统注入资金达 4600 亿美元；③公开市场业务，表现在大量发行美国特别债；④将美元贬值或变相贬值，减少债务负担。

（三）收入政策

收入政策指限制货币工资和价格的政策。其目的在于影响或控制价格、货币工资和其他收入的增长率，企图克服物价与工资的螺旋式上涨。第二次世界大战后，美国、英国、法国、加拿大、意大利等国都实行过收入政策。其主要手段有：①对工资和价格进行管制。即企业和工会不经政府有关部门同意，不得提高工资和价格。这是最强硬的措施。②对工资和价格进行指导。即由政府规定工资和价格的指导指标，指令工会和企业参照执行。③对企业和工会进行"道德规劝"和"协商恳谈"。即劝说企业和工会自动限制价格和工资的上涨。这类措施最为软弱。

收入政策也有其局限性，如抑制物价的目的就很难达到。因为政府很难限制利润，从而难以限制工资和物价。另外，收入政策的实行难免造成工资、物价、利润等资本主义经济自发调节信号的变形，因而会对再生产的比例造成不利影响。

（四）产业政策

一般认为，产业政策是国家或政府为了实现某种经济和社会目的，以全产业为直接对象，通过对全产业的保护、扶持、调整和完善，积极或消极参与某个产业或企业的生产、经营、交易活动，以及直接或间接干预商品、服务、金融等的市场形成和市场机制的政策的总称。它主要是通过调整供给的总量和结构来达到供求的基本平衡，而对供给结构的调节路径则主要是通过对产业结构的调整，进而调节供给结构，从而提高供给结构与需求结构的适应性。

产业政策运用得最为成功的一个例子就是第二次世界大战后的日本。针对战后的衰败景象，日本政府采取了一系列产业结构政策和产业组织政策，对当时的日本经济进行调整，从而使日本经济迅速地恢复和发展起来，曾成为世界第二大经济强国。另外，其他一些国家如印度、韩国等也采取了一些产业政策对国家的经济进行调整，并取得显著成效。21世纪以来，美国每次在对付经济的周期性波动时，产业政策总是融入其财政政策和货币政策的运用当中，特别在鼓励和扶持高新技术产业发展方面，采取各种优惠的政策支持。

（五）经济计划化

经济计划化，是资产阶级国家通过制订经济计划，主要是中长期计划来调节经济的方法。资本主义国家的经济计划主要包括三方面的内容：①经济和社会发展的中长期预测；②计划期经济和社会发展的总目标及相应的具体目标；③达到这些目标所采取的政策和措施。

第二次世界大战后，许多垄断资本主义国家都通过"经济计划化"来调节社会经济，其中最典型的是日本与法国，如日本著名的"国民收入倍增计划"就是1961—1970年的十年长期计划。但是，资本主义国家的计划建立在资本主义所有制基础上，对私人资本并不具有行政约束力。而且，资产阶级国家的性质决定了它拟订的计划只能主要服从资产阶级的利益，不可能解决经济过程中的深刻矛盾。但资产阶级国家还是可以通过国有企业的生产、国家的投资和消费等直接经济活动，利用税收、信贷、利率等经济杠杆和经济政策的强制力来影响私有企业的活动，使经济计划发挥一定的作用，延缓危机的到来和减轻危机的程度，刺激经济的复苏和繁荣。

在国家垄断资本主义时期，国家不仅在国民经济范围内对经济进行干预和调节，而且也积极进行了国际经济干预和调节，以保证本国经济在国际竞争中正常运行和发展。因此，第二次世界大战后，为协调各国利益关系，由国家出面进行的国际经济联合有着广泛发展，它大致可以分为三大类：①成立经济全球化组织。如世界贸易组织、国际货币基金组织、世界银行等。其中，联合国是最大的国际经济关系协调的全球性组织，它对落后国家或地区进行经济援助，对发展中国家的农业、计划生育、治理环境污染进行扶持等。②组织区域一体化经济集团。它包括四种形式：一是特惠贸易区，如东南亚国家联盟；二是自由贸易区，如欧洲自由贸易联盟，美、加、墨自由贸易区；三是关税同盟，如安第斯条约组织；四是经济同盟（或称经济共同体），如欧盟。③举行国家首脑定期会晤。如西方七国首脑会议，以及国家元首互访等。

四、国家垄断资本主义的实质和作用

（一）国家垄断资本主义的实质

国家垄断资本主义仍然是资本主义，所不同的只不过它是资本主义国家力量同垄断资本力量相结合的垄断资本主义，是资本主义生产关系在资本主义私有制范围内进行的局部调整，它的产生和发展并没有改变垄断资本主义的经济实质。

首先，国家垄断资本主义的产生，并没有触及生产资料私有制，并没有改变资本主义生产关系的本质。资产阶级国家与私人垄断资本的结合，都是在资本主义私有制范围内进行的，构成国家垄断资本主义的主体仍然是垄断资产阶级，垄断资产阶级通过对政权的控制来掌握整个社会的经济命脉。因此，资产阶级国家没有也不可能改变它的阶级本质。

其次，国家垄断资本主义的产生和发展，是为垄断资产阶级获得高额利润和维护垄断资本的统治服务，保证他们具有获得高额垄断利润的条件和环境的。

最后，作为"总资本家"的国家垄断资本主义，它不同于个别垄断资本或垄断资本集团，而是凌驾于个别私人垄断资本之上。在国家垄断资本主义条件下，国家具有相对独立性。国家作为"理想的总资本家"，它考虑得更多的是垄断资产阶级的整体和长远利益。因此，国家垄断资本主义有时也会与某些私人垄断资本集团发生矛盾和冲突，甚至会牺牲某些私人垄断资本集团的利益。而且，国家垄断资本主义在为垄断资本服务的同时，也要顾及非垄断资本中小企业的利益，甚至在工人阶级强大斗争面前做出一定让步，但这一切归根结底还是为了垄断资本的根本利益。

可见，国家垄断资本主义的实质是私人垄断资本利用国家机器为获得垄断利润服务的手段,是维护垄断资产阶级总体利益和长远利益而对社会经济进行调节的一种形式。

(二)国家垄断资本主义的二重作用

国家垄断资本主义是在资本主义基本矛盾不断加深的条件下产生和发展起来的,它通过对生产关系在资本主义生产方式范围内的局部调整,在一定程度上促进了社会生产力的发展。但这种调整由于资本主义制度的局限性,随着生产力的发展,又会进一步加剧生产社会化与生产资料私有制的矛盾。

国家垄断资本主义对社会生产力一定程度的促进作用表现在:①国家投资兴办的、适应新科技革命要求的巨大的新兴工业企业,部分地克服了社会化大生产与私人垄断资本相对短缺之间的矛盾。②国家垄断资本主义代表垄断资本的整体利益,因而在调节社会经济中,能在一定程度上突破私人垄断资本单纯追求眼前利益的狭隘界限。③国家通过"经济计划化",对社会资本再生产进行综合性调节,在一定程度上适应了生产社会化发展的要求,也在一定程度上缓解了资本主义社会生产的无政府状态,促进了社会经济的发展。④国家垄断资本主义通过政府对国民收入再分配以及整套"社会福利措施"等,也在一定程度上缓和了劳资矛盾、垄断资本与中小资本的矛盾。⑤在垄断集团日益争夺国际市场的情况下,国家垄断资本主义通过国际之间的协调,也会暂时缓和资本主义各国之间的矛盾。

国家垄断资本主义对资本主义经济发展的作用具有二重性。既有推动作用的一面,又有阻碍作用的一面。国家垄断资本主义既是适应生产社会化发展而产生和发展起来的,又使国民收入的分配和再分配有利于私人垄断资本,从而加深了资本主义基本矛盾、阶级矛盾和社会矛盾。国家垄断资本主义具有其自身不可克服的局限性。它没有也不可能改变资本主义经济基础——生产资料私有制和资本对雇佣劳动的剥削,它不可能摆脱资本主义客观经济规律如剩余价值规律、资本积累规律等的支配,也不可能解决资本主义基本矛盾和其他矛盾。只要国家垄断资本主义自身的资本主义性质没有改变,它就不可能从根本上突破这三方面的限制。

国家垄断资本主义这些局限性的存在与发展,就为公有制代替私有制、为社会主义代替资本主义创造了极其有利的条件。因此,列宁指出:"国家垄断资本主义是社会主义最完备的物质准备,是社会主义的前阶。"①

思考题

1. 解释下列基本概念:

垄断 垄断价格 垄断利润 金融资本 国家垄断资本主义

① 《列宁全集》第32卷,人民出版社1985年版,第218-219页。

2. 试述私人垄断资本主义和国家垄断资本主义产生和发展的历史必然性。

3. 垄断组织有哪些基本形式? 这些垄断组织的基本内容是什么?

4. 垄断与竞争的关系是什么? 垄断条件下竞争有哪些新特点?

5. 什么是垄断价格? 垄断价格可以通过哪些方式形成?

6. 金融资本是怎样形成的, 金融寡头是如何实现其在经济和政治上的统治的?

7. 国家垄断资本主义有哪些基本形式和宏观调控政策手段?

8. 论垄断资本主义的基本经济特征及其新发展。

阅读书目

1.《帝国主义是资本主义的最高阶段》, 见《列宁选集》第 2 卷, 人民出版社 2012 年版。

2. [德] 鲁道夫·希法亭:《金融资本》, 商务印书馆 1994 年版。

第八章　资本主义国际经济关系

　　本章从国际分工出发，首先阐述了国际价值和国际市场价格的形成及其内涵；进而阐述了当代国际经济的两大趋势：区域经济一体化和经济全球化；处于两大趋势之中的发达国家之间，以及发达国家与发展中国家之间的经济关系也是本章叙述的主要内容。

第一节　国际分工和国际价值

一、国际分工

（一）国际分工的含义和制约条件

　　国际分工是指世界上各国、各地区之间的劳动分工，是国际贸易和各国、各地区经济联系的基础。它是社会生产力发展到一定阶段的产物，是社会分工超越国界的结果，是生产社会化向国际化发展的趋势。

　　国际分工主要受两个条件的制约：一是自然条件，包括资源、气候、土壤、国土或地区面积的大小等，为国际分工提供了自然基础，提供了可能性。但自然条件不是国际分工产生和发展的决定性条件。二是社会经济技术条件，包括各国、各地区的科学技术和生产力发展水平、国内市场的大小、人口的多寡和社会经济结构等。其中，各国、各地区的科学技术和生产力发展水平是国际分工产生和发展的决定性条件。因为国际分工不仅是生产力发展的结果，而且各国科技和生产力水平决定国际分工的形式、深度和广度，决定其在国际分工中的地位，决定国际分工的内容。

　　国际分工不同于国内社会分工。社会分工为一切社会所共有，国际分工是机器大工业以后才有的；社会分工是国内的劳动分工，国际分工是国家之间的劳动分工；社会分工取决于国内生产力的发展，国际分工取决于世界生产力的发展；社会分工受本国国家权力和制度的制约，国际分工受各国权力和政策等因素的制约。

（二）国际分工的类型

根据不同的标准，国际分工可做如下两种分类。

1. 按参加国际分工经济体的生产水平和工业发展情况的差异分类

按参加国际分工经济体的生产技术水平和工业发展情况的差异来分类，可划分为三种不同类型的国际分工形式。

(1)垂直型经济分工。垂直型经济分工是经济技术发展水平相差较大的经济体之间的分工。如发展中国家生产初级产品,发达国家生产工业制成品。初级产品与制成品这两类产业的生产过程构成垂直联系,彼此互为市场。这是不同国家在不同产业间的垂直分工。

(2)水平型经济分工。水平型经济分工是经济发展水平相同或接近的国家(如发达国家以及一部分新兴工业化国家)之间在工业制成品生产上的分工。水平分工可分为产业内与产业间水平分工。前者又称为"差异产品分工",是指同一产业内不同厂商生产的产品虽有相同或相近的技术程度,但其外观设计、内在质量、规格、品种、商标、牌号或价格有所差异,从而产生的分工和相互交换。后者则是指不同产业所生产的制成品之间的分工和贸易。由于发达资本主义国家的工业发展有先有后,侧重的工业部门有所不同,各国技术水平和发展状况存在差别,因此,各类工业部门生产方面的分工日趋重要。各国以其重点工业部门的产品去换取非重点工业部门的产品。

(3)混合型国际分工。混合型国际分工即垂直型和水平型混合起来的国际分工。从一个国家来看,它在国际分工体系中既参与"垂直型"的分工,也参与"水平型"的分工。例如,德国是混合型国际分工的代表,它对发展中国家是垂直型的,而对其他发达国家是水平型的。

2. 按照国际分工是否在产业之间或产业内部分类

按照国际分工是否在产业之间或产业内部,则国际分工包括产业间经济分工和产业内经济分工。

(1)产业间经济分工。产业间经济分工是不同产业部门之间生产的分工专业化。也可以更进一步地理解为劳动密集型工业、资本密集型重化工业以及技术密集型工业不同产业之间的分工。

(2)产业内经济分工。产业内经济分工是指在同一产业内产品的"差别化"分工和产品生产工序中的分工,即中间产品与组装成品的分工。一般来说,技术含量高的关键部件和组装成品由发达国家的企业控制,大量的一般元器件由发展中国家的企业生产。而产业内分工主要有以下三种表现形式:第一,同类产品不同型号规格专业化分工。第二,零部件专业化分工。许多国家为其他国家生产最终产品而生产的配件、部件或零件的专业化。第三,工艺过程专业化分工。这种专业化过程不是生产成品而是专门完成某种产品的工艺,即在完成某些工序方面的专业化分工。以化学产品为例,某些工厂专门生产半制成品,然后将其运输到一些国家的化学工厂去制造各种化学制成品。

(三)国际分工的发展过程

国际分工的发展过程分三个阶段。

第一阶段：15 世纪末 16 世纪初到 18 世纪中叶的萌发期，这个时期国际分工的水平不高，各国也没有对国际分工产生过多的依赖。

第二阶段：18 世纪中叶到第二次世界大战，这是国际分工形成和大发展的时期，也带有明显的殖民主义的烙印。主要是第一次工业革命，形成先进的工业国和落后的农业国之间的国际分工体系，第二次工业革命对部门之间的垂直的国际分工的最终形成起了十分重要的作用。

第三阶段：第二次世界大战结束以后，国际分工逐渐发展到深化阶段。这一时期世界上出现了大批民族独立国家和一些社会主义国家，世界经济格局已有很大变化，主要是以核能和电子计算机的使用为标志的第三次工业革命将资本主义国际分工体系推进到新的发展阶段。

（四）当代国际分工的特点

第二次世界大战后，国际分工的发展出现了新的特点：以自然资源为基础的分工逐步发展为以现代技术、工艺为基础的分工；各产业部门间的分工发展为产业部门内的分工；由国内市场调节的各部门、各企业间的分工过渡到由跨国公司协调的企业内部的分工；从过去工业品生产国与原材料生产国的垂直分工，逐渐发展为工业国之间的水平分工，即发展为按工艺和生产阶段实行专业化分工。

（五）国际分工的性质受各国经济制度和国际生产关系的制约

国际生产关系是各国国民经济之间建立起来的诸关系的总和。现代国际生产关系是多种性质不同的生产关系组成的，既有资本主义生产关系，也有社会主义生产关系，还有少数前资本主义生产关系。在各种国际生产关系中，资本主义生产关系仍占据支配地位，因此，现存的国际分工在很大程度上具有资本主义性质，也决定了在现存的国际分工体系中具有剥削和不平等的性质。

（六）国际分工的作用

国际分工具有双重作用。一方面，发达资本主义国家利用国际分工，把资本主义剥削制度扩大到国外，利用自己在科学技术和资金等方面的优势，建立不公平的国际经济秩序，剥削和掠夺落后国家。这是国际分工在目前国际经济秩序下必然带来的后果。另一方面，国际分工又反映了生产力发展的客观要求，对生产力的发展有积极的推动作用。具体表现在：①国际分工在世界范围内发挥各国的比较优势，形成各国之间的优势互补。②国际分工有可能使各国在其具有相对优势的部门或产品上，扩大生产规模，形成规模经济，取得规模效益。③国际分工必然带来国际竞争。激烈的国际竞争，对各国都构成巨大的压力，从而推动各国改进技术，改善经营管理，提高劳动生产率，并不断推出新产品。④国际分工推动生产要素在国际范围内流动，从而实现资源的国际优化配置。

二、国际价值

（一）国际价值的形成

商品的国际价值是在国民价值的基础上形成的。任何国家所生产的商品的价值内容，都是由抽象的社会劳动决定的。当商品交换变成世界性交换的时候，社会劳动便具有普遍的国际性质。马克思认为，真正的价值性质，是由国际贸易才发展的，因为国际贸易才把它里面包含的劳动，当作社会的劳动来发展。所以，使国民劳动具有世界劳动的性质，最重要的条件就是以国际分工为联系的世界市场的发展和形成。

（二）国际价值量的决定

国际商品价值量是由国际社会必要劳动时间决定的，是用世界劳动的平均单位来计量的。国际社会必要劳动时间是在世界各国现有的平均生产技术条件下，在各国劳动者平均的劳动熟练程度和劳动强度下，生产某种商品所需要的劳动时间。马克思说："在以各个国家作为组成部分的世界市场上，……国家不同，劳动的中等强度也就不同；有的国家高些，有的国家低些。于是各国的平均数形成一个阶梯，它的计量单位是世界劳动的平均单位。"一个国家的生产越发达，那里的国民劳动的强度和劳动生产率就超过国际水平，超过国际水平的劳动强度和劳动生产率，会在同一时间内生产出更多的价值。"因此，不同国家在同一劳动时间内所生产的同种商品的不同量，有不同的国际价值。"①

（三）影响国际价值量变化的因素

影响商品国际价值量变化的因素有：①国际劳动生产率。国际劳动生产率越高，单位商品的国际价值量越小；反之亦然。②国际劳动强度。价值量与劳动强度成正比。在同一时间内，强度较大的劳动比强度较小的劳动创造的价值大。③各国商品的出口量在总出口量中所占比重。这有几种不同的情况：一是如果各国的商品出口量在该商品国际市场交易总量中所占比例相等，则单个商品的国际价值量由各国商品的国内价值量的平均值决定。二是劳动生产率较低的国家，其出口的商品量同劳动生产率较高的国家出口的商品量在国际市场交易总量中所占比例相近的情况下，商品的国际价值量主要由出口中具有中等生产条件的国内价值量决定。三是劳动生产率较低（或较高）的国家的出口商品量在该商品的国际市场交易量中占较大的比例，则该商品的国际价值量将主要受劳动生产率较低（或较高）的国家商品的国民价值量所调节，且高于（或低于）中等生产条件国家的商品的国民价值。

（四）国际价值与国民价值的关系

商品的国际价值与国民价值既相联系，又有区别。

---

① ［德］马克思：《资本论》第1卷，人民出版社2004年版，第645页。

　　商品的国际价值和国民价值的联系表现在，它们在本质上是完全相同的，都是一般人类劳动的凝结。

　　二者的区别表现在：首先，它们的价值量的决定因素不同。国民价值量是由该国生产该商品的社会必要劳动时间决定的，国际价值量是由国际社会必要劳动时间决定的。其次，二者的表现形式也有差异。商品的国民价值是以该国货币表现的，而国际价值则是以世界货币表现的。最后，价值量的大小可能不同。一国的劳动生产率或劳动强度等于国际平均水平，国民价值等于国际价值；一国的劳动生产率或劳动强度低于国际平均水平，国民价值大于国际价值；一国的劳动生产率或劳动强度高于国际平均水平，国民价值少于国际价值。

三、国际市场价格

(一) 国际市场价格的含义

　　国际市场价格又称世界市场价格，是商品国际价值的货币表现。

　　人们常说的国际市场价格是指国际市场上在一定时期内客观形成的具有代表性的成交价格。①指某些国家市场集散中心，集散地商品的市场价格；②指某些商品主要出口国（或地区）具有代表性的出口价格；③指某些商品主要进口国（或地区）具有代表性的进口价格；④某些重要商品的拍卖价格、开标价格等。例如，联合国贸易发展会议把美国谷物交易所的小麦价格、玉米（阿根廷）的英国到岸价格、大米（泰国）的曼谷离岸价格、咖啡的纽约港交货价格等36种初级产品的价格列为国际市场价格。

(二) 国际市场价格的影响因素

　　商品的国际市场价格以商品的国际价值量为基础，在国际市场上受各种因素的影响。影响商品国际市场价格的因素主要有：①生产费用。生产费用的变动是影响国际市场价格的重要因素。特别是对加工工业产品的价格来说，生产费用更具有决定性作用。如美国加工工业产品价格中，生产费用占85%～95%。但在原料等初级产品价格中，生产费用所占比重较小，如石油、煤炭的开采费只占其价格的20%～30%。这也说明，在国际市场上，价格的波动中心是国际价值。②供求因素。供求对国际市场价格的影响，取决于世界市场的竞争程度。竞争越激烈，供求对国际市场价格的影响就越显著。世界石油价格的波动便很能说明这个问题。供求变化对世界市场价格的影响因素是多方面的，如产品质量、花色、款式、品种、广告宣传等都会影响商品供求，进而影响世界市场价格。③垄断因素。垄断是造成世界市场价格背离国际价值的重要因素。特别是发达国家垄断组织往往通过对世界市场的垄断和控制，左右世界市场的价格。它们或垄断原料市场，或瓜分销售市场，或直接规定和控制价格，或限制商品生产额和出口额。特别是跨国公司内部采用划拨价格，相互约定出口、采购商品和劳务价格，对世界市场价格的影响越来越大。④通货因素。

国际贸易的发展，使各国经济相互依赖和相互影响日益加深。各国的国内通货膨胀或通货紧缩都会在不同程度上传递给其他国家，进而导致世界市场价格总水平的上升或下降。如果发生通胀或紧缩的国家，其出口商品在世界市场占有很大份额，就会直接造成世界市场价格的上升或下降。⑤汇率因素。国际货币市场上汇率变动直接影响商品的国际市场价格。由于国际市场价格大多以美元计价，美元汇率的变动对国际市场价格的影响最为明显。1970—1972 年，美元对其他发达国家的汇率下降了约 11％，世界市场价格总水平上升了 14％。1981 年美元对英镑汇率上升 13％，使发达国家出口价格指数从 1980 年的 160 下降到 1981 年的 155，进口价格指数从 1980 年的 178 下降到 1981 年的 174。

第二节 资本国际化、区域经济一体化和经济全球化

一、资本国际化

(一)资本国际化的含义

资本国际化是指资本活动越出国家的界限，在国际范围内不断运动的过程。

在资本主义条件下，资本国际化是与生产国际化同步发展起来的，是同一过程的两个方面：生产国际化是资本主义生产力的国际扩张，资本国际化是资本主义生产关系的国际扩张。它们相互依赖、相互融合，构成整个经济生活的国际化。资本国际化是垄断资本为追逐高额利润而对外扩张和资本主义商品经济发展到一定程度的必然经济现象。

(二)资本国际化的演进

资本国际化的演进有三种形态，即商业资本国际化、借贷款本国际化和产业资本国际化。

1. 商业资本国际化

这是资本主义自由竞争阶段资本国际化的主要形式。那时的国际分工是通过国际贸易的形式形成和发展起来的。资本国际化主要表现为商品资本在国际流通领域内流动，形成商业资本的国际化。第二次世界大战后，随着部门内分工国际化程度的加深，商业资本国际化的广度和深度都有了很大的发展。

2. 借贷资本国际化

资本主义进入垄断阶段即帝国主义阶段后，资本输出作为帝国主义基本经济特征大规模地发展起来。第二次世界大战前，资本输出主要是借贷资本的输出；第二次世界大战后，资本国际化进入新的发展阶段，表现为金融资本的国际化。世界性的金融机构网络，大量的金融业务跨国界进行。

3. 产业资本国际化

第二次世界大战后，随着科学技术的进步和国家垄断资本主义的发展，垄断资本进一步国际化的突出特点是产业资本的国际化。所谓产业资本国际化，是指私人垄断资本和国家垄断资本不断扩大对国外的直接投资，兴建生产性企业。产业资本国际化是在商业资本和借贷资本国际化基础上发展起来的。跨国公司是资本国际化的主要形式。产业资本国际化意味着资本在国际范围内生产和实现剩余价值，扩大了国际范围的积累能力。

从商业资本、借贷资本到产业资本的国际化，表明垄断资本国际化的全面形成，它促使国际经济关系向广度和深度进军。垄断资本国际化的实质是为了私人垄断资本或国家垄断资本获取高额国际垄断利润。

（三）资本国际化的影响

资本国际化对世界经济的影响既有积极的一面，又有消极的一面。

资本国际化对世界经济影响的积极一面表现在：第一，促进了国际分工，加深了各国的生产专业化协作。第二，使资源在世界范围内合理配置，也促进了科学技术传播，从而促进世界生产的发展和市场的扩大。第三，资本国际化加强了各国之间的经济联系。

资本国际化对世界经济影响的消极一面表现在：第一，资本国际化进一步加强了国际垄断资本对发展中国家的剥削和控制，存在不合理不平等交换关系的国际经济秩序依然未得到根本改观。第二，资本国际化使国际垄断组织和垄断资本主义国家之间为占领世界市场、原料产地和投资场所的斗争更激烈，矛盾和冲突不断。

二、区域经济一体化

（一）区域经济一体化的含义及其形式

1. 区域经济一体化的含义

区域经济一体化是指两个或两个以上的国家或地区，通过相互协商制定经济贸易政策和措施，并缔结经济条约或协定，在经济上结合起来形成一个区域性经济贸易联合体的过程。

2. 区域经济一体化的形式

区域经济一体化的形式可以根据不同的标准进行划分。

（1）按照贸易壁垒强弱的程度划分，区域经济一体化的形式可分为六类：特惠贸易协定、自由贸易区、关税同盟、共同市场、经济同盟、完全的经济一体化。

特惠贸易协定是实行特惠贸易安排的成员国之间，通过协定或其他形式，对全部或部分商品规定特别的关税优惠。这是经济一体化的最松散和较低级的一种形式。自由贸易区是区内各国在相互贸易中给予优惠，以加强地区间合作和增强地区竞争力的一种方式，关键是在区内实行商品自由流动。关税同盟是缔约国在相互贸易中免除关税和限额，并规定共同对外关税税率和贸易政策，具有一定程度的超国家范围经济调节的组织。共同市场是指除了在成员国内完全废除关税与数量限制并建立对非成员国的共同关税外，还取消了生产要素流动的各自限制，允许劳动、资本等在成员国之间自由流动。经济联盟是共同市场和经济共同体向超国家一体化的宏观协调机制发展的具体步骤，是一种较高层次的区域经济一体化组织形式。其特点是，在实行关税、贸易和市场一体化的基础上，进一步协调成员国之间的经济政策和社会政策，包括货币、财政、经济发展和社会福利政策，以及有关贸易和生产要素的流动政策，并拥有一个制定这些政策的超国家的共同机构。完全经济一体化是经济一体化的最高级形式。完全经济一体化不仅包括经济同盟的全部特点，关键是经济制度、政治制度和法律制度的协调和统一。完全经济一体化组织一般有共同的组织管理机构，这种机构的权力以成员国的部分经济决策与管理权限的让渡为基础。

（2）按区域经济一体化的范围划分，区域经济一体化的形式可分为两类：部门经济一体化、全盘经济一体化。

部门经济一体化是指区域内各成员国的一个或几个部门（或商品，或产业），达成共同的经济联合协定而产生的区域经济一体化组织。全盘经济一体化是指区域内各成员国的所有经济部门达成一体化的形态。

（3）按参加国的经济发展水平划分，区域经济一体化的组织形式也分为两类：水平经济一体化、垂直经济一体化。

水平经济一体化，又称横向经济一体化，是指由经济发展水平大致相同或相近的国家所组成的经济一体化组织。垂直经济一体化，又称纵向经济一体化，它是指由经济发展水平不同的国家所组成的区域经济一体化组织。

（二）区域经济一体化兴起的原因

第二次世界大战后至今在世界各地区相继出现了 144 个区域经济一体化组织，这种区域经济一体化组织正在由小区域向大区域发展。众所周知的"欧洲联盟"、"亚太经济合作组织（APEC）"（世界最大经济合作组织，但非制度化，松散）、"北美自由贸易区"、"非洲联盟"、"东南亚国家联盟"、中国与"东盟"自由贸易区、"南方共同市场"、"安第斯共同体"、"黑海经济合作区"，以及"上海合作组织"等，都属于区域经济一体化组织。这些区域经济一体化组织有的向更大的区域和更深的层次发展，有的正在筹建。如"欧洲联盟"将扩大其成员国，先把前东欧国家吸纳，最终使所有欧洲国家都成为欧盟成员国。"北美自由贸易区"将扩大到东南美洲地区。"亚太经合组织"也把 2020 年实现贸易和投资自由化作为目标。1997 年底"南方共同市场"从原来 4 国扩大到智利并积极为建立美洲自由贸易区做准备。目前全球已有各类型区域性自由贸易协定 240 个。

区域经济一体化的兴起，有其深刻的政治原因和经济原因。

1. 区域经济一体化的兴起的政治原因

一是谋求政治修好，缓解矛盾冲突，稳定地区局势。欧洲合作的初始动机和最终目标就是政治。经过两次世界大战的磨难，欧洲人意识到不能再发生战争，必须通过合作、一体化与联合，才能实现欧洲的长久稳定、安全和发展。在亚洲，1999 年东亚领导人关于东亚合作的联合声明，明确提出了开展政治、安全对话与合作的议题。此外，印度和巴基斯坦之间政治紧张局势的缓解，与正在进行中的南亚自由贸易区协议谈判密不可分。非洲一些国家政局长期不稳，大多数国家经济又不发达，这些因素促使非洲联盟于 2002 年问世，其目的是试图以政治和经济合作来推动地区稳定与经济发展。

二是推动国内的体制改革。一些发展中国家和转轨国家把区域贸易协议作为锁定贸易自由化或国内体制改革进程的机制，即通过外部的条约责任和有形具体的承诺来促进国内的体制改革。20 世纪 90 年代，东欧转型国家与欧盟签署区域贸易协议的目的之一，就在于以此推动向市场经济的转化过程。

三是寻求区域层面的政治保护以抗衡其他区域集团。美国参与跨地区的亚太经合组织，意在抗衡不断扩大的欧盟。而欧盟希望作为一个更强大的整体，用一个强音在国际上更有力地与美、日等大国抗争。日本极力在亚太地区推行"雁阵模式"，巩固和扩大"大东亚经济圈"，同时采取各种措施打入欧美腹地，并期望借此获取安理会常任理事国地位。俄罗斯以独联体为依托，已经建立或正在构建一些区域经济集团，如独联体国家经济联盟、欧亚经济共同体等，以巩固和加强其大国地位。东盟通过加强内部协调与合作，在世贸组织、联合国贸发会议等多边经济组织中用一个声音说话，来维护日益增强的自身利益。

四是传播主体政治价值理念。"9·11"之后，美国把反恐作为其国际战略的一项核心内容。2003 年 5 月伊拉克战争结束后，美国主动提出与中东地区国家在 2013 年之前建立自由贸易区的倡议。舆论普遍认为，美国此举的真正目的是要通过自由贸易区方式在该地区推行美国式民主制度。

2. 区域经济一体化兴起的经济原因

一是当前全球范围内日益加深的市场化趋向改革，为区域经济一体化的发展奠定了体制基础。在战后新技术条件下，各国各地区之间的分工与依赖日益加深，生产社会化、全球化程度不断提高，使各国的生产和流通及其经济活动进一步越出国界。这就必然要求消除阻碍经济全球化发展的市场和体制障碍。当今世界，越来越多的国家通过实践认识到，只有选择市场经济体制，才能加快本国经济发展的速度、提高经济的运转效率和国际竞争力。通过改革，各国消除了商品、生产要素在国家之间进行流动的经济体制上的障碍，促成了区域经济一体化的发展。

二是世贸组织多边贸易体制本身的局限性以及近年来多边贸易谈判所遭遇的挫折和困

难，刺激了区域经济一体化的发展。虽然世贸组织是推动贸易自由化和经济全球化的主要力量，但由于自身庞大，运作程序复杂，根据世贸组织"一揽子接受"方式，其成员对各项议题的谈判只有在一致同意的基础上才能进行，从而注定了短时间内所有成员达成共识和消除矛盾并非易事。比如，2001 年 11 月在多哈发起的首轮多边谈判一直举步维艰。多边贸易谈判前景的不可预测性，为双边和区域性贸易协议提供了发展空间与机遇，也为参与全球竞争增加了一种选择。

三是区域经济一体化组织因其成员常常是地理位置相邻、社会政治制度相似、生产力发展水平相近、有类似的文化历史背景，因而具有开展经济合作的诸多优势。

三、经济全球化

(一)经济全球化的含义和实质

国际货币基金组织(IMF)在 1997 年 5 月发表的一份报告中指出，"经济全球化是指跨国商品与服务贸易及资本流动规模和形式的增加，以及技术的广泛迅速传播使世界各国经济的相互依赖性增强"。而经济合作与发展组织(OECD)认为，"经济全球化可以被看作一种过程，在这个过程中，经济、市场、技术与通讯形式都越来越具有全球特征，民族性和地方性在减少"。根据世界银行和经济合作与发展组织的报告，可从三方面理解经济全球化：一是世界各国经济联系的加强和相互依赖程度日益提高；二是各国国内经济规则不断趋于一致；三是国际经济协调机制强化，即各种多边或区域组织对世界经济的协调和约束作用越来越强。综合起来，对经济全球化可以做这样的界定：经济全球化，是指随着科学技术和国际社会分工的发展以及生产社会化程度的提高，使世界各国、各地区的经济活动越来越超出一国和地区的范围而相互联系和密切结合的趋势。

经济全球化的实质是市场经济和资本的全球化，是生产社会化和经济关系国际化发展的客观趋势。经济全球化使社会再生产的各个环节（生产、分配、交换、消费）和各种资本形态(货币资本、生产资本、商品资本)的运动超出国界，在全球范围内进行。它是在科学技术和社会生产力发展到更高水平，各国经济相互依存、相互渗透的程度大为增强，阻碍生产要素在全球自由流通的各种壁垒不断削弱，经济运行的国际规则逐步形成并不断完善的条件下产生和发展的。

(二)经济全球化的形成

经济全球化的萌芽可追溯到 19 世纪中叶，商品经济和现代交通运输的发展，造就了世界市场的形成。进入垄断资本主义阶段，大量资本输出带动商品输出，使经济全球化进一步发展。第二次世界大战后，曾一度出现过资本主义各国实行贸易保护主义和严格限制资本转移，使经济全球化暂时放慢了速度。20 世纪 80 年代以后，经济全球化发展进程明显加快，范围和规模大大扩展。

　　20 世纪 80 年代以来经济全球化迅速发展的原因是：（1）新科学技术，特别是计算机、通信技术、信息网络的广泛应用。这就使各国市场分离的时间和空间等自然障碍迅速减少，把世界经济融合成全球范围的"网络经济"，使资本可以灵活地在全球范围流动，国际间的贸易更为便捷。（2）国际贸易自由化程度大大提高。随着各国经济的发展，特别是垄断资本主义国家急剧膨胀的生产能力，在旧殖民主义瓦解后亟需寻求国际市场，发展中国家也希望通过国际贸易来加快本国经济振兴，这就促使国际贸易自由化程度的提高。世界贸易组织的建立和发展，使几乎所有国家放弃了贸易保护主义，降低了对外贸易关税，从而拆除了外贸壁垒，这就为国际贸易的迅猛发展提供了最重要的条件。（3）国际资本流动增强。随着新科技革命发展，一系列新兴产业部门的出现和传统产业的淘汰、改造，出现了世界范围的产业结构调整。为了抓住机遇，加快本国经济的发展，绝大多数国家都出台了一系列吸引外资的优惠政策，积极引进国际资本，国际资本流动大幅增长，促进了资本从而经济的全球化。（4）跨国公司的迅猛发展为经济全球化发展趋势提供了新的组织形式。

　　（三）经济全球化的载体

　　经济全球化共有四个载体。

　　（1）贸易自由化。随着全球货物贸易、服务贸易，技术贸易的加速发展，经济全球化促进了世界多边贸易体制的形成，从而加快了国际贸易的增长速度，促进了全球贸易自由化的发展，也使得加入到 WTO 组织的成员以统一的国际准则来规范自己的行为。

　　（2）生产国际化。生产力作为人类社会发展的根本动力，极大地推动着世界市场的扩大。以互联网为标志的科技革命，从时间和空间上缩小了各国之间的距离，促使世界贸易结构发生巨大变化，促使生产要素跨国流动，它不仅对生产超越国界提出了内在要求，也为全球化生产准备了条件，是推动经济全球化的根本动力。

　　（3）金融全球化。世界性的金融机构网络，大量的金融业务跨国界进行，跨国贷款、跨国证券发行和跨国并购体系已经形成。世界各主要金融市场在时间上相互接续、价格上相互联动，几秒钟内就能实现上千万亿美元的交易，尤其是外汇市场已经成为世界上最具流动性和全天候的市场。

　　（4）科技全球化。它是指各国科技资源在全球范围内的优化配置，这是经济全球化最新拓展和进展迅速的领域，表现为，先进技术和研发能力的大规模跨国界转移，跨国界联合研发广泛存在。以信息技术产业为典型代表，各国的技术标准越来越趋向一致，跨国公司巨头通过垄断技术标准的使用，控制了行业的发展，获取了大量的超额利润。

　　（四）经济全球化的双重作用

　　1. 经济全球化的积极作用

　　经济全球化为世界各国的经济发展提供了有利条件和良好机遇，促进了国际经济的发展：

　　（1）经济全球化有利于实现资源在全球范围的优化配置，使资源得到最有效的利用。经济全球化一方面促进国际间的经济合作；另一方面又加剧各国之间的竞争，竞争的结果是优胜劣汰，促使生产要素在全球范围内自由流动，寻求最有效的要素组合方式，实现资源的优化合理配置，大大提高经济效益。

　　（2）经济全球化加速了技术转让和产业结构调整的进程。经济全球化带来了国际分工的新发展、产业的大转移、资本和技术等生产要素的大流动，这对于发展中国家弥补国内资本和技术等要素的不足，发挥后发优势，迅速实现产业演进、技术进步、制度创新，从而促进经济发展十分有利。发达国家的跨国公司为延长其技术的生命周期、扩大技术收益，积极进行技术转让活动，在客观上有利于发展中国家技术发展，有利于产业结构的升级和工业化进程的加速。

　　（3）经济全球化必然导致国家经济调控的加强，使国际组织和规则不断完善，对世界经济发展起着促进作用。如世界贸易组织、世界银行、国际货币基金组织的建立，以及国际经济新秩序的建立和完善，对世界经济的发展都产生了巨大影响。

　　（4）经济全球化有利于缓和国际上的一些矛盾。世界上大多数国家都被经济全球化的深层次国际分工紧密联系在一起，各国经济相互依存、相互渗透，你中有我、我中有你，这种经济关系势必导致政治领域和国际关系的变化，导致协商与对话日益成为解决国际争端的主要手段。

　　2. 经济全球化的负面作用。

　　（1）经济全球化增大了各国经济连带波动的风险。因为各国的经济同世界经济存在着紧密的联系。一些经济联系比较紧密的国家如果发生经济方面的波动或危机，都会通过国际经济的传递机制影响和波及到其他国家，特别是发达国家的经济周期、汇率、利率的变化对发展中国家影响更为严重。

　　（2）经济全球化在旧的国际经济秩序下，会使各国的经济差距进一步拉大。由于各国经济发展水平以及经济结构客观上存在发展水平的差异，产业结构存在着级差。随着经济全球化的发展，世界市场引导着国际产业结构的调整和转移，一些高精尖产业配置到发达国家，一些传统产业则转移到发展中国家，其结果必然进一步促使各国经济差距的加大。

　　（3）经济全球化在旧的国际秩序下使发展中国家付出的代价巨大，发达国家分享更多利益。在剧烈竞争的国际市场中，发展中国家的经济力量和水平，都难以同发达国家抗争，因而造成发达国家的跨国公司的品牌和产品充斥国际市场和各发展中国家的国内市场，伤害发展中国家的民族经济。当前国际经济组织大多数是由发达国家操纵，全球化的"游戏规则"由发达国家制定。这些都是有利于发达国家经济发展的。

　　经济全球化的双重作用表明，它既为世界各国经济的发展带来前所未有的机遇，又带来严峻的挑战，世界各国特别是发展中国家，必须趋利避害，促进经济全球化朝着有利于实现共同繁荣的方向发展，使各国特别是发展中国家都从中受益。

四、跨国公司

跨国公司既是第二次世界大战后国际垄断同盟的主要形式，也是区域经济一体化和经济全球化的重要内容和主要推动者与担当者。

（一）跨国公司的含义和特点

跨国公司，又称"多国公司"，或"国际公司"，它是指以本国为基地，通过对外直接投资，在世界各地设立分支机构或子公司，从事国际化生产和经营活动的大企业。

20世纪70年代初，联合国经济及社会理事会组成了由知名人士参加的小组，较为全面地考察了跨国公司的各种准则和定义后，于1974年作出决议，决定联合国统一采用"跨国公司"这一名称。联合国跨国公司委员会认为跨国公司应具备以下三要素：第一，跨国公司是指一个工商企业，组成这个企业的实体在两个或两个以上的国家内经营业务，而不论其采取何种法律形式经营，也不论其在哪一经济部门经营；第二，这种企业有一个中央决策体系，因而具有共同的政策，此等政策可能反映企业的全球战略目标；第三，这种企业的各个实体分享资源、信息以及分担责任。

跨国公司一般具有五个特点：一是以一国实力雄厚的大型公司为主体，在许多国家设立有子公司或分公司；二是有一个最高的决策中心和完整的决策体系，各子公司或分公司服从最高决策中心的决策；三是有一个全球发展战略，各跨国公司在世界范围内优化资源配置，谋求利润最大化；四是在世界市场上有较强的竞争力；五是对某些产品或在某些地区有一定的垄断性。

（二）跨国公司的产生和发展

跨国公司的出现与资本输出密切相关。19世纪末20世纪初，资本主义进入垄断阶段，资本输出大大发展起来，这时才开始出现少数跨国公司。当时，发达资本主义国家的某些大型企业通过对外直接投资，在海外设立分支机构和子公司，开始跨国性经营。例如，美国的胜家缝纫机器公司、威斯汀豪斯电气公司、爱迪生电器公司、英国的帝国化学公司等都先后在国外活动。这些公司是现代跨国公司的先驱。

两次世界大战期间，发达国家对外直接投资增长缓慢，处于停滞状态。这主要是由于以下几方面原因：第一，战争造成的损失和巨额战后重建费用使欧洲大陆由债权国变为债务国，难以筹措资金进行对外直接投资；第二，1929—1933年爆发的世界性经济危机使资本主义世界受到重创，生产力遭到严重破坏，而且主要发达国家纷纷实行贸易保护政策，对外资进行限制与歧视；第三，世界性经济危机后国际货币秩序混乱，资本主义各国从自身利益出发，纷纷组成货币集团，实行外汇管制，限制国际资金自由流通，直接影响了对外直接投资。

　　第二次世界大战以后，尤其是 20 世纪 50 年代以来，全球范围内直接投资迅猛增长，跨国公司得到空前发展。据统计，1973 年全世界有跨国公司 9481 家；2007 年有 7.1 万家，分支机构 90 万家，它们控制了全球生产的 40%，国际贸易的 50% ~ 60%，技术贸易的 60% ~ 70%，对外直接投资的 90%，技术专利的 80%。第二次世界大战后跨国公司的发展可以分为三个阶段：

　　第一阶段，战后初期至 20 世纪 60 年代末。第二次世界大战使西欧国家经济受到重创，对外直接投资锐减。战后初期到 20 世纪 60 年代末，美国通过实施"马歇尔计划"，参与欧洲和国际经济重建，为其跨国公司大规模对外直接投资创造了极好的条件。据统计，1956 年世界最大的 200 家跨国公司中，美国有 144 家，占 70% 以上。因此，这一时期美国公司几乎成为跨国公司的同义词。

　　第二阶段，自 20 世纪 70 年代初开始至 80 年代末。西欧和日本经济在第二次世界大战后得到迅速恢复与发展，跨国公司迅速增加。70 年代，西欧和日本的跨国公司积极对外扩张，在全球范围内与美国公司展开了激烈的竞争，对外直接投资年增长率均为 20% 左右，远远高于同期美国 11.1% 的年均增长率。尽管美国公司在 70 年代对外直接投资增长较前期迅速，仍处于领先地位，但其相对优势已大大下降。另一方面，从 70 年代开始，随着石油大幅度涨价和某些原材料价格上涨，发展中国家经济实力大大加强，在经济发展的同时，一些发展中国家开始对外直接投资，从事跨国经营。80 年代后，亚洲四小龙以及巴西、墨西哥等新兴工业化国家和地区涌现了一批有相当规模与实力的跨国公司，使国际直接投资呈现出多元化、多极化的新格局。国际直接投资格局逐步由美国占绝对优势向多极化方向发展。

　　第三阶段，自 20 世纪 90 年代初期至今。进入 90 年代以来，尽管受到某些不稳定因素如东南亚金融危机、发展中国家长期债务危机的影响，随着世界经济全球化趋势的不断增强和国际分工的日益深化，对外直接投资迅猛增长。据联合国贸发会议历年《世界投资报告》统计，90 年代以来国际直接投资保持持续大幅增长，远远超过同期世界贸易增长率，尤其是 90 年代中期以来增长势头更为迅猛，1996—2000 年平均增幅超过 40%，2000 年全球外国直接投资达到创纪录的 12 710 亿美元。值得注意的是，跨国并购在 90 年代特别是 90 年代中期以来交易急剧扩大，已成为国际直接投资的主要方式及其增长的主要推动力量。1990 年全球跨国并购额为 1 510 亿美元，2000 年达 11440 亿美元，是 1990 年的 8 倍多，占到当年外国直接投资的 90% 之多。与此同时，跨国公司的数量也迅猛增长。随着跨国公司的发展，跨国公司的实力越来越强。据 2003 年美国《财富》杂志公布的全球 500 家大企业分属于 26 个国家和地区，分布在 46 个不同行业，在全球化的舞台上扮演了世界生产组织者的角色。据统计，它们的产值已占到世界总产值的 45%，其内部和相互贸易占总额的六成以上，投资已占全球累计直接投资的 90%，2002 年的营业额高达 126960 亿美元，是全球中低收入国家国内收入的 2 倍。全世界 40 个贫困国家的财富总和，不及 500 强企业中微软、思科、戴尔三家新兴企业的资产。进入 21 世纪以来，尤其是 2008 年金融危机爆发以来，虽然由于世界大部分地区经济增长放缓以及对复苏前景的悲观预期，全球外国直接投资大幅减少，跨国公司发展受到严重影响，但不可否认的是，跨国公司未来的发展前景仍然光明，尤其是"金砖国家"的跨国公司将迎来大发展。

（三）跨国公司的经济与政治意义

跨国公司对外直接投资和生产全球化既促进了国际社会的相互合作，又产生了一系列摩擦和冲突。①跨国公司有效地利用了全球的资源，提高了生产力，增加了世界的财富和福利，是世界经济增长的发动机。作为跨国公司最重要的活动——外国直接投资，则是当今国际世界上最重要的资本、技术和产品交换形式。②跨国公司的经济实力与母国的政治权力相互补充。当最有发展潜力的企业把持了具有战略意义的商品和劳务，并在国际上保持垄断地位时，这个企业的母国也就在国际上取得了影响或左右其他国家的手段。因此，从根本上说跨国公司是其母国的国际地位和权力影响的经济基础。而母国的国际地位和权力又是跨国公司在外直接投资的保障。战后美国的政治霸权是建立在其压倒优势的经济科技力量上的，而这种压倒优势的经济科技力量又是由数以万计的跨国公司所提供的。美国的跨国公司一直控制着世界主要的石油生产，从而保证了美国石油供应不会因战争、天灾而造成匮乏。而美国政府运用其政治外交手段和军事力量保证了其在中东和其他石油产区的主导权。1990 年和 2003 年的两次海湾战争与其说是反对伊拉克的战争，倒不如说是为控制石油而发动的战争。跨国公司还是母国所需外汇的主要赚取者。跨国公司在传播母国政治影响、生活方式和意识形态方面也起着重要作用。③跨国公司已经成为国际关系中重要的非国家行为主体。尽管有人认为跨国公司是"无国籍世界公民"，它只服从利润最大化，然而事实表明，跨国公司规模越大，其对国籍、民族的归属感越强，跨国公司的行为对国家和民族的支持与制约是十分强烈的。但是跨国公司就其本性而言，是一种跨越国界的经济权力。随着全球化程度的提高，跨国公司独立于任何国家——包括东道国和母国——之外的愿望将愈益强烈。它们将越来越按一种全球主义的观念与纯粹的市场法则来处理公司事务。从积极方面来看，跨国公司更多地认同自身的国际化角色，成为世界发展中的一种建设性力量。这当然是人们所期望的一种趋势。④跨国公司加深了发展中国家的边缘化。对发展中国家来说，来自发达国家的生产制造型直接投资是促进本国经济起飞的重要力量，但是跨国公司的生产制造中心的转移是有层次的，是以技术垄断和内部利润控制为前提的。在全球化浪潮中，新的国际分工总的发展趋势是技术层次的相对固定化，生产制造中心随着产品和产业结构的升级换代而不断从"中心国家"转向"半边缘国家"，再从"半边缘国家"转向"边缘国家"。

第三节 当代两种主要类型国家之间的经济关系

从经济发展的角度来看，当代两种主要类型的国家是指发达资本主义国家和发展中国家。国际经济关系也主要表现在发达国家之间、发达国家与发展中国家之间的经济关系上。

一、发达资本主义国家之间的经济关系

(一)发达国家之间经济关系的格局

第二次世界大战后，美国在新的科技革命的推动下，全面实现了国民经济的工业化和现代化，综合国力大为增强，经济实力远远超过其他资本主义国家，形成美国独霸资本主义世界的格局。由于资本主义经济政治发展不平衡规律的作用，到了20世纪70年代初期，美国经济地位相对下降，日本和西欧逐渐崛起，逐渐形成美、日、欧三足鼎立的新格局。美、日、欧作为发达资本主义国家，在经济利益上既有共同之处，又存在矛盾和斗争。它们之间经济关系的实质，是按照资本和实力在经济上分割世界和维护垄断资本的利益，以攫取最大限度的垄断利润。

(二)美、日、欧之间的矛盾和斗争

美、日、欧之间的矛盾和斗争，主要体现在贸易、投资和金融三个方面。

1. 贸易领域的矛盾

发生在贸易领域的矛盾：一是美、日、欧各国的贸易发展不平衡，有的国家贸易顺差，有的国家贸易逆差，经常为此发生贸易摩擦美；二是美、日、欧各国在主要商品的出口贸易上经常发生冲突，如纺织品、钢铁、农产品等等的出口大战，屡见不鲜；三是美、日、欧各国市场开放程度不同，有的市场开放度高，有的采取贸易保护政策，为此形成激烈的斗争。

2. 投资领域的矛盾

第二次世界大战后，发达资本主义国家的投资方向，由原来的主要投向不发达国家转为主要是发达资本主义国家之间的相互投资，从而使投资领域的矛盾冲突不断增多。投资领域的冲突大致包括三个方面：一是保卫本国的利益不受损害；二是主动向对方进攻；三是争夺"第三者"。以美国为例，它一方面通过对外国资本的监督限制来"自守"，另一方面又不断采取措施主动"进攻"，为绕过西欧的关税壁垒掀起了"把工厂迁到欧洲去"的浪潮，以投资代替出口，占领西欧市场，又以西欧为基地向其他地区渗透。而西欧国家也不甘落后，从两个方面同美国在投资领域展开了攻防战。一方面对外国资本的活动采取限制措施，如规定外国企业投资要经过所在国的政府批准等，另一方面采取优惠措施增强本国企业的竞争力，主动出击，不断扩大对美国的投资。

3. 金融领域的矛盾

货币金融领域历来是发达资本主义国家之间角逐的重要场所。从19世纪到20世纪初

期，英镑一直是资本主义世界的主要国际支付手段和储备货币。但在第一次世界大战后，英镑的地位趋于衰落，美元逐渐取代英镑的地位。1944年，美国凭借其在战争中壮大起来的经济和军事实力，通过布雷顿森林会议建立了以美元为中心的国际货币体系，这个体系确定美元与黄金挂钩，其他国家货币与美元挂钩。这样，美元就凌驾于别国货币之上，成为主要的国际储备货币和国际支付手段。60年代以后，随着各国经济的恢复和发展，美国经济实力的相对衰落，美元危机频频发生，各国对美元危机给它们造成的危害产生强烈不满，不再容忍美元的霸权地位，纷纷要求改革货币体系，宣布实行浮动汇率制度。从70年代初开始，以美元为中心的资本主义国际货币制度终告崩溃。1974年9月在牙买加首都金斯敦召开会议，通过了建立新的国际货币体系框架结构的"牙买加协议"。

牙买加体系的主要内容是黄金非货币化，美元与黄金脱钩，浮动汇率合法化，特别提款权国际储备货币化。这种体系的缺陷引发的发达国家之间的矛盾冲突主要在汇率变动上。各国为了改善自己贸易的相对地位而调整汇率，也必然会影响或侵犯他国的经济福利乃至政治稳定。

20世纪90年代以来，美元的霸权地位受到了欧洲单一货币欧元的出台和日元国际化的冲击。欧元的诞生不仅大大推动欧洲政治经济一体化进程，而且对国际金融货币体系产生重大影响。日元国际化是日本面向国际货币体系激烈动荡的反映。虽然日本自20世纪80年代以来经济增长停滞，但其实力尚存，日元走势虽有起伏，但总体上是坚挺的，日本的外汇储备充裕，居世界第二。所以维持以美元为主导的美元、欧元、日元之间的平衡格局，建立稳定而有效的国际货币体系是各国所企求的，但出于各自的利益，与贸易相联系的汇率制度引发的发达国家之间的争斗会持续不断。

发达资本主义国家之间在经济领域经常通过各种渠道协调彼此的关系，试图化解矛盾，但由于经济实力、经济结构、国际经济环境方面的变化，以及各国都竭力保护本国的经济利益，因而在经济关系上的矛盾冲突是不可避免和难以解决的。

二、发达资本主义国家与发展中国家之间的经济关系

(一)发达资本主义国家与发展中国家之间经济关系的实质

发达资本主义国家与发展中国家之间经济关系的基本特征是既相互依赖又相互斗争，它们之间经济关系的实质是一种控制与反控制、剥削与反剥削的关系。一方面，发达国家需要发展中国家生产的原料和初级产品，进出口贸易有1/3依赖发展中国家的市场；而发展中国家也需要发达国家的资金、技术和设备，并有2/3的进出口贸易依赖发达国家的市场。另一方面，发达国家的垄断资本，依仗其雄厚经济实力和对国际市场和国际经济组织的控制，从发展中国家掠走大量财富和利润。发达国家和发展中国家的这种不对等的经济关系，引发出诸多矛盾和冲突。一是在很多国际经济组织中，其控制权大都操纵在几个发

达资本主义国家手中。这必然加深发达资本主义国家和发展中国家的矛盾。二是国际垄断同盟的发展，使发展中国家受到更多的剥削和掠夺，从而使本来已经差距很大的"南贫北富"进一步加大。这也是加深发达资本主义国家和发展中国家矛盾的重要根源。三是发达的垄断资本主义国家，推行新的有利于发达国家的国际分工体系，往往导致发展中国家的经济形成单一发展的状态，使它们在很大程度上不得不依赖发达国家，遭受发达国家的盘剥。这也必然导致发达资本主义国家与发展中国家之间的矛盾深化。

（二）新殖民主义是造成二者经济关系不平等的原因

第二次世界大战后，许多殖民地附属国摆脱了原来的殖民统治，走向民族民主解放的道路。在这种新的形势下，垄断资本主义国家一方面不愿意放弃对原来的殖民地附属国的控制和剥削；另一方面又迫于形势而不得不抛弃旧殖民主义的那一套统治方式，变换新的控制和掠夺手法，即推行新殖民主义。

旧殖民主义是通过赤裸裸的军事侵略，扶植自己的傀儡，直接控制殖民地附属国的政治、经济和军事，对当地人民进行残酷的剥削和暴力统治，为垄断资本主义国家的垄断资本攫取高额的利润服务。新殖民主义则采用比较隐蔽的、间接的办法，主要是以经济渗透的办法来继续控制和掠夺发展中国家，从而使垄断资本的各种经济利益继续得到保证。

新殖民主义对发展中国家控制和剥削的手法很多，主要是打着"援助"的旗号进行国家资本输出，以此控制受援国的政治经济；还通过建立跨国公司对发展中国家直接投资，以掠夺这些国家的原材料和占领商品销售市场；此外，还通过对国际市场和市场价格的垄断和控制，进行贱买贵卖的不等价交换；利用自己在先进科学技术上的垄断地位，在技术转让中对发展中国家进行敲诈勒索等。

在这种新殖民主义政策下，世界上广大发展中国家至今仍然受到垄断资本主义国家的盘剥，造成了今日的富国越富、穷国越穷的局面。

新殖民主义不过是垄断资本主义国家的金融资本掠夺发展中国家的一种新手法，其实质同旧殖民主义是一样的。发达资本主义国家通过新殖民主义的种种方式，继续在经济上统治着世界。

三、发展中国家之间的经济关系

由于世界上的发展中国家绝大部分都处于南半球和北半球的南部。于是从20世纪60年代开始，这些国家为摆脱发达国家的控制，发展民族经济，开展专门的经济合作，即称为"南南合作"。"南南合作"是广大发展中国家基于共同的历史遭遇和独立后面临的共同任务而开展的相互之间的合作。1955年召开的万隆会议确定了"南南合作""磋商"的原则，促进了原料生产国和输出国组织的建立，提出了在发展中国家间实施资金和技术合作，因此被认为是"南南合作"的开端。20世纪60年代初形成的不结盟运动和77国集团是"南南合作"的两个最大的国际组织,它们通过的一系列纲领性文件,为"南南合作"规定了合作的领域、内容、方式与指导原则。20 世纪70 年代至80 年代末,发展中国家团结自救、合作自强的努力取得重大进展。西非经济共同体、拉丁美洲经济体系、南部非洲发展协会、海湾合作委员会、南亚区域合作联盟等发展中国家谋求经济合作、增强集体自力更生能力的区域性经济组织相继建立。1982 年,首届"南南合作"会议在印度新德里召开,1983 年和1989 年先后在北京和吉隆坡召开"南南合作"会议,这三次会议是"南南合作"的重要里程碑。"南南合作"的实质,是面对不平等的南北经济关系,实行联合自强,共同发展。

四、建立公正合理的国际经济新秩序

(一)建立国际经济新秩序的必要性

经济国际化、全球化是科学技术发展、生产社会化不断提高的必然产物,是人类文明的进步,理应给全人类带来更加美好的前景;但现实的国际经济生活却是另外一幅图景:贫国与富国的差距愈来愈大。这种矛盾与冲突的根源不是经济国际化、全球化本身,而在于当今国际经济生活中存在的由发达国家主导和确定的、不公正不合理的国际经济秩序。这种不公正不合理的旧国际秩序的基本内容是:资本主义国际分工为基础的国际生产体制;以不平等交换为内容的国际贸易体制;以垄断资本为基础的国际金融体制。在不公正不合理的旧国际经济秩序中,由发达国家所主导制定的种种"游戏规则",主要体现发达国家垄断资本的利益和要求,而发展中国家的正当利益和合理要求则无法得到应有的体现。正是在这样的国际经济秩序下,发达国家从经济国际化、全球化中获得巨大的经济利益,发展中国家的大多数不仅没有从经济国际化和全球化中获得应有的利益,反而债台高筑,遭受剥削。要使经济国际化、全球化真正给人类带来共同发展、共同繁荣的目标,必须彻底改变不公平、不合理的国际经济旧秩序,建立起公正、合理的国际经济新秩序。

(二)国际经济新秩序的含义和内容

所谓国际经济新秩序是指相对于不公正、不合理的国际经济旧秩序而言的,它应是全世界所有主权国家参与建立的平等、公正、相互依存的经济秩序。

在发展中国家推动下,1974 年5 月联合国大会第六届特别会议通过《关于建立新的国际经济秩序的宣言》和"行动纲领","庄严宣布我们一致决心紧急地为建立一种新的国际经济秩序而努力,这种秩序将建立在所有国家的公正、主权平等,互相依靠、共同利益和合作的基础上,而不问它们的经济和社会制度如何,这种秩序将纠正不平等和现存的非正义并且使发达国家与发展中国家之间日益扩大的鸿沟有可能消除,并保证目前一代和将来世世代代在和平和正义中稳步地加速经济和社会发展"。这就是说,发展中国家所要建立的国际经济新秩序是以主权平等、公平互利和相互依存为主要内容的。

（三）建立国际经济新秩序的主要途径

要建立公正、合理的国际经济新秩序，需要通过多种途径。具体说来，要从以下几个方面做出努力：

第一，在经济上要高度重视改革和完善国际金融体制，建立公平开放的多边贸易体制，发挥国际经济组织和国际经济规则的作用，加强危机预防和应对能力。由于国际经济组织和国际经济规则是发达国家建立和制定的，发展中国家处于不利的地位，有必要加强发展中国家的话语权。同时，需要加强对国际金融体系的监管。2008 年爆发的全球金融危机充分说明了这一点。

第二，充实南北合作的实质内容。南北合作就是发展中国家和发达国家的合作。发展中国家应该承担起发展本国经济的主要责任；国际社会应该关注他们的困难，提供必要的支持，增强他们的自我发展的能力，实现各国的全面合作，共同发展。

第三，加强南南合作。"南南合作"的实质，是面对不平等的南北经济关系，实行联合自强，共同发展。

第四，国家不分大小强弱，在政治上一律平等，相互尊重，互相协商，不应将本国意志强加于人。要保持一个和平安定的国际社会环境，一切国际争端都应本着相互谅解、相互谦让的精神面貌平等协商、和平解决不应诉诸武力。

总之，要通过多方努力，建立起公正、合理的国际经济新秩序，为促进世界各国共同发展创造良好的国际环境。

思考题

1. 解释下列基本概念：
国际分工　国际价值　国际市场价格　新殖民主义
2. 商品的国际价值是如何决定的？影响国际价格的因素有哪些？
3. 什么是区域经济一体化，它兴起的原因是什么？
4. 什么是经济全球化？经济全球化有什么作用？
5. 什么是跨国公司，跨国公司有什么意义？
6. 试述战后发达国家之间的经济关系。
7. 什么是国际经济新秩序，建立它的主要途径有哪些？

阅读书目

1. ［德］马克思：《资本论》第 1 卷，人民出版社 2004 年版。
2. ［美］保罗·克鲁格曼等：《国际经济学》，中国人民大学出版社 1998 年版。

第九章　资本主义的历史地位和历史趋势

在人类社会发展的历史长河中，资本主义是一种过渡性的生产方式。但与奴隶和封建生产方式相比，资本主义生产方式具有它自己的特点。本章将在前几章分析的基础上，从阐明资本主义生产方式历史进步性和历史局限性的辩证发展过程中，揭示资本主义生产方式的历史趋势。

第一节　资本主义的历史进步性和历史局限性

一、资本主义的历史进步性

资本主义社会制度取代封建社会制度，正像奴隶社会制度取代原始社会制度、封建社会制度取代奴隶社会制度一样，是一种自然历史的过程，即客观必然的历史过程。因此，封建社会发展到资本主义社会是人类社会历史发展的又一巨大进步。

(一)资本主义历史进步性的主要表现

资本主义的历史进步性主要表现在：资本主义生产关系建立后，科学技术和社会生产力得到了显著发展。

现代科学是伴随着资本主义的兴起而诞生的。从产业革命开始到现在，资本主义已出现过三次科技革命，资本主义社会生产力也由此出现过三次飞跃。

第一次科技革命始于 18 世纪 60 年代，基本完成于 19 世纪三四十年代，其主要标志是蒸汽机和纺织机的发明与使用。这次科技革命使资本主义生产由工场手工业转变为机器大工业，极大地提高了劳动生产率。正因这样，马克思曾说："资产阶级在它的不到一百年的阶级统治中所创造的生产力，比过去一切世代创造的全部生产力还要多，还要大。"[1]这是资本主义社会生产力发展中的第一次飞跃；

第二次科技革命始于 19 世纪 70 年代，其主要标志是电力和电动机的发明与使用。这次科技革命推动了一系列新兴工业，如电力工业、电气设备工业、导体绝缘材料工业等的产生，促进了资本主义大工业的迅速发展，人类真正跨入了工业时代。电力革命极大地促

---

[1] 《马克思恩格斯选集》第 1 卷，人民出版社 2012 年版，第 405 页。

进了生产力的发展。据有关资料统计，1870—1900 年，世界工业总产值增加了两倍多，其中钢铁产量增加了 55 倍，石油产量增加了 25 倍。这是资本主义社会生产力发展中的第二次飞跃。

第三次科技革命始于 20 世纪 50 年代，其主要标志是核能和电子计算机的发明与使用。这次科技革命不仅带动了一系列新兴高技术产业群，而且使传统产业得到了脱胎换骨的改造；不仅推动了"用机器操纵机器"即生产的自动化，而且使科学、技术、生产紧密结合。总之，新技术革命使生产工具、劳动对象和劳动者在生产中的地位和作用发生了根本性变革，使生产力迅速发展。据有关资料统计，1950—1970 年，主要资本主义国家工业生产增长了 3 倍以上。在 1975—1990 年间，年均经济增长率日本达到了 4.1%，美国为2.7%，加拿大为 3.6%。在 1991—2000 年间，年均经济增长率美国达到了 3.1%，德国为2.2%，加拿大为 2.5%。这是资本主义社会生产力发展中的第三次飞跃。

（二）资本主义社会生产力得到巨大发展的原因

建立在封建社会废墟上的资本主义，为什么会产生出比以往任何时代的总和还要多得多的生产力？关键在于资本主义生产关系优于以往的各种生产关系，使得资本主义的发展动力比以往任何经济时代的发展动力更加强大。

第一，生产资料的资本主义私有制提供了财产的安全，从而形成了财富的激励，实现了财富的巨额积累。在资本主义社会以前的奴隶社会和封建社会，尽管生产资料也是私有的，但财产所有权是低于政治权力的，商人即使富有其社会地位也是极其卑微的。因而在封建社会后期，资本主义的发展受到了严重的束缚。所以，为了从根本上改变这种束缚资本主义发展的封建制生产关系，从封建社会派生出来的资本主义社会，一开始就建立起个人财产神圣不可侵犯的所有权制度。并且，这种资本主义的所有权制度绝不是单方面的宣布，而是得到了国家根本大法——宪法的认可和国家政权的保护。因此，资本主义的生产资料私有制提供了人们财产的安全。而一旦人们的个人财产能够得到有效的保护，就能形成一种资本主义的财富激励机制，即通过对剩余价值无止境的追求来实现资本的不断增殖。对剩余价值追逐的动力客观上刺激了资本主义劳动生产率的提高和科学技术的进步。同时，财富也在资本家一端积累，产生了巨型资本家。

第二，自由的资本主义企业制度提供了创新的土壤，也有利于生产技术的大规模运用。资本主义企业制度的最初形式大都是个人所有的企业，这种个体企业由于受资本积累的限制无法适应大规模生产发展的需要，于是在经历了短暂的合伙制企业的过渡之后，股份制企业便应运而生了。股份制作为一种企业制度主要具有以下优点：①股份制扩大了企业的规模。股份公司具有变个人资本为社会资本、变分散资本为集中资本、变小资本为大资本、变闲置或消费性资金为生产性资本、以较少的资本支配较多的资本的功能，股份公司一般比独资企业、合伙企业大得多，而且具有资本稳定、责任有限的特点。②股份制实现了企业所有权与经营权的分离。所有权与经营权的分离造就了一个职业的企业家阶层，并通过企业家而把"管理"这个崭新的要素组合进了资本主义企业的生产与经营过程。由于企业家的收入是与企业的获利能力和成长联系在一起的，因而就像熊彼特所说的那样，企业家的使命就是不断地去发现潜在的利润，并通过各种各样的创新而把它们变成现实的利润。③股份制造就了一个发达的资本市场。发达的资本市场不仅是股份制企业发展的必然结果，而且也可以为企业的大规模投资解决资金问题，为创新企业提供风险投资的资金来源。总之，资本主义的自由企业制度不仅促进了资本主义企业规模的扩大，而且使不得不进行熊彼特式创新的企业掀起了资本主义一次又一次的产业革命与重大的技术创新，从而使得资本主义经济的发展达到了前所未有的高度。

第三，资本主义的雇佣劳动制度使劳动成为"自由劳动"，提高了劳动生产率。资本主义制度是建立在生产资料资本主义私有制和雇佣劳动制基础上的剥削制度。资本家凭借对生产资料的占有，购买雇佣工人的劳动力，以榨取剩余价值和不断增大自己的财富。因此，资本主义制度本质上是一种雇佣劳动制度。"资本家与雇佣劳动者的关系是资本主义制度赖以旋转的轴心。"①尽管资本主义的雇佣劳动制也是一种剥削制度，但同奴隶制度和封建制度相比，剥削方式已有很大不同。奴隶制度下的奴隶主与奴隶、封建制度下的领主与农奴之间的剥削与被剥削的关系是公开的、赤裸裸的，奴隶主和领主对劳动者采取了人身占有、半占有或人身依附的形式，用野蛮的高压政策统治劳动者，实行超经济的剥削；而资本主义雇佣劳动制下的资本家和工人之间的剥削与被剥削的关系则是在商品交换下的"自由、平等"关系，劳动者虽受控于资本，但与资本家之间是"自愿交易"的关系，没有超经济的强制。因此，在奴隶社会和封建社会里，奴隶对奴隶主、农奴对领主是一种人身依附。但在资本主义社会里，劳动对资本的依附是一种生产关系的依附，而不是一种人身的依附。正是由于有了这样的区别，才有了资本主义的"自由劳动"。没有直接人身依附的"自由劳动"与有直接人身依附的强迫劳动相比当然是一种进步，这是资本主义之所以能够创造出高于以往一切时代的劳动生产率的重要原因之一。

第四，经济全球化导致了销售、资本、劳动力等世界市场的形成，大大拓展了资本主义的发展空间。尽管"经济全球化"这一术语的使用时间并不长，但经济全球化作为一个过程已经存在了几百年。早在150多年前，马克思就曾从"世界普遍交往"观出发，最早发现和考察了经济全球化问题。马克思指出："只有对外贸易，只有市场发展为世界市场，才使货币发展为世界货币，抽象劳动发展为社会劳动。……资本主义生产建立在价值上，或者说，建立在包含在产品中的作为社会劳动的劳动的发展上。但是，这一点只有在对外贸易和世界市场的基础上（才有可能）。因此，对外贸易和世界市场既是资本主义生产的前提，

---

① 李南屏、马伯钧等：《什么是资本主义　怎样对待资本主义》，湖南教育出版社2000年版，第30页。

又是它的结果。"①在马克思看来，资本主义发展对外贸易，建立全球统一市场，使世界经济全球化，既是资本主义生产方式的基础，又是它的结果。"资本一方面要力求摧毁交往即交换的一切地方限制，夺得整个地球作为它的市场；另一方面，它又力求用时间去消灭空间，就是说，把商品从一个地方转移到另一个地方所花费的时间缩减到最低限度。资本越发展，从而资本借以流通的市场，构成资本空间流通道路的市场越扩大，资本同时也就越是力求在空间上更加扩大市场，力求用时间去更多地消灭空间。"②因此，资产阶级拼命地奔走于全球各地，他们到处落户，到处开发，到处建立联系，为他们的过剩资本寻找出路，为大量的商品寻找市场，使资本主义形成了世界体系。在资本主义发展史上，经济全球化经历了自由资本主义时期商品贸易的全球化和垄断资本主义时期金融资本的全球化。尽管经济全球化的实质是资本国际化，资本无论在何地、何时、以什么方式、与谁和为谁投资，其目的都是为了获取最大利润，但是，经济全球化相对于奴隶社会和封建社会时代封闭的、分割的自然经济来说，由于极大地提高了国内资源和国际资源的合理配置和有效使用，经济全球化为资本主义国家提供了更加广阔的经济活动舞台，大大地拓展了资本主义发展的空间，使它们凭借各自的优势和经济实力，在世界范围内获得了更大的销售、投资和劳动力市场，在谋取最大的经济利益的同时，也促进了社会生产力的迅速发展。

第五，资本主义生产关系的自我调节促使其社会生产力不断释放出来。任何社会形态都具有自我调节的功能，能够在一定范围内进行自我调节，以适应环境变化的要求，资本主义也不例外。在资本主义社会里，社会生产力的每一次快速发展都使资本主义生产关系越来越不能适应社会生产力发展的要求，因而要求资本主义生产关系进行相应的变革，资本主义将因其生产关系的不适应而形成各种各样的发展问题，甚至出现危机。资本主义当然不甘心于自己的灭亡，因此也不得不对其生产关系的某些环节进行调节，以适应生产力发展的需要。从资本主义发展史来看，资本主义生产关系内的自我调节最主要的表现是资本主义运行机制的改良。资本主义的经济发展从开始一直到 20 世纪初，基本上是遵循亚当·斯密的市场经济理论，即一切经济行为由市场调节，经济发展完全由一只"看不见的手"来操纵。但随着资本主义的发展，这种完全由市场调节经济运行的机制逐渐显露出其局限性和缺陷。这主要表现在市场机制并不能自动地调节宏观经济运行，不能保证全部社会资源的有效配置，不能自动地调节社会分配和再分配的贫富两极分化。于是，资本主义经济发展不断陷入周期性的经济波动之中，经济危机也就不可避免，1929—1933 年间的经济危机则是这种市场机制失败的彻底暴露。所以，要想继续维持统治，资本主义国家就再也不能放任市场机制的作用，就必须运用财政与货币政策、经济计划甚至行政手段来干预

---

① 《马克思恩格斯全集》第 26 卷第 3 册，人民出版社 1975 年版，第 278 页。
② 《马克思恩格斯全集》第 46 卷下册，人民出版社 1980 年版，第 33 页。

市场经济的运行。第二次世界大战后，发达国家之间国家垄断资本主义的国际经济调节日益发展起来。同时，为了避免劳资矛盾，工人的工资由单一的雇主决定转变为由雇主、工会和政府三方面共同决定。并且，社会福利制度也建立起来。通过社会保险、社会补贴和社会救济来构建社会保障，通过教育和医疗保健等来组成社会服务。实践证明，通过这些调整，扩大了消费需求，在一定程度上限制了收入差距的过分拉大，减轻了经济危机的程度，大大缓解了劳资矛盾，改善了劳动者的生活状况，提高了劳动者的素质，维持了社会的稳定，在相当程度上促进了资本主义国家特别是发达国家的经济增长。

此外，资本主义社会生产力的巨大发展的动力还来自于意识形态和资本主义民主政治制度的建立。在意识形态方面，资本主义社会以前的中世纪，贪婪被视为万恶之首，商人是绝对不可能取悦于上帝的，而资本主义社会则视贪婪为美德，商人在资本主义的世界里也就成了最能取悦于上帝的人。当这种意识形态被社会普遍接受之后，追求利润最大化和个人消费最大化的行为就成为资本主义社会的一种范式。在民主政治制度方面，资本主义政治制度"以民权取代君权，以分权取代集权，以立宪、共和取代君主专制……是国家制度在人类文明史上的重要创新"[1]。在资本主义国家里，以法治代替了人治，以政策的连贯性和制定相关的法律等来支持资本主义的发展。

二、资本主义的历史局限性

资本主义生产关系建立后虽把人类社会生产力推进到了一个前所未有的高度，但资本主义从产生之日起，就存在着自身不可能解决的矛盾。一方面，资本主义大大发展了生产力，使生产日益社会化；另一方面，资本主义使生产资料越来越集中在少数资本家手中，这就形成了生产社会化与资本主义私人占有制之间的矛盾，即资本主义的基本矛盾。资本主义的基本矛盾是资本主义各种矛盾冲突的总根源，正是资本主义的基本矛盾和作为这一基本矛盾在其他各方面的各种矛盾冲突，在推动着资本主义发展的同时，也形成了对资本主义发展的限制，表现出资本主义的历史局限性。

（一）资本主义的基本矛盾及其主要表现

1. 资本主义的基本矛盾

社会化大生产是资本主义经济的物质基础。这种社会化大生产是从过去分散的小生产转化而来的。在人类历史上，社会化大生产是随着资本的出现，由资本把分散的生产资料和分散的劳动者集中起来，而形成和发展起来的。资本主义的社会化大生产经历了以下几个发展阶段：一是社会化大生产的形成阶段。这个阶段又包括简单协作和工场手工业两个阶段。简单协作是指许多劳动者共同使用生产资料、共同完成生产过程、共同完成劳作的

---

① 李南屏、马伯钧等：《什么是资本主义　怎样对待资本主义》，湖南教育出版社 2000 年版，第 14 页。

过程，因而简单协作已开始了社会化生产。但简单协作主要是把分散劳动简单地相加在一起，其中没有明显的分工，它创造的新生产力也有限，所以简单协作又只是社会大生产的起点。工场手工业实行的是以分工为基础的协作。由于工场手工业创造了企业内部的分工，所以加强和扩大了生产过程的社会化。但因为它仍以手工劳动为基础，生产规模的扩大受到限制，生产的社会化程度总的来说还比较低下，因而它仍属社会化大生产的形成阶段。二是社会化大生产的成熟阶段。这一阶段也就是机器大工业阶段，它是指产业革命后以机器生产代替了手工劳动的阶段。机器的使用使生产过程的社会化发生了质的飞跃，主要表现为：机器的广泛使用使劳动过程发生重大变化，这正是马克思所指出的"劳动过程的协作性质，现在成了由劳动资料本身的性质所决定的技术上的必要了"①；机器使劳动分工更加细密，协作规模空前扩大；机器大生产进一步推动了科学技术的发展，而科学技术进步又不断把机器生产提高到新的水平。三是社会化大生产的现代化阶段。这一阶段包括生产的垄断化和生产的国际化两个阶段。生产的垄断化阶段是指随着资本主义由自由竞争发展到垄断，生产的社会化也开始向垄断化发展的阶段。其特点主要有：出现了生产高度集中的垄断大企业；垄断大企业中出现的生产是流水线作业；企业之间、部门之间的分工与专业化更加细密，相互依赖程度更高。生产国际化阶段是指生产社会化中的"社会"扩展到资本主义国际社会的阶段。其特点主要有：出现了规模更大的跨国公司，形成了国际分工和国际生产专业化，国际贸易和国际金融迅速发展。

生产的社会化包括三个相互联系的方面，这就是生产资料使用的社会化、生产过程的社会化和产品的社会化。生产资料使用的社会化是指生产资料从单个劳动分散使用变为大批人共同使用。机器大工业刚刚开始的时候是这样，机械化和自动化不断发展的今天更是如此。生产过程的社会化是指生产过程从一系列的个人行动变为一系列的社会行动。从一个企业来说，生产过程的社会化表现为许多工人分工协作、共同劳动，由此才能完成一件产品的制作；从不同部门的相互联系来说，生产过程的社会化表现为最终产品是由一系列部门的企业连续加工的结果，任何部门都离不开别的部门。例如，一辆汽车由几万个零部件构成，由分散的、成千上万家企业分工协作生产，每个企业只生产汽车的一部分。产品的社会化是指产品不是或主要不是满足直接生产者自己需要，而是通过交换来满足社会的需要。在这种情况下，生产、分配、交换和消费在全社会范围内更加紧密地联系起来，任何一个环节都不能离开其他环节，任何一个环节的变化都会立即影响其他环节的变化。

社会化大生产客观上要求社会生产各部门之间必须保持一定的比例关系，这是社会化大生产的基本规律。本来，一切社会的生产都要求将社会总劳动按比例分配给社会分工下的各部门。在分散的小生产条件下，这种要求只在分散的小范围内实现即可，违背这种要

---

① ［德］马克思：《资本论》第 1 卷，人民出版社 2004 年版，第 443 页。

求所造成的损害也只会落在部分生产者身上。而在社会化大生产条件下，这种比例要求在一国范围内，甚至超出国界的国际范围内加以实现。因为生产规模巨大和生产过程本身社会化，以及社会生产各部门之间的相互依赖十分紧密和错综复杂，按比例分配社会总劳动于各部门规律的要求如不能实现，或者说生产部门间的比例关系一旦被破坏，就会造成巨大浪费，社会再生产就会紊乱。

20 世纪二三十年代的经济大危机表明：社会总劳动按比例分配于各部门仅依靠价值规律的自发调节是不行的，这个分配必须依靠国家的力量才行。资本主义进入垄断阶段以后，资产阶级的国家也在不断加强对经济的直接干预和调整。但在资本主义社会里，由于生产资料归私人占有，社会生产成果也是归资本家占有，因此社会生产主要由资本家控制，资本家作出相应决策的依据是私人所得利益的多少，而不是社会利益的增加，因而资产阶级国家的经济干预和调节带有很大的局限性，不可能克服私有制基础上市场调节的弊端，无法避免各部门比例关系的经常破坏。总之，社会化大生产和生产资料资本主义私有制之间的矛盾在资本主义社会里是不能自我克服的，它始终是资本主义经济制度的基本矛盾。

2. 资本主义基本矛盾的主要表现

为了阐述资本主义基本矛盾的主要表现，让我们先来分析以下几个问题。

首先，资本主义生产具有无限扩大的要求和趋势。资本主义生产方式的性质决定资本主义生产是不断扩大的再生产。具体来说，资本主义生产不断扩大的原因主要是：一是对剩余价值的无限追求是资本主义生产不断扩大的内在动力。生产资料的资本主义私有制决定了资本家的直接生产动力和最高目标是尽可能榨取更多的剩余价值。作为资本人格化的资本家，在实际经济活动中，无论是延长工人的工作日和提高工人的劳动强度，还是提高劳动生产率，其目的就是为了增加剩余价值的生产。资本家对剩余价值的追求是无止境的，从而决定了资本主义生产的扩大也是无限的。二是资本主义经济中普遍存在的竞争是资本主义生产不断扩大的外在压力。竞争是商品经济中必然存在的现象，作为发达商品经济的资本主义社会，企业之间、部门之间、地区乃至国家之间都广泛开展竞争，而要在激烈的优胜劣汰的竞争中保存自己和占据有利地位，资本主义企业就必须不断增强自己的实力。所以，各资本主义企业都要进行积累，不断扩大再生产。此外，科学技术的进步与发展、生产社会化程度的提高也促进资本主义生产不断扩大。

其次，资本主义生产扩大的要求受到限制。在资本主义生产方式下，生产扩大的要求要受到资本主义本身的限制。这种限制主要来自于以下两个方面：一是资本追求自身增殖的限制。资本主义生产的目的是资本自身的增殖，追求尽可能高的利润率。为了达到这一目的，则需要不断扩大生产规模，提高社会劳动生产率。但社会生产力的发展又必然伴随着资本有机构成的提高，从而导致全社会总的平均利润率下降。本来是追求剩余价值的行动却造成了利润率下降的结果，这是资本主义不可克服的内在矛盾之一。尽管在资本主义经济中有许多阻碍平均利润率下降的因素，如剩余价值率的提高、生产资料价格的下降、压低工人的工资、加速资本的周转、发展对外贸易和资本输出从海外获得高额利润等等，但这些因素只能在一定程度上阻止利润率的下降，不能从根本上解决生产扩大与价值增殖之间的矛盾。这正如马克思所说："手段——社会生产力的无条件的发展——不断地和现有资本的增殖这个有限的目的发生冲突。"①二是市场实现条件的限制。市场实现条件的限制主要表现为生产服从于追逐剩余价值的目的限制了一些商品价值的实现和社会消费力对市场实现条件的限制。从前者来说，由于生产资料的资本主义私有制和追求利润的生产目的，导致社会生产无政府状态特别严重，在许多情况下，一些企业为了争夺有限的市场容量展开激烈的竞争，使生产的盲目扩大更加严重，部门之间的比例关系遭受严重破坏，一些部门的产品销售不出去，它们的价值和剩余价值实现不了，再生产过程遭受严重阻碍，另外一些部门受到牵连也会遭受同样的状况。从后者来看，在市场经济条件下，生产的商品只有被消费者买走，其价值才能得到实现。相对于资本主义生产无限扩大的趋势来说，其社会购买力却是有限的。这种购买力在广大劳动群众那里却由于资本主义剥削和对抗性的分配关系而受到限制，在一些资本家那里又受到追求资本积累的欲望的限制。由于这些限制，资本主义社会的消费力常常会落后于社会生产力，使已经生产出来的商品及其包含的剩余价值不能全部或顺利实现，从而形成资本主义再生产过程的深刻矛盾。

再次，资本主义市场上存在三种过剩。从上面的分析可以看到，在资本主义社会里，从同一个追求剩余价值的目的出发，却造成了生产无限扩大要求与市场上全部商品价值难以全部实现的矛盾。这种矛盾在资本主义的经济生活中表现为市场上的商品、资本和劳动力普遍"过剩"。商品过剩是资本主义基本矛盾的直接结果，这种过剩是相对而非绝对过剩。资本过剩是指货币形式的资本过剩，由于一般利润率的下降导致新投入的资本不能得到预期利润，在这种情况下，资本家不愿继续加大投资使得资本相对过剩。劳动力过剩是指在资本积累增加和资本有机构成提高、资本对劳动力的需求相对减少而劳动力对资本的供给则增加的情况下，劳动力商品显得相对过剩。在资本主义社会里，这三种"商品过剩"相互促进、相互加剧，成为资本主义经济中难以解决的问题。

通过上面的分析，资本主义基本矛盾的主要表现可以概括为：第一，资本主义的基本矛盾表现为资本主义各个企业内部生产的有组织性与整个社会生产的无政府状态之间的矛盾。生产社会化要求相互联系的各个生产部门、企业、车间之间互相密切配合。生产社会化的这种客观要求在一个企业内部是能够实现的，这是因为一个企业的全体工人都必须服从资本家的支配。但在整个社会范围内，各个企业属于不同的资本家所有，谁也管不了

① 《马克思恩格斯全集》第25卷，人民出版社1974年版，第279页。

谁，所以整个社会生产呈现出一种无政府状态。尽管资本主义发展到垄断特别是国家垄断资本主义之后，国家的宏观控制有所加强，但并不能消除整个社会生产的无政府状态。第二，资本主义的基本矛盾表现为资本主义生产无限扩大的趋势与劳动人民有支付能力的需求相对缩小之间的矛盾。追求剩余价值的内在动力和普遍竞争产生对各个资本主义企业的外部压力，以及生产本身自我扩张的要求，使得资本主义生产具有无限扩大的趋势。但同时，为了追逐最大利润，资本家又拼命剥削工人，束缚广大劳动群众购买力的增长。这样，一方面是生产的增长，另一方面群众有支付能力的需求却相对萎缩，生产与消费之间的裂痕有时相当大，因而资本主义的相对生产过剩有时会比较严重。第三，资本主义的基本矛盾还表现为无产阶级和资产阶级的矛盾。在资本主义社会里，存在着复杂的阶级关系，而最基本的是无产阶级和资产阶级之间的关系。经济关系决定阶级关系，资本家凭借对生产资料的占有剥削丧失了生产资料的雇佣劳动者。资本主义私有制违背了生产社会化的要求，也决定了无产阶级与资产阶级之间的对抗性质。资本主义基本矛盾的发展，必然使作为先进生产力代表的无产阶级以革命方式推翻资本主义私有制和资产阶级的统治，以新的社会生产方式取代资本主义。

（二）当代资本主义的其他各种矛盾和问题

在当代资本主义社会，除上面已提到的基本矛盾及主要表现外，还存在着其他很多矛盾和问题，这里仅简单地列举一二。

一是贫穷与富裕的矛盾。第二次世界大战以后，一些发达的资本主义国家虽然建立了新的收入分配制度，设立最低贫困线和限制过高收入，保障了劳动者的最低收入，但并没有消除两极分化，两极分化的现象依然严重，收入不平等和社会不平等的现象不仅没有缩小，反而扩大了。比如，在美国，1973—1995 年间，扣除通货膨胀因素，美国人均国内生产总值增长了 36%，但是普通职工的实际小时工资却下降了 14%。在 20 世纪 80 年代，《幸福》杂志所选的 500 家大企业的一般首席执行官的工资由一般车间生产工人的 35 倍增长到 157 倍。而进入 21 世纪，美国大公司主管的平均收入，是整个美国经济中普通全职工人平均工资的 367 倍。贫富差距的拉大，导致资本主义社会中的低收入者对自身前途、政府乃至国家都失去了信心，由此产生一系列社会问题。这种贫穷与富裕的矛盾，既是资本主义基本矛盾的产物，又反过来进一步加深资本主义基本矛盾。

二是失业问题依然突出。尽管发达资本主义国家的社会保障体制和社会服务制度已比较健全，但失业现象并没有由此消失。据经合组织的统计，2012 年 12 月，美国的失业率为 7.8%，加拿大的失业率为 7.1%，日本的失业率为 4.2%；而法国、希腊和意大利的失业率却超过了 10%，分别达到 10.6%、26.8% 和 11.2%。

三是浪费、犯罪、种族矛盾等经济社会问题仍然严重。首先，在资本主义富国内部，全社会都陷入布热津斯基所描绘的"丰饶中的纵欲无度"之中，道德颓唐，精神空虚，享乐主义、拜金主义横行，导致过度消费和社会财富的大量浪费。其次，资本主义国家经济的发展，并没有使犯罪率降低，反而是犯罪出现了许多新的形式。在号称最文明的美国，枪杀案有增无减。再次，吸毒、卖淫等腐朽的社会现象依然如故，种族矛盾、排外主义依然严重。

总之，在当代资本主义国家中，上述经济社会问题不仅依然严重，更为严重的是，其中许多对于资本主义国家来说事关发展和未来的问题，至今没有什么解决的办法。这正如经济学家莱斯特·瑟罗所说："美国所有的人都知道需要更多的储蓄，然而就减少消费一事美国却无法有所作为。欧洲知道不让就业上升是不可能永久持续下去的，但是，它又不能放弃反对通货膨胀的幽灵，也不愿解除对劳动力市场的管制以重新启动经济引擎。日本知道它目前的经济是不成功的，也知道日本的人均居住面积非常特殊地比任何一个富裕的社会都少，但它却不能从注重改善住房入手，改革日本经济，使之成为由国内市场导向的经济。所有这些世界主要大国都理性地知道它们需要的某些事情却不能理性地行动。"[1]

第二节 资本主义向社会主义转变的历史必然性

一、社会主义取代资本主义的客观必然性

马克思的唯物史观告诉我们，每一种社会经济形态都有自己发生、发展和最后向更高形态过渡的生命历程，这是不以人们的意志为转移的，是由社会经济形态的基本矛盾、由生产关系一定要适合生产力性质规律的作用决定的。资本主义经济制度建立以后，也经历了不同的发展阶段，资本主义生产关系也不断进行自我调整。但是，资本主义生产关系无论怎么调整，总是改变不了它被社会主义生产关系代替的历史命运。

（一）资本主义生产关系的调整过程

下面，我们以资本主义生产关系发生和发展为线索，简单回顾一下资本主义生产关系调整的基本历程。

封建社会末期，商品经济的发展和市场的逐渐扩大，使自然经济逐渐瓦解，封建的人身依附关系逐渐削弱，资本主义生产关系开始萌芽。最初的资本主义生产关系，是通过价值规律的作用在引起小商品生产者两极分化的基础上产生的。比如，在封建社会末期的城市手工业中，生产条件好的少数行会师傅，不顾封建行会制度的限制，增加帮工和学徒人数，延长劳动时间，使自己富裕起来变成资本家，把帮工和学徒变成自己的雇佣工人。但是，如果仅靠小商品生产者的逐渐分化，资本主义生产关系的建立将会是一个非常缓慢的

---

[1] 莱斯特·瑟罗：《资本主义的未来》，中国社会科学出版社 1998 年版，第 31 页。

过程。因为资本主义的大规模迅速发展需要两个条件，即：一是要有大量的有人身自由但丧失了一切生产资料的无产者，二是要少数人手中集中了大量为组织资本主义生产所必需的货币财富。在资本主义经济制度建立的初期，资产阶级利用暴力剥夺农民土地和进行海外殖民征服，促成了上述两个条件的迅速形成。

资本主义生产关系建立以后，首先进入自由竞争资本主义发展阶段。随着资本主义生产关系的建立，资本主义的自由竞争使生产工具迅速得到改进，技术不断进步，人的活动能力和生产能力空前地提高了；资本不断地消除生产资料和人口的分散状态，使生产资料集中起来，使人口密集起来；资本确立了城市统治乡村的格局，创立了大城市；资本关系的发展造成了政治的集中，把以前封建势力割据的国家变成有统一的政府、法律、民族与阶级利益和关税的国家；资本还开拓了世界市场，把一切民族包括最落后的民族都卷入资本势力的统治范围。自由竞争的资本主义在这种发展过程中推动了社会生产力的巨大发展。但是，到了机器大工业时期，随着资本主义生产关系在全社会范围统治地位的确立，资本主义基本矛盾在 19 世纪中期欧美主要资本主义国家就已充分暴露和激化了。这一时期资本主义基本矛盾的主要表现有：由于资本家对工人的剥削很重，工人的收入比较低，整个社会生产和消费的矛盾十分尖锐和突出；由于产业资本分散在中小规模的企业，分散决策的资本家总是从追求更多利润的目的出发，盲目地进行市场竞争，生产无政府状态非常突出。这充分表明资本主义生产关系已成为生产力进一步发展的障碍。正是在这样的历史背景下，马克思和恩格斯科学地揭示了资本主义经济的性质、矛盾和走向灭亡的历史趋势。

19 世纪末 20 世纪初，自由竞争的资本主义向垄断资本主义过渡。资本主义进入垄断阶段后，自由竞争时期旧的矛盾在一定程度上得以缓和，但又产生了一些新的矛盾和问题。垄断资本主义的进步性表现在：垄断加快了生产集中和大规模企业的发展，使企业管理走向科学化；垄断组织由于获得了大量的高额垄断利润，有能力推动科学研究和教育发展；垄断组织有能力提高作为自己直接剥削对象的劳动者的报酬，并以高薪收买一批工人上层，这不仅缓和了国内阶级矛盾，而且也缓和了生产与消费的矛盾；垄断组织通过协定或默契瓜分市场也在一定范围内减少了市场争夺带来的破坏性。因此，垄断资本主义的产生在一定意义上适应了社会化大生产在资本主义内部发展的要求，从而也推动了生产力的发展。但是，垄断并没有也不可能消除资本主义的基本矛盾。垄断空前地提高了生产的社会化程度，社会化大生产本质上要求在全社会范围内科学合理地计划、组织和协调生产，这却是资本主义私有制的经济制度下所不能做到的。一旦垄断组织的生产决策与市场和社会需求不一致，其破坏性比自由竞争时期就更为严重，1929—1933 年的世界性经济危机已足以说明这一点。此外，垄断的产生对生产力的发展还是有阻碍作用的。这是因为垄断资本可以仅凭其垄断地位就可获得高额利润，使得垄断企业失去了改进生产技术和提高劳动生产率的动力，因而垄断阶段的生产力的发展有时呈现出某种停滞的趋势。

国家垄断资本主义作为垄断资本主义中的一个较高阶段，是在资本主义基本矛盾发展到必须由政府出面、利用国家政权力量来化解生产社会化和生产资料资本主义私有制的矛盾以缓和经济危机、保持资本主义经济运转时产生的。国家垄断资本主义在第二次世界大战前只在个别国家出现，之后则在发达资本主义国家中迅速发展。国家垄断资本主义是在资本主义生产关系内部的又一次调整，是资本主义经济关系的又一次部分质变，它在一定程度上适应并促进了生产力的发展。但是国家干预经济，同样不能消除资本主义基本矛盾，相反还加强了社会化大生产与狭隘的私人垄断资本的矛盾和冲突。

随着生产和资本的国际化，资本主义对生产关系的调整也随之跨越国界。资本主义的国际经济调节，可以在深化国际分工的基础上，相对合理地利用资源，充分发挥各国的比较优势，从而推动生产的发展和生产的更加社会化。但是，在国际协调过程中，各资本主义国家只能根据能否给垄断资本带来高额利润来处理国际经济关系，这就不可避免地造成资本主义国家在国际经济领域中的矛盾和冲突。同时，因为生产和资本的国际化造成各国在经济上的相互依赖，使得一个国家的经济行为往往影响整个世界经济形势的发展，这也使得当代资本主义世界经济关系中存在着许多潜伏的危机和不稳定因素。

从以上资本主义生产关系的自我调整过程可以看出：资本主义生产关系的自我调整、改进都是在社会化大生产增长到一定程度，原有的经济关系难以适应生产力发展的情况下发生的。每一次改良的结果，便是在资本主义社会内部以一种新的、产生部分质变的生产关系取代旧的生产关系，从而创造出一个可以缓和资本主义基本矛盾、能促使资本主义生产继续发展的经济环境和条件。当然，这些自我调整和改进不可能从根本上解决资本主义的基本矛盾，因而资本主义生产关系也不可能通过不断的自我调节和改进永远地生存和发展下去。相反，从本质上说，社会化大生产与生产资料的资本主义私有制是不能相容的，所以，资本主义社会生产力的不断发展总会与资本主义私有制生产关系发生矛盾和冲突，最后，不可避免地会冲破资本主义私有制生产关系的束缚。

（二）社会主义必然取代资本主义

马克思、恩格斯作为科学社会主义的创始人，与空想社会主义者根本不同的是：他们不是从人类公平、正义等理性原则出发来批判资本主义，并在此基础上构想未来的理性王国，而是依据历史唯物主义的科学方法，通过对资本主义生产方式内在矛盾和运动规律的深刻分析，从中发现否定资本主义经济关系的种种物质因素，从正在瓦解的经济运动形式中发现未来社会主义生产关系的最基本特征。因此，社会主义取代资本主义不是凭空从人们头脑中产生的臆想，而是由马克思主义创始人揭示的不以人的意志为转移的客观规律。生产的社会化和生产资料资本主义私有制之间的这个资本主义基本矛盾的解决，不可能是消灭社会化的生产，而只能是适应社会化大生产发展的要求，变更资本主义的生产关系。

资本主义必将被社会主义所取代是资本主义发展的历史趋势。

第一，社会主义取代资本主义，是资本主义基本矛盾发展的必然结果。正如前面所述，尽管资本主义生产关系自确立以来，一直在对自身生产关系进行调整和改进，以期适应生产力发展的要求（当然，资本主义生产关系的局部自身调节在其内部为生产力的发展拓展出了一定空间，缓解了部分矛盾，使得社会化大生产得到进一步提高，也就进一步加强了资本的统治），但是，资本主义生产关系的自我调整和改进并没有从根本上改变生产资料资本主义私有制，从而也无法从根本上解决资本主义基本矛盾。同时，这种资本主义生产关系的局部调节也使得资本主义基本矛盾在经济、社会等其他方面产生新的矛盾和冲突。比如，在资本主义自由竞争阶段，资本主义国家从 1825 年开始的经济危机几乎每 10 年重演一次，分别是 1836 年、1847 年、1857 年、1866 年和 1873 年。19 世纪末 20 世纪初，资本主义进入垄断阶段，资本主义生产关系已经过较大幅度的自身调整，可是，经济危机不仅没有避免，而且导致 1929—1933 年世界经济危机的爆发。第二次世界大战后，主要发达资本主义国家的国家垄断资本主义发展迅速，这是资本主义生产关系的又一次较大幅度的自身调整和改进，但是战后经济危机仍多次出现，特别是 1973—1975 年间的石油危机、1979—1982 年间的滞胀危机、20 世纪 80 年代中后期的结构性危机、90 年代的金融风暴以及 2008 年的世界金融危机更显突出。因此，一旦社会生产力的发展超出了其自我调节功能所能调整的范围时，资本主义不仅无法通过调整其生产关系去适应，相反，其生产关系还会成为社会生产力发展的桎梏，而这个时候，资本主义危机的爆发就难以避免了。马克思主义创始人明确地提出了解决资本主义基本矛盾的最终方法只能是消灭资本主义私有制，建立与社会化大生产的本质要求相适应的社会主义经济制度。马克思指出："这种解决只能是在事实上承认现代生产力的社会本性，因而也就是使生产、占有和交换的方式同生产资料的社会性相适应。而要实现这一点，只有由社会公开地和直接地占有已经发展到除了适于社会管理之外不适于任何其他管理的生产力。"①

第二，资本主义的发展为自身向社会主义转变准备了必要的条件。资本主义基本矛盾的发展，不仅提出了由社会主义代替资本主义的客观要求，而且为资本主义向社会主义转变准备了必要条件。资本主义向社会主义过渡的条件主要包括：

一是资本主义为建立社会主义准备了日趋完备的社会经济基础。这就是高度发达的生产力，以及与之相适应的生产社会化、资本社会化和管理社会化达到最高程度。人类社会由分散的小生产转变为社会化大生产，是资本主义生产方式确立后实现的。资本主义在其发展过程中，又不断地推动了生产力向前发展，提高了生产社会化的水平。随着生产的不断社会化，资本社会化的程度也有了空前的发展。无论是股份公司还是国有化公司，在当

---

① 《马克思恩格斯选集》第 3 卷，人民出版社 1995 年版，第 629 页。

代资本主义经济中都获得了巨大的发展，资本社会化的规模和影响远远超过了马克思时代。股份公司已经成为当代资本主义企业制度的基本形式。国有化公司则已经成为了资本主义经济中正常运行不可缺少的重要组成部分。如果说股份资本是资本社会化的初级形式、私人垄断资本是资本社会化的较高形式，那么，国家垄断资本则是迄今为止资本社会化的最高形式。早在自由竞争阶段，马克思就指出股份制是"通向一种新的生产形式的单纯过渡点"①。到了垄断资本主义阶段，生产社会化、资本社会化和管理社会化都达到了资本主义生产方式所能达到的最高程度，从而为全社会共同占有生产资料和共同组织、计划、协调社会化生产准备了最充分的物质条件。因此，列宁认为："国家垄断资本主义是社会主义的最充分的物质准备，是社会主义的前夜。"②

二是资本主义生产方式的发展，还产生和锻炼了实现消灭资本主义和建立社会主义历史使命的社会力量，即无产阶级。正如马克思和恩格斯所说："资产阶级不仅锻造了置自身于死地的武器，它还产生了将要运用这种武器的人——现代的工人，即无产者。"③无产阶级没有任何生产资料，最富有革命的彻底性；它和社会化大生产相联系，是先进生产力的代表；它在与资产阶级的阶级斗争中，日益自觉地意识到自己的历史使命。无产阶级自身解放的要求和社会发展的方向一致，其阶级特性使其成为团结广大劳动人民，消灭资本主义、实现社会主义的社会力量，成为资本主义制度的掘墓人。

此外，资本主义社会的发展，还为社会主义社会建立后管理社会经济、发展社会生产力提供了组织形式和可供借鉴的经验。这特别表现在垄断资本主义和国家垄断资本主义使社会化大生产的水平大大提高，工人阶级的队伍更加壮大，同时还积累了管理大生产的经验和创造了高级的管理机构和管理方式。这些都为建设社会主义提供了可利用的形式。正如列宁所说："国家垄断资本主义是社会主义的最完备的物质准备，是社会主义的入口。"④

总之，资本主义被社会主义取代是由资本主义自身发展的内在规律决定的，是根源于资本主义基本矛盾的历史必然性。马克思正是通过对资本主义内在矛盾的深刻研究，指出资本主义的发展将达到"资本的垄断成了与这种垄断一起并在这种垄断之下繁盛起来的生产方式的桎梏。生产资料的集中和劳动的社会化，达到了同它们的资本主义外壳不能相容的地步。这个外壳就要炸毁了。资本主义私有制的丧钟就要响了。剥夺者就要被剥夺了"⑤。

---

① ［德］马克思：《资本论》第 3 卷，人民出版社 2004 年版，第 497 页。
② 《列宁全集》第 32 卷，人民出版社 1990 年版，第 218 - 219 页。
③ 《马克思恩格斯选集》第 1 卷，人民出版社 1995 年版，第 278 页。
④ 《列宁全集》第 3 卷，人民出版社 1990 年版，第 164 页。
⑤ ［德］马克思：《资本论》第 1 卷，人民出版社 2004 年版，第 874 页。

二、社会主义取代资本主义的历史长期性

生产关系一定要适合生产力性质的规律决定了资本主义向社会主义过渡的历史必然性，1917 年俄国十月革命的胜利以及中国和其他一些社会主义国家的建立则用实践证明了这一点。但社会主义取代资本主义像任何事物的发展一样前途光明，道路曲折。20 世纪80 年代末90 年代初，苏联、东欧等社会主义国家向私有制的倒退清楚地表明了这一点。为了更好地了解社会主义取代资本主义是一个长期和曲折的历史过程，下面我们进行一些具体分析。

（1）人类历史上任何一种旧的社会经济制度在全世界的灭亡和一种新的社会制度在全世界的胜利，都经历了漫长的、曲折的历史过程，社会主义制度取代资本主义制度也将如此。资本主义社会以前的每一种社会制度，在人类历史上都存在过数千年甚至更长时间。而原始社会制度在世界主要地区的灭亡及其被奴隶制度所代替，奴隶制度在世界主要地区的灭亡及其被封建制度所代替，封建制度在世界主要地区的灭亡及其被资本主义制度所代替，都曾经历了几百年甚至数千年的时间。社会主义制度代替资本主义制度这一历史性过渡的速度，应该将比前几种社会制度的历史性过渡要快。出现这种差异的原因，从根本上说是不同历史时代社会生产力发展的速度不一样。但我们也不能设想社会主义代替资本主义在几十年或者一百年内实现。当然，向社会主义过渡的世界性历史时期究竟需要多长时间，这是一个要由世界人民的革命实践来回答的问题。

（2）资本主义经济制度彻底退出历史舞台，必须是它的生产关系已经不可能继续容纳生产力的发展。马克思指出："无论哪一个社会形态，在它所能容纳的全部生产力发挥出来以前，是绝不会灭亡的。"[1]这也就是说，一种社会经济制度在其生产关系所能容纳的全部生产力发挥出来以前，仍然有其存在的合理性。通过前面的分析我们已经看到，资本主义生产关系经过自身的调整和改进，还是能在一定程度上缓和资本主义的基本矛盾，适应生产力发展要求的。像第二次世界大战以来的半个世纪，资本主义社会虽然在其基本矛盾的作用下时起时伏，但整体上仍然在不断发展。因此，只有在资本主义制度内部再也找不到缓解基本矛盾的办法，生产力的发展与生产关系的矛盾尖锐化的时候，资本主义才会灭亡。

（3）资本主义基本矛盾运动的复杂性、曲折性决定了社会主义取代资本主义的长期性。从前面我们对资本主义发展历史过程的分析中可以看出，资本主义基本矛盾在现实中的运动形式是复杂的，时而尖锐，时而缓和，起伏交错。比如，20 世纪二三十年代的大危机至第二次世界大战时的资本主义面临异常严峻的形势，美国经济学家莱斯特·瑟罗在描述这

[1] 《马克思恩格斯选集》第 2 卷，人民出版社 1995 年版，第 33 页。

种状态时说："当1941年12月8日美国参加第二次世界大战时，实际上地球上只有美、英两个资本主义国家了，而英国已濒临军事失败的边缘。世界上所有其他国家，要么是法西斯国家，要么是共产主义国家，或者是第三世界的封建殖民地。20世纪20年代的金融危机和30年代的大萧条把资本主义制度带上灭绝的边缘。如今看来好似势不可挡的资本主义制度当时只要再错几步就会灭亡。"①第二次世界大战后，越来越多的国家加入社会主义阵营，使得资本主义和社会主义的对抗日益加剧。这也使资本主义国家从马克思的理论和社会主义国家的实践中发现了资本主义制度本身所具有的痼疾和弊端。同时，也发现了社会主义相对资本主义而言制度上的优越性。一些资本主义国家"借鉴"社会主义而对自身进行一些调整和改革，以适应生产力发展的要求，缓和社会和阶级矛盾。这也使得社会主义取代资本主义的过程是一个长期、复杂和曲折的过程。

（4）社会主义制度优越性的体现需要一个长期过程，决定了社会主义取代资本主义的长期性。一种新的社会制度要彻底战胜旧的社会制度，需要新制度的优越性得到较充分的体现。这种新制度的优越性最主要的表现是能创造出比旧制度更高的劳动生产率，能更快地提高社会生产力和人民的生活水平。从人类社会发展史来看，奴隶社会取代原始社会、封建社会取代奴隶社会、资本主义社会取代封建社会，都是如此。社会主义也必须创造出高于资本主义的生产力，才能最终战胜资本主义。但是，现实中的社会主义，并不像马克思和恩格斯的设想那样：无产阶级革命将在全世界至少是主要的资本主义国家同时爆发，然后经过一定的过渡时期建立起社会主义的经济制度；而是在比较落后的一国到数国建立起来。因而这些社会主义国家，要创造出比资本主义更高的劳动生产率，显然需要一个相当长的历史过程。比如中国，在旧社会，近代工业只占国民经济的10%，交通不发达，科技、教育十分落后，农业几乎全部是手工劳动，由于连年战乱，破坏又很大，这同资本主义国家经过数百年掠夺积累起来的"资本巨富"差异十分悬殊。因此，中国在建立起社会主义制度后，必须用相当长的时间去实现资本主义阶段所应该完成的生产社会化、商品化、工业化和现代化，及其相应的民主法制建设和科学文化建设任务。完成这些任务不仅非常艰巨，而且要经历相当长的时间。

（5）用公有制代替私有制、消灭剥削制度也决定了社会主义取代资本主义的历史长期性。社会主义制度取代资本主义制度是要用公有制取代私有制，是要消灭剥削制度。这比封建制度代替奴隶制度、资本主义制度代替封建制度要困难得多。这是因为：即使在一个国家内，社会主义制度的建立、巩固和发展，全面解决社会主义战胜资本主义的问题，就要经过长期的、反复的较量和斗争，更何况当今世界是少数社会主义国家与大多数资本主义国家并存。在目前世界格局中，起主导作用的是发达资本主义国家。在这种状况下，社

① 莱斯特·瑟罗：《资本主义的未来》，中国社会科学出版社1998年版，第5页。

会主义国家常常面临资本主义国家特别是发达资本主义国家的种种威胁，因而社会主义的发展和巩固也往往要经历复杂的斗争，并可能出现倒退和反复。

总之，我们在认识到社会主义取代资本主义必然性的同时，绝不能盲目乐观和轻率行动，不能把社会主义行进的道路描绘成一帆风顺的"凯歌行进"之路。当然，也不能因社会主义事业行程中的某些"山重水复"而看不见其"柳暗花明"的前景，不能因世界不断迭起的变革浪潮而搞不清人类社会的前进方向。作为率先走上社会主义道路并且已经找到符合本国国情的发展途径的国家来说，一定要不断取得经济、科技和社会全面发展的巨大成就，在为本国广大人民造福、使自身屹立于世界民族之林的最前列的同时，也为全世界作出示范，显示出社会主义的巨大优越性和社会主义的强大生命力，推动社会主义事业的发展。

思考题

1. 试述资本主义社会生产力得到巨大发展的原因。
2. 资本主义社会的基本矛盾是什么？它的主要表现有哪些？
3. 简述资本主义生产关系的调整过程及从中得到的基本结论。
4. 试述资本主义社会向社会主义社会过渡的必然性。
5. 为什么说社会主义取代资本主义是一个长期的历史过程？

阅读书目

1. ［德］马克思、［德］恩格斯：《共产党宣言》，见《马克思恩格斯选集》第 1 卷，人民出版社 1995 年版。
2. ［德］马克思：《资本论》第 1 卷，人民出版社 2004 年版。
3. ［苏］列宁：《帝国主义是资本主义最高阶段》，人民出版社 1972 年版。

第十章　社会主义生产关系的实质和经济制度

本章主要内容包括以下三部分：第一部分是在论述社会主义制度建立的客观必然性及其政治前提和建立途径的基础上阐释社会主义生产关系的实质；第二部分论述了社会主义初级阶段的提出、依据、主要矛盾和根本任务；第三部分解释了社会主义初级阶段的基本经济制度的内涵、社会主义公有制的主体地位和实现形式，并对混合所有制经济和非公有制经济的类型予以论述。

第一节　社会主义生产关系的实质

一、社会主义经济制度的建立

（一）社会主义经济制度建立的客观必然性及其政治前提

马克思主义认为，人类社会形态的更迭是一个不以人们的意志为转移的自然历史过程。以生产资料公有制为基础的社会主义经济制度取代资本主义经济制度，是历史发展的客观必然，是生产关系一定要适应生产力发展的必然结果。资本主义经济制度在历史上曾经作为一种进步的经济制度取代了封建经济制度，从而为社会生产力的发展开辟了新的道路，使生产力从手工业生产逐渐转变为机器大工业生产。随着资本主义经济的发展，生产日益社会化，社会化大生产本身在客观上要求由社会来占有并支配它，才能在社会的自觉控制和引导下，协调地正常地发展。但是，在资本主义制度下，这种社会化的大生产却日益被资本家私人所掌握和支配，从而产生生产社会化和资本主义私有制之间的矛盾。经济危机的频繁出现，充分说明了以生产资料私有制为基础的资本主义生产关系已经不能适应生产力的发展。现代生产力的社会性质，客观上要求废除生产资料的资本主义私有制，建立与之相适应的生产资料的社会主义公有制，以解放生产力。因此，社会主义公有制代替资本主义私有制，社会主义经济制度代替资本主义经济制度具有客观必然性，是资本主义基本矛盾尖锐化的必然结果。

社会主义经济制度是以公有制为基础的新型经济制度。生产资料公有制是社会主义经济制度区别于资本主义经济制度的最本质的特征。社会主义经济制度代替资本主义经济制度，是公有制取代私有制，不同于以往的一种私有制取代另一种私有制。无产阶级取得政权是实现社会主义经济制度代替资本主义经济制度的政治前提。因为资本主义经济制度是受资产阶级掌握的以国家政权为核心的上层建筑的保护的，而以生产资料公有制为基础的社会主义经济制度本身就是对资本主义私有制的否定，它不可能在资本主义社会内部自发地产生。所以无产阶级不取得政治上的统治，不掌握国家政权，就无法改变资本主义经济制度，就不能建立社会主义经济制度。以公有制为基础的社会主义经济制度的建立，是以无产阶级上升为统治阶级作为政治前提的。正如马克思和恩格斯所指出的："工人革命的第一步就是使无产阶级上升为统治阶级"①，"无产阶级将利用自己的政治统治，一步一步地夺取资产阶级的全部资本，把一切生产工具集中在国家即组织成为统治阶级的无产阶级手里，并且尽可能快地增加生产力的总量"②。实践表明，社会主义经济制度只能通过无产阶级带领广大劳动群众进行革命斗争，夺取政权，在改变生产资料私有制的基础上逐步建立起来。

(二)社会主义经济制度建立的途径

建立社会主义经济制度是一项十分复杂而艰巨的任务，实现这一任务需要经历一个过渡时期。由于我国在新中国成立前是一个半殖民地半封建的社会，这种特殊的社会性质，使我国革命必然分两步走：第一步，进行新民主主义革命，建立新民主主义社会；第二步，使革命继续向前发展，即进行社会主义革命，建立社会主义社会。其中，第一步所建立的新民主主义社会就是我国从资本主义向社会主义转变的历史过渡时期。这一时期从无产阶级掌握国家政权起，直到生产资料私有制的社会主义改造基本完成为止。在过渡时期，社会的主要矛盾是工人阶级同资产阶级的矛盾，社会主义同资本主义的矛盾。社会基本经济特征是多种经济成分并存，既有从旧社会遗留下来的资本主义经济和小私有制，也有刚刚建立起来的社会主义公有制经济。

我国社会主义经济制度建立的途径就是将私有制转变为公有制。由于有两种性质完全不同的私有制：资本主义私有制和农业、手工业中的个体私有制，因此采取了不同的变革方法。

1. 没收大资本，建立社会主义国有经济

无产阶级首先利用自己政权的力量，没收大资本即官僚资本。对大资本的没收，是由这种资本的经济地位以及大资产阶级对待无产阶级革命的态度决定的。在旧中国，官僚垄断资本依附于帝国主义并和封建主义相勾结，垄断了旧中国的经济命脉，严重阻碍了中国社会生产力的发展，它是反动统治的经济基础。所以，当我国新民主主义革命在全国胜利后，立即在全国范围内没收官僚资本，把它改变成为社会主义国有经济，这就使无产阶级领导的国家掌握了国民经济命脉，从而为建立社会主义经济制度奠定了基础。在我国，没收官僚垄断资本具有双重革命性质：一方面，消灭它的买办性和封建性，这属于民主革命

① 《马克思恩格斯选集》第1卷，人民出版社1995年版，第293页。

② 《马克思恩格斯选集》第1卷，人民出版社1995年版，第293页。

的性质；另一方面，消灭垄断资本，则属于社会主义革命的性质。

2. 改造中小资本，壮大社会主义国有经济

我国的中小资本是指民族资本，改造民族资本是社会主义改造中采取赎买的方法实现的。中国的民族资本不同于官僚资本，它在我国从新民主主义到社会主义转变过程中具有二重作用：一方面，具有有利于国计民生的积极作用，如可以提供一部分工业品满足人民和国家建设的需要，可以为社会主义建设训练一部分技术人员和熟练工人，可以为国家积累部分建设资金，可以促进城乡物资交流的发展等；另一方面，也有不利于国计民生的消极作用，如投机倒把、哄抬物价等。与此相联系，民族资产阶级在对待无产阶级革命的政治态度上也具有两面性，特别是在新中国成立后，它既有发展资本主义愿望的一面，又有拥护共同纲领、接受共产党和人民政府领导的一面；既有拥护新民主主义革命的一面，又有反对社会主义革命的一面。民族资本主义经济的双重作用和民族资产阶级政治态度的两面性，使得无产阶级有可能通过"和平赎买"的方式改造民族资本主义经济，以减少或避免在突然的变革中可能造成的破坏和损失。同时我国无产阶级手中有强大的国家机器；在没收官僚资本基础上建立了强大的社会主义国有经济，掌握了国家的经济命脉；农业合作化的开展，工农联盟在合作化基础上得到进一步巩固，使民族资产阶级进一步孤立。这些有利的政治经济条件，迫使民族资产阶级接受了无产阶级的赎买政策，从而在我国实现对民族资本的"和平赎买"。

对资产阶级实行赎买，符合马克思主义原则。恩格斯指出："我们决不认为，赎买在任何情况下都是不容许的。马克思曾向我讲过（并且讲过好多次！）他的意见：假如我们能赎买下这整个匪帮，那对于我们最便宜不过了。"[①]列宁在俄国十月革命胜利后，曾经设想通过国家资本主义形式，对一部分资产阶级实行赎买，以便迅速发展社会主义经济，但由于俄国资产阶级的反抗和破坏，这一设想未能实现。

我国对民族资本的"和平赎买"在1956年底基本完成，这是马列主义关于赎买理论与我国的革命实践相结合所取得的重大成就，从而创造性地丰富和发展了马克思列宁主义。

3. 改造个体私有制，建立社会主义集体经济

无产阶级取得政权后，建立社会主义经济制度的一个重要方面，就是必须把广泛存在的农业和手工业个体私有制改变为社会主义公有制，引导个体农民和个体手工业者走社会主义道路。对个体私有制的改造，在我国采取的是集体化的方法，即在自愿的基础上，通过典型示范、思想教育和国家帮助，引导个体劳动者走上合作化道路，建立社会主义劳动群众集体所有制经济。

就农业中的个体私有制来说，实行土地改革之后，农业中个体私有制遍布广大农村。

---

① 《马克思恩格斯选集》第4卷，人民出版社1995年版，第503页。

小农经济是以个体劳动为基础的，小农本身具有二重性：一方面是私有者，另一方面又是劳动者。因此，对待小农绝不能像对待地主资本家一样，实行剥夺和没收的办法将其生产资料收归国有。我国对农民个体经济的改造，是通过从互助组、初级社到高级社这样三个互相衔接、逐步前进的形式和步骤实现的。高级农业生产合作社的建立，标志着农业个体经济变成了社会主义劳动群众集体所有制经济。就手工业中的个体私有制来说，手工业中的个体私有制和农业中的个体私有制的性质是相同的。因此，改造手工业中的个体私有制的原则和步骤同对小农经济的改造是一样的，只是具体操作不同而已。城镇个体手工业是一种小商品经济，同市场有着紧密联系，所以，对它的改造是从流通领域入手，建立供销合作组织，然后进一步进入生产领域的合作，建立生产合作社。

我国从 1952 年提出过渡时期总路线，到 1956 年底对个体农业、个体手工业和民族资本主义工商业的社会主义改造基本完成，确立了社会主义公有制的主体地位，标志着我国过渡时期的结束，基本上完成了从新民主主义社会到社会主义社会的转变，建立起社会主义的经济制度。需要指出的是，此时建立起来的社会主义经济制度与党的十五大报告中概括的社会主义初级阶段的基本经济制度是既相联系又有区别的两个概念，前者只以公有制为基础，而后者则包括公有制为主体的多种所有制形式。对于过渡时期的这项艰巨的社会主义改造任务的成败，我们应辩证地看待，由于它是在一个拥有数亿人口的大国中进行的，而且又是一场前无古人的深刻的革命，工作中虽然出现了一些缺点和偏差，如在社会主义改造过程中要求过急，工作过粗，变化过快，形式过于简单划一，强迫命令，瞎指挥，一刀切等，但是，通过社会主义改造，促进了整个国民经济的发展，在我国建立起了社会主义经济制度。正如《关于建国以来党的若干历史问题的决议》所指出的："整个来说，在一个几亿人口的大国中比较顺利地实现了如此复杂、困难和深刻的社会变革，促进了工农业和整个国民经济的发展，这的确是伟大的历史性胜利。"①

二、社会主义生产关系的实质

生产资料所有制是生产关系的基础，它决定生产关系中各种不同社会集团在社会生产中的地位和产品的分配形式。

在社会主义条件下，由于生产资料公有制的建立，劳动者联合起来共同占有和支配生产资料，进行自主的联合劳动。人们之间的经济利益关系是互助互利、平等合作的关系，这与私有制条件下人与人之间的相互关系有着根本区别。又由于劳动产品归劳动者共同所有，并按照有利于劳动者根本利益的原则进行分配，这就形成了劳动者的共同利益。共同利益提高了，全体劳动者的个人利益就会提高；共同利益受损了，全体劳动者的个人利益

---

① 《中国共产党中央委员会关于建国以来党的若干历史问题的决议》，人民出版社 1981 年版，第 14 页。

就会下降。这就是公有制条件下劳动者根本利益的一致性。

生产资料公有制的建立使全体劳动者翻身当了主人，就法律上的社会地位来说，所有劳动者都是平等的。但由于在社会主义阶段，脑力劳动和体力劳动、管理劳动和非管理劳动的旧式分工依然存在，所以劳动者在社会主义生产中的地位既平等又不完全平等，在对公有制生产资料的支配权上有很大差别。社会生产中还存在着工人、农民、知识分子这样的社会集团，这些集团具有共同的利益和共同的目标，即发展社会主义经济，增进社会利益，但各个部门、各个企业、各个地区在根本利益一致的同时，还具有排他性的自身的利益。以公有制为基础的社会主义企业都是自主经营、自负盈亏的商品生产者，也要受社会主义物质利益原则的制约，所以社会主义阶段的不同集团或个人之间应是互助互利的商品交换关系。

每一个社会形态的社会生产，由于生产关系的性质不同，都有自己特定的生产目的。一个社会的生产目的，表明这个社会生产的实质，决定该社会生产的出发点和根本动机，调节这个社会生产和一切经济活动。在社会主义条件下，由于生产资料公有制的建立，劳动者成了生产资料的主人，这就决定了社会主义的生产目的必然是最大限度地满足整个社会经常增长的物质和文化生活需要。正如斯大林所指出的社会主义生产的目的是"最大限度地满足整个社会经常增长的物质和文化的需要"①。恩格斯也曾指出："通过社会生产，不仅可能保证一切社会成员有富足的和一天比一天充裕的物质生活，而且还可能保证他们的体力和智力获得充分的自由发展和运用。"②

在社会主义公有制条件下，劳动者共同占有和支配生产资料，社会可以根据全体劳动者的需要来组织社会生产，这就决定了社会主义生产目的是为了满足劳动者的物质文化生活需要，因为社会主义已经不存在剥削者与被剥削者之间的对立关系，劳动者既是全社会的生产者，也是全社会的需要者。同时，满足劳动者的需要，不仅有物质生活方面的需要，也有精神生活方面的需要；不仅要满足生存资料的需要，也要满足享受资料和发展资料的需要。要更好地实现这一生产目的，最根本的途径就是发展生产力。只有不断地满足劳动者的各个方面的需要，人民的生活水平才能不断地提高，社会主义制度的优越性才能更好地体现出来。也只有全体劳动者都富裕了，社会主义生产目的才能真正实现。这就是社会主义生产关系的实质。

当然，在社会主义商品经济下，企业生产出来的劳动成果必然是以商品的形式表现出来，各个企业又是相对独立的生产经营者，它们有自己独立的经济利益，这就决定各个企业的生产经营的目的必然是为了商品的价值，为了利润的最大化，这是企业的直接生产目的。而社会的生产目的是为了商品的使用价值，为了满足社会成员的物质文化需要。企业

① 《斯大林选集》下卷，人民出版社 1979 年版，第 569 页。
② 《马克思恩格斯选集》第 3 卷，人民出版社 1995 年版，第 757 页。

生产目的好像与社会生产目的有矛盾,其实不然,因为企业的生产目的虽然是为了追求价值、追求利润,但使用价值是价值的物质承担者,企业追求价值的同时,必须注意使用价值的生产,企业只有以尽可能少的劳动耗费,生产出更多更好的符合社会需要的物质产品,才有可能获取更多的利润。因此,企业的生产目的与社会的生产目的从本质上讲是不矛盾的,是一致的,二者之间是辩证统一的关系。企业生产目的与社会生产目的的辩证统一关系表现在以下几个方面:

首先,商品是使用价值和价值的统一,使用价值是价值的物质承担者。企业为了实现它所生产的商品价值,为了取得更多的盈利,就必须生产出为社会所需要的使用价值,尽量生产出质量优良、品种对路的商品;就必须经常了解市场的情况,了解消费者需要的变化。因为,在社会主义商品生产的条件下,市场是产需结合的"中介",在企业生产和社会需要之间可以通过市场供求即买卖关系使其各得其所:企业得其"利",社会得其"用"。同时,市场是反映人们需要的"晴雨表",它反应迅速、灵敏,如当某种商品在产需之间出现不平衡状态时,或供不应求,或供大于求,都会通过市场上的脱销或滞销、价格上升或下降、资金周转的快与慢、商品库存的少或多等现象直接表现出来,并转化为种种信息,敏捷地传递给企业,使得它们能据此迅速地作出种种相应的决策,扩大或缩小这种商品的生产,或是改变产品生产的方向,把资金和劳动力转移到既是社会需要又能获得较多利润的产品中去。正是通过市场的交换,社会主义企业生产的商品才能了解和满足人们的需要。

其次,企业的一切生产经营活动都是在国家对经济的宏观调控下,通过国家调控的市场进行的。国家对经济的宏观调控,是社会化大生产条件下国民经济协调发展的需要,也是各个企业进行正常经营活动的内在要求,否则,企业会因生产的无政府状态和经济的经常波动而不能顺利发展。因此,企业必须服从社会整体利益,把服务于满足人民物质文化生活需要作为自己的宗旨,并以此为约束。满足人们日益增长的物质文化生活需要是社会主义经济运行的总体目的,这个目的通过国家调节市场,市场引导企业的运行机制来实现。社会主义国家运用经济手段、法律手段和必要的行政手段,调节市场供求关系,创造适宜的经济和社会环境,以此引导企业正确地进行经营决策,使企业的生产经营活动纳入到满足人们需要的总目标中去。这是把整个社会的生产目的与各个企业的生产目的联结起来的纽带。企业在社会的总目标的指引下,实现的盈利愈多,也就是对满足人们需要作出的贡献愈大。如果企业的生产经营活动偏离了社会主义生产目的,就必须进行纠正,使之符合这一目的。可见,企业生产的直接目的虽然是利润,但它要受到整个社会利益的制约。在国家的宏观调控下根据市场需要而生产,这是企业争取较多盈利并更好地满足全体劳动者需要的重要途径。

第三,企业为社会创造并提供的利润,是社会直接或间接地用来进一步满足全体劳动者需要的物质基础。企业生产的直接目的是利润,但利润的一部分是通过不同的途径交给了国家，归企业自己支配的只是一部分。交给国家的利润，代表了该企业的职工所生产的部分剩余产品，社会主义国家对这部分财富是"取之于民，用之于民"的，直接或间接地用来满足全体劳动者的物质文化生活需要。因此，一般说来，企业交给国家的利润愈多，它在满足人们需要上作出的贡献也愈大。可见，在企业生产目的中，既含有全社会的利益和需要，又包含企业自身的利益和要求。

第四，企业是国民经济最基本的基层经济组织，每个企业在追求利润和为满足自身需要而进行正当的经济活动的同时，会促进社会利益和满足社会需要的发展。社会主义经济是建立在公有制基础上的商品经济，每个处在商品生产者地位的企业其本身就是一个或大或小的集体，因而它们在各自经济活动中所获得的利益本身就是全体社会成员或全社会的利益的有机组成部分，虽然在每个企业具有相对独立性的情况下，企业应得的利益为企业所有，并用来满足本企业及其职工的需要，但也必须看到，企业在为自身的利益而努力奋斗的过程中，由于改进技术、加强管理、提高劳动生产率、增加产品品种、改进产品质量、减少消耗、降低成本等，必然会直接和间接地大大增进社会利益，并在此基础上使得社会需要得到更好的满足。企业利益及劳动者的个人利益可以促进社会利益的发展，社会利益又会源源不断地转化为企业利益及其劳动者的个人利益。二者互为因果，相互促进，这正是社会主义经济发展的动力。

由上述分析可见，在社会主义有宏观调控的市场经济条件下，企业生产目的与社会生产目的是统一的，它们统一于实现过程。因为商品的买卖过程，对卖者来说是价值的实现过程，而对买者来说是获得使用价值、满足需要的过程。企业要实现其生产的直接目的，也必须在国家对经济的宏观调控下，根据市场需要来安排生产。为广大劳动者提供更多的物美价廉的消费品，创造出更多的纯收入，既为国家建设积累更多的资金，自身也增加盈利。可见，企业的生产目的与社会生产目的在实现过程中是统一的。也可以说，整个社会生产目的的实现，是贯穿于各个企业生产目的的实现之中。当然，承认企业生产目的和社会生产目的的统一，并不否认二者在实现过程中会存在这样或那样的矛盾。二者的统一，是辩证的统一，统一是在不断调节矛盾的过程中实现的。

第二节　社会主义初级阶段

一、社会主义初级阶段的提出和依据

马克思恩格斯认为，共产主义社会包括两个阶段，第一阶段是刚刚从资本主义社会母胎里产生出来，在经济、道德、精神等方面还带有旧社会痕迹的不成熟的共产主义社会，即社会主义社会，第二阶段是在其自身基础上成长起来的成熟的共产主义社会。列宁和毛泽东通过社会主义的实践，把社会主义社会划分为发达的社会主义和不发达的社会主义。世界上已经建立起来的社会主义都是不发达的社会主义，必须经历很长一段时期，才能进入发达的社会主义。邓小平根据我国建设社会主义的历史起点、现实国情、时代特点，正确提出了我国正处在并将长期处于社会主义初级阶段的科学论断，明确指出："社会主义本身是共产主义的初级阶段，而我们中国又处在社会主义的初级阶段，就是不发达的阶段。"[①]

社会主义初级阶段的提出，是依据生产力决定生产关系、生产关系要适应生产力发展的客观规律，对我国及国际上社会主义建设经验的科学总结，是对马克思主义的丰富和发展，是建设中国特色社会主义的重要理论基础。

社会主义初级阶段，不是泛指任何国家进入社会主义都会经历的起始阶段，而是特指我国在生产力落后、商品经济不发达的经济条件下，建设社会主义必然要经历的特定历史阶段。社会主义初级阶段包含两层含义：一是我国已经是社会主义社会。我们必须坚持而不能离开社会主义，我国今后的发展不能偏离社会主义方向，要坚定不移地走社会主义道路。二是我国的社会主义社会还处在初级阶段。我们考虑一切问题，从事一切工作，都必须从社会主义初级阶段这个基本的实际情况出发，而不能超越这个阶段，否则就脱离了我国的最基本的国情。

我国处于社会主义初级阶段，具有客观必然性，从根本上讲，就是我国的社会生产力水平低。因为我国的社会主义经济制度是在半殖民地半封建社会的基础上建立起来的，生产力发展水平落后，自然经济占相当大的比重，没有经历商品经济的充分发展，与马克思恩格斯设想的社会主义应具有的物质基础相差甚远。这就决定了我国必然经过一个较长的社会主义初级阶段的发展过程，来推动社会主义的商品经济的发展，实现社会主义现代化。社会主义初级阶段应该是这样一个阶段：它是逐步摆脱不发达状态，基本实现社会主义现代化的历史阶段；是由农业人口占很大比重，主要依靠手工劳动的农业国，逐步转变为非农业人口占多数，包含现代农业和现代服务业的工业化国家的历史阶段；是由文盲半文盲人口占很大比重、科技教育文化落后，逐步转变为科技教育文化比较发达的历史阶段；是由贫困人口占很大比重，人民生活水平比较低，逐步转变为全体人民比较富裕的历史阶段；是由地区经济文化发展很不平衡，通过有先有后的发展，逐步缩小差距的历史阶段；是通过改革和探索，建立和完善比较成熟的充满活力的社会主义市场经济体制、社会主义民主政治和其他方面体制的历史阶段；是广大人民牢固树立建设中国特色社会主义共同理想，自强不息，锐意进取，艰苦奋斗，勤俭建国，努力建设好物质文明、精神文明、政治文明和生态文明的历史阶段；是逐步缩小同世界先进水平的差距，在社会主义基础上实现中华民族伟大复兴的历史阶段。实现全面建设小康社会的目标还需要继续奋斗十几年，

---

① 《邓小平文选》第3卷，人民出版社1993年版，第252页。

基本实现现代化还需要继续奋斗几十年，巩固和发展社会主义制度则需要几代人、十几代人甚至几十代人坚持不懈地努力奋斗。

总之，我国人口多，底子薄，地区发展不平衡，生产力不发达的状况没有根本改变；社会主义制度还不完善，社会主义市场经济体制还不成熟，社会主义民主法制还不够健全，封建主义、资本主义腐朽思想和小生产习惯势力在社会上还有广泛影响。我国社会主义社会仍然处在初级阶段。

二、社会主义初级阶段的主要矛盾和根本任务

(一)社会主义初级阶段的主要矛盾

我国社会主义初级阶段，在经济、政治、文化和社会生活各方面存在着种种矛盾，阶级矛盾由于国际国内因素还将在一定范围内长期存在。但社会主义初级阶段是社会主义社会发展过程中的一个阶段，它已经是社会主义性质的社会，所以党的十四大就明确指出："现阶段我国社会的主要矛盾是人民日益增长的物质文化需要同落后的社会生产之间的矛盾。"[①]一方面，社会主义经济制度体现人民群众的利益，实行社会主义经济制度，就要不断提高人民的生活水平，最大限度地满足人民群众物质生活和文化生活的需要。另一方面，我国的社会主义是由半殖民地半封建社会转化过来的，生产力水平低下，社会物质财富还远远满足不了广大人民群众的物质文化生活需要。

毋庸置疑，我国买方市场的形成，表明在社会主义制度下，我国已告别了短缺经济时代，社会生产力与历史相比较已发展到较高的水平，人民的物质文化生活也得到了较大的改善。但是，党的十七大报告仍然强调：人民日益增长的物质文化需要同落后的社会生产之间的矛盾这一社会主要矛盾没有变。主要原因在于：首先，我国当前的供过于求是市场经济条件下的买方市场，并非已满足了人们的物质文化需要，而是因为人们的需求表现为有支付能力的需求，即货币购买力，而由于各种原因人们的货币购买力还比较弱。比如，在我国当前的体制转轨时期，人们预期改革风险加大，近年来教育、住房和养老等各项制度的改革一直主导着消费者的储蓄行为，从而制约着其他消费行为；我国当前的买方市场是与社会主义初级阶段的地区差距、城乡差距和贫富差距同时存在的，城镇居民消费水平明显高于农村居民消费水平，这种差距导致农村市场尚未从根本上启动，影响了整体市场的发展；由于各种原因，我国居民的工资收入水平总体上还比较低；我国人均消费水平和消费量与发达国家有较大的差距，当前的买方市场是居民消费水平较低条件下的买方市场。由于上述种种原因导致了形式上的供过于求，因此无论怎样，我国目前人们的消费水平只是基本上实现了由温饱向小康的过渡，离达到人们共同富裕的目标还有很大的差距。

---

① 《中国共产党第十四次全国代表大会文件汇编》，人民出版社 1992 年版，第 13 页。

其次，我国当前的买方市场是同不合理的产业结构和产品结构同时存在的，我国商品过剩是阶段性的结构过剩。我国部分商品过剩是事实，但它是阶段性的结构过剩，不是全部过剩。在我国纺织、冶金、煤炭、制糖、家电供过于求的同时，信息、生物工程、环保等高科技行业却相对落后，农产品中的小麦、水稻过剩但优质小麦和水稻比例不高，许多市场需要的商品企业都无法生产，过剩与短缺相伴随。由此可见，我国买方市场的出现，并不等于物资全面过剩，买方市场的形成与商品全面过剩二者并不能等同。商品结构过剩的原因是多方面的。如盲目投资、重复建设、企业体制和政府职能改革不深入，诸多制度的改革不到位，科技水平不高，生产结构不合理，经济实力不强，不能实行大规模的技术改造、结构调整和产品更新，生产力落后，不能大幅度提高城乡人民的收入、消费水平等；同时，改革开放、经济体制改革、社会主义市场经济的建立极大地促进了生产力的发展，经济总量的增加，在一定意义上讲，这也是生产发展快、商品过剩的原因之一。商品结构性的过剩，并不能说明我国社会生产力落后的状况已发生了"质的飞跃"，它并非是由于我国生产力的整体变成了先进的生产力而引起的。因此，我国人民日益增长的物质文化需要同落后的社会生产之间的矛盾这一社会主要矛盾没有变。

（二）社会主义社会的根本任务

社会主义社会的根本任务就是解放生产力和发展生产力，这是因为：

1. 社会主义社会主要矛盾的解决要求解放和发展社会生产力

我国社会主义经济制度建立以后，社会主义生产关系已经占据统治地位，但是社会生产力水平还比较低，在社会主义的主要矛盾中，矛盾的主要方面是解决落后的社会生产问题，这就要求我们必须把发展生产摆在首要位置，以经济建设为中心，推动社会全面进步。

发展生产力是最为重要的，但只有解放生产力，才能发展生产力。革命可以解放生产力，我国就是通过民主革命和生产资料私有制的社会主义改造，使生产力从旧生产关系的桎梏中解放出来的。但是，实践也证明，在社会主义制度建立以后，随着独立的比较完整的工业体系和国民经济体系的建立，传统的僵化的经济体制束缚社会生产力发展的弊端日益显露，不改革旧的经济体制，建立适合生产力发展要求的新的经济体制，生产力仍不可能健康发展。社会主义基本制度确立后，还要从根本上改变束缚生产力发展的传统经济体制，建立起充满生机和活力的新的社会主义经济体制，促进生产力的发展。所以改革也是解放生产力。正如邓小平所指出的："过去，只讲在社会主义条件下发展生产力，没有讲还要通过改革解放生产力，不完全。应该把解放生产力和发展生产力两个讲全了。"[①]由此可见，为了解决社会主义社会的主要矛盾，党和国家的工作重点必须转移到以经济建设为中心的社会主义现代化建设上来。解放和发展生产力，这是社会主义社会的根本任务。

---

① 《邓小平文选》第3卷，人民出版社1993年版，第370页。

2. 社会主义物质基础的建立要求解放和发展社会生产力

物质基础是指社会的物质生产能力,也就是该社会生产力发展的状况。任何一种社会生产关系,都必须具有与其相适应的物质基础。社会主义生产关系是在资本主义社会化大生产基础上产生的。所以,社会主义生产关系的物质基础应当是在资本主义已经达到的物质基础之上建立起来的高度社会化的现代化工业、农业和科学技术。而我国建立起来的社会主义社会,没有经历资本主义社会化大生产的发展,不可能具备同社会主义生产关系相适应的物质基础。这就决定了在取得社会主义革命胜利后,还必须用极大的努力来发展社会生产力,使整个国民经济步入以先进科学技术武装起来的现代化大生产轨道,建立起强大的社会主义物质基础。

3. 全面建成小康社会的奋斗目标要求解放和发展社会生产力

党的十八大确立全面建成小康社会的目标,其中经济发展的目标是:在优化结构和提高效益的基础上,国内生产总值和城乡居民人均收入到 2020 年比 2010 年翻一番,综合国力和国际竞争力明显增强。基本实现工业化,建成完善的社会主义市场经济体制和更具活力、更加开放的经济体系。城镇人口的比重较大幅度提高,工农差别、城乡差别和地区差别扩大的趋势逐步扭转。社会保障体系比较健全,社会就业比较充分,家庭财产普遍增加,人民过上更加富足的生活。经济发展目标的实现是实现其他目标的基础,而经济发展目标的实现最根本的是坚持以经济建设为中心,不断解放和发展生产力。只有集中力量发展生产力才能保持国民经济持续快速健康发展,适应世界经济科技发展新趋势和我国经济发展新阶段的要求,促使经济更加发展,人民生活更加充实,实现全面建设更高水平的小康社会的奋斗目标。

第三节　社会主义初级阶段的基本经济制度

一、社会主义基本经济制度的含义及其演变

(一)经济制度与基本经济制度的含义

经济制度是指一定社会生产关系的总和。在生产关系总和中,最基本的、最核心的内容是生产资料所有制关系。所有制是指人们对生产资料的所有权、占有权、支配权、使用权和收益权及其相互关系,核心是产权,产权包括物权、债权、股权和知识产权等各类财产权。基本经济制度是指一个社会的所有制关系的总和,表明经济制度的基本特征和基本性质。特定的基本经济制度是由生产力的性质和社会发展阶段决定的,是在生产力和生产关系的矛盾运动中不断完善和不断发展的,不是人们自由任意选择的。

（二）社会主义基本经济制度的演变

空想社会主义者首先提出了社会主义的所有制是生产资料公有制。马克思、恩格斯科学地吸取了进步的空想社会主义的这一理论遗产，并批判了空想社会主义者的虚幻空想，提出无产阶级在夺取政权以后，利用无产阶级专政的力量建立社会主义的经济制度，即建立单一的全社会公有制的设想。

列宁和斯大林发展了马克思主义，在苏联建立起了世界上第一个社会主义国家，并在这个国家建立了社会主义的基本经济制度，即生产资料公有制，它有全民所有制和集体所有制两种形式。以后的东欧和亚洲的一些国家包括我国在内都先后建立了社会主义的基本经济制度。

我国社会主义基本经济制度发展到今天，大体上经历了三个阶段。

第一阶段：1949—1956年，这是我国社会主义基本经济制度的建立时期。中国新民主主义革命取得胜利后，通过对官僚资本实行无偿剥夺，建立社会主义的全民所有制；通过对民族资本和个体所有制进行社会主义改造，把它们改造成为社会主义的公有制。这一时期的所有制结构从公有未占主体的多元结构发展到公有制为主体的多元所有制结构，所有制形式有社会主义全民所有制、社会主义集体所有制、社会主义国家资本主义所有制、民族资本所有制、个体所有制等五种。在工业总产值中，公有和非公有的占比从1952年的45∶55发展到1957年的72.8∶27.2。

第二阶段：1957—1978年，这是我国基本经济制度追求单一公有制结构的时期。这一时期由于盲目地追求"一大二公三纯"，排斥公有制经济以外的其他经济成分，把一切非公有制经济都看作是资本主义经济，割资本主义尾巴，搞所有制升级换代的穷过渡，形成的所有制结构是：社会主义全民所有制加社会主义集体所有制的清一色的公有制结构，只存在极少量的非公有制经济。1978年，公有制和非公有制的比重是98.2∶1.8。

第三阶段：1979年至今，这是我国社会主义基本经济制度改革和完善的时期。1979年，我国开始了经济体制改革，并逐渐认识到社会主义初级阶段应该允许非公有制经济的存在和发展，提出在坚持公有制主体地位的前提下，适当发展非公有制经济。党的十五大提出社会主义初级阶段的基本经济制度是以公有制为主体、多种所有制经济共同发展。党的十六大提出"坚持和完善公有制为主体、多种所有制共同发展的基本经济制度"。党的十七大、十八大继续强调"毫不动摇地巩固和发展公有制经济，毫不动摇地鼓励、支持、引导非公有制经济的发展"。在这一阶段，不仅公有制经济得到迅速发展，非公有制经济也得到快速发展。这一阶段的所有制结构是，社会主义国有经济和社会主义集体经济为主体、个体经济、私营经济、外资经济共同发展的多元所有制结构。GDP中公有经济和非公有经济的比重，从1990年的92.9∶7.1，到1997年的75.8∶24.2，再到2009年的40∶60。

二、公有制为主体

（一）社会主义生产资料公有制和所有制结构的含义

1. 社会主义生产资料公有制的含义

公有制是社会主义经济制度的基础。公有制是生产资料和劳动成果归全体劳动者或部分劳动者共同所有的一种所有制形式。它具有两个基本特征：一是与社会化大生产相适应，是生产力发展的必然结果。这一特征把社会主义公有制同原始社会的公有制区别开来。二是消除了在生产资料占有上的任何个人特权，劳动者在生产资料占有上是平等的。这一特征把社会主义公有制同一切私有制区别开来。生产资料公有制是社会主义的根本经济特征，是社会主义经济制度的基础，是国家引导经济和社会发展的基本力量，是实现广大人民群众共同富裕的重要保证。

2. 社会主义生产资料所有制结构的含义

社会主义初级阶段的基本经济制度就是社会主义现阶段的生产资料所有制结构。生产资料所有制结构，是指各种不同的生产资料所有制形式在一定社会经济形态中所处的地位、所占的比重，以及它们之间的相互关系。处于支配地位的所有制的性质，决定该所有制结构的性质。社会主义初级阶段的所有制结构是以公有制为主体、多种所有制经济共同发展的多元所有制结构。在我国社会主义初级阶段多种所有制经济共同发展的所有制结构中，各种所有制经济所处地位和所占的比重是不相同的，其中，公有制是主体，国有经济是主导，非公有制经济是社会主义市场经济的重要组成部分。各种所有制之间的关系是公有制为主体，多种所有制共同发展的关系。

（二）坚持公有制经济主体地位

1. 什么是公有制为主体

（1）数量含义。公有制为主体就是指在社会总资本中，公有资本在数量上占优势。因为量变引起质变，一定的质是以一定的量来体现的；是公有制主体地位的基本保证。但是必须指出的是，数量优势是从全国总体而言的，不是说所有的地方和行业公有资本在量上都要占优势；而且，不能只是单纯地从绝对数量来看，因为大型或特大型国有企业，与小企业一样都是一个企业，但从企业的从业人员、固定资产投资、产值、工业增加值等指标来看，小企业是不能与之相提并论的，尤其是在国民经济中所处的地位和发挥的作用，小企业更是不能与之同日而语的；另外，公有资产不只是公有制企业中的资产，除此以外，还包括国家所有和集体所有的各种资产，如国有和集体所有的事业单位的资产、政府部门的资产，以及土地、各种自然资源等。这些都是公有资产，是数量巨大的公有资产，毫无疑问，公有资产在社会总资产中占有明显的优势。因此，尽管现在很多指标上已经显示出非公有制企业在数量上占了优势，但这并不能改变公有资产在社会总资产中的量的优势，不能改变公有制经济的主体地位。

（2）质的含义。指公有资本在质上占优势。质的优势就是竞争优势、赢利优势和发展优势。公有资本要在质上占优势，才能保持量的优势。要注重提高公有资本的质量。

（3）功能含义。指国有经济是主导，控制国家经济命脉，对社会经济发展起主导作用。国有经济的主导作用，主要体现在控制力上，在关系国民经济命脉的重要行业和关键领域，占支配地位。首先，从国有经济的控制力来看，随着国有企业改革的不断深化，尤其是按照"有进有退、有所为有所不为"的原则对国有经济进行战略性改组，使国有经济的面貌发生了根本性的改变。按照"有进"的原则，国有企业进入高新技术、高附加值产业，在科技竞争中"有所为"，发挥对整个社会科技进步的先导作用和影响力。同时，国有企业也有选择地退出一些产业领域，不在一般性的产品生产中与其他经济成分的企业比作为。在保持国有经济必要数量的前提下，重点在优化结构、提高素质方面下工夫。其次，从国有经济在国民经济重要行业和关键领域中的支配地位来看，这一地位也在不断得到加强。国民经济中的重要行业和关键领域，就是关系国计民生的基础产业、基础设施、支柱产业、高科技产业、新兴产业。要使国有经济在这些行业和领域中占支配地位，实际上就是要保证国有经济的主导地位。

2. 为什么要坚持公有制的主体地位

首先，这是由我国的社会主义性质决定的。生产资料公有制是社会主义经济制度的基础，是社会主义经济制度的根本标志，只有建立起社会主义公有制并使其在多种所有制经济中占据主体地位，才标志着我国实行的是社会主义制度。其次，公有制是同社会化大生产相适应的，代表社会经济发展的方向和趋势，是解放和发展生产力的需要。再次，只有坚持公有制的主体地位，才能真正巩固和发展社会主义的政治制度和经济制度，保证非公有经济为社会主义经济服务，保证国民经济沿着社会主义方向健康发展。另外，只有坚持公有制主体地位，才能有利于集中力量解决国民经济中的关键问题，发展生产力，促进经济的快速高效增长和人民生活水平的不断提高。最后，实行以公有制为主体，是消灭剥削、消除两极分化、最终实现共同富裕的根本经济条件。总之，如果否定公有制的主体地位，就动摇了社会主义的经济基础。动摇了社会主义的经济基础，也就动摇了社会主义的政治基础，社会主义制度也就不复存在。因此，坚持公有制的主体地位，是由社会主义性质和它在国民经济中的作用决定的。

（三）社会主义公有制的形式

公有制有国家所有制和集体所有制两种基本形式，还有混合所有制经济中的国有成分和集体成分。

1. 国家所有制经济

（1）含义和特点。国家所有制经济也称为国有经济，指生产资料和劳动产品归全体劳动者共同所有的一种公有制经济，它是与生产社会化相适应的一种公有制经济。特点有三：一是它的生产资料的使用权及其成果是用来为全体人民谋利益和满足全社会的需要的。二是企业之间存在利益差别。在社会主义现阶段，国有企业是独立的经济组织。由于各个企业的生产条件和生产经营效果的差别，各个企业存在着经济利益上的差别。不同企业付出不同的劳动量会有不同的产出，不同企业的劳动者付出不同的劳动量也会得到不同的收益，社会必须承认这一差别。三是在生产资料占有和支配关系上，从形式上看，表现为社会与企业的关系，但实际上是以企业为范围的联合劳动者之间的物质利益关系。

（2）国有经济是主导。在现阶段，国有经济在整个国民经济中起着主导作用。主导 = 控制 + 支撑 + 带动。第一，主导作用主要体现在控制力上，即在关系国民经济命脉的重要行业和关键性领域占支配地位。国有经济控制的行业和领域主要包括：涉及国家安全的行业，如国防工业和航天工业；自然垄断的行业，如森林、石油、天然气、煤炭以及其他重要矿藏的开发和冶炼工业；提供重要公共产品和服务的行业，如铁路、海运、航空、城乡公用事业、金融业等；支柱产业和新技术产业中的骨干企业。控制力还包括对社会资本的控制和支配。第二，主导作用也体现在支撑作用上。支撑有安全支撑、社会支撑和市场支撑。第三，主导作用还体现在带动作用上。国有经济对整个国家经济发展起引导和带动作用，是促进技术进步和产业升级的支柱性力量，是国家进行宏观调控的重要力量，是国家财政收入的主要来源，是提高人民物质文化生活水平和保证逐步实现共同富裕的主要物质基础。

2. 集体所有制经济

（1）含义和特点。集体所有制就是指生产资料归一定范围的劳动群众共同所有。它是社会主义公有制的一种形式，集体经济和国有经济一样，都是劳动者共同占有生产资料，都排除了依靠生产资料所有权而无偿地占有他人劳动的剥削关系。不同点在于，集体所有制是部分劳动者在集体经济组织范围内对生产资料共同占有，在一个集体经济单位内部，人们对生产资料占有是平等的，但在不同的集体经济单位之间，人们对生产资料的占有是有差别的。另外，集体所有制企业一般生产规模小、投资少、经营方式灵活，对市场适应性强。

（2）作用。集体所有制是社会主义公有制经济的重要组成部分，在国民经济中具有非常重要的作用。它能充分调动劳动者的积极性和创造性，为国家的经济建设积累资金，为国民经济的发展提供大量的原材料，为大部分的劳动者提供就业的机会，为人们的生活提供绝大部分生活必需品。

3. 混合所有制经济中的国有成分和集体成分

混合所有制经济，是由不同性质的所有制经济即社会主义公有制经济与非公有制经济共同投资组合而成的一种经济形式。其特征是公与私浑然一体。我国现阶段的混合所有制经济有以下几种类型：

（1）股份制的混合型经济。指由国有或集体所有制单位与国内私人共同投资入股而组成的有限责任公司和股份有限公司。这种股份制混合型经济的产生，是我国社会主义商品经济和市场经济发展的必然产物，是我国的私营经济为了谋求更大的发展，而与国有经济或集体经济共同投资组建的股份制企业。

（2）企业联合体混合型经济。它是由不同所有制企业或企事业单位根据平等、互利和自愿的原则联合进行生产经营的一种经济形式，其所有制性质由参加联合体企业、单位的性质决定。由公有经济和非公有经济联合组成的经济联合体或企业集团是一种混合所有制经济。我国企业联合体混合型经济的出现，是我国在所有制方面改革的必然结果，也是社会主义商品经济、市场经济发展的必然产物。目前这种企业联合体混合型经济主要是采取企业集团的方式。企业集团可以从不同的角度来划分，可以划分为紧密型和松散型、高级型和初级型、行业内部型和跨行业型、国家内部型和跨国型、专业型和综合型、生产型和流通型等多种类型。我国现阶段企业集团的主要形式有：产品集团，即以产品为核心组织的企业集团；行业集团，即以某一行业的几个大型企业为核心，带动一批企业而组成的企业集团；混合集团，即以经济实力雄厚的大型企业为核心，联合相关行业、商业、科研单位组成的，以生产为主同时开展多种经营的企业集团；职能集团，即以完成某一方面的特殊职能或提供某一方面的社会服务为内容而组成的企业集团。

混合所有制经济的存在和发展对促进国民经济的发展有重要作用：有利于活跃市场，多方面满足人们的需要；有利于扩大就业，增加建设资金，促进生产的发展；可以使我们得到适合需要的先进技术设备，有助于我国生产技术水平的提高；可以引进先进的科学管理方法，提高我国的经营管理水平；可以培养和提高我国经济管理干部、技术人员和熟练工人队伍的素质。

（四）社会主义公有制的实现形式

1. 公有制实现形式的含义

公有制的所有形式不同于公有制的实现形式。公有制的所有形式即占有形式，是生产资料归谁所有，如生产资料国家所有制和集体所有制。所有制的实现形式是指公有财产采取的经营方式和组织形式。如国家所有制的实现形式主要是有限公司和股份公司，集体所有制的实现形式主要是联产承包责任制和股份合作制。不同的所有制形式也可以采取相同的实现形式。

2. 公有制实现形式可以而且应当多样化

公有制实现形式的多样化：一是由财产关系的多样化决定。所有权和经营权的不同组合，形成不同的财产关系，不同的财产关系有不同的实现形式。二是由企业类型的多样化决定。单一业主制、合伙制、公司制是不同的企业类型，不同类型的企业有不同的实现形式。三是由投资方式的多样化决定。投资有实物资本投资、货币资本投资、证券资本投资、人力资本投资和技术投资，间接投资和直接投资等多种形式，不同形式的投资就是不同的实现形式。四是由经营方式的多样化决定。经营方式有自我经营、委托经营、租赁经营和承包经营等多种形式，不同的经营形式就是不同的实现形式。五是生产力发展水平等。不管采取什么样的实现形式，只要能够实现公有资产的保值增值，实现收益权或剩余索取权，就不否定公有制的性质。

3. 社会主义国有经济的实现形式多样化

在过去的计划经济体制下，我国国有经济的实现形式是单一的，国家作为单一的投资主体，实行国有国营的单一经营方式。企业的生产任务由政府直接下达，企业所需资金由政府财政直接无偿拨给，企业所需生产资料由政府计划分配，企业生产出来的产品由政府统购统销，企业的盈利统一上缴国家财政，企业领导由政府指定。这样的实现形式使企业既无内在经济动力，又无外在竞争压力。改革开放以来，我们逐渐认识到，社会主义现阶段不仅存在多种所有制形式，而且公有制经济还存在多种实现形式。国有经济不等于要由国家直接经营，反映社会化生产规律的经营方式和组织形式都可以成为国有经济的实现形式。在现阶段，根据我国国有企业的规模、产业属性、管理水平、经济效益的不同，对不同的企业采取不同的经营方式和组织形式，一般包括如下几种：

（1）国有国营，即企业由国家所有并由国家直接经营。实行这种经营方式的主要包括基础设施，邮电、航空、交通以及关系国家经济命脉的重要骨干企业和提供公共产品和公共服务的企业。

（2）股份制经营，即通过有限责任公司和股份有限公司的企业组织形式经营国有企业，对国有大型企业一般采取国家控股形式，对国有中小型企业一般采取国参股形式。这是国有经济的主要实现形式。

（3）承包制经营，即把国有中小型企业承包给个人经营，承包者上交国家一定数量的利润，承包者拥有完全的经营权。

（4）租赁制经营，即把国有小型企业租给个人或单位经营，经营者上交国家一定数量的租金。

以上各种不同的经营方式概括起来主要是两个方面：一方面是国有国营，生产资料归国家所有，由国家统一经营；另一方面是国家委托经营，生产资料归国家所有，国家不直接经营，委托经营者经营、股份制经营、承包制经营和租赁制经营都是国家委托经营。

4. 社会主义集体所有制的实现形式多样化

我国的集体所有制经济包括农村集体经济和城镇集体经济。农村集体所有制经济是通过合作化建立起来的，是我国现阶段农村中的主要经济形式。城镇集体所有制经济，一部分是在 20 世纪 50 年代对个体手工业者和小商贩的社会主义改造的基础上建立和发展起来的，大部分则是在新中国的社会主义经济建设中，在地方政府、街道、企事业单位的扶持下建立起来的，主要存在于手工业、工业、建筑业、运输业、商业等各种行业中。目前我国农村集体经济和城镇集体经济采取的实现形式有：

（1）家庭联产承包制经营。现阶段我国农村集体所有制的实现形式主要采取家庭联产承包责任制。是在土地、水利设施等基本生产资料公有的基础上，由农户承包使用土地等生产资料即以家庭承包经营为基础的统分结合的双层经营体制。城镇集体所有制经济也有一部分企业实行承包制经营。

（2）股份合作制经营。这是我国经济体制改革中出现的一种新型企业组织形式，它把劳动联合与资本联合有机地结合在一起。在股份合作制企业中，职工共同占有和使用生产资料，共同劳动，共享收益，共担风险；职工既是劳动者，又是企业出资人，采取既按股分红，又按劳分配的分配制度。

（3）还有合作经营和股份制经营。股份制经营，其本质特征是资本的联合。合作制经营，其本质特征是劳动者的联合与合作。

三、坚持多种所有制经济的共同发展

（一）为什么要坚持多种所有制共同发展

第一，是生产力多层次、发展不平衡决定的。我国既有自动化的生产力，也有机械化、半机械化甚至靠手工操作的生产力，生产力发展水平呈现为多层次结构。我国经济发展不平衡，东中西和东北之间、城乡之间、部门之间以及各个部门内部发展不平衡，差距较大。这样的生产力状况决定社会主义初级阶段必然是多元化的所有制结构。第二，非公有制经济是社会主义市场经济的重要组成部分。发展非公有制经济，有利于充分利用各种资源，增加社会财富；提供大量就业岗位；繁荣市场，方便人们生活；为国家提供大量税收。第三，是经济全球化的市场经济的要求。市场经济是竞争经济、开放经济，发展多种所有制经济有利于竞争的展开，有利于外资经济"引进来"，有利于我国经济"走出去"。第四，是解放和发展生产力的要求。由于我国生产力水平落后，劳动生产率低，人均收入水平低，与世界发达国家相比差距较大，为了迅速发展我国生产力，缩小同发达国家的差距，增强国家综合实力，提高人民的生活水平，必须要有多种所有制经济的共同发展。第五，非公有制经济还有很大的发展空间。不同的所有制经济都能在不同层次的生产力中和规模不同的生产经营中找到各自的位置，成为经济发展的源泉。在社会主义初级阶段，非公有制经济可以按照自己的资本、技术、经营才能等条件和实力的大小，在十分广泛的行业和领域投资，进行生产经营，使它们找到各自的位置。

（二）鼓励、支持和引导非公有制经济发展

党的十五大报告指出，非公有制经济是我国社会主义市场经济的重要组成部分。党的十六大报告指出，"必须毫不动摇地鼓励、支持和引导非公有制经济发展"。目前非公有制经济主要包括个体经济、私营经济、外资经济等经济成分。

1. 个体经济

劳动者个体所有制经济是生产资料归个人所有，以自己或家庭成员的劳动为基础，税后收入归劳动者自己所有的一种经济成分。一般情况下，个体经济分散经营，设备简单，以手工劳动为主，力量单薄，规模较小，其性质属于小私有制经济。个体经营者既是生产资料的私有者，也是自食其力的劳动者。在我国现阶段，个体所有制经济主要存在于城乡的手工业、农业、商业、交通运输业和其他服务行业中，它是同我国现阶段生产力水平比较低、使用手工工具进行手工操作和分散经营相适应的一种所有制形式。个体经济在许多社会形态中都存在，它是一种依附于一定社会中占主导地位的经济形式的补充经济形式，可以为不同的社会经济发展服务。在社会主义公有制占主体地位的条件下，个体经济可以为社会主义经济的发展服务。

在我国社会主义初级阶段，个体经济的存在和发展对经济的发展起着积极的作用：第一，个体经济的存在能增加国有和集体企业不便生产的产品，满足人民需要。第二，个体商业、饮食业和修理服务业，在促进流通、活跃市场、增加商业和消费网点、方便人民生活等方面均有不可替代的作用。第三，个体经济以手工劳动为主，投入劳动多，所需资金少，劳动密集程度高，是解决就业的重要途径。第四，大力发展个体经济，可以增加国家税收，为国家建设积累资金。但另一方面也要看到，个体经济是以生产资料个人私有制为基础的，个体经济的经营方向、经营方式和经营积极性的高低，必然取决于个体劳动者本人的物质利益。因此，个体经济在经营活动中会有一定的自发性和盲目性，从而产生消极作用。所以，国家既要鼓励和支持个体经济发展，同时又要通过经济的、行政的和法律的手段加强对其管理和监督，引导个体经济健康快速发展。

2. 私营经济

私营经济是指企业资产属于私人所有、以雇佣劳动为基础、以获取利润为目的的私有制经济。从本质上说，它是资本主义性质的经济，具有私有性、雇佣性和营利性，即生产资料为投资者个人所有，企业主雇佣工人从事劳动并凭借生产资料所有权占有工人创造的剩余价值，其经济活动以营利为目的。目前，我国私营企业的组织形式有三种：第一，私营独资企业，即一人投资经营的企业，投资者对企业债务负无限责任。第二，私营合伙企业，即二人以上按照协议投资，共同经营、共负盈亏的企业，合伙人对企业债务负连带无限责任。第三，私营有限责任公司，即投资者以其出资额对公司债务负责，公司以其全部资产对公司债务承担责任的企业。

在社会主义初级阶段，在发展商品经济和市场经济的过程中，私营经济的存在和发展是必要的，因为它对促进社会主义经济的发展、提高社会生产力、实现社会主义生产目的都有非常重要的作用：它有利于调动有技术专长、有经营能力、有资金的人的积极性，增加社会财富，发展生产力；有利于调整产业结构；有利于扩大就业；有利于国家增加财政收入，其缴纳的税金，已成为国家财政收入的重要来源；有利于活跃市场，搞活流通，从多方面满足人们的需要；有利于锻炼善于经营的企业家等。但也应认识到，私营经济还有其消极的一面：占有雇工的剩余劳动；在生产经营上，有一定的盲目性和自发性，会在一定程度上影响国民经济的协调发展；在一定条件下有可能从事非法活动，牟取暴利。因此，国家对私营经济应本着兴利除弊的原则，有效地发挥其积极作用，同时，加强对私营企业的生产经营活动的引导、监督和管理，通过经济立法和加强管理予以必要的调节，限制其不利于社会主义经济发展的消极作用。

3. 外资经济

1982 年全国人大五届五次会议通过的宪法对利用外资作出了明确的规定："中华人民共和国允许外国的企业和其他经济组织或者个人依照中华人民共和国法律的规定来中国投资，同中国的企业或者其他经济组织进行各种形式的经济合作。"改革开放以来，我国实施了一系列引进外资的优惠举措，在我国资金短缺、技术落后、管理水平低下的时期，有效地利用外资，允许外商来办独资企业或办合资企业，对于解决资金短缺、引进先进技术和先进管理方法发挥了重要作用。随着经济全球化和世界区域经济一体化进程的加快，我国跨境资本流动呈现出新的趋势和特点，主要表现为资本流入规模超常增长、对外直接投资稳步推进、异常资本流动显著加强等。

如何充分利用外资，是一个亟待解决的问题。从投资的产业领域看，我国传统产业和高新技术产业大多基础薄弱，发展水平较低，有的甚至处于高度垄断经营状态，不可能允许外资的大规模进入。而一些已经允许外商进入的领域，如汽车、制药、大规模集成电路、电信产品等，也在低水平的基础上基本饱和。这使得我国的外资经济也呈现出了结构性短缺与结构性过剩同时并存的矛盾。从政府职能而言，引资对其提出了挑战，包括经济管理体制、外商投资管理体制，以及管理方式，如公文审批等。从中国的货币市场和资本市场看，大量外资流入，特别是短期外资的流入，使其难以抵御国际资本的冲击。因此，我国要在积极寻求对外资经济做效应分析的基础上，制定出各种政策措施，并为不断适应发展状况进行适当调整，为他们提供必要的条件，使其得到合理的利润，在要求其遵守中国的法律和法规的同时保护他们的合法权益，使构成对外引资环境的各因素在层次和状态上达到最优，并最终使外资经济成为我国经济增长的活跃因素。

总的来说，非公有制经济是我国社会主义市场经济的重要组成部分，它们对满足人们的多样需要、增加就业、促进国民经济的发展都有重要作用。非公有制经济在我国国内生产总值中所占比重日益增大，就我国目前的情况看，我们应继续鼓励和引导非公有制经济的健康发展。

四、坚持和完善社会主义初级阶段基本经济制度

如何坚持和完善公有制为主体、多种所有制经济共同发展的基本经济制度呢？第一，毫不动摇地巩固和发展公有制经济，发展壮大国有经济，国有经济控制国民经济命脉，对于发挥社会主义制度的优越性，增强我国的经济实力、国防实力和民族凝聚力，具有关键性的作用。毫不动摇地巩固和发展公有制经济，推行公有制多种实现形式，深化国有企业公司制股份制改革，健全现代企业制度，优化国有经济布局和结构，推动国有资本更多投向关系国家安全和国民经济命脉的重要行业和关键领域，增强国有经济活力、控制力、影响力。深化垄断行业改革，引入竞争机制，加强政府监管和社会监督。加快建设国有资本经营预算制度。完善各类国有资产管理体制和制度。第二，集体经济是公有制经济的重要组成部分，对实现共同富裕具有重要作用。推进集体所有制经济改革，发展多种形式的集体经济、合作经济。推进公平准入，改善融资条件，破除体制障碍。以现代产权制度为基础，发展混合所有制经济。第三，毫不动摇地鼓励、支持、引导非公有制经济发展。非公有制经济是社会主义市场经济的重要组成部分，对调动各方面的积极性、加快生产力的发展具有重要作用。发展多种所有制经济，保证各种所有制经济依法平等使用生产要素、公平参与市场竞争、同等受到法律保护，形成各种所有制经济平等竞争、相互促进新格局。第四，要把坚持公有制为主体、促进非公有制经济发展，统一于社会主义现代化建设的进程中。在社会主义建设过程中，我们既不能搞私有化，搞私有化就是主张放弃公有制的主体地位，就是以私有制作为整个社会的经济基础。也不能搞单一的公有制，搞单一的公有制就是不允许非公有制经济的存在和发展，就是只以公有制作为整个社会的经济基础。在整个社会主义初级阶段，既要巩固和发展社会主义的公有制经济，也要使非公有制经济得到迅速发展。

思考题

1. 解释下列基本概念：

社会主义初级阶段　社会主义公有制　公有制的实现形式

2. 什么是社会主义初级的基本经济制度？

3. 社会主义初级阶段的主要矛盾和根本任务是什么?

4. 如何正确理解公有制的含义及其主体地位?

5. 如何坚持和完善社会主义初级阶段的基本经济制度?

阅读书目

1. [德]马克思:《哥达纲领批判》,见:《马克思恩格斯选集》第 3 卷,人民出版社 1995 年版,第 293 －319 页。

2. [苏]斯大林:《苏联社会主义经济问题》,见《斯大林选集》下卷,人民出版社 1979 年版,第 539 － 612 页。

3.《中国共产党第十五次全国代表大会文件汇编》,人民出版社 1997 年版。

4.《中国共产党第十八次全国代表大会文件汇编》,人民出版社 2012 年版。

第十一章　社会主义市场经济

　　市场经济是当今世界上大多数国家都运用的经济资源配置方式，社会主义市场经济除了具有一般化的市场经济特征之外，还有其自身的特性。建立和完善社会主义市场经济体制是为了更有效地配置社会经济资源，促进整个国民经济的发展，更好地体现社会主义制度的优越性。

第一节　市场经济的含义、特征和分类

一、市场经济的含义

　　市场经济是市场在资源配置中起基础性作用的经济。市场在资源配置中的基础性作用源于两种行为：一是自发的经济行为，即自然人在没有任何外力约束和干预的情况下自觉自愿的行为，这实际上就是古典经济学关于"自然秩序"的思想，自然秩序意味着限制国家和政府的作用。二是趋利行为，人们从事各种经济活动，首先是为了追逐个人利益，这有点类似于亚当·斯密提出的"经济人"假设。将两者结合在一起，就是要求给予人们自发地进行生产经营和追求个人利益的权利。从这个意义上讲，市场经济实际上就是一种人权经济，它解除了对人的超经济强制。在市场经济中，所有的经济行为都是源于人们对个人利益的追求，这类似于牛顿力学中的万有引力定律。当市场中所有人都各自追求其个人利益的时候，资源的使用效率得到了改进，整个社会的福利得到了提高。

　　市场对资源配置起基础性作用，具体地讲，主要是通过价格机制、供求机制和竞争机制，将资源配置到效益较好的环节中去，以提高资源的利用效率。

　　首先，在商品市场上，当价格上涨时，企业会增加商品的供给量，而消费者则会减少需求量；反之，当价格下降时，企业会减少商品的供给量，而消费者则会增加需求量。在市场机制的自发调节下，供求达到短期均衡。由于各种因素的影响，供给曲线或需求曲线的移动会引起市场价格的变化，价格又会使供求趋于平衡。总之，价格杠杆和供求机制自发地调节商品的余缺。然而，相对于人们需求的无限性，劳动、资本、土地、矿产资源等的供给是稀缺的，因此，必须通过竞争机制来配置资源。当一个企业在市场中的竞争力强，企业就可以获得较多的利润，其规模就会不断扩大，在不断发展的过程中就会获得更多的

土地、资本和劳动力资源以及技术成果。反之,一个企业在市场中的竞争力较弱,就会逐渐丧失其在市场中的地位,甚至破产。这也就是说,市场竞争的规律是优胜劣汰,是通过竞争将资源配置到最有效的部门或企业。

其次,在要素市场上,市场对资源配置也具有基础性作用。企业根据市场行情或市场价格、需求确定所供给商品的数量、规格和种类,形成对土地、劳动、资本、技术、信息等生产要素的派生需求。而要素的供给,包括劳动者的劳动、土地所有者的土地、金融部门供给的资本、技术和信息部门供给的技术和信息等,都像企业生产和供给商品一样,要进行成本与收益的核算,都会尽量以较低的成本获取更多的收益。正是由于要素的供需双方各自的经济核算,在很大程度上节约了资源,提高了效率。因为要素市场的供求仍然是通过价格机制和竞争机制进行配置的。在完全竞争的市场机制中,资源可以自由地流动,土地、劳动、资本以及技术、信息、矿产资源等经济资源自然会通过市场配置到效率高的部门。因此,由于市场配置资源的基础性作用,人们充分利用市场所提供的各种经济信号,灵敏地作出反应和进行决策,及时地调节生产和需求,极大地增强了企业的活力,促进了国民经济的快速、健康和持续发展。

市场在资源配置中基础性作用的发挥,也可以激励创新。由于"经济人"的趋利行为,必然会通过创新来增强自身的竞争力,占领更多的市场份额,获取更多的利润。在微观层面上,创新主要是指企业家对生产资源实行新的组合以获得竞争优势和超额利润的行为,包括产品创新、生产方法创新、开辟新的市场、获得新的原料、采用新的企业组织形式等方面。在市场经济条件下,市场机制作用的充分发挥使这一过程大大加速。技术创新、产品(服务)创新、组织创新、金融创新等层出不穷,新产品、新行为、新部门不断涌现。市场经济中创新频繁主要是市场竞争的结果,不能简单归因于人们的主观愿望或政府的号召。商品的生产成本、商品的市场价格同市场供求有着极为密切的联系,创新使成本降低,能开发出新产品、新市场,使企业收益提高,具有市场竞争优势。产品好、成本低、服务优,这是在市场竞争中获胜的主要因素。为了增强竞争能力,获得最大效益,创新就成为必需的竞争手段和企业本身的要求。如果企业因循守旧,故步自封,就会落后,就有被淘汰的危险。

市场在资源配置中基础性作用的发挥,需要几个条件:第一,建立健全公平的竞争环境和优胜劣汰的竞争机制。这是经济发展活力的源泉。要按照党的十七大报告的要求,抓紧"完善反映市场供求关系、资源稀缺程度、环境损害成本的生产要素和资源价格形成机制",努力形成公开、公平、公正的竞争环境。长期以来,我国资源性产品价格偏低,原因在于其价格构成中没有全部反映资源稀缺性和环境损害成本,助长了资源的浪费和对环境的污染,影响了资源的可持续利用。要深化垄断行业改革,引入竞争机制。在财税、信贷、项目审批等各项政策上,要解决非公有制经济发展面临的准入难、融资难等问题。在工程建设、政府采购中，要认真推行招标投标制。鼓励先进企业兼并落后企业，通过市场竞争淘汰落后生产能力，使先进企业得到充分发展。第二，要消除地区保护主义，建立和完善全国统一的市场。统一市场是商品和生产要素自由流动的重要条件。全国性统一市场的建立，可以促进资源在各地区之间自由流动。先进的技术和资本流向经济相对落后的地区，落后地区的劳动力、资源等要素流向发达地区，这不仅可以促进全社会经济效率的提高，还可以缩小地区之间的发展差距。近几年，我国中部地区投资和经济增长速度明显快于东部和西部地区，其重要原因在于中部地区吸纳了东部地区的投资，积极承接了沿海地区的产业转移。中西部农村劳动力大批到沿海地区打工，沿海地区的资金、技术大量进入中西部，对中西部地区的工业化起到了重要的促进作用。事实证明，那种搞地区保护、封锁市场的做法是缺乏远见、保护落后的行为，与社会主义市场经济是相悖的。各个地区都应当撤除市场藩篱，积极融入全国统一大市场，加快本地经济发展。第三，要进一步提高开放型经济水平。改革开放以来，我国对外开放政策取得了明显成效。实施"引进来与走出去相结合"的战略对于促进劳动、资本、技术再生资源在国际间自由流动具有重要意义。既要"引进来"，提高利用外资的质量，重点吸引技术、知识密集型产业投资，鼓励外商投资科技研发、服务外包等领域和中西部地区；又要"走出去"，提高商品出口、资本和劳务输出的创汇能力。同时还要重视开放条件下的经济安全问题，防范国际经济波动特别是短期投机资本对我国经济的冲击。第四，要建立规范有序的市场秩序。市场秩序是资源合理有效配置的保证，是企业与消费者权益的保障。多年来，我国通过不断整顿市场秩序，打击假冒伪劣产品，打击不正当竞争行为，取得了明显成效。但市场秩序仍不能令广大群众满意，尤其是食品行业的生产，事故频发，造成严重的人力、财力、物力资源的浪费和损失，严重影响食品市场资源的配置效率。政府部门应当充分重视食品市场秩序的整顿，确保食品安全生产和供销。应建立完善农产品标识制度、原产地可追溯制度、质量检验制度，把不合格产品逐出市场。要切实保护知识产权，加大执法力度，同时发挥市场中介组织在维护市场秩序中的作用，提高资源在全社会的使用效率。

国家对宏观经济的调控，是现代市场经济条件下充分发挥市场基础性作用、提高资源利用效率的不可或缺的手段。从经济发展史看，近几百年来，市场及市场经济的发展极大地推动了社会生产力的迅速发展。从16世纪资本原始积累和工场手工业时期开始至今，欧洲资本主义生产方式的发展已有400多年的历史，它通过利用商品经济和采用市场经济体制，在市场的自发调节下，来实现社会资源配置，维持资本主义制度的运行。这样，一方面促进了资本主义生产关系在本国和全世界的扩张，另一方面推动了市场扩大、技术进步和生产的增长，使生产力以前所未有的速度发展。虽然，随着资本主义基本矛盾的发展，西方资本主义国家出现了每隔10年左右便爆发一次周期性经济危机的现象，特别是进入20世纪以后，自由竞争导致生产和资本集中并产生垄断，资本主义基本矛盾不断加深，但是，资本主义国家逐步对市场经济运行机制进行了调整，把市场经济置于政府调节之下。政府干预在一定程度上缓和了西方资本主义国家的经济矛盾和阶级矛盾，减缓了经济危机的冲击，但没有根本取代市场经济，而是将国家干预与市场经济结合起来，使市场机制得以在国家调节下继续发挥其基础性作用。这也是第二次世界大战后西方各国科学技术取得重大进步、劳动生产率得到很大提高和生产力得以迅速发展的重要原因。

总之，市场经济的基础性作用就是企业、消费者以及政府（包括中介部门）在市场机制的驱动下，以市场为中心进行有效的资源配置。企业以市场价格为信号，以利益最大化为目标调节生产要素（包括劳动、资本、土地等）的需求和产品的供给。消费者以效用最大化为目标调节自己对产品的需求。政府通过对市场的管理和引导，实现社会利益最大化。也就是说，在整个社会范围内的生产、交换、分配和消费都是以市场为基础的，一切经济行为（包括企业的投资、经营、生产、管理、竞争等，消费者的消费心理和行为，政府的管理和法制行为）都以市场为导向，使经济主体达到成本最小化、利益最大化的目的，最终推动社会生产力和经济社会的发展。

二、市场经济与商品经济的关系

商品经济，是直接以市场交换为目的的经济形式，它包括商品生产和商品流通。商品经济与自然经济相对立而存在。有商品经济就有市场，但有商品经济和市场，不等于就是市场经济。只有当市场机制对价格和生产者的经营活动能直接起调节作用，从而市场在社会资源配置中起基础性作用时，商品经济才发展为市场经济。因此，市场经济就是市场对资源配置起基础性作用的商品经济。在市场经济条件下，资源的配置通过市场上的供求机制、价格机制和竞争机制得到优化。

商品经济与市场经济的区别在于两者的内涵不同。商品经济是指社会分工条件下具有不同经济利益生产者之间交换劳动、进行劳动联系的特定方式，即通过商品货币关系实行等价交换的经济形式。它以社会分工和不同经济利益主体的存在为前提，是一种客观存在和发展的经济形式。与商品经济相对应的是自然经济和产品经济。市场经济则是一种社会资源的配置方式。在商品经济条件下，经济运行的核心是市场机制。与市场经济对应的是高度集中的计划经济或统制经济，是资源主要有计划配置的经济。

商品经济和市场经济又是互相联系的，有其内在的一致性。商品经济是市场经济存在和发展的前提和基础。这主要表现在：

（1）商品货币关系的存在是市场机制发挥作用的基础。在商品经济中，经济活动的主体是具有独立经济利益和自主权利的经济实体，它们之间是平等的交换关系。因此，通过竞争机制、价格机制和供求机制，资源获得有效配置，即形成市场机制。如果商品货币关系受到人为限制，企业便不具有商品生产者应有的权利，它们之间平等的交换关系就被干扰，市场机制就难以发挥作用。

（2）商品经济规律是市场机制的内在根据。市场机制是通过影响人们的经济利益来引导和推动资源的配置的。而商品生产者衡量利害得失的依据是商品经济的等价交换原则。通过价格围绕价值的上下波动，使社会资源在市场机制的调节下得到配置。

（3）商品经济的发展高度，决定市场经济的成熟程度。在简单商品经济阶段，市场规模小，市场结构比较简单，市场机制的作用就比较弱。到了资本主义社会，商品经济成为普遍的经济形式；市场体系日益复杂和完善，不但有发达的商品市场，还有各种生产要素市场。因此，市场机制在全社会范围内配置资源的条件已经具备，市场经济就进入了成熟阶段。

三、市场经济的一般特征

从反映市场经济的实质和概括市场经济总体结构的要求看，人们一般把市场经济的特征归结为以下几个要点，即自由的企业制度、完善的市场体系、发达的市场契约关系和开放型的经济关系。

（一）自由的企业制度

作为市场经济微观基础的自由企业制度是随着生产力的发展而发展的。在市场经济产生的初期，企业制度的基本形式是个体的和合伙的私有企业制度。但是，随着生产社会化程度的不断提高，单个资本所有制形式的局限性日益明显，股份公司应运而生。股份公司是通过发行股票，把分散的资金集中起来经营的企业组织形式。股份公司的成立，使私人资本直接取得了社会资本的形式，它克服了单个资本规模的有限性和风险与责任无限性之间的矛盾，实现了所有权与经营权的分离，大大地促进了生产力的发展和资源的合理配置。股份公司是适应现代社会化大生产的企业组织形式。现代市场经济就是以股份公司这种企业组织形式为基础的。

（二）完善的市场体系

在市场经济中，市场机制是资源配置的基础，而市场机制对资源配置的作用首先要求具有一个比较完整的体系，这是供求、竞争和价格发挥调节作用的前提条件。

完善的市场体系，首先必须具有众多的买者和卖者，从而存在着较为充分的竞争。如果缺乏足够的买者和卖者以及他们之间的充分竞争，就会产生卖方或买方独占市场的垄断现象，市场机制对于资源配置的市场作用就会受到限制。其次，市场机制对资源配置的调节作用是通过供求、竞争、价格的波动和生产要素的转移来实现的。而生产要素的转移要求具有一个完整的生产要素市场，使资源能充分流动。因此，市场经济的运行必须建立在包括商品市场和资金、劳动和土地等生产要素市场在内的完整的市场结构基础之上。再次，市场经济的运行要求建立统一的政府、统一的法律、统一的税制、统一的货币和统一的国内市场，必须打破封建割据对市场的分割和垄断，形成全国范围的统一的市场，并与国际市场建立密切的联系。

此外，市场经济是以价格为信号调节资源配置的经济体制，合理的能灵活反映资源相对稀缺状况的价格体系，是市场经济有效运行的基本条件。为此，价格形成必须以市场调节为主，要减少价格形成中的人为管制和扭曲。

在市场经济的形成过程中，生产要素市场的发展完善具有重要意义。商品市场是从商品交换一产生就出现了，但是，商品经济的高度发展，却必须建立在要素市场的发展的基础上。所谓生产要素，是指在生产过程中不可缺少的基本要素，包括资金、劳动力、自然资源等。由于生产要素的稀缺性和所有权的垄断性，使得生产要素成为了特殊的商品，并要求在分配中获得相应的报酬，这种生产要素的报酬实际上就是生产要素的价格。如果没有价格，生产要素就会被人们当作空气一样无偿使用，必然会导致资源的浪费。市场经济的运行不仅要求生产要素获得报酬，而且要求要素报酬的平均化。这种平均化过程就是价格调节资源配置的过程。马克思在分析资本利润平均化和资本主义经济运行过程时指出，为了实现利润的平均化必须具备这样两个条件：第一，资本具有更大的流动性，也就是说，更容易从一个部门和一个地点转移到另一个部门和地点。第二，劳动力能够更迅速地从一个部门和一个地点转移到另一个部门和地点。也就是说，必须形成发达的资本市场和劳动力市场。没有这两个条件，市场经济就难以充分发挥作用。因此，在市场经济中，生产要素获得和转移是必须通过市场的形式来进行的，并受要素价格波动的调节，这是市场经济运行的基本特点。

市场体系的发育程度是市场经济形成和发展的基础之一，它决定着市场经济的成熟状况。在成熟发达的市场经济中，市场体系比较完整，竞争比较充分，价格比较灵敏，统一的市场代替了区域分割。而在市场经济不发达和非市场经济国家中，市场体系不完善，竞争不充分，价格扭曲，市场分割，因而，市场经济的作用受到很大限制。因此，建立比较完善的市场体系是市场经济发展的一个前提。

（三）发达的市场契约关系

市场经济是一种以交换为基础的经济形式。在市场活动中，商品所有者在经济上是完全平等独立的，它们之间的交易是平等自由的交易，一方只有符合另一方的意志才能让渡自己的商品，占有他人的商品。在市场交易中，不存在身份和地位的高低，任何人都不能利用行政强制和暴力来达到不平等交换的目的。因此，人们也经常把市场经济当作一种契约经济，把契约自由当作市场经济中的一个基本特征。这种交易的平等和自由必须由政府通过法律来加以保护，这是市场经济正常运行的基本保证。所谓的市场规则就是法制化的市场竞争关系。它要求：①使市场主体都能机会均等地按照统一的市场价格取得生产要素；②使市场主体都能机会均等地进入市场，自主决策和经营；③使市场主体能够平等地承担税负及其他方面的负担；④使市场主体在法律和经济中处于平等地位。为此，必须打破封建的人身依附关系和社会地位上的等级制度，必须制止经济生活中的垄断、欺诈、暴力掠夺、官商不分等各种不正当的竞争行为，必须解决政企不分、企业依附行政机关的问题。所有这些都需要通过法律和契约的形式加以维护和贯彻，这样才能保证自由竞争和平等交换的契约关系，保证市场经济的正常运行。

（四）开放型的经济关系

市场经济是以社会化大生产为基础的高度发达的商品经济。大机器工业的建立，交通、运输、通讯事业的发展，分工与交换的日益深化，生产技术的不断革新和生产社会化程度的不断提高，彻底摧毁了封闭停滞的自然经济的技术基础，把各民族、各地区和各国家连成了相互依赖的整体。生产的发展，市场和竞争的扩大，必然冲破民族、国家和地区的限制，把分散的地方市场联合为统一的全国市场，把国内市场联合成为世界市场。自由竞争的市场经济在本质上是没有国界的。分工的国际化，生产的国际化，市场流通的国际化，资本、劳动力等生产要素流动的国际化，都是现代市场经济的必然产物和基本特征。

四、市场经济的分类

（一）根据有无宏观调控，分为自由市场经济和现代市场经济

1. 自由市场经济

自由市场经济是完全由市场配置资源的经济，又称为传统的或古典的市场经济。从18世纪下半叶到20世纪初的市场经济是自由市场经济。关于自由市场经济，早在18世纪，亚当·斯密在其经典著作《国民财富的性质和原因的研究》（1776年）一书中就非常精辟地阐述了他的"自由经济"思想。他的"自由经济"理论是从人的利己动机出发的。他认为，人的本性是利己的，人们从事经济活动，包括生产、交换、分配和消费等，唯一的动机和目的，是追求自己的最大经济利益。但是，如果单纯的只是从自身的利益出发，最后可能反而难以获取可观的利益。因此，人们在生产和交换等活动中，通过利他来利己，也就是说，通过满足别人的需要来获取利益，这就产生了市场调节。譬如，如果一个商人或一个企业，想赚得更多的钱，获取更多的利润，他们就必须供给消费者满意的商品。如果商品销售的价格太高，需求就会减少，如果导致产品过剩，商家就会自动降低价格。诸如此类的这一切活动都是人们自觉自愿的，没有任何外力强迫的因素。这就是亚当·斯密提出的著名的"看不见的手"的原理："他通常既不打算促进公共利益，也不知道他自己是在什么程度上促进那种利益。由于宁愿投资支持国内产业而不支持国外产业，他只是盘算他自己的安全；由于他管理产业的方式和目的在于使其生产物的价值能达到最大程度，他所盘算的也只是他自己的利益。在许多场合，他受着一只'看不见的手'的指导，去尽力达到一个并非他本意想要达到的目的，也并不因为并非出于本意就对社会有害。他追求自己的利益，

往往使他能比在真正出于本意的情况下更有效地促进社会的利益"。他的"经济自由主义"思想具体表现在他的政策主张上,就是"自由经营、自由竞争、自由贸易"的主张。"自由放任"是其经济政策的基本原则和中心思想。

在英法古典政治经济学的影响下,英国和法国迅速摆脱了重商主义的束缚,从生产领域为资本主义经济的发展积累财富。亚当·斯密的"经济自由主义"思想的影响和推动,使18世纪的英国真正走上市场经济的运行轨道,并在自由竞争中迅速发展。因此,从18世纪中后期英国、法国以及其他欧美国家以工业为主的产业的快速发展开始到1929年西方世界经济大萧条爆发为止,是西方国家自由市场经济的发展和繁荣阶段,而这一阶段市场经济的发展和繁荣,正是经济自由主义思想和放任自由的政策以及人们自由竞争、自由贸易等经济行为方式带来的。因此,可以说在这一段历史时期以欧美经济的发展为主要标志的市场经济具有明显的自由市场经济的特征。

2. 现代市场经济

现代市场经济是有宏观调控的市场经济。现代市场经济与自由市场经济不是两种截然不同的经济形式,本质上仍然是市场经济。从自由市场经济发展到现代市场经济是历史的必然。1929—1933年世界性经济危机爆发,宣布资本主义阵营纯粹的自由竞争可使市场自动达到充分就业均衡的神话被打破。资本主义国家发现,没有政府部门的引导、服务和管理的市场是无序的,没有政府调控的市场是很难自动趋于均衡的,因此,资本主义国家逐渐运用各种手段和方法对宏观市场进行调控,以保证宏观市场有序、均衡地运行。

如果全面地概述现代市场经济的特征,除了微观领域经济主体之间具有自由竞争的基本法则之外,还有三个重要特征:一是现代科技推动下的市场经济,二是全球化经济,三是国家宏观调控的经济。1936年,英国经济学家凯恩斯发表了《就业、利息和货币通论》,从理论上论证了国家对经济干预的必要性和重要性,同时美国总统罗斯福在美国实践了政府运用行政手段调控经济。大危机的教训、凯恩斯经济理论的传播、罗斯福新政,很快在资本主义国家形成共识,市场经济不能没有政府的宏观调控。当前,几乎在全球范围内,每个国家都特别注重国家调控对市场的调节,因此,可以说,自由经济加宏观调控,才是现代市场经济的主要内涵。现代市场经济与自由市场经济的根本区别就在于是否运用国家或政府力量对市场进行调节。在自由市场经济阶段,国家只是"守夜人",私人经济活动与政府很少有关联,不需要政府对市场进行管理、干预和调节。现代市场经济,则少不了政府从宏观上对市场或企业进行引导和调节。因此,政府对市场的宏观调控是现代市场经济的重要特征。

但是,政府对市场的宏观调控并不等于直接干预,现代市场经济是由自由市场经济逐渐发展和演变而来的,它是建立在自由市场经济的基础之上的。具体地讲,微观领域的基本规则仍然是自由竞争。作为市场的主体企业,仍然遵循自主投资、自主经营、自负盈亏、自我发展、自我完善的原则，并以成本最小化和利润最大化为目标调节企业自身对生产要素的需求和产品的供给。消费者仍然是根据自己的收入约束和消费偏好购买自己所需要的商品，以满足自身的效用最大化。也就是说，微观主体的经济行为仍然受"看不见的手"——市场本身的自发调节。但是，市场存在很多缺陷，即人们所说的"市场失灵"：首先，由于微观主体的经济行为是自发的，这种自发的经济行为往往以获取短期利益为目标，缺乏对资源配置和资源利用的长远规划，因此，有可能造成生产不足或供给过剩，造成资源浪费。其次，从宏观上来看，市场经济并不像古典作家所说的那样，会自动趋向充分就业均衡，因为企业关注的是自身的局部利益而非全局利益，它们单纯以市场价格作为信号进行决策，当价格系统性地偏离均衡值时，就有可能出现宏观市场的波动。第三，自由竞争可能带来"马太效应"（即强者愈强，弱者愈弱），一些行业的企业在市场竞争中可能处于有利地位，其规模不断扩大，获得超常规发展，另一些企业在市场竞争中处于劣势地位，其规模不断萎缩，并最终破产。这虽然符合优胜劣汰的生存规则，但也可能导致垄断。虽然导致垄断的原因有很多，但无论是哪种原因引起的垄断，都会影响公平竞争，并产生社会成本和福利损失。第四，大多数经济行为都具有外部性，这些外部性行为发生在市场边界之外，价格机制不可能完美地解决外部性问题。因此，现代市场经济必须借助国家和政府的力量对进行宏观调控，才能保证国民经济获得健康和可持续发展。

（二）根据社会属性，分为资本主义市场经济和社会主义市场经济

资本主义市场经济是同资本主义私有制相结合的市场经济。社会主义市场经济是同社会主义基本经济制度相结合的市场经济。社会主义市场经济不仅具有市场经济的一般特征，而且也具有社会主义条件下市场经济的特殊性。这种特殊性，是指作为社会主义基本经济制度而具有的本质规定。社会主义市场经济的基本特征主要表现在以下几个方面：

1. 社会主义市场经济的所有制结构是以公有制为主体、多种所有制共同发展

社会主义市场经济主要体现社会主义生产关系。以公有制为主体，是社会主义市场经济区别于资本主义市场经济的基本特征之一。由于公有制经济在市场活动中的主体作用，在社会主义市场经济活动中，主要参与者是国有经济和集体经济性质的公有制经济主体，其产品和劳务是作为国家和企业的劳动者联合劳动的产品，商品交换实际上是劳动交换，体现的是公有制企业之间的平等合作、互惠互利、等价交换的经济关系。这种经济关系，既体现着公有制基础上产生的经济利益的共同性、一致性，又反映不同公有制企业——市场主体之间经济利益的差别与矛盾；不同公有制企业之间也存在并进行着竞争，但从整体和长远来看，它们彼此不是根本利益的对抗，更不是剥削与被剥削的经济关系。

党的十六大报告提出："根据解放和发展生产力的要求，坚持和完善公有制为主体、多种所有制经济共同发展的基本经济制度。"因此，在社会主义市场经济运行中，在以公有制为主体的所有制结构中，存在着多种非公有制经济。非公有制经济的存在，是社会主义初

级阶段市场经济存在和发展的一个重要条件。多种经济成分的存在，意味着国民经济中存在着多元的经济利益主体或产权主体，多元的利益主体或产权主体的存在是市场经济存在的必要条件。因为商品交换的实质是不同利益主体或产权主体之间产权的让渡和转移。以公有制为主体的各类企业都要进入市场，进行等价交换，通过平等竞争来发挥国有经济的主导作用。

2. 社会主义市场经济的分配制度是以按劳分配为主体、多种分配方式并存

党的十七大报告指出，合理的收入分配制度是社会公平的重要体现。要坚持和完善按劳分配为主体、多种分配方式并存的制度，健全劳动、资本、技术、管理等生产要素按贡献参与分配的制度，初次分配和再分配都要处理好效率和公平的关系，再分配要更加注重公平。社会主义市场经济，一方面能产生高效率，通过对资源进行灵活配置，提高资源的使用效率，同时使经济资源向高效率领域转移。另一方面，竞争、风险等市场机制的自发作用，也会促进企业优胜劣汰，使商品生产者发生两极分化。社会主义社会以公有制为主体的基本经济制度和按劳分配为主体的分配制度，是防止两极分化的根本保证，对于调动广大人民群众的积极性和保护社会各方面的切身利益都具有重要意义。

经济上的两极分化主要是通过生产资源的占有而形成和强化的。以公有制为主体的社会主义市场经济体制，限制了少数人凭借其所占有的生产资源来占有他人的剩余劳动的行为，从而消除了两极分化的主要根源。坚持按劳分配，劳动者根据自己的劳动贡献取得报酬，合理拉开差距，一方面，有利于调动劳动者的积极性，提高生产效率；另一方面；以劳动贡献为基础的收入分配，在一定程度上也有利于防止收入分配过分悬殊。但是，实行单一的按劳分配，又会排斥劳动要素之外的生产要素进入市场，从而妨碍市场整体效率的发挥。所以，社会主义市场经济在坚持按劳分配的前提下，确立劳动、资本、技术和管理等生产要素按贡献参与分配的原则，使善于经营的企业和诚实劳动的人先富起来，逐步实现共同富裕。

3. 对社会经济进行更有效的宏观调控

社会主义国家在根本利益一致的基础上，能够更好地发挥计划和市场两种资源配置手段的长处，对经济系统进行更有效的宏观调控，使市场经济更健康地运行。社会主义公有制的建立，消除了生产社会化与生产资料私人占有之间的对立，克服了资本主义制度下的根本利益冲突。这正是社会主义经济制度的优越之处。尽管在社会主义初级阶段的市场经济中还有各种经济利益的差别和矛盾，但是国家、企业和个人在根本利益上是一致的。经济利益的根本一致性是国家实行宏观调控的重要条件，它有利于增强调控的力度和有效性，能够使市场经济运转得更好。社会主义国家能够把各经济主体和整个社会的当前利益与长远利益、局部利益与整体利益结合起来，容易将各个地区、各个部门形成合力，对付经济的失衡和波动，减轻宏观经济波动造成的损失。按照市场经济规律的客观要求，社会

主义国家主要运用计划手段、经济手段、法律手段和行政手段，促进宏观调控目标得以实现。所以，在社会主义国家宏观调控下的市场经济，既能保证宏观比例协调，又能使企业充满生机和活力，充分体现社会主义国家宏观调控相对于资本主义国家宏观调控的优越性，这是社会主义市场经济的一个重要特征。

第二节　社会主义市场经济体制

一、经济制度与经济体制

社会经济制度，是体现社会生产关系性质的基本经济制度和分配制度，它具有特殊的质的规定性。经济体制则是一定经济制度所采取的具体组织形式和管理制度，它是生产关系的具体实现形式。一种经济制度可以采取的经济体制是多种多样的，一种经济制度必须采取适合自己要求的经济体制和实现形式。

社会主义经济制度是社会主义生产关系的总和，是社会经济形态的内在属性，它是体现社会主义生产关系性质的基本制度。社会主义国家基本经济制度的本质规定在整个社会主义历史时期都存在，其质的体规定性是：在生产资料的社会主义公有制和按劳动分配原则的基础上，消除剥削和两极分化，实现共同富裕。这是社会主义区别于其他社会形态的标志。社会主义经济体制，是指社会主义国家在建设社会主义的过程中所采取的社会主义生产关系的具体实现形式和社会经济运行的具体制度。社会主义经济体制是建立在社会主义基本经济制度之上的具体经济制度，或者说是社会主义经济制度的表现形式。

由于各国经济发展的进程不同，所面临的具体历史条件、生产力水平、社会生产结构等不同，以及发展过程中所处的国内外经济环境不同，一种经济制度可以采取的经济体制是多种多样的。在资本主义经济制度条件下，市场经济的模式多种多样，如世界经济合作与发展组织在 1991 年《转换到市场经济》的研究报告中，就提出了成功的市场经济的三种主要模式：美国的消费者导向型市场经济模式；法国、日本的行政管理导向型市场经济模式；德国和北欧一些国家的社会市场经济模式。

同样，社会主义经济体制也不存在一个统一的、固定的、单一的模式。除了中国特色的社会主义将公有制与市场经济成功地结合起来的社会主义市场经济体制外，在理论和实践上，人们还进行了多方面的探索。比如，在人们对社会主义公有制与市场经济相结合的探索中，就形成了一些颇有影响的市场社会主义思想，并在此基础上形成了计划模拟市场的兰格模式、计划与市场并存的分权模式和"市场主导的市场社会主义"模式。从 20 世纪 50 年代开始，南斯拉夫、匈牙利等东欧社会主义国家先后突破苏联计划经济模式，进行了以市场为取向的经济体制改革，形成了南斯拉夫的"自治式"市场社会主义模式和匈牙利的

"调节式"市场社会主义模式。

将社会主义经济体制与经济制度区别开来，具有特别重要的意义。首先，经济体制改革并不改变社会主义经济制度的性质，而是在坚持社会主义基本生产关系的基础上，对生产关系的具体表现形式进行调整、变革。其次，既然经济体制是社会主义生产关系的具体表现形式，因此，无论经济体制怎样变革，都不能背离社会主义经济的基本性质，改革必须坚持社会主义方向。

二、社会主义市场经济体制的产生和发展

社会主义经济制度建立后，选择适当的经济体制是一个关系到社会主义制度的优越性能否得到充分地发挥的非常重要的问题。

新中国成立后建立起来的是高度集中的计划经济体制。这是当时具体历史条件下的产物，曾经起到过积极的作用。但是随着社会经济的发展和条件的变化，这种高度集中的计划体制日益暴露出严重的弊端，如政府直接管理企业，政企不分；政府对企业统得过多过死，企业缺乏应有的经营自主权，缺乏独立的经济利益和经济责任的承担能力，企业没有活力；按照行政部门和地区系统管理经济，造成条块分割，无法形成统一、竞争的市场；单纯依靠指令性计划组织和调节经济活动，忽视商品经济、价值规律和市场机制的积极作用，没有形成良好的经济运行机制；在分配上统收统支，平均主义严重，不能充分调动企业和劳动者的积极性，生产经营活动缺乏效率；对外经济关系上基本上是闭关自守，脱离世界经济发展的潮流，难以利用国外资源推动国内经济发展。这些弊端阻碍了生产力的发展，使我国的经济建设呈现出投入多、产出少、浪费大、经济效益低下的不利状况，限制了人民生活水平的不断提高。而且，这种状况由于各种原因没有及时进行改革，致使社会主义经济应有的活力被压抑。

社会主义的根本任务是发展生产力，而生产力的发展离不开生产关系和上层建筑的完善和发展。社会主义社会的生产关系和上层建筑既有适应生产力发展的一面，也有不适应生产力发展的一面。社会主义的根本制度是适应生产力发展的，必须坚持；而具体的管理制度和管理方式则需要改革。只有对那些不适应生产力发展的经济基础和上层建筑的具体形式进行改革，才能促进生产力的迅速发展。在社会主义初级阶段，不仅要大力发展生产力，还要继续解放生产力。发展生产力侧重于改进和发展生产力本身的各种要素，主要是增加生产要素的数量和提高其质量，采用新技术，提高劳动者的素质等。解放生产力则是指改革不适应生产力发展的生产关系和上层建筑，调动劳动者的积极性，改善生产的社会组织，消除生产力发展的障碍。解放生产力是发展生产力的前提，解放生产力是为了发展生产力。无论是解放生产力还是发展生产力都需要进行经济体制改革。因为在生产力要素中，人是能动的积极的力量，发展生产力和解放生产力都必须调动劳动者的积极性，这就

要求完善和发展社会主义生产关系和上层建筑。可见，经济体制改革是解放与发展生产力的必由之路，是社会主义经济制度的自我发展与完善。

将社会主义与市场经济相结合，确立建立社会主义市场经济体制的改革目标，是中国共产党对计划和市场关系问题进行长期探索的理论成果结合新的实践进行科学总结而形成的重大理论创新，是对邓小平理论的丰富和发展。自党的十一届三中全会以来，我国社会主义市场经济体制在如下一些阶段获得了发展。

首先，提出了"计划经济为主，市场经济为辅"的改革方针。十一届三中全会以后，我们党开始从理论和实践的结合上探索符合我国国情的社会主义经济体制。早在 1979 年，邓小平就提出："社会主义也可以搞市场经济。"在邓小平的倡导下，我们破除了把社会主义与发挥市场调节作用对立起来、把指令性计划等同于计划经济的观念，提出了"计划经济为主，市场调节为辅"的原则。1982 年 9 月，党的十二大正式确定了"计划经济为主，市场调节为辅"的原则并付诸实施。

其次，产生了社会主义有计划的商品经济理论。党的十二大以后，随着经济改革和调整整顿的进一步深入，我国经济形势出现了可喜的变化。农村经济已实行家庭联产承包责任制，粮食产量和农民收入大幅度提高，农村乡镇企业有了较大发展。与此同时，个体经济、私营经济和三资企业也开始发展起来。随着改革的进一步展开，党对社会主义经济中计划与市场关系问题的认识也不断深化。1984 年 10 月，党的十二届三中全会通过了《中共中央关于经济体制改革的决定》，指出商品经济充分发展是社会主义经济发展过程中不可逾越的阶段，正式提出我国"社会主义经济是在公有制基础上的有计划的商品经济"。这是我党在社会主义经济理论和社会主义建设理论上的一次重大突破。经济体制改革的重点开始由农村转移到城市。

再次，确立了社会主义市场经济体制的目标模式。1987 年党的十三大进一步提出社会主义有计划的商品经济的体制是计划与市场内在统一的体制，提出了"国家调节市场，市场引导企业"的经济运行机制，强调计划与市场的作用都是覆盖全社会的，不再提"计划经济为主"。这一阶段，以所有权与经营权分离的原则推进国有企业改革，以"调放结合"的原则推进价格改革，开始把生产要素纳入市场体系建设，进一步缩小了计划管理特别是指令性计划管理的范围。1992 年初，邓小平在南方谈话中强调："计划多一点还是市场多一点，不是社会主义与资本主义的本质区别。计划经济不等于社会主义，资本主义也有计划；市场经济不等于资本主义，社会主义也有市场。计划和市场都是经济手段。"这一论断，从根本上解除了人们把计划经济和市场经济看作属于社会基本制度范畴的思想束缚。同年 6 月 9 日，江泽民在中央党校发表讲话时明确表示："我个人的看法，比较倾向于使用'社会主义市场经济体制'这个提法。"这一意见，统一了党内的思想认识。党的十四大明确提出"我国经济体制改革的目标是建立社会主义市场经济体制"，肯定了市场对资源配置的基础性作用。在 1993 年 11 月，党的十四届三中全会又通过了《关于建立社会主义市场经济体制若干问题的决定》，指出：围绕建立社会主义市场经济体制的改革目标，必须坚持以公有制为主体、多种经济成分共同发展的方针，进一步转换国有企业经营机制，建立适应市场经济要求、产权清晰、权责明确、政企分开、管理科学的现代企业制度；建立全国统一开放的市场体系，实现城乡市场紧密结合，国内市场与国际市场相互衔接，促进资源的优化配置；转变政府管理经济的职能，建立以间接手段为主的宏观调控体系，保证国民经济健康运行；建立以按劳分配为主体，效率优先、兼顾公平的收入分配制度，鼓励一部分地区一部分人先富起来，走共同富裕的道路；建立多层次的社会保障制度，为城乡居民提供同我国国情相适应的社会保障，促进经济发展和社会稳定。这成为 20 世纪 90 年代我国建立社会主义市场经济体制的行动纲领。从 1994 年 1 月起，财税、金融、外汇、投资、住房和社会保障制度等方面的改革全面展开，实现了经济体制改革的整体推进和重点突破，我国改革开放和现代化建设进入一个新的发展阶段。党的十五大高举邓小平理论的伟大旗帜，将邓小平理论确立为党的指导思想，制定了跨世纪的战略部署；提出要充分发挥市场机制的作用，健全宏观调控体系，继续发展各类市场，进一步发挥市场对资源配置的基础性作用。

目前，我国已经进入不断完善社会主义市场经济体制的历史阶段。党的十六大报告深刻指出，坚持改革开放、不断完善社会主义市场经济体制，这是我们党领导建设中国特色社会主义的基本经验之一，也是胜利实现全面建设小康社会目标的重要保证之一。在以往改革成果的基础上，我们要在新世纪头二十年中努力实现经济体制改革的一系列新突破：进一步深化认识社会主义初级阶段的基本经济制度，深化所有制结构的改革；继续调整国有经济的布局与结构，大力推进国有资产管理体制的改革；进一步深化国有企业改革，进一步探索公有制特别是国有经济的多种有效实现形式；大力健全市场体系，强化和完善市场机制；进一步深化改革，努力加强和完善宏观经济调控体系；深化分配制度改革，健全社会保障体系；全面提高对外开放的水平，以开放的进一步扩大来促进改革的新突破；进一步深化科技体制、教育体制以及农村的经济体制改革。以党的十六大精神为根本指导和基本标志，我国经济体制改革步入了一个崭新的历史阶段，社会主义市场经济体制的完善将有一个质的跨越。

从以上我国将社会主义与市场经济相结合的理论和实践可以看出，党的十四大确立的经济体制改革的目标是要根本改变原有的高度集中的计划经济体制，建立社会主义市场经济体制。但这并不意味着取消对经济有计划的宏观调控。充分发挥市场机制的作用和实行宏观调控与计划调节，是建立社会主义市场经济的基础，二者缺一不可。市场经济运行以市场机制为基础，通过市场价格、竞争、供求机制的作用，激发企业活力，促进企业提高效率，引导企业的发展方向，从微观经济方面实现对社会资源的优化配置。而计划则是要搞好总量平衡、产业结构调整、生产合理布局和重点经济建设,从宏观方面实现对资源的优化配置。计划和市场相结合,既要使这两种调节机制各自在不同层次上发挥对资源配置的作用,又要使两种调节机制有机结合,在宏观计划调控下发挥市场对资源配置的基础性作用,在依据市场供求规律和运用市场机制的基础上实现对资源的计划配置。因此,要达到经济体制改革的目标,既要充分发挥市场机制的作用,又要健全与完善宏观调控体系。

建立社会主义市场经济体制,就是要使市场在社会主义国家宏观调控下对资源配置起基础性作用,使经济活动遵循价值规律的要求,适应供求关系的变化;通过价格杠杆和竞争机制的功能,把资源配置到效益较好的环节中去,并给企业以压力和动力,实现优胜劣汰;运用市场对各种经济信号反应比较灵敏的优点,促进生产和需求的及时协调。同时,必须加强和改善国家对经济的宏观调控,依据客观经济规律的要求运用好经济政策、经济法规、计划指导和必要的行政管理,引导市场健康发展。

三、社会主义市场经济体制的根本性转变

党的十四大以来,按照建立社会主义市场经济体制的目标,我国经济体制改革在多个领域取得了重要突破,推动了从传统计划经济体制向市场经济体制的根本性转变。2002 年党的十六大向全世界宣布,中国社会主义市场经济体制已初步建立。中国将继续坚持改革开放,进一步完善社会主义市场经济体制。总的来说,我国社会主义市场经济体制的根本性转变主要表现在以下几个方面:

(1)所有制结构日趋多元化,国民经济的微观活力增强。公司制改造推动了国有企业制度创新和机制转换。国有经济实行战略性调整,虽然在 GDP 中的比重下降,但是效益提高。2012 年,全国国有及国有控股工业企业只有 17052 个,职工人数为 1811.98 万人,但其工业总产值达到 221036.25 亿元,利润总额达到 16457.57 亿元。各种新型的混合所有制经济迅速壮大,成为经济发展的重要支撑力量。个体、私营等非公有制经济蓬勃发展,2012 年底,全国私营企业达到 180612 个,职工人数为 2956.41 万人,其工业总产值达到 252325.74 亿元,利润总额达到 18155.52 亿元。

(2)市场体系基本形成,生产要素市场初具规模。资本市场发展迅速,截至 2012 年底,我国上证交易所共有 954 家上市公司,股票市价总值为 15.9 万亿元(上证综合指数收于 2269 的位置),深交所共有 1540 家上市公司,市值 7.2 万亿元(深成指收于 9119 的位置)。全国统一的同业拆借市场和外汇市场相继建立,技术市场和房地产市场交易量不断扩大。劳动力市场在促进劳动者自主择业方面也在发挥着重要的作用。市场的基础设施逐步得到改善,物流中心、配送中心和电子商务等现代化的流通方式正在兴起。行业垄断和地区封锁逐渐被打破,整顿市场秩序取得积极成效。

(3)积极探索新型宏观调节手段,间接调节方式开始发挥主要作用。按照现代市场经

济规律，中央银行宏观调节职能得到加强，金融分业监管体制逐步完善，公共财政框架初步建立，分税制改革进一步深化。宏观调节由主要依靠计划指令和信贷规模控制等直接手段，转向综合运用发展规划、货币政策和财政政策等间接手段。宏观调节重点由干预微观经济转向调节市场供求总量变动，由追求速度、数量扩张转向提高质量、效益和优化结构，注重实现经济和社会协调发展。根据国内外经济形势变化，适时调整宏观经济政策取向和力度，积累了治理通货膨胀和应对通货紧缩趋势的经验。

（4）收入分配领域的改革逐步深入。平均主义、大锅饭式的分配制度基本被打破，按劳分配为主体、多种分配方式并存的格局不断发展，劳动、资本、技术和管理等生产要素参与分配的新制度正在形成，各种劳动收入与合法的非劳动收入得到国家保护和社会认可；初次分配领域坚持"兼顾效率和公平"为导向，积极探索市场化的薪酬制度；再分配领域侧重维护社会公正，努力保证低收入群体分享社会经济发展成果；各类市场主体创造财富的积极性得到鼓励。

（5）社会保障制度建设稳步推进。以养老、失业、医疗保险和城镇最低生活保障为主要内容，独立于企事业单位的社会保障体系基本形成。到目前为止，全国失业、养老、医疗保险、贫困援助、自然灾害救助等机制基本形成，政府和社会保障能力不断增强，惠及面不断扩大。尤其是医疗保险由城市扩展到农村，截至2011年底，农民工参加城镇基本医疗保险的人数为4641万人，农民工参加工伤保险的人数为6828万人。农村社会养老保险事业也在快速启动，2009年6月24日，国务院常务会议决定，2009年在全国10%的县（市、区）开展新型农村社会养老保险试点，并明确了新型农村社会养老保险制度的基本原则，即"保基本、广覆盖、有弹性、可持续"。可以说，我国初步建立的"社会安全网"，为形成市场导向的就业机制、深化企业改革和维护社会稳定，发挥了重要作用。

（6）政府机构改革和职能转换步伐加快。适应发展市场经济和加入世贸组织的要求，我国加强相关法制建设，陆续颁布了规范市场经济秩序的一系列重要法律，国务院各部门逐渐清理了涉外规章和有关政策规定，减少了行政审批和对微观经济干预，取消了许多行政审批事项。中央、地方党政机关与所办经济实体和管理的直属企业脱钩，军队、武警和政法机关不再经商办企业，推进了政企分开。

以上分析表明，改革的深化明显提高了国民经济的市场化程度，市场配置资源的基础性作用逐步增强。农村经济的商品化和市场化进程也在加快。2003年4月13日，由商务部进出口公平贸易局委托、北京师范大学经济与资源管理所承担、经济学专家李晓西和师贸平主持完成的《2003中国市场经济发展报告》向社会公布。该项研究从我国经济现实出发，同时考虑指标的国际可比性，以政府行为规范化、经济主体自由化、生产要素市场化、贸易环境公平化和金融参数合理化等作为测度体系，认为2001年中国市场经济发展程度为69%，随着经济体制改革的内在要求和加入世界贸易组织承诺的外在推动，市场化程度在 2002 年得到了进一步提升。这充分说明，中国已初步建立起市场经济体制，已成为一个发展中的市场经济国家。也就是说，一方面，中国作为一个发展中国家实行了市场经济制度；另一方面，中国正由初级的市场经济国家向成熟的市场经济国家推进。

第三节　完善社会主义市场经济体制

完善社会主义市场经济体制，是一个长期发展的过程，是一项艰巨复杂的社会系统工程，它涉及经济基础和上层建筑的许多领域，需要有一系列的体制改革和政策调整相配合，主要是：

（1）要坚持和完善以公有制为主体、多种所有制经济共同发展的基本经济制度。在这里，公有制经济不仅包括国有经济和集体经济，还包括混合所有制经济中的国有成分和集体成分。

（2）坚持和完善以按劳分配为主体、多种分配方式并存的分配制度。按劳分配为主体和按要素分配相结合，确立和完善劳动、资本、技术和管理等生产要素按贡献参与分配。

（3）强化以现代企业制度为市场经济体制的微观基础。企业是市场活动的主体，也是市场经济的基本元素。它必须具备从事市场活动的条件和接受市场调节的机制。企业，尤其是国有企业要真正形成自主经营、自负盈亏、自我发展与自我约束的经营机制。

（4）健全统一开放、竞争有序的现代市场体系。市场是商品交换的场所与渠道，是生产和需求联系的桥梁，市场要发挥其调节作用，实现对资源的配置，需要具备一定的条件。首先要有完整的市场体系。不仅有消费品市场，还要有生产要素市场。其次，市场要有正常的运行机制，主要是公平竞争。凡进入市场的企业都是平等的竞争者，任何企业都没有商品生产者和经营者以外的特权；市场上不存在垄断组织；没有对市场信号的人为干扰。因此，要加强市场管理，规范市场运行。

（5）完善以间接调控为特征的国家宏观调控体系。市场机制有自身的局限性，现代社会化大生产单纯依靠市场调节难以完全实现资源的合理配置。第一，总供给和总需求的平衡，财政收支总额、信贷收支总额、外汇收支总额的平衡，单纯依靠市场调节，是难以实现的。第二，经济结构的调整，如产业结构、国民收入分配的结构等，单纯依靠市场调节，既是一个缓慢的过程，也难以实现优化和合理化。第三，竞争会产生垄断，市场调节本身会产生不公平竞争，干扰市场机制。第四，公正与效率的关系也不能只靠市场来处理。市场上的平等，是等价交换的平等，能够促进效率的提高，但在价值规律的自发作用下，市场分配机制会导致贫富悬殊、两极分化。第五，市场不能自行解决外部性。第六，市场调节经济的作用具有自发性、盲目性和滞后性，市场机制这只"看不见的手"，需要社会计划和宏观调控这只"看得见的手"来引导。要转变政府职能，实行政企分开，建立和健全以经济手段和法律手段为主的间接调控方式，保证国民经济的健康运行。

（6）健全多层次的社会保障体系。多层次的社会保障体系是社会主义市场经济体制的重要组成部分。实行社会统筹与个人账户相结合的养老、医疗保险制度，完善失业保险和社会救济制度，这不仅是社会化大生产的客观要求，也是市场经济运行的支撑、保障系统，同时，也是现代市场经济的一个重要标志。

同时，完善社会主义市场经济体制，还需要：一是加快转变政府职能。政府职能与改革开放新阶段的要求还有差距。进一步完善社会主义市场经济体制，履行我国加入世贸组织的承诺，对政府深化行政管理体制改革、加快职能转换提出了更高要求。目前，政府在提高依法行政水平、增加政策透明度和统一性、减少行政审批和微观事务干预、正确行使对经济和社会的公共管理职能等方面，还有不小差距。社会公共管理部门的职能仍然薄弱，应对突发事件的预警、组织协调和危机处理等方面的机制不健全。在开放型经济不断发展和不确定因素日趋增加的情况下，建立有效政府的任务更加迫切。二是深化国有企业改革。国有大企业改革难度加大，垄断领域的改革相对滞后。国有大企业机制不合理、社会负担重、创新能力弱等问题仍然比较严重，尚未脱困的大企业尤为突出。垄断行业的大企业缺乏优胜劣汰的压力，在经营机制、收费标准和服务质量等方面，与整个社会和消费者的要求还有较大差距。国有经济布局战略性调整任重道远，国有资产管理体制还不完全适应新形势的需要。深化国有经济改革，仍然是整个经济体制改革中最关键的环节和最繁重的任务。三是加快改革财税体制。投融资体制改革进展缓慢。投融资活动中的行政干预仍然过多，地方政府通过动用财政性资金、指令国有企业投资和国有银行贷款等不同方式，频繁介入一般竞争性领域的投融资活动，往往是低水平重复建设和局部投资过热的直接诱因。基础设施等公共产品的投融资领域，仍然欠缺风险约束机制和竞争机制，导致资金流失（包括挪用、侵吞等）和投资效率低下。保护私有财产的法律制度不健全，非公有经济面对的投资审批过于繁琐，相关财税政策、金融政策和投资服务体系不完善，制约着国内民间投资的进一步扩大。四是深化金融体制改革。金融体制存在较大缺陷，金融资源配置效率低。国有金融企业尤其是国有独资商业银行的治理结构和经营机制不健全。直接融资发展不足，证券市场的制度设计缺陷突出。金融体系不适应多种所有制经济和中小企业迅速发展的需要。金融业不良资产比例较高，金融监管比较薄弱。金融业在日益扩大对外开放的情况下，潜伏着较大的金融风险。五是加强政务诚信、商务诚信、社会诚信和司法公信建设。现在社会信用缺损，市场秩序比较混乱。政府、企业、个人的信用体系残缺，已经成为市场经济正常运行的重大障碍。一些部门和地方政府干预经济活动引起的诚信缺失，不仅扰乱市场经济秩序，而且导致政府公信力下降。国家整顿市场秩序的努力，往往受到行业垄断和地方保护行为的干扰，规范市场秩序的法律制度和执法监督还存在不少薄弱环节。六是统筹推进城乡社会保障体系建设。社会保障制度漏洞较多，对国有企业老职工的原有欠账还未完全弥补，存在较大资金缺口。养老、失业和医疗保险的新机制不完善，突出的问题是：覆盖面仍然狭窄，缴费率过高而影响覆盖面扩大；资金来源的可持续性不牢固，国家、单位和个人负担的比例不够合理；制度设计过于复杂且不统一，管理成本过高；可能产生新的资金缺口，导致制度性的不堪重负。要坚持全覆盖、保基本、多层次、可持续的方针，以增强公平性、适应流动性、保证可持续性为重点，全面建成覆盖城乡居民的社会保障体系。

此外，推动城乡发展一体化。城乡分割的体制性障碍仍然比较严重，即使在大量使用农民工的城市，仍然存在对农民工的歧视性政策（包括就业、子女入学、户口、社会保障等方面）。这些计划经济遗留的深层壁垒严重阻碍工业化、市场化和城市化进程，在下一步改革中应当大力攻克。要让广大农民平等参与现代化进程，共同分享现代化成果。

思考题

1. 解释下列基本概念：
市场经济　经济体制
2. 简论市场经济是市场在资源配置中起基础性作用的经济。
3. 社会主义市场经济的基本特征是什么？
4. 经济制度与经济体制有何联系与区别？
5. 社会主义市场经济体制的基本框架是什么？

阅读书目

1.《中国共产党第十七次全国代表大会文件汇编》，人民出版社 2007 年 10 月版。
2.《中国共产党第十八次全国代表大会文件汇编》，人民出版社 2012 年 11 月版。
3.［英］亚当·斯密：《国民财富的性质和原因的研究》上、下卷，商务印书馆 1979 年版。
4.［挪威］伊萨克森等：《理解市场经济》，商务印书馆 1996 年版。

第十二章　社会主义现代市场体系

现代市场体系是社会主义市场经济体制的重要环节和重要组成部分。本章论述现代市场体系的三个重要内容：市场体系、市场机制、发展和完善现代市场体系。

第一节　现代市场体系

一、现代市场体系的含义和关系

市场是商品交易的场所，是资源配置的场所，是以价格为中介的交换活动或买卖关系。市场是天生的平等派。它既具有效率性、自动性和发展性，又具有自发性和盲目性。按交易内容可将市场划分为商品市场、生产要素市场和产权市场；按交易空间大小可将市场划分为地方市场、国内统一市场和国际市场；按交易时间可将市场划分为现货市场和期货市场；按供求关系可将市场划分为买方市场和卖方市场；按进入市场的难易程度，可将市场划分为完全竞争市场、垄断竞争市场、寡头竞争市场和完全垄断市场等。

市场体系是由各类市场共同组成的有机整体，一般指由商品市场、生产要素市场和产权市场形成的有机整体。市场体系中各类市场的关系，主要有两个层次，一是商品市场中消费品市场和生产资料市场的关系。这种关系主要有两点：消费品市场的变化必然带来生产资料市场的变化；生产资料市场最终是为消费品市场服务的。商品市场是市场体系的主体和基础，是国民经济发展过程中物质资源交易的基本场所和主要形式。二是商品市场和要素市场的关系。这种关系主要表现为三点：商品市场的变化必然引起要素市场的变化，商品市场的变化要求建立和发展要素市场；要素市场制约着商品市场的发展，要素市场特别是其中的资本市场对其他要素市场和商品市场有重要影响；商品市场是现代市场体系的基础和主体，要素市场是现代市场体系的核心和重要特征，商品市场、劳动力市场和资本市场是现代市场体系的三大支柱。

二、社会主义现代市场体系的性质和特点

(一)社会主义现代市场体系的性质

市场体系是商品经济发展到一定高度的必然产物，是社会主义市场经济体制的重要环

节和重要组成部分，是市场机制发挥作用的必不可少的条件，是建立现代企业制度和转换企业经营机制的必要的外部条件，是健全宏观调控的必要前提，是微观搞活和宏观管好相统一的必要纽带。

我国的市场体系具有社会主义性质，因为它是以公有制为基础的市场体系，是为满足人民日益增长的物质文化生活需要即为社会主义生产目的服务的市场体系。

（二）社会主义市场体系的特点

社会主义市场体系是"统一、开放、竞争、有序的现代市场体系"①。社会主义市场体系的特点由社会主义市场经济体制的内在要求决定。具体说来，社会主义市场体系主要有统一性、开放性、竞争性、有序性、完整性五大特点。

1. 统一性

所谓统一性，第一，是指全国是一个统一的大市场，是商品和生产要素在国内自由流动的市场，而不是国内的各地方市场相互分割、各自封闭的市场。第二，是指各市场主体按统一规则进行自主经营活动，但同时有权威机构即政府从总体上利用各种市场调节工具来弥补市场机制本身内在功能的缺陷，引导各市场主体的微观经济活动符合社会总体的利益目标的市场。第三，是指有宏观经济管理的现代市场体系，它可以克服因部门或地区之间的利益矛盾而引发的经济摩擦给市场造成的障碍，使各市场主体的局部利益同社会整体利益协调起来。第四，统一性的基础是生产社会化的发展，是高度发达的社会分工体系的形成和发展。

2. 开放性

开放性是现代市场经济的基本要求和内在属性。社会主义现代市场体系是一个商品和生产要素能跨行业、跨部门、跨地区、跨国界自由流动的市场体系，是在比较优势基础上合理分工、面向全世界、参与国际分工和国际竞争的市场体系，是利用国内和国际两个市场、两种资源的市场体系。同时，市场的开放度是不断提高的，具体表现在关税的降低、非关税壁垒的取消、反倾销和保障措施的完善、国内市场国际化、国际市场国内化。当然，不管市场如何开放，国内市场同国际市场总是有区别的。

3. 竞争性

竞争是商品经济内在的本质要求，是市场经济的必然产物，是经济富有效率的根本要求和基本保证。因为商品和要素流动只有在公平的市场竞争下进行，才能形成和发出正确的市场信号，才能调动生产者的积极性，才能提高资源配置的效率，才能促进消费。相反，市场垄断会扭曲市场信号，使市场配置资源失效。因此，必须反对和禁止不正当竞争，反对和禁止市场垄断，提高市场竞争的力度，进行有效竞争。

① 《中国共产党第十六次全国代表大会文件汇编》，人民出版社2002年版，第26页。

4. 有序性

有序性是价值规律等价交换的内在要求。有序性是指市场活动必须在统一规则下运行，保证公平竞争和资源合理流动。规则包括正式规则和非正式规则。它约束市场主体的市场行为，从而使市场活动在有序的轨道上运行。因此，要加强市场规则建设，形成完善的市场规则体系。同时要特别强调严格执行规则，在规则面前所有市场主体一视同仁、一律平等。有序才能保证公平竞争，公平竞争才能保证效率和开放，才能形成统一性。

5. 完整性

社会主义现代市场体系是完整的市场体系，不是残缺不全的市场体系。所谓完整性，是指各种类型的市场同时存在，同时指各类市场都比较成熟发达。市场体系的完整性由社会主义市场经济是现代市场经济决定。完整的市场体系才能发挥市场在资源配置中的基础性作用。完整的市场体系的形成和发展有一个过程，不能操之过急，只能因势利导，循序渐进。

三、现代市场体系的结构

(一)根据市场客体，可将市场分为商品市场、生产要素市场和产权市场

1. 商品市场

商品市场是商品交易的场所或商品交换关系，是现代市场体系的基础，可分为有形商品市场和无形商品市场。

有形商品市场是物质商品的交换市场，包括物质生活资料市场和物质生产资料市场。物质生活资料市场即物质消费品市场，又可分为必需品市场和奢侈品市场。消费品市场的市场主体是消费者，客体是消费资料。消费品市场具有广泛性和分散性、地域性和民族性、经常性和重复性、时间性和季节性、多样性和发展性，大多数购买者没有专门的商品知识，购买力的流动性大。消费品市场总体规模巨大。物质生产资料市场可分为金属材料、非金属材料和机电产品市场三类。市场主体是企业，客体是生产资料。生产资料市场相对集中和相对独立，往往是批量交易，流动性比消费资料市场小；生产资料市场交易技术性强，标准化程度高，替代性小；生产资料市场需求结构复杂。

无形商品市场即服务市场，包括饮食市场、旅游市场、文化市场、交通运输市场和劳务市场等。广义的服务市场是第三产业市场，可分为生活服务市场和生产服务市场。服务业不直接创造和提供物质产品，而是通过劳动直接满足人们的某种需要；服务的生产和消费往往具有同时性，服务不能贮存和运输，难以推销；服务与消费者直接联系，技艺性强、差异性大，很难有统一的衡量标准；服务企业一般综合经营，网点多店面小；服务产品需求弹性大。

我国的商品市场发达，市场化程度高。主要表现在：第一，市场形成价格的价格机制已经形成。除少数关系国计民生的重要商品、少数资源垄断性产品和部分服务商品价格仍由政府控制外，大部分商品都由市场定价。价格市场化程度高，达到了发达国家的市场化

水平。第二，商品市场体系完善，市场覆盖范围宽，市场规模大，商业业态不断创新。例如，连锁店、电子商务（网店）、消费信贷、超市、仓储商店等迅速发展。第三，市场管理逐步规范，市场竞争有序。第四，市场开放度不断提高，外国商品和外国商店随处可见。第五，无形的服务消费和闲暇消费比重上升，消费结构不断升级。第六，商品市场是买方市场。我国消费品市场存在的主要问题表现在：一是由于信息不对称，买者不如卖者精；二是消费品造假和消费安全问题突出。生产资料市场存在的主要问题是劣质材料和交易回扣问题。

2. 生产要素市场

生产要素市场是生产要素配置的市场，一般包括劳动力市场、资本市场、土地市场、技术市场和信息市场。

（1）劳动力市场。劳动力市场是劳动力资源配置的场所，是劳动力的供给和需求关系。在市场经济条件下，劳动力资源由市场配置。从劳动力供给方面看，如果劳动力能自由流动，劳动力供给一般随工资增加而增加，随工资的降低而减少，但最终受到劳动力资源总量的限制。工资增加到一定程度，劳动力供给会减少。从劳动力需求方面看，企业所需的劳动力数量，取决于企业的性质和生产的技术水平，取决于增加使用劳动力能否给企业带来更多的收入，只有当每增加一单位劳动力给企业带来的收入增量大于或等于增加一单位劳动力所支出的成本增量时，企业才会增加使用劳动力。短期内劳动力需求和工资变动成反比，长期而言工资变动对劳动力需求产生替代效应和连锁效应。

劳动力市场的作用是调节劳动力供求关系，促进劳动力合理流动，实现劳动力资源优化配置。具体说来，劳动力市场有三大作用：①调节作用。通过工资机制调节劳动力供求关系，促进劳动力合理流动，实现劳动力资源优化配置。因为资源总是流向出价最高的地方即资源最稀缺的地方，劳动力自动流向工资收入最高的地方，使劳动力资源供求平衡。②动力作用。通过劳动力市场的竞争机制，不断推动劳动者提高个人竞争力，提高自身素质，因为个人素质高、个人竞争力强，个人收入就高，而要获得高收入，必须增强个人竞争力，必须提高个人素质。③化解矛盾作用。市场形成的劳动力价格是对劳动力的客观评价，它有利于化解职工之间的矛盾，化解经营管理者和劳动者之间的劳资纠纷，使劳动者努力工作，发挥自己全部的聪明才智。

改革开放以来，我国劳动力市场迅速发展。一是由于公有制企业普遍实行劳动合同制，由于户籍制度的改革，非公有制经济的发展和自主择业制度的实行，我国劳动力自由流动程度已大大提高。二是企业劳动力价格已基本上由市场决定。三是劳动力市场中介组织体系基本形成，表现在各种职业介绍所和人才市场的建立，就业信息网的开通，再就业服务和培训中心的开办，劳动争议调节和仲裁及监察机构的成立等。四是劳动法的实施和相关配套法规的出台，使劳动力市场基本纳入法制轨道。五是社会保障体系的建立，促进了劳动力市场的发展，表现在城乡失业保险、医疗保险和养老保险的实行，特别是下岗职工基本生活保障制度、失业保障制度和城乡居民最低生活保障制度的"三条保障线"的实施，形成了同劳动力资源市场配置所必需的社会保障网，促进了劳动力市场的发展。

我国劳动力市场发展取得了实质性进展，同时也存在一些需要继续解决的问题。一是企业经理市场和科技专家市场等专业劳动力市场发展水平低，二是劳动力自由流动难。城乡分割的户籍制度和农民工看病、子女读书等方面的制度缺陷仍是劳动力自由流动的重要限制因素，三是劳动力自由流动性弱。国有企业事业单位劳动力流动性差。四是劳动力流动单向性强。中西部劳动力"孔雀东南飞"、"凤凰城里飞"的问题突出等。这些问题需要在发展中研究解决。

（2）资本市场。资本市场又叫金融市场，是资本商品交易的市场，是资本资源配置的场所，包括短期资本市场、长期资本市场、外汇市场和黄金市场。特点是收益性、风险性和流动性。资本市场的市场主体有证券发行人、投资者、中介机构、监管机构和金融机构等，市场客体有现金、证券、外汇和黄金等。

短期资本市场即货币市场，是融通短期资本的市场。短期资本市场有两大特点：一是融资期短，一般在一年以内；二是融资主要用作再生产的流动资本。短期资本市场有四种具体类型：一是短期拆借市场即同业拆借市场。它是指各商业银行之间、商业银行同其他金融机构之间开展资金相互转借业务，以解决银行之间的资本调剂问题的市场。拆借期限最短为半天，大多为一天，最长为几天。拆借利息称为拆息，拆息量和拆息率根据拆借资本市场供求状况由双方商定。二是票据贴现市场。它是对未到期票据进行贴现，为客户提供短期资本的市场。贴现是商业银行买进尚未到期的票据的行为。银行根据票据未到期的期限的长短，从票面金额中扣除一定的利息，将余额支付给客户，实为对原票据持有者提供短期贷款，待票据到期时，银行再执此票据向票据载明的付款人索回等同票面金额的款项。商业银行还可持这些未到期的票据向中央银行申请再贴现，央行可根据其货币政策决定再贴现率，以调整商业银行的贷款规模和货币供应量。三是票据承兑市场。它指接受承兑信用、创造承兑汇票的市场。票据承兑市场是承兑方以自己的信用作担保，承诺付款，便于票据贴现和转让，是开拓票据范围、缩短清算时间、提高资本效率的有效方式。四是短期证券市场。它主要指期限在一年以内的有价证券发行市场和流通市场，短期证券主要是短期国库券及其他短期债券。

长期资本市场是融通主要用于扩大再生产的长期资本的市场。特点一是融资期长，一般在一年以上；二是融资主要用作固定资产投资。长期资本市场的主要信用工具是有价证券，包括期限一年以上的股票和债券两大类。类型有银行中长期贷款市场和证券市场，主要是证券市场。证券市场 包括股票和债券等有价证券发行市场（又称一级市场或初级市场）和有价证券流通市场（又称二级市场）。发行市场是将新证券首次销售给投资者的市场。流通市场是转让已发行的证券的市场。证券市场具有重要作用，通过证券发行市场，可迅速大规模筹集企业用于生产的资本和国家用于重点建设的投资；通过证券市场使需要资金的投资者及时出让证券得到资金，使愿意投资的资金持有者及时买到证券，进行证券投资。我国的证券市场经过 30 多年的发展，已形成了包括沪、深证券交易所，证券交易自动报价系统和地方证券交易中心的交易体系，已有 2500 多家企业在境内外上市，设立了证监委，出台了"证券法"，大量证券市场中介机构兴起。证券市场要在发展中规范，在规范中发展。

外汇市场是进行外汇交易的场所，属于国际金融市场的范畴。外汇包括外币和用于国际支付的债权。外币有自由兑换外币和记账外币，债权指以外币表示的有价证券和支付凭证。按交易方式可将外汇市场分为有形外汇市场和无形外汇市场。有形外汇市场指买卖双方在专门设立的外汇交易所中当面进行的外汇交易。无形外汇市场指买卖双方通过电话、电传等进行的无固定场所的外汇交易。外汇市场的核心是汇率即汇价。汇率是一国货币同另一国货币的折算比率。可以单位外币为标准折算为一定数量的本币，也可以单位本币为标准折算为一定数量的外币。汇率既是外汇交易的信号，又是外汇交易的结果。汇率有固定汇率和浮动汇率。现在世界各国货币的汇率一般由外汇市场供求形成，也有的国家实行有管理的浮动汇率制。

中国外汇管理体制改革 1994 年迈出重大步伐，由计划和市场共同配置外汇资源转变为市场在外汇资源配置中起基础性作用；人民币汇率从官方定价和市场调剂价并存的双重结汇制到实行有管理的浮动汇率制；同时，取消外汇留成制度和外汇上缴制度，取消使用外汇的指令性计划，实行银行结汇制，并在此基础上建立起了全国统一的银行之间的外汇市场；实行人民币经常项目可自由兑换，逐步推进人民币资本项目自由兑换，并建立新的国际收支申报制度；央行对外汇市场进行宏观调控，以保持人民币汇率相对稳定。

黄金市场是专门进行黄金买卖和金币兑换的市场，分为自由交易市场和限制交易市场。国际黄金市场的发展，从 19 世纪以前皇权垄断黄金的时期，发展到 19 世纪—20 世纪 20 年代的金本位时期，再从布雷顿森林体系发展到 20 世纪 70 年代以来的黄金非货币化时期。在现实生活中，黄金仍是公认的金融资产和储备资产，是硬通货，在外汇储备中占有重要地位，是国家特殊的战略资源。全球黄金市场主要分布在欧洲、亚洲和北美三地，欧洲以伦敦和苏黎世黄金市场为代表，亚洲以香港和东京为代表，北美以纽约和芝加哥为代表，伦敦是世界最大的黄金现货市场，纽约是世界最大的黄金期货市场。新中国过去对黄金实行统购配售的管理体制和流通体制，现在开放黄金市场，有上海黄金交易所、上海期货交易所和天津贵金属交易所等。

（3）土地市场。土地市场是出售或出租土地所有权或使用权的市场。由于我国实行土地公有制，只有土地使用权交易的市场，只有土地使用权的有偿转让，没有土地所有权的有偿转让；而且土地使用权转让还有期限规定，不能一次性永久转让。我国的土地市场有两类：一是土地一级市场，指国家对商业用地采取公开拍卖、招标、协议等方式，以土地供求决定的土地价格将土地使用权出售给开发商或使用者；对于政府用地、公益事业用地、安居工程和经济适用房用地，仍采取政府划拨的方式，将土地给使用方使用。二是土地转让市场，指获得商业用地的土地使用权主体在二级市场上转让土地使用权的市场。二级市场的土地价格由市场形成。目前土地市场需要研究解决的问题有三：①一级土地市场出售和划拨"双轨"制带来的寻租现象；②存在土地投机现象，有时候有的地方还相当严重；③对土地市场缺乏有效管理，有关法规尚待健全。

（4）技术市场。技术市场有广义和狭义之分。广义技术市场是技术商品交换关系的总和，包括技术商品从开发到应用和流通的全过程。狭义技术市场是技术商品交易的场所。技术商品具有唯一性和非实物性两个特点。技术商品流通的发展过程一般是：购买成套设备→购买关键设备→购买专利→购买试验中技术→对等技术交流。技术商品流通服从梯度最小规律，即技术商品向技术差距最小的地方流动，因为双方技术差距过大，技术差的一方就无法掌握和使用对方的技术。技术商品价格是由交易双方协商决定的垄断价格，具有刚性和相对稳定性的特点。具体说来，技术供给方要能补偿技术研制开发的劳动耗费并盈利，需求方要看这种技术能产生多大的经济效益，最后由买卖双方协商决定。技术商品的转让次数、成熟程度、寿命周期等制约技术商品定价。

技术市场主要有四种形式：①定期的技术交流会和常设的技术市场；②技术咨询服务公司；③行业或企业的技术开发中心；④技术许可证交易。

技术市场有四大功能：①价值实现功能。技术商品价值只有通过市场交换才能实现，研发技术商品耗费的成本才能收回。②市场竞争功能。首先是技术本身具有的市场竞争力，能否吸引使用者购买；其次是推动技术研制的竞争；再次是使用技术产生的竞争力。③扩散功能。技术通过市场交易扩散到全球各地，加速技术的传播。④转化功能。科技是第一生产力。科技是经济发展和社会进步的火车头。技术商品通过交易，将科研同生产结合起来，加快科研成果的产业化过程。

（5）信息市场。信息市场是专门进行信息商品交易的市场，包括信息转让、信息咨询、信息服务等多种形式的信息商品的交易活动。在现代市场经济中，信息的生产、储存、分配和交易日益形成一个专门的部门和产业。信息是世界上一切事物的状态和特征的反映。它普遍存在于人类社会、自然界及人们的认识和思维中。信息是以消息形式传递的，二者是内容和形式的关系。人类对信息的应用、传递和储存经历了文字的产生，纸张和印刷术的发明，电报、电话、广播、电视等电讯技术的发明和电子计算机网络技术和人工智能技术的使用等四次革命。信息是商品，因为信息是一种非常重要的稀缺资源，具有使用价值，即通过信息使用，可改善企业生产经营管理，可提高企业的经济效益；信息同时具有价值，因为搜集、整理和储存、传递信息需要大量投资，需要耗费大量资源。

信息市场有四种形式：①各种信息服务咨询机构，通过市场运作将信息转变为商品，从事信息交易。②信息生产、加工和处理机构，如社会调查机构、媒体信息部门和政府信息部门等。③随着知识经济的兴起，提供各种信息硬件和信息软件的公司的发展。④网络信息市场，通过互联网生产、加工和传播信息，具有快捷性和便利性，开辟了无限广阔的市场信息形式，大大促进了信息市场的发展。

信息市场不仅对改善企业生产经营管理、提高企业经济效益意义重大，而且是国家制定宏观经济政策的重要依据，是引导消费的重要手段。"信息化是我国加快实现工业化和现代化的必然选择。"[1]我们要"坚持以信息化带动工业化，以工业化促进信息化"[2]，优先发展信息产业，在经济和社会领域广泛应用信息技术，大力发展和培育信息市场。

3. 产权市场

产权市场是从事产权交易的市场。产权市场有企业产权市场、股权转让市场、土地使用权市场和知识产权市场。这里主要讲企业产权市场。企业产权市场的建立和发展有利于国有企业产权制度改革，有利于盘活资产存量和改变资产增量的投资方式，提高企业投资效益；有利于企业进行股份制改造，建立现代企业制度；有利于市场经济宏观调控体系的形成和发展；有利于改变政府管理方式。

西方没有产权市场。中国产权市场起源于20世纪90年代，是特殊的资本市场。企业产权市场有广义和狭义之分。狭义企业产权市场是企业作为独立产权主体从事产权买卖或有偿转让的市场，主要包括柜台交易市场、私募股权交易市场和并购市场。广义企业产权市场是产权交易关系的总和。

企业产权市场有三大特点：①产权交易有较强的专业技术性。因为投入市场的是生产资料所有权、经营权或使用权。②产权市场覆盖面宽，交易内容和交易活动复杂多变。交易形式有兼并、拍卖、参股等，产权交易的偿付方式有现金支付、分期付款、资产抵押、承担债务等。③产权交易具有很强的政策性和法律性。

产权交易应遵循五大原则：①市场定价原则。首先是公开产权出让信息，然后通过市场评估资产价值，通过受让人竞争形成产权市场价格。这是保证产权有效流转又防止流失的基本要求。②有偿交易原则，禁止无偿转让企业产权。③经济效益原则。企业产权交易要有利于企业发展，有利于盘活资产，有利于资产保值增值。④保障劳动者原则。产权交易要保障劳动者权益，最重要的是保障劳动者的就业权，要尽量吸纳原企业工人就业；对失业工人而言是最低生活保障权。⑤遵纪守法原则。企业产权交易要严格按照有关法律和法规进行，不得违法乱纪，特别要防止国有资产流失。

(二)按交易时间，市场可划分为现货市场和期货市场

1. 现货市场

现货交易市场一般指现买现卖的即期交易市场，买卖在时空上具有同一性。现货交易

① 《中国共产党第十六次全国代表大会文件汇编》，人民出版社2002年版，第21页。
② 《中国共产党第十六次全国代表大会文件汇编》，人民出版社2002年版，第21页。

市场主要有四种形式。

(1)物物交换市场。公式是商品(W)→商品(W),主要存在于原始社会后期,也存在于今天的易货贸易中。它经历了简单价值形式、扩大价值形式和一般价值形式三个发展阶段。

(2)货币产生之后,现货交易市场发展为第二种形式——即期交易市场。公式是商品(W)—货币(G)—商品(W),即期交易市场是现货交易市场的基本形式。即期交易市场有四大特点:①买卖关系具有单纯性。交易双方一旦成交,就"一手交钱,一手交货",没有其他任何约束条件。②买卖关系具有当时性。买卖双方直接依据当时的商品质量和供求决定成交价格和成交数量,并当时结束交易。③买卖关系具有实在性。买卖双方成交后当即实施,不会因延期执行而出现虚假现象。④买卖关系具有随机波动性。交易价格、交易数量同市场供求相互影响,长期处于波动状态。即期交易市场具有灵活的调节作用,有利于市场竞争,有利于生产力的发展;能真实地反映市场供求关系,对经济活动进行及时的自动调控,有利于提高资源配置效率;可以降低和遏制负面的扩散效应和联动效应;可能造成宏观总量失衡和经济大起大落,造成收入差距过大和分配不公。

(3)货到款清交易。主要指远期交易市场,也称远期合同市场。实际上是运用购销合同进行现货交易。如今天的订单农业,销售者在生产开始前或开始时向生产者预购,等商品生产出来后再交给销售者。目的是通过固定的供销关系,解决商品供求失衡问题。预购期限一般在6个月以上,预购时无须支付保证金,实际交割时还是"一手交钱,一手交货"的现货交易。同典型的即期交易相比,只是多了一个预购合同或预购环节而已。

(4)贷款交易市场。贷款交易市场是通过借贷关系进行的商品交易市场,其交易行为是货币和商品分流的交易行为。贷款交易市场有"先交货后交钱"的延期付款交易市场和"先交钱后交货"的预先付款交易市场以及"先借钱然后一手交钱一手交货"的交易市场三种。贷款交易市场有四大特点:①在商品交易中具有融资性。贷款商品交易在商品买卖关系中渗透着借贷的债权债务关系。②商品实现具有提前性。使商品需求者提前消费商品使用价值,或使商品供给者提前实现商品的价值。③商品交易过程具有延续性。贷款交易产生债权债务关系,延期付款中货币支付是延期的,预先付款中商品交付是延期的,全部交换过程要到债权债务关系了结才算最后完成。④商品交易具有信用连锁性。贷款交易市场使交易方式灵活多样,有利于搞活流通,促进消费;有利于解决供给和需求在时空上分离的矛盾,促进生产发展;有利于调节短期资金融通,提高资金使用效率;有利于促进银行信用的发展,更好地发挥信用的作用。

2. 期货市场

期货市场是期货合约买卖的市场。对冲是期货市场的基本制度,对冲的基础条件是期货合约的标准化和转让的任意性。期货包括商品期货、金融期货和期权期货。这里所说的期货是商品期货。期货交易是期货买卖时签订或达成的合约的交易。因为某种商品的合约价格同实际交割时的市场价格总是不一致的，看涨者愿买进或持有，看跌者愿卖出，于是形成标准化合约交易。期货市场有六大特点：①"见钱不见物"，有固定的交易程序和交易规范。②对交易人员和上市商品有严格规定。交易人员是法人会员。上市的商品质地具有稳定性，容易分出等级，商品量多、价值大、交易频繁，商品价格具有波动性。③期货市场信息通达，交易集中，价格公开，买卖公平。④具有到期接受期货的义务性。⑤具有远期性，成交的只是期货合约，只有到交割完毕，交易才算结束。⑥具有投机性。期货合约在实际交割前可反复买卖，容易产生买空卖空的投机行为。

期货市场主体是套期保值者、期货投机者和经纪商，客体是规范的标准化的期货合约；交易在固定场所内进行，必须向交易中心支付一定量的保证金；交易期限在3个月以上、18个月以内。现代期货市场具有四大功能：①发现价格的功能。形成和发现价格，提供交易基准价格。因为期货市场的价格具有竞争性、公开性、客观性和预期性，具有连贯性和统一性。②回避价格波动带来的商业风险的功能。因为期货市场套期保值（买进或卖出）同现货市场交易的数量相当，但方向相反的期货合约，以期在未来某一时间内通过卖出或买进期货合约而补偿因现货市场价格变动所带来的实际价格风险。③提供经济的先行指标，调节供求，减缓价格波动。④合理利用闲散资金，有效利用投机资本。其中，规避风险和发现价格是期货市场两个最重要最基本的功能。中国期货市场发展迅速，著名的期货市场有郑州商品交易所、上海金属交易所、大连商品交易所等。

（三）按交易的空间范围，可将市场划分为地方市场、区域市场、国内统一市场和世界市场

1. 地方市场

地方市场是局部地区范围的市场，是初等市场规模在空间上的表现形式，是商品交换的场所，是交换关系在微观层次上的集合。在我国，地方市场一般指城镇市场和地县市场。地方市场有行政性地方市场和经济性地方市场两种。行政性地方市场是"地方保护主义"的产物，形成的依据是地方行政权力，追求的目的是地方短期利益最大化，市场运行具有地方垄断性，由此可能造成效益低下，资源浪费。经济性地方市场是由地理位置和生产消费的特点及经济发展水平决定的。应大力发展经济性地方市场，打击和限制地方保护主义的行政性地方市场。

2. 区域市场

区域市场有国内区域市场和国际区域市场两种。国内区域市场是几个省、市之间的市场，如长株潭大市场。国际区域市场是几个国家之间的市场，如欧洲大市场。区域市场是区域经济的重要组成部分，区域市场是建立在区域生产分工协作基础之上的，区域内分工的发展推动了区域专业化的产生和发展。区域市场是专业化区域之间相互依赖关系的总

和，是由多个地理上毗邻的地方市场构成的，是全国统一市场或世界市场的基础和有机组成部分。

3. 国内统一市场

国内统一市场是以全国为空间范围的市场。就我国而言，全国统一市场一是以大陆为范围的商品交换场所和交换关系的总和，二是以大陆和港澳台地区构成的特殊的全国性市场。全国统一市场的形成和发展是商品经济、市场经济发展的要求和结果，也是商品经济、市场经济发展的基本条件。全国统一市场的形成和发展必须具备三个条件：一是政治上打破地方割据和地方封锁，全国在政治上统一。二是全国形成专业化分工协作体系，生产专业化和社会化高度发展，形成有特色和市场竞争力的产业和产品。如果存在众多的自给自足的自然经济，国内统一市场难以形成。三是有发达的交通运输网和先进的通讯网，形成发达的物流和信息流。

全国统一市场的形成和发展有三种不同的路径：①直接发展国内统一市场。但由于我国客观上存在东、中、西、东北四大经济发展地带，相互之间生产力水平差异很大，加之城乡二元经济的存在，单靠直接发展国内市场来形成和发展全国统一市场有一定困难，速度会较慢，过程会较长。②通过发展区域市场来促进国内统一市场的形成和发展。这种思路在理论上没有问题，因为区域市场是全国统一市场的基础。现在的问题是存在有形和无形的地方利益驱动下的区域分割、市场地方保护主义。③通过同时发展区域市场和全国性专业市场来促进全国统一市场的形成和发展。一方面，全国统一市场由区域市场构成，统一市场的形成和发展要由若干有实力的中心区域市场来推动。另一方面，全国性专业市场是中央市场的初步形式，是国内统一市场的生长点。因此，要通过着力发展中心区域市场和全国性专业市场，来促进和加强全国统一市场的形成。

4. 世界市场

世界市场又称国际市场。广义世界市场是商品、劳动力、资本等跨国流动的市场，包括狭义世界市场、国际服务市场和国际金融市场。狭义世界市场是各国之间商品交换关系的总和。世界市场是国内市场的扩大和延伸。世界市场是国际分工的表现，国际分工是世界市场的基础。国际分工的发展决定世界市场的发展，世界市场的发展又反过来促进国际分工的发展。上述世界市场是抽象的世界市场，与此对应的是各种具体的世界市场，是具体进行商品买卖的场所、组织和机构，它们位于一国之内，既是各国的国内市场，又是世界市场。世界市场的主体是不同国家和地区的进口商、出口商和中间商，是进行国际贸易的具体承担者。世界市场的客体是各种有形商品和无形商品。

世界市场销售渠道有固定销售渠道和非固定销售渠道两种。固定销售渠道有商品交易所、国际商品拍卖中心、博览会和展览会等。非固定销售渠道有单纯商品购销和结合型商品购销两类。单纯商品购销是交易双方不通过固定市场进行的单纯商品的买卖，它是世界上最普遍最基本的购销形式。结合型国际购销形式指补偿贸易、加工贸易和租赁贸易等。

世界市场与国内市场的区别：①世界市场的范围比国内市场大。世界市场交换的是各国之间的商品，国内市场交换的主要是一国之内的商品。②交换的价值不同。在国内市场上，商品是按国民价值交换的。在世界市场上，商品是按国际价值交换的。③交换的自由度不同。国内市场商品交换的自由度比国际市场大。因为虽然贸易自由化发展迅速，但贸易保护主义仍然存在，世界市场往往被发达国家操纵和控制。④市场的基础不同。国内市场的基础是社会分工；国际市场的基础是国际分工，是各国生产和出售自己有比较优势的产品。⑤环节不同。一国的出口以国内的购买为前提，一国的进口以国内市场再售卖为补充。

第二节　现代市场机制体系

市场是市场机制起作用的场所，市场机制是市场起作用的内在机理。市场门类体系是市场机制体系发挥作用的必要条件。前一节主要分析了市场门类体系这个市场机制起作用的必要条件，这一节分析各类市场起作用的内在机理，分析市场机制体系。

一、市场机制的含义和类型

市场机制是指市场经济在运行过程中形成的以价格、供求和竞争之间的互动关系为基础的经济运行和调节的机理。市场在资源配置中起基础性作用，就是市场机制在资源配置中起基础性作用。"机制"一词原意是指机器运转过程中零部件之间的相互联结关系及运转方式，后来被经济学用来说明经济运行，称为经济运行机制。市场机制可分为一般市场机制和具体市场机制两类。一般市场机制是在任何市场经济中都存在并发生作用的机制，主要包括价格机制、供求机制、竞争机制、风险机制和创新激励机制。具体市场机制是各类市场特有的机制，包括劳动力市场的工资机制、金融市场的利率机制、外汇市场的汇率机制。一般市场机制在整个市场机制体系中起主要的决定性作用，所以分析市场机制，主要应分析价格机制、供求机制、竞争机制、风险机制和创新激励机制。

（一）价格机制

价格机制是价格形成、运行过程和作用体系。价格机制不同于价格。价格是静态概念；价格机制是动态概念，是社会经济运行机制的反映，是价格作用的实现方式。价格机制是市场机制中最基础的机制，是市场机制的核心机制，是基本机制。

价格机制包括四个层次的内容。一是价格形成机制。它是指价格形成的方式和具体条件，包括价格形成主体、价格形成的具体方式、价格形成的决定性因素。价格形成机制的客观要求是，价格通过市场竞争在供求关系作用下形成，由市场竞争和市场供求决定。价格形成机制实际上是商品生产者之间的竞争过程，是商品交换关系背后的力量对比，是

"一种买者和卖者决定价格并交换物品、劳务或资产的机制"①。要完善价格形成机制。二是价格运行机制。它是指价格与供求相互作用过程及均衡的趋势。三是价格调节机制。它是一种利益调节机制，也是一种分配调节机制和动力调节机制。价格变动是利益的变动，利益是动力。价格还是一种信息调节机制，价格反映供求及社会必要劳动耗费等重要信息。价格调节机制还是一种自动平衡机制，它调节资源配置，调节供求，调节价格，使总供给和总需求走向均衡。四是价格层次机制。价格机制在运行过程中自身呈现纵横两个层次。价格机制的横向层次是不同商品价格之间的横向联系与对比，形成商品的比价体系；价格机制的纵向层次是商品流通不同环节、不同地区、不同季节和质量形成的同种商品的不同价格之间的联系和对比，形成商品的差价体系。价格机制主要是价格形成机制和价格调节机制。

价格机制具有四个重要特性：①综合反映性。因为价格的形成受商品价值、供求和货币价值等多种因素的影响。②系列衔接性。这是由社会再生产过程和国民经济各部门之间的统一性决定的。系列衔接性又使价格变动具有连锁反应性，特别是基础价格的连锁反应性更强。③利益消长性。这是由价格的分配功能决定的。④市场依存性。价格同市场联系在一起，没有市场就没有价格。

价格机制的功能。基本功能是解决生产什么、生产多少、如何生产、为谁生产这个人类社会的基本问题。具体有四大功能：①资源配置功能。市场配置资源就是市场价格机制配置资源。价格是调节资源配置的信号，生产什么和生产多少"取决于消费者在每天购买决策中的货币选票"②。②动力功能。价格机制是一种利益竞争机制，是生产者之间的竞争的手段，"如何生产取决于不同生产者之间的竞争"③。它能促进生产者改进技术，加强管理，提高劳动生产率，促进社会生产力的发展。③引导和调节分配和消费的功能。"为谁生产主要取决于生产要素市场上的供给与需求"④。价格是消费者调节需求方向和规模的信号，也是调节消费结构和消费水平的信号。④宏观调控功能。价格既是政府宏观调控的信号，也是政府宏观调控的手段。政府正确运用市场价格机制，可促进社会物质利益合理分配，促进社会经济稳定发展。

（二）供求机制

供求机制是同价格机制和竞争机制紧密相连、共同发挥作用的机制，是协调供求关系矛盾运动的机制。供给"是处在市场上的产品，或者能提供给市场的产品"⑤。供给量受资

---

① ［美］萨缪尔森等：《经济学》第 19 版上册，商务印书馆 2012 年版，第 34 页。

② ［美］萨缪尔森等：《经济学》第 19 版上册，商务印书馆 2012 年版，第 36 页。

③ ［美］萨缪尔森等：《经济学》第 19 版上册，商务印书馆 2012 年版，第 37 页。

④ ［美］萨缪尔森等：《经济学》第 19 版上册，商务印书馆 2012 年版，第 37 页。

⑤ ［德］马克思：《资本论》第 3 卷，人民出版社 2004 年版，第 207 页。

源稀缺约束具有有限性，同时受成本和收益关系的约束具有变动性。决定和影响供给的因素有：①产品价格的高低。供给量同产品价格变动成正比，这是一般情况。特殊情况有两种，一种是不管价格如何变化，供给是固定的，如土地和文物的供给；另一种是随劳动力价格达到一定的高度，劳动力供给反而会减少。②生产成本的大小。在其他条件不变的情况下，供给与生产成本成反比。③生产技术水平的高低、生产规模大小、生产时间长短、相关产品价格高低和生产者对未来的预期等，都是决定和影响供给的重要因素。供给具有弹性。供给弹性是供给量对价格变动的反映程度。供给弹性的大小取决于生产的难易程度、生产规模的大小和生产周期的长短等。供给弹性具有时滞性。

　　需求是一定时期在一定价格水平下买者愿意购买并且能够购买的数量，或者说"是人们想以该价格购买该产品的数量"①。需求有消费需求、投资需求和出口需求。决定和影响需求的因素有：①商品价格。需求同价格反向变动，这是一般情况。特殊情况是人们对炫耀性商品和证券商品是"买涨不买落"的，即价格上升，需求量反而增加。②互补商品和替代商品需求。③人口数量和人口结构。④收入水平及对未来的预期。需求弹性是需求量变动对价格变动的反映程度。用价格调控供求，必须研究和掌握供求弹性理论。

　　供求关系有供求均衡和供求失衡两种情况。供求失衡包括供过于求、价格低于价值的买方经济，供不应求、价格高于价值的卖方经济。供求均衡是供给和需求作用相互抵消、商品按价值出售的均衡经济。因此，供求影响和调节市场价格，价格又影响和调节供求。供求关系一方面说明价格同价值的偏离，另一方面又说明抵消这种偏离的趋势，也就是抵消供求关系影响的趋势。因此，价值规律告诉我们长期价格水平，供求规律告诉我们价格波动。通过价格和供求波动，使供求均衡，使价格和价值趋于一致，这就是供求机制的基本功能。

　　供求机制具有重要作用。一方面价格机制和竞争机制的作用离不开供求机制，另一方面供求机制自动调节生产和消费。供过于求引起价格下降，价格下降使生产减少和消费增加，生产减少和消费增长超过一定限度形成供不应求，从而引起价格上升，使生产扩大、消费收缩，达到一定限度形成供过于求。供求机制起作用需要一定的条件。第一，供求关系必须灵活多变，供求背离的时间不宜过长、方向不应固定、程度不要太高、强度不能太大。第二，有提高有效供给的技术产业政策。第三，有扩大有效需求的有效措施。

　　（三）竞争机制

　　竞争是商品经济和市场经济的必然产物和基本特征。只要有商品经济和市场经济，就必然存在竞争。商品经济和市场经济是竞争经济。竞争有四个标志性条件：①存在一个市场；②有两个以上的生产者或消费者；③竞争的参与者之间的利益既相互矛盾、相互制约，又相互统一、相互促进；④竞争的结果是优胜劣汰或双赢。竞争具有博弈性和动态性。竞

---

①　［挪威］A. J. 伊萨克森等：《理解市场经济》，商务印书馆 1996 年版，第 19 页。

争者对竞争结果难以准确预测和完全把握。竞争过程也是学习和发展的过程。竞争的本质是竞争者之间的社会经济关系即物质利益关系。竞争还具有权威性和强制性，是市场经济的基本制度。竞争还具有风险性和残酷性，利己性和排他性。

从市场主体看，市场竞争有三种类型。一是供给者之间的竞争。同一种商品有许多不同的生产者，谁以最便宜的价格出售同一质量的商品，谁就会战胜其他供给者，从而保证自己的产品有最大的销路。"于是，各个卖者彼此间就进行争夺销路、争夺市场的斗争"①，"这种竞争降低他们所供应的商品的价格"②，更重要的是供给者之间还存在开发新产品的竞争、产品升级换代的竞争和追求超额利润的竞争，这些竞争同样具有降低商品价格的作用。二是需求者之间的竞争。当市场上某种商品供不应求时，就会出现需求者之间抢购商品的竞争，"这种竞争反过来提高所供应的商品的价格"③。消费者之间还有攀比性消费竞争和炫耀性消费竞争，这些竞争也会提高商品的价格。三是供给者和需求者之间的竞争。供给者想卖得多卖得贵，消费者想买得多买得便宜。结果"要以上述竞争双方的情况如何来决定"④。这三种竞争同时并存，互相影响。

根据竞争的范围，市场竞争可分为部门内部的竞争和部门之间的竞争，国家内部的竞争和国家之间的竞争。同一部门的不同生产者之间竞争使商品个别价值形成市场价值，生产者和消费者之间的竞争即供求关系制约市场价格偏离市场价值的程度及抵消这种偏离的趋势，同时促使各个生产者改进生产技术，提高劳动生产率，个别价值低于市场价值者具有竞争优势，按市场价值出售获取最大利润，战胜对手。可见，部门内部竞争主要是生产技术和产品价格方面的竞争。部门之间的竞争是部门内部竞争的延伸。部门之间竞争的前提是不同部门资本的利润率不同，而等量资本要获得等量利润，竞争的过程是资本在部门之间自由转移，使部门之间生产发生变动，从而使供求发生变化，并使价格发生变动，最后形成利润平均化；部门之间的竞争使价值转化为生产价格。部门内部竞争和部门之间竞争也是对超额利润的竞争，这种竞争极大地促进了社会生产力的发展。价值规律作为竞争的强制规律，迫使它的竞争者采用新的生产方式。国家内部的竞争即国内竞争，是一国内部各企业之间、各产业之间的相互竞争。国内企业或产业的竞争优势取决于"五种竞争力架构"，"它们分别是客户的议价实力、供应商的议价力量、新进入者的威胁、替代性产品的威胁，以及竞争的激烈程度"⑤。国家之间的竞争即国际竞争，国家之间的竞争优势的发展有四个阶段，"它们分别是生产要素导向阶段、投资导向阶段、创新导向阶段和富裕导向

① 《马克思恩格斯选集》第1卷，人民出版社2012年版，第334页。
② 《马克思恩格斯选集》第1卷，人民出版社2012年版，第334页。
③ 《马克思恩格斯选集》第1卷，人民出版社2012年版，第334页。
④ 《马克思恩格斯选集》第1卷，人民出版社2012年版，第334页。
⑤ ［美］迈克尔·波特：《竞争论》，中信出版社2003年版，第8页。

阶段"①。

　　根据竞争的程度，竞争还可分为完全竞争、垄断竞争、寡头竞争和完全垄断。完全竞争又叫纯粹竞争，是一种不受任何干扰和阻碍的市场结构。实现完全竞争的条件包括：①市场上有大量的买者和卖者，他们只是市场价格的接受者，而不是市场价格的决定者。②同种产品没有差别，即产品同质化，厂商不能通过产品差别来形成垄断和控制价格。③资源完全自由流动，不存在进入市场的障碍。④市场信息是完全的和畅通的。完全竞争市场可充分发挥"看不见的手"的作用，实现资源最优配置，但完全竞争市场在实际中是不存在的，只是一种抽象的理论分析。

　　垄断竞争是既有垄断又有竞争的市场结构。垄断竞争市场的存在有两个条件：一是有产品差别，二是有数量较多的厂商。垄断竞争市场是一种普遍现象，其典型是轻工业的市场。它有利于鼓励创新。尽管垄断竞争市场的平均成本和价格比完全竞争市场高，但价格低于完全垄断市场，产量大于完全垄断市场，消费者可得到有差别的产品。

　　寡头垄断市场指少数几家厂商垄断了某一行业的市场。在钢铁、汽车、造船这些重工业中寡头垄断市场较普遍。寡头垄断市场存在的条件是：①存在大规模经济，有些产业只有在大规模生产时才能获得好的经济效益。②初始投资巨大，造成了竞争的困难。③产品专利权等对寡头垄断市场的形成起很大作用。寡头垄断市场有两个明显的经济优点：①可以实现规模经济，从而降低成本，提高经济效益。②有利于促进科学技术进步。但寡头之间往往相互勾结抬高价格，损害消费者利益。

　　完全垄断市场是一家厂商控制了某种产品市场。"只此一家，别无分店"是完全垄断的真实写照。形成完全垄断的条件是：①政府对公用事业的完全垄断；②政府特许私人完全垄断；③对特殊自然资源的完全垄断。完全垄断的市场是一种极端情况，它造成资源浪费、社会福利损失，也加剧分配不平等，阻碍技术进步。当然，政府对公用事业的完全垄断给社会带来好处，完全垄断也可能促进技术进步。

　　竞争机制具有重要功能。其一，具有实现资源有效配置的功能。供求通过市场竞争形成市场价格，市场价格由于竞争反过来影响供求，资源才能得到合理配置。其二，具有动力功能和创新功能。创新是保持竞争优势的需要。只有保持竞争优势才能战胜对方。动力功能和创新功能具体表现为提高经济效率和推动技术进步，即推动发展的功能。竞争是推动生产力发展的强大动力。其三，具有分配与监督的功能。通过竞争实现按效率进行初次分配，竞争的分配功能客观上对竞争参与者形成了监督。竞争的这种分配和监督功能又是实现资源合理配置的有效保证。其四，具有保证价格机制、供求机制充分发挥作用的功能。没有竞争机制，其他机制的功能就难以发挥作用。其五，具有培植进取精神、大胆首

---

① ［美］迈克尔·波特：《国家竞争优势》下册，中信出版社2012年版，第65页。

创精神、坚忍不拔精神的功能。

竞争机制发挥作用的条件是：①完备的竞争规则，有效的制度。要有一个完备的法律制度，一个有效的货币制度，一个能促进和保护竞争的政策。②良好的竞争环境。有一个完备的市场体系和合理的市场结构。有必要的信息传播手段和资本、人才、货物流动的条件，保证企业进出市场的自由。③正当的竞争手段。保护竞争，防止垄断。要加紧反垄断立法，认真严肃执法。④规范的竞争主体。使企业真正成为自主经营、自负盈亏、自我发展、自我约束的市场主体和法人实体，在竞争中能获取相应的经济利益。

（四）风险机制

风险机制是盈利、亏损和破产都有可能性的一个基础机制。风险是将来可能发生但通过保险和预见能加以排除的事件。在经济活动中，很大一部分决策是为将来作出的，由于决策者对未来认识不完全，因而面临赢利和亏损的风险。风险不同于不确定性。风险具有客观性，决策者可通过精确的预期和保险加以避免。不确定性是不能精确预见和加以保险的事件。风险"可量度"，不确定性"不可量度"①。风险用标准差来衡量，标准差越大则风险越大。风险以获得利益为动力和破产为压力作用于企业，迫使企业努力改进生产技术，加强管理。

风险机制主要指经济风险机制。经济风险机制由三个要素构成。一是风险成本。风险成本是投入冒险的成本。任何经济风险都有风险成本。没有风险成本的经济风险是不存在的。二是风险选择。风险选择是指人们所选择的经济行为在目标、手段和行为方式上存在风险威胁。在实际经济活动中，人们往往选择经济风险小的经济活动。但风险的大小同收益大小成正比，因此，为了获得更大的利益，必须选择风险大的经济活动。三是风险障碍。风险障碍是指人们作出风险选择时以某种形式给人们的社会经济利益造成威胁和伤害的因素。风险选择必然有风险障碍。

市场风险主要来自市场竞争。市场风险的大小，主要取决于三个因素：①市场竞争规模。市场竞争规模大小决定市场竞争风险的大小。竞争规模越大，风险越大。②市场竞争的激烈程度。市场竞争越激烈，市场竞争风险越大。③市场竞争方式。市场竞争方式即市场竞争双方采取的手段和策略。正当合理竞争可减少或避免风险，不正当竞争可能两败俱伤。

风险机制起作用的条件，一是企业承担投资风险和经营风险，二是实行破产制度。破产制度是风险机制的最高作用形式，因而是风险机制运行最关键的条件。破产同不确定性有关。破产的正效应是使亏损企业停止生产，将这些企业使用的资源释放出来，投入到效率高的生产中去；同时，破产对人们具有教育作用，它迫使市场主体相互监督，从而提高整个经济

---

① ［美］弗兰克.H.奈特：《风险、不确定性与利润》，商务印书馆 2010 年版，第 19 页。

体系利用资源的效率。负效应是使一些劳动者失业，使债权人只能收回部分款项。

（五）创新激励机制

创新是人类社会的普遍现象，是人们能动地进行的能产生有价值的成果的首创性活动。从经济学来看，创新是建立一种新的生产函数，是企业家对生产要素的新组合，是创新成果在商业上的首次运用。创新的依据是，新事物必然要代替旧事物，新陈代谢是宇宙间不可抗拒的客观规律。创新根源于现实和需要的矛盾，现实和可能的矛盾。"创新是一个民族进步的灵魂，是一个国家兴旺发达的不竭动力，也是一个政党永葆生机的源泉。"[①]"是提高社会生产力和综合国力的战略支撑。"[②]创新包括理论创新、制度创新、科技创新、文化创新和其他创新。要通过理论创新推动制度创新、科技创新、文化创新和其他创新。创新要解放思想，实事求是，与时俱进。实践没有止境，创新也没有止境。我们要突破前人，后人也必然会突破我们。这是社会前进的必然规律。

激励是创新的重要动力机制。从内容看，激励分为物质激励和精神激励。从主体看，激励可分为自我激励、单位激励、国家激励、社会激励和国际激励。自我激励是自己激励自己。单位激励是创新者所在单位给予的物质和精神激励。国家激励是以国家奖励的名义给创新者以奖励和表彰，如颁发自然科学奖或"五个一"工程奖等。社会激励是社会各界对创新者的奖励。国际激励是国际机构给予创新者的奖励。

创新激励机制有四种类型。一是产权激励。即用创新成果的所有权关系来推动创新活动，如专利制度等。二是市场激励。市场竞争是大鱼吃小鱼，是优胜劣汰，市场用利润和风险给市场竞争者以内在动力和外在压力，只有不断创新才能在激烈的市场竞争中取胜。三是企业激励。企业内部不断进行技术进步和技术创新，企业就不断发展壮大，反之就会衰败没落。四是政府激励。创新有很高的外部经济效应，创新的社会收益大于个人收益，政府往往是通过制定和实施激励创新的政策来激励创新。

目前我国激励机制还不健全，主要表现在缺少科学合理的评价标准，缺少严格的规章制度，评审存在"学术腐败"现象，难以客观公正。要完善创新评价标准、激励机制、转化机制，健全各种奖励和表彰制度，形成创新光荣的舆论氛围和环境，不断推进创新。

二、市场机制的功能

发展社会主义市场经济，必须充分发挥市场机制的功能，使市场机制在资源配置中起基础性作用。市场的功能就是市场机制的功能。市场机制主要有八大功能。

一是形成市场价格的功能。商品价值是在生产过程中形成的，通过流通实现的。在生

---

① 《中国共产党第十六次全国代表大会文件汇编》，人民出版社 2002 年版，第 12 页。

② 《中国共产党第十八次全国代表大会文件汇编》，人民出版社 2012 年版，第 20 页。

产过程中形成的价值，要在市场上通过供求机制和竞争机制的作用，使价值转化为市场价格，最终形成市场价格。

二是优化资源配置的功能。市场是以市场价格为信号来配置资源的。市场价格是市场主体配置资源的基本依据。市场价格也是资源配置状况的尺度。市场价格通过不断变动实现资源配置的变动，使资源配置提高效率，实现资源优化配置。

三是调节功能。市场机制具有调节生产、交换、分配和消费的功能。市场通过价格信号、供求和竞争的相互作用，调节生产的扩大和收缩，调节物流的规模、速度和方向，调节收入分配和再分配，调节消费结构和消费水平。市场调节实质上是一种利益调节，通过利益的增减来驱动市场主体对市场价格信号的变动作出及时而又灵活的反应。

四是经济联系功能。市场是各种市场主体之间经济联系的场所和载体。市场主体通过市场发生经济联系，从事各种经济活动，实现生产、交换、分配和消费的联结，实现国内外经济活动的联结。没有市场，经济联系就会中断，就没有商品经济和市场经济。市场机制越发达，经济联系越广泛，经济就越发达。

五是信息传递功能。市场是各种经济信息传递和反馈的场所。市场信息是市场主体调节经济活动的信号，又是市场主体经济活动的反映。例如，市场价格信息是市场供求的反映或表现，是基本的市场信息。人们根据市场价格的涨落来调整自己的生产、交换和消费。政府宏观调控是根据市场价格信号作出的，是通过影响市场价格信号来进行的。当然，市场价格信号只是一个供求变动的方向性信号。例如，价格上涨，表示供不应求，应扩大生产增加供给，但到底供求缺口具体是多大，生产应扩大多少数量，市场价格信号解决不了。

六是实现经济利益的功能。在市场经济中，商品生产者和经营者都是从自身经济利益出发从事生产经营活动的。但商品生产经营者个人的经济利益是通过市场实现的。市场主体获得经济利益的多寡，不仅取决于生产，也取决于市场。不管生产什么，生产多少，都要通过市场来实现。商品的使用价值和价值是通过市场实现的，社会总产品的补偿也是通过市场实现的。

七是评价经济效益的功能。市场经济中的各市场主体从事经济活动的效果如何，不取决于市场主体本身的主观评价，而取决于市场的客观评价。市场是天生的平等派。只有经过市场的检验，才能证明产品是否为社会所需要，是否真有效益。因此，市场是各种社会经济活动的客观评价者。

八是优胜劣汰或共赢功能。市场机制作用的结果，可使个别价值低于社会价值的商品生产者获得超额利润，从而在竞争中处于优势地位，形成更大发展的内在冲动；又会使生产的商品个别价值大于社会价值的商品生产者产生亏损甚至破产，在竞争中处于劣势，形成被淘汰的压力，从而在整个社会产生优胜劣汰效应，推动社会经济的发展和水平提高。

市场机制也是一种合作机制，它具有双赢或共赢功能。

市场机制的八大功能，为所有市场机制所共有。但现代市场经济中，市场机制功能同政府宏观调控是结合在一起的。政府对市场机制功能的宏观调控，具体表现在两个方面，一是政府运用宏观调控手段对市场机制的功能进行引导和调节，二是政府运用计划等手段配置某些关系国计民生和国家安全的重要资源，以弥补市场机制功能的不足。

第三节　健全现代市场体系

一、发展和完善生产要素市场

我国商品市场较为发达，这为要素市场的发展奠定了基础，也迫切要求发展要素市场，以加快发展和完善现代市场体系。因此，党的十六大报告提出了健全现代市场体系重点发展要素市场的思路，要求"推进资本市场的改革开放和稳定发展。发展产权、土地、劳动力和技术等市场。创造各类市场主体平等使用生产要素的环境"①。党的十七大报告还提出了健全现代市场体系重点完善价格形成机制，规范发展行业协会和市场中介组织，健全社会信用体系的思路。② 党的十八大报告提出"健全现代市场体系"③。

（一）推进资本市场的改革开放和稳定发展

在我国现阶段，资本在大多数生产领域仍然是最稀缺的生产要素，发展资本市场是建立健全要素市场的核心内容，发展资本市场具有尤其重要的意义。改革开放以来，虽然我国的资本市场有显著发展，上市公司和投资者数量不断增加，但从总体上来看，我国资本市场仍以银行间接融资为主，直接融资的比例偏低；资本市场不规范、不成熟，资本市场层次少，投资品种不足。因此，要大力推进资本市场的改革和发展。①提高直接融资比例。我国是一个高储蓄率国家，居民储蓄存款2011年底已达35万亿元，直接融资有巨大的发展空间。同时，直接融资和间接融资比例合理化，是降低金融风险、提高金融效率、合理配置资本资源的必然要求。②规范和发展资本市场。通过减少行政干预，加强金融监管，完善上市公司治理结构，提升会计准则，强化信息披露，大力发展机构投资者等多项措施，使资本市场规范和成熟起来，更好地为经济建设服务。③建立多层次的资本市场体系。一方面，要建立公司上市标准严格、信息披露和保护投资者要求严格、主要面向大中型公司的高层次的资本市场；另一方面，建立公司上市标准较宽、投资者自担风险程度较

①《中国共产党第十六次全国代表大会文件汇编》，人民出版社2002年版，第26页。
②《中国共产党第十七次全国代表大会文件汇编》，人民出版社2007年版，第25页。
③《中国共产党第十八次全国代表大会文件汇编》，人民出版社2012年版，第19页。

高、面向中小公司的较低层次的资本市场。④资本市场还应有多样化的融资工具和投资工具，逐步形成多层次(主板、二板、三板)、多产品(股票、债券、金融期货)的资本市场。

(二)发展产权、土地、劳动力和技术市场

产权市场能提供企业产权交易各类服务。产权市场的发展能活跃企业产权交易，丰富企业配置要素资源的方式，降低企业兼并和重组的成本，有利于发挥优胜劣汰机制的作用，优化存量资源配置，促进产业结构优化。我们要大力发展产权市场，推进企业特别是国企的兼并和重组。土地市场通过租金和土地价格信号，促进土地资源合理配置，有利于生产力合理布局和产业结构调整。我们要发展土地市场，改变引发腐败的土地行政批租的做法，采用公开招标、拍卖商业用地的市场办法。劳动力市场能促进劳动力合理流动，优化劳动力资源配置。工资是劳动力市场的主要价格信号，工资差异调节劳动力供求，促进人才合理流动。发展多层次劳动力市场有利于扩大劳动者的择业范围和扩大就业。我们要大力发展劳动力市场，逐步取消对农村劳动力流动的种种歧视。技术市场是技术交易的场所，技术市场能发现技术价格和实现技术价值。发展技术市场能加快技术推广，加速技术成果的产业化进程，加速特定技术与其他生产要素相结合的步伐而尽快形成生产能力。

(三)创造各类市场主体平等使用生产要素的环境

要使市场在资源配置中起基础性作用，就要创造各类市场主体平等使用生产要素的环境。我们在制定生产要素流动的政策和法律时，不仅要考虑国有经济的市场主体，同时要考虑平等对待非公有制经济的各类市场主体，要逐步取消对各类市场主体的差别待遇。要清除阻碍市场优化资源配置的各种障碍，特别要坚决清除各种政策性障碍，弥补公共服务的不足。为此，必须转变政府职能，减少不合理的行政干预和行政审批。

二、完善市场形成的价格机制

党的十七大报告提出要完善生产要素和资源价格形成机制。首先，要建立市场形成价格为主的价格形成机制。市场价格形成机制，就是由生产要素和资源的市场供求关系形成要素价格和资源价格的机制，就是在市场形成价格的基础上理顺比价关系和差价关系。不同要素和资源价格之间的横向联系与对比，形成要素比价和资源比价体系。不同流通环节、不同地区、不同季节、不同质量的同种要素和资源不同价格之间的联系与对比，形成要素差价和资源差价体系。其次，主要是"完善生产要素价格形成机制"。现在不少生产要素特别是资源价格偏低，导致资源消耗大，环境污染严重。要转变经济发展方式，建设资源节约型和环境友好型社会，必须使资源价格反映环境成本。最后是必须实行市场形成价格为主的价格管理制度。大多数商品由市场定价，极少数商品、公益性事业和劳务由政府定价。例如，学费是政府定价。市场形成价格，并不意味着政府对市场价格撒手不管，政府必须在对市场价格进行有效的宏观管理的同时，还要时对市场价格进行必要的微观规制。

三、规范市场秩序

(一) 市场秩序

市场机制是在一定的市场秩序中运行的，市场秩序是市场机制起作用的根本条件。

市场秩序既是指市场运行的有序状况，又是指市场运行中必须遵循的各种"游戏规则"的总称。市场规则是保证市场有序的根本条件。没有规则市场运行就会无序，市场无序就会妨碍市场机制发挥作用，甚至会破坏市场经济的正常运行。市场秩序主要包括市场主体秩序和市场交易秩序。市场运行是由市场主体来进行和推动的。市场主体主要是具有独立法人资格的企业，企业之间的商品交换行为构成市场运行。我国市场运行存在无序现象的一个重要原因，是市场主体及其行为缺乏法制规范，如非市场主体能进入市场。同时，市场交易秩序不规范，无论是商品市场还是要素市场，都存在一些不规范现象和违规、违法行为。突出的表现是存在假冒伪劣商品、商标侵权、虚假广告等各种形式的欺诈现象，存在"信用缺失"的各种问题，存在消费安全问题和交易回扣问题等。

健全统一、开放、竞争、有序的现代市场体系，必须"整顿和规范市场经济秩序"[①]。首先要搞好市场秩序建设规划。其次要加强市场主体的法规建设，使所有市场主体有法可依，用完善的法律规范市场主体的市场行为。再次，要加强市场交易秩序的法规建设，保证平等竞争，公平交易，保护生产经营者和消费者的合法权益。最后要加强市场管理，规范和完善市场监督。

(二) 完善市场规则

市场规则是国家依据市场运行规律的要求，为保证市场有序运行而制定的所有市场主体必须遵守的规章制度。它实质上是以法律、法规、契约、公约等形式规定下来的用以约束和规范市场主体的市场行为的市场运行准则，使市场行为有序化、规范化和制度化。市场规则主要包括市场进出规则、市场竞争规则、市场交易规则和市场仲裁规则等。

1. 市场进出规则

市场进出规则是指市场主体和市场客体进入或退出市场的法律规范和行为准则。哪些市场主体和市场客体可进入或退出市场，都必须明确规定。凡是符合市场进入规则的市场主体和客体，都可自由进入市场；凡是违反市场进入规则的市场主体和市场客体，都不允许进入市场。凡是符合市场退出规则的市场主体及市场客体，都必须使其退出市场；凡是不符合市场退出规则的市场主体和市场客体，则不应让其退出市场。市场进出规则具有规范市场主体的四个作用：①规范市场主体进入市场的资格；②规范市场主体的经营规模与范围；③规范市场主体退出市场的行为；④规范市场主体的责任和义务。市场进出规则对

---

① 《中国共产党第十六次全国代表大会文件汇编》，人民出版社2002年版，第26页。

市场客体的规定有：商品必须名实相符，任何假冒商品不得进入市场；商品质量必须符合要求，劣质商品不得进入市场；商品的效用要符合消费者利益，损害消费者利益的商品不得进入市场；商品价格、计量和包装等必须符合要求，价格未标明或标错、短斤少两、包装破损的商品不得进入市场。

2. 市场竞争规则

市场竞争规则是指国家依法确立的维护各市场主体之间的公平交易、平等竞争的规则。它是规范市场竞争行为和竞争活动的根本准则，具有迫使市场主体执行的强制性。市场竞争规则要充分体现和反映竞争者地位平等、机会均等的要求。这主要是指：①各市场主体按市场价格取得生产要素的机会均等；②各市场主体进入市场的机会均等；③各市场主体税负公平；④各市场主体在就业和经营方面的机会均等。市场竞争规则的根本任务和目标在于消除各种特权和垄断，把各种特权从市场上排挤出去，打破人为垄断，使所有市场主体站在同一条起跑线上进行公平竞争，保证市场机制充分发挥作用。

3. 市场交易规则

市场交易规则是市场主体进行市场经营活动的准则与规定，是维护市场交易秩序的基本准则。市场交易规则的基本职能是规范市场交易方式和市场交易行为，它主要包括：①禁止强买强卖，禁止囤积居奇和哄抬物价。②公开交易，明码实价，禁止黑市交易。③实行等价交换和交易货币化。④市场交易规则化，包括交易场所、计量器具、交易方式等都要按规则进行。

4. 市场仲裁规则

市场仲裁规则是对各市场主体在市场交易中发生的矛盾和纠纷规范处理的规则。各市场主体进出市场，开展市场交易和市场竞争，会发生各种矛盾和纠纷，为了协调解决这种矛盾和纠纷，需要有市场仲裁规则。市场仲裁规则由市场仲裁机构根据公平原则来执行。要加强市场仲裁规则和市场仲裁机构建设。

（三）规范发展市场中介组织

为了市场有序运行，除了有完善和系统的市场规则外，还要有市场规则的执行者——市场组织。市场组织一般包括市场流通组织和市场管理组织。这里所说的市场组织主要指市场管理组织。市场管理组织是市场自身的管理和组织系统。它主要包括国家设置的专门从事市场活动管理的机构和各种类型的市场中介机构。国家设置的专门从事市场活动管理的机构有政府有关职能部门、政法系统的有关机构、监察系统的有关部门。随着我国市场化改革的推进，市场中介组织迅速发展。市场中介组织大致可为以下四类：①行业自律性中介机构。其组织形式是各类行业协会，主要从事行业内企业间的协调、信息交流、咨询、培训等专项服务。②带有部分行政职能的半官方性质的中介机构。它具有法人地位，职能是协调政府和企业的关系，并提供相应的服务。③从事经纪类业务的中介机构。主要是证券公司、期货经纪公司等具有经纪人性质的法人实体。④从事经济鉴证类业务的中介机构，如律师事务所、会计和审计事务所、资产评估和资信评估事务所等。这类机构提供的服务专业性强。市场中介组织在维护市场经济秩序方面发挥了重要作用，但还存在中介组织发展过滥、发展水平参差不齐的问题，存在一些市场中介组织擅自经营、扰乱市场和政企不分等问题。因此，要重视中介组织的建设，使市场中介组织健康发展。

（四）健全社会信用体系

社会信用体系是以诚实守信为基础的市场经济行为规范，是以信用交易为主流的市场经济内在机制，是现代市场经济健康有序发展的制度安排，是现代市场经济的基石。

从社会信用体系的内容看，社会信用体系可分为狭义社会信用体系和广义社会信用体系两类，狭义社会信用体系分为信用调查（征信）体系、信用评级体系和信用信息服务体系。广义的社会信用体系包括狭义社会信用体系、信用规范体系、信用中介体系和信用宣传教育体系。从社会信用主体看，社会信用体系是由个人信用、企业信用和政府信用组成的信用体系，从社会信用发生的领域看，社会信用体系是由公共信用、经济信用和伦理信用组成的信用体系。

当今世界的社会信用体系主要有三种模式。一种是以美国为代表的市场主导（私人征信）模式，另一种是以德国为代表的政府主导（政府和中央银行主导）模式，第三种是以日本为代表的会员制（行会协会）模式。各种模式各有优劣，分别适合不同的情况。

建立健全我国的社会信用体系具有重要意义。首先是发展社会主义现代市场经济的需要。因为市场经济是信用经济，健全的社会信用体系是市场经济健康有序运行的基本保证和重要基础。其次是完善社会主义市场经济体系的需要。社会信用体系是市场经济体制的一项基本制度，它同社会主义市场经济经济体制的其他制度，如产权制度、分配制度、宏观调控制度之间相互促进、相互制约，共同构成社会主义经济体制的基本框架，甚至是市场经济体制其他制度的基础。再次是经济全球化发展的必然要求。经济全球化就是信用的全球化，是以信用全球化为基础和保证的。最后是全面建成小康社会、社会主义道德文化建设的基本要求。

健全我国社会信用体系建设具有紧迫性、复杂性和长期性。首先是我国社会信用缺失，存在大量的失信现象，甚至出现了中介组织失信的严重的信用危机。其次是我国的信用体系不完善，主要是信用记录缺失，信用评估欠缺，信用信息数据库不完善，信用服务市场滞后。再次是信用法律法规体系不健全，缺乏必要的信用激励和惩戒，失信成本低。最后是社会信用宣传教育不到位，缺乏全面的协调的统一规划，缺乏连续性和持续性。

健全我国的社会信用体系，是党的十七大强调的重大任务。其实，早在党的十六大就提出要"健全现代市场经济的社会信用体系"的问题，党的十六届三中全会进一步提出，"建立健全社会信用体系，形成以道德为支持，产权为基础，法律为保障的社会信用制度，是建设现代市场体系的必要条件，也是规范市场经济秩序的治本之策"。国务院办公厅《关于社会信用体系建设的若干意见》认为，我国的社会信用体系建设要以法制为基础，信用制度为核心，以健全信贷、纳税、合同履约、产品质量的信用记录为重点，坚持"统筹兼顾、分类指导，政府推动、培育市场，完善法规、严格监督，有序开放，维护安全"的原则，建立全国范围信贷征信机构与社会征信机构并存、服务各具特色的征信机构体系，是最终形成体系完整、分工明确、运行高效、监管有力的社会信用体系的基本框架和运行机制。

我国的社会信用体系建设经过多年努力，取得了明显的进步，形成了上海模式、深圳模式、浙江模式和湖南模式等各具特色的社会信用建设模式。但我国社会信用体系建设基础弱、时间短、问题多，根本的问题是社会信用体系不健全。健全我国社会信用体系，首先，要建立和完善信用记录，加快联合征信制度建设，特别要加快信贷征信体系建设。其次，要健全法律法规的信用规范体系。道德伦理信用是社会信用的基础，健全社会信用体系首先要规范道德伦理信用，同时要健全法律法规这个社会信用体系的核心，强化对失信行为的惩戒。再次，要加强信用中介组织建设。提高信用中介组织定位的准确性和独立性，提高信用中介服务的市场化程度，大力消除中介组织自身存在的危害极大的失信问题。最后，要大力加强社会信用的宣传教育，要强化社会信用意识，形成"守信光荣，失信可耻"的观念，努力推进我国的社会信用体系建设。

思考题

1. 解释下列基本概念：
市场体系　生产要素市场　期货市场　市场机制　市场秩序
2. 简论商品市场和要素市场的关系。
3. 论价格形成机制的主要内容。
4. 如何加快发展和完善社会主义现代市场体系？
5. 如何健全社会信用体系？

阅读书目

1. ［英］亚当·斯密：《国民财富的性质和原因的研究》上卷，商务印书馆 1974 年版。
2. 《中国共产党第十七次全国代表大会文件汇编》，人民出版社 2007 年版。

第十三章　社会主义企业理论

在社会主义市场经济条件下，企业作为市场主体，既是社会经济活动的基本单位，又是国家宏观调控的微观基础。社会主义生产关系必须通过企业的经济活动得以实现，以生产关系作为研究对象的政治经济学，当然离不开对企业和企业制度的考察。现代企业制度是社会主义市场经济体制的重要内容或重要组成部分。本章从阐述企业的性质和特征入手，对现代企业制度、企业经营机制、企业家队伍建设等问题进行了研究。

第一节　企业的性质

一、企业的含义、特征与类型

（一）企业的含义

企业是一个历史范畴，它是人类社会经济发展到一定历史阶段的产物，是现代社会化大生产和商品经济发展的产物，是现代社会最常见最基本的社会经济组织。

企业是依法成立的，自主从事商品生产经营活动的，实行独立核算、自负盈亏，追求利润最大化，具有法人资格的能动的经济组织。

在社会主义条件下，社会生产依然建立在社会化大生产的基础上，市场经济依然是社会主义经济的内在属性。因此，作为社会经济活动基本单位的企业，同样是生产社会化和市场经济意义上的企业。

企业具有两重属性，既是生产力的组织形式，又体现了一定的社会生产关系。作为生产力的组织形式，企业是一种把土地、劳动、资本、管理等生产要素组织起来，从事生产、流通和经营性服务，以获取最大利润为目的的经济组织，这一点是所有企业的共性。从企业的共性看，无论是社会主义企业还是资本主义企业，都是从事商品生产和经营活动的经济法人，都为社会提供一定的物质产品或服务，以满足社会存在和发展的需要。作为一定的社会生产关系体现者的企业，又具有反映一定社会属性的特性。从企业的特性看，由于生产资料所有制不同，企业的社会性质也不同，它体现了不同的社会生产关系。

（二）企业的特征

根据企业的含义，可归纳出企业的四个特征：

第一，组织性。企业是一种产权经济组织。这一特征表现了企业的组织性、能动性和产权性。组织性是指它是经济领域内的一种组织，是国民经济体系中的基层组织和经济细胞，是依照法定程序组成的组织体，是经济管理上统一、技术工艺上统一、生产经营上统一的组织体。

第二，自主性。企业是自主从事商品生产经营活动的经济组织。这一特征表现了它的商品性和经营管理性。商品性是指它是自主的商品生产、经营单位，是市场经济的自主组织。其产品或劳务都是以商品形式出现的，只有将自己的产品或劳务不断地由个别劳动转化为社会劳动，取得市场认可，企业才能生存和发展下去。经营管理性是指现代企业为了实现盈利目的需要按照一定形式的法人治理结构来自主筹划和管理。

第三，经济性。企业是实行独立核算、自负盈亏的经济组织。这一特征表现了它的经济上的经济性和盈利性。经济性是指企业有可以独立支配的财产，有自己独立的利益，实行独立核算，自负盈亏。这正是我们进行经济体制改革的基本目标。盈利性是指企业的价值目标。企业应不断地创造价值，获得利润，增加积累。企业从其设立的实质上看，不仅要在使用价值上满足社会需要，而且要实现价值增殖，创造利润，发展自身。

第四，法人性。企业是能够享有经济权利和承担经济义务的法人。这一特征表现了它的法律上的独立性和法人性。法律上的独立性是指它在法律上是独立的主体，能够独立地享受权利和承担义务。法人性是指它依法取得法人资格，依法取得法人的权利能力和行为能力，能够独立地参与经济法律关系，承担经济责任。计划经济时代的工厂是行政机构的附属物，不是真正意义上的企业。市场经济中不具备法人资格的分厂、车间等组织也不是独立的企业。

（三）企业的类型

企业从不同角度，可划分为不同类型。按所属的经济部门划分，可分为工业企业、农业企业、交通运输企业、商业企业和信息企业等。按技术装备水平划分，可分为现代化企业和传统企业。按规模和综合生产能力划分，可分为大型企业、中型企业、小型企业和微型企业。按企业的生产要素比例划分，可分为劳动密集型企业、资本密集型企业和技术密集型企业。按所处行业的市场结构划分，可分为完全竞争企业、垄断竞争企业、寡占企业、垄断企业。按所有制性质划分，可分为公有制企业和非公有制企业。本章参照《公司法》的有关规定，按企业的出资方式，将企业分成如下几类：

1. 单一业主制或个人独资企业

它是指由业主个人单独出资兴办，并由业主直接经营管理的企业。这种企业的优点是：建立和歇业的程序简单易行，经营灵活，决策迅速，投资谨慎。其弱点是：资金有限，规模不大，业主承担无限责任，企业的命运由业主决定，其寿命有限。

2. 合伙制企业

它是指由两个或两个以上出资者共同出资创办经营的企业。其优点是：生产规模一般要比单一业主制企业规模大，投资能力也比单一业主制企业强，由于是多人出资，分摊了风险，企业信誉一般要比单一业主制企业高。缺点是：一是非永久性，只要有一个合伙人撤资或死亡，合伙企业就会解体；二是非流动性，财产所有权不易转让或买卖；三是要负无限连带责任。

3. 公司制企业

它是指由两个或两个以上的股东出资，严格依法组成的，实行有限责任的股权式企业。公司制企业又可以进一步分成国有独资企业、国有控股企业、有限责任公司和股份有限公司。公司制企业的优点是：一是公司对其债务负有限责任；二是公司具有独立生命，股东一旦投资入股，永远不能退股，只能转让，所以公司除非破产歇业，不然可以永续生产经营；三是公司拥有健全的治理结构和规范的管理体制。

二、西方经济学对企业的理解

（一）新古典企业理论

新古典经济学将企业和消费者看作微观经济的基本单位，认为消费者的行为准则是在收入和价格的约束下追求效用最大化，而企业的生产目的是在技术和市场的约束下追求利润最大化。因此，在新古典经济学中，消费者被理解为效用函数，而企业则可以理解为生产函数。所谓生产函数，是描述在生产技术状况给定的条件下，生产要素的投入量与产品的产出量之间的物质数量关系的函数式。从长期看，新古典企业规模的一个主要决定因素是它能够利用规模经济或范围经济的程度。新古典企业理论的缺点是，它无法回答这样的问题：既然市场机制是资源配置的最有效方式，那么，为什么在现实中仍然存在大量的企业？如果企业规模是由技术决定，为什么很多公司的规模远远超过了工程的需要？

（二）现代企业理论

现代企业理论是在对新古典企业理论的不满和反思中发展起来的。1937 年，科斯发表了著名的《企业的性质》一文，该文被认为是现代企业理论的开山之作。在该文中，科斯指出，新古典企业理论存在明显的缺陷：其一，它在关注价格体系的时候，忽略了制约交换过程的制度安排(市场)，忽略了与交易相关的讨价还价的费用。其二，它在强调企业功能的同时，忽略了企业的制度安排，因而无法解释生产活动为什么和如何被组织在企业内部进行。其三，它没有令人满意地解决企业的边界及其决定问题。为了克服新古典企业理论的不足，科斯将交易成本概念引入经济分析，将生产的制度结构纳入经济理论，提出并讨论了什么是企业的基本特征、为什么市场经济中会有企业存在、企业的边界是如何决定的这样一些重要问题。

科斯的主要观点是：①市场和企业是执行相同职能因而可以相互替代的两种资源配置机制，企业最显著的特征就是对价格机制的替代。②无论是利用市场机制还是利用企业组织进行资源配置都是有成本的。③企业存在的原因是有些交易活动在企业内部进行，相对于通过市场机制，其成本更低。④市场机制被替代是因为市场交易有成本，而企业规模没有无限扩大也是因为企业组织有成本。⑤企业规模和边界的均衡条件是，最后一项经营活动所付出的组织费用等于可以节省的市场交易费用。

在科斯企业理论的推动下，自20世纪下半叶以来，现代企业理论得到了迅速发展。科斯之后的企业理论主要有如下一些观点：

(1)间接定价理论。张五常在1983年所发表的《合约的性质》一文中指出，企业的功能在于它节省了市场中的直接定价成本。企业和市场是两种不同的契约安排。企业并不是以非市场方式代替市场方式组织分工，而是用劳动市场代替中间产品市场。要素所有者通过转让要素使用权给代理人以取得收入，代理人购买生产要素并以组织形式进行合理配置生产出中间产品，再投入下一生产过程，以替代从市场中直接购买。因此，在这一合约关系中，并非是企业代替市场，而是以要素市场代替产品市场，即以长期合约代替短期合约。

(2)资产专用性理论。该理论由威廉姆森提出。按照威廉姆森的观点，资产可能具有不可逆转的特性，公司的所有者们，在将其资本投入于生产之后，就不可能轻易地将这些投资再转移出来(存在沉没成本)。他们获得了宝贵的特化知识。这些知识仅仅在他们继续从事特定经营时才能被用上。如果这样的专用资产能在一个很长的时期内不受干扰地运营，这些投资就一定能带来超额回报。然而，其他互补资源的所有者，却可能通过对经营的要挟和勒索较高报酬的方式来利用资本所有者和特定知识所有者的不灵活性。解决这一问题的办法是实行纵向一体化，通过长期合约将互补资源并入企业，限制和消除互补资源所有者的要挟能力。

(3)团队生产理论。该理论由阿尔奇安和德姆塞兹提出，其主要观点是：①企业是一种团队生产方式，即由若干成员合作生产同一种产品。②在合作生产的产品中，个人对产品的贡献不可能被精确地分解和测量，从而也就不可能按真实贡献向生产者支付报酬，于是，生产过程中就不可避免地会出现偷懒问题。③这就要求有一个监督者对生产者进行监督。④但是，监督者可能同样具有偷懒的动机，那么，谁来监督监督者呢？解决这一问题的关键是使监督者拥有剩余索取权，并成为固定投入的所有者。该理论为传统的私人所有制企业提供了理论依据。

(4)委托—代理理论。该理论由詹森和麦克林提出，其主要观点是：①委托代理关系是所有权与控制权相分离的一种产权安排。②委托人将资产委托给代理人经营，要求代理人按照委托人的利益行使控制权。③委托代理关系产生的原因在于实现规模经济、管理专业化、资产组合的多样化和监督社会化等利益。④由于目标不一致、激励不相容和信息不对称,代理人可能并不会完全按照委托人的利益开展生产活动,于是,委托代理问题不可避免。⑤委托代理问题的存在必将导致 X - 非效率,于是,委托人不得不对代理人进行监督,这一系列问题必然会产生委托代理成本,它包括委托人发生的监督费用、代理发生的约束费用、由委托代理关系引起的各种剩余损失。⑥现代企业制度和市场机制(如经理市场)对于解决委托代理问题具有重要的意义。

(三)对西方企业理论的评价

总体上,西方经济学对企业的理解是建立在他们对人性的认识之上的。当代西方经济学对人的假设主要体现在两个方面:其一,机会主义假说,认为人们可能具有随机应变、投机取巧、偷懒、欺骗等倾向,他们会利用各种机会为自己谋取私利,并不惜损害他人利益;其二,有限理性和信息不完全的假设,认为外部环境是复杂的、未来具有不确定性,而人的认知能力和计算能力又是有限的。

在某种程度上,西方经济学关于人的假说可能正确地刻画了资本主义世界中人的本性。但是,对于西方经济学的企业理论,我们应当用辩证和批判的眼光来看待它。一方面,应当承认它在某些方面确实揭示了资本主义企业的本质属性,但另一方面,它没有从社会制度的层面来理解企业,因而,其认识必然是"只见树木,不见森林"。

第二节 现代企业制度

一、现代企业制度的概念、基本特征和形式

(一)现代企业制度的概念

现代企业制度是指以完善的企业法人制度为基础,以有限责任制度为保证,以公司制企业为主要形式,以产权清晰、权责明确、政企分开、管理科学为条件的新型企业制度。其主要内容包括:企业法人制度、企业自负盈亏制度、出资者有限责任制度、科学的领导体制与组织管理制度。

(二)现代企业制度的基本特征

以公司制为主要形式的现代企业制度,具有产权清晰、权责明确、政企分开、管理科学等基本特征。根据我国《公司法》,结合我国现阶段企业改制的具体情况,可将现代企业制度的基本特征概括如下:

1. 产权清晰

产权清晰就是明确国家、股东与企业之间的基本财产关系,即出资者所有权和企业法人财产权都有明确的界定。企业中的国有资产所有权属于国家,股东财产属于股东。国有资产由作为国有资产所有者的政府授权有关机构作为投资主体,承担国有资产出资人应承

担的职能，保护国有资产的合法权益。企业拥有包括国家在内的出资者投资形成的全部企业法人财产权，成为享有民事权利、承担民事责任的法人实体。产权清晰在所有权与经营权分离的基础上，在企业中形成了出资者所有权与企业法人财产权的分离。

2. 权责明确

权责明确是指所有者(出资者)同企业经营者有各自明确的权利和责任。国家和其他股东作为出资人按投入企业的资本额享有所有者权益，即资产受益、重大决策和选择经营管理者等权利；企业破产时，国家和其他股东仅以自己的出资额为限对企业的债务承担有限责任。企业以其全部法人财产，依法自主经营，自负盈亏，照章纳税，对出资者承担资产保值增值的责任。

3. 政企分开

政企分开是指政府与企业的职能要分开。党的十六大报告明确指出："国家要制定法律法规，建立中央政府和地方政府分别代表国家履行出资人职责，享有所有者权益，权利、义务和责任相统一，管资产和管人、管事相结合的国有资产管理体制。关系国民经济命脉和国家安全的大型国有企业、基础设施和重要自然资源等，由中央政府代表国家履行出资人职责。其他国有资产由地方政府代表国家履行出资人职责。中央政府和省、市(地)两级地方政府设立国有资产管理机构。继续探索有效的国有资产经营体制和方式。各级政府要严格执行国有资产管理法律法规，坚持政企分开，实行所有权和经营权分离，使企业自主经营、自负盈亏，实现国有资产保值增值。"

4. 管理科学

管理科学是指建立科学的企业领导体制和组织管理制度，调节所有者、经营者和职工之间的关系，形成激励和约束相结合的经营机制。管理科学包括构建以权力科学分工和相互制衡为特征的法人治理结构，依据企业规模、行业特点等设立科学的企业管理模式；建立同所有权与经营权分离相适应的经营者选聘、评价机制，采用科学的劳动用工制度、工资分配制度、财务会计制度等。

以上四个基本特征互相联系、互为一体。其中，第一个特征是最基本的。这四个特征各自从不同角度说明了什么是真正意义上的企业，指明了我国企业改制的方向。

(三)现代企业制度的形式

我国《公司法》规定，我国现代企业制度的形式有两种，即有限责任公司和股份有限公司，简称有限公司和股份公司。

1. 有限责任公司

有限责任公司是由两个以上股东共同出资，每个股东以其出资额对公司承担有限责任，公司以其全部资产对其债务承担责任的企业法人。

有限责任公司的特点：①对股东人数既有上限规定又有下限规定。我国《公司法》规定,有限责任公司的股东人数在 2 ~ 50 人之间。②不公开发行股票,资本不需要划分为等额股份。由公司出具的股单只能作为股东在公司中享有权益的凭证,而不能自由买卖。股东在出让股权时,要取得其他股东的同意,而且老股东有优先购买权。③设立的程序比较简单,内部机构设置比较灵活,账目不需对外公布。④董事、董事长和经理往往由股东担任,所有者和经营者分离的程度不高。⑤公司和股东都负有限责任。

我国目前大部分中小型企业都采取有限责任公司的形式。

2. 股份有限公司

股份有限公司,又称股份公司,是指由一定数目以上的股东发起组织,全部注册资本被划分为等额股份,通过发行股票筹集资金,股东以其所认股份对公司承担有限责任,公司以其全部资产对公司债务承担责任的企业法人。

股份有限公司的特点:①股东人数规定下限,但不规定上限。我国《公司法》规定股东最低人数为 5 人(国有独资公司另有规定),但最多不限。同时股东可以是自然人,也可以是法人。②每股份额必须相等。公司的资本是由若干等额的股份组成。③设立程序比较复杂,账目要公开。为了保护投资者的利益,公司在财务年度终了时要向外界公开账目,以便投资者了解公司的生产经营、盈亏情况,为投资者的决策提供依据。④所有权和经营权完全分离。经营者往往是从社会上聘请有经营能力被称为职业经理的人担任,他们可能不是公司的股东。⑤股票公开发行且可以自由转让。⑥公司和股东都负有限责任。

股份公司的优点:①能广泛吸收社会资金,通过发行股票,在短时间内吸收社会上的大量资金,成为许多经济组织和个人投资的渠道。②股东人数多,风险分散。一旦出现经营亏损,可以分解到众多的股东身上。③股票可自由转让,有利于调整经济结构、优化资源配置,有利于资金流向经济效益好的部门和企业。④股份有限公司制度完善,有利于科学管理。

二、公司制企业制度的基本内容

现代企业制度的主要形式是公司制,它主要包含如下一些基本内容:

(一)国有资产出资人制度

这是一种典型的国有企业的制度创新,因为中国的国有企业占主导地位,制定国有资产出资人制度就显得比资本主义国家更重要。

国有资产出资人制度,是实现政企分开和企业的国有资产保值增值的重要制度基础。国有资产出资人制度,主要包括三个方面的内容:①出资人代表国家出资,必然享有所有者的权利。这些权利包括资产受益权、重大决策权、选择管理者权。②国有资产出资人仅以其向公司的全部投资额,承担公司的债务和损失,不再对公司的债务承担无限责任。③出资人(国家)与公司的关系,不再是隶属关系,但出资人(国家)必须有所作为。出资人(国家)不能干预公司经常性的生产经营活动,确保公司的经营自主权;同时国家又必须建立有效的国有资产管理监督机制,及时对国有资产进行界定和评估,确保国有资产的保值增值。

(二)企业法人财产制度

企业法人财产权是指企业对存续期间由出资者出资和企业负债所构成的财产依法拥有独立支配的权利,具体表现为企业对法人财产的占有、使用、收益和处分权,以独立的财产对自己的经营活动负责。这是企业法人最重要的民事权利。企业法人财产权具有独立性、完整性、延续性等特点。①独立性,即公司法人以自己的法人财产,独立享受民事权利和承担民事责任,任何出资者的个人意志都不能凌驾于公司之上。②完整性,即法人财产是一个完整的整体,不能分割给每个分散的投资者各自经营,出资者不能抽回投资。③延续性,即只要公司存在,公司法人就拥有公司法人财产权,不会因为投资者的变动而影响公司法人财产权的行使。

实行法人财产权制度,既有利于国有资产和股东财产的保值增值,又有利于增强企业的活力。

(三)有限责任制度

有限责任制度包括两个方面的内容:一是出资者以出资额为限,对公司债务承担有限责任;二是公司以全部法人财产为限,对公司债务承担有限责任。这一制度既有效地解决了长期以来企业负盈不负亏的问题,又降低了出资者的风险,调动了出资者的积极性,从而促进公司制企业的迅速发展。

(四)企业组织管理制度

现代企业制度需要有科学的企业领导体制和组织管理制度来调节所有者、经营者、生产者三者之间的责、权、利关系。三者之间通过企业的权力机构、经营管理机构、监督机构即法人治理结构,建立决策、经营和监督体系,形成各司其职、权责明确、相互制衡的关系。在实行公司制企业形式时,与三种机构相适应,分别建立起股东大会、董事会、经理层和监事会。这些机构相互分立、相互制衡,既能保障出资者的权益,又能有效地行使法人财产权,保证企业灵活高效地运行。

三、法人治理结构是公司制的核心

公司制是现代企业制度的一种有效组织形式,公司法人治理结构是公司制的核心。要对现有企业实行规范的公司制改革,就必须明确股东大会、董事会、监事会和经理层的职责,健全决策、监督和执行体系,形成各负其责、协调运转、有效制衡的法人治理结构。

法人治理结构是指公司制企业内部股东大会、董事会、监事会、经理层之间的权力划分和相互制衡的关系。公司是通过股东大会、董事会、监事会和经理层这种组织结构来治理企业的。

在公司制企业发展过程中，逐步形成了一套比较规范的法人治理结构及其运行机制，并通过立法的形式固定下来。这种法人治理结构由权力机构、决策机构、执行机构和监督机构四大部分组成。

（一）股东大会

股东大会是公司的最高权力机关，是行使终极产权职能的所有者利益表达组织，是委托管理层的核心机构。凡持股的股东均有权参加股东大会，可由股东本人，也可以委托他人参加股东大会。股东大会举行表决，实行一股一票。

股东大会的主要职权有：经营决策权，决定公司的经营方针和投资计划；董事、监事确定权，选择或更换董事、监事，决定其报酬；董事会、监事会报告的审批权；财务决算审批权；利润分配方案和弥补亏损方案的审批权；增减资本和转让资本、债券发行的决议权；公司改组变动的决议权，即对公司合并、分立、变更公司形式、解散和清算等事项作出决议；章程确定和修改权。

（二）董事会

董事会是依法组建的行使公司法人财产权职能（经营管理职能）的公司领导机构。

董事会是公司的常设机关。董事会自公司成立时，即由股东大会选举产生。股东大会闭会期间，董事会为公司常设权力机构。董事会是公司最重要的决策和管理机构，董事长为公司的法定代表人。

董事会对股东负责，行使下列职权：负责召开股东大会，向其报告工作，执行其决议；决定公司的经营计划和投资方案；制订公司的重要方案，包括年度预决算方案、分配方案、弥补亏损方案、增资减资方案，以及公司合并、分立、变更公司形式和解散方案；决定公司组织事项，包括内部管理机构的设置，经理、副经理、财务负责人的聘任、解聘；制定公司基本管理制度。

（三）监事会

监事会是对公司生产经营业务活动进行监督和检查的常设机构，由股东大会选举产生并对股东大会负责。

监事会由股东代表和适当的职工代表组成。董事、经理及财务负责人不得兼任监事，监事列席董事会会议。

监事会的职权是：检查公司财务；对董事、经理执行公司职务中的行为进行监督；当他们的行为损害公司利益时，要求予以纠正；提议召开临时股东大会。

（四）经理

传统公司法理论认为董事会才是公司常设业务执行机关，它既负责日常经营决策，又负责业务执行。但在实际上，公司经理往往是公司最高业务执行者，是公司的"总管"，有权领导、组织公司的全部生产经营活动，并对外代表公司进行活动。这样，事实上就是将董事会的权力一分为二：决策权归董事会，执行权归经理。经理是公司执行系统的最高行政首脑。经理班子，由董事会聘任和解聘，对董事会负责，列席董事会会议。

经理的职权是：主持公司的生产经营管理工作，组织实施董事会决议，组织实施公司的年度经营计划和投资方案；拟定公司的管理机构设置方案和基本管理制度；制定公司的具体规章；提请聘任或解聘公司副经理、财务负责人，聘任或解聘董事会职权范围以外的管理人员。各部门的经理向总经理负责，总经理向董事会负责。

董事、经理不得自营或者为他人经营与其所任职公司同类的业务或者从事损害本公司利益的活动。

第三节　建立和完善现代企业制度

企业失败的原因是多种多样的，而成功的原因则大致相同。如果企业的竞争力仅仅维系在其一个领导者身上，这种发展是难以持久的。一个企业要想实现永续发展，就要使企业管理者的岗位上永远屹立着优秀的管理者，这就要靠制度。这个制度就是现代企业制度，其核心是产权结构。解决了制度问题，创新精神、经营管理变革等就会随之而来；有了好的制度，企业管理者的岗位上就可以永远屹立着优秀的管理者。当前，在我国各种类型的企业中，国有企业和家族企业占有很大的比重。建立现代企业制度的一个核心任务就是要对国有企业进行改制和使家族企业向现代企业转型。

一、国有企业改制

在国外，国有企业仅指一个国家的中央政府或联邦政府投资或参与控制的企业；而在中国，国有企业还包括由地方政府投资参与控制的企业。政府的意志和利益决定了国有企业的行为。

国有企业作为一种生产经营组织形式，同时具有营利法人和公益法人的特点。其营利性体现为追求国有资产的保值和增值。其公益性体现为国有企业的设立通常是为了实现国家调节经济的目标，起着调和国民经济各个方面发展的作用。

（一）国有企业建立和完善现代企业制度的必要性

国有企业是社会主义公有制经济最重要的形式，它不仅具有企业的一般特征，而且是社会主义生产关系的主要体现者，是社会主义市场经济的主导力量，在社会主义国民经济中居于主导地位。为了使社会主义市场经济有效运行，就必须使国有企业发挥其主导作用和功能。而实际情况是：在高度集中的计划体制下，由于政企不分，忽视商品生产、价值规律的作用，使企业成了行政机构的附属物，工厂变为政府机关的"加工厂"，这种情况是与社会主义市场经济不相容的。为了适应社会主义市场经济的要求，发挥国有企业的主导作用，对国有企业的改革就显得十分重要。

市场经济是在资本主义制度下形成和发展起来的。社会主义制度下要建立市场经济体制，关键是要做到市场经济与社会主义的基本制度相结合，这也就是既让国有企业在国民经济中居主导地位，同时又要克服国有经济的各种弊端和不足，使国有企业充满活力。过去，由于国有企业的产权不清晰、权责不明确、政企没分开、管理不规范，因而，国有企业的优势一直不能有效地发挥。在这种情况下，国有企业根本谈不上是独立的商品生产者和经营者，从而无法实现与市场经济相容。要解决这个问题，唯有对现有国有企业进行改革。

市场经济条件下完善的市场体系要求企业必须是独立的商品生产者与经营者。市场主体之间的关系是商品生产者之间的劳动交换关系，市场必须以独立的商品生产者存在为前提。企业自主经营的独立性越强，按照市场信号调整生产方向、投资规模、产品结构越快捷，则生产的符合市场需要的商品就越多，销路也越好。同时，独立的商品生产者越多，市场越发达。只有这样，资源在各个部门、产业之间才能合理配置，供求之间的关系才能基本协调，企业之间才能公平竞争，真正实现优胜劣汰，从而使社会资源得到有效利用。否则，市场机制将不能发挥作用。

市场经济条件下的宏观调控也要求企业必须是独立的商品生产经营者。宏观调控是通过创造、改变企业运行的市场环境，再由企业自动地对变化着的市场环境作出反应来进行调控的。企业能否接受调控并及时作出有效的反应，不仅与宏观调控的力度和市场的完善程度有关，而且取决于企业动力机制，取决于企业对市场约束的依赖程度。一句话，只有提高了企业的自我调节、自我约束能力，宏观调控才能起作用，才谈得上以财政、金融、税收体制为中心的宏观经济改革，才能促进整个市场经济体制的建立和发展。

20多年来我国国有企业改革取得的重大成就，说明国有企业正朝着建立和完善现代企业制度的目标，迈出了坚实的步伐。同样，国有企业改革也暴露出了一些深层次的矛盾和问题，要解决这些问题，同样需要通过深化国有企业的改革来实现。

综上所述，可以发现，国有企业的改革，对于建立和完善社会主义市场经济体制，对于增强国有企业活力、促进社会生产力的发展，对于实现国家长治久安和社会稳定发展都具有重大的现实意义和深远的历史意义。

(二)国有企业改革的目标是建立和完善现代企业制度

国有企业改革的目标是建立和完善现代企业制度。把国有企业改革的目标锁定在建立现代企业制度上，是总结我国国有企业改革30多年的经验教训得出的结论。我国国有企业改革，从1978年12月至1984年8月是以放权让利为标志的改革起步阶段，从1984年10月至1992年，是以利改税为标志的全面改革阶段。客观地说，这些改革虽然取得了一定的成效，却没有解决根本问题：政企不分，负盈不负亏，约束机制不健全，国有资产流失严重，企业的债务、冗员、社会负担沉重，等等。究其原因，是因为那些以政策调整为内容的改革只是对企业进行了一些枝枝叶叶的"修剪"，并没有对国有企业进行"伤筋动骨"的改造。说白了，那些改造只涉及分配方面，没有触动到企业的要害——产权制度方面，或者说没有涉及企业制度的创新。从1992年到现在，是以建立和完善现代企业制度为标志的深化改革阶段。

实践证明，国有企业改革，需要进行制度创新。党的十五届四中全会通过的《关于国有企业改革和发展若干重大问题的决定》明确指出："建立现代企业制度，是发展社会化大生产和市场经济的必然要求，是公有制与市场经济相结合的有效途径，是国有企业改革的方向。"由此可见，搞好国有企业改革，建立和完善现代企业制度，对建立社会主义市场经济体制和巩固社会主义制度，具有重大的意义。

（三）国有企业推行公司制的三种形式

国有企业推行公司制，应根据企业产品的性质和所处行业的特点，选择相应的公司形式。具体来说，有三种形式可供选择：

1. 国有独资公司

我国公司法规定：国有独资公司是指国家授权投资的机构或国家授权的部门单独投资设立的有限责任公司。这类企业通常以社会公共目标为主，经济目标居次。这类企业主要存在于典型的自然垄断行业和资源性行业，如铁路、自来水、天然气、电力、机场等。从经济学角度说，这类企业的产品或服务应该按边际成本或平均成本定价，以此来实现社会净福利的最大化，而不是谋求从消费者那里攫取更多的剩余。

国有独资公司有三个特点：①只有国家一个股东，这一点与单一业主制企业相似。②国家以其出资额负有限责任。而在传统的计划经济中，国家必须对国家所有制企业负无限责任。③除了只有一个股东（国家）外，其他一切特征与有限公司相同：具有法人地位，具有完全的经营自主权，实行严格的政企分开。这也是计划经济体制下的国家所有制企业所无法具有的。

国有独资公司的存在，其一是由于改革的渐进性决定了产权的分散化、多元化不可能一步到位，因而表现了一种过渡性。其二是那些自然垄断行业和资源类行业在国民经济中举足轻重。

2. 国有控股公司

国有控股公司由政府出资控股，受公司法规范。这类企业兼具社会公共目标和经济目标，并以经济目标支撑社会公共目标。这类企业主要是准自然垄断企业和国民经济发展的支柱产业，如电子、汽车、医药等。需要注意的是，这类企业并不直接提供公共服务，而是通过向国家财政上缴股息和红利，间接提供公共服务。如果由于特殊环境，这类企业不得不履行一些公共职能，则由此造成的损失应由国家财政给予补偿。不过，在补偿以后，股息和红利不能免除。当然,约定和核算,二者可以相抵。

3.国有参股公司

严格地说,这类企业并不是真正的国有企业,因为国家或政府只是企业的一个普通股东。这类企业与一般竞争性企业无异,它们没有强制性社会公共目标,经济目标居主导地位。如果它们也提供公共服务,那是它们自觉履行社会责任的行为,应该予以鼓励和支持。对于这类企业,政府参股只是为了壮大国有经济的实力,除此之外,政府对这类企业没有任何其他附加的义务。

为了保证各类国有企业尽最大可能发挥各自的作用,应该完善两种作用的评价指标体系,并赋予不同权重。公共作用应采用公共绩效指标,经济作用采用财务绩效指标,同时辅之以其他绩效指标等。公共绩效的核心指标是社会贡献率,财务绩效的核心指标是国有资产增值率,其他绩效指标主要包括客户满意度、企业运营效率、企业创新能力等。

二、家族企业向现代企业制度转型

家族是人类最古老的协作组织,家族经营是与私有制经济的发展相联系的。农业社会以家族村庄为体系。当农业社会进入工业社会时,由于制度惯性的作用,这种家族式经营模式通常会保存下来,但家族式的企业模式在现代市场经济中常常暴露出各种缺陷和弊端。因此,家族企业需要在适当的阶段向现代企业制度转型。家族企业转型的意义在于:有利于较快集中资金,向产权主体多元化发展;有利于选择合理的经营方式;有利于克服企业决策的随意性,增强规范性;有利于产权明晰,完善资产管理机制。

(一)家族企业的界定

理论界对于家族企业的定义目前还存在争论。据不完全统计,国内外相关文献中家族企业的定义有20种之多。美国著名企业史作家小艾尔弗雷德·D·钱德勒是最早给出家族企业定义的学者。按照他的观点,家族企业不光存在于两权合一的古典企业之中,即便是在一些两权分离的"股份公司"中,只要个人和家族占有控股权,并掌握着企业的财务决策、资源分配和经理选拔权等最高决策权,与经理保持亲密的私人关系,也算是家族企业。

(二)我国家族企业存在的问题

中国家族企业带有鲜明的中国特色,它既具有一般家族企业的共同特征,又表现出明显的中国特性。其一,我国家族企业"企业即家,家即企业"的特征非常明显,其股权大多绝对集中在创业家族手中,企业资产与家族财产之间没有明显的界限,企业的产权边界模糊,企业的利润或亏损全由家族成员按非市场原则共同分担。其二,家族企业内部,创业家族兼有企业所有者和经营者双重身份,企业决策权、执行权和监督权均由创业家族内部成员所掌握。即便聘用非家族成员负责日常管理,但其并没有实质的经营控制权。即便是家族股份公司,股东大会、董事会和监事会仍具有明显的家族化特征,任由家族摆布。其三，其组织架构是以企业创始人为集权核心的一种环状差序结构，"家长"作为精神领袖居于所有管理层的核心，围绕这一权力核心生成一个紧密管理层，再联结一个更大范围的亲友圈，这基本上是一种以血缘、宗亲为主的权力格局。其四，其运作机制是依靠家族成员之间长期共同生活形成的一系列非正式行为控制机制自我执行和实施，其人治色彩很浓。其五，在用人机制方面，"家长"对核心管理层内的人事安排是"个人能力"、"血缘亲疏"和"忠诚度"三个方面综合考量的结果，"家长"本人同样要受"家法"约束，其身份大多是"世袭"而来。

（三）家族企业向现代企业制度转型

家族企业的生命周期通常很短。据美国麦肯锡咨询公司统计，家族企业只有15%能够延续到三代以上。引导家族企业从家族制向现代企业制度转型将有利于家族企业的永续生存和发展。为了实现这一转型，就有必要从正式制度和非正式制度入手构建中国家族企业制度变迁的具体框架。该框架的主要内容包括：

1. 变革家族企业的产权制度

产权是企业的核心问题，它关系到投资者与企业之间的利益和控制关系，也决定着企业的组织形态和外部利益集团之间的关系。科学的产权制度应包括三个方面：其一是财产权的归属问题，而且与财产所有权相关的各种权利的界定必须非常清楚；其次是产权的流动性，产权必须是可交易的；其三是产权多元化，多元化的产权结构是实现家族企业永续经营的一条重要途径。个人财产权和家族企业的产权应当得到法律的保护，这种保护应当是具体的。产权的多元化和社会化与个人财产权并不矛盾。产权多元化和社会化有利于引入职业经理的管理，使所有权和控制权发生分离。

2. 加快家族企业管理体制的转变

家族企业发展到一定规模，经营权交由管理专家进行管理是企业发展的必然选择。西方国家的家族企业经过数百年的发展，已基本摆脱家族制管理，实现了制度化、程序化的职业管理。企业的所有权与经营权分开以后，企业能否成功，归根到底还是人才问题。董事会和高层管理人员应适时引入家族成员之外的优秀人才，在家族与外部管理人之间建立起委托代理关系。但是，如何构建委托人与代理人之间的契约关系，建立有效的激励机制和约束机制，确保代理人的行为选择符合委托人的利益，以降低委托代理成本，是家族企业所有权与经营权分开之后必须解决的一个重要问题。

3. 优化制度环境

制度是一种关键的社会资源，它提供了一套合作的框架，使人们的行为和交易具有可预见性和可依赖性。建立和巩固家族企业发展的制度基础，通过不断的制度创新为其进一步发展提供良好的社会环境和制度安排，对于家族企业的可持续发展具有重要的意义。这些制度既包括企业的制度建设，也包括外部的制度建设。

４. 管理层持股

中国 20 多年的家族企业的发展历程，大体上经历了家族创业、家族化管理、专业化管理和建立现代企业制度等几个阶段。在这个过程中，为调动专业人才和职业经理人在家族企业的积极性，先后采取了工效挂钩制、承包制、重奖制、年薪制等一系列措施。这些虽然在一定程度上刺激了专业管理人才和职业经理人的积极性，但仍存在管理层行为短期化、负盈容易负亏难、激励和约束不足等问题。经过多年实践，专家们认为，在各种激励制度中，股权激励应是保证职业经理人和企业各自利益统一的最为有效的措施。为了解决家族企业在用人机制上的缺陷和普遍存在的委托代理问题，一些家族企业大胆借鉴国际上的一些先进经验并做了有益的尝试，实施管理层持股，对职业经理人进行有效的股权激励。管理层持股使经营者自身的利益和公司股东的利益紧紧地联结在一起，使追求个人利益最大化的目标与追求企业利润最大化的目标得到了统一，从而使人力资本实现了最大限度的匹配。

第四节　企业经营机制

一、企业的经营目标和经济行为

（一）企业的经营目标

企业经营即企业的筹划和管理，是指企业运用资源，通过生产、交换和提供各种服务，来满足市场需求，获得经济利益的一切活动。

企业经营的内容有：制定经营目标，确定经营战略，开展经营业务，进行经营决策，加强经营管理等。

企业经营目标，是企业在一定时期内从事生产经营活动时所力图达到的目标。通常，与企业相关的国家、股东和职工三种利益主体在各自追求经济利益最大化的过程中，会以相互联系和制约的方式（博弈）决定企业经营活动的基本取向。

在各种类型的企业中，都存在国家、股东和职工三种基本的利益主体。这三者的利益从根本上来说是一致的，但也存在不同程度的非一致性。股东是企业资产的所有者，其利益取向是要获得利润的最大化。国家是公共服务的提供者，其利益取向是使税收最大化。职工的利益取向是确保工资收入最大化。三类利益主体利益的实现最终决定于企业的经营活动。

由于企业的董事长和董事是由股东大会选举产生的，因此，企业对于股东的利益通常会给予更多的关注。也就是说，企业可能更多地将利润最大化作为自己的经营目标。但是，利润最大化目标的实现离不开政府的支持和职工的努力，企业不可能将税收和职工工资当作一种对立物。

从国家税收的角度考察，虽然纳税行为更多地表现为一种强制性行为，但是，国家的税收最大化却可以通过企业的利润最大化行为得以实现。一方面，政府对税率的设计可能充分考虑了税收总额与经济绩效的正相关性，税收比例可能表现为一种对新价值的分成，企业为了实现其利润最大化将不得不兼顾纳税总额的提高。另一方面，企业的经营活动可能依赖于政府的公共服务和政策支持。政府通常会给予纳税大户以更优质的服务和支持，而企业为了获得更优质的公共服务，通常也愿意成为一个积极的纳税人。于是，国家的税收最大化与企业的利润最大化原则取得了一致。

从职工工资角度考察，虽然工资在企业的财务报表中总是体现为一种成本支付，但是，企业的经营绩效显然与职工的工作努力正相关。经验表明，任何漠视职工利益的企业是不能获得持久发展的。职工通常有足够的力量抵制企业的低工资政策，比如，跳槽、降低工作积极性、不爱惜工作设备等。只有充分重视职工的经济利益，使职工的工资最大化要求(相对于职工可在其他企业的岗位上所能获得的工资收入)得到满足，企业的利润最大化目标才能实现。

由此可见，要使与企业相关的三种利益主体的利益得到实现，其本质就是要使企业产品中所包含的新增价值($v+m$)得到最大化的实现。尽管国家、股东、职工都有其各自的目标，但三者可通过企业的经营活动统一起来。企业的经营活动实际上就是要在兼顾三者利益的前提下实现股东利益的最大化，并进而实现企业价值的最大化。

(二)企业的经济行为

企业的经济行为主要有两种类型。

1. 生产经营型

对于生产经营型的企业来说，生产经营活动是企业的主业和本职职能。在传统的计划经济体制下，企业(实际上只能叫工厂)只是简单地接受政府下达的计划指令，制订生产计划，组织产品生产，企业承担的是产品加工与生产任务，这种企业的经济行为只能叫生产型，即企业是以完成政府下达的生产计划，不断增加产值与产量作为其追求目标的。在改革初期及双重体制并存与转轨时期，国家为了发展商品生产，对企业进行计划指导下的市场调节，把企业逐步推向市场，使企业成为自主的商品生产者。这时企业开始按照市场需求导向来调整生产结构，以生产市场适销对路的商品为目的，这时，企业单纯的生产行为转化为生产经营型行为。

2. 资本经营型

对于资本经营型的企业来说，从事资本经营是企业的主业和本职职能，企业的目标是追求投资回报和资本增殖。资本经营的提出，是我国企业经营理念的重大发展和升级换代的突出表现。

资本经营的内容有两个层次：一是在企业这个微观领域，是以资本的增殖为中心建立效益目标体系的，它把企业管理的着眼点调整到提高资本运营的效益上来，把资本经营作为建立现代企业制度的有效途径和加强企业管理的中心环节。在这一点上，产品经营者与资本经营者有很大的区别：产品经营者以增加产值和产量为追求目标，为了达到这一目标，企业往往不计代价地争投资上项目，结果是产值产量增加了，但同时企业债务和亏损也增加了。资本经营者则不同，他虽然也要考虑产值与产量的增加，但绝不是以资本的同比例增加为前提，而首先考虑的是以较少的资本投入获取较多的盈利，以经济效益的提高为追求目标。二是在宏观领域，通过产权的变更和资本的流动来实现资本重组和资本增殖，因为资本流动是资本增殖的前提。

通常，企业的经济行为包含四个环节：生产环节、交换环节、分配环节和消费环节。在市场经济条件下，企业生产环节的行为以资源高效利用和资本的高回报率为特征，企业的交换行为以资本的高速周转为特征，企业的收益分配则要兼顾各经济主体的利益，企业的消费行为要考虑维持适度的规模和水平。

影响企业经济行为的因素，一是企业运行目标与社会主义生产目的之间存在着一定的"目标差"；二是企业在其行为模式转换时期可能会表现出一些不适应的特征。这些都需要国家通过适当的途径、措施和政策，帮助企业将其调整过来。通常，国家对企业经济行为的约束，主要是采用计划、信贷、分配、法律、舆论（媒体）等方法。

二、企业经营机制的内容

企业经营机制是指决定企业经营行为的各种内在因素及其相互关系的总称，主要是指企业商品生产、商品交换活动赖以存在的社会经济关系。企业经营就是使企业运行适应市场环境，依据市场信息和运作资本，选择和利用市场环境提供的机会，适时调整自己的经营战略和产品结构，改进销售和服务，争取获得最大的利润。企业经营机制的内容，主要有四个方面：

（一）决策机制

所谓决策，就是企业面对复杂多变的市场，根据市场信号和行情，在多种实现企业经营目标的可行方案中进行筛选和决断。这一活动贯穿于企业经营活动的整个过程。主要有战略决策、管理决策和业务决策等。

决策机制是指企业在享有法人财产权的情况下，面对市场，对生产、经营等经济活动作出分析和决断的机制。这种机制包括确立决策主体、决策组织和决策方式等方面。

企业决策机制最重要的一环是确立决策主体，它是企业能否健康运作的首要条件。计划经济体制下的企业决策失误的重要原因，就在于决策权集中在政府或有关部门，企业本身无权决策。

在市场经济条件下，通过对产权关系的理顺，企业对于国家授权经营的财产，享有充分的法人财产权，可以自主地行使生产经营权，从而成为理所当然的企业决策主体。

（二）激励机制

激励机制是企业激发、鼓励投资者、经营者和劳动者积极性和创造性的机制。由于存在委托—代理问题，对企业管理人员和一般员工进行激励总是必不可少的。激励机制的主要内容包括激励主体、激励对象、激励目标和激励方式。激励机制涉及的行为主体有投资者、管理者和企业员工。这些行为主体在一定场合是激励主体，在另一场合又是激励对象。激励方式主要有物质激励和精神激励。物质激励包括股权的分派、股息和红利的分配等财产收益和工资、奖金、福利等劳动收益；精神激励包括荣誉、地位、成就感、认同感等方面的激励。激励目标是指委托人通过一定的激励方式，使代理人的行为与企业的经营目标相一致。

（三）约束机制

约束机制是企业在追求自身目标的过程中受到各种内部条件和外部环境的牵制或制约的总和。实际上是从负面要求企业保持合理的经济行为，并对自己的经济行为承担全部或部分风险责任的机制。

对企业经济行为的约束，主要有外部约束和内部约束两大方面。

1. 外部约束

企业外部约束主要来自市场，此外还有法律约束。

（1）市场约束。市场约束包括供给约束和需求约束。①供给约束。企业的经济行为首先受到市场供给的约束。企业要开展正常的生产活动，必须筹集到一定数量的资本，并且保证在市场上买到足够的生产资料，聘用到有各种专长的工人和技术人员、管理人员等。这些生产过程中所必需的生产要素，缺一不可。从这个意义上讲，市场供给约束在一定条件下表现为资源约束。②需求约束。生产决定消费，消费拉动生产。对一个企业来说，只有把自己生产出来的产品按照价值规律的要求全部卖掉，才能收回成本和实现赢利，企业才能生存和发展。要做到这一点，企业必须按照市场需求变化调整自己的生产经营活动，在满足市场需要的过程中，实现自己的经营目标。所以说市场需求是约束企业经济行为的重要外部条件。

（2）法律约束。为了保证企业的经济行为与国家利益的一致性，也为了维护正常的市场经济秩序，对企业实行法律约束是十分必要的。所谓法律约束就是通过经济法规的制定和实施，达到规范企业经济行为的目的。在市场经济体制逐步完善的条件下，这种法律约束的意义越来越显现出来。

2. 内部约束

企业的内部约束，主要包括预算约束、审计约束、财务约束、纪律约束、责任约束。在市场经济条件下，预算约束实际上也是一种市场约束，它的基本要求是企业必须用自己的收入补偿自己的支出，也就是自负盈亏的约束。

（四）创新机制

企业的创新机制是企业在生产经营和资本经营过程中将各种经济要素进行一种崭新组合的机制。从广义的方面考察，企业创新机制包括技术创新、制度创新、市场创新和管理创新。

1. 制度创新

制度创新又叫组织创新，是企业为了适应社会化大生产和市场经济发展的需要，不断变革原来的企业组织形式并建立新型企业组织形式的过程。我国原来那些在计划体制下诞生的企业，其实只是名义上的企业，因为它没有法人财产权，没有自主经营权，当然也就谈不上自负盈亏。在新的历史条件下，必须对原有企业进行制度性改革，并且要建立一种适合市场经济运行规律的崭新的企业制度——现代企业制度。正因为如此，才有从改革初期的"政策性调整"到"攻坚"阶段的"制度创新"。

2. 技术创新

技术创新是指企业从投入到产出的整个生产过程中在技术方面发生的变革。技术创新的内容，包括原材料、能源设备、产品等硬件创新，也包括工艺流程设计和操作方法等软件创新。

3. 市场创新

市场创新是企业从微观的角度，适应市场的变化而满足市场新需求的行为。它包括两个方面的内容：一是开拓新市场。随着企业不断开发出新产品，提供新的服务品种，必然会产生一些新市场。在这方面，企业要特别注意开发那些潜在的市场和创造潜在的需要。二是促进市场构成的变动和市场机制的完善。特别是在当前买方市场占优势的情况下，企业的市场创新更加显得必要。

4. 管理创新

管理创新就是企业要不断地进行内部管理结构和管理体制方面的改革，以达到投入少产出高的目的。当前，企业管理创新一方面要继续推进企业内部管理制度的改革，另一方面要下大力气推进企业经营机制的转换。

三、国有企业经营机制的转换

转换企业经营机制，对于新设立的公司制企业，从理论上讲，应该是不存在问题的，因为企业制度决定企业经营机制。但在实践中，也有少数新设立的公司制企业存在一个"穿新鞋、走老路"的问题。有些新设立的企业，牌子是新的，但经营机制却是旧的。这一点，对于新设立的国有独资公司尤其值得注意。对于那些庞大的国有企业群体实行公司制改造，并不是一朝一夕能够完成的。在这个较长的改制过程当中，企业经营机制的转换显得特别重要。

(一)企业转换经营机制的意义

1. 国有企业转换经营机制是关系社会主义制度成败的决定因素

国有企业是我国社会主义制度的经济基础，是社会主义生产关系的主要载体，是中国特色社会主义经济的脊梁，是我国现代化建设的支柱，是国家扩大财政收入、增加积累的主要源头，是社会生产力发展、经济技术进步和提高我国综合国力的主要力量。我国国有企业，尤其是国有大中型企业是否具有强大的活力，是否具有完善的经营机制，不仅关系到企业自身的经济利益，更关系到国民经济发展全局的重大问题。正是在这个意义上说，转换国有企业的经营机制，搞活国有大中型企业，是我国各族人民的根本利益所在，是社会主义制度优越性的根本要求。

2. 国有大中型企业转换经营机制是建立和完善社会主义市场经济体制的需要

国有大中型企业只有通过转换经营机制才能成为"四自"的市场主体，才能充满生机与活力，更好地适应复杂多变的市场需求，有效地参与市场竞争，对市场的各种信号作出灵活、及时的反应，制定正确的经营决策；才能使企业的行为与市场经济的内在要求相一致，市场机制才能对资源配置起基础性调节作用。只有这样，社会主义市场经济体制才能建立起来。

此外，转换企业经营机制还有利于提高企业的微观经济效益和国家的宏观经济效益，有利于提高企业的综合素质。

(二)企业转换经营机制的目标

《全民所有制工业企业转换经营机制条例》规定，国有企业转换经营机制的目标是："使企业适应市场的要求，成为依法自主经营、自负盈亏、自我发展、自我约束的商品生产和经营单位，成为独立享有民事权利和承担民事义务的法人。"也就是说，转换企业经营机制的目标，就是使企业成为"四自"的企业法人，成为市场主体。

自主经营，是企业适应市场变化所必须具备的前提条件。要做到自主经营，企业必须有经营权。我国有关法律规定的企业的经营权，共有 14 项：生产经营决策权、产品劳务定价权、产品销售权、物资采购权、进出口权、投资决策权、留用资金支配权、资产处置权、联营兼并权、劳动用工权、人事管理权、工资奖金分配权、内部机构设置权、拒绝摊派权。这样，企业就再也不是政府机构的附属物，而是具有法人财产权的市场主体，能面向市场，自主经营。

自负盈亏，是企业面对市场经营结果所应有的权益和责任。企业能不能自负盈亏，是企业作为独立法人的标志，也是防止企业滥用权力的关键。企业作为市场主体，应以其全部法人财产，承担民事责任：盈利，企业可依法取得应有的收益；如出现亏损和债务，企业应承担以收抵支的责任和清偿到期债务的责任。这样就改变了过去企业吃国家大锅饭的现象，而成为真正的自负盈亏的经济实体。

自我发展，是指企业适应市场竞争，依靠自身实力，进行自我积累，实现资本扩张。企业只有具备了自我发展能力，才可根据市场需求变化，不断进行产品结构的调整和技术装备的改造，实现国有资产的保值增值。

自我约束，是企业作为一个独立的商品生产经营者的一个重要特征。包括企业自觉遵守国家法律法规，正确处理国家、企业和职工之间的关系，兼顾全局利益与局部利益、当前利益与长远利益，自觉规范企业行为等方面。尤其需要明确企业对国家、对社会的责任，包括对国有资产保值增值和企业长远发展的责任。公司制企业，在内部要健全公司法人治理结构的约束，在外部要有经理市场约束、资本市场约束和消费者主权约束相配合。

第五节 企业家队伍

一、中国需要企业家

企业家是一种重要的生产要素，它的作用就是将其他各种生产要素集中起来，进行优化组合，从事创新活动。所以从一定意义上说，企业家是企业中各种创新活动（包括制度创新、技术创新、市场创新、管理创新等）的倡导者和实行者。

为了全面理解企业家的含义，必须划清企业家和企业所有者与企业家和企业一般领导、经营者两个界限。

（1）划清企业家和企业所有者的界限。企业家作为一个企业的经营者，与企业的所有者是不同的。企业所有者在现代企业制度中是指出资者，即企业财产的最终所有者。一个企业的所有者可以是一个人（国有独资公司的所有者就只有一个法人），也可以是一批人甚至一大批人；可以是本企业的人，也可以是企业外部的人。而企业家则是企业财产的使用者、企业经营活动的领导者和责任者。在现实经济生活中，也有企业家和所有者同为一人的情况，这只能说明某一个人同时具有所有者和经营者双重身份，并不意味着二者的同一。这种情况一般发生在资本主义工业初期或现代社会的小型企业中。所有者和经营者的分离，企业家的形成，是市场经济发展到一定阶段的必然产物，也是现代经济生活中的一种普遍现象。

（2）划清企业家和企业一般领导者、经营者的界限。企业家必然是企业的领导者、经营者，但企业的一般领导者、经营者并不都是企业家。企业家只是企业高层领导当中的少数人。企业家把企业的发展作为自己的全部事业，以开拓创新的精神去经营企业，具有战略家的气魄和谋略。

基于以上两点认识，我们认为，所谓企业家，是指以企业获得生存和发展为己任，专门从事开拓创新性的企业经营活动，承担经营风险的企业经营者和领导者。从人员构成来看，主要包括：对企业的生产和经营负全面责任的总经理，善于企业技术管理、推动技术进步的总工程师，能加强企业经营、提高经济效益的总经济师，能严格维护财经纪律、开辟新财源的总会计师等。

企业家是现代人类社会管理活动中举足轻重的微观经济管理者，没有现代化的社会化大生产，也就不可能产生企业家。没有众多企业家对社会生产要素的科学组织管理，也就没有经济社会的繁荣昌盛。因而西方经济学家认为，虽然任何产出或收益都是土地、劳动、资本和企业家才能这四大要素共同发生作用的结果，但企业家才能则居于四大要素的首位，如果没有企业家对生产要素进行有机结合，土地、劳动、资本就难以发挥最有效的作用。

我们对国有企业进行改革的目的，是要建立产权清晰、权责明确、政企分开、管理科学的现代企业制度。如前所述，现代企业制度的基本形式是有限责任公司和股份有限公司，这两种公司都实现了出资者所有权与经营权的分离，公司的财产不是由出资者个人而是由法人治理结构进行管理。管理人员之间存在着性质不同的关系，董事会与管理人员之间是委托代理关系。这种委托代理关系是建立在责、权、利相结合原则之上的，企业家在公司董事会的监督下，拥有对公司法人财产进行自主经营，按照市场需求组织生产经营的经营权。显然，这种现代企业制度的运行急需一批组织型、管理型、智能型的专家成为企业经营者，企业家则成为现代企业制度的实施者，产权制度改革和公司制改制的贯彻者，企业进入市场的推动者。因而在社会主义经济由计划经济体制向市场经济体制转轨的过程中，要实现国有企业改革的目标，企业家起着决定性的作用。

从微观运行的角度讲，企业有一个好的企业家，便可以引进和带出一批企业管理人才，提高企业职工的整体素质，并找到提高经济效益的途径，因而企业的兴衰在很大程度上取决于企业家利用市场的能力。从宏观上讲，企业家不断打破旧的经济均衡状态，促使市场经济和企业的竞争向更高层次发展。对于国有企业改革中出现的诸多难题，仅从体制、机制上找原因是远远不够的，因为企业的机制是由企业决策者、经营者设计和构筑的，企业家的知识水平和管理能力就成为企业机制成功与否的关键。没有优秀的企业家对企业进行科学的经营管理，再好的企业机制都不会产生应有的效用。

党的十一届三中全会以来，我国大力发展商品经济，社会主义市场经济已成为我国经济体制改革的目标模式。随着改革的深入，企业改革已经进入到转机建制阶段，企业在新的管理体制和新的企业制度下，竞相走进市场，成为独立的商品生产者和经营者，这就在客观上要求产生一个企业家群体。事实正是这样，改革开放以来，一大批国有企业的厂长和经理已经成为名副其实的企业家，乡镇企业和非公有企业中也有一大批优秀人才脱颖而出，加入到企业家队伍。可以预见，随着转机建制的深入展开，我国经理人员的生成机制将发生重大变化，并最终形成规模宏大的企业家群体。

二、建立企业家市场

(一)建立企业家市场的必要性

1. 有利于企业生产要素资源的有效配置

在现代企业制度下，企业家的经营管理对企业而言是决定性的。随着我国社会主义市场经济体制的不断发展，已经形成了初具规模的生产资料市场、劳动力市场和资本市场，而作为重要生产要素的企业家也必须进入市场调节机制，才能实现各要素的合理配置，完善社会主义市场经济体系。应该看到，由于我国历史变革和社会体制等原因，我国企业家人才资源是比较匮乏的，我国的教育、培训等企业家的培育基地尚不能提供大量的适合现代市场经济的企业家，而同时市场经济的发展特别是现代企业制度的建立使企业对于企业家的需求迅速增加，这种供需矛盾决定了企业家资源的稀缺性。只有通过企业家市场的建立，将企业家这种资源通过市场机制与其他要素资源达到有效的配置，才能使这种稀缺的资源得到有效的使用，为社会创造最大的财富。

2. 有利于完善现代企业制度，推进国有企业的深化改革

随着经济体制改革和现代企业制度的建立和发展，国家作为国有企业的所有者与企业家作为国有企业的经营者通过市场契约而构成平等的委托代理关系，是国有企业改革的突出特征。现代企业制度的推进还形成了企业股权的多元化，股份制改造使国有企业的所有者的构成多样化，所有权与经营权的分离成为发展的必然。在这种形式下，企业家阶层的形成和配置的市场化迫在眉睫。在我国现代企业制度的框架下，企业的所有者(包括国家、企业、个人、外商)可以通过股票市场和其他资本市场实现资本的有效配置，而作为企业经营者的企业家也应该通过企业家市场进行合理流动。只有这样，才能使企业所有者和经营者在市场机制调节下实现最佳配置，从而完善现代企业制度，推进国有企业的深化改革。

3. 有利于企业家队伍自身建设与发展

在企业家市场中，企业的选择对象较多，选择余地较大，企业家只有通过竞争才能取得企业的聘用。这一方面使企业能够在市场通过企业家的竞争选择最佳人选，另一方面也通过市场的优胜劣汰，使企业家队伍的素质不断提高。同时，企业家市场的建立，确立了规范的由市场作用而确立的企业家标准，通过市场供求关系反映了企业的需求方向。这为企业家的"生产"单位——教育机构和培训部门指明了明确的企业家教育和再教育方向，有利于企业家队伍的不断充实和扩大，有利于造就越来越多的适合市场需要的企业家人才。

4. 有利于完善企业家的监督和约束机制

对企业家监督和约束的最有效手段就是建立企业家市场，通过市场这张无形的网对企

业家进行监督和约束。一方面，企业家市场的建立使企业家在每个阶段的行为信息完全化、公开化，企业家的任何行为对于企业家未来在市场中的求职行为产生影响，从而造成企业家道德风险行为的成本加大，即现时的道德风险行为会导致未来在企业家市场中的地位下降，其工作业绩和行为将直接关系到未来在企业家市场中的求职可能性和薪酬水平。只有这样，企业家才会在市场的约束机制下着重考虑长远利益，从保护自己的"人力资本"的角度出发约束自身的行为。另一方面，企业家市场的建立导致了企业家之间的竞争，竞争的作用是提供企业家的行为和绩效的完全信息，使企业家存在生存竞争的压力，迫使企业家在这种压力下努力工作，自我约束。

（二）建立企业家市场的途径

建立企业家市场的途径主要有以下几个方面：建立企业与企业家双向选择的市场机制，发挥政府对企业家市场的宏观管理职能，强化市场管理组织对企业家市场的管理和服务，充分发挥企业家中介组织的重要作用，大力发展面向企业家市场的教育培训组织。

三、企业家队伍成长的条件

企业家队伍成长除了要有社会主义市场经济的大环境和以现代企业制度的建立和完善为基础这样两个前提条件外，还必须具备下列两个重要条件：

（一）必要的激励和约束机制

1. 设计合理的薪酬结构

高层经理人员的薪酬大体上可以采取以下几种形式：薪金、奖金、在职消费、股票或股票期权。每一种薪酬形式既有优点也有缺点。固定薪金虽不利于激发经理的积极性，但它能提供可靠的收入；奖金与当年企业经营业绩挂钩，具有激励作用，但容易导致经理人员的短期行为；股票与股票期权较能反映经营业绩，也最具有激励作用，但风险太大。最优的薪酬结构设计应是几种不同薪酬的最佳组合，并且董事会可以根据企业发展目标的不同（如侧重经济效益、市场占有率或社会公益贡献等），调整薪酬的构成比例。

在我国，从调动经营者积极性的角度看，增加经理经济收入是一个有效的途径。因为在过去，企业领导的收入相对于内部职工来说没有拉开差距。但在对经理人员采取高薪激励时，也要防止"矫枉过正"现象，因为若职工的收入与经理人员的收入差距太大，则会影响职工的积极性。相应的限制措施有两个：一是在经理收入与职工福利之间建立明确的挂钩关系，二是将付给高级经理人员的税后总收入限制在一个事先制定的相当于普通职工税后总收入的一定的倍数范围之内。

2. 引入三重市场竞争机制的约束

三重市场竞争机制约束是：①经理市场的约束；②商品市场的约束；③资本市场的约束。在这三重市场竞争机制约束的激励下，高层经理人员必须兢兢业业地工作。在三重市场中，来自经理市场上的竞争具有关键的意义，它给经理人员以晋升的可能，同时又使之感到被取代的压力。来自商品市场的约束是基础性的，若企业的商品市场是竞争性的，那么这种竞争会对经理形成压力。来自资本市场的约束，一方面表现在股票价格的涨落大体能反映出企业的经营状况；另一方面，如果经营不善，其他公司有可能用低价买走足够的股份，进而接管企业，原任经理将因此被取代。

（二）建立起企业家人才市场

为了营造一个产生和造就企业家的客观外部环境，有必要引进市场机制，建立一个企业家人才市场。这样，企业家可以根据自己的工作能力和实践经验为自己明码标价或表明相关的条件和要求，企业也可以去寻求符合自己需要的领导者。企业家市场的形成可以为不同的类型、具有不同特点和专业的企业家找到用武之地，使其在充分体现自身价值、实现人生追求的过程中带动和搞活一批批企业，振兴社会经济，创造更大效益。不同规模、行业的企业也有了选择企业带头人的环境和场所，对企业家自身而言，企业家人才市场的建立也促使他们不断更新知识、提高综合管理水平，以适应市场竞争的需要。企业家人才市场作为社会主义市场经济的一部分，也将随着市场经济的不断完善而日益成熟、不断发展。

思考题

1. 解释下列基本概念：

企业　法人治理结构　企业经营机制

2. 现代企业制度的基本特征是什么？

3. 如何理解企业的经营目标？

4. 试述国有企业转换经营机制的意义。

5. 结合现实谈一谈如何建立和完善现代企业制度。

6. 结合中国实际谈一谈如何培育企业家市场。

阅读书目

1. 周其仁：《产权与制度变迁》，北京大学出版社 2004 年版。

2. 杨瑞龙：《企业理论：现代观点》，中国人民大学出版社 2005 年版。

3. 盛洪：《现代制度经济学》第二版上下卷，中国发展出版社 2009 年版。

4. ［美］威廉姆森等编：《企业的性质》，商务印书馆 2010 年版。

5. ［美］凡勃伦著：《企业论》，商务印书馆 2012 年版。

第十四章   社会主义国民收入分配

分配关系是生产关系的一个重要组成部分，国民收入的分配结构是由生产资料的所有制结构决定的。本章首先考察分配的对象——国民收入的核算体系，然后分析国民收入的分配和再分配、社会各经济主体参与国民收入分配的具体形式和国民收入的最终用途，最后，讨论社会主义初级阶段的个人收入分配。

第一节   国民收入的核算

一、两种不同的国民经济核算体系

在国民经济的核算上，存在着两种不同的核算体系。一种是物质产品平衡体系(简称MPS)，另一种是国民经济账户体系(简称 SNA)。SNA 为绝大多数发展中国家所采用，并为联合国所推荐。

（一）国民经济账户体系(SNA)

SNA 体系的核算指标主要有以下五个：

1. 国内生产总值或国民生产总值

国内生产总值，通常用 GDP 表示，按属地原则定义，是指一个国家或地区在一定时期(通常为一年)内，在其领土范围内所提供的最终产品和服务的市场价值的总和。国民生产总值，通常用 GNP 表示，按属人原则定义，是指一个国家或地区在一定时期内(通常为一年)生产的最终产品和服务的市场价值的总和。国内生产总值是国民生产总值加上外国投在本国的资本和服务的收入减去本国投在外国的资本和服务的收入，用公式表示是：GDP = GNP − 本国投在外国的资本和服务收入 + 外国投在本国的资本和服务收入。

2. 国内生产净值或国民生产净值

国内生产净值，通常用 NDP 表示，是指一个国家或地区在一定时期(通常为一年)新增加的价值，即国内生产总值扣除生产过程中固定资产折旧后的余额，用公式表示是：NDP = GDP − 折旧。同样，可以通过国民生产总值计算国民生产净值(通常用 NNP 表示)，其公式是：NNP = GNP − 折旧。

3. 国民收入

国民收入，通常用 NI 表示，有广义和狭义两种含义。广义的国民收入泛指一个国家或地区的国民经济核算的总量指标，如 GDP、GNP 等。狭义的国民收入是指一个国家或地区在一定时期（通常为一年）内以货币计算的用于生产产品和服务的生产要素所获得的全部报酬，即等于工资、利息、地租和利润之和，在数量上也等于国民生产净值减去间接税后的余额，用公式表示是：NI = NNP − 间接税 = 工资 + 利息 + 地租 + 利润。

4. 个人收入

个人收入，通常用 PI 表示，指一个国家或地区的所有个人在一定时期（通常为一年）内所获得的收入总额，包括劳动收入、业主收入、租金收入、股息和利息收入以及政府和企业的转移支付，即：PI = NI − 公司未分配利润 − 公司所得税 − 社会保险税 + 政府对个人的转移支付 + 企业对个人的转移支付。

5. 个人可支配收入

个人可支配收入，通常用 PDI 表示，是指一个国家或地区的所有个人在一定时期（通常为一年）内实际得到的可以由个人支配的全部收入。个人可支配收入等于个人收入减去个人所得税后的余额，它最终将用于消费和储蓄两个方面，用公式表示是：PDI = PI − 个人所得税 = 消费 + 储蓄。

（二）物质产品平衡体系（MPS）

MPS 体系主要的核算指标是：

1. 社会总产品和社会总产值

社会总产品是一国的各个生产部门的劳动者在一定时期内（通常为一年）生产出来的物质产品和服务产品的总和，也就是当年生产出来的生产资料和消费资料的总和。总产品中的生产资料，一部分用于补偿生产总产品所消耗的生产资料，超过补偿部分的剩余部分则可用于扩大再生产；总产品中的消费资料，一部分用于补偿劳动力再生产的需要，超过补偿部分的剩余部分则可用于提高社会成员的生活消费水平和增进社会福利。在市场经济条件下，社会总产品具有价值形式。社会总产品的价值形式就是在生产过程中消耗并已被转移到产品中去的生产资料价值和新创造出来的价值的总和，亦称社会总产值。用公式表示为：社会总产值 $= c + v + m$。

2. 国民收入

社会总产品扣除用来补偿已消耗的生产资料之后，剩下的那部分净产品，就是国民收入。它的实物形式是超过补偿需要的那一部分生产资料和全部消费品；它的价值形式则是社会生产劳动者在一年内新创造的价值，即：国民收入 $= v + m$。国民收入标志着一个国家在一定时期内扩大再生产和提高人民生活水平的能力。一个国家按人口平均计算的国民收入（即人均国民收入）的多少，基本上反映了这个国家的生产力发展水平。一个国家国民收入的增长速度，也基本上反映了这个国家国民经济的发展速度。因此，国民收入是反映一个国家国民经济发展状况和经济实力的一项重要经济指标。加速国民收入增长对任何国家都具有重大意义。国民收入来源于社会生产劳动。因此，增加国民收入的主要途径有：①增加生产劳动领域的劳动量投入（包括物化劳动量和活劳动量）。在其他条件相同的情况下，投入生产劳动领域的劳动量与国民收入量成正比例变化。②提高劳动生产率。劳动生产率越高，单位时间内生产的产品数量就越多，从而按实物形式或按不变价格计算的国民收入总量的增长就越快。③节约物质消耗。在社会总产值一定的情况下，生产资料的消耗与国民收入的形成存在着此消彼长的关系。上述三个因素互相联系、互相制约，在现实生活中往往同时发挥作用。

（三）两种不同的核算体系中的国民收入的换算

MPS 体系和 SNA 体系计算的国民收入可以换算如下：

$$MPS \text{ 国民收入} = SNA \text{ 国民收入} + \text{生产部门的间接税} - （\text{劳务部门的收入} + \text{政府部门的收入}）$$

$$SNA \text{ 国民收入} = MPS \text{ 国民收入} - \text{生产部门的间接税} + （\text{劳务部门的收入} + \text{政府部门的收入}）$$

我国自 20 世纪 50 年代起，长期使用 MPS 体系。从 1985 年起，开始正式采用 SNA 体系，以国内生产总值作为考核国民经济发展和制定经济发展战略目标的主要指标。本书所使用的国民收入概念是 MPS 国民收入。

二、国民收入的核算方法

按照国民收入处于社会再生产不同环节的状况，可以有不同的核算国民收入的方法。从生产的角度对所生产的国民收入进行衡量的方法称为生产法；从分配的角度对所分配的国民收入进行衡量的方法称为分配法；从使用的角度对所使用的国民收入进行衡量的方法称为最终使用法。

生产法是核算国民收入的基本方法，也是使用范围最为广泛的方法。它是根据国民收入的创造与形成过程，按照生产活动的成果与消耗计算国民收入的一种方法。具体地说，从社会总产值中减去消耗掉的生产资料价值，就得到所生产的国民收入。

分配法是核算国民收入的一种补充方法。它是根据分配的收入来计算国民收入的一种方法。具体地说，就是把生产领域劳动者的收入，包括工资、奖金、福利等收入，企业的利润、利息等收入，国家的收入即企业上缴给国家的税金和租金收入等进行汇总，就得到按分配法计算的国民收入。

最终使用法是计算国民收入的又一种方法。它是根据国民收入的最终用途来计算国民收入的方法。具体说来，国民收入的最终用途包括积累基金和消费基金两个方面。消费基金又分为个人消费基金和社会消费基金，积累基金又分为生产性积累基金和非生产性积累基金。将上述各种用途的支出汇总，便得到按最终使用法计算的国民收入。

用以上三种方法计算的国民收入可以互相验证。不同的国民收入核算方法又各自具有独立的意义。按生产法计算的国民收入，可以用来分析国民收入占社会总产值的比重和国民收入的部门结构变化；用分配法计算的国民收入，可以用来分析必要产品和剩余产品的关系，计算社会剩余产品率；用最终使用法计算的国民收入，可以用来分析积累与消费的关系，计算积累率。用三种方法计算的国民收入结合其他指标，还可以用来分析其他一系列重大社会经济问题。如将国民收入与财政收入对比，可以看出国家集中的国民收入程度；将国民收入与生产领域职工人数对比，可以反映社会劳动生产率的高低；将国民收入与生产基金对比，可以反映生产基金的使用效果；用新增国民收入与投资额对比或同上一年生产性积累基金对比，可以分析投资或者积累的经济效果等。

第二节　国民收入的分配

一、国民收入分配过程

国民收入在生产部门被创造出来之后，还要经过复杂的分配过程，才能进入使用。马克思指出："消费资料的任何一种分配，都不过是生产条件本身分配的结果。"①由于生产决定分配，分配的性质取决于生产的性质，国民收入分配在资本主义和社会主义两种经济制度下具有根本不同的性质。前者是按照有利于资产阶级的原则分配的，这种分配关系体现了资本家对雇佣工人的剥削关系；后者是按照有利于劳动者的原则分配的，反映了劳动者之间根本利益一致的关系。但是，又由于无论资本主义社会还是社会主义社会的国民收入分配，都是在市场经济条件下进行的，因而又在许多方面有着体现市场经济要求的共同之处。

（一）国民收入在商品生产经营者之间的分配

国民收入的分配过程首先是在商品生产经营者之间的分配过程。价值规律、竞争规律、供求规律等市场经济规律的作用，对商品生产经营者的生产经营收入存在重大影响。比如，价值规律要求商品价值由社会必要劳动时间决定和等价交换，这就使生产条件优越、设备技术先进、劳动生产率高、善于经营管理、个别劳动消耗少的商品生产经营者取得超额收入、级差收入；使生产条件差、设备技术落后、劳动生产率低、不善于经营管理、个别劳动消耗多的商品生产经营者亏损，甚至破产。由于竞争规律的作用，使得竞争能力强的商品生产经营者的生产经营规模日益扩大，收入不断增加；使竞争能力弱的商品生产

---

① 《马克思恩格斯选集》第3卷，人民出版社2012年版第365页。

经营者的生产经营规模日益缩小，收入减少。部门内部的竞争，促使商品生产经营者优胜劣汰，收入差距扩大；部门之间的竞争，使纯收入在部门之间的分配存在按资产平均化的趋势，但并不排除个别企业获得超额收入。竞争还会产生垄断，垄断者则可凭借垄断地位，通过售卖的垄断高价和购买的垄断低价，取得高额垄断收入，使非垄断者的收入大量减少。由于供求规律的作用，在商品供过于求时，价格低于价值，生产经营该种商品的生产经营者会发生亏损；在商品供不应求时，价格高于价值，生产经营该种商品的生产经营者可以得到机会收入或风险收入。当商品生产经营者冒着失败的危险，成功地抓住供不应求、价格上涨的时机，选择有利的生产经营活动，经营有方，冒险成功，就会取得超额收入；反之，碰上不利因素，失去有利时机，决策失误，经营无方，冒险失败，则会亏本破产。市场的供求情况，制约着商品生产经营者的产品能否卖掉，卖掉多少，以什么样的价格卖掉；价值能否实现，实现多少，取得多少货币收入。

在市场经济中，由于个别劳动时间与社会必要劳动时间的矛盾、个别价值与社会价值的矛盾、价格与价值的矛盾，使得商品生产经营者的生产经营收入，不是产品的个别价值而是社会价值，不是产品的实际价值而是实现了的价值即价格。生产经营的结果一般有四种情况：①当商品按高于个别价值的市场价格销售时，其个别劳动得到加倍承认，可以取得额外收入。②当商品按等于个别价值的市场价格售卖时，其个别劳动耗费完全得到承认，能取得正常的收入。③当商品按低于个别价值的市场价格出售时，其个别劳动耗费只能得到部分承认，不能完全得到补偿，会发生亏损。④当商品卖不掉时，个别劳动消耗完全没有得到承认，得不到一点补偿，会亏本破产。由此可见，决定商品生产经营者的生产经营收入的因素，除了自己耗费的个别劳动量之外，还要受市场价格的制约。价格是市场经济中实现和调节国民收入分配和再分配的极为灵敏有效的重要杠杆。价格上涨，生产经营者的收入增加，消费者的实际收入减少；价格下跌，生产经营者的收入减少，消费者的实际收入增加。

（二）国民收入初次分配

国民收入的初次分配是在直接参与社会总产品生产的社会成员或社会集团之间的分配。经过初次分配所获得的收入叫"原始收入"。国民收入的初次分配过程是将生产经营收入（扣除劳动力费用之外的成本以后的余下部分）按不同原则和方式在要素所有者及国家之间进行分配。

在现代市场经济中，国家是整个社会的组织管理者，是社会经济活动的调节者，为了国家的利益、社会的公共需要和稳定发展，政府必然要参加国民收入的分配，以形成国家收入，用于政府的必要开支。如果国家不参与收入分配，没有收入来源，政府机构将不能维持，社会公共需要将无法满足，国家将无力调节社会经济活动，社会稳定将难以维护。国家一方面凭借政府权力向企业和社会成员征税，分配的对象是企业的生产经营收入和个人收入的一部分；另一方面从国有企业取得资产收益。

生产经营收入在要素所有者之间的分配要受各种生产要素供求情况的制约。市场经济中，除国家收入以外的其他各种原始收入，其水平的高低要受要素市场上各种生产要素（资金、土地、劳动力、企业家才能、信息、技术等）供求情况的制约。当某种生产要素供不应求时，凭借此种生产要素取得的收入就会增加；当某种生产要素供过于求时，凭借此种生产要素取得的收入则会减少。国民收入在要素所有者之间初次分配方式主要有以下几种：①按所有权分配（按资分配）。分配的主体是各种资产（包括实物和价值、有形和无形资产）的所有者。各种债券利息、银行利息、股息、股份分红等都是按资金所有权分配取得的收入；地租或土地使用费（土地投资的折旧费除外）是凭借土地所有权取得的收入；机器设备租赁收费（不包括折旧费）是凭借固定资产所有权取得的收入；私营企业主的利润是典型按资分配取得的收入。②按经营权分配。分配主体是企业法人和掌握并使用经营权的企业主要经营管理人员即企业家，分配对象是纯收入中的的一部分，包括风险收入或机会收入等。③按劳分配。公有制经济中劳动者所取得的各种工资、奖金、津贴都是按劳分配取得的收入。

（三）国民收入再分配

国民收入经过初次分配以后，还要在整个社会范围内进行再分配。之所以如此，原因在于：第一，满足非生产部门发展的需要。现代社会是由众多生产部门和非生产部门组成的有机联系体。非生产部门如军事、公安以及国家机关等，虽不直接创造国民财富和国民收入，但也是社会发展所必需的。这些部门的维持和发展只能依赖于国民收入的再分配。第二，满足国家重点建设的需要。现代社会国民经济各部门、各地区和各企业的发展速度、生产增长规模及技术更新周期是不尽一致的，呈现出一种不平衡的局面，甚至会出现制约国民经济发展的"瓶颈产业"。现代市场经济国家具有宏观经济调控的职能，为保证宏观经济的协调发展，需要投资，用于重点建设加强国民经济的薄弱环节，或者用于基础设施建设和治理环境污染等，为社会经济发展创造良好的经济环境。这些都需要在国民收入初次分配的基础上进行再分配。第三，设立社会保障基金的需要。现代社会各个国家都负有保障失业者、弱势群体、丧失劳动能力而又无收入来源的社会成员的基本生活的责任以及举办各种社会福利事业等，都需要建立社会保障基金。这些费用只能通过国民收入再分配来安排。第四，建立社会后备基金的需要。现代市场经济国家为了预防自然灾害或其他突发事故，必须建立必要的社会后备基金。这也要通过国民收入再分配来实现。第五，缓解社会分配不公、体现社会公平的需要。现代市场经济国家为了缓和社会矛盾，维护社会稳定，都比较注意在宏观上调节收入分配，尽可能体现社会公平，这就同样需要进行国民收入再分配。对于社会主义国家来说，这一方面的意义尤为重要，它是防止两极分化、逐步实现共同富裕这一社会主义本质要求的需要。

国民收入再分配主要通过如下渠道进行：第一，国家预算。国家预算是国家制定的年度财政收支计划。在国民收入初次分配的基础上，国家财政机关利用国家预算将各类企业和个人上缴的税金集中起来，形成预算收入，然后以预算支出的形式进行再分配。在我国，预算支出的主要项目包括国家重点建设、文教卫生、国防建设、行政管理、国家储备和非生产部门开支以及社会福利等。通过这种预算收支活动，保证和促进社会经济文化建设的协调发展和人民生活水平的提高。第二，服务费用。在社会分工体系中，有一部分劳动者是通过自己提供的服务去为社会服务的。享受这种服务的人，用自己分配到的原始收入支付服务费用；服务提供者获得服务报酬。这部分费用一部分以税金形式上缴给国家财政，一部分用于支付服务部门的要素所有者所提供的生产要素的价格，从而使这一部分的国民收入进行了再分配。第三，价格变动。就是通过市场价格的变化，改变国民收入在各阶层社会成员和国民经济各部门之间的分配。如农产品价格的提高和农用生产资料价格的降低，会使城镇居民和农用生产资料生产企业以及以农产品为原料的工业企业的一部分原始收入转化为农民的收入。由于商品价格是一个体系，一种商品价格的变动，会引起相关商品价格变动的"连锁反应"。这样，由价格变动而连带影响的部门、行业、企业、社会阶层以至个人是极其广泛的，因而，价格变动是市场经济条件下实现国民收入再分配的重要渠道。第四，银行信贷。银行信贷作为对国民收入进行再分配的渠道主要是运用利息杠杆实现的。在信贷活动中，提高或降低利息率就会使一部分国民收入在银行、企业、居民之间实现再分配。

（四）财政在国民收入分配与再分配过程中的作用

国民收入再分配的主要渠道是国家预算。国家预算是通过财政实现的。财政是国家为了实现其职能对一部分社会产品进行分配和再分配的工具。

1. 财政支出

财政对社会总产品的分配和再分配功能是通过财政收入和财政支出实现的。国家财政总支出是国家政权为行使其职能，对筹集的财政资金进行有计划的分配使用的总称。

政府支出主要包括：①政府对公共工程支出。政府对公共工程支出，一方面可以取得巨大的社会效益，另一方面可以弥补企业投资不足，刺激社会总需求，扩大就业规模。②政府对商品和服务的购买。它是政府维持正常运转的必要开支，包括用于政府机关、军队、对外事务、科教文卫、环境保护等诸多方面对商品的采购以及对服务的购买。③政府对居民的转移支付。它包括对老年人、有退休金的人、退伍军人、残废者、贫困户、失业者以及其他应救助人员的救济和补贴。

2. 税收

政府的收入主要来自于税收。税收是国家有计划地集中社会资金的一种手段。国家对企业课征的税收主要有四大类：第一，以企业销售收入为税基的收益税类（又称流转税）；

第二，以资源占用为税基的成本税类；第三，以利润为税基的所得税类；第四，以企业专项基金为税基的基金税类。其中收益税和所得税是最主要的税种。用税率乘以税基，就得到税收课征量。

税收的特点是具有强制性、无偿性和稳固性。为了更好地进行社会主义现代化建设，有必要强化税收的作用，使它成为国家聚财的主要渠道。社会主义国家把通过税收集中起来的社会资金，用于发展社会经济、文化、教育、卫生和集体福利事业，为人民谋利益。

社会主义国家的税收有两种作用：一是征集建设资金。国家通过税收，征集财政资金，作为国家集中的一部分纯收入，有计划地用于社会主义建设。二是调节经济发展。社会主义国家把税收作为调节社会生产、分配、交换和消费的一个重要经济杠杆。税收的这种调节作用表现在：国家可以通过不同的税种和税率调节国民经济各部门、各企业和各类劳动者的收入；国家可以通过减税或免税来鼓励某种生产或消费；国家可以通过开征新税和提高税率来限制某种生产或消费；国家可以通过税收在对外经济关系中保护本国经济利益，利用外国的资金和技术。

3. 中央财政和地方财政的收入分配关系

国家财政总收入是国家各级政府通过财政各个环节筹集的财政资金的总称，它是保证国家和各级政府行使其职能不可缺少的财力。中央财政和地方财政，是指财政体制上划分中央政府和地方政府以及地方各级政府之间财政管理权限的一项分配制度。它是经济管理体制的重要组成部分，它在财政管理体制中居于主导地位。它具体规定了各级政府筹集资金、支配使用资金的权力、范围和责任，使各级政府在财政管理上有责有权。这对于正确处理中央和地方之间以及地方各级政府之间的分配关系，充分发挥各级政府的积极性，更好地完成国家财政收支任务，促进社会主义建设的发展，有着极其重要的意义。中央财政收入和地方财政收入，是指中央和地方各级负责组织征收的收入，不是按财政体制计算的收入分成数。其收入中还包括了国外借款。

目前，世界各国普遍采用分税制来处理中央财政与地方财政的关系。实行分税制，就是把各项税种按一定原则划分为中央税、地方税及中央与地方共享税的制度。实行分税制的原则是，把维护国家权益和实施宏观调控所必需的税种列为中央税，如关税、消费税等；把同经济发展直接相关的主要税种列为中央与地方共享税，包括增值税、资源税、证券交易税；将适合地方征管的税种划为地方税，如营业税、个人所得税、城乡土地使用税、房产税等，并充实地方税种，增加地方税收入。通过实行分税制，形成中央财政收入稳定增长的机制，从而增强中央的宏观调控能力。实行分税制必须坚持财权与事权相统一的原则，根据事权界定财权，中央与地方财政的界限分明。在实行分税制的同时，还必须实行中央财政对地方的返还和转移支付的制度，以调节分配结构和地区结构，特别是扶持经济不发达地区的发展和老工业基地的改造。

二、国民收入分配的最终用途

（一）积累基金和消费基金的构成

国民收入经过初次分配和再分配，按其最终用途可分解为积累基金和消费基金两部分。积累基金是生产部门的劳动者所创造的国民收入中用作追加的生产资本部分，它是一年内新增加的生产资料总量。"劳动产品超出维持劳动的费用而形成剩余，以及社会的生产基金和后备基金靠这种剩余而形成和积累，过去和现在都是一切社会的、政治的和智力的发展的基础。"①消费基金是生产部门的劳动者在必要劳动时间内所创造的国民收入，以及剩余劳动时间所创造的国民收入中用来满足劳动者个人消费及社会消费的那部分基金，它的实物形式为一年内用于个人消费和社会消费的消费资料的总和。在社会主义经济建设中，积累基金由扩大再生产基金、非生产性基本建设基金和社会后备基金三部分构成。消费基金由社会消费基金和个人消费基金两部分构成。这两大部分构成的内容，如图 14－1所示：

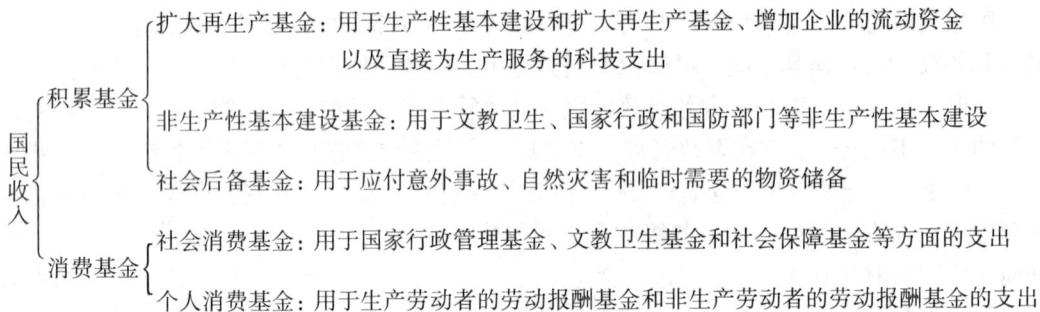

扩大再生产基金：用于生产性基本建设和扩大再生产基金、增加企业的流动资金以及直接为生产服务的科技支出

非生产性基本建设基金：用于文教卫生、国家行政和国防部门等非生产性基本建设

社会后备基金：用于应付意外事故、自然灾害和临时需要的物资储备

社会消费基金：用于国家行政管理基金、文教卫生基金和社会保障基金等方面的支出

个人消费基金：用于生产劳动者的劳动报酬基金和非生产劳动者的劳动报酬基金的支出

国民收入｛积累基金；消费基金｝

图 14－1   积累基金和消费基金的构成

（二）正确处理积累基金和消费基金关系的原则

在市场经济条件下，无论是资本主义国家还是社会主义国家，国民收入经过初次分配和再分配后，都会最终形成积累基金和消费基金。但是，在积累基金和消费基金的关系上，却具有根本不同的性质。在资本主义条件下，积累基金与消费基金之间主要体现的是资本家阶级和广大劳动者之间的利益对立关系。在社会主义条件下，积累基金与消费基金的作用从根本上说是一致的。因为，积累为了生产，生产为了消费，消费水平的提高使劳动者的生产积极性得到充分发挥，从而生产得到发展，国民收入得以增加，积累基金和消

---

① 《马克思恩格斯选集》第 3 卷，人民出版社 2012 年版，第 574 页。

费基金可以同时增长。同时，在社会主义制度下，积累基金代表劳动人民的整体利益和长远利益，消费基金代表劳动人民的个体利益和目前利益。二者都是为劳动人民谋利益的。但是，二者也存在着一定的矛盾。在一定时期内，国民收入是个定量，在定量的国民收入中，如果用于积累的多了，则消费就相应地减少，从而不利于当前人民生活的改善；反之，用于消费的多了，就相应地影响了积累，从而不利于扩大再生产的进行。二者此消彼长，相互之间存在着一定的矛盾。所以，要正确处理积累基金与消费基金的关系，使二者之间保持最优比例，以协调整个国民经济的发展。

在社会主义社会，正确处理积累基金和消费基金的比例关系，主要应遵循下列原则：第一，在生产发展和国民收入不断增长的基础上，积累基金和消费基金都要相应增长。当然，消费基金的增长，即人民生活改善的程度，也不能超过劳动生产率的提高和国民收入增长的幅度，否则，势必会减少资本积累，影响生产建设的发展。第二，对积累基金和消费基金要"统筹兼顾，适当安排"。既要使积累基金能保证进行扩大再生产的需要，又要使消费基金能保证人民物质文化生活水平提高的需要，要把国家经济建设的发展和人民生活的改善有机地结合起来。在国民收入总量既定的前提下，国民收入中用于积累基金的部分，必须保证当期内全体就业人口的平均资本和技术装备程度不低于前一时期，以保证扩大再生产的顺利实现。国民收入中用于消费基金的部分，必须保证当期内按人口平均的消费水平不低于前一时期，以保证人民生活水平的提高。在此前提下，选择二者的最佳比例。第三，积累与消费的增长必须同国民收入的物质构成相适应。国民收入的物质构成即国民收入实物形态中生产资料和消费资料的比例。积累基金主要用于扩大再生产，需要购买生产资料，所以，积累基金的数量和构成，必须同社会能够提供的追加的生产资料数量和构成相适应。否则，不是使生产资料供应不足引起部分基建工程停工待料，就是使生产资料供过于求，引起部分生产资料积压，以至引起再生产过程无法正常运转。消费基金主要用于个人消费，而个人消费需要消耗消费资料，所以，消费基金的数量和构成必须和社会能够提供的消费资料的数量和构成相适应。否则，不是使消费资料供不应求，引起物价上涨，就是使消费资料供过于求，造成消费品积压。第四，正确安排积累基金和消费基金各自内部的比例关系。积累基金中包括生产性基本建设基金、非生产性基本建设基金和社会后备基金几个部分。生产性基本建设基金中还包括新增固定资本和新增流动资本；消费基金中包括社会消费基金和个人消费基金两部分。如果它们内部的比例关系安排不当，即使是积累基金和消费基金二者在总体上是合适的，依然会造成国民经济的比例失调，给生产建设和人民生活带来不利影响。正如马克思指出的那样："有些事业在较长时间内取走劳动力和生产资料，而在这个时间内不提供任何有效用的产品；而另一些生产部门不仅在一年间不断地或者多次地取走劳动力和生产资料，而且也提供生活资料和生产资料。在社会公有的生产的基础上，必须确定前者按什么规模进行，才不致有损于后者。"①根据我国的历史经验，在安排生产性建设时，特别要注意新增固定资本同新增流动资本之间的合理比例，不能只注意固定资本投资而忽视对相应的新增流动资金的需要。否则，新增固定资本投入营运后，将会由于缺乏应有的配套流动资金而无法运转，造成生产力的浪费。

（三）积累率和积累效益

正确处理积累基金与消费基金之间的比例关系，实际上也就是要确定合理的积累率。积累率是指积累基金在整个国民收入中所占的比率。积累率的高低，不能以人们的主观意志来确定，它受一系列客观因素的制约：①受国民收入总量及其增长速度的制约。积累的基础是现有的国民收入。在社会主义制度下，无论是积累基金还是消费基金，都有一个必须满足的最低界限和最高界限。在正常情况下，积累率的最高界限，要以保证原有人口和新增人口的消费水平不降低为原则；积累率的最低界限，要以保证新增就业人口所需要的平均资本和技术装备程度不低于前一时期为原则。②受国民收入中的物质构成的制约。积累基金的数量和构成必须与国民收入中的生产资料的数量和构成相适应。而且，积累基金中相当一部分是用于建筑工人和其他追加工人的工资，因而，对消费资料也提出了追加的要求。如果积累率过高，超过了社会生产从而超过国民收入增长速度和承受能力，势必会影响人民生活的改善。如果积累率过低，也会影响生产正常增长所必需的资金和技术装备，从而妨碍社会经济的发展。只有从各个时期具体情况出发，经过反复权衡，在保证最优发展速度和最大限度满足人民需要的条件下，才能确定最适度的积累率。

在积累率合理的前提下，要使积累基金发挥更好的作用，还必须在积累基金的使用中讲求积累效益。积累效益是指一定数量的积累基金，要取得尽可能多的有用的劳动成果。提高积累效益的途径有：第一，积累基金应主要用于内涵扩大再生产。在积累基金有限的条件下，基本建设投资不可能大量增加，积累基金将主要用于节约投资的内涵扩大再生产，这有利于对现有企业落后技术的改造，实现再生产的持续增长，从而提高积累效益。第二，积累基金应着重用于企业的技术改造。在我国当前的情况下，要通过对现有企业的技术改造，形成尖端技术、先进技术、中间技术和初级技术相结合的，自动化、半自动化、机械化、半机械化和手工劳动相结合的技术结构，以利于更好地利用全国的人力、物力和财力，提高积累效益。第三，积累基金要用于企业设备的更新、工具改革、原材料开发和资源的综合利用，借以提高积累效益。第四，积累基金的使用方向，在保证完成一定时期的经济建设战略目标的前提下，要以在扩大再生产中取得最佳的积累效益作为出发点和归宿点，而不能单纯追求生产发展速度。

①　《马克思恩格斯全集》第24卷，人民出版社1972年版，第396－397页。

第三节　社会主义初级阶段的个人收入分配

一、按劳分配为主体和按生产要素贡献分配相结合

我国社会主义初级阶段实行的是按劳分配为主体与按生产要素贡献分配相结合的个人收入分配制度。实行这种分配制度有其客观必然性：第一，分配结构主要取决于生产资料所有制结构。有什么样的生产资料所有制结构就有什么样的个人收入分配方式。我国现阶段是以公有制为主体、多种所有制经济共同发展的所有制结构，这就从根本上决定了全社会范围内作为国民经济主体的公有制经济其内部主要实行按劳分配。而在公有制以外的经济成分中，由于生产资料的占有关系不同，存在着不同的分配方式。在各种生产要素属于不同个人所有的情况下，其所有者必然要求按投入经营领域的生产要素的数量和质量取得相应的收入，从而存在着按生产要素获取个人收入的个人收入分配方式。第二，经营方式的多样化也决定着分配方式的多样化。在我国非公有制经济中存在着多种经营方式。即使在公有制经济中，也有多种经营方式：按照所有权与经营权分离的原则，根据企业的性质、规模和技术特点，分别实行股份制经营、国家经营、承包经营、租赁经营等经营方式。在这些不同的经营方式中，所有者、经营者、劳动者的职能以及他们的相互关系存在着差别，因此，他们获得收入的方式也会不同。第三，社会主义市场经济的发展也要求实行多种分配方式。在市场经济中，各种生产要素都要通过市场流通和配置。按照市场经济等价交换的原则，生产要素的使用者要向生产要素的所有者支付代价，或为生产要素的所有者带来相应的收益，从而形成按各种生产要素贡献进行分配的制度。如使用土地所有者的土地要支付地租，租用房屋要支付房租等。这样有利于调动各方面的积极性，充分利用各种社会资源，促进经济发展。

二、按劳分配为主体

（一）按劳分配的含义

按劳分配是指在社会主义条件下，社会和集体以人们付出的劳动的数量和质量为尺度分配个人消费品。其内容可概括为：凡是有劳动能力的人都应该尽自己的能力为社会劳动；社会以劳动作为分配尺度，按照劳动者提供的劳动数量和质量分配个人消费品；等量劳动领取等量报酬，多劳多得，少劳少得，不劳动者不得。

（二）按劳分配的性质

按劳分配是社会主义的分配原则，它体现着个人消费品分配领域中社会主义性质的分配关系。它既是对一切剥削制度的否定，因而具有历史进步性，同时也不同于共产主义的

按需分配，不可避免地存在历史局限性。因为按劳分配原则承认人们劳动的差别，以劳动作为唯一尺度分配个人消费品，从形式上看是平等的，但是把同一尺度运用于不同的劳动者身上，就会出现事实上的不平等。因为，每个劳动者的个人天赋和劳动能力、负担家属人数都有差别，这样必然会出现劳动者生活富裕程度的差别，形成事实上的不平等。这种差别和不平等只有在将来的共产主义按需分配时才能消除。

（三）按劳分配的必然性

按劳分配是由生产资料的社会主义公有制和人们在生产过程中的相互关系所决定的，归根结底，受社会主义社会生产力发展状况所制约，因而具有客观必然性。第一，生产资料公有制是实行按劳分配的前提。产品的分配方式是由生产资料所有制的性质决定的，而一定的分配方式又是一定的所有制的实现。在社会主义经济中，生产资料归劳动群众共同所有，决定了产品要按照广大劳动者的利益来进行分配，否则，劳动群众对生产资料的共同占有就不能在经济上得到实现，生产资料公有制也就成了空话。第二，社会主义阶段生产力水平还较低，是按劳分配的终极原因。恩格斯曾指出："分配方式本质上毕竟要取决于有多少产品可供分配。"① 也就是说，选择何种分配方式来进行分配，要取决于社会生产力的发展水平。例如，在原始社会，生产力水平极低，可供分配的产品极少，不实行平均分配，人们便无法生存下来。将来到了共产主义社会，生产力高度发展，产品极大丰富，则可以实行按需分配。社会主义社会的生产力水平远高于原始社会，但又还不具备实行按需分配的物质条件，所以在社会主义阶段的公有制经济中只能选择按劳分配方式。第三，在社会主义阶段，劳动还是谋生的手段，是实行按劳分配的直接原因。在社会主义阶段，人们的劳动还存在重大差别，这主要表现为历史上形成和遗留下来的旧的分工还存在。旧的分工意味着人们终身被束缚于某一种职业，因此，人们仍将劳动看作是一种负担，为了谋生才愿意劳动。在这种条件下，只有实行按劳分配才能调动劳动群众的劳动积极性，发挥劳动群众的才能，有利于社会生产力发展。由此可见，实行按劳分配是由客观经济条件决定的，具有客观必然性。

（四）按劳分配的特点

在社会主义初级阶段，在商品经济条件下，按劳分配表现出许多重要特点：第一，按劳分配要通过商品货币形式实现。按劳分配的实现过程不是劳动者直接提供社会劳动，社会直接将消费品分配给个人，而是要经历一个间接迂回的过程，即各生产单位提供的劳动总量要先通过商品交换被还原为社会必要劳动，表现为价值，再根据各劳动者个人提供的劳动量以货币形式分配给个人。第二，按劳分配的"劳"不是实际耗费的"劳"，而是社会承认或市场实现的"劳"。按劳分配的实现程度受市场机制的制约。个别劳动和社会必要劳动

① 《马克思恩格斯选集》第4卷，人民出版社2012年版，第599页。

的差别、市场中的供求关系及生产资料价格都会制约按劳分配的水平。货币工资形式则制约着按劳分配的实现程度。第三，按劳分配的主体是企业。按劳分配不是在全社会按照统一的标准实行，而主要是以企业为单位进行。在商品经济条件下，企业是商品生产和经营的主体，具有自身独立的经济利益，因而也是分配的主体。

（五）按劳分配的作用

正确贯彻按劳分配的原则，对于社会主义建设具有重要作用：第一，它有利于调动劳动者的积极性和创造性。它促使人们在物质利益上关心自己的劳动成果，为了增加劳动收入就必须好好劳动，积极钻研和掌握科学技术，提高劳动技能和劳动熟练程度，从而推动社会生产力的发展。第二，在市场经济条件下，由于按劳分配与企业经营成果相联系，因而有利于促进企业改善经营管理，巩固和发展社会主义公有制。第三，它还有利于消除好逸恶劳的思想。

（六）坚持按劳分配为主体

在社会主义初级阶段中，公有制经济的主体地位决定了按劳分配的主体地位。按劳分配为主体是公有制为主体的实现，是共同富裕的要求，是社会主义的基本经济特征的要求。

三、个人收入分配的其他形式

（一）按生产要素贡献分配

生产要素是指在生产过程中发挥作用的物质要素（包括资本、土地、房屋、生产工具等）、技术要素、经营者的经营管理才能等。按生产要素贡献分配，是指按照上述各生产要素在投入生产经营后所起的作用和带来的收益来分配。因为，社会财富的创造，不仅要有人的劳动，而且要有物质条件，一切生产要素都是物质财富的源泉，都为物质财富的创造作出了贡献。同时，在商品经济的社会，人类的抽象劳动是商品价值的唯一源泉，但投入生产过程的物的生产要素是商品价值创造不可缺少的物质条件。离开了这个物质条件，人们不可能创造出新的商品，也就不可能创造出价值。因此，生产要素在价值创造中同样具有不可替代的作用。

资本参与收入分配有其客观必然性。在社会主义市场经济条件下，资本是由不同所有者占有的。因为资本的稀缺性，资本所有者对其资本占有权和使用权的让渡，是以获得相应的资本收益为前提的。作为一种稀缺要素，资本在社会再生产过程和价值与财富的创造过程中发挥着重要的作用。随着科技的发展，资本的有机构成不断提高，资本对价值形成和国民财富创造的作用更为显著。在分配比例关系既定的前提下，所有者投入的资本越多，资本收益越大。进一步讲，资本的稀缺性、增殖性和资本所有者对投资收益最大化的追求，必然要求资本使用者与资本所有者共同分享新增价值和财富。

技术要素在国民财富中的贡献，决定了技术要素参与收入分配的合理性和必要性。科学技术是第一生产力。但长期以来，在我国传统的计划经济体制下，科学技术在价值和国民财富创造中的贡献被忽略，更谈不上在收入分配上得到体现，从而影响了科技人员的积极性、主动性和创造性，延缓了科学技术融入经济、直接转化为现实生产力的进程，阻碍了先进生产力的发展和知识经济在我国的成长。因此，在收入分配中必须充分考虑科技因素在价值形成和国民财富创造中的巨大作用和贡献。

经营者的经营管理才能也应作为生产要素纳入收入分配体系中。同等条件下，企业创造价值和财富的多少，往往直接取决于经营管理者的能力大小和素质高低。经营管理劳动能够大幅度地提高总体劳动的效率和产出，加快社会财富的增长。技术、管理作为特殊的生产要素，依附于人，即劳动，从另一方面也可以说它是复杂劳动、高附加值的劳动，必须与普通劳动区别对待。要使经营管理人员的收入与他们的劳动付出和所作出的贡献相对称。

根据生产过程中劳动付出的多少、资本配置效率的高低、技术的先进程度、管理的优劣、对生产"贡献"的大小，参与分配。实行按生产要素贡献分配，一方面可以调动社会一切积极因素，加快社会主义经济建设，充分发挥物质因素的积极作用，使劳动者充分施展自己的才能、发挥自己的技术专长，另一方面可以实现社会财富的分流。人们可以把自己获得的财富转化为生产要素，投入到生产过程中去，从而，加快社会生产的发展，创造出更多的社会财富。

按生产要素贡献分配是指按生产要素所有者将各种生产要素投入生产经营后所起的作用和带来的收益进行收益分配的方式，包括利润、利息、股息、红利、租金以及技术、信息、工业产权转让收入等。

（二）按劳动力价值分配

私营企业、外资企业的雇工所得的工资不属于按劳分配，也不是劳动的价值或价格，而是劳动力的价值或价格的转化形式。按劳动力价值分配就是按劳动力再生产的费用进行分配。

（三）按个体劳动分配

个体劳动者的收入是依靠劳动者及其家庭成员的劳动和经营取得的，是劳动收入。但是，它们不同于按劳分配。因为个体劳动者的收入既包括劳动带来的收入，也包括投入经营的生产资料获得的收入。所以，个体劳动者的收入，是以个体的私有制为基础的商品价值关系中的劳动收入。

（四）按经营收益分配

按经营收益分配主要是指企业的经营者凭借自己的经营本领参与企业经营成果的分配。在市场经济条件下，经营收入既体现了经营者的劳动收入，又体现了经营者的机会收入和风险收入。

（五）按社会保障制度分配

按社会保障制度分配的是社会保障收入以及各种补贴收入，包括社会救济金、养老保险和失业保险、医疗保险及社会福利和社会优抚等社会保障收入。

四、个人收入分配差距的调节

（一）个人收入差距调节的必要性

个人收入分配差距的调节就是对个人收入进行再分配。在社会主义社会，对个人收入进行调节的必要性主要表现在：第一，社会主义本质——共同富裕的要求。社会主义本质要求消除两极分化，最终实现共同富裕。而过大的收入差距会产生两极分化，无法最终实现共同富裕，因此，必须对过大的收入差距进行调节。第二，宏观经济总量平衡的要求。国民经济要持续、快速、健康地发展，就必须保持总供给与总需求的总量平衡和结构平衡。而个人收入过分地向少数人倾斜，会使多数人缺乏有效需求，因而会造成总供给与总需求的总量失衡和结构失衡，所以这也要求对个人收入进行调节。第三，公平与效率兼顾原则的要求。由体制性和政策性等因素造成的畸形个人收入差距，违背了公平分配的原则，也必须通过个人收入调节来解决。我国自改革开放以来，由于多种分配方式的并存和分配制度的不完善，个人收入差距日趋扩大，部分社会成员收入高低悬殊。主要表现在：城乡之间、地区之间、不同部门不同行业之间、城镇居民中高收入者与低收入者之间收入差距扩大。对个人收入的调节，有国家调节、集体和社会团体调节，还有个人的自我调节。其中国家的调节起主要作用。国家在对个人收入分配进行调节时应妥善处理好效率与公平的关系，再分配应更加注重公平。根据实际情况，对个人收入进行调节必须坚持两个重点：一是对个人的高收入加以调节。在保护合法收入的同时，调节过高收入，取缔非法收入。扩大转移支付，强化税收调节，打破经营垄断，创造机会公平，整顿分配秩序。二是对收入低、生活困难的个人和家庭提供帮助。着力提高低收入者收入，逐步提高扶贫标准和最低工资标准，建立企业职工工资正常增长机制和支付保障机制，创造条件让更多群众拥有财产性收入。

（二）个人收入差距调节的标准

意大利经济学家科拉多·基尼根据洛伦茨曲线，计算出了一个反应分配公平程度的指标，称为基尼系数。它是洛伦茨曲线图中实际收入分配曲线与完全公平曲线之间的面积（用 A 表示）与这块面积再加上实际收入分配曲线与绝对不公平曲线之间的面积（用 B 表示）之和的比，用公式表示是 $G = A/(A+B)$。一般认为，在市场经济国家，基尼系数在 0.2 以下表示收入分配绝对公平，在 0.2~0.3 之间表示比较公平，0.3~0.4 之间表示比较合理，0.4 以上表示收入分配差距过大。具体到一个国家和地区，基尼系数多少表示收入分配公平合理，要根据它的经济发展水平、历史演变情况和居民心理承受能力而定，一般应在0.4以下。

思考题

1. 解释下列基本概念：

国民收入　国内生产总值　积累基金　消费基金　按劳分配

2. 社会主义国民收入的初次分配是怎样进行的？

3. 社会主义国民收入为什么要进行再分配？国民收入再分配是怎样进行的？

4. 积累和消费的关系如何？如何正确处理积累和消费的关系？

5. 社会主义初级阶段为什么要实行按劳分配与按生产要素贡献分配相结合？如何理解按生产要素贡献分配？

6. 市场经济条件下按劳分配的特点是什么？

阅读书目

1. ［德］马克思：《哥达纲领批判》，见：《马克思恩格斯选集》第3卷，人民出版社2012年版。

2. ［美］萨缪尔森：《经济学》上、中、下册，商务印书馆1979年版。

第十五章　社会主义消费关系

　　消费是人类社会生存与发展的基本条件，也是人类社会不断进步的基本动力。消费关系是生产关系的重要组成部分。本章首先论述了消费的含义、性质和作用，然后从微观和宏观两个层面阐述了消费的主要问题，最后论述了对消费进行调控和引导的必要性、原则及手段。

第一节　消费的含义、性质与作用

一、消费的含义和性质

　　消费有狭义和广义之分。狭义的消费即生活消费，是指人们消耗物质资料和精神产品以满足自身物质文化需要的过程，它直接与劳动力再生产相联系。广义的消费除包括生活消费外，还包括生产消费。生产消费是指生产单位通过消耗生产资料（包括原材料及辅助材料）和劳动力而生产出新产品的过程，它直接与生产活动相联系。政治经济学所研究的消费是指生活消费。

　　消费具有两重属性，即具有自然过程和社会过程的性质。具体说来，消费过程既是人们同消费对象发生关系的自然过程，又是人们之间发生一定的社会关系的社会过程。在这个双重性质的消费过程中，必然发生两种消费关系：①自然消费关系。即消费中的各种自然因素之间的关系，如食品营养成分与寿命、健康之间的关系。②社会消费关系。即消费中的社会因素之间的关系，体现在消费中的人与人之间的关系，体现在社会再生产体系中消费与生产、分配、交换的关系。从消费的社会属性来看，消费关系是生产关系的一个重要方面，消费关系的性质从根本上说是由生产资料的所有制关系决定的。在不同的社会制度下，由于所依存的生产关系性质不同，消费也具有不同的性质和特点。在社会主义生产资料公有制条件下，消费关系体现了人们在消费过程中摆脱了剥削和贫富对立的一种平等关系。因此，社会主义消费关系具有以下特点：第一，消费不再具有阶级对抗性，而是体现劳动者之间的平等互助关系。第二，消费水平随着社会生产力的发展而不断提高。在社会主义制度下，发展生产的目的就是为了提高劳动者的消费水平，两者在根本上是一致的。

在经济运行中，根据消费所涉及的领域，可将消费分为微观消费和宏观消费两部分。微观消费主要分析微观消费主体的行为，即消费者如何将其收入在消费与储蓄之间进行分配，以及影响这种分配的主要因素是什么。宏观消费主要分析消费需求对经济增长的影响，将消费视为宏观经济分析中的一个主要变量。宏观层面的消费需求、消费结构是微观层面的消费主体自主选择的结果，因此，分析宏观的消费变量需要把握微观消费主体的行为。同时，微观消费主体的行为，也受宏观经济环境、经济发展阶段的影响和制约，与宏观消费现象有着复杂的联系，需要就特定的问题深入研究。

二、消费在社会经济发展中的作用

消费在社会经济发展中的作用，可以从社会再生产、市场经济运行、经济增长三个方面来认识。

社会再生产过程是由生产、分配、交换、消费四个环节构成的有机整体。其中，生产是起点，消费是终点，分配和交换是中间环节。消费在社会再生产过程中的作用，主要表现为消费是生产的目的和归宿，对生产有重要的反作用。从生产和消费的关系来看，一方面生产决定消费，表现为生产为消费提供外在对象，生产决定消费的结构和方式，生产的发展水平决定消费水平等；但另一方面，消费作为生产的目的和最终归宿，又反作用于生产。马克思认为："消费在观念上提出生产的对象，把它作为内心的图象、作为需要、作为动力和目的提出来。消费创造出还是在主观形式上的生产对象。没有需要，就没有生产。而消费则把需要再生产出来。""消费的需要决定着生产。"①消费不仅通过创造出新的生产需要，从而创造出生产的动力；而且使生产出来的产品最终成其为产品，因为只有作为生产的结果的产品被人消费了，才是现实的产品。因此，可以说，没有消费就没有生产，就没有社会再生产的顺利进行。消费在社会再生产过程中的作用，还表现为消费是劳动力再生产的条件。劳动者在社会再生产过程中处于主体地位，只有通过消费，才能使在生产过程中消耗了的劳动力得以恢复，才能继续劳动；也只有通过消费，才能使劳动者的子女得以生存和发展，才会有源源不断的劳动力。

市场经济是需求导向型经济。在市场经济的运行中，市场需求的规模和结构的变动，引起产品(包括服务)价格的变动，而产品(包括服务)价格的变动，引导企业调整投资规模和产品结构，从而实现资源的优化配置。而在整个运行过程中发挥导向作用的市场需求，从根本上说是由消费决定的，是消费者的消费偏好、消费规模、消费结构以及消费水平的变动决定了市场需求的变动。因此，消费是市场实现资源优化配置的根据，是市场经济健康发展的重要条件。随着市场经济由卖方市场发展为买方市场，消费在市场经济中发挥着

---

① 《马克思恩格斯选集》第2卷，人民出版社，2012年版，第691、699页。

越来越重要的作用。另一方面，对消费状况的把握程度直接关系到企业的成败。在市场经济条件下，企业只有准确把握消费的特点、规模以及发展趋势，根据消费需求的状况来组织生产，才能在市场竞争中取胜，才能不断发展壮大。

在一个存在资源闲置和劳动失业的环境下，有效需求成为经济增长的约束条件，因此，有效需求的扩大成为拉动经济增长的决定性因素。有效需求由消费需求、投资需求和净出口构成。消费需求不仅直接影响有效需求，而且还通过与投资需求的相互关联对有效需求以及经济增长产生进一步的影响。可以说，消费能否持续增长直接关系到经济能否持续稳定健康发展。从我国情况看，随着我国经济由卖方市场逐步转变为买方市场，结构性的相对过剩已成为宏观经济运行中一种常态，经济增长已由供给约束转变为需求约束，在这种背景下，如何拓宽消费领域、推动消费持续增长已成为促进我国经济持续稳定增长的关键。

第二节　微观消费经济分析

居民（个人或家庭）是市场经济重要的微观经济主体。在市场经济运行中，居民作为供给主体，通过向企业提供生产要素（包括劳动力和资本等）而获得报酬；另一方面，居民作为需求主体，利用可支配收入向企业购买产品或服务以满足自身物质文化生活需要。微观消费研究居民作为需求主体的行为，实质就是研究消费者的资源分配问题。具体而言，微观消费研究消费者如何将其收入在消费和储蓄之间进行分配，研究影响消费行为和储蓄行为的主要因素。在现代市场经济中，由于消费者的行为极大地受金融市场的影响，因此，消费信贷和居民投资也成为微观消费研究的重要领域。

一、消费和储蓄

（一）居民消费行为

居民消费行为是受消费动机支配的，而消费动机又源于消费需要。根据消费需要的层次性，消费需要可分为三类：一是生存需要，即人们为维持生存而对基本的物质生活资料和服务的需要；二是发展需要，即人们为提高和发挥自身的素质和能力而产生的消费需要；三是享受需要，即人们为追求生活享受而产生的消费需要。在现实经济生活中，居民为满足自身消费需要所进行的消费活动，要受到收入、价格、税收、商品、社会和文化等诸多因素的影响。

第一，居民可支配收入的影响。居民要用货币收入来购买消费品，因而居民可支配收入的数量，是影响其消费行为的最根本因素。具体说来，这种影响表现在三个方面：一是当居民可支配收入变化时，居民消费每种商品的数量及其消费支出结构都会发生变化。一般说来，当可支配收入增加时，在其他条件不变的情况下，居民对商品的消费量会增加。当收入提高时，对某些商品的需求会增加较快，而对另一些商品的需求可能增加较慢，甚至对有些商品的需求还会减少，因而会导致消费支出结构的变化。收入变化与消费需求变化之间的数量依存关系，通常用需求收入弹性来衡量。二是当居民可支配收入已定的情况下，居民将收入分为消费和储蓄的比例，或者说居民的消费倾向，是影响消费的重要因素。三是居民对未来收入的预期，也会影响其当前消费。如果居民预期未来收入提高，他可能以消费信贷的形式用预期的收入进行即期消费；如果预期未来收入降低，他可能会增加储蓄，以支持未来的消费水平。

第二，价格因素的影响。在居民可支配收入和消费倾向一定的情况下，价格是影响居民消费行为的决定性因素。一般说来，居民对某种商品或劳务的购买量与该种商品或服务的价格是成反方向变动的。价格上升，居民购买量下降；价格下降，则购买量上升。价格变化与需求变化之间的数量依存关系，通常用需求价格弹性来衡量。而需求价格弹性的大小受商品的可替代性、用途的广泛性、对生活的重要程度以及该商品消费支出占消费总支出的比重等因素的影响。

第三，税收因素的影响。税收对社会经济生活有着重要的影响。从对居民消费的直接影响来看，主要表现在两方面：一是税收对消费的收入效应。政府征税会使居民的可支配收入下降，从而减少商品的购买量，降低消费水平。如个人所得税、利息税等税种会导致产生这种效应。二是税收的消费替代效应。政府对某些特定商品征税，会导致被征税商品价格相对上涨，从而导致消费者减少对征税或高税商品的购买量，相对地增加免税或低税商品的购买量，这就产生了税收的消费替代效应。比如对少数商品征收的消费税，就具有引导居民调整消费结构和消费行为的目的。

第四，商品因素的影响。一是商品本身的性能、质量等特征会影响居民的消费支出。只有当商品的性能、质量能满足消费者的消费需要时，消费者才会购买这种商品。二是商品的购买、使用条件以及售后服务也影响居民的消费支出。购买条件包括商业网点的分布状况、购买方式等，反映购买的便利程度；使用条件主要指与商品消费相关的配套设施是否齐全。显然，与消费相关的购买、使用、售后等环境条件越优越，就越能诱发消费者的消费愿望。

第五，社会因素的影响。在社会因素中，社会阶层和社会文化是影响消费行为的重要因素。社会阶层对消费行为的影响表现为：属于同一社会阶层的人，往往在收入水平、文化程度、社会地位以及价值观念等方面比较相近，容易在消费支出方面进行仿效和攀比，从而形成该阶层共同认可的生活消费方式。而属于不同社会阶层的人因收入水平、生活方式等方面的不同，在消费水平、消费方式等方面会表现出显著的差异。当然，较高社会阶层的消费方式对较低社会阶层的消费方式也会存在较强的示范效应。从社会文化来看，生活在不同文化环境的人，因为其价值观念、风俗习惯、生活方式等的不同，消费行为表现出很大的不同。比如，西方文化比较注重个人价值的实现，表现在消费上，就是西方国家的消费者在消费上比较突出个性，推崇"及时行乐"，储蓄率较低；而东方文化强调社会价值，在消费上从众心理比较普遍，喜欢"攒钱"，储蓄率较高。

（二）居民储蓄行为

居民储蓄有狭义和广义之分，狭义的居民储蓄是指居民在银行等金融机构的储蓄存款，这也是我们通常所理解的储蓄含义；而广义的居民储蓄是指居民可支配收入中未被消费的部分，它包括现金、银行存款、有价证券、实物资产等多种形态。广义的居民储蓄实际上包含了居民投资，考虑到本节后面将专门阐述居民投资行为，这里仅从狭义的角度分析居民储蓄行为。

居民储蓄表面上源于收入超出消费的节余，但从根本上说是为了以后能有更多的消费，是居民对于可支配收入在当前消费与未来消费之间的分配，因此，储蓄决策是一种基本的经济选择行为。储蓄行为是受储蓄动机支配的。在现实经济生活中，居民储蓄动机多种多样。根据储蓄动机的不同，可以将储蓄分为多种类型：①预防性储蓄。储蓄动机是为了应对未来面临的各类不确定性风险，比如未来收入的下降、看病和意外事故的花费等，可称之为谨慎动机。②生命周期储蓄。储蓄动机是为退休或丧失劳动能力时的消费做准备，以实现在整个生命周期内消费的最佳配置。③目标储蓄。目标储蓄是人们为了一些特定的目标，比如购买住房、汽车、支付孩子的教育费用等而进行的储蓄，在受流动性约束的情况下，这类储蓄意愿更强烈。④遗产储蓄。储蓄动机是为了给子女留下一份遗产，通过减少自己的消费支出，来提高其子女未来的消费水平。

居民储蓄行为除受储蓄动机支配外，还受到其他一些因素的影响。

第一，居民可支配收入的影响。可支配收入分解为消费和储蓄两部分，由于消费边际倾向是递减的，因而，随着收入增加，储蓄增加的比例是递增的。

第二，社会保障制度的影响。完善的社会保障制度，有利于降低人们对未来收入和支出的不确定性，从而降低人们的预防性储蓄。从我国情况看，由于社会保障制度不完善，且保障水平较低，导致人们为应付养老、医疗等方面的支出而增强储蓄倾向。此外，由于我国教育、住房等领域的改革，人们在这些方面的支出不断提高，也进一步增强了居民的储蓄倾向。

第三，资本市场发育程度的影响。资本市场的发育程度关系到居民的投资选择。如果资本市场比较健全，具有多元的投资渠道，风险可控且投资回报率较高的话，居民就会减少储蓄，增加投资；反之，高于消费的收入就只能以低收益、低风险的储蓄形式存在。

第四，消费观念的影响。消费观念作为支配和调节人们消费行为的思想意识，是一定社会文化、价值观念在消费领域中的体现。传统的"量入为出"、崇尚节俭的消费观念，会导致减少消费,增加储蓄;而注重享受、认同超前消费的消费观念,则会导致增加消费,减少储蓄,甚至参与信贷消费。

二、消费信贷和投资

(一)消费信贷

消费信贷是金融机构向个人(或家庭)提供的,用于购买特定消费品(或服务),并以未来收入作为还款来源的一种贷款。消费信贷对于提高人民生活水平和生活质量、促进社会经济发展有着重要意义。就消费者而言,消费信贷使消费者的当期消费不再依赖于当期收入,而与预期收入和他拥有的财产联系起来,使消费者能从一生的角度来理性安排消费和储蓄,从而实现消费效用的最大化。就金融机构而言,消费信贷的发展,有利于金融机构拓展金融业务、拓宽银行资金运用、分散和控制经营风险。就宏观经济运行而言,消费信贷的发展,有利于消费结构升级,从而带动产业结构升级;有利于扩大消费需求,促进经济持续增长。

按照贷款资金的用途,常见的消费信贷种类有:①住房贷款。住房贷款是商业银行向借款人发放的用于购买普通住房的贷款,是消费信贷最主要的品种。住房贷款一般贷款期限较长,通常为10~30年之间,以住房本身作抵押,采取分期付款方式还款。②汽车贷款。汽车贷款是金融机构或财务公司向借款人发放的用于购买汽车的贷款。由于汽车属于折旧率高的耐用消费品,汽车贷款期限一般为1~3年,属中短期贷款,贷款金额最高一般不超过所购汽车售价的80%。③教育贷款。教育贷款是金融机构向在读学生或其直系亲属、法定监护人发放的用于满足其就学资金需求的贷款。贷款期限一般为1~6年,所贷资金用于支付在校学习期间所需的学费、住宿费及生活费。根据贷款性质的不同,教育贷款可分为国家助学贷款和商业助学贷款。④旅游贷款。旅游贷款是金融机构为借款人发放的用于旅游活动的贷款。

在日常生活中,信用卡贷款是消费信贷最为流行的方式。信用卡是由银行或非银行信用卡公司发行,并给予持卡人一定信用额度、持卡人可在信用额度内先消费后还款的一种消费信贷方式。如果持卡人在规定的免息期内归还消费的全部金额,则不用支付利息;但如果不能在规定的期限内还清全部消费金额,则需要向发卡机构支付较高的利息。信用卡消费因具有安全、方便还能在一定条件下获得免费的金融服务等优点,深受广大消费者的欢迎。

影响消费者是否进行信贷消费的因素主要有:①消费的时间偏好。时间偏好是指消费者在当期消费或未来消费的选择时更偏重当期消费,认为当期消费效用高于未来消费效用。因此,消费者的时间偏好越强,进行消费信贷的愿望就越强。②消费者的收入。消费信贷的需求是建立在消费者有足够的收入且预期收入增加的基础之上的。如果未来收入减少或支出增加，消费者的还款能力就会降低，甚至无法还本付息，从而产生消费信贷的风险。③利率水平。利率水平与消费者的消费信贷意愿是负相关的。利率越高，消费信贷意愿越低；利率越低，消费信贷意愿越强。④资产价格。当消费信贷的资产价格趋于上升时，为减少未来消费时的支出，消费者会倾向于借贷消费；当资产价格趋于下降时，消费者会倾向于延迟消费。

由于消费信贷面临收入支出、利率、资产价格等方面变化带来的风险，因此，消费者需要对自身的资产与负债进行积极的管理，以防范消费信贷风险。

（二）居民投资行为

居民投资是指居民为取得一定的收入，将自己的货币收入转化为资产的行为，或者说，是一种通过个人支出取得一定收入的经济行为。居民投资具有两个特点：一是居民投资的最终目的仍是为了消费，虽然投资需要支出货币从而牺牲现在的消费，但投资可以获得收入从而增加未来的消费；二是投资有风险，收益具有不确定性，投资者需要权衡投资的收益与风险。在社会主义市场经济条件下，拓宽投资渠道、引导居民理性投资具有重要意义。具体说来：第一，有利于增加居民收入。在市场经济条件下，居民收入主要由劳动收入、经营性收入以及财产性收入三部分构成。增加居民财产性收入，需要大力拓宽投资渠道，充分调动居民投资积极性。第二，有利于筹集经济发展所需要的资金。居民手中存在大量闲散资金，通过一定的投资渠道，可以将分散的资金集中起来，解决经济发展对资金的需求。第三，有利于提高资金的配置效率。在发育成熟的居民投资市场中，只有那些效益好、有发展前途的企业才能获得充裕的资本供给，而那些得不到投资者认可的效益低下、没有发展前途的企业则难以获得资金支持。因此，大力发展居民投资市场，积极培育居民投资行为，有利于提高资金的配置效率。

在现实经济生活中，可供居民选择的投资类型主要有：①证券投资。这是以债券、股票、基金等金融资产为对象的投资。居民进行证券投资，目的是为了获取利息、股息红利、买卖差价等收益；而企业则可以通过发行各类证券获得生产经营活动所需要的资金。与其他投资相比，证券投资具有以下特点：一是尽管投资人让渡的是货币资金的使用权，仍拥有其所有权，但投资人本人并不参与企业的经营管理活动。二是证券投资在证券市场上可以随时转换为居民所需要的货币资产，因而具有较强的流动性。三是由于金融投资是建立在信用基础上的，投资者对未来预期的变化、各种突发事件等都会导致金融资产价格的剧烈波动。②房地产投资。这是居民为取得租金收入或房地产升值收入而购买房地产的一种投资方式。居民购买住房，除了用于满足自己居住的消费需求外，还可以抵御通货膨胀满足保值需求，用于出租、转卖等获得投资收益。住房投资是投资者最为重要的实物投资，也是投资者财产性收入的主要来源，但住房投资所需投资金额大，转让时交易成本较高，变现的时间较长，流动性弱。③保值商品投资。这是居民以金银饰品、宝石、古董、邮票、名人字画等保值商品为对象的投资，居民购买这类商品的目的是为了抵御通货膨胀或获取该种商品因稀缺性而不断升值的价值。这类投资需要投资人具有较高的知识文化水平和业务专长，转让时交易成本较高，流动性较差。

居民选择何种资产形式受多种因素影响，其中主要的有：①投资收益。居民在选择资产形式时，首先会考虑投资收益。哪种资产形式带来的收益高，居民就会倾向于选择哪种资产形式。由于居民比较的是实际获得的到期收益，因此，还需要考虑获得收益的时间、交易费用以及税赋政策等。②投资风险。风险是指由于不确定性因素造成未来损失的可能性。投资都是有风险的，因此，任何投资者在作投资决策时，都会考虑风险问题。当各类资产的预期收益率相同而风险程度不同时，投资者会选择风险程度最低的资产形式。由于大多数人厌恶风险，因此，投资者在承担较高风险时，会要求更高的预期收益率。③资产的流动性。资产的流动性一般是指资产转化为货币资产的难易程度。由于流动性偏好，在同等条件下，居民倾向于选择流动性强的资产形式。一般而言，银行存款具有很大的流动性，证券资产具有较强的流动性，而居民房产等实物资产的流动性较差。居民在进行投资选择时，会根据自身需要和投资对象的特性，综合考虑收益、风险、流动性等因素。最理想的投资对象是收益率大、风险性小、流动性强的资产。

第三节　宏观消费经济分析

一、消费函数

消费函数理论揭示了收入与消费之间的关系，是基于消费者行为分析基础上的对消费总量状况的描述。消费函数理论是宏观经济理论的重要组成部分。自凯恩斯的消费函数理论提出以来，基于不断完善的消费者行为假定，消费函数理论有了进一步的发展。

（一）绝对收入假说

凯恩斯的绝对收入假说认为，消费与实际收入之间有稳定的函数关系。随着收入的增加，消费也随之增加，但消费的增加幅度小于收入的增加幅度，这就是所谓的边际消费倾向递减规律。用公式表示：$C = a + bY$，其中 C 为当前消费，a 为自发消费，b 为边际消费倾向，Y 为当前收入。公式说明：随着收入的增长，人们的消费支出也会增长，由于边际消费倾向递减，消费的增长速度总是落后于收入的增长速度。因此，总收入的绝对量越大，消费与收入之间的差额就越大，消费在收入中所占的比重就越低。凯恩斯的绝对收入理论是有效需求理论的重要组成部分，根据这一理论，随着收入水平的提高，边际消费倾向呈现递减的趋势，从而导致消费需求的不足，并成为社会有效需求不足的原因之一。凯恩斯认为，国民收入分配格局会影响消费倾向。高收入阶层边际消费倾向较低，低收入阶层边际消费倾向较高，国民收入分配越不均等，社会平均消费倾向越低。因此，实施有利于消除社会不公平的政策措施，有助于提高消费倾向，从而促进经济增长。

（二）相对收入假说

相对收入假说是由美国经济学家杜森贝利首先提出的。他认为：①消费者的消费支出不仅受其自身收入的影响，而且受周围人们消费水准的影响。这就是所谓消费的"示范效应"。由于消费的示范效应，随着收入的提高，消费增量在收入增量中的比例就不一定是递减的。②消费者的消费支出不仅受本人目前收入的影响，而且还受本人过去收入和消费水平的影响，特别是过去"高峰"时期收入和消费水平的影响。消费者在收入比以前减少时，由于自己过去的消费习惯，他会通过减少储蓄来维持其已达到的消费水平。故消费固然会随着收入的增加而增加，但不易随收入的减少而减少，这被称为消费的"棘轮效应"。在他看来，消费函数有长期消费函数和短期消费函数的区分。长期消费函数为出自零点的直线，表明消费与收入在长期存在一个固定的比例关系；短期消费函数则为有正截距的曲线，正截距的产生，则源于过去的消费习惯和周围人们消费水准的影响。

（三）持久收入假说

持久收入假说是由美国经济学家米尔顿·弗里德曼提出来的。他将消费者的收入和消费分为两类，即"暂时收入"和"持久收入"，"暂时消费"和"持久消费"。暂时收入是指非连续的、带有偶然性的收入；持久收入是指消费者可以预计到的较稳定的、长期性收入。暂时消费是指非经常性的消费支出；持久消费是指具有经常性质的消费支出。他认为，消费者的消费支出主要不是由他的现期收入决定，而是由他的持久收入决定的。收入的暂时增加，并不会马上导致相应的消费增加；收入的暂时减少，也不会马上导致相应的消费下降。消费者会用他可以支配和预期得到的全部收入来安排现期消费。在收入与消费的关系中，只有持久收入与持久消费之间存在固定的比例关系。按照持久收入理论，人们的消费主要与持久收入相联系，政府想通过临时性的增税或减税来影响消费的政策是不会有明显效果的，因为人们因减税而增加的收入，并不会立即用来增加消费。

（四）生命周期假说

美国经济学家莫迪利安尼是生命周期理论的代表人物。该理论认为，人的一生可分为三个阶段，不同阶段其收入与消费的状况是不一样的。少年阶段，消费大于收入，需要通过借款来维持消费；壮年阶段，收入大于消费，不仅可以偿还少年阶段的债务，还可以进行储蓄用于养老；老年阶段，消费大于收入，需要靠壮年时期的储蓄来维持消费。每个人都想把自己一生的全部收入在生命周期的各个阶段消费支出中进行最优的配置，以达到整个一生的效用最大化。从把未来收入作为影响现期消费的因素来看，生命周期假说与持久收入假说有相似之处，但与持久收入假说不同的是，生命周期假说所说的收入，不仅包括劳动收入，还包括财产收入，它更强调的是消费与财产之间的关系。该理论认为，消费者生命周期各阶段的现期消费与其财产水平保持稳定的比例关系，当各种社会经济因素使消费者的财产状况发生变化时，消费者的消费支出就会发生变化。按照生命周期假说，社会总消费与人口年龄结构相关，如果一个社会的未成年人和老年人比例增大，消费倾向会提高；如果一个社会的中青年人比例增大，消费倾向则会下降。

二、消费需求

(一) 影响消费需求的主要因素

消费需求是指整个社会在一定时期内通过货币资金支出所形成的对消费品(包括服务)的需求。根据凯恩斯消费理论，消费需求可以分解为自发消费和引致消费两部分。自发消费指的是收入为0时举债或动用过去的储蓄也必须要有的基本生活消费，一般视为已知常数；引致消费等于边际消费倾向与可支配收入的乘积。因而，决定消费需求的因素主要是居民可支配收入和边际消费倾向。居民可支配收入取决于国内生产总值的大小与税率的高低；国内生产总值越高，税率越低，则居民可支配收入越高。在居民可支配收入一定的条件下，由于居民可支配收入分割为消费与储蓄两部分，因此，边际消费倾向越高，消费需求越大。边际消费倾向指的是消费增量在总收入增量中所占的比例，即收入每增加一个单位所引起的消费的增加量。边际消费倾向既与人们主观的消费动机和储蓄动机相关，又与居民收入变动、利息率变化、财政政策变动等客观因素相关。从整个社会的角度看，边际消费倾向与国民收入分配格局密切相关。不同收入阶层的边际消费倾向不同，收入水平越高的阶层，越有能力储蓄，边际消费倾向越低；收入水平越低的阶层，储蓄能力越低，边际消费倾向越高。因此，国民收入差距越大，社会的消费倾向越低；国民收入越是均等，社会的消费倾向越高。

(二) 消费需求与经济增长

在一个存在资源闲置和劳动失业的环境下，社会产出是由社会总需求决定的，而在一个没有对外经济关系的封闭经济中，社会总需求由消费需求和投资需求构成。一国的经济增长，一方面直接表现为消费需求与投资需求的拉动；另一方面，消费需求与投资需求又通过相互作用对社会总需求产生影响。消费需求与投资需求的相互影响，主要通过投资的乘数效应表现出来。投资增加，导致就业和收入水平的提高。收入水平的提高，会使消费需求增加，增加的幅度则取决于边际消费倾向的高低，边际消费倾向越高，消费需求越大，总需求增量就越大。

从经济增长的根本动力来看，在现代买方市场条件下，经济增长由供给约束转为需求约束，尽管由投资需求和消费需求构成的社会总需求是经济增长的动力，但消费需求是原动力和决定性因素。因为，虽然投资需求的增加可以源于投资品需求本身的扩张，投资需求增加还可以通过乘数效应导致消费需求的增加，但是，投资需求作为引致需求，最终还是受制于消费需求的。没有消费的增长，投资难以无限制地自我循环下去。只有消费需求增加了，才能带动投资需求的增加。因此，当一个国家的经济发展到买方市场阶段时，经济的持续稳定增长，仅仅依靠投资需求是不够的，必须依靠消费需求的持续稳定增长。

（三）消费需求不足制约我国经济增长

消费率是指最终消费支出占国内生产总值的比重。最终消费支出包括居民消费和政府消费。我国消费需求不足主要表现为消费率偏低。2001—2011 年，我国消费率平均为52.7%，低于世界平均80%左右的消费率水平。从表 15 - 1 可以看出，近十多年来，我国消费率总体呈现出下降趋势，2001 年为61.4%，2010 年下降到48.2%，2011 年略有回升，为49.1%。就居民消费率而言，近十多年来，我国不仅低于美国、日本、德国、英国等发达国家，也低于印度等发展中国家（见表 15 - 2）。

表 15 - 1　我国近年来消费率的变动情况 单位(%)

年　份	2001	2002	2003	2004	2005	2006	2007	2008	2009	2010	2011
消费率	61.4	59.6	56.9	54.4	53	50.8	49.6	48.6	48.5	48.2	49.1

数据来源：中国统计年鉴(2012)，中国统计出版社 2012 年版，第 61 页。

表 15 - 2　不同国家居民消费率比较 单位(%)

年份　国别	1990	2000	2005	2008	2009
中国	46.7	46.7	38.1	34.9	33.5
印度	65.6	64.2	57.2	59.9	56
日本	53	56.2	57	57.7	59.3
美国	66.6	69	70.1	70.7	71.2
英国	62.2	65.6	65	64.2	65.3
德国	57.7	58.9	59.1	57	58.9

资料来源：国际统计年鉴(2012)，中国统计出版社 2012 年版，第 43 页。

发达国家经济增长的过程表明，在经济增长的不同阶段，消费与投资占国内生产总值的比重是不同的。在经济起飞阶段，由于工业化的推进需要大量的资金支持，各国政府为促进本国经济增长，往往实行限制消费、鼓励储蓄的政策，经济增长主要表现为投资推动。因此，总体来看，这一阶段，消费率较低，投资率较高。在经济增长进入到高收入阶段以后，一方面由于经济增长率有所降低，投资增长率也会降低；另一方面，由于消费者对高额消费和生活质量的追求，第三产业比重大幅上升，第二产业比重下降，消费在国民收入中所占份额比较大，消费率比较高。

从我国情况来看，改革开放以来，我国经济保持了年均近 10% 的增长率，这与我国较高的储蓄率，从而较高的投资率是分不开的。20 世纪 90 年代末，我国逐步从卖方市场转向买方市场，按照发达国家经济增长的经验，经济增长应转向主要依靠消费需求的持续增长。2001 年以来，一方面，我国消费率持续走低；另一方面，经济持续高增长，较高的投资率也未导致较为严重的经济相对过剩。这种与发达国家经济增长经验相矛盾的经济现象，实际上并没有否定发达国家的经验，而是由于 2001 年我国加入世贸组织后，净出口快速增长，不仅缓解了国内过剩的生产能力，而且拉动了经济的快速增长。从表 15-3 可知，2002—2008 年，净出口对我国国内生产总值的贡献率平均达到了 11.47%。2008 年国际金融危机爆发后，我国的出口遭遇极大困境，2009 年、2011 年，净出口贡献率分别下降为 −37.4%、−4.3%。因此，在这种背景下，扩大内需特别是扩大消费需求成为保持我国经济持续稳定增长的必然选择。

表 15 – 3   三大需求对国内生产总值增长的贡献率   单位(%)

年份	最终消费支出贡献率	资本形成总额贡献率	净出口贡献率
2001	50.2	49.9	− 0.1
2002	43.9	48.5	7.6
2003	35.8	63.2	1.0
2004	39.5	54.5	6.0
2005	38.7	38.5	22.8
2006	40.4	43.6	16
2007	39.6	42.5	17.9
2008	44.1	46.9	9.0
2009	49.8	87.6	− 37.4
2010	43.1	52.9	4.0
2011	55.5	48.8	− 4.3

数据来源：中国统计年鉴(2012)，中国统计出版社 2012 年版，第 63 页。

我国消费率持续下降的主要原因有：①居民收入在国民收入中所占比重不断下降。从国民可支配总收入构成来看，2001—2007 年，政府所占比重由 20.5% 上升到 24.1%，企业所得由 17.5% 上升到 18.4%，而居民所占比重则由 62% 下降为 57.5%。从作为居民收入主要来源的劳动者报酬占 GDP 的比重来看，近十多年来基本上是持续下降的，2001 年劳动者报酬所占比重为 48.2%，2007 年下降为 39.7%。居民收入份额的下降，必然导致消费率的下降。[①] ②收入分配差距扩大。近年来，我国经济发展中城乡差距、地区差距、行业差距全面凸现。2000 年我国基尼系数开始超过 0.4 的国际警戒线，2010 年已达到 0.48。高收入阶层消费倾向较低，低收入阶层消费倾向较高，居民收入差距不断扩大，必然降低整个社会的平均消费倾向，从而导致消费需求的不足。③居民心理预期不稳定。由于我国社会保障制度的不完善，以及就业、教育、医疗、住房等领域改革的不断深化，为应对未来风险和不确定性，居民储蓄意愿较强，消费倾向下降，从而加剧了消费需求不足。④消费环境欠佳。比如，一些行业垄断突出，消费品价格高企；一些领域假冒伪劣产品屡禁不止，市场秩序混乱；消费信贷发展滞后；消费者权益得不到有效保护；等等这些都制约了消费需求的扩大。

（四）扩大消费需求，推动经济持续增长

针对当前我国消费需求不足的原因，扩大消费需求应从以下几个方面着手：①调整收入分配格局，缩小收入差距，提高居民消费能力。要通过深化收入分配制度改革，"提高居民收入在国民收入中的比重，提高劳动报酬在初次分配中的比重"。要"规范收入分配秩序，保护合法收入，增加低收入者收入，调节过高收入，取缔非法收入"[②]。②完善社会保障制度，稳定居民支出预期，提高居民消费倾向。要加快建成覆盖城乡居民的社会保障体系，充分发挥社会保障在保障居民基本生活，调节收入分配差距中重要作用。当前重点是要加快推进机关、事业单位养老保险改革，进一步扩大农村新型养老保险制度的覆盖范围，提高养老金的统筹层次和给付标准。政府要加大对教育、医疗等民生领域的投入，使国民能公平地享有基本的教育、医疗服务；要加大对保障性住房的投入，满足困难家庭的基本住房需求。总之，只有把影响居民不稳定预期的，事关重大民生的养老、医疗、就业、住房等问题妥善解决，才能提高居民的消费倾向，从而扩大消费需求。③优化消费环境，提升消费意愿。要深化垄断行业改革，通过引入竞争，降低电信、铁路、民航等服务产品价格。要进一步加大对假冒伪劣产品的打击力度，规范市场秩序，切实保护消费者权益。要进一步扩大消费信贷规模，拓宽消费信贷领域，创新消费信贷工具，鼓励居民进行信贷消费。总之，只有营造一个良好的消费环境，消费者才能敢于消费、放心消费。

三、消费水平、消费结构和消费方式

（一）消费水平

消费水平是指在一定生产力发展水平下，居民消费需求的满足程度。消费水平有狭义

---

① 田青：《中国居民消费需求变迁及影响因素研究》，科学出版社 2011 年版，第 10 - 11 页。
② 《中国共产党第十八次全国代表大会文件汇编》，人民出版社 2012 年版，第 33 页。

和广义之分。狭义的消费水平，是指按人口平均的消费品(包括劳务)的数量，反映消费者物质文化需要实际满足的程度。广义的消费水平，不仅包括消费品的数量，而且包括消费品的质量和消费质量，反映在消费过程中消费者、消费对象和消费环境三者在相互结合中消费者消费需要的总体满足程度。狭义的消费水平，可以用实物消费量(比如人均食物拥有量、人均耐用品消费量、人均住房面积等)的多少来衡量；也可以通过居民货币收入水平和消费支出水平等价值指标来测定。广义的消费水平，不仅反映在消费的价值量、实物量上；而且还最终表现为人们的健康水平、科学文化水平和生活享受水平等方面，因此，常用综合性的生活质量指标(包括预期寿命、婴儿死亡率、成人识字率等)来衡量。

影响消费水平的主要因素：①经济发展水平。消费水平的高低从根本上说是由经济发展水平的高低决定的。经济发展水平越高，国民收入总量越大，居民可支配收入就越高，根据消费与收入之间的函数关系，消费水平必然提高。②收入分配状况。在国民收入总量一定的情况下，消费水平与收入分配均等化程度呈正相关关系，即收入分配均等化程度越高，整个社会的消费水平越高，收入分配均等化程度越低，整个社会的消费水平越低。③人口因素。在一定的经济发展水平下，人口数量与消费水平成反比，即人口数量越多，人均消费水平越低，人口数量越少，人均消费水平越高。④价格因素。一方面，物价总水平的变化会影响居民的实际消费水平，当居民的货币收入一定时，物价总水平越高，实际消费水平越低，物价总水平越低，实际消费水平越高。另一方面，商品比价关系的变动，会影响不同阶层消费者的消费水平，比如，生活必需品价格的变化对低收入阶层的消费水平有较大的影响。

随着经济发展水平的提高，我国城乡居民消费水平不断提升，城镇居民人均可支配收入1990年为1510.16元，2011年上升到21809.78元；人均消费支出1990年为1278.89元，2011年上升为15160.89元。农村居民人均纯收入1990年为686.31元，2011年上升为6977.29元；人均消费支出1990年为584.63元，2011年上升为5221.13元。从实物指标来看，无论是人均耐用消费品拥有量，还是人均住房面积，城乡居民30年来都有了显著的增加。当然，由于城乡区域经济发展的不平衡，我国城乡居民之间，东部、中部、西部以及东北地区居民之间，消费水平还存在较大的差距。

(二)消费结构

消费结构是指人们在消费过程中所消费的各种消费资料(包括服务)的组合和比例关系。消费结构有实物形式和价值形式两种表现形式。消费结构的实物形式，是指人们所消费的消费资料(包括服务)的品种及其数量；消费结构的价值形式，是指人们在消费过程中消费的以货币表示的各种消费资料(包括服务)的比例关系。消费结构的这两种形式是密切联系的。一般说来，实物形式的消费结构决定价值形式的消费结构，价值形式的消费结构反映(或比较近似地反映)实物形式的消费结构。在市场经济条件下，人们主要是通过市场交易关系、以货币支出的形式取得消费资料(包括服务),因此,可以用消费支出结构来反映消费结构。研究消费支出结构,需要对消费支出进行统计分类。我国的统计分类方法将居民的消费支出划分为八项:食品支出、衣着支出、居住支出、家庭设备及用品支出、交通通信支出、文教娱乐支出、医疗保健支出、其他支出。

影响消费结构的主要因素有:①居民收入水平。随着收入水平的提高,不仅基本的生存需要能得到满足,还可以满足高层次的享受和发展需要。从食品支出来看,随着收入水平的提高,食物支出占总消费支出的比重有逐渐下降的趋势,这被称为恩格尔定理。从各国的发展经验来看,随着居民收入水平的提高,耐用消费品支出和服务性消费支出的比重将会逐步上升,在收入达到较高阶段后,服务性消费支出比重将大幅度上升。②产业结构。生产决定消费,消费结构中各种消费资料的构成比例直接受生产状况及其供给结构的制约;同时,生产力的发展和科学技术的进步导致新兴产业的兴起,而新兴产业的兴起会创造出新的消费需求,从而影响和改变产业结构。③价格体系的变动。由于消费结构主要通过消费的货币支出来衡量,因此,价格体系的调整和变动必然会影响到消费支出结构的变化。比如,我国在向市场经济体制转轨的过程中,住房、医疗、教育等消费项目的价格有了较大的变动,居民在这些方面支出有了较大幅度的增加,这必然会导致消费结构的变化。④人口年龄结构。不同年龄的消费者,其消费支出的结构是不同的,比如,老年人口比其他年龄段人口的医疗保健消费支出要高的多。因此,从宏观来看,一个国家的人口年龄结构,将对宏观的消费结构产生一定的影响。

改革开放以来,我国居民消费结构的变动趋势体现在以下几个方面:①食品消费占消费支出的比重逐步下降。城镇居民家庭恩格尔系数由 1978 年的 57.5% 下降到 2011 年的 36.3%;农村居民家庭恩格尔系数由 1978 年的 67.7% 下降到 2011 年的 40.4%。②耐用消费品拥有量显著增加,住房消费支出明显上升。城镇居民家庭平均每百户家用汽车拥有量 2000 年为 0.5 辆,2011 年上升到 18.58 辆;农村居民家庭平均每百户摩托车拥有量 2000 年为 21.94 辆,2011 年上升到 60.85 辆;城镇居民居住支出占消费支出的比重由 1990 年的 6.98% 上升到 2011 年的 9.27%。③消费领域不断拓宽。医疗保健、文教娱乐、外出旅游等享受型和发展型消费支出比重提高迅速。

(三)消费方式

消费方式是指消费者与消费资料相结合以实现需要满足的方式,包括消费的自然方式与消费的社会方式两方面内容。消费的自然方式,是指消费者通过什么样的物质手段与消费资料相结合来实现消费需要的满足。消费的社会形式,是指消费者在多大范围、通过什么样的途径来实现消费需要的满足,包括消费的社会组织形式、消费中人与人的相互关系等方面的内容,体现消费方式的本质。消费方式有不同的类型,根据消费的社会实现范围,可将消费方式分为个人(或家庭)消费与公共消费。个人消费是指在消费者个人及其家庭范围内实现的消费活动,具有分散性、多样性和私密性的特点。公共消费是指在社会和集体范围内共同进行的消费活动,具有集中性、统一性和公开性的特点。个人消费是消费方式的主导形式。根据消费的社会实现途径,消费方式可分为自给性消费与商品性消费,前者是指用来满足消费需要的消费资料是由消费者自己提供的,后者指的是用来满足消费需要的消费资料是通过商品货币关系在市场上购买的。

消费者在消费过程中选择什么样的消费方式受到诸多因素的影响和制约,主要因素有:①生产力发展状况。在社会生产力水平较低的自然经济阶段,自给性消费是消费需求实现的主要方式。随着自然经济向商品经济的转化,社会生产力水平快速提升,商品性消费逐步成为消费的主要方式。同时,在经济发展水平比较低的阶段,人们的消费水平主要停留于满足基本的生存需要,公共消费所占的比重很低;随着经济发展水平和消费水平的提高,公共消费由于具有满足消费者共性需要,又能体现规模经济效益,在满足享受需要和发展需要方面具有优势,在消费支出中所占的比重不断上升。②经济体制。经济体制作为一定经济制度所采取的具体组织形式和管理制度,对生产、交换、分配和消费有重要的影响。不同的经济体制有不同的消费方式与之相适应。在计划经济体制下,人们的消费选择权受到限制,许多消费不是通过商品货币关系实现的,集体性质的公共消费具有较高的比重;在市场经济条件下,人们有充分的消费自主权,消费方式的主体是商品性消费。③国家的具体经济制度与政策。国家的收入分配制度、社会保障和福利制度、消费政策等,不仅会影响到国民收入中积累与消费的比例关系,影响居民可支配收入的水平,还会影响居民对消费方式的选择。

经过 30 多年的改革开放,我国实现了由传统计划经济体制向社会主义市场经济体制的转型,社会生产力获得了巨大发展,与此同时,我国居民的消费方式也发生了巨大的变化。一方面,自给性消费的比重不断下降,商品性消费成为了消费方式的主体;另一方面,在个人(家庭)消费仍为基本消费方式的前提下,人们享受到了越来越多的公共消费品,公共消费有了较大的发展。

第四节　消费的调控和引导

一、对消费进行调控和引导的必要性

消费的调控和引导包括宏观和微观两方面的内容。消费的宏观调控和引导,是对宏观层面的消费变量的调节,目的是使消费发展符合一定时期经济社会发展战略目标的需要,保障国民经济持续稳定协调发展;消费的微观调控和引导,是对微观消费主体行为的调节,目的是形成与我国国情相适应的文明、节约、绿色、低碳的消费模式,使消费更好地满

足人的需要，促进人的全面发展。消费的这两方面调控，尽管侧重点不同，实质上是一致的。宏观消费目标的实现，离不开微观层面的有效调控；同时，也只有国民经济的持续稳定协调发展，才能使人的消费需要得到满足，才谈得上人的全面发展。

在市场经济条件下，对消费进行调控和引导的必要性主要体现在以下方面：

第一，是保障国民经济稳定发展的需要。各国的经济实践证明：仅仅依靠市场的自发调节，难易实现供求的均衡和国民经济的稳定增长。在市场经济条件下，宏观经济的运行常表现为经济的周期性波动，即有时候出现需求膨胀，经济呈现过热；有时候又出现需求不足，经济陷于衰退。经济的这种剧烈波动会给经济社会发展带来巨大伤害，因此，对经济运行进行调控，确保经济稳定增长，就成了宏观经济政策的主要内容。消费需求作为宏观经济运行中的一个重要变量，不仅作为社会总需求的重要组成部分直接影响社会总需求，而且作为最终需求，通过影响投资需求而间接影响社会总需求，它的增加或减少，会直接改变社会总需求的规模，从而成为经济稳定增长的重要制约因素。特别是当经济发展到买方市场阶段，供给能力的不断扩大，使消费需求成为经济稳定增长的最终决定性因素，因此，对消费需求的调控和引导，就成为重要的反经济周期的调控手段，推动消费的稳定增长就成为确保国民经济稳定发展的必然选择。从结构的角度看，产业结构的优化升级一方面是经济增长的结果；另一方面，经济增长又离不开产业结构升级的推动。而产业结构的优化升级，又是由消费结构的优化升级引起的，因此，通过对消费的调控和引导，促进消费层次的提高和消费结构的优化升级，也是推动经济稳定增长的必然要求。

第二，是实现经济社会可持续发展的需要。消费作为人类重要的经济社会活动，无论是对于劳动力的生产和再生产，还是对于社会生产和再生产，都有着十分重要的意义。但消费活动，不仅仅是一种经济行为，还是一种对自然生态环境有重要影响的自然生态行为。一方面，供人类消费需要的物质产品从根本上说是来源于自然界的；另一方面，消费活动所产生的废弃物又要排放到自然界，由自然界分解吸收。因此，消费活动一般都具有外部性，并且更多地表现为负的外部性。随着人类进入工业社会，社会生产力有了根本性的提高，人类的消费总量和规模越来越大，消费种类也越来越丰富。与此同时，消费活动的负外部性越来越突出，对自然生态环境的影响也越来越大。消费膨胀带来了日益严重的资源枯竭、环境破坏和生态失衡，经济社会的持续发展受到了越来越严重的制约和挑战。对于这种消费的负外部性，靠市场是解决不了的；靠消费者的个人理性和自觉，其作用也是有限的。它需要依靠体现公共意志的政府进行有意识的、合理的调节，以实现减少资源消耗，维持自然生态平衡，确保经济社会永续发展的目的。

第三，是实现消费合理化、促进人的全面发展的需要。在市场经济条件下，消费者拥有消费的自主权和选择权，但消费者的消费行为不可能都是理性的、合理的。一方面，消费者的消费行为可能产生资源浪费、环境破坏等负外部性，也可能给其他消费者带来直接的损害(如抽烟);另一方面,消费者的消费行为还可能损害自身的身心健康,比如,一些消费者面对丰富多彩的消费品无所适从,不能根据自身身心发展的需要进行合理选择,一些消费者对精神消费品缺乏正确的分辨能力,反而使自己受到了有害的影响。因此,需要通过对消费的调控和引导,使消费者树立正确的价值观,不断提升消费层次和质量,科学消费、文明消费,真正实现消费促进人的全面发展的最终目的。

二、调控和引导消费的原则和手段

(一)调控和引导消费的原则

1. 自主性和多样性原则

这一原则指的是,在对消费的调控过程中,要充分尊重消费者的自主选择权和多样化的消费需要。市场经济是市场在资源配置中发挥基础性作用的经济运行方式。尊重生产者和消费者的自主选择权是市场经济有效运行的内在要求。在市场经济条件下,根据自己的意愿和消费偏好进行自主选择是消费者的一项基本权利。这不仅是市场经济需求导向的具体体现和基本要求,也是消费者的消费需要得到有效满足的基本条件。因此,市场经济条件下对消费的调控和引导,必须遵循自主性原则。从消费者的消费需要来看,一方面,每一个消费者都有着物质、精神文化以及生态等多方面的消费需要,需要多种多样的消费品(包括服务)来满足;另一方面,消费者因年龄、性别、民族、收入水平、文化程度、价值观念、风俗习惯等的不同而有不同的消费偏好,同样表现为多样化的消费需要。因此,在对消费的调控和引导中,不能要求千篇一律、千人一面,而是要充分尊重消费者的多样化需要,遵循多样性原则。实际上,自主性和多样性本质上是一致的,因为没有自主性就不可能有多样性;没有多样性也谈不上真正的自主性。

2. 间接性原则

对消费活动的调节有直接调控和间接调控两种方式。直接调控是指运用行政命令、定量供给、额度控制等手段对社会消费活动进行直接的管制。这种调控方式的存在的问题主要是:一是限制了消费者的自主选择权,容易造成消费者利益的损失;二是由于消费活动的复杂多样,直接管制的运行成本高,效率较为低下,难易达到预期的目标。这是一种与计划经济体制相适应的管理消费的模式。间接调控是指运用税收、利率、信贷等经济手段,通过调节微观消费主体的利益关系使其消费行为符合经济社会发展的需要。这种调控方式的优点体现在:一是能充分保障消费者的自主选择权,满足消费者多样化的需求;二是因为这种方式是通过影响消费者的利益关系来进行调节的,消费者具有调节自身消费行为的主动性和积极性,因而实施成本较低。在市场经济条件下,除对少数外部性突出的消费活动进行直接的行政干预外,对于大部分的消费活动只能通过经济手段进行间接调控。也就是说,对消费活动的调节要遵循间接性原则——以间接调控为主,直接调控为辅。在现实经济生活中，比如，对于少数像"黄、赌、毒"这样的对个人和社会危害大的消费，对于会严重破坏生态环境平衡的一些野生动植物的消费，国家一般都会通过法律或行政措施直接禁止；而对于像奢侈品消费、高能耗产品消费（如大排量汽车消费）等，尽管对经济社会发展有着诸多的负面影响，但一般不采取行政命令的方式直接限制，而应通过缩小收入分配差距、征收消费税等经济手段予以间接调控。

3. 前瞻性原则

这一原则指的是要参照当代消费发展的新趋势对消费进行调控和引导。随着经济社会的发展，居民的消费，无论是消费结构、消费方式还是消费环境，都将不断发生变化，出现新的趋势。具体而言，从消费结构方面看，随着居民收入水平的提高，人们的物质消费需求不断升级换代，像小汽车、住房等耐用消费品的消费需求不断增长；对医疗保健、文教娱乐、外出旅游、生态环境等方面的消费需求日益强烈；整体表现为消费领域不断拓宽、消费层次不断提升。从消费方式看，在市场经济条件下，随着经济发展水平的提高，在家庭消费方式仍为主体的情况下，公共消费比重也有逐渐上升的趋势；在消费的具体方式上，网上购物、电视购物、刷卡消费等新型消费模式迅猛发展。从消费环境方面看，随着生活水平的提高，人们对消费质量的追求进一步提升了对消费环境的要求，无论是对消费的方便程度、舒适程度，还是自身消费权利的保护程度，都有了更高的要求。政府在对消费的调控和引导过程中，要敏锐地把握这些变化，主动地顺应这些变化，从而使人们的物质文化需要得到更好的满足。

（二）调控和引导消费的手段

调控和引导消费的手段包括经济手段、法律手段、行政手段和文化手段。这些手段各有其特点，需要根据消费领域的具体问题，采用合适的手段或综合运用各种手段，对消费进行调节，使消费发展符合经济社会发展目标要求，更好地满足人们的消费需求，促进人的全面发展。

经济手段是调控消费活动的主要手段。宏观经济政策尽管是以宏观经济运行为主要调控对象，但对社会消费活动有着重要的影响，也是调控消费活动的重要经济手段。除此之外，经济手段主要体现为一些具体的经济杠杆，如财政支出、税收、价格、信贷等。经济手段的调控，是通过对微观消费主体经济利益的间接调节，来使其消费行为符合经济社会发展要求，实质上是自觉运用市场机制来进行消费的调控和引导。各种经济政策和经济杠杆有着各自的功能和特点，但在实际的经济活动中，它们常常协调配套，共同调控消费活动。比如，为扩大消费需求，促进消费持续增长，需要整个社会边际消费倾向的提高，而收入分配结构的均等化有助于边际消费倾向的提高，而这可以通过个人所得税、遗产税等税收手段，以及对低收入者的财政转移支付来实现。此外，消费信贷的发展，也有利于促进消费增长。又比如，为抑制资源消耗多、环境污染大的消费活动，可以对这样的消费品征收消费税，以提高其使用成本，从而达到减少消费的目的。再比如，为保障低收入群体的基本消费需求，对一些垄断性的资源品，可实施阶梯价格制，在基本需求范围内实行较低价格，而对于超出基本需要的部分实行较高的价格。

法律手段是指运用法律规范来调控消费活动。法律制度是体现国家意志、长期起作用的一种强制性制度安排。通过法律来调控消费活动，实际上是将一些行之有效的调控政策、措施通过立法形式上升为法律规范，并通过国家来强制推行。与其他的调控手段或政策比较，法律手段具有强制性、稳定性的特点。消费活动涉及人与人之间、人与社会之间、人与自然之间的复杂关系，要正确地处理、协调消费过程中各行为主体错综复杂的利益关系，实现消费与经济社会、资源环境协调发展，必须依靠法律制度加以规范。运用法律手段进行调控，首先需要构建规范消费活动的法律体系。这不仅包括调控人与人之间消费关系的法律，调控消费活动与社会发展之间关系的法律，还包括调控消费活动与自然资源、生态环境之间关系的法律。其次要加大执法力度，真正做到有法必依、执法必严、违法必究，充分发挥法律的调控作用。

行政手段是指政府运用条例、规章制度、行政命令、指示等手段对消费活动进行直接干预和控制。行政手段作为一种超经济的强制干预，具有强制性、直接性等特点。在现实经济生活中，针对一定时期比较突出的消费问题，政府常常运用行政手段进行干预和调控，使之符合经济社会发展的需要。作为一种直接的强制干预手段，行政手段使用起来比较方便，短期效果也比较明显，但由于消费活动的高度分散性，其运行成本比较高昂。由于市场经济条件下广泛的行政干预会损害消费者的自主选择权，动摇市场经济的根基，因此，在绝大多数情况下，行政手段只是经济手段和法律手段的补充，只在一定的时间和范围内发挥作用。

文化手段是指通过树立科学的消费价值观来引导消费者自觉地规范自己的消费行为，使科学、合理的消费行为成为其内在的自觉选择。由于社会消费活动具有分散、私密、频繁、量大等特点，一方面存在大量经济手段、法律手段以及行政手段难易发挥作用的领域；另一方面即使在这些手段能发挥作用的领域，如果没有消费者的认同和自觉遵守，高昂的制度执行成本也会使这些手段的作用大打折扣。因此，对消费的调控和引导还需要充分发挥文化手段的作用。由于主要是通过道德自觉、良心发现等方式进行调控，文化手段的缺点是缺乏调控的强制性。当前，树立科学的消费价值观，要以社会主义核心价值体系为指导，反对享乐主义、消费主义价值观；要以人的全面发展作为消费的最终目的，反对消费至上、挥霍浪费、纵情享乐；要适应转变经济发展方式的需要，转变消费观念，推动文明、节约、绿色、低碳的新型消费观念的形成。

思考题

1. 解释下列基本概念

消费需求　消费率　消费水平　消费结构　消费方式

2. 简述社会主义消费关系的性质和作用。

3. 试述影响居民消费与储蓄行为的因素。

4. 简述扩大消费需求的必要性和途径。

5. 论对消费进行调控和引导的必要性、原则及手段。

阅读书目

1. ［德］马克思：《政治经济学批判》导言，见《马克思恩格斯选集》第 2 卷，人民出版社 2012 年版。

2. 《中国共产党第十八次全国代表大会文件汇编》，人民出版社 2012 年版。

第十六章　社会主义市场经济的社会保障体系

　　建立健全一个保障人民基本生活，调节社会分配，有利于劳动力合理流动和产业结构调整的、同我国经济发展水平相适应的社会保障体系，"是社会稳定和国家长治久安的重要保证"[①]，是社会主义市场经济体制的重要内容和重要支柱。本章主要论述社会保障的含义、功能和模式，社会保障体系的主要内容及我国社会保障制度的改革等内容。

第一节　社会保障概述

一、社会保障的含义

　　社会保障由来已久。早在 1601 年，英国就颁布了《济贫法》。18 世纪末，德国适应工业社会之需，率先建立现代社会保障制度。但"社会保障"一词却在 1935 年美国颁布的《社会保障法》中才第一次出现，并被广泛接受和使用。

　　"社会保障是保障人民生活、调节社会分配的一项基本制度"[②]，是各种具有经济福利性的、社会化的国民生活保障系统的统称。这个定义包含三个要点：一是社会保障具有经济福利性。社会保障以国家财政为基本经济后盾，其资金来源于国家、企业和个人。从直接的经济利益关系看，受保障者的所得一定大于所费。二是社会保障是社会化行为，具有社会性。社会保障是由保障的最终责任主体政府或社会团体来组织实施的，而不是供给者和受益者之间的直接对应行为。三是社会保障的根本目标，从经济学的角度说，是通过国民收入分配和再分配，为社会成员提供基本生活保障，确保社会成员不会因为发生特定事件而出现生存困难，体现公平性；从社会学的角度说，社会保障是社会安全和社会公平制度，目的是稳定社会，促进社会经济顺利发展；从政治学的角度看，社会保障是公民的一种生活权利，是国家法律和社会政治制度的一部分。依法实施的社会保障具有强制性，但由于各种非强制性补充保障和非公有公益事业的发展，社会保障的强制性特征有所弱化。

　　社会保障作为国民的基本生活保障系统，包括经济保障、服务保障和精神保障三个层

[①] 《中国共产党第十六次全国代表大会文件汇编》，人民出版社 2002 年版，第 28 页。
[②] 《中国共产党第十八次全国代表大会文件汇编》，人民出版社 2012 年版，第 33 页。

次。经济保障是从物质上保障国民的基本生活，它是通过现金给付或援助的形式来实现的。服务保障是同家庭结构变迁和自我保障功能弱化相适应的，是对公民养老、康复等生活服务需求的保障。精神保障是高层次的保障，属于文化、伦理、心理等方面的保障。

二、社会保障的功能

社会保障具有保障、稳定、调节、发展和公平五大功能。

（一）保障功能

保障功能是指作为社会保障最终责任主体的政府和社会，运用掌握的物质手段，为保障公民的基本生活，提供物质保障的能力和行为。它能使市场竞争中的失败者和弱势群体，依据有关规定获得基本的生活资料。具体说来，一是社会保障能使劳动者获得基本的医疗保障，使劳动者恢复体力和保持健康，使残疾人得到康复和工作，从而使劳动者的平均寿命和劳动年限延长，相对增加了劳动力的供给。二是使劳动者失业有保险，灾难有救济，基本生活有保障，从而使劳动力再生产能正常进行。三是社会保障水平提高，使劳动者患病率下降，患病时间缩短，节约了用于医疗的费用和资源。四是社会保障超越了劳动者自我保障、家庭保障和企业保障的局限，解除了劳动者自主择业和自由流动的后顾之忧，有利于劳动力资源的合理流动，提高劳动力资源的市场配置效率，促进了经济发展。

（二）稳定功能

稳定是社会经济发展的基本条件。社会保障通过建立以社会化为标志的"社会安全网"，来消除或减弱市场竞争所产生或引起的社会不安定因素或社会震荡。因为市场竞争必然形成优胜劣汰，造成收入分配差距过大。社会保障通过国民收入再分配，使失业者在一定时期得到收入，使老幼病残得到照顾，在一定程度上缩小社会成员在收入分配和生活水平上的差距，弥补市场机制的不足，实现社会公平，缓和社会矛盾，起到"社会减震器"和"社会稳定器"的作用。

（三）调节功能

社会保障的实质在于分配，它通过调节分配来调节经济。首先，在社会保障基金保值增值的运用过程中，客观上调节了投资，调整和优化了产业结构。其次，社会保障通过政府税收和支出起到调节社会总需求的作用。社会保障对社会总需求的调节有两大特点。一是调节具有直接性和广泛性。因为它能直接扩大个人消费需求和公共消费需求。二是调节具有自动性和稳定性。在经济萧条时期，由于失业保险金和公共救助金的发放，抑制了个人收入的减少，给失业者和困难户提供了相应的购买力，增加了社会有效需求，在一定程度上促进了经济从不景气走向复苏。在经济繁荣阶段，社会保障支出相应减少，社会保障基金相应增大，抑制了总需求的膨胀，在一定程度上促进了总需求和总供给的均衡。因此，社会保障具有不可替代的调节社会经济的功能。

（四）发展功能

劳动力和资本是经济发展的两个重要因素。社会保障能有效保护劳动力正常再生产，合理配置劳动力资源，增加经济建设投资。从劳动力再生产看，社会保障能使劳动者获得基本生活资料，保证劳动力正常再生产的基本需要。同时，社会保障有利于劳动力自由流动和市场配置。另外，社会保障基金通过储蓄和投资，起了积累基金的作用。通过社会保障分配，还可使一部分消费基金转化为社会保障基金，增加经济建设所需资金的来源，促进社会经济增长和发展。社会保障还有利于推进国有企业改革和控制人口增长，这也是发展的重要条件。

（五）公平分配功能

在市场经济中，初次分配和再分配都要处理好效率与公平的关系，再分配要更加注重公平。社会保障通过国民收入再分配，调节过大的收入差距，使分配具有公平合理性。社会保障对国民收入再分配是通过两种方式进行的。一种是"垂直型再分配"，即收入从高收入阶层向低收入阶层转移；另一种是"水平型再分配"，即收入在健康和伤病、劳动和非劳动的不同时间段之间进行转移。

三、社会保障的模式

（一）补救型、普救型、个人储蓄型和国家保障型模式

从社会保障的范围或主体看，可将社会保障划分为"补救型"、"普救型"、个人储蓄型和国家保障型四种模式。

"补救型"模式以美国和德国为代表，其中又分为就业型保障模式和救助型保障模式。就业型保障模式从对工薪阶层进行社会保险进而扩大到对家庭成员进行社会保险。救助型保障模式是面向贫困线以下的居民的。"补救型"模式以国家干预主义为理论基础，以互帮互助，社会保障同经济发展水平相适应为原则；目的是使大多数人不陷入贫困，保证社会安全和经济稳定发展；保障基金主要由雇主和雇员个人缴纳，政府给予少量补助和政策性优惠。

"普救型"或福利国家型模式以瑞典和英国等国家为代表，理论根据是贝弗里奇报告；原则是"收入均等化，就业充分化，福利普遍化，福利设施体系化"；保障范围"从摇篮到坟墓"无所不包；保障基金以课税方式筹措。

个人储蓄型模式以新加坡为代表，国家通过法律强制劳资双方储蓄，以个人名义存入专门的管理机构，政府不提供资助，但对其合理使用进行管理和指导。

国家保障型模式以前苏联为代表，以马克思《哥达纲领批判》为理论基础，以国家统包统揽为原则，保障基金由国家和企业负担，个人不负担社会保障费用。我国过去实行国家保障模式，20世纪80年代以来不断进行改革，建立集各家之长的保障模式。

（二）现收现付制、基金预筹积累制和混合制模式

从社会保障基金的筹措方式看，社会保障模式可划分为现收现付制、基金预筹积累制和混合制三种。

现收现付制又叫"代际转移制"或"迭代模式"，指正在工作的一代人，为上一代人支付社会保障基金，也就是"儿子养老子"，国家作为中介人，这边把钱收进来，那边把钱付出去。欧美大多数国家实行这种模式。这种模式的优点是社会保障基金即收即付，没有长期积累过程；社会保障基金的收支往往随个人收入和市场物价波动而波动，因而没有通货膨胀的风险；具有很强的再分配功能。缺点是人口老龄化使现收现付制运行遇到经费入不敷出的麻烦，国家财政负担过大。

基金预筹积累制是指每个人从工作那天起，就不断地向社会为个人建立的个人账户上积累社会保障基金，等失业或退休后，再拿出来养自己，实际上是同一个人在不同时期收支差异的调节，或是同代人之间不同时期收支差距的调节，以求平衡。拉美国家大都实行这种模式。它的优点表现在：一是随着老龄社会来临，它比现收现付制更能保证社会保障基金有稳定可靠的来源；二是有利于政府财政，因为在积累基金制中，政府只是社会保障基金的收支中介，不需要拿钱出来，政府还可利用闲置期的社会保障基金发展经济。其缺点是：基金积累时间长，社会保障基金的保值增值有风险，再分配功能差。

混合制是现收现付制和基金预筹积累制的综合与折衷。我国社会保障基金坚持社会统筹和个人账户相结合，就是说，社会保障的基础账户实行现收现付制，个人账户采用基金积累制。从理论上说，这种模式兼有前两种模式的优点，比较理想，但从实施和管理的操作过程看，它是一种结构更加复杂、操作更加困难的模式。

（三）收益标准制、缴款标准制和混合制模式

从社会保障给付标准看，社会保障可区分为受益标准制、缴款标准制和混合制三种模式。

受益标准制指受益人的受益标准不是根据受益人已有的缴费额来确定，而是由规定和实际情况决定。它是通过现收现付制来实现的，实质是收入再分配。优点是个人获得的社会保障金同个人缴款无关，因而使社会保障具有较强的再分配功能，直接体现了社会保障的公平性。缺点是如果受益标准制下的社会保障水平高，容易使人产生依赖性，对竞争和效率会产生较多的负面影响。

缴款标准制是指个人受益标准同个人的缴款数量相关。它实行的是基金积累制，即谁缴款谁受益，缴款多受益大。实质是通过法律强制人们储蓄，调剂个人收支在时间上的差别，建立起"一生的收入一生来花"的收支模型。优点是强化了竞争，促进了效率，调动了个人缴纳社会保障基金的积极性和主动性，使社会保障基金的供给充足。不足之处是这种模式的社会保障的收入再分配功能差，不能有效矫正初次分配收入差距过大的问题，难以

化解初次分配差距过大产生的矛盾。

混合制是受益标准制和缴款标准制的有机混合，是一部分社会保障项目实行受益标准制，一部分社会保障项目实行缴款标准制。一般是基本社会保障项目实行受益标准制，额外社会保障项目和高水平社会保障项目实行缴款标准制。二者的结合或组合，能取长补短，优势互补，有利于根据实际情况合理确定社会保障的标准和水平，因而逐渐受到人们的重视。

(四)强制型、自愿性和多层次型模式

从社会保障的实施方式看，社会保障可分为强制型社会保障、自愿型社会保障和多层次型社会保障。

强制型社会保障是由国家为所有国民提供社会保障的制度，以法律形式用国家的强制力量保证实现。

自愿型社会保障指政府只通过发放济贫金等形式来保障人们的最低生活需要，超过的部分由商业保险解决。

多层次型社会保障指既有国家强制实施的基本社会保障，又有由商业保险或企业保障和个人储蓄保障为补充的保障。

四、社会保障制度的变迁

社会保障制度是市场经济发展的必然产物，是市场经济有序运行的必要条件。第一，是保障人民基本生活的要求。市场经济是现代化大生产的商品经济，劳动者需要通过劳动就业获取生活消费收入，一旦劳动者失去劳动能力或失去劳动机会，就失去了生活收入来源。在这种情况下，单靠亲友接济或慈善机构一类社会团体的救济是远远不够的。只有建立社会保障制度，依靠国家的力量实现整个社会的互济，才能保障劳动者的基本生活。第二，是市场竞争的需要。在市场经济中，激烈的市场竞争必然产生优胜劣汰，产业结构的优化调整必然导致一部分劳动者失业，经济的周期波动也会造成一些劳动者失业。竞争中的失败者和失业者需要社会保障。第三，是产业结构调整的需要。因为没有社会保障，失业者就会成为产业结构调整的巨大阻力。第四，是市场配置劳动力资源的需要。市场配置劳动力资源的一个重要条件是劳动力能够自由流动，而社会保障是劳动力自由流动的前提条件。第五，是生产现代化和社会化的产物。现代化生产使工作生活节奏加快，劳动风险和工伤事故增加，要求社会给予劳动者医疗保险和工伤事故保险，以维持正常的工作生活秩序。生产的现代化和社会化还要求劳动力再生产现代化和社会化，为此，国家通过立法对劳动者实施必要的义务教育，提供高等教育，也是社会保障的重要内容。第六，是人口老龄化的结果。生产社会化和现代化使家庭结构发生变化，生产发展、生活水平提高和医疗技术进步等使人口老龄化，家庭保障逐步让位于社会保障。

社会保障的原始形式在古代社会就已产生，但现代社会保障是随着资本主义市场经济的发展而发展起来的。19 世纪 80 年代德国先后建立了疾病保险、工伤保险和老年保险，为德国后来建立完整的社会保障体系奠定了基础。19 世纪末 20 世纪初，西方发达国家先后建立了社会保障制度。20 世纪 30 年代世界性经济大危机，西方国家为缓和社会矛盾和冲突，大力推行社会保障制度，推行"福利国家"的全面社会保障，使社会保障制度发展到了一个新的阶段。由于福利具有刚性和不可逆性，福利越来越多，福利开支越来越大，财政负担越来越重；福利国家甚至造成了"动力真空"，导致了经济低效率；福利国家还导致官方管理机构和人员庞大，增大了社会福利管理成本，从而产生和形成了"福利病"。因此，"要根据实际情况合理确定社会保障的标准和水平"①，社会保障水平不是越高越好。一般说来，"生产长一寸，福利长一分"，社会保障水平提高的速度应低于国民收入的增长速度，应同经济发展水平相适应。当然，从用好管好社会保障基金方面来说，社会保障水平也是有弹性的，提高社会保障水平还是大有文章可做的。

第二节　社会保障体系的主要内容

保障分为社会保障和个人保障。社会保障包括社会保险、社会救济、社会福利和社会优抚四大部分。其中，社会保险又包括失业保险、养老保险和医疗保险三个方面。社会保险是社会保障最基本最核心的内容，是社会保障的主要方面。社会救济、社会福利和社会优抚是社会保障体系中不可缺少的重要方面。

一、社会保险

社会保险是国家通过立法用强制手段对国民收入进行分配和再分配，建立专门基金，对暂时或永远失去劳动机会或劳动能力的劳动者的基本生活给予保障的制度。社会保险一般包括失业保险、医疗保险和养老保险三大部分，有的还包括工伤保险、生育保险和死亡保险。社会保险的对象是正在劳动或不能劳动的劳动者。社会保险所需的资金一般由国家、企业和个人三方共同负担，归根结底还是劳动者的生活费或劳动力再生产费用的扣除或储存。社会保险是政府举办的政策性保险，是社会保障的主干或主体部分。

社会保险不同于商业保险。一是方式、性质不同。社会保险是国家立法强制实施的，具有互济性和福利性。商业保险是商业性质，具有自愿性和赔偿性。二是对象和目的不同。社会保险的对象是全体劳动者及其家属，目的是保障基本生活。商业保险的对象是有投保意愿的所有人，商业保险公司的直接目的是盈利，是对意外事件的保险。三是保险基

---

① 《中国共产党第十六次全国代表大会文件汇编》，人民出版社 2002 年版，第 28 页。

金的来源不同。社会保险基金来源于劳动者劳动成果的积累，权利和义务在金额上不对等，遵循公平原则。商业保险基金来源于个人收入，权利和义务在金额上具有对等性，是多投保多受益。四是立法根据不同。社会保险是宪法保障的，商业保险是经济法保障的。五是管理体制不同。社会保险是政府管理体制，商业保险是企业管理体制。

（一）失业保险

失业保险是国家通过立法强制实行的、由社会集中建立基金，对因失业而暂时失去生活收入来源的身体健康的劳动者在一定期限内支付失业救济金的制度。这是一种因超出被保险人所能控制的各种社会、经济原因造成的失业，由社会保险组织按失业保险合同规定的时间、条件和标准来给付社会保险金的保险。失业保险是法国和英国两国在 20 世纪初首创的。第二次世界大战后，各发达国家先后实行失业保险制度。目前，世界上大多数国家都建立了失业保险制度。

失业保险分为强制失业保险、非强制性失业保险和失业救济金制度三种。强制失业保险以有固定工作的职工为主要对象，一般不包括临时工、季节工和公务员。失业保险费由被保险人、单位和政府三家按一定比例缴纳。非强制性失业保险允许劳动者自愿选择是否参加失业保险。失业救济制度的对象范围由各国根据所能提供的失业救助金的数额大小来确定。提供的失业救助金多则失业保险的范围就大，提供的失业救助金少则失业保险的范围就小。失业救助金主要来源于政府财政，个人和单位不负担缴款。对符合失业救助条件的失业者，政府发给失业救济金。西方国家失业者领取失业救济金的期限一般规定为一年。大多数国家实行强制失业保险，一部分国家实行非强制性失业保险，少数国家实行失业救济金制度，也有少数国家实行强制失业保险和任意失业保险相结合的制度。

失业保险的核心内容是社会集中建立失业保险基金，分散失业风险，使暂时处于失业状态的劳动者的基本生活得到保障。失业保险同医疗保险、养老保险等其他社会保险项目有重大区别。一是保险对象不同。失业保险的对象是暂时失业的有劳动能力的劳动者，而其他社会保险的对象是暂时或永久丧失劳动能力的劳动者。二是目的不同。失业保险的目的有保障基本生活和促进再就业两个，而其他社会保险只有保障基本生活一个目的，没有促进再就业的目的。三是给予保险的时间不同。失业保险只能在一段时间内给予，其他社会保险可长期给予。

（二）养老保险

养老保险是为保障劳动者年老丧失劳动能力、退出社会劳动领域后的基本生活需要而设立的保障制度。养老保险制度最早产生于 19 世纪 80 年代的德国，90 年代的丹麦和挪威及 20 世纪初奥地利、英国实行养老保险。1935 年美国制定和实施《社会保障法》，实行养老保险。我国在 20 世纪 50 年代初建立了企业职工养老保险制度。目前世界上大多数国家都建立了养老保险制度。养老保险必须社会化，因为人口在老龄化，家庭在小型化。养老保险还必须法制化，因为市场经济是法制经济。养老保险金一般由国家用法律形式、按一定方式和一定比例向社会筹集，由专门机构负责管理。养老保险基金的实质是劳动者自己创造和积累起来的，是从劳动者的工资中按比例提取出来的。

社会养老保险不同于人寿保险。一是性质不同。养老保险是由国家立法强制实施的，具有强制性；人寿保险(简称寿险)属于商业保险范围，投保遵循自愿参加的原则。二是目的不同。养老保险是为保障劳动者晚年的基本生活，维护劳动者实现基本的生存权服务的。人寿保险是以人的生命为保险标的的，是人身保险的一种，人寿保险金的收取量与投保量成正比。三是组织机构不同。养老保险由政府筹划，指定社会保险机构经营，是非盈利性的。人寿保险由商业保险公司经营，由公司承担经济核算责任。四是分类不同。养老保险分为国家基本养老保险、企业补充养老保险和个人储蓄养老保险三种。人寿保险一般为死亡保险、两全保险和定期生存保险等。

（三）医疗保险

医疗保险是国家通过立法建立的对职工或公民在患病时给予一定金钱或物质帮助的制度。1883 年，德国政府通过立法首先建立了医疗保险制度。随后各工业化国家相继仿效。19 世纪末 20 世纪初，主要西方国家都先后建立了医疗保险制度。目前，世界上大多数国家都建立了医疗保险制度。医疗保险包括医疗费、病假工资和疾病救济等具体项目。原则是保障基本医疗，病假保基本生活；短期病假待遇低于上班族的收入，长期病假待遇不高于退休者的工资水平。医疗保险费一般由国家、企业和个人共同负担。医疗保险水平存在国民差异。在同一国家的不同人群之间，享受的医疗保险待遇也不一样。有的对医疗费给予全额补偿；有的是报销住院费，不报销门诊费；有的对药费和各种医疗服务项目的报销有具体规定。

二、社会救济

社会救济也称"社会救助"，是国家和社会通过立法对无劳动能力和无生活来源的城乡困难户给予短期或长期的物质帮助，以维持其最低生存需要，维持基本生存权的制度，是最古老的社会保障形式，是最低层次的社会保障，是整个社会保障体系的第一道防线。社会救济包括自然灾害救济、贫困救济和对其他社会弱势群体扶助措施三个项目。目的是保证社会成员最低生活需要。对象是城乡困难户，包括无经济来源的鳏寡孤独、无人赡养的残疾人及失去最低生活保障的人。责任主体是政府或社会。社会救济是政府或社会团体帮助经济困难的人解决生活困难的一项重要措施。

社会救济金不同于失业救济金。一是对象不同。社会救济的对象是没有劳动能力的人或因天灾人祸造成生活困难的人。失业救济的对象是有劳动能力但一时失去工作的劳动者。这说明社会救济的受保条件具有单纯性和目标的低层次性，只要收入无法满足最低生活需要，都可享受社会救济。二是权利和义务关系不同。得到社会救济不以事先尽义务、交费用为条件，即有领取社会救济金的权利而没有交纳费用的义务。而失业救济金的获得者必须事先参加失业保险和交纳失业保险费，即先有交纳保费的义务，才有领取失业救济金的权利。三是领取时间不同。社会救济金的领取可以是一次性的、短期的或长期的。失业救济金的领取一般以一段时间为限。四是资金运动不同。社会救济金的数量同本人劳动无关，社会救济金的运动是从政府向个人单向流动，具有单向性。失业救济金的数量与本人劳动有关，是个人劳动的积累，是收入的延期支付，其资金运动具有双向性。

社会救济标准是最低生活需要标准。最低生活标准不是满足人们最低生活极限所要求的物质条件，它的确定要受很多因素的影响。一是由生产力水平决定的财力条件，它同社会救济标准成正比。二是社会平均收入水平。社会救济标准应略低于社会平均收入水平。三是消费品价格指数。物价上涨，应提高社会救济的绝对标准。四是贫困人口数量。贫困人口数量大，社会救济标准只能较低，反之可高些。社会救济的具体计算标准，世界上大体上有三种。一是美国等国家根据恩格尔系数确定的社会救济标准，认为食物支出在家庭总消费支出占60%以上的家庭应得到社会救济。二是国际劳动组织的标准，认为社会救济应以制造业工人平均工资的30%为标准。三是欧洲经合组织标准，认为社会救济应以社会平均收入水平的50% ~60%为标准。

三、社会福利

社会福利是国家或社会团体兴办的以全体社会成员为对象的公益性事业，是除工资、社会保险和社会救济以外，社会为提高其成员的生活质量而提供的各种福利性补贴和举办的各种福利性事业的总称，是社会保障的最高层次。社会福利一般包括职工福利、一般社会福利和特殊社会福利三个部分。职工福利指公共食堂、浴室、理发店、幼儿园、图书馆、俱乐部等集体福利设施，取暖费、冷饮费、交通费等各种补贴，以及提供劳务、发放实物、组织业余文化娱乐活动等。一般社会福利包括国家和社会有关部门举办的社会文化、教育、卫生、体育事业及市政建设、服务网点和社会服务等。特殊社会福利包括政府或社会团体为残废人开办的福利工厂，为老人和孤儿开办的养老院、孤儿院等。

社会福利不同于职业福利。一是性质不同。社会福利是社会政策措施，具有社会性和福利性；职业福利是企业或社团的人力资源管理措施。二是目标不同。社会福利的目标是提高全体社会成员的生活质量，保障目标具有高层次性；职业福利的目标是职工参与市场竞争并使利润最大化。三是调节机制不同。社会福利是公共资源分配，遵守公共产品分配规则，一般没有法定的统一标准；职业福利是私人物品分配，遵循市场交易规则。四是系统性能不同。社会福利系统是稳定的开放系统，保障对象面向全体社会成员，具有广泛性；职业福利系统是自我封闭系统，是针对特定的企业或职业。五是具体内容或项目不同。社会福利是社会服务和一定的现金津贴，是为提高大众生活质量服务的，实现形式具有多样性；职业福利是休假、疗养、免费工作餐、旅游等，是为满足个别需要服务的。

四、社会优抚

社会优抚是政府依照法律对那些保卫国家安全或维护社会秩序作出贡献的人员及家属提供津贴、服务、生活优待和工作安置，使其安居乐业的社会保障项目。这是一种特殊形式的社会保障。社会优抚的组织者是政府。对象是法定范围的社会成员，一般包括烈军属、伤残军人、复员退伍军人、现役军人及因公致残或牺牲的英雄模范人物的家属。简言之，优抚对象必须是为社会作出过特殊贡献的本国公民。目的是使被优抚对象安居乐业，基本生活有保障。主要形式是提供津贴、服务和工作安置。

社会优抚是保障范围最小的项目，2011 年底我国社会优抚对象 852.5 万人。它的最大特点是保障的褒扬性。因为它不仅是以优抚对象为社会作出过特殊贡献为基本条件，而且社会优抚的具体标准是以优抚对象对社会贡献的大小及作贡献时付出代价的大小为根据的。社会优抚水平是社会道德水平的一个标尺。社会优抚标准应高于社会一般收入或生活标准。优抚标准本身是多层次的，优抚形式是多样性的。

第三节　中国社会保障制度改革

一、改革传统的社会保障制度

我国传统的社会保障主要包括社会保险、社会救济、社会福利和社会优抚四大项目，它形成于 20 世纪 50 年代。1951 年政务院颁布《中华人民共和国劳动保险条例》。这个条例规定对职工的就业、医疗、养老、丧亡、生育都要实行社会保障。在此基础上逐步建立了国家工作人员的公费医疗制度、国营企业的劳保医疗制度、企业职工的工伤保险制度和社会养老保险制度。1953 年政务院修正了《中华人民共和国劳动保险条例》，扩大了社会保障实施范围。到 1956 年，在城市逐步形成了国家机关、行政事业单位、国营企业和城镇集体企业三个各自独立的社会保障系统，形成了就业、福利和保障三位一体的由国家和企业统包统揽的社会保障体制。社会救济和社会优抚由民政部门负责管理实施。社会救济有两类，一是为长期无法解决生活困难的社会贫困成员提供定期救济，一是为受意外灾害的社会成员提供临时救济。社会优抚包括军事职业保障、军人家属保障和伤残军人保障等。我国农村从 20 世纪 50 年代中期起，就在自愿互利互助的基础上，依靠集体经济创办了农村合作医疗制度，为广大缺医少药的农民提供了低水平的医疗卫生保障；同时实行"五保"制度，对烈军属优抚及农民因公死亡抚恤等社会保障项目，初步形成了低水平的农村社会保障制度。经过新中国几十年的努力，我国形成了与传统计划经济体制相适应的社会保障制度。它对于保障职工的基本生活，促进社会安定，推动我国社会经济发展，发挥了重要作用。

传统社会保障制度有许多弊端，它不适应我国经济发展和市场经济体制建设的需要，必须进行改革。其一，国家和企业统包统揽，就业和保障合一。在传统社会保障体制中，保障和就业联系在一起。公民一旦就业，就能享受各种社会保障，吃穿住用行、生老病死全部由国家和企业负担。这种以企业为基础的社会保障制度，造成了企业之间负担不均和不平等，老企业不堪重负，阻碍了企业兼并和重组的进行，阻碍了企业经济的发展。其二，社会保障管理体制不顺，社会保障管理机构多头化，没有形成集中统一的社会保障管理体制。财政、民政、劳动人事和工会等部门，都插手社会保障管理，缺乏全国集中统一的社会保障管理体制。在这种管理体制下，一方面是政出多门，多头管理，缺乏平衡协调管理机制；另一方面又政事不分，法律监督和经办职能混淆，缺乏有力的监督管理机制。其三，社会保障待遇差别大，不公平。传统社会保障形成各自独立的五大保障系统，即民政部门、国家机关干部职工、国有企业职工、集体企业职工和农村居民即农民五大系统。各系统之间社会保障待遇差别很大，且不能流动，形成了社会保障壁垒。由于这种差别很大的社会保障待遇不能随劳动者流动而转移，严重阻碍了劳动力的合理流动，形成企业固定用工制度。其四，社会保障企业化，覆盖面窄。传统社会保障的运行基础是企业，社会保障经费主要由企业承担，保障功能以企业所有制性质和经济实力大小为基础。就是说，只对有工资收入的本单位的劳动者提供社会保障，使社会保障覆盖面窄。这种社会保障实际上是"企业保障"，而在广大农村虽有"五保"制度但主要靠家庭保障，靠子女保障，因而保障水平低，而且发展不平衡。其五，国家和企业承担全部保障费用，造成了沉重的经济负担。随着我国老龄社会的到来，社会保障基金支出日益增大，日趋膨胀，而社会保障经费仅由国家和企业负担，经费来源单一，经费缺口大。同时社会保障基金管理不规范，使用效率低：表现之一是社会保障基金有效使用率低，增值率低；表现之二是管理费提取比例过高，管理成本高。其六，社会保障项目不健全，社会保障支出暗的多明的少。在传统社会保障体系中没有失业保险项目，实际上隐性失业者不少。国家和企业花钱不少，但大多采取暗补的形式，人们感受不到失业保险的存在。如虽然不少项目起着失业保险的作用，可"待业"、"下岗"的人感受不到。

20世纪80年代，我国对传统社会保障制度进行了初步改革。一是养老保险改革。首先在企业中试行退休费社会统筹，建立社会养老保险基金。这是养老保险改革的突破口，也是养老保险改革的重要内容。同时，随着劳动用工制度的改革，劳动合同制工人退休养老保险制度也于1986年出台。这一改革打破了养老保险费由企业全部承担的旧模式，开创了个人缴纳部分养老保险金的新模式。二是失业保险改革。1986年，建立国有企业职工待业保险制度，对破产的国有企业的职工、濒临破产的国有企业的职工、被精简的国有企业的职工、解除劳动合同的职工及企业辞退的违纪职工，实行待业保险，实际上是失业保险。三是医疗保险制度改革。主要是实行医疗费单位包干使用，个人负担部分医疗费的办法。同时进行了职工大病医疗费用社会统筹和离退休人员医疗费社会统筹的试点，目的是杜绝药品浪费和控制医疗费不合理增长，解决国家财政和企业难以承受巨额医疗费的困难。四是社会救济方面的改革。主要是对贫困户从单纯解决他们的生活困难，改变为扶助他们生产自救、脱贫致富，从单纯"输血"式救济改变为"增强造血功能"式救济。五是社会福利改革。主要是社会福利从形式单一化向形式多样化转换，即由国家独办社会福利，向国家、企业和个人多种形式办社会福利转变，从单纯由国家提供社会福利经费，向国家、企业和个人三家合理负担转变。六是农村社会保障制度改革。主要是根据农村不同经济发展水平，在养老、医疗、救济等方面，实行了范围不同、待遇标准不同、资金来源不同、形式不同的社会保障试点。以上这些社会保障制度的改革，只是单项改革，没有从根本上触动传统社会保障体制。为了建立起同社会主义市场经济体制要求和经济发展水平相适应的现代社会保障制度，必须加快对传统社会保障制度改革的步伐，深化社会保障制度改革。

深化社会保障制度改革的目标，是以社会保险制度改革为重点，基本建立健全保障资金来源多渠道、保障方式多样化、保障制度规范化、管理服务社会化的完整的现代社会保障制度。简言之，是建立健全同社会经济发展水平和市场经济体制要求相适应的现代社会保障体系。近期目标，即全面建成小康社会的社会保障目标是社会保障全覆盖。

深化社会保障制度改革的方针和重点。①"坚持全覆盖、保基本、多层次、可持续方针"。①"全覆盖"是指根据社会保障制度的类型实现最广泛的覆盖，其中，基本养老保险和基本医疗保障制度覆盖城乡全体居民，工伤保险、失业保险、生育保险制度覆盖城镇所有职业群体，实现人人享有基本社会保障的目标。"保基本"是指坚持尽力而为、量力而行的原则，确定同我国社会经济发展水平相适应的社会保障待遇水平，保障人们的基本生活需求。西方福利国家的"福利病"的教训和高度集中的指令性计划经济体制下平均主义的"高福利"的弊端说明，作为一个社会主义初级阶段的发展中大国，国家强制实行的社会保障只能达到保障基本生活的水平。"多层次"是指以社会救济为保底层，以社会保险为主体层，以企业年金等补充社会保险和商业保险为补充层的多层次社会保障体系。"可持续"是指立足长远发展，统筹协调，建立社会保障的长效机制，实现社会保障制度长期稳定运行，良性发展，循序渐进，不断提高社会保障水平。②"以增强公平性、适应流动性、保证可持续性为重点"②，统筹推进城乡社会保障制度改革。"增强公平性"是指社会保障要对各类

① 《中国共产党第十八次全国代表大会文件汇编》，人民出版社 2012 年版，第 33 页。
② 《中国共产党第十八次全国代表大会文件汇编》，人民出版社 2012 年版，第 33 页。

人群进行全覆盖，着力缩小社会保障的城乡差别和地区差别，坚持权利和义务相统一、公平和效率相结合、统一性和灵活性相结合的原则，增强制度的激励约束功能，明确政府、用人单位、个人和社会的责任。权利和义务相统一，是说每个社会成员都有享受社会保障的权利，同时又对社会保障负有不可推卸的责任和义务。只有权利和义务相统一，才能生成社会保障制度平稳运行的内在机制。而且，每个社会成员在社会保障中的权利和义务，必须以法律形式加以确定。社会保障属于再分配，既要讲公平，也要讲效率。我国基本养老保险和基本医疗保险实行社会统筹和个人账户相结合的制度，就是公平和效率兼顾的制度，其中，社会统筹主要体现公平原则，个人账户主要体现效率原则。"适应流动性"是指社会保障要适应市场经济条件下人员流动性日益增强的新要求，实现社会保障的城乡统筹和区域统筹，提高统筹层次，整合城乡社会保障体制，实现各类社会保障的顺利转移和衔接，实现人力资源合理流动。"保证可持续性"是指社会保障的统筹协调良性发展，有稳定的制度保证和长效机制保证。今后一段时期我国社会保障制度改革的具体任务，一是改革和完善企业和机关事业单位社会保险制度，实现企业和机关单位各项社会保险制度的有效衔接，实现新老制度的平稳过渡。二是整合城乡居民基本养老保险和基本医疗保险制度，实现城乡居民基本养老保险和基本医疗保险制度上的平等和资源共享。三是逐步做实养老保险个人账户，实现基础养老金全国统筹。四是建立兼顾各类人员的社会保障待遇确定机制和正常调整机制，合理确定同社会经济发展水平相适应的社会保障水平。五是完善社会救助体系，健全社会福利制度，支持发展社会慈善事业，做好社会优抚安置工作。六是建立市场配置和政府保障相结合的住房制度，加强保障性住房的建设和管理，满足困难家庭住房的基本需求。③"扩大社会保障基金筹资渠道，建立社会保险基金投资运营制度，确保社会保障基金安全和保值增值。"①④"健全社会保障经办管理体制，建立更加便民快捷的服务体系。"②

深化社会保障制度改革的基本框架大致由三部分组成。首先，社会保险是由国家立法强制实施的社会保障的主体部分，包括失业保险、养老保险、医疗保险、工伤保险、生育保险和死亡保险六项。其中，失业、医疗和养老保险经费由国家、企业和个人三方共同分担；工伤和生育保险经费由国家和企业负担，个人不缴纳费用。其次，社会救济、社会福利和社会优抚是国家立法强制实施，国家财政出钱的社会保障项目。就社会救济而言，我国近几年在城市实行了最低生活保障制度，取得了良好的效果。我国当前社会福利的主要内容是建立健全社会福利院安置生活无着落的老人和孤儿，建立健全社会福利企业安置残疾人就业，通过发展社区服务提供多项社会保障服务。最后，由企业和个人出资的企业补

① 《中国共产党第十八次全国代表大会文件汇编》，人民出版社 2012 年版，第 34 页。
② 《中国共产党第十八次全国代表大会文件汇编》，人民出版社 2012 年版，第 34 页。

充保险和个人储蓄保险是社会保障体系的必要补充部分。企业补充保险和个人储蓄保险一般根据自愿原则，国家只给予政策优惠。按照外国经验，企业补充保险和个人储蓄保险主要由商业保险公司经办。另外，非盈利性的社会互助保险也是社会保障的一种补充形式。

二、全面建成覆盖城乡居民的基本养老保险制度

全面建成覆盖城乡居民的基本养老保险制度的目的是解决老有所养的问题，为我国"老龄社会"的到来筹措养老保险金，同时解决老有所乐、老有所学等问题。

我国养老保险事业发展很快，成绩很大，但仍存在不少问题，主要是在计划经济体制下建立起来的养老保险制度不适应社会主义市场经济发展的要求，现收现付制难以解决我国老龄社会到来所需的巨额养老金问题。具体说来，我国的养老保险主要存在三大问题：

第一，老职工和离退休职工的个人账户"空账"的问题。我国养老保险基金的筹措由现收现付制向部分积累基金制转变，这个转变对年轻职工来说没有问题，因为他们有足够的时间来建立个人账户，积累养老金，但对老职工和离退休职工来说困难颇大。因为过去养老金由国家和企业负担，没有个人账户，现在给老职工和离退休职工建立的个人账户上面没有钱，是"空账"。据统计，我国个人账户空账2004年9月累计已达6000亿元，2007年突破1万亿元，2011年底达22156亿元，要他们靠这些"空头"的个人账户养老是不现实的。

第二，收缴统筹养老金困难。我国用社会统筹来解决老职工和离退休职工的基本养老保险金问题，思路不错，但费用的收缴十分困难。其原因：一是新办企业和年轻职工不愿缴纳养老统筹金。二是私营企业和"三资"企业认为由他们缴纳养老保险统筹金给国有企业老职工和离退休职工作出补偿是不公平的，因而不愿参加。三是老企业特别是亏损严重的国有企业又没有能力缴纳养老保险统筹金。更深层次的原因是社会统筹养老金的缴纳缺乏激励机制，拖欠缴费和逃避缴费较为普遍，统筹金收缴率下降。

第三，社会养老保险基金管理混乱，挪用养老保险金现象严重。养老保险金数额巨大，是各银行揽储的重点对象。一些金融机构为了拉存款，别出心裁，有的为养老保险基金管理单位提供办公楼，提供交通通讯工具，提供个人福利，把基金存款利息变成了小集体利益或个人利益，造成养老保险金存储管理混乱。一些地方政府和社会养老保险经办机构，还将养老保险金用于搞基本建设，办经济实体或对外贷款。据国家审计署2006年审计公告显示，自2000年以来全国各地社保部门新增违规问题金额47.88亿元。其中，扩大三项保险基金开支范围用于弥补"补充医保基金"及借给企业等16.69亿元；用于委托金融机构贷款、对外投资等5.44亿元；用于购建办公房及弥补行政经费等0.32亿元；未按规定

实行专户管理 23.37 亿元。① 2011 年社保违规使用金额虽有下降，但仍达到了 17.39 亿元的规模。

深化社会养老保险制度改革，主要是进行基本养老保险基金筹集模式改革和社会养老保险制度的配套改革，目的是建立现代养老保险制度。

基本养老保险基金筹措模式改革，主要体现在三个方面。一是从现收现付制改为实行部分积累基金制。因为继续实行现收现付制，企业不堪重负。主要是老职工和离退休职工过去没有积累养老金，个人账户是空的，基本养老保险统筹金也是付大于收，缺口很大。二是实行"统账结合"的基本养老保险模式。所谓"统账结合"，就是"社会统筹和个人账户相结合"②。这主要是根据 1993 年《中共中央关于建立社会主义市场经济体制若干问题的决定》和 1995 年国务院颁布的《关于深化企业职工养老保险制度改革的通知》的精神进行的。三是统一企业职工基本养老保险制度。1997 年国务院在总结各地实施"统账结合"经验的基础上，颁发了《关于建立统一职工基本养老保险制度的决定》，其主要内容是"三个统一"。首先是统一规范企业和职工的缴费比例。企业缴工资总额的 20%，个人缴费从本人工资的 4% 逐步提高到 8%。其次是统一个人账户规模。各地按职工本人工资的 11% 建立个人账户。最后是统一养老金的计算发放办法。月基础养老金的额度为当地职工上年度月平均工资的 20%，月个人账户养老金的额度为个人账户累计储存额除以 120 的得数。

居民养老保险制度配套改革主要体现在四个方面：①扩大养老保险覆盖面。长期以来，我国养老保险主要覆盖国有企事业单位。改革开放以来，上海和北京一些地方扩大养老保险覆盖面，逐步把各种所有制企业职工都纳入了基本养老保险的范围。但就全国看，养老保险在非国有企业特别是非公有制企业仍比较少，在农村基本没有。改革的目标是建立全国统一的覆盖所有城乡居民的基本养老保险制度。②提高基本养老保险统筹层次，保障离退休人员基本养老保险待遇。基本养老保险先是县级统筹，管理层次过低，使社会保险的共济功能和分散风险功能难以在更大范围体现。1998 年开始取消县级统筹，2000 年基本实现省级统筹，对离退休人员基本养老金，实行按时足额发放。③加强管理，确保基本养老金的完整和安全。主要是实行基本养老金属地管理、收支两条线管理，将养老金由企业发放改为由社会发放。④建立多层次的养老保险体系。主要是建立基本养老保险、企业补充养老保险和居民个人储蓄养老保险相结合的制度。

三、整合城乡居民基本医疗保险制度

我国 20 世纪 50 年代初按计划经济体制建立起来的劳保医疗制度和公费医疗制度，虽

---

① 《中华人民共和国审计署审计结果公告》2006 年第 6 号。
② 《中国共产党第十六次全国代表大会文件汇编》，人民出版社 2002 年版，第 28 页。

然起过重要作用，但随着经济体制改革的深化和市场经济的发展，逐渐暴露出医疗费用开支增长过快、经费来源严重不足、覆盖面窄、管理不规范、服务社会化程度低等严重问题。为适应改革开放和医疗本身发展的要求，20 世纪 80 年代以来，对原有医疗保险制度进行了改革，改革大体上经历了三个发展阶段。

第一阶段，1989 年至 1993 年，是通过试点对医疗保险制度进行初步改革的阶段。这主要体现在四个方面：一是改革公费医疗经费管理办法。主要是改革过去医疗费"一家独管、医院服务、单位不管、财政拨款"的办法，实行多种多样的医疗费管理办法：有的将医疗费给医院直接管理，有的由享受单位管理医疗费，有的由医院、享受单位和财政共同管理医疗费。二是普遍实行职工适当负担医疗费的制度。三是离退休人员医疗费由社会统筹。四是试行职工大病医疗费社会统筹。

第二阶段，1993 年到 1998 年，是通过试点探索"统账结合"医疗保险制度改革阶段。统账结合是统筹医疗基金和个人医疗账户相结合，目的是把社会统筹的共济作用和个人账户的自我保障作用紧密结合起来，探索出有效的医疗保险基金的筹资方式和合理的支出范围。这个阶段取得的改革成果是明确了医疗保险制度改革的目标和原则，探索了医疗保险费的筹措机制和"统账结合"支付的具体办法，加强了对医疗机构的管理，提高了对医疗保险制度改革必要性、艰巨性和复杂性的认识。

第三阶段，从 1999 年开始的医疗保险制度全面改革的阶段。改革的任务和目标是适应社会主义市场经济发展的要求，依据国家财政、企业和个人的承受能力确定筹资水平，建立职工基本医疗保险制度。改革的原则是基本医疗保险水平同社会经济发展水平相适应；基本医疗保险基金实行社会统筹和个人账户相结合。改革的内容很多，主要有六个方面：一是职工基本医疗保险的覆盖范围是城镇所有单位和职工个人。二是城镇所有单位和个人按属地原则参加所在地区的基本医疗保险统筹。三是基本医疗保险基金由单位和个人共同负担。单位缴纳单位工资总额的 6%，其中的 30% 划入个人账户，70% 用于建立统筹基金。职工个人缴纳的比例开始为本人工资的 2%，后再逐步提高。四是统筹基金的起付标准为当地职工年平均工资的 10% 左右，最高支付额为当地职工年工资额的 4 倍左右。统筹基金起付标准以下的医疗费用从个人账户中支付。起付标准以上、最高支付额以下的医疗费用，主要从统筹基金中支付，个人也支付一部分。五是建立多层次的医疗保险。主要是指超过统筹基金最高支付额的医疗费通过商业医疗保险解决。国家公务员在参加基本医疗保险的基础上，享受医疗补助政策。特定行业职工建立企业补充医疗保险。六是基本医疗保险实行定点医疗机构和定点药店管理。针对"以药养医"，建立"医药分开核算、分别管理"的制度。

通过以上三个阶段的改革，我国基本建立了新的适用于全国城镇职工的医疗保险制度框架。同时大力发展农村合作医疗。农村合作医疗整体水平低，覆盖面窄，基金统筹层次低、困难大。适应农村家庭联产承包责任制的需要，大力发展新型农村合作医疗，是农村建立社会保障体系的迫切需要。大力发展新型农村合作医疗，一要坚持自愿原则，实行民主管理，政府加强领导、管理和监督。二要实行民办公助的筹资方式，加大政府财政支持力度。三要把发展农村合作医疗同加强县、乡、村三级医疗预防保健网建设，同农村医疗卫生队伍建设结合起来，促进农村医疗卫生事业快速发展。四要以大病统筹为主，提高统筹层次。同时建立农村医疗救助制度。到 2004 年，全国 29 个省（直辖市、自治区）出台了医疗救助政策，1003 个县开始实行农村医疗救助制度。2011 年全年累计医疗救助城市居民 2222 万人次，支出金额 67.6 亿元；医疗救助农村居民 6297.1 万人次，支出金额 120.0 亿元。但医疗保险的问题复杂，需要认真总结经验，继续改革和完善，实现基本医疗保障全覆盖。

四、健全失业保险制度

我国失业保险制度的建立始于 20 世纪 50 年代。1950 年，为了解决旧中国遗留下来的失业问题，政务院发布《关于救济失业工人的暂行办法》。1957 年我国宣布消灭了失业，认为失业是资本主义特有的经济现象和人口现象，社会主义没有失业。在新中国成立后的 20 多年里，我国的社会保障体系中没有失业保障项目。

1986 年，为适应国有企业改革的需要，国务院颁布了《国营企业职工待业保险暂行规定》，开始建立失业保险项目。这是因为企业用工制度从固定用工制度到劳动合同制的改革，必然产生失业问题；企业破产法的实行，企业破产必然产生职工失业问题。但我们当时使用的是"待业"、"下岗"一类概念，不用"失业"概念，以示同资本主义有本质区别。直到 1993 年才正式承认社会主义有失业，"失业"一词才成为我国党政机关文件的规范用语。失业保障不仅具有保障生活的功能，而且具有预防失业和促进就业的作用。

1999 年颁布《失业保险条例》，标志着我国进行全面失业保险制度改革。要增强失业保险对预防失业和促进就业的作用，就要进一步改革和完善失业保险制度，建立健全政策体系，构建稳定就业的长效机制。具体来说就是：一要把失业保险的覆盖范围从国有企业职工扩大到城镇所有企事业单位职工，以利于劳动力在不同所有制经济单位之间合理流动和非公有制经济的发展。二要适当提高失业保险基金的缴费率，扩大失业保险基金的来源，增强失业保险基金的支付能力。企业缴费率提高到应缴失业保险费基数的 2%，事业单位为 1%。企业职工个人缴纳为本人应缴失业保险费基数的 1%，事业单位为 0.5%。三是提高失业保险金的统筹层次。规定失业保险金在直辖市或设区的市实行全市统筹，其他地区建立省级失业调剂金。四是整顿失业保险金的发放标准。1993 年失业保险金从民政部门规定的社会救济金的 120% 到 150%，修改为按照低于当地最低工资标准但高于城市最低生活保障标准发放。领取失业救济金的期限根据不同情况分为 12 个月、18 个月和 24

个月三种。1997 年又将失业保险金的发放标准提高了 30%。对在享受失业保险期间提前就业的失业人员，使用失业保险金给予一定的就业补贴。五是加强失业保险基金管理，建立财政部门、银行和劳动保障部门三家相互监督制约机制。失业保险费由劳动保障部门征收，存入财政部门在银行开设的社保基金财政专户，实行收支两条线管理，由财政部门依法进行监督。六是从企业内部下岗保障向公开失业保险制度过渡。1986 年建立国有企业再就业服务中心，下岗职工在再就业服务中心一般不超过 3 年，3 年期满未再就业的，应同企业解除劳动关系，按规定享受失业救济或社会救济。在做好下岗职工再就业和保障其基本生活的同时，由企业内部下岗向社会公开失业保险制度转变，在条件许可的情况下，企业新的失业人员不再进入企业再就业服务中心，而是直接进入社会失业保险。已进入下岗再就业服务中心的人员全部出中心后，撤销企业再就业服务中心，失业人员完全直接进入社会失业保险。对参保企业，可用失业保险基金支付岗位补贴、社会保险补贴和培训补贴等政策手段，稳定就业岗位及鼓励企业吸纳失业人员就业发挥积极作用。

五、完善社会救助体系

我国的社会救济在新中国成立前只有一些未制度化的救灾措施。中华人民共和国成立后，逐步建立了社会救济制度。1950 年政务院颁布《城镇救济失业工人暂行办法》。1956年在农村建立了"五保"制度。在计划经济体制时代，由于基本上不存在失业，社会救济侧重于灾害救济和困难救济。中国共产党十一届三中全会以来，逐步对社会救济制度进行了改革和调整，一是把社会救济的重点从灾害救济和困难救济转向失业救济，使社会救济范围扩大；二是改变社会救济的方式，从给钱给物的"输血"型救济转向"增强造血功能"型救济；三是逐步建立了城乡最低生活保障制度。

城乡最低生活保障制度在 1993 年由上海率先实行。1997 年国家民政部总结了上海经验，决定在全国推行。同年 9 月，国务院发布了《关于在全国建立城市最低生活保障制度的通知》。1999 年，国务院颁布《城市居民最低生活保险条例》。经过几年的发展，我国绝大多数城市已建立了最低生活保障制度，标志着我国社会救济进入了新的发展阶段。现在进入城乡低保全覆盖的阶段。

建立最低生活保障制度是建立社会主义市场经济体制的客观要求，是社会主义市场经济体制的重要配套工程。它有利于保障社会成员的基本生存权，维护社会稳定；有利于化解按要素贡献分配中公平与效率的矛盾；有利于规范社会救济制度，提高社会救济水平。

所谓城乡最低生活保障制度是政府对城乡贫困人口按照最低生活保障标准进行差额补助的社会救济制度。体制是"政府领导，民政主管，有关部门协办"。实施范围先是县级以上城市，现是全覆盖。实施主体是各级政府。作为核心问题的资金来源是各级政府的预算拨款。方式是对保障对象的实际收入与最低收入标准的差额进行差额补贴。对象是实际收入没有达到政府规定的最低生活保障标准的家庭和个人。

我国的最低生活保障标准基本上是按绝对贫困的含义来确定的，不是按相对贫困的含义来确定的。具体标准是各地用生活必需品最低消费价格测算方法来确定的，而且在不断提高。2004年以前大多数城乡的月最低生活保障标准在200多元到400多元之间。2011年，上海城市低保从450元提高到505元，农村低保从300元提高到350元。2012年北京城市低保从500元提高大520元，农村从340元提高到380元。

目前我国城乡最低生活保障基本做到了动态管理下的应保尽保。而且，我国的社会救助由单项制度向制度体系发展，进入了制度体系建设新阶段。截至2004年底，全国已有1026个县（市、区）实行了农村低保制度，496.4万人享受到了低保待遇。2011年末，城市低保对象1145.7万户，2276.8万人；农村低保对象2672.8万户，5305.7万人。2012年底，全国农村低保对象2809.6万户，5341万人。

当前和今后较长一段时期内，改善民生，尤其是保障全社会遭受失业、残疾、疾病、自然灾害等的各类弱势群体的基本生活需要是一项十分重要的工作，这就必须努力推进社会救助制度体系的建设，要激发和唤起各级各类救助主体，发掘和拓宽救助资金来源，健全和完善社会救助各项规章制度。党的十七大报告要求，未来几年内，"覆盖城乡居民的社会保障体系基本建立，人人享有基本生活保障，……绝对贫困现象基本消除。"在这一过程中，既要充分发挥各级政府在社会救助体系制度建设中的基本职能，也要积极调动和运用市场及社会力量，通过商业保险和慈善事业的补充作用，加快完善全社会的救助制度体系建设。

六、健全社会福利制度，做好优抚安置工作

我国的社会福利制度建立于20世纪50年代。1956年，全国总工会发布了《职工社会困难补助办法》；1957年，国务院发布了《关于职工生活方面若干问题的指示》，标志着我国职工福利制度的建立。20世纪70年代，国家修改和增设了取暖补贴、上下班交通费补贴、职工探亲假等职工福利补贴制度。20世纪80年代以来，根据经济体制改革和社会发展的实际需要，对社会福利制度进行了改革：一是改变社会福利完全由国家和企业包下来的办法，动员社会力量兴办社会福利；二是发展残疾人劳动就业，增强残疾人的自立能力，减轻社会负担；三是大力发展社区服务。我国的社会福利制度经过几十年的发展，已有很大进步，但同社会主义市场经济体制的要求相比，仍有很大差距，需要继续深化改革。一是社会福利的社会化程度不高，社会福利和职工福利没有完全分开，计划经济体制痕迹明显，难以适应社会主义市场经济体制发展的要求，因此，深化社会福利制度改革，首先要实现社会福利和职工福利的分离，健全社会福利体系。二是现实的社会福利保障层次低，大多带有保障基本生活甚至保障最低生活的特征，而社会福利本是最高层次的社会保障，

应当名副其实，建立起同经济发展水平正相关的社会福利机制，提高社会福利的档次。三是社会福利本是公共福利，但现实的社会福利设施的市场化趋向明显，要正本清源，提高社会福利的社会化水平。

我国的社会优抚最早见于1931年中央苏区颁布的《红军优抚条例》和《红军优待条例》。1950年颁布《革命烈士家属、革命军人家属优待暂行条例》、《革命残废军人优待抚恤条例》、《革命军人牺牲、病故褒恤条例》、《民兵、民工伤亡抚恤暂行条例》等，建立了中国社会优抚制度。20世纪80年代以来，社会优抚事业不断发展，主要体现在：一是逐步健全和完善了社会优抚法规体系；二是提高了社会优抚标准，扩大了补助范围；三是改进了优抚安置办法。2011年底，全国优抚对象达852.5万人。社会优抚制度还存在一些需要完善的问题，主要是优抚基金短缺，优抚标准过低，使优抚制度的特殊保障功能弱化。要建立同社会经济发展水平和人均收入水平同步增长的社会优抚标准机制，要按高于社会平均生活水平的标准来调整社会优抚标准。

思考题

1. 解释下列基本概念：

社会保障　现收现付制　基金积累制　社会保险　社会救济　社会福利

2. 什么是最低生活保障制度？

3. 为什么要进行社会保障制度改革？深化社会保障制度改革的方针和重点是什么？

4. 论社会保障体系的主要内容。

5. 如何完善全面覆盖城乡的基本养老保险制度和基本医疗保险制度？

6. 如何健全失业保险制度？

阅读书目

1. ［英］贝弗里奇：《贝弗里奇报告——社会保险和相关服务》，中国劳动社会保障出版社2008年版。

2. ［英］庇古：《福利经济学》上、下卷，商务印书馆2006年版。

3. ［美］彼得.A.戴蒙德：《拯救社会保障——一种平衡方法》（修订版），上海财经大学出版社2012年版。

第十七章　社会主义经济增长与经济发展

政治经济学是研究社会经济问题的学问，要解决的主要问题是如何组织物质资料生产及如何满足人们的物质需要，这就必然要涉及经济增长和经济发展问题。本章主要阐述和分析经济增长的影响因素、经济增长方式、经济发展、产业结构优化和区域经济协调发展等问题。

第一节　经济增长

一、经济增长的影响因素

(一)经济增长的含义

经济增长一般是指一个国家或地区在一定时期内生产的商品和劳务总量的增加，即国民经济规模的扩大和数量的增长。诺贝尔经济学奖获得者西蒙·库兹涅茨认为："一个国家的经济增长，可以定义为向它的人民供应品种日益增加的经济商品的能力的长期上升。这个增长中的能力，基于改进技术，以及它要求的制度和意识形态的调整。"①在库兹涅茨的定义中，经济增长不仅包括数量的增长，还包括技术进步、制度和意识形态调整等经济发展的内容。

衡量经济增长，一般以国民生产总值(GNP)增长率或国内生产总值(GDP)增长率等总量增长率指标为尺度。考虑到人口因素，经济增长则以国民生产总值或国内生产总值的人均量来衡量。国民生产总值或国内生产总值的增长侧重反映一国总体经济实力的提高，而人均量的增加则突出体现人民生活水平和经济效益水平的提高。

改革开放以来，我国经济获得了快速增长，1978—2011年我国年均经济增长率达9.97%。1990年，我国GDP总量位居世界第11位，2000年上升到第6位，2010年则跃升到第2位。2011年，美国GDP总量为150940亿美元，日本为58695亿美元，德国为35770亿美元，我国为72982亿美元位居第二。但由于我国人口众多，人均国民总收入则较靠后，2005、2010、2011年我国人均国民总收入分别位于世界第128、121、114位。②

---

① 《诺贝尔经济学奖获得者讲演集》，中国社会科学出版社1986年版，第97页。
② 国家统计局：《中国统计年鉴》2012，中国统计出版社2012年版，第1058、1069页。

（二）保持经济持续快速增长的意义

新中国成立 60 多年来，国民经济保持了快速增长，尤其是改革开放以来，更是开创了经济高速增长的新时期。但应清醒地看到，由于我国人口众多，人均国民收入仍位于世界后列，我国仍是一个发展中国家。因此，保持经济持续快速增长具有重要意义。

首先，是社会主义的本质要求。马克思和恩格斯指出："无产阶级将利用自己的政治统治，一步一步地夺取资产阶级的全部资本，把一切生产工具集中在国家即组织成为统治阶级的无产阶级手里，并且尽可能快地增加生产力的总量。"①社会主义的本质，是解放生产力、发展生产力、消灭剥削、消除两极分化，最终实现共同富裕。只有经济增长了，才能为消灭剥削、消除两极分化提供物质条件，才能最终实现共同富裕。

其次，是巩固和发展社会主义制度的基本条件。列宁在十月革命胜利后曾说："要么是灭亡，要么是在经济方面也赶上并且超过先进国家。"②邓小平明确指出："社会主义制度优越性的根本表现，就是能够允许社会生产力以旧社会所没有的速度迅速发展，使人民不断增长的物质文化生活需要能够逐步得到满足。"③社会主义最终取代资本主义，绝不是光用理论证明所能解决的问题，重要的是经济的快速增长，人们得到比资本主义制度下更多的实惠，才会发自内心地拥护社会主义。这样，社会主义制度才会得以巩固，社会主义制度的优越性才会显现出来。

再次，是实现社会主义生产目的的客观要求。社会主义生产目的是满足人民日益增长的物质文化生活需要。根据邓小平的"三步走"的战略构想，第一步从 1981 年到 1990 年国民生产总值翻一番，解决人民的温饱问题；第二步从 1991 年到 20 世纪末，国民生产总值再翻一番，人民生活达到小康水平；第三步到 21 世纪中叶，人均国民生产总值达到中等发达国家水平，人民生活比较富裕，基本实现现代化。从目前已基本实现的两大战略目标看，我们靠的就是较高的经济增长率。要实现任务更加艰巨的第三步战略目标，离开经济的持续快速增长是难以想象的。

此外，保持经济持续快速增长还可以提高我国的国际地位，可以更好地发挥我国在国际事务中的作用，为世界的和平与发展作出更大的贡献。

（三）经济增长的影响因素

1. 劳动力数量和劳动生产率

一般说来，劳动者人数的增加与经济增长的快慢成正比例。在劳动力数量相对于可利用的生产资料数量较少时，增加劳动者数量就可以推动更多的生产资料，引起生产资料的

① 《马克思恩格斯选集》第 1 卷，人民出版社 2012 年版，第 421 页。
② 《列宁选集》第 3 卷，人民出版社 2012 年版，第 271 页。
③ 《邓小平文选》第 2 卷，人民出版社 1994 年版，第 128 页。

利用率提高，生产的产品就越多，经济增长就越快。对于劳动密集型的企业，这种情况就更为明显。此外，劳动生产率的提高对经济增长具有正效应。劳动生产率是指劳动者的生产能力或效率，通常用单位劳动消耗量生产的产品量或单位产品所消耗的劳动量来计量。劳动生产率的提高，表明单位劳动时间内生产的产品数量增多，因此，在劳动力供给总量不变的条件下，劳动生产率的提高同样可以促进经济增长。特别是在工业化有了一定基础的条件下，提高劳动生产率成为了加快经济增长的主要途径。

2. 资本

在早期的经济增长理论中，资本被视为经济增长的核心要素，资本积累则成为经济增长的根本推动力。尽管随着经济增长理论的发展，人们对于早期的看法有了不同的认识，但对于发展中国家来说，保持一个相当规模的投资比例仍是经济增长的重要条件。资本对经济增长的作用体现在两方面：一方面，资本供给数量的增长对产出或收入的增长具有正效应，投资作为一种注入因素可以拉动经济的增长；另一方面，资本具有很强的流动性，而且资本的流动往往与劳动力和生产资料等要素的流动同步，因此，资本的集中或分散会同时引起生产要素的运动，从而形成经济增长的动力。

3. 科学技术

科学技术作为第一生产力，在经济增长中有着十分重要的作用。在经济增长中，科学技术的作用主要通过提高资本效率和劳动效率体现出来。据统计，20 世纪初发达国家经济增长只有 5% ~20% 是靠科学技术进步取得的；到五六十年代，这一比重上升到 50%；到八十年代，这一比重则高达 60% ~80%。科学技术在经济增长中的重要作用，也在经济增长理论中得到了重要的体现。突出表现就是曾经视为外生变量的技术进步已成为现代经济增长模型中重要的内生变量。我国是个科学技术基础较差的发展中国家，目前也正朝着通过科技进步实现经济增长这个方向努力。到 2050 年，我国各项经济指标要达到中等发达国家水平，据推算有一半以上要靠科学技术的力量。

4. 人力资本

人力资本是指通过教育、培训等投资而凝聚在劳动者身上的知识、技能及其所表现出来的创新能力。这种资源与土地、劳动者和资本等传统资源相比，具有主动性和创造性，能充分释放劳动者各方面的能量，突破客观物质条件的制约，实现经济的快速高效增长，尤其是能促进知识经济的发展。以 1995 年诺贝尔奖获得者卢卡斯为代表的新经济增长理论认为，人力资本的积累是经济增长的真正源泉。

5. 自然资源

自然资源包括矿产资源、土地资源、水资源、环境资源等，是社会生产必不可少的物质条件，是经济增长的自然基础。自然资源对经济增长的作用主要体现在两个方面：一是自然资源为经济增长提供能源和原材料、劳动场地和劳动对象等；二是自然环境容纳经济增长过程中产生的废弃物。具体到不同发展水平的国家来说，自然资源对其经济增长有着不同的重要程度。对于缺少资金和技术的发展中国家来说，其自然资源的供给数量和性质在经济增长中起着重要的作用；而对于有着充裕资金和先进技术的发达国家来说，自然资源对其经济增长的约束则相对较弱。

6. 制度

制度是约束人们行为的一系列规则。市场制度、分配制度、产权制度等都是重要的经济制度。经济发展史表明，经济增长同制度演进密切相关：生产关系和上层建筑的调整和完善、市场制度的健全、产权的明晰、政府行为的规范等，都有助于经济效率的提高和经济增长。诺贝尔经济学奖获得者诺思认为，有效的制度安排，能提供一种经济的激励结构，将个人的经济努力不断引向一种社会性的活动，因此，有效的制度安排是经济增长的关键。我国建立社会主义市场经济体制的目的，就是为了构筑高效率的经济组织形式和运行方式。事实上，我国30多年来的经济体制改革极大地推动了我国的经济增长，而且在今后相当长的时期内仍将成为推动我国经济增长的主要因素。

此外，消费需求的变动、产业结构的变化、对外贸易的状况等因素也对经济增长有重要的影响。

二、经济增长的波动和周期

(一) 经济波动的含义

在经济增长过程中，不同年度的经济增长速度往往是不相同的，存在高低起落。通常我们将这种经济增长过程中所表现出来的扩张和收缩的交替运动称为经济波动。但理论上经济波动的严格定义是通过实际经济增长和潜在经济增长的对比给出的。实际经济增长是指一个国家在一定时期内实际总产出水平的增加；而潜在经济增长是指在既定的技术和资源条件下，在实现充分就业和不引发加速通货膨胀的情况下，一国所能实现的总产出水平的增加。潜在经济增长代表了经济增长的一种趋势。经济波动则表现为实际经济增长对潜在经济增长的偏离。

经济波动可分为古典型波动和增长型变动。古典型波动是指总产出水平在增长过程中呈现出正负两种增长的交替。负增长表现为国民生产总值的绝对量较上一年度下降。增长型波动是指国民收入总水平是增长的，但增长率有高低的变动。

经济波动往往具有周期性的运动特征，因此，经济波动又称为经济周期。一个典型的经济周期可分为四个阶段：繁荣、衰退、萧条和复苏。当经济处于繁荣期时，就业增加，产量扩大，经济产出逐渐达到高峰；在经历了高峰之后，经济开始回落进入衰退期，这时消费和投资减少，失业率上升，产量下降，经济跌至谷底；接着经济进入萧条期，需求、产量在低位徘徊，失业率居高不下；随着时间的推移，经济进入复苏期，这时存货开始减少，就业逐渐增加，产量缓慢上升；随之经济又开始进入繁荣阶段，逐渐达到经济的新高峰，然后又开始下一个循环。

根据经济周期持续时间的长短，一般可将经济周期分为长、中、短三种类型。长周期，又称长波，时间长度为50~60年左右，一般认为是由带有革命性意义的重大技术突破和新资源的发现和利用引起的；中周期，又称中波，时间长度为9~10年，一般认为是由相对集中的固定资产的大规模投资和更新引起的；短周期，又称短波，时间长度为3~5年，一般认为是由市场供求变化导致的存量调整和产量调整引起的。

(二)中国的经济波动和周期

1. 中国的经济波动周期及特点

我国的经济增长也存在周期性的波动现象。下面用图16-1来说明我国改革开放以来经济增长率的变化情况，以此说明我国经济增长的波动和周期。

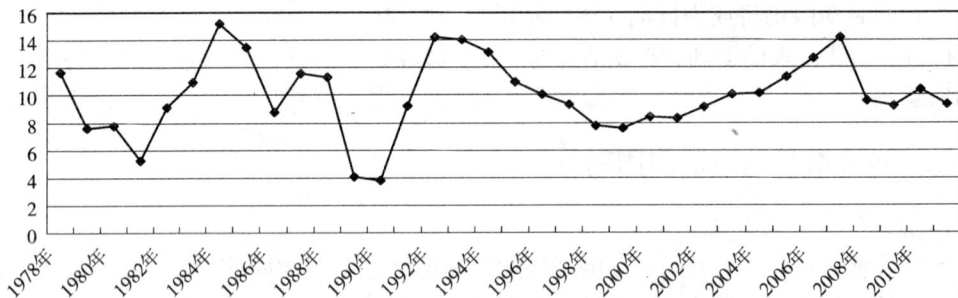

图 16-1　我国改革开放以来经济增长率曲线

国家统计局：《中国统计年鉴》(2012)，中国统计出版社2012年版，第47页。

按照"波谷—波谷"的周期划分方法，即每一轮经济周期从经济增长率向上回升的年份开始，到经济增长率回落到波谷年份为止。由图16-1可知，20世纪80年代以来，中国经济增长大体可划分为三个周期。即1981~1990、1991~1999、2000~2009三个经济周期。

总体来看，改革开放后，我国经济周期波动呈现以下特点：

第一，由古典型周期波动转变为增长型周期波动。改革开放前，我国经济增长表现为古典型波动，经济增长大起大落，在经济周期的下降阶段，GDP绝对下降，出现负增长。改革开放后，尽管有增长率的下降，但GDP并不绝对下降，属于增长型波动。

第二，经济波动呈现出不规则形态。一方面，波动曲线呈现出不规则的锯齿状；另一方面，波动的时间间隔也是不规则的，20世纪80年代基本上4~5年出现一次波动，90年代和2000年后，一个波动周期则延长到10年左右。

第三，波动幅度不断减缓。相对于改革开放前，改革开放后经济波动幅度明显减缓，峰位降低，谷位上升。特别是 2000 年以后，这种态势更加明显。

2. 中国经济周期波动的原因

中国经济增长周期波动的原因很多，主要有以下几个方面：

第一，投资率的波动。一般说来，投资率与经济增长率呈正相关关系。投资的周期性波动直接导致了经济的周期性波动。由于投资效应具有一定的滞后性，当年的投资增长率与经济增长率不一定完全同步，但改革开放以来我国经济增长的周期性经济波动与投资增长率的波动具有相当的一致性。

投资率的波动是投资需求波动的表现。在市场经济条件下，投资需求是由资本边际效率和利息率的对比关系所决定的。资本边际效率高、利息率低，投资需求就旺盛；反之，则不足。作为处于经济转轨期的我国来说，投资需求除了受资本边际效率和利息率的影响外，经济决策的政治背景也是一个重要因素。比如，党的代表大会提出了经济建设的新目标，中央和地方政府都容易产生追求高速度的偏好，从而导致偏高的投资率。当投资需求膨胀超过国民经济所能承受的临界点时，政府就会被迫对经济进行调整，降低投资率，从而导致投资率的剧烈波动。据研究，我国经济的周期性波动与国家五年计划有着高度的相关性。[①]

第二，消费需求的波动。消费需求不仅直接影响社会总需求，而且还通过影响投资需求间接影响社会总需求。因此，消费需求的波动会引起经济增长的波动。当消费需求不足时，会导致失业率上升、产出下降，从而使经济增长率下降；当消费需求过旺时，社会总需求的增长会导致经济增长率过快增长。

第三，国际因素。改革开放以来，特别是加入世界贸易组织后，我国经济日益融入世界经济之中，国际因素对我国经济波动的影响越来越大。从进出口来说，随着我国外贸依存度的不断提高，海外需求以及国际资源供给的波动，也会导致我国经济增长的波动。比如，2008 年以来，国际金融危机导致的海外需求萎缩使我国出口大幅下降，给我国的经济增长带来了巨大的压力。

此外，技术变化的状况、产业结构的调整与转换、经济体制的变动等因素也会影响我国经济的运行，导致经济的周期波动。

三、转变经济增长方式

(一)经济增长方式的含义和类型

经济增长方式是指决定经济增长的不同要素的组合方式，具体地说，是指经济增长过

---

① 蒋学模:《高级政治经济学》，复旦大学出版社 2001 年版，第 461 页。

程中要素投入与要素生产率的构成方式。

程中要素投入与要素生产率的构成方式。

根据实现经济增长的要素组合方式的不同或经济增长的源泉差异，可以将经济增长方式区分为不同的类型。经济增长来源于两个方面：一是要素投入量的增加，二是要素生产率的提高。如果在经济增长中要素投入量增加起主要作用、要素生产率提高起次要作用的，则可称之为粗放型的经济增长方式，实质是数量扩张的增长方式；如果在经济增长中要素生产率提高起主要作用、要素投入量增加起次要作用的，则可称之为集约型的经济增长方式，实质是质量效益型增长方式。从产出增长与投入增长之比来看，粗放型的经济增长方式是效益相对低下的一种增长方式；集约型的经济增长方式是效益相对较高的一种增长方式。

经济增长方式与经济发展阶段存在着密切的关系。在一国经济发展的初期，要素价格比较便宜，资源约束较为宽松，粗放型经济增长方式较为常见。随着经济发展水平的提高，要素价格上升，资源稀缺程度逐渐加大，要素生产率的提高逐渐成为经济增长的主要推动力，集约型经济增长方式逐渐成为主导的经济增长方式。

从再生产的角度看，经济增长相当于扩大再生产。社会主义扩大再生产可分为两种类型：一是外延的扩大再生产；二是内涵的扩大再生产。外延的扩大再生产，是指通过增加要素数量来扩大生产规模。内涵的扩大再生产，是指依靠技术进步，提高资本有机构成和提高生产要素的质量来扩大生产规模。一般说来，粗放型的经济增长方式大体相当于外延式的扩大再生产，集约型的经济增长方式大体相当于内涵式的扩大再生产，但也不能简单地等同，比如，如果外延式扩大再生产是建立在技术进步基础上的数量扩张，那么这种情况包含有集约型增长方式的成分。

(二)转变经济增长方式的必要性

经济增长方式转变是指从粗放型增长方式为主转向集约型增长方式为主，实质是通过提高要素生产率在经济增长中的贡献，使经济增长从主要依靠增加资本和劳动投入向主要依靠技术进步转变，从数量扩张型向质量效益型转变。正如江泽民指出的："这种转变的基本要求是，从主要依靠增加投入、铺新摊子、追求数量，转到主要依靠科技进步和提高劳动者素质上来，转到以经济效益为中心的轨道上来。"[1]

长期以来，我国的经济增长主要是靠资源、资本和劳动的高投入、高消耗获得的，因而在经济增长的同时，也造成了低产出、低效益，以及严重的浪费和污染等后果。改革开放以来，我国经济快速增长，经济增长方式也有了一定的转变，但以粗放型为主的经济增长方式仍没有根本改变，高速的经济增长还是以高投入、高消耗换来的。比如，根据2011年《国际统计年鉴》数据，2008年高收入国家万美元国内生产总值能耗为1.83吨标准油，

---

[1] 《江泽民文选》第 1 卷，人民出版社 2006 年版，第 462 页。

美国为 1.96、德国为 1.6、英国为 1.18、日本为 0.96，而中国为 7.86。2003 年我国 GDP 约占世界 GDP 总量的 4%，但我国原油、原煤、铁矿石、水泥等资源的消耗量却分别占到了世界总消耗量的 7.4%、31%、30%、40%。显然，如果长期依靠高投入、高消耗的方式推动经济增长，我国经济增长不仅实现不了发展战略所要求的预期目标和速度，而且还会对未来经济社会的发展带来极为严重的恶果。因此，加快经济增长方式的转变，是我国现阶段经济发展的必然要求和紧迫任务。具体说来，加快转变经济增长方式的必要性主要体现在以下三个方面：

首先，加快增长方式转变是缓解资源约束和环境压力的需要。资源是稀缺的，本身就应该节约使用，从我国的情况看，提高资源的使用效率意义更为重大。就人均占有量来说，我国是一个资源紧缺的国家。我国耕地、淡水、森林、矿产保有储量潜在总值的人均占有水平分别只有世界人均水平的 42%、27%、20%、58%，大大低于世界平均水平。同时，粗放型经济增长造成了严重的环境污染和生态失衡。据有关方面报告，我国主要污染物排放量已超过环境自净能力。工业固体废物产生量由 1990 年的 5.8 亿吨上升到 2000 年的 8.16 亿吨；七大水系近一半河段严重污染。① 显然，如果不从根本上转变经济增长方式，资源将无以为继，生态环境将不堪重负。

其次，加快增长方式转变是实现经济持续快速增长的需要。以高投入、高消耗、低产出、低效益为特征的粗放型增长方式，随着经济规模的扩大，越来越难以推动经济的持续快速增长。在粗放型经济增长方式下，一方面，维持同样水平的经济增长需要更大的投资量，必然引发资本供求关系的紧张；另一方面，高消耗、高投入也必然造成能源、原材料供求关系紧张，使得这些产品的价格上涨。这两种情况都容易导致通货膨胀以及经济增长的大起大落，不仅不能实现经济的持续快速增长，而且还会导致经济增长的停滞甚至后退。

再次，加快增长方式转变是提高国际竞争力的需要。国际竞争力是在全球竞争背景下，一个国家相对于其他国家的实现经济增长、提高人民生活水平的能力。在当前日益激烈的国际竞争中，发达国家的经济增长已进入创新驱动的阶段，要素生产率的贡献率达到了 60%~80%，而我国的经济增长还停留于要素驱动的阶段，要素生产率的贡献率还不到 40%，与发达国家相比还相距甚远。因此，要提高我国的国际竞争力，必须尽快实现经济增长方式的转变，提高我国的科技素质、产业素质和企业素质。

（三）实现经济增长方式转变的途径

（1）建立竞争性的市场体系和市场机制。实现集约型经济增长的制度基础是有效的市场竞争，因而完善的市场体系是实现增长方式转变的重要途径之一。这是因为，市场体系的完善在很大程度上决定着企业的竞争行为和竞争效果。只有完善的市场体系才能充分发

① 吴敬琏：《中国增长模式抉择》，上海远东出版社 2005 年版，第 126、128 页。

挥市场竞争在优化资源配置和有效利用资源方面的基本功能。因此，为了实现经济增长方式的转变，必须大力培育和完善社会主义的市场体系，发展和完善各种要素市场，建立健全的市场制度和规则，有效地发挥市场机制在优化资源配置中的基础性作用，使价格、竞争、供求等市场机制真正成为实现经济增长方式转变的有力杠杆。

（2）形成有利于节约资源、降低消耗、增加效益的企业经营机制。企业是市场的主体，也是经济增长的主体，是转变经济增长方式的微观基础和主体。在转变经济增长方式的过程中，要抓紧企业改革这一中心环节，转换企业的经营机制，通过企业的内部改革和市场竞争的外部压力，形成有利于节约资源、降低消耗、提高质量、重视技术、增加效益的企业经营机制，把企业塑造成为具有实行集约增长的积极性和主动性的微观主体。

（3）增加人力资本投资。劳动者是生产经营活动的主体，劳动力素质的高低不仅决定着劳动生产率的高低，而且也影响其他要素使用效率的高低。同时，科学技术作为一种潜在的生产力也只有同劳动者相结合，才能转变成现实的生产力。因而，提高劳动者素质是实现经济增长方式转变的重要途径。要提高劳动者素质，就必须加大教育投入。增加教育投资是实现人力资本积累和增长的主要途径。

（4）加快科技进步，提高科技进步对经济增长的贡献率。经济增长方式转变的核心或基本标志是技术进步在经济增长中贡献率的大幅度提高，现代技术是实现经济集约型增长的主要支柱。因此，必须大力推进产业技术创新，形成自主创新的技术进步机制，强化科技进步对经济发展的促进作用，提高科技进步对经济增长的贡献率。要以产业技术为核心，加快科技成果向现实生产力转化，加快高新技术的产业化，培育新的经济增长点。

（5）加强国家对经济增长方式转变的宏观调控。国家的宏观调控是转变经济增长方式的重要手段。通过宏观调控，协调经济增长中的若干重要关系，从宏观方面保证生产要素与社会资源的合理配置。同时，宏观调控政策和宏观调控手段，对实现经济增长方式的转变，具有明显的导向作用。特别是在引导投资方向、调整产业结构和建设重点、实现规模经营、提高产品质量等方面，能够有效地发挥鼓励集约增长、约束粗放增长的功能，形成转变经济增长方式的导向机制和激励机制。

第二节　经济发展

一、经济发展的含义及其与经济增长的关系

经济学家对于经济发展的认识，有一个从狭义到广义的演变过程。在20世纪50年代以前，经济学家一般将经济发展等同于经济增长；到20世纪五六十年代，一些经济学家从国民经济结构变动的角度来认识经济发展，将经济结构的优化包含到经济发展之中；到20

世纪70年代，一些经济学家将贫困、不平等和失业的减少或根除、人民生活质量的提高也包含到经济发展之中，经济发展的内涵在不断扩大。

一般认为，经济发展是指一个国家或地区随着经济增长而出现的经济、政治、文化和社会的整体演进和改善。它不仅包括一个国家或地区经济数量的增长，而且还包括经济质量和社会福利的提高。具体来说，经济发展的内涵包括四方面的内容：①经济数量的增长，即一个国家或地区产品和劳务的增加。②经济结构的优化，即一个国家或地区的产业结构、技术结构和经济体制等的优化。③经济质量的提高，即经济增长的成本最小化，表现为资源得到有效的利用，环境污染得到有效的控制。④社会福利的增进，表现为摆脱贫困、公平分配、卫生健康状况的改善、社会福利的增加、人的生活质量的提高以及人的现代化。

经济发展与经济增长既有联系又有区别。二者的联系表现在：经济增长是促进经济发展的基本手段和物质基础。经济发展是经济增长的结果和目的，没有经济增长就不可能有经济发展。二者的区别表现在：①经济发展比经济增长有着更宽泛的内涵。经济增长主要是指一个国家或地区在一定时期内的产品和劳务产出量的增加，反映的是国民经济数量的变化。而经济发展除了经济增长的内容外，还包括经济、政治、社会和文化等方面的进展。因此，经济增长并不是经济发展的充分条件，有经济增长并不一定就会带来经济发展。如果经济增长是通过过多的要素投入和资源消耗实现的，并没有经济质态的升级和优化；或者说虽有经济增长，但由于体制、观念等方面的原因，其结果不是整个社会和居民的福利的普遍增进，而是收入分配上的两极分化，等等这些，都可称之为"有增长无发展"或"无发展的增长"。②衡量的指标不一样。经济增长一般以国民生产总值与国民收入，以及它们的人均值的增长率这一单一指标来衡量；而经济发展由于包含经济、政治、社会和文化等多方面的内容，一般以反映这方面内容变化的综合性指标来衡量。

二、衡量经济发展的指标

经济发展是一个国家或地区的经济、政治、社会和文化的整体演进和改善，包含了极广泛的内容，其中最重要的是经济素质提高、经济结构优化、经济福利增加和生活质量提高。因此，对经济发展水平的衡量需要采用综合性的指标体系。

1970年，联合国社会发展研究所（UNRISD）挑选出了16项指标，作为衡量社会经济发展的主要指标。它们是：①出生时预期寿命；②两万人以上地区人口占总人口的百分比；③人均每日消费的动物蛋白质；④中、小学注册人数总和；⑤职业教育入学比例；⑥每间居室平均居住人数；⑦每千人中读报人数；⑧从事经济活动人口中使用电、水、煤气等的百分比；⑨每个男性农业工人的农业产量；⑩农业中成年劳动力的百分比；⑪人均消费电力的千瓦数；⑫人均消费钢的公斤数；⑬能源消费（折合人均消费煤的公斤数）；⑭制造业在国内生产总值中的百分比；⑮人均对外贸易额；⑯工薪收入者在整个经济活动人口中的百分比。这 16 个指标，涵盖了经济增长、结构变动、就业水平、教育水平、医疗状况、生活水平和生活质量等方面的内容，能比较全面地衡量一个国家或地区的社会经济发展状况。

1990 年，联合国开发计划署（UNDP）推出了人类发展指数（HDI），用于衡量社会经济发展和进行国际比较。联合国人类发展指数用人类发展的三个最基本和最重要方面的平均成就来构建指标体系，分别是：①健康长寿的生活——用出生时预期寿命来表示；②知识和教育——用成人识字率以及小学、中学、大学综合毛入学率加权平均来表示；③体面的生活水平——用人均 GDP 来表示。该指标体系也是目前衡量发展水平应用最广、影响最大的指数之一。

我国目前评价社会经济发展的指标体系有 5 个子系统 46 个指标。一是反映社会结构的子系统，主要有第三产业从业人员比例、城镇人口比例、实际失业率和出口占国内生产总值的比率等 8 个指标。二是反映人口素质的子系统，主要有人口自然增长率、初中毕业占总人口比例、每万人医生数等 8 个指标。三是反映经济效益的子系统，主要有人均国内生产总值、人均地方财政收入等 8 个指标。四是反映生活质量的子系统，主要有城镇居民人均可支配收入、农民人均纯收入、人均生活用电量等 16 个指标。五是反映社会秩序的子系统，主要有刑事案件、交通事故、火灾等 6 个指标。

三、影响经济发展的主要因素

经济发展是一个国家经济、政治、文化、自然等条件和力量及其结构状况的综合表现。因此，影响经济发展的因素很多，它不仅包括经济因素，还包括非经济因素。根据我国的国情，主要包括人口与劳动力资源、自然资源与环境、科技和教育、生产力的组织、经济体制、经济机制、资金积累和投资、国民收入分配、个人消费水平及方式、对外经济联系、宏观调控政策等。这些因素相互作用，共同构成一个大系统，影响着经济发展。不过在不同的经济发展时期，各因素对经济发展影响的程度也不同。在现代社会的经济发展中，科学技术作为第一生产力发挥着作用，科学进步是影响经济发展最主要的因素。科技进步之所以成为影响经济发展的最主要的因素，是因为：①劳动生产率的提高是现代经济发展的核心内容，而科技进步已成为提高劳动生产率的决定性因素。科学技术作为生产力系统中的智能要素渗透在生产力其他要素之中。科学技术的进步使劳动手段日益精良，使劳动对象在广度上进一步扩大并在深度上进一步改善，使劳动者本身的素质和技能得到提高，从而促进劳动生产率的提高，使生产力要素的产出能力发生质的飞跃。②产业结构和整个经济结构的改变和完善，是现代经济发展的前提条件和必然结果，而科技进步会促进产业结构的变革和完善。科学技术的重大突破不仅可以改造传统产业，使其顺应历史潮流不断发展，而且当新技术在某些领域获得应用并具备一定的经济条件后会形成独立的新兴产业部门，从而推动社会经济发展。

四、以人为本的科学发展

我国是世界最大的发展中国家，在促进经济发展的过程中，必须回答"为什么要发展"、"为谁发展"、"靠谁发展"、"怎样发展"等重大问题。科学发展观作为马克思主义同当代中国实际和时代特征相结合而产生的最新理论成果，对我国新形势下实现什么样的发展、怎样发展等重大问题作出了科学回答，是党和国家全部工作的指导思想。

科学发展观，第一要义是发展，核心是以人为本，基本要求是全面、协调、可持续，根本方法是统筹兼顾。

第一要义是发展。发展是解决我国所有问题的关键。尽管改革开放以来，我国取得了举世瞩目的发展成就，但我国仍处于并将长期处于社会主义初级阶段的基本国情没有改变，人民日益增长的物质文化需要同落后的社会生产力之间的矛盾仍是社会的主要矛盾。无论是实现国家的繁荣富强，还是人民的幸福安康；无论是维护社会稳定、国家安全，还是巩固社会主义制度，都需要靠发展。因此，必须始终坚持以经济建设为中心，坚持发展是硬道理的战略思想。

核心是以人为本。以人为本的"人"，指的是最广大人民群众。在当代中国，就是以工人、农民、知识分子等劳动者为主体，包括社会各阶层在内的广大人民群众。以人为本的"本"，就是根本，就是一切工作的出发点和落脚点。以人为本就是要把最广大人民群众的生存和发展作为最高的价值目标。以人为本之所以是科学发展观的核心，就是因为科学发展观在回答为谁发展、靠谁发展、发展成果如何分配等基本问题上，始终贯穿了以人为本的原则。在为谁发展上，强调要始终把实现好、维护好、发展好最广大人民的根本利益作为党和国家一切工作的出发点和落脚点。发展的最终目的是为了造福人民，满足人民需要，提高人民生活水平。在靠谁发展上，强调发展要依靠人民，要尊重人民主体地位，发挥人民首创精神，充分发挥人民群众的积极性、主动性和创造性。在发展成果如何分配上，强调发展成果由人民共享，坚持走共同富裕的道路，让发展成果惠及广大人民群众。

基本要求是全面、协调、可持续。全面发展就是以经济建设为中心，全面推进社会主义经济、政治、文化、社会建设，实现社会全面进步和人的全面发展。协调发展是指促进社会主义现代化建设各个环节、各个方面相协调，促进生产关系和生产力、上层建筑和经济基础相协调。可持续发展，是指既满足当代人的需要，又不对后代人满足其需要的能力造成危害的发展。其实质是将当前的经济发展与长远的经济发展结合起来，使经济发展与人口、资源、环境相协调，使人民在良好生态环境中生产生活，实现经济社会永续发展。可持续发展包括经济、社会、生态三方面的内容。其中，生态的可持续，是指生态系统免遭破坏，或者受到某种干扰时具有良好的修复能力，这是实现可持续发展的必要条件；经济的可持续，是指在不超越资源和环境承载能力的基础上，保持经济的持续增长，这是实现可持续发展的基础；社会的可持续，是指社会的全面进步和人的全面发展，这是可持续发展的目的。

根本方法是统筹兼顾。随着改革开放的深入和现代化建设的推进，社会利益主体多样化，利益关系日趋复杂。同时，我国经济社会发展还不够全面，城乡二元结构还没有根本改变，地区发展很不平衡，经济的快速增长对资源、环境的压力日益加大，等等。这要求我们在发展中要坚持统筹兼顾。具体说来，就是要统筹城乡发展、统筹区域发展、统筹经济社会发展、统筹人与自然和谐发展，统筹国内发展和对外开放，统筹中央和地方关系，统筹个人利益和集体利益、局部利益和整体利益、当前利益和长远利益，统筹国内国际两个大局。只有这样，我们才能更好地妥善处理各方面的矛盾，协调好各种利益关系，实现全面、协调、可持续发展。

五、经济发展方式的转变

改革开放 30 多年来，我国创造了经济增长的"中国奇迹"，为经济社会的全面发展和进步打下了坚实的物质基础，但与此同时，经济发展中的不平衡、不协调、不可持续等问题依然突出。由于经济发展比经济增长包含了更为广泛的内容，并且经济发展中的经济结构、体制机制、收入分配、生态环境等问题直接关系到经济的持续健康增长，因此，单纯从经济增长源泉的角度来谈经济增长方式从粗放型向集约型的转变是不够的，需要经济发展方式的根本转变。转变经济发展方式，不仅符合世界性经济增长方式变革的一般规律，更是实现我国国民经济又好又快发展的必然要求。党的十二大报告提出，我国经济发展战略要由以速度为中心转向以经济效益为中心。党的十三大报告提出，经济建设必须转到依靠科技进步的轨道上来。党的十四届五中全会明确提出，要实行经济增长方式从粗放型向集约型的根本转变。党的十七大报告则提出，要加快转变经济发展方式，"促进经济增长由主要依靠投资、出口拉动向依靠消费、投资、出口协调拉动转变，由主要依靠第二产业带动向依靠第一、第二、第三产业协同带动转变，由主要依靠增加物质资源消耗向主要依靠科技进步、劳动者素质提高、管理创新转变"。党的十八大报告则提出，"以科学发展为主题，以加快转变经济发展方式为主线，是关系我国发展全局的战略抉择"。党的文献对经济发展方式转变阐述的这种变化充分反映了党和国家对经济发展规律认识的深化。

经济发展方式的转变是我国经济社会领域的一场深刻变革，是综合性、系统性、战略性的转变，根据国民经济和社会发展第十二个五年规划纲要和党的十八大精神，转变经济发展方式的基本要求是：

（一）立足点是提高质量和效益

改革开放 30 多年来，我国经济持续快速发展，创造了世界经济发展的奇迹，但经济发展中的问题也相当突出，问题的集中表现是经济发展的质量和效益不高。如果不尽快转变这种高投入、高排放、高污染、低效益和低质量的粗放发展方式，一是速度不能维持，二是不能全面建成小康社会，三是不能真正成为世界经济强国。为此，必须坚决克服重数量轻质量、重速度轻效益的倾向，把推动发展的立足点真正转到提高质量和效益上，在节能减排，提质增效上狠下功夫，使经济发展的质量和效益走在世界的前列。

（二）重点放在"四个新"上

1. 着力激发各类市场主体发展新活力

市场主体是市场经济发展的动力源泉。改革发展过程，是不断增强各类市场主体活力的过程。目前，我国公有制企业的治理结构还不完善，非公有制经济的发展环境有待改善，政府对微观经济干预过多等问题，仍然严重制约各类市场主体活力的发挥。深化经济体制改革是加快转变经济发展方式的关键。要毫不动摇地巩固和发展公有制经济，毫不动摇地鼓励、支持、引导非公有制经济的发展，加快重点领域和关键环节改革步伐，为激发各类市场主体发展新活力创造体制、机制和政策环境。

2. 着力增强创新驱动发展新动力

创新是发展的不竭动力，是一个民族进步的灵魂。我国创新能力不强，拥有自主知识产权的关键技术不多，创新要素向企业集聚的机制不顺，科技和经济结合不紧。在世界各国纷纷推行创新驱动的新形势下，我们必须坚持走中国特色自主创新的发展道路，实施创新驱动发展战略，通过提高原始创新、集成创新和引进消化吸收再创新能力，着力增强我国自主创新能力，依靠创新驱动提高发展的质量和效益。依靠创新驱动，必须实施科教兴国战略和人才强国战略。实施科教兴国战略，首先，要大力推进科技创新，其次，切实把教育放在优先发展的地位。实施人才强国战略，要围绕人才的培养、配置和使用等环节，全面做好人才工作。

3. 着力构建现代产业发展新体系

推进经济结构战略性调整是加快转变经济发展方式的主攻方向，产业结构优化升级是形成新的经济发展方式的重要内容。我国的高新技术产业遇到发达国家的强大压力，低端制造业又面临新兴经济体国家的激烈竞争，随着欧美国家推进"再工业化"，我国的一些产业有被淘汰的危险。我国目前这种高度依赖加工组装、缺乏技术创新和品牌的产业体系，已经非常不适应发展的需要，迫切要求建立适应市场需求变化、能发挥我国产业在全球经济中的比较优势的新产业体系，迫切需要建立绿色发展、新能源、信息化三者相融合的现代产业体系。

4. 着力培育开放型经济发展的新优势

转变经济发展方式，需要实施互利共赢的开放战略，全面提高开放型经济水平。在经济全球化日益深化的背景下，任何一个国家的经济发展都离不开对外开放。改革开放30多年来，我国主要依靠生产要素的低成本优势参与国际竞争，并且成了世界贸易大国。但随着劳动力成本不断上升，土地供应日趋紧张，资源生态约束强化，传统的要素优势正在丧失，迫切需要加快形成以技术、品牌、质量、服务为核心竞争力的新优势，完善互利共赢、多元平衡、安全高效的开放型经济体系。

（三）更多依靠"五动"实现发展

1. 更多依靠内需特别是消费需求拉动

扩大内需是我国经济发展的基本方针。长期以来，我国经济增长主要由投资和出口拉动，消费的贡献率偏低。由于出口受世界经济波动的影响较大，投资需求作为引致需求最终受消费需求的制约，因此，这种主要依靠投资和出口的经济增长是难以持续的，必须促进经济发展更多依靠内需特别是消费需求拉动。而对于扩大内需，关键是要建立扩大消费需求的长效机制，释放居民的消费潜力，把经济发展建立在内需持续扩大、民生不断改善的基础上。保障和改善民生是加快转变经济发展方式的根本出发点和落脚点。就业、收入分配、社会保障、医疗卫生等民生问题的保障和改善，是经济发展题中应有之义，是经济发展成果惠及全体人民的具体体现。同时，如果民生问题得不到有效改善和保障，人们生活水平不能得到有效的提高、缺乏安全感，就会损害经济发展的动力。因此，加快转变经济发展方式，必须切实保障和改善民生。

2. 更多依靠现代服务业和战略性新兴产业带动

现代服务业和战略性新兴产业是未来经济发展的重要方向。从产业结构来看，长期以来我国经济发展主要由第二产业带动，制造业的核心竞争力不强，农业基础比较薄弱，现代服务业发展滞后。加快转变经济发展方式，需要加强农业基础地位，提升制造业核心竞争力，发展战略性新兴产业，推动服务业特别是现代服务业发展壮大，促进经济增长由主要依靠第二产业带动向依靠第一、第二、第三产业协同带动转变。

3. 更多依靠科技进步、劳动者素质提高、管理创新驱动

科技是第一生产力，人才是第一资源。我国经济发展过去过于依靠增加要素数量的投入，要素的技术含量不高，科技进步和创新贡献不大。这种情况已不能适应国际竞争加剧和我国劳动力供给变化的新趋势，必须改变依靠增加生产要素数量来推动发展的发展方式。要更多地依靠科技进步、劳动力素质提高、管理创新驱动经济发展。

4. 更多依靠节约资源和循环经济推动

节约资源和保护环境是我国的基本国策，也是世界各国发展的共同趋势。传统经济发展方式是以数量增长、资源浪费、环境破坏为特征的。这种经济发展方式不仅严重妨碍了

经济社会的全面发展和人民生活质量的提高，而且威胁着人类未来的生存和发展。我国是一个人口众多、资源相对短缺、自然生态系统比较脆弱的发展中国家，在加快推进工业化的进程中，持续快速的经济发展正面临着人口、资源、生态环境越来越大的压力，因此，必须推动经济社会与人口、资源、环境的协调发展，把建设资源集约型、环境友好型社会，作为实施可持续发展战略，加快转变经济发展方式的重要着力点。

5. 更多依靠城乡区域发展协调互动

我国作为一个幅员辽阔、人口众多的发展中国家，一方面存在比较典型的二元经济结构特征，城乡差距较大；另一方面，由于各区域资源禀赋差异，再加上推行改革开放的时间差异，东、中、西、东北等区域发展差距较大。城乡、区域发展的这种不协调，已成为制约我国经济持续健康发展的重大问题，必须加以解决。其主要措施：一是要加大统筹城乡发展力度，逐步缩小城乡差距；促进工业化、城镇化和农业现代化的协调互动发展；二是要统筹区域发展，充分发挥各区域比较优势，在积极支持东部地区率先发展的基础上，进一步实施西部大开发、振兴东北老工业基地以及中部地区崛起战略。

第三节　产业结构的调整和优化

一、产业分类和产业结构

产业是社会分工的产物，它随着社会分工的产生而产生，并随着社会分工的发展而发展。一般说来，产业是指在社会分工中具有相对独立性，在社会经济职能上具有某种相同属性的各经济单位的集合。随着社会生产力的不断发展，产业的内涵和外延在不断地扩展。在工业革命以前，产业主要指的是农业，到工业高度发展时期，产业主要是指工业。随着社会生产力的飞速发展，服务业日益发展且分工不断细化，例如商业、运输业、餐饮、贸易、金融、咨询、信息、旅游等部门迅速发展。现在，产业不仅包括农业、工业、服务业三大产业及其细分的各产业，而且凡是具有投入产出活动的部门都被列入产业的范畴。

（一）产业分类

产业分类是指人们为了满足不同的需要，对从事国民经济活动的各经济单位，按其经济活动性质的不同所作的部门分类。根据不同的标准，可以对产业进行不同的分类。产业的一般分类方法有三次产业分类法、国际标准产业分类法、两大部类分类法、农轻重产业分类法、生产要素分类法等。由于三次产业分类法是使用最为广泛的一种分类法，这里主要介绍这种分类法。

1935 年，新西兰经济学家费歇尔根据人类经济活动的发展阶段，将全部社会经济活动依次划分为三次产业，首次提出了三次产业分类法。后来，英国经济学家克拉克在继承费歇尔研究成果的基础上，运用三次产业分类法对经济发展与产业结构变化之间的关系进行了研究。随后，三次产业分类法得以流传开来。现在，三次产业分类法已在各国广泛使用，被作为国际比较的依据。

现在，三次产业分类法基本上是以经济活动与自然界的关系为标准进行分类的：第一产业是指直接从自然界获取产品的物质生产部门，包括种植业、畜牧业、渔业、狩猎业、林业等部门。第二产业是对初级产品进行加工和再加工的物质生产部门，包括矿业、制造业、建筑业等工业部门。第三产业是指从第一、二产业活动中衍生出来的非物质生产部门，包括商业、运输业、饮食业、金融业、保险业、科学、教育、文化、卫生等一切第一、二产业以外的部门。

三次产业划分的优点在于：它与人类需求结构变化的趋势和产业发展变化的历史进程相一致；它能较真实地反映包括非物质生产部门在内的社会经济各部门的发展水平和发展速度；这种划分有利于国民经济的宏观管理；由于世界上大多数国家一般都采用三次产业分类法来进行国民经济的统计，采用此类划分法有利于各国经济活动的对照和比较。

（二）产业结构

1. 产业结构的含义

产业结构是指国民经济的各个产业部门之间和各个产业部门内部的组织和构成状况，以及它们之间的经济联系和数量对比关系。或者说，产业结构就是指各个产业部门之间的质的组合和量的比例。考察一个国家或地区的产业结构的状况，一般从两方面进行分析：一是各产业的就业人数及在总就业人数中所占的比例，二是各产业所创造的国内生产总值与其在全部国内生产总值中所占的比重。前者反映劳动力在各产业之间的比例关系；后者反映各产业之间生产经营的成果。

2. 影响产业结构变动的因素

影响产业结构变动的因素很多，需求、供给、国际贸易、政府的产业政策等都能够引起产业结构的相应调整和变动。其中，需求和供给是主要因素。

（1）需求因素。生产的最终目的是为了满足人的需求，因而需求的变动必将引起生产和生产结构的变动，从而引起产业结构的变动。从总量的角度看，一国的产业结构是受需求规模制约的。当对某一产业的产品的需求不断扩大时，这一产业就会在需求的刺激下迅速得到发展。当市场规模尚不足以容纳某一产业最低规模的经济产量时，这一产业就难以产生和发展起来。而当对某一产业产品的需求陷入不断萎缩之时，这一产业就会从原来的繁盛陷入衰退，成为衰退产业。总之，市场规模的扩大或收缩将直接影响到产业分工的规模和深度，从而影响到产业结构的变动和升级。从结构的角度看，需求结构对产业结构的影响最为直接，需求结构的变化促使生产结构和供给结构发生相应的变化，从而导致产业结构的变动。马斯洛将人类需要分为五个层次，即生理需要、安全需要、感情和归属需要、尊重需要和自我实现需要。恩格斯将人的需要分为三个层次，即生存需要、发展需要和享受需要。随着收入水平的提高，人的需要从生存需要向发展需要、享受需要等层次转移，并且不断趋向多层次和多样化，从而引导产业结构的变动和升级。

（2）供给因素。影响产业结构升级的供给因素主要有自然资源、劳动力、技术等。在经济发展过程中，随着这些因素的变动，产业结构也必将发生或快或慢的变动。

一个国家的自然资源状况对一个国家产业结构的形成与升级具有重要的影响。比如说，一个资源匮乏的国家就不可能形成资源开发型的产业结构，只能形成资源加工型的产业结构；而一个国土辽阔、资源丰富的国家，就可能形成资源开发、加工和利用全面发展的产业结构。

劳动力是产业发展最基本的要素之一。从劳动力数量来说，一国劳动力数量的多少，直接关系到该国劳动力成本的大小，从而影响到该国产业结构的演变。对于一个人口较少的国家，由于劳动力短缺，在产业结构的演变过程中，会驱使企业以资本替代劳动，更容易推动资本密集型产业的发展。而对于一个有着丰富劳动力资源的人口大国，由于劳动力丰裕，劳动力价格偏低，会刺激劳动密集型产业的发展。

科学技术是产业结构演进中最强大的推动力。第一，每一次较大的科技进步，都会创造新的社会需求，形成新的产业部门，从而促进产业结构的重组和升级。第二，科技进步使原有的产业部门内部分工越来越细，从而分裂出新的产业部门。

（3）国际贸易因素。随着生产社会化的不断深化，世界各国之间的经济联系越来越紧密，一国产业结构的变迁越来越受到对外贸易结构的影响。在开放经济条件下，国际贸易自外部从需求和供给两方面来影响一国的产业结构。在国际自由贸易的条件下，各国遵循比较优势原则，出口比较密集地使用本国比较充裕的生产要素进行生产的商品，进口比较密集地使用本国比较稀缺的生产要素进行生产的商品。通过国际贸易，一个国家的产业结构纳入了国际分工体系之中。

（4）国家的产业政策。国家产业政策是政府对产业经济活动的一种主动干预，集中体现了政府的产业发展导向。政府的产业政策对一国的产业结构变动有着直接的影响。

（三）产业结构的演进规律

产业结构是一个动态的范畴。随着社会生产力的发展，产业结构经历着一个从低级到高级的不断演进的过程。从许多发达国家和新兴工业化国家的实践来看，产业结构的演进具有一定的规律性。国内外学者通过大量的研究，对产业结构的变动规律进行了揭示和总结。

1. 三次产业演进的一般趋势

英国经济学家威廉·配第和克拉克通过研究，先后发现：随着全社会人均国民收入水平的提高，劳动力首先由第一产业向第二产业转移，然后再向第三次产业转移。总的变化趋势是，劳动力在第一产业的比重不断减少，而第二、第三产业劳动力所占比重则逐渐增加。后人将这种由人均收入变化引起产业结构变化的规律称之为"配第—克拉克定理"。后来，美国经济学家库兹涅茨在继承克拉克研究成果基础上，运用大量历史统计资料，深入研究了在经济发展过程中三次产业的演变规律。他在其名著《各国的经济增长》一书中，不仅详细考察了三次产业在人均国内生产总值中所占份额的变化情况，而且还考察了劳动力在三次产业中所占份额的变动情况。库兹涅茨通过研究得出的结论是：从总体上看，随着人均收入水平的提高，第一产业无论是产值比重还是劳动力就业份额，均处于不断下降之中；第二产业的产值比重和就业比重则处于不断上升之中，到一定阶段后则趋于稳定；第三产业的产值比重和就业份额则处于不断上升之中，从而进一步用事实证明了"配第—克拉克定理"。

2. 工业内部结构的演变规律

在经济发展过程中，产业结构的变动总是同一个国家的工业化过程联系在一起的。工业内部结构的演进趋势是整个产业结构演进趋势的主要方面。工业内部结构的变动规律主要表现在三个方面：

（1）从以轻纺工业为主导的结构向以重工业为主导的结构演进。德国经济学家霍夫曼对工业内部结构演变规律进行了开创性研究。他通过对 20 多个国家的工业化过程的实证分析发现：各国在工业化过程中，资本品工业净产值在整个工业净产值中所占份额是稳步提高的。为此，他提出了一个很有实际运用价值的判断基准，即霍夫曼比例（消费品工业净产值与资本品工业净产值之比），来作为工业结构演变规律的判断基准。他认为，在工业化过程中这个比值是持续下降的。这一结论被称为"霍夫曼定理"。霍夫曼定理揭示了工业内部结构从以轻纺工业为主导向以重工业为主导的结构演进规律。

（2）从以原材料工业为主导向以加工、组装工业为主导的结构演进。在重工业化的过程中，首先发展起来的是原料、燃料、动力等基础工业部门；其次发展起来的是传统的、技术要求不高的机械、钢铁、造船等低加工组装型重工业部门；随着科技创新和高新技术的大量应用，精密机械、石油化工、飞机制造、汽车、机床、计算机等高加工度、高附加值组装型重化工业迅速发展，成为推动国民经济增长的主要推动力。

（3）从劳动密集型产业向资本密集型产业再向技术密集型产业演进。从资源结构来看，在工业化初期发展起来的轻工业，比如纺织、食品工业，需要占用和消耗大量的劳动力，属于劳动密集型产业；在重化工业时期，像钢铁、石油、化工、煤炭等原材料工业的发展，需要投入大量的资金，属于资本密集型产业；随着产业结构高度化的发展，计算机、生物工程、飞机制造、航空器等以高新技术为最重要要素的技术密集型产业成为主导产业。

二、产业结构的调整和优化

（一）产业结构优化的含义

产业结构合理化主要是从静态状况要求产业结构的优化，而产业结构高度化则主要从动态趋势要求产业结构优化，是从一种较低层次的合理化状态上升到更高层次的一种合理化状态的发展过程。产业结构优化过程就是通过政府的有关产业政策，调整影响产业结构变动的因素，实现资源的优化配置和再配置，来促进产业结构的合理化和高度化。

在一国的经济发展中，产业结构优化是一个极为重要的问题。产业结构优化，对于国民经济的持续稳定协调发展具有十分重要的意义。一是有利于充分发挥产业结构效应，促进经济的持续增长；二是有利于实现社会总供给和社会总需求的总量平衡和结构平衡；三是有利于经济效益提高。产业结构优化包括产业结构的合理化和产业结构的高度化两方面的内容。

1．产业结构合理化

所谓产业结构合理化，是指在一定的经济发展阶段上，根据消费需求、科技水平和资源条件，对初始不合理的产业结构进行调整，实现资源在各产业间的合理配置，促进各产业协调发展。

衡量产业结构是否合理的标准主要有：①是否有利于资源的合理配置和有效使用。产业的设置及其构成要与资源的稀缺程度相适应。合理的产业结构有利于发挥资源优势，有利于提高经济效益。②是否有利于各产业部门相互衔接、协调发展，实现国民经济的顺利运行。社会化大生产条件下的国民经济各产业部门，不仅互相联系，而且互为条件，它们互相提供成品或半成品。如果产业结构不合理，各产业部门之间的链条就会中断，整个国民经济就无法顺利运行。③是否有利于产业结构的升级。产业结构的合理化是产业结构高级化的基础。只有实现产业结构合理化，才能不断提高产业结构效益，推动产业结构向高度化发展。

2．产业结构高度化

产业结构高度化，是指产业结构由较低阶段或水平向较高阶段或水平演进的过程。其实质就是科学技术发展和分工深化推动产业结构不断向高加工化、高附加值化发展的过程。在工业化发展过程中，产业结构高度化大致可分为四个阶段，即产业结构的重化工业阶段、高加工度化阶段、技术密集化阶段和信息化阶段。

在产业结构不断走向高度化的过程中，科技创新和科技进步发挥了基础性的作用。一方面，科技进步通过促使新的产业的形成推动产业结构的高度化。由于新技术的开发和应用，不仅某些产品或原有生产过程的某一阶段随着生产技术的变革和社会需求的扩大而分离出来，形成新的产业和产业部门；而且促进新的生产部门的形成，因为新产品、新工艺、新技术的发明和利用，扩大了社会分工的范围，创造了生产活动的新领域，形成了原来没有的新的生产门类和生产部门。另一方面，科技进步通过改造传统产业和淘汰落后产业推动产业结构的高度化。传统产业通过采用新技术、新工艺和新设备，技术水平得到提高，不仅可以通过产品的更新换代来提高产品质量，甚至可以创造出全新的产品。这样，传统产业就以新的面貌出现在产业结构之中。随着新兴产业的不断涌现和传统产业的改造，一些落后的产业由于设备陈旧、工艺落后，劳动生产率低，产品成本高，不符合社会需求，在市场上逐步失去竞争能力，最终被淘汰。产业结构正是通过技术的不断创新对传统产业的改造和落后产业的淘汰来实现产业结构的优化和升级的。

(二)产业结构调整和优化的机制

产业结构的调整机制从理论上可分为市场机制和计划机制。

市场机制调整产业结构是经济系统的一种自我调整过程，具体地说，是经济活动主体在价格信号的引导下，通过资源在产业部门之间的流动和重组，使产业结构适应需求结构变动的过程。在经济发展过程中，由于需求结构的变化，会出现供给结构与需求结构不一致的情况，有些产品可能供给大于需求，有些产品则可能需求大于供给，供求情况的变化导致产品价格的变化，在自由竞争和资本自由流动的情况下，产品价格的变化必然导致资源在产业间的流入和流出，直到形成供给结构和需求结构之间新的均衡为止。充分发挥市场机制在产业结构调整中的作用，需要有自由竞争的市场制度，完善的市场体系，能反映资源稀缺程度的灵敏的价格机制。

产业结构调整的计划机制是政府通过实施产业政策，直接或间接进行资源在产业间的配置，使产业结构适应需求结构变动的过程。其具体过程是，政府根据现有产业结构状况和对产业结构变动的预测，从经济发展的整体目标出发，通过实施具体的产业政策，以调整产业部门间的供求关系。比如，对于有发展前景的产业实施扶持的财政和金融政策，对于过剩的产业实施限制的政策，鼓励企业之间的兼并重组，对某些落后产业或企业实行关停并转等。充分发挥计划机制在产业结构调整中的作用，需要政府准确把握产业结构的现状，制定科学合理的产业政策，同时产业政策能得到不折不扣的贯彻。

产业结构调整的市场机制和计划机制各有其优点及局限性。市场调节机制比较准确、灵敏，但属于事后调节，所需时间比较长；计划调节机制具有事前的主动性，见效比较快，但受到政府信息不完全的限制，不够准确，容易扭曲市场运行机制。

(三)我国产业结构的调整和优化

1. 我国产业结构的现状及问题

改革开放以来，我国产业结构在不断地优化升级。从图 16 - 2 和图 16 - 3 可以看出，改革开放以来我国三次产业的产值和就业所占比重的变动情况。其中，第一产业的产值占国内生产总值比重由 1978 年的 28.2% 下降到 2011 年的 10%，就业占全部劳动力的比重由 1978 年的 70.5% 下降到 2011 年的 34.8%；第二产业的产值占国内生产总值的比重总体变动不大，由 1978 年的 47.9% 下降到 2011 年的 46.6%，就业占全部劳动力的比重由 1978 年的 17.3% 上升到 2011 年的 29.5%；第三产业的产值占国内生产总值比重由 1978 年的 23.9% 上升到 2011 年的 43.4%，就业占全部劳动力的比重由 1978 年的 12.2% 上升到

2011 年的 35.7%。总体上看，我国产业结构的演进是符合产业结构演变的一般规律的。但应看到，无论是三次产业的比重及相互关系，还是各产业内部的结构与素质，我国产业结构都还存在不少的问题。

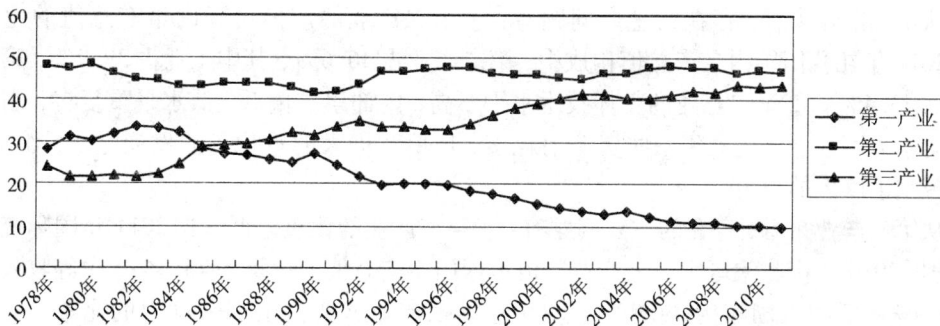

图 16-2 改革开放以来我国三次产业占国内生产总值比重的变动情况 单位：(%)
国家统计局：《中国统计年鉴》(2012)，中国统计出版社，2012 年，第 45 页。

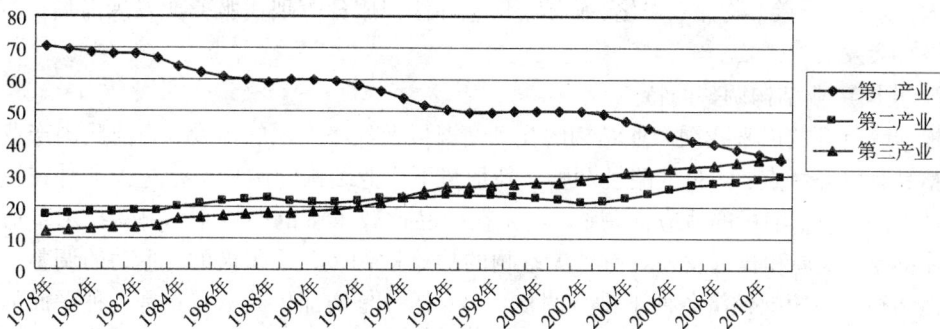

图 16-3 改革开放以来我国三次产业就业比重的变动情况 单位：(%)
国家统计局：《中国统计年鉴》(2012)，中国统计出版社，2012 年，第 128 页。

从第一产业来看，存在的主要问题有：①第一产业就业占全部劳动力的比重与产值占全部产值的比重不匹配。2001 年我国第一产业产值比重为 14.4%，到 2011 年更是下降为 10%，但就业比重 2001 年高达 50%，2011 年仍达 34.8%，说明农村存在大量的剩余劳动力。这不仅不利于农业劳动生产率的提高，而且也抑制了农民收入水平的提高。②农业技术比较落后，科技对农业生产的贡献率较低。发达国家农业科技对农业生产的贡献率为 60%~80%，而我国仅为 27%~35%。我国农业基础比较薄弱，还没有摆脱靠天吃饭的状况。③农产品的供给结构难以适应需求结构变化的需要。随着城乡居民收入水平的提高，人们对优质农产品、绿色农产品有了更大的需求，而对于普通型的农产品的需求则在不断减少，但是，我国农产品品种结构雷同，大路品种多，优质品种少，产品结构的调整滞后于需求结构的调整。

从第二产业来看，存在的主要问题有：①第二产业的产值占国内生产总值的比重偏高。2011年在我国国内生产总值构成中，第二产业占46.6%，其中工业占39.9%，第三产业只占43.4%。②第二产业的整体技术水平不高，内部素质偏低，低水平重复多，制造业核心竞争力不强。③近几年一些资源消耗多、环境污染大的重化工业发展过快，给资源、环境带来了巨大的压力。

从第三产业来看，存在的主要问题有：①第三产业的比重偏低。据2011年国际统计年鉴数据，2010年高收入国家第三产业产值占国内生产总值的比重为73.4%；中等收入国家为55.9%；低收入国家为49.9%。2009年第三产业就业占全部劳动力的比重，美国为80.9%、英国为78.7%、德国为69.6%、日本为69%。而我国2011年第三产业产值仅占国内生产总值的43.4%，就业占全部劳动力的比重仅为35.7%，不仅大大低于发达国家的水平，也明显低于发展中国家的平均水平。②第三产业内部结构不够合理，传统服务业比重过大，金融、保险、物流、文化、旅游、信息和法律服务等现代服务业发展滞后，不能满足经济社会发展的需要。

2. 我国产业结构调整的特点

根据改革开放以来我国产业结构的变动情况以及经济发展的需要，当前我国产业结构的调整具有以下特点：一是战略性调整。新形势下产业结构的调整不是过去那种在短缺经济条件下的被动、消极的适应性调整，而是在商品比较丰富的条件下，由新技术革命带动的、对经济的全局和长远发展具有重大影响的战略性调整，是积极的、主动的调整。二是升级性调整。在短缺经济条件下进行调整，主要任务是增加供给数量，是一种平面的扩张和较低水平的重复。而新形势下的调整，是把技术进步和创新放在产业结构调整的关键地位，通过调整，要实现产业结构的优化和经济的高速发展，实现经济的可持续发展和社会的全面进步。三是全面的调整。不仅产业结构要调整，而且产品结构、技术结构、企业组织结构和劳动力就业结构也要调整；不仅产业部门之间的关系要调整，而且各产业内部的结构也要调整；不仅城乡产业结构要调整，而且地区产业结构也要调整；不仅生产力在产业、地区间的布局要调整，而且所有制结构也要调整。四是市场性调整。产业结构的调整和优化，离不开政府的干预和调节，但在市场经济条件下，市场在产业结构调整中起着基础性的作用。作为产业结构调整主体的企业，在竞争的压力下，会主动根据价格信号的变化，调整自己的供给和需求，主动进行技术改造，提高劳动生产率，从而推动产业结构的合理化和高级化。

3. 我国产业结构调整和优化的基本方向

2010 年 10 月，党的十七届五中全会通过的《关于制定国民经济和社会发展第十二个五年规划的建议》专门阐述了如何推动产业结构优化升级的问题，并提出了加强农业基础地位、提升制造业核心竞争力、发展战略性新兴产业、加快发展服务业等具体建议。2012 年，党的十八大报告又进一步强调了产业结构优化问题。根据"十二五"规划和党的十八大精神，结合我国产业结构现状及发展趋势，我国产业结构调整和优化应从以下方面着手：

(1) 大力发展第一产业，加快推进传统农业向现代农业的转型。农业是国民经济的基础产业，是第二、第三产业稳定发展的基础。农业的现代化是实现国民经济持续稳定健康发展的重要保证。推进农业现代化是加快农村经济发展、提高农民收入的必然要求，是建设社会主义新农村的基础。第一，加快农村剩余劳动力的转移。大量农村剩余劳动力的存在，不利于农业生产规模经济的实现和农业劳动生产率的提高，限制了农民收入的提高。要通过加快非农产业的发展，废除抑制农村劳动力转移的制度和政策等措施，促进农村剩余劳动力的转移。第二，加快农业科技创新，加大对农民教育培训的力度。从传统农业向现代农业的转变过程，实质上就是现代生产要素对传统生产要素的替代过程，也是农业劳动生产率不断提高的过程。现代农业生产要素最主要的就是农业科技和高素质的农业劳动力。因此，要推动农业产业结构的升级，实现传统农业向现代农业的转型，必须加快农业科技创新、加大对农民教育培训的力度。第三，进一步调整和优化农业生产结构，大力发展高产、优质、高效、生态、安全农业。随着收入水平的提高，人们对农产品的需求结构已发生了巨大变化，只有主动适应这种变化，农业生产才能获得更快的发展。因此，要根据市场需求的变化，及时调整和优化农业生产结构。第四，进一步健全农业社会化服务体系。现代农业是与市场化、规模化、产业化紧密联系在一起的，需要有完善的社会化服务体系。要加快健全农业技术推广、疫病防控、质量监管等公共服务机构；大力发展农村金融、农业保险等生产经营服务组织；构建运行成本低、效率高的农产品流通网络。

(2) 坚持走中国特色的新型工业化道路，推动战略性新兴产业、先进制造业健康发展。实现工业化是我国现代化进程中的历史性任务。但是，无论是我国的资源环境状况，还是国际的经济发展现状，都决定了那种高消耗、高污染，先污染、后治理的传统工业化道路已走不通，必须走中国特色的新型工业化道路。同时，第二次世界大战后世界科技的发展，尤其是 20 世纪七八十年代以来兴起的信息技术革命，为我国走新型工业化道路创造了技术条件。所谓新型工业化道路，是指以"信息化带动工业化，以工业化促进信息化"，"科技含量高、经济效益好、资源耗费低、环境污染少、人力资源优势充分发挥"的工业化道路。

坚持走中国特色新型工业化道路，首先，要改造提升制造业。我国制造业总体技术水平不高，缺乏核心竞争力，是制造业的大国而不是强国。全面改造提升制造业，一是要适应市场需求变化，优化品种结构，淘汰落后产能；二是要首先要广泛应用高新技术和先进适用技术改造提升传统制造业；三是要引导企业兼并重组，促进企业组织结构优化。其次，要培育发展战略性新兴产业。战略性新兴产业，反映了未来市场需求变化和技术发展趋势，对其他产业发展具有重要带动和引领作用，是未来国民经济发展的先导性、支柱性产业。大力发展节能环保、新一代信息技术、生物、高端装备制造、新能源、新材料、新能源汽车等战略性新兴产业，一是要发挥国家重大科技专项引领支撑作用，构建战略性新兴产业发展的技术基础；二是要完善支持和引导战略性新兴产业发展的财政金融政策；三是要加快建立有利于战略性新兴产业发展的行业标准和重要产品技术标准体系。再次，要大力发展信息产业。20 世纪 80 年代发展起来的信息产业，不仅已成为现代经济的支柱产业，而且对其他产业具有巨大的渗透力。坚持以信息化带动工业化，大力推进信息化与工业化深度融合，有利于提升整个产业结构层次。最后，要限制高耗能、高污染工业的发展。

（3）大力发展第三产业特别是现代服务业。对我国来说，大力发展第三产业有着重要的意义。首先，加快推进第三产业的发展，符合我国产业结构优化升级的目标。产业结构演进的规律表明，随着社会生产力水平的提高，第三产业将逐步成为推动国民经济发展的主导产业，并将成为占国内生产总值比重最大的产业。加快我国第三产业的发展，不仅有利于产业结构的优化升级，而且有利于第一、第二产业的深化发展。其次，加快第三产业的发展有利于增加劳动力的就业。第三产业是国民经济发展中投入资金少、吸纳劳动力多、增长潜力大的产业。据统计，20 世纪 90 年代以来，我国第一产业增加值平均增长 1%，将减少 126 万个劳动力；第二产业增加值平均增长 1%，将增加 26 万个就业岗位；而第三产业增加值平均增长 1%，可以为 100 多万人提供就业机会。第二产业每增加 1 个从业人员，需要配置 7 万元资金，而第三产业每增加 1 个从业人员，只需配置 2 万元资金。最后，加快发展第三产业有利于缓解我国的资源环境压力。相对来说，第三产业是消耗资源较少、污染环境较轻的产业。提高第三产业在国民经济中的比重，是转变经济发展方式、实现国民经济协调稳定持续发展的必然选择。

加快第三产业发展，一是要大力发展金融、现代物流、高技术服务、商务服务等生产性服务业，不断形成服务业的新增长点；二是要大力发展商贸服务、旅游、家庭服务、体育健身等生活性服务业，不断创造新的消费需求，培育新的消费热点；三是要完善促进服务业发展的政策体系，优化服务业发展环境，构筑充满活力、特色明显、优势互补的服务业发展格局。

（4）合理布局建设能源、交通等基础设施和基础产业。基础设施和基础产业是国民经济现代化的重要依托，是优化产业结构的重要支撑。能源供应要立足于国内保障，加快能源生产和利用方式的变革，强化节能优先战略，全面提高能源开发利用效率，合理控制能源消费总量，构建安全、稳定、经济、清洁的现代能源产业体系。交通要按照适度超前的原则，统筹各种运输方式的发展，加快现代物流体系建设，为社会生产和人们生活提供便利、安全、高效的现代运输服务。

第四节 区域经济的协调发展

一、区域经济协调发展的内涵

区域经济中的"区域"，指的是在经济上具有内在联系的某一空间范围。一个国家，尤其是大国，常常根据地理位置、资源禀赋以及经济发展水平，将其经济划分为不同的区域。区域经济发展是指一个区域经济增长和产业结构优化的过程。一个区域的经济发展水平，主要以该区域的人均国民收入和产业结构状况来衡量。

一个国家在经济发展过程中，各区域的发展速度往往是不同的，其结果就是区域经济发展的不平衡。导致区域经济发展不平衡的主要因素有：第一，区域资源禀赋差异。各区域拥有的自然资源、劳动力、资本、技术等生产要素的丰裕程度不同，其劳动生产率必然不同，从而造成区域经济发展的不平衡。第二，区域体制机制差异。由于市场发育程度以及政府管理机制的不同，区域经济运行的体制机制有较大的差异。那些建立了公平竞争的市场机制的区域往往更能促进经济的发展。第三，政府的区域经济政策。政府对某一区域的重点支持和大规模投资，往往会推动该区域经济的快速发展。第四，区域的历史文化差异。在长期的历史发展过程中，不同区域形成了各有特色的文化传统、社会心理以及风俗习惯，这些非正式制度对人们的经济行为有着重要的影响，也是造成区域经济发展不平衡的重要因素。

区域经济发展的不平衡性在一国经济的发展过程中具有一定的必然性。但是，如果区域经济发展差距太大，则会对经济社会发展带来诸多不利影响。因此，当区域经济发展差距较大时，加快落后地区经济发展、缩小区域发展差距、促进区域经济的协调发展就成了各国政府的共同选择。

区域经济的协调发展主要表现在三个方面：一是各区域能较好地发挥自己的比较优势，区域间分工合理；二是各种商品和要素在区域间能合理有序地流动，实现资源在全国范围内的优化配置；三是区域间的发展差距不是太大。其目的就是要促进各区域之间形成优势互补、分工协作、相互促进、良性互动的协调关系。

二、中国区域经济发展差异

我国是一个发展中的大国，地域辽阔，各地区的自然条件和资源禀赋各不相同，无论是从历史还是从现状看，各地区的经济发展都存在较大的差异。根据地理区位、资源禀赋、经济发展水平的差异，我国经济可分为东部地区、中部地区、西部地区和东北地区四大区域。东部地区包括北京、天津、河北、山东、江苏、上海、浙江、福建、广东和海南10个省市；中部地区包括山西、河南、湖北、湖南、安徽、江西等6个省；西部地区包括重庆、四川、贵州、云南、西藏、陕西、甘肃、青海、宁夏、新疆、内蒙古、广西等12个省、区、市；东北地区包括辽宁、吉林、黑龙江3个省。东部作为沿海地区，具有发展对外经济关系的区位优势，工业和服务业比较发达，在资金、技术、人才、信息等方面具有明显优势，但能源严重短缺。中部地区具有较好的农业生产条件，水资源和矿产资源比较丰富，工业也具有相当的基础，但基础工业比较薄弱，产业结构不够合理。西部地区矿产资源丰富，有较好的旅游资源，但自然条件较差，生态环境脆弱，交通不便，工农业基础薄弱，人才短缺。东北地区能源资源丰富，自然条件较好，交通便利，有较好的工业基础，但体制机制较落后，资源型产业面临转型的挑战。

改革开放以来，我国各地区经济社会发展水平有了很大的提高，但区域间的发展差距也是相当明显的。根据《中国统计年鉴》(2012)数据，从2007年到2011年，东部地区的江苏、山东、广东的地区生产总值分别从26018.48亿元、25776.91亿元、31777.01亿元增加到49110.27亿元、45361.85亿元、53210.28亿元；而西部地区的青海、宁夏、甘肃分别从797.35亿元、919.11亿元、2702.41亿元增加到1670.44亿元、2102.21亿元、5020.37亿元，尽管发展都很快，但绝对数的差距相当大。2011年，东、中、西和东北地区，城镇居民人均可支配收入分别为26406.04元、18323.16元、18159.4元、18301.31元；农村居民纯收入分别为9585.04元、6529.93元、5246.75元、7790.64元；无论是城镇居民还是农村居民，东部地区都远远高于中部、西部和东北地区。

我国区域经济间的发展差距，其形成的原因是多方面的。从历史上看，我国东部地区商品经济的发展程度远高于中部、西部及东北地区，旧中国的工业分布也主要集中在东部沿海地区。从现实来看，改革开放以来，东部地区凭借沿海的区位优势，最先实行市场化改革和对外开放的政策优势，以及财政倾斜政策，经济获得了迅速的发展，成为我国最先发展起来的经济区。

东部地区经济的快速发展，极大地推动了我国整体经济的发展，也对中部、西部以及东北地区经济的发展起到了较好的带动和示范效应。但也应看到，区域发展差距过大也会带来诸多不利影响。首先，区域发展差距过大制约我国整体经济的快速发展。如果中西部地区长期处于落后状态，则容易陷于经济发展中的低水平恶性循环，容易导致东部和中西部地区经济发展内在联系的断裂，从而制约我国整体经济的快速发展。其次，区域发展差距过大不利于民族团结和社会稳定。西部地区少数民族人口占相当大的比重，如果这一地区人民的生活水平长期处于落后状态，就会影响到民族的团结和社会的稳定。再次，区域发展差距过大也不符合我国社会主义发展的最终目的。社会主义发展的最终目的是要实现共同富裕，只有把区域发展差距控制在适度的范围内，实现各区域经济间协调发展，才有可能实现共同富裕的目标。因此，推进区域经济协调发展是我国经济发展过程中重要的战略任务。

三、推进我国区域经济协调发展的战略布局

根据我国当前区域经济发展的实际情况和全面推进现代化建设的要求，党中央、国务院明确提出了促进区域经济协调发展的战略布局：坚持推进西部大开发，振兴东北地区等老工业基地，促进中部地区崛起，鼓励东部地区加快发展，形成东中西互动、优势互补、相互促进、共同发展的新格局。

（一）优化推进西部大开发战略

1999年，党的十五届四中全会通过的决定明确提出："实施西部大开发战略。"实施西部大开发战略，是促进区域经济协调发展的重大部署；是扩大国内需求，促进国民经济持续快速健康发展的重大举措；是增进民族团结，保持社会稳定和巩固边防的根本保证；是逐步缩小地区差距，最终实现共同富裕的必然要求。实施西部大开发战略，不仅对于振兴中西部地区经济，而且对于促进全国经济更大发展、实现我国现代化长远发展的宏伟目标，都将起到极大的推动作用。根据西部地区自然条件、资源禀赋、经济发展水平的状况，实施西部大开发战略要从以下方面着手：一是要加快水利、交通、通信和广播电视等产业部门的基础设施建设；二是要切实搞好包括植树种草、治理水土流失和防治荒漠化在内的生态环境保护和建设；三是要着力发展有自己特色的优势产业，抓好产业结构的调整；四是要大力发展科技教育和人才开发。

（二）全面振兴东北地区等老工业基地

东北地区等老工业基地是新中国成立后国家重点建设的重要工业基地，曾经为我国建设独立自主的工业体系作出了重大贡献。2002年11月，党的十六大报告中明确指出，"支持东北地区等老工业基地加快调整和改造"。这是从全面建设小康社会全局着眼提出的一项重大战略任务，具有十分重大的意义。实施东北地区等老工业基地振兴战略，不仅有利于振兴我国装备工业，促进东北地区的经济发展，而且有利于缩小区域发展差距，促进区域经济协调发展。振兴东北地区等老工业基地，一是要推进企业转变体制和机制。东北老工业基地是国有大企业比较集中的区域，当前东北老工业基地发展中存在的问题，主要是由传统体制和机制造成的。因此，振兴东北老工业基地要和企业体制机制转换结合起来，要大力发展非国有经济，发展国有与非国有相互融合的混合经济。二是要加大财政投入，推进企业技术改造。东北老工业基地普遍设备老化，技术水平低，要通过加大投入，帮助企业加快技术改造，增强企业的竞争力。三是要推动企业进行联合重组，建立一批具有国际竞争力的大企业集团。老工业基地的企业大多大而全、小而全，专业化分工程度低，缺乏规模效应，要通过联合重组，形成具有核心竞争力的大企业集团和"产业集群"。四是要

加快产业结构调整，促进资源枯竭型城市的经济转型。

（三）大力促进中部地区崛起

2004 年，党中央、国务院明确提出促进中部地区崛起，这是继实施西部大开发、振兴东北地区等老工业基地战略后，从我国现代化建设全局出发作出的又一重大决策。中部地区是我国重要的粮食、能源和原材料的生产基地，有丰富的劳动力资源和较好的工业基础，在我国经济社会发展全局中占有重要地位。促进中部崛起，不仅有利于促进区域经济协调发展，缩小区域发展差距；而且有利于扩大内需，培育新的经济增长点。促进中部地区崛起，一是要加强基础设施建设，构建全国综合交通运输枢纽。二是通过承接东部沿海发达地区产业梯度转移和国际产业转移，推进产业结构调整和升级。三是大力发展现代装备制造业和高新技术产业，推进产业结构优化升级。四是要抓好粮食主产区建设，推进传统农业向现代农业的转型。

（四）积极支持东部地区率先发展

经过 30 多年的改革开放，我国东部地区已率先发展起来。目前，东部地区生产总值占全国经济总量的比重达 60% 左右。统筹区域经济协调发展，不是要抑制东部地区的发展，相反，还要继续鼓励东部地区加快发展，以充分发挥其对国民经济和社会发展的带动和辐射作用。根据东部地区目前的经济发展水平、产业结构状况，鼓励东部地区加快发展要从以下方面着手：一是要加快产业升级和产业转移。一方面，通过大力发展现代服务业和高新技术产业，推动区域产业结构升级；另一方面，将在东部地区比较优势已经丧失或将要丧失的传统产业向中西部地区转移，进一步加强东中西部地区的经济联系。二是继续发挥沿海区位优势，努力提高外向型经济水平。三是继续发挥其在完善社会主义市场经济体制方面的改革先行者的作用。

（五）加大对革命老区、民族地区、边疆地区和贫困地区扶持力度

革命老区、民族地区、边疆地区和贫困地区的发展状况，事关我国社会稳定、民族团结和国家安全，在我国经济社会发展中有着特殊的意义。我国"老少边穷"地区，普遍自然气候条件差，基础实施薄弱、公共服务水平低，经济自生发展能力严重不足。要通过财政转移支付、开展对口支援等多种形式进一步加大扶持力度；通过加强基础设施建设，提高公共服务水平，切实改善生产生活条件，培育经济自生发展能力。

四、加快完善区域协调发展机制

当前，推进我国区域经济协调发展，不仅要坚持推进西部大开发，振兴东北地区等老工业基地，促进中部地区崛起，鼓励东部地区加快发展，而且要着力缩小区域发展差距，形成区域协调发展机制。第一，加快完善互助合作机制。东部要发挥带动作用，帮助中西部地区提高自我发展能力；各区域要立足自己的特点和优势，开展多层次、多领域的区域

合作，建立制度化、长效化的区域合作机制，实现优势互补，共同发展。第二，加快完善互利共赢机制。要引导生产要素跨区域合理流动。国际经验表明，劳动力和其他要素的自由流动有助于平抑不同地区的工资差距，因而有利于缩小区域间的收入差距。促进区域协调发展，缩小区域发展差距，一方面要创造条件引导中西部地区劳动力向经济发达地区转移，另一方面要引导资金、技术等生产要素向中西部地区流动。通过人口和生产要素的合理流动，形成东中西互动、优势互补、相互促进、共同发展的新格局。第三，加快完善组织推进机制。国家要加强对区域发展的统筹协调和分类指导，制定科学的区域发展的规划和政策，创新区域协调发展的推进机制，处理好规划和监督等问题。地方政府和部门要牢固树立全局观念，正确认识和处理局部利益和整体利益、当前利益和长远利益的关系，共同推进区域协调发展。

思考题

1. 解释下列基本概念：
经济增长　经济波动　经济发展　产业结构
2. 试述转变经济增长方式的必要性及途径。
3. 简述产业结构变动的一般趋势。
4. 简述加快转变经济发展方式的基本要求。
5. 简述我国产业结构调整和优化的基本方向。
6. 区域经济协调发展的表现有哪些？我国推进区域经济协调发展的战略布局是什么？

阅读书目

1. ［美］西蒙·库兹涅茨：《现代经济增长》，北京经济学院出版社1989年版。
2. ［英］阿瑟·刘易斯：《经济增长理论》，商务印书馆1983年版。
3. 《中国共产党第十八次全国代表大会文件汇编》，人民出版社2012年版。

第十八章　社会主义开放型经济

社会主义国家发展开放型经济是社会化大生产和市场经济发展的必然要求，是利用国际分工拓展世界市场的重要途径，是我国的一项长期的基本国策。本章主要论述开放型经济的基本概念、客观必然性、发展开放型经济的格局和形式，完善开放型经济的措施。

第一节　社会主义国家发展开放型经济的客观必然性

一、开放型经济的特征和实质

（一）开放型经济的含义

开放型经济，是指商品、服务和生产要素（资本、技术等）能够较自由地跨越国界流动，按照市场规律实现资源优化配置的一种经济模式。它相对于封闭型经济而言，区别于外向型经济，是适应经济全球化的客观要求，是充分利用国内外两个市场、两种资源参与国际竞争，从而实现最优的资源配置和最高的经济效率的必然选择。

理解开放型经济，必须把握以下三点：第一，互利共赢。指在对外开放中，在着眼自身利益的同时，尊重和支持对方的利益，最大限度寻找利益交汇点。互利共赢是引领我国扩大开放的重大理论创新，也是发展开放型经济必须始终坚持的时代理念；改革开放以来，我国加强了与世界各国的竞争与合作，加入WTO、对世界银行和国际货币基金组织改革的推进、建成中国—东盟自由贸易区、坚决反对各种形式的贸易保护主义，都是坚持互利共赢取得的成果。第二，多元平衡。指在对外开放中坚持统筹协调，注重良性互动，实现多元发展和平衡发展。多元平衡是发展开放型经济必须始终把握的内在特征；多元平衡不仅包括进口市场与出口市场的多元平衡、"引进来"渠道与"走出去"市场的多元平衡，还包括经营主体多元平衡、商品多元平衡、服务多元平衡；多元平衡不仅能通过国际市场将我国巨大的潜能得到释放，而且能够缓解我国经济增长的内外压力。第三，安全高效。指在对外开放中，既要增强抵御外部冲击和国际风险的能力，又要提高开放型经济的综合效益。这是发展开放型经济的根本要求。

（二）开放型经济的特征和实质

1. 开放型经济的主要特征

开放型经济具有以下三个主要特征：第一，在对外拓展方面，开放型经济以降低关税壁垒和提高资本自由流动程度为主。第二，对外贸易方面，开放型经济中既重视出口，也重视进口，政策对进口与出口方面基本不存在孰重孰轻的问题，其关键在于发挥比较优势。第三，在资本市场方面，开放型经济既有吸引外资，也有对外投资，对资本流动限制较少。第四，积极主动的开放战略，随着中国经济地位的提升和经济全球化，中国应以更主动的姿态积极参与国际竞争和国际贸易，为实现中国经济的可持续性发展和维护世界经济发展的安全，承担应有的责任。

2. 开放型经济的实质

开放型经济是相对于封闭型经济而言的。封闭型经济以经济体的"内循环"为基础，以追求经济体的自我平衡为主要特征，很少或基本上不与外界发生经济联系。开放型经济建立在与外部经济广泛联系的基础上，且参与国际合作与国际竞争的程度较深。开放型经济通过内外联通的大循环，在更广阔的空间里配置资源，具有较强的内在激励作用，运作节奏快，配置效率高。"开放型经济"的实质就是贸易的自由化和投资的自由化。贸易自由化就是突破国与国之间的各种贸易壁垒，促进公平的世界贸易的自由化；而投资自由化指向所有投资者提供最惠国待遇和国民待遇，提高投资体制的透明度，提高投资制度和投资环境的自由化。因此，"开放型经济"实际上是将原来"对外开放"经济下的"两个市场、两种资源"融合为"一个市场、一种资源"，是市场配置资源的全球化，是生产、交换、分配和消费的全球化。

二、社会主义国家发展开放型经济的客观必然性

人类社会的历史进程已经表明，社会主义与资本主义两种经济制度在一个相当长的历史时期内的共存是不可避免的。社会主义国家在经济上以国际市场为纽带，与资本主义国家既联系又竞争，这是由社会主义国家经济发展的客观要求所决定的。

(一)是社会化大生产本身发展的客观要求

恩格斯在《社会主义从空想到科学的发展》中，阐述了生产社会化的含义：第一，生产资料社会化，即生产资料由大批人共同使用；第二，生产过程社会化，即生产过程变成了许多人相互联系的、相互协作的社会行动；第三，产品社会化，即产品成为许多人共同劳动的产品。社会化大生产表现在生产资料和劳动力集中在企业中进行有组织的规模化生产；专业化分工的不断发展，各种产品生产之间协作更加密切；通过产品的市场化和市场自动调节，使生产过程各环节形成一个不可分割的整体。第二次世界大战后，科学技术迅猛发展，越来越多的国家纳入现代市场经济体系，社会化大生产的规模空前扩张，生产要素的配置扩大到整个世界范围，世界各国的经济获得了过去任何一个时代都难以想象的大飞跃和大发展，世界进入了一个以国际经济活动为舞台的发展阶段。在这样的国际经济社

会背景下，一个国家或一个地区的兴衰成败，很大程度上取决于能否适应世界经济的发展变化，能否面向国际市场，能否积极地发展同世界上各个国家和地区的经济技术交流与合作。无论哪一个国家，都不可能在封闭的、与世隔绝的状态下求得经济的繁荣与发展。社会主义国家必须遵循社会化生产内在规律的要求，适应经济全球化新形势，必须将自己置身于国际经济格局中，积极参与国际分工和国际竞争，实行更加积极主动的开放战略，完善互利共赢、多元平衡、安全高效的开放型经济体系，全面提高开放型经济水平。

（二）是发展市场经济的客观要求

市场经济本质上是开放的经济和高效率的经济。市场经济的日益发展，生产力水平的日益提高，要求打破社会经济制度和国家的界限，把世界市场变成一个统一的大市场。在这个统一的大市场中，各国充分发挥自己的比较优势，通过商品交换和资本的流动，获得本国希望得到的比较利益。社会主义市场经济体制是建立在社会化大生产基础上的发达的商品经济，它不可能在封闭的环境中建立，只能在开放的环境中形成。它不仅要求有统一的国内市场，而且还要求同国际市场相联系，从而使商品、资金、技术、劳务和信息等要素在国际间流动，参与国际分工，并利用国际分工以节约社会劳动，实现资源的最优配置和最高的经济效率。具体说来，第一，发展开放型经济，可以促进社会主义国民经济的协调发展。在社会主义市场经济的运行过程中，会出现某些商品短缺、另一些商品过剩的市场失衡现象，除了依靠国内调节外，可以利用国际分工和世界市场来调剂余缺，减少失衡，从而实现资源在全球范围内的最优配置，保证国民经济的协调发展。第二，发展开放型经济，可以节约社会劳动，提高经济效率。世界各国由于各种主客观原因，生产不同商品的成本和劳动耗费有很大的差异。要善于利用自己的优势，换回本国需要、在本国生产效率低又短缺的商品、技术或劳务，这样就能在国际经济交往中获得利益、节约社会劳动，从而可以保证社会主义国家以最低的成本生产出最多的产品。

（三）是比较优势和国际价值规律的内在要求

由于第八章已论述过国际价值规律，这里只从比较优势的角度论述发展开放型经济的必然性。比较优势理论是传统经典的国际贸易理论。一般说来，人们将李嘉图的比较优势理论作为比较优势理论的起点。李嘉图认为，如果一国生产某种商品的机会成本小于另一国，那么该国在该商品的生产上就具有比较优势。这就说明，即使一个国家在所有商品的生产上都处于绝对的劣势，只要按比较优势进行生产和贸易，一样可以从国际贸易中获利。即发展中国家只要参与国际贸易，就能够获利。比较优势理论倡导每个国家都应根据"两利相权取其重，两弊相权取其轻"的原则，集中生产并出口其具有"比较优势"的产品，进口其具有"比较劣势"的产品。

1. 资源禀赋与比较成本

任何一国对外贸易的发展都会受到其国内资源禀赋和比较成本的制约，这是无可争议的。首先，社会主义国家大多是发展中国家，从当前的经济发展状况来看，按照传统比较优势进行生产和贸易还不能过早地放弃，在今后相当一段时期内仍然具有重要的现实意义。以本国的低位资源换取国外的高位资源，从而有力地推动了社会主义国家的工业化。其次，社会主义国家劳动力成本相对较低的优势将至少在今后一段时间内得到保持。社会主义国家应充分利用发达国家进行产业结构调整的机会，将其技术相对先进的劳动密集型产业或生产环节转移过来。为此，要破除认为劳动密集型产业就一定是技术落后产业，以及认为发展高新技术产业就不能利用我们低劳动力成本优势的旧观念。随着现代技术，如信息技术、生物技术、新材料技术等向越来越多的产业渗透，劳动密集型产业的技术含量也会大大提高。同时，还要看到，在资金技术密集型的产业中，包括高新技术产业中也有劳动密集型的生产环节。故发展技术含量较高的劳动密集型产业和生产环节是发挥社会主义国家经济比较优势的努力方向之一。此外，社会主义国家的企业在任何一种产品的生产中，都应重视在更重要的生产经营环节中积累，形成自己的比较优势。例如，增加出口产品的附加值，既取决于生产环节，也取决于流通环节，有时后者的附加值更高。在这种情况下，努力开拓自己的国际营销渠道就更为重要。

2. 外部经济与后发优势

从经济发展的趋势来看，社会主义国家现有的建立在资源禀赋与比较成本基础上的比较优势将逐步减弱。一方面，经济的高速增长使社会主义国家资源消耗显著上升，导致国内不少资源性产品（包括农产品）的价格已接近甚至已超过国际市场。另一方面，经济发展过程中劳动力工资水平必然会不断上升。可以预料，国内市场化进程愈快，生产要素相对价格的改变也愈快，转换出口商品结构的要求愈迫切。同时，资源、劳动密集型产品的收入弹性低，随着外贸规模的迅速扩大，外部市场需求的约束力显著上升。低档、初级产品的贸易条件从长期看呈不断恶化的趋势。以劳动密集型产品为主的出口格局在今后不会有很大的增长空间。因此，社会主义国家对外贸易发展战略的选择必须着眼于用贸易促进技术进步的动态利益。

所谓后发优势是指在世界上存在众多发达国家的条件下，较落后的国家可以从发达国家已走过的经济发展道路（或轨迹中）吸取正反两方面的经验（或教训），结合本国的实际情况，做出更明智的发展战略选择，从而避免走"先发"国家已走过的"弯路"，以更短的"捷径"、更快的速度缩短自己与发达国家之间经济水平上的距离。借鉴发达国家的成功经验，结合自己的国情，更好地利用外部经济与后发优势，是社会主义国家发挥原有比较优势的重要举措。

3. 竞争优势与制度创新

在不完全竞争的当代世界经济中，国际贸易是包括了竞争优势在内的广义比较优势进行的。传统的比较优势理论建构在完全竞争的世界里，而竞争优势则建构于不完全竞争的基础之上，这是传统比较优势与竞争优势的区别所在。在现实世界中，传统比较优势仅仅表明了价格竞争的一种潜在可能性。事实上，比较利益的获得是要以产品实现价值为前提的。在完全竞争的世界里，不存在规模经济与公司活动，产品是同质的，不存在非价格竞争，故比较优势直接体现为价格竞争优势，因而比较优势与竞争优势是完全一致的。但在不完全竞争的世界里，价格竞争优势不但来源于比较优势，还可能来自于规模经济、产品差异等因素。将竞争优势概念纳入到广义的比较优势体系中去，有利于从理论上更好地指导今后社会主义国家经济的发展。

（四）是区域经济一体化和经济全球化趋势的要求

自改革开放以来，中国已经形成了多层次、全方位的对外开放格局；21 世纪以来，随着区域经济一体化和经济全球化趋势的纵深发展，社会主义市场经济条件下的社会生产力在更大范围和更高程度上得到了发展，这就要求对现有的社会生产关系进行局部的调整和改革；要求中国在未来经济发展进程中，充分发展开放型经济，积极参与国际竞争与合作，利用好国内外两个市场、两种资源，提高国际竞争力。

1. 通过发展开放型经济提高我国产业竞争力的提升

区域经济一体化和经济全球化趋势的发展，特别是我国加入 WTO 以后，中国产业面临的国际市场更大、国际竞争更为激烈，这为促进中国产业结构的升级、提高产业的管理素质和技术水平起到了积极的作用；但同时也使得我国一些相对落后的产业直接面对来自国际市场的压力与挑战更大，这主要表现在：第一，随着农产品关税的进一步降低，大量的国外农产品涌入中国市场，中国农业的发展不可避免地受到世界市场需求结构和国际市场价格剧烈波动的冲击，粮食等农产品的供求在结构和总量方面的失衡将进一步加剧，严重威胁到中国的粮食安全和农业就业问题。第二，一些新兴的服务产业，如金融服务业、保险业、电信服务业和商贸流通业面对的竞争压力与挑战更大，这主要是因为这些服务业的产品种类较单一、业务范围相对分离单一、资本市场不发达、市场的融资与服务程度都落后于发达国家。

2. 通过发展开放型经济来增强我国企业的竞争力

区域经济一体化和经济全球化趋势的发展，使得企业竞争力在一个国家的综合国力比较上，更多地体现在企业竞争力的提升方面。企业的综合竞争力不仅表现在产品与技术方面，而且还体现在企业管理体制、经营机制和人力资本等方面。跨国公司的全球战略是中国企业参与国际竞争和合作的主要竞争对手，但是中国企业在参与国际竞争中，与发达国家相比较，总体的竞争实力较差。这主要表现在：第一，中国企业采用新技术新产品的研发、劳动生产率的提高、产品质量优势、市场营销、综合成本和国际管理经验等评价企业国际竞争力的主要指标落后于发达国家；第二，企业的经营管理机制和激励机制不健全，国际管理经验与创新能力不足；第三企业组织结构不合理，生产集中度较低，规模经济效益较差。

3．通过发展开放型经济推进我国贸易体制的改革

区域经济一体化和经济全球化趋势的发展，WTO 的加入，为中国对外贸易的发展带来了更多的市场空间和机会。但由于国际市场的产品和产业竞争层次的提高、高技术化和高服务化趋势的加强，特别是贸易自由化进程的加速，各种形式的贸易保护主义强化，为中国传统的对外贸易方式和贸易结构带来了极大的挑战。主要表现在：第一，开拓国际市场的压力加大，各国之间的贸易条件放宽，我国出口的劳动密集型产品在国际市场上同质性差、互补性较弱所面临的国际竞争更为激烈；第二，区域经济一体化和经济全球化，虽然使得中国在平等的基础上能够参与更多目标区域内的竞争与合作，分享有关国家经贸合作的利益。但由于各种贸易保护主义对中国对外贸易的排斥，使得我国参与国际市场竞争的机会减少。

4．通过发展开放型经济来继续扩大我国利用外资的规模和效益的提高

随着区域经济一体化和经济全球化趋势的加强，国际投资制度的限制被进一步削弱，资本的国际流动更为频繁，这为中国继续扩大利用外资规模、质量、效益和水平提供了更多有力的条件和机会；但与此同时，国际资本流动的方式日益多元化、国际资本流动传导机制作用的增强，也给中国在利用外资带来不利的影响。这主要表现在：第一，国际投资环境的变化，导致发展中国家吸引外资的竞争更为激烈，一方面拉美地区正逐步取代亚洲成为吸引外资的新兴地区，构成亚洲国家吸引外资的主要竞争对手；另一方面，受亚洲金融危机的影响，外商对华投资的信心下降；第二，国际贸易的自由化程度提高、关税的下降，导致外商用更多的进口贸易替代对外投资，减少我国利用外资的规模；第三，国际投资制度自由化提高，外资流入的方式发生了改变，独资方式开始占主流，而合资、合作方式减少，从而我国利用外资的机会和效益下降。

5．通过发展开放型经济继续保持我国的国际收支平衡

保持国际收支平衡是国际经济更多地影响国内经济持续稳定增长的主要渠道。随着区域经济一体化和经济全球化趋势的发展，影响国际收支平衡的不确定因素和临时性因素进一步增多，使得保持国际收支平衡的难度加大。这主要表现在：第一，我国传统的对外贸易方式、产品结构的转换和质量档次的提高相对缓慢，我国出口贸易的增长受到了较大的限制；而国际贸易自由化程度提高和关税的减少，导致进口的规模、品种、速度增长较快，从而，我国商品贸易的进出口顺差不断缩小；第二，资本和金融项目保持逆差的可能性增大，国际投资市场自由化程度提高，导致外商在华投资的规模增大，尽管其增长的速度有所下降，但会远远超过中国的境外投资；第三，外汇市场波动性和汇率的风险性增大，导致外汇流动性增强和外汇储备减少，增大了保持国际收支平衡的难度。

三、正确处理开放型经济中对外开放和独立自主、自力更生的关系

社会主义国家发展开放型经济，必须正确处理对外开放和独立自主、自力更生的关系。自力更生就是在政治独立和经济自主的前提下，主要依靠本国力量发展国家经济。社会主义国家不靠对外剥削和掠夺来发展自己的经济，不能完全依赖外国的力量实现现代化，只有主要依靠自己的力量，勤俭治国、艰苦奋斗，才能建设起一个社会主义现代化强国。特别是中国这样一个有着13亿人口和广阔幅员的发展中国家，更是如此。因此，对外开放必须以自力更生为基础和前提，在发展对外经济关系时，要维护国家的主权和独立，要充分考虑我国的国情和国力。

首先，坚持独立自主、自力更生，是对外开放的前提和基础。第一，只有政治和经济上独立的国家，只有主权国家，才会有对外开放。如果一个国家被沦为殖民地，那就谈不上什么对外开放，谈不上建立和发展民族经济。因此，作为一个拥有独立主权的社会主义国家，坚持独立自主、自力更生是我国实行对外开放的条件，也是防止和抵制别国控制的根本保证。第二，我们的社会主义现代化建设需要一个良好的国际环境，需要其他国家的支持和援助，但由于国际经济、政治局势的变化，这种外援是有限的，而且很不稳定。因此，我们在建设社会主义的过程中，应当立足于国内，紧紧依靠本国人民的力量，这才是生产力发展的根本动力。第三，本国经济的发展，是对外开放的经济基础。只有通过本国人民的努力把经济搞上去了，才能向外出口，把优势产品打入国际市场，参与国际竞争。在产品出口不断扩大和外汇收入不断增加的基础上，我们才有能力引进资金，引进技术和引进设备，才能更好地对外开放。

其次，对外开放是为独立自主、自力更生服务的。我们说社会主义经济建设的立足点要放在国内，要依靠本国人民的力量和智慧，但我们绝不能把自力更生绝对化和片面化，不能把自力更生与对外开放对立起来，更不能把自力更生理解为自给自足、闭关自守。第一，从经济上说，自力更生就需要对外开放，因为自力更生是一个发挥人民群众聪明才智，在经济、技术上尽快赶上世界先进水平的方针，这就要以积极的态度借鉴国外先进的管理和经验，吸收我们缺乏的资金和资源，引进最新的科技成果，促进我国经济的发展。因此，对外开放是为了增强自力更生的能力，更好地实现自力更生的方针。第二，从政治上说，我们现在的对外开放与历史上的"门户开放"具有本质的区别。"门户开放"是封建王朝出卖国家主权，屈从于帝国主义压力的表现，它是一个丧权辱国的方针，是一条通向殖民地的道路。而我们现在的对外开放，是以社会主义国家的独立和拥有主权为前提的，我们对外开放从不接受别国的干涉、控制，对外开放的最终目的是壮大本国的经济力量，巩固国防，维护社会主义国家的独立自主地位，并参与维护世界和平，建立国际经济、政治新秩序。

第二节　我国开放型经济的格局

一、我国新时期的全方位开放的格局

（一）面向世界的多元开放格局

21 世纪以来，我国抓住加入 WTO 和经济全球化带来的机遇和挑战，不断改革和完善涉外经济体制，积极参与国际经济合作和竞争，提高了对外开放水平，基本形成了多元的、全方位的对外开放格局。

1. 向多元的国家和地区开放

完善的开放型经济时全方位的开放，不论国家或地区的社会性质和经济发展的水平如何，都应纳入开放的范围中。我国的对外开放面向的国家从最开始的社会主义国家，如前苏联、东欧、朝鲜和越南等社会主义国家，到改革开放建立外向型经济，开放的国家已经突破社会性质和市场经济发展的程度等方面的限制，面向的国家除社会主义国家外，还有非社会主义性质的国家；有发达国家，也有发展中国家，如拉美地区、非洲和东南亚的合作；有市场经济发达的国家，也有与市场经济发展程度不高的国家的合作，如加入"金砖五家"（即 BRICKS，巴西、俄罗斯、印度、中国和南非）的合作、"亚太经合组织"、"二十国集团合作"、世界银行和 WTO 等。这说明在我国未来开放型经济中，发展中国家将成为主要的合作伙伴。

2. 向多元的市场开放

自 1990 年我国提出市场多元化战略后，我国对主要发达国家市场过度依赖的局面逐步改变。从 20 世纪 80 年代末期，我国对发达国家和地区出口占出口总额的 70% 以上，对其他 100 多个发展中国家和地区仅占 25%，逐步调整为目前的同发达国家贸易和发展中国家贸易各占半壁江山的格局，有效分散了国际市场风险。同 20 世纪 90 年代相比，目前多元化的内涵也在向深度拓展。在进出口战略方面，出口与进口并重、引进外商投资和对外投资并重；不仅要重视出口市场多元化，也要强调进口市场多元化；不仅要重视引资来源多元化，也要强调走出去市场多元化。其他还包括经营主体多元、商品多元、服务多元等丰富内涵。当前，我国经济自身发展面临着推动进口和出口平衡、实现国际收支平衡，加快构建扩大内需长效机制、提高经济内生发展动力的迫切需要。在贸易方式方面，结构的调整不断优化，不仅有货物贸易，也有服务贸易，而且服务贸易所占的比重日益增强；不仅有商品输出，也有资本输出；贸易方式的结构不断完善，逐步形成服务贸易与货物贸易协调发展、贸易与投资良性互动的局面，逐步形成对外贸易、吸收外资和"走出去"这三个对外开放的基本方面共同发展的格局。

3. 外贸增长方式的多元化

为提高对外贸易的综合效益，我国主要从低成本、低价格优势向综合竞争力、核心竞争力优势转变。在调整进出口结构，在巩固农产品、燃料、矿物与金属等资源密集产品出口的同时，重点支持自主性高技术产品、机电产品和高附加值产品的出口。增加先进技术、关键设备和国内短缺的资源类的产品进口，促使进出口商品结构不断优化。推动加工贸易产业链向上游研发设计、中游集约发展、下游营销服务延伸，扩大贸易规模，获取参与要素分工带来的贸易利益，提升国际分工地位。积极发展服务贸易，拓展国际工程承包、设计及咨询，有序承接国际服务业转移。有条件的中心城市应大力发展软件外包、现代物流、金融保险、咨询设计等，力争成为区域性乃至世界级的现代服务业聚集中心。

4. 国际竞争与合作层次的多元化

在区域经济一体化和经济全球化进程中，我国积极参与了国际竞争与合作，经历了一个由参与合作到平等合作，发展到主导合作的过程，更高程度地参与国际分工、分享经济全球化利益。积极鼓励具有一定实力的企业领先"走出去"，培育跨国公司，增强国际竞争力，充分利用两种资源、两个市场。

(二)国内形成多层次、多渠道的全方位开放结局

从党的十一届三中全会以来，我国对外开放依照中国的国情，采取了从南到北、从东到西、从沿海到内地，即经济特区—沿海开放城市—内地的发展战略，形成多层次、多渠道、全方位开放的格局。

1. 经济特区

经济特区是一个国家(或地区)划出一定的范围，在这个范围内实行特殊的经济政策，创造良好的投资环境，以吸引外资、引进先进技术，促进本地区和本国经济的发展。我国从1979年起先后在深圳、珠海、厦门、汕头兴办了四个经济特区，1988年海南设省后，又设立了海南经济特区。我国的经济特区是社会主义国家境内开辟的经济特区，其社会性质是社会主义的。经济特区不是行政区域，而是实行特殊经济政策的、由社会主义国家行使主权的一级行政区域。经济特区是我国对外开放最早的地区，它在对外开放总格局中，处于前沿阵地的战略地位，对我国社会主义建设起着重要的作用。它吸引了大量外资和先进的技术、人才和管理经验，不但发展了自身，还辐射到内地，带动了国内经济的发展。同时，经济特区是外向型经济，大量产品出口，发挥了向外辐射的积极作用。

2. 沿海开放城市

为了进一步实行对外开放，在建立经济特区的基础上，1984年我国将大连、秦皇岛、天津、烟台、青岛、连云港、南通、上海、宁波、温州、福州、广州、湛江、北海等14个沿海城市列为开放城市。沿海开放城市对外开放主要包括两个方面：①扩大对外经济活动权限，如放宽利用外资建设项目的审批权，增加外汇使用额度和外汇贷款，对引进的先进技

术和设备免税或减税，开办经济技术开发区，扩大劳动人事方面的自主权等。②对外资引进给予优惠，从而吸引外商来开放城市投资。如对技术投资和基础建设投资可减免所得税，对土地使用费和土地税的收取标准具有一定的灵活性，对三资企业进口设备和原料、出口产品免征关税，对提供了先进技术和设备的三资企业可以让出部分国内市场，等等。

3. 沿海经济开放区

继开放了 14 个沿海港口城市以后，1985 年又确定长江三角洲、闽南三角地区和珠江三角洲为沿海开放地带，1988 年又将辽东半岛、山东半岛、环渤海湾地区和广西沿海的一些县市列为对外开放区。这样，从北到南沿海 10 个省的广大地区都成为对外经济开放的地区。沿海经济开放区的建立，扩大了我国对外开放的领域，对于推动国内经济的发展、加快现代化建设，具有重要作用。主要表现在：①开放沿海地区，有利于发展外向型经济，促进沿海地区的发展。发展以国际分工和国际市场为导向的外向型经济，积极开展对外贸易活动，必然带动和促进沿海地区经济的增长和繁荣。②开放沿海地区，还能带动内地经济的发展，从而促进整个国民经济水平的提高和优化。

4. 沿边、沿江和内陆中心城市的开放

从 1992 年 3 月开始，我国在黑龙江、吉林、内蒙古、新疆、云南、广西等边境地区，开辟了黑河、珲春、满洲里、伊宁、瑞丽、凭祥等 13 个沿边开放城市，实行鼓励外商投资、促进边境贸易的各项优惠政策，加强了同周边国家的经济技术交流与合作，同时也推动了这些原来较封闭地区的经济发展。1992 年 7 月，又进一步开放了沿长江的重庆、岳阳、武汉、九江、芜湖等城市以及太原等 11 个内陆省会城市。这些沿边、沿江和内陆中心城市的开放，有助于缩小我国内地与沿海、西部与东部的差距，从而促进国民经济整体布局和结构的进一步合理优化。

5. 沿线及中西部地区开放

随着我国对外开放向深度和广度的不断发展，沿交通干线和中西部地区的开放提上了议事日程，进一步促进多层次、多渠道、全方位开放格局的形成。沿交通干线地区具有交通便利等优势，中西部地区则拥有资源丰富、旅游点多等特点。因此，在东部开放区的辐射和带动下，充分发挥中西部地区的优势，加快开放步伐，广泛引进外来的资金、技术和人才，这不仅有利于该地区经济的振兴，也有利于整个国民经济的协调发展。

二、"引进来"与"走出去"相结合

改革开放以来，尤其是对外开放的起始阶段，"引进来"比较多，例如引进国外资金、先进技术、人才和管理经验，制定对外开放的措施，使我们加快了发展，了解了世界，弥补了国内资源的不足，对社会经济的发展起到了有力的促进作用。在我们的改革开放取得了一定的成效，经济实力有了一定的提高后，就要进一步把"引进来"和"走出去"相结合，不

单要继续引进各种有利于我国发展的生产要素，更要能走出去，对外输出相关要素，增强国际双向交往，提高开放水平，增强国际竞争力和综合国力。

（一）"引进来"

吸收外商直接投资，是中国对外开放基本国策的重要内容。近三十多年来，随着改革开放逐步深化，中国吸收外资的规模不断扩大，质量不断提高。外商投资重点已从过去的一般制造业发展到现在的高新技术产业、基础产业和设施建设，集成电路、计算机软件、通讯产品等高新技术的项目明显增加。开放服务贸易领域后，商业、外贸电信、金融、保险等服务业已成为外商投资的热点。2004年资料表明：来华投资的国家和地区190个，480多家"世界500强"企业在华投资。根据联合国贸发会议《2007世界投资报告》，2006年中国吸收外资仍居发展中国家首位，居全球第五位。2010年，全国外商投资企业出口额达8622.29亿美元，而2011年，全国外商投资企业出口额达9952.27亿美元，2011年比2010年增长15.43%；高于全国同期出口增幅（15.15%）约0.27个百分点，占全国出口总值的80.76%，所占比重同比上升了约0.2个百分点。2011年我国实际使用外商投资总额为1176.98亿美元，其中，外商直接投资合同项目27712个，其同期增幅分别为8.16%和1.11%；到2011年底，外商投资企业达446487家，外商直接投资为1160.11亿美元，同比增长分别为2.8%、9.72%。

"引进来"对我国经济发展起到了极大的促进作用。第一，使我国投资总体质量有了明显的提高。通过"引进来"，我国一些困难企业摆脱了困境，一些优势企业的竞争力更强。第二，促进了我国产业结构的升级和技术的进步。通过"引进来"使技术含量较高的设备和加工工艺进入我国的产业，高技术含量和高附加值产品和行业在我国制造业中的比重得到提高，技术含量和附加值相对较高的制成品在出口商品中的比重增加。第三，提升了出口产品结构。通过"引进来"使企业在提高生产率、开拓国际市场等方面拥有了更强的能力，其中资金、技术密集型产品，如机电和高新技术产品在出口中的比重较高。第四，促进了我国人力资源的开发。企业的竞争优势无法脱离其人力资源而完全物化在设备和技术上，因此引进的项目要有效运转，必定要同我国国内人力资源的开发结合在一起。由于人力资源的强流动性，人力资源的培养不仅有助于提高企业人员的素质和能力，而且通过人员流动、培训内容的交流、示范作用等各个方面，对提高我国人力资源的整体水平产生了重要的影响。第五，加大了我国的研发力度。由于我国拥有较好的科研基础和众多优秀的科研人员，有庞大的国内市场，更重要的是我国已成为很多跨国公司的全球性重要制造基地，到我国从事研发，靠近市场，靠近制造企业，靠近科研力量，能迅速开发和不断修改设计、设备和工艺，提高效率。向中国转移研发能力，已成为许多跨国公司的共识。通过"引进来"，技术水平、研发能力、国内配套等问题有了很大的改善。我们今后在实施"引进来"战略时应注意：首先，需要更多考虑引进在区域分布上的问题及在环境、劳工保护方面的问题。其次，要加强对引进公司的监管。跨国公司规模大，具有独特的竞争优势，形成垄断的意愿和能力强，因此重点监管是反垄断。最后，在注重"引进来"的同时要不失时机地"走出去"，以便充分利用两种资源和两个市场，促进我国经济持续、稳定、健康发展。第六，促进了现代服务业发展。到 2011 年，服务业领域共设立外商投资的合同项目为 15207 个，实际使用外资达 588.53 亿美元，与同期相比，增幅分别为 23.9% 和 9.06%；占外商直接投资总量的比重为 50.73%，占整个服务业实际使用外资的一半。同时，服务外包正成为服务业吸收外资工作的重要领域。2007 年全年，全国 14 个服务外包基地城市中，共有 1731 家企业从事国际服务外包业务；完成服务外包合同金额 20.9 亿美元。目前，服务外包从业人员超过 10 万人。

（二）"走出去"

三十多年来，我国"走出去"实现了历史跨越。境外承包工程和对外劳务合作渠道不断拓展，通过出口国内生产相对过剩的产品，在国际市场上占据一席之地，可以缓解国内供求矛盾，提高经济效益。2006 年我国手机、电冰箱、电视机、摩托与服装鞋帽类的出口依存度均在 50% 以上，有的甚至达 70% 以上。"走出去"的领域不断拓宽，由初期进出口贸易、航运和餐饮等少数领域，逐步拓展到生产加工、资源开发、工程承包、农业合作和研究开发等众多领域。"走出去"的层次和水平不断提升，对外投资已由早期的建点开办"窗口"发展到投资办厂、跨国并购、股权置换、境外上市、设立研发中心、创办工业园区等多种形式，对外承包工程从初期的土建、分包向总承包、项目管理承包、交钥匙工程和 BOT 等方式发展。"走出去"的促进体系和服务体系不断完善，国家不仅制定了一系列"走出去"的促进政策和措施，而且还通过加快政府职能转变、完善管理体制、简化审批手续，为企业"走出去"提供了良好的服务。

实施"走出去"具有重大的战略意义：第一，要应对经济全球化和科技进步的挑战，更充分地分享全球市场开放和知识积累的利益，就必须实施"走出去"战略。只有建立和发展跨国经营体系，逐步扩大规模和提高档次，才能在全球竞争中立于不败之地。第二，目前制约我国经济发展的基本因素，已经由以前资本和外汇的缺口转变为资源和市场的缺口。要根本缓解这两个缺口，一要发展资源节约型技术和扩大内需，二要通过"走出去"战略，扩大外部资源供给和转化过剩的生产能力，保证国内市场规模对外延伸和扩展，带来边际收益递增的规模效应。第三，"走出去"不仅可以增加当地的就业和税收而受到进口国的欢迎，减少贸易纠纷，而且可以带动我国原材料、零部件和设备出口，逐步形成企业上下游、内外贸、产供销的全球纵向一体化生产体系。通过对外承包工程，输出劳务，提供适用技术和专业服务，可以开辟国内就业新渠道。第四，通过在境外建立研发中心、市场推广和销售中心、加工制造中心、原料基地，把生产控制中心放在国内，形成全球生产网络，促进产业结构升级和企业的成长。第五，实施"走出去"战略，不仅可以带动国内金融机构相继走出去，为国内企业提供当地的各类金融服务，而且可以促进金融服务业的对外开放，带动金融市场国际化，加速人民币的可兑换，提升金融业的国际竞争力。可见，"走出去"战略是面向 21 世纪的一项带战略性、全局性和长期性的重大举措。从战略上看，我国前二十年对外开放的重点是"引进来"，从"十五"计划起，我国对外开放的重点已转向实施"走出去"战略。从全局来看，我国经济已由总有效供给不足转变为总有效需求不足，把具有比较优势的过剩供给能力转移到国外市场，把国内市场发展受限的企业供应链扩展到国外市场，一方面可以取得国际收入，扩大市场，刺激国内需求及促进产业结构调整，另一方面可以更好地增强企业在国际市场的竞争力与企业的成长壮大。从长期性看，"走出去"战略应是一个由试点起步，总结经验，有步骤、有秩序进行推广的长期发展过程。

"引进来"与"走出去"是对外开放的两个方面，是我国经济发展的重大战略。在加入 WTO 的今天，我国必须把"引进来"与"走出去"相结合，使它们相互补充、相互依存，共同促进我国经济的持续健康稳定发展。

三、建立开放型经济体系

党的十七大报告中，胡锦涛总书记在强调"开放型经济进入新阶段"和"提高开放型经济水平"的基础上，提出了建立"开放型经济体系"。它一方面对我国对外开放取得的伟大成就进行了科学的总结，另一方面又与时俱进地发展和提升了几代党的领导集体关于对外开放的理论和思想。它使我国对外开放从政策性对外开放转变为体制性的对外开放，它适应了我国进入新世纪新阶段新形势下对外开放的整体要求。

（一）通过协调发展，加快从贸易大国向贸易强国转变

转变贸易增长目标、竞争方式，实现贸易平衡。在贸易增长目标上，要从规模速度型增长转变为质量效益型增长；在竞争方式上，从粗放式竞争转变为集约式竞争，提高综合和核心竞争力；在出口与进口关系上，从重视出口创汇转变为进出口均衡发展。综合调整出口货物贸易结构和格局。出口货物贸易构成上，提高自主性高技术机电产品和高附加值产品出口；控制高污染、高耗能和资源性产品出口。积极扩大资源性和中间性产品的进口。完善进口税收政策，科学设计关税结构，以鼓励和扩大先进技术、关键设备及零部件和国内短缺的能源、原材料的进口，并实现资源进口多元化。

（二）积极参与世界各种经济组织活动，加强多边和双边经贸合作

党的十七大报告提出"实施自由贸易区战略"。在这个战略指导下，我国参与自由贸易区的活动将出现以下变化：第一，将与更多的国家组成自由区。目前，我国正在和亚洲、大洋洲、拉丁美洲、欧洲和非洲等二十几个国家和地区组建 12 个自由贸易区。第二，组建后的自由贸易区的内容将有所扩展，从货物到服务到投资。第三，组建后自由贸易区成员之间将充分实现互利共赢的关系。第四，处理好自由贸易区与世界贸易组织之间的关系。

（三）注重防范国际经济风险，保证资源供应和金融安全

在当今世界经济全球化大潮下，世界各国普遍关注国家的经济安全风险。国家经济安全风险涉及对外贸易、资本流动、资源供应、汇率变动、信息获取等多种风险，其中最重要的是要保证我国资源供给安全和金融安全。

随着经济的快速发展，我国对石油、原材料等资源性产品的进口需求增加，进口量逐年加大。在我国进口货物中的比重，燃料已从1995年的3.9%提高到2005年的9.7%，金属矿产品同期从4.4%提高到8.4%。2006年，我国石油、天然气储量分别占世界2%和1.3%，但消费量却分别占到9%和21.6%。随着油价和金属矿产品价格的不断攀升和进口比重的加大，它们对我国经济发展构成了安全威胁。为此，我国急需推进能源多样化和进口多元化，通过对外投资方式，开拓可靠的资源供给渠道。在对外投资开拓能源供给时，须注意以下问题：首先，做好境外资源开发服务。要以市场为导向、以企业为主体、以效益为前提，充分发挥政府的服务、监管和引导作用，促进中介组织为企业"走出去"提供可靠完善的服务。其次，境外开发资源要布局合理。在区域上，要进一步巩固我国在中东地区的油气资源开发合作局面，加大对中亚—俄罗斯地区的开发力度，稳步推进对非洲和南美地区的资源开发合作，进一步强化与东南亚产油国的合作。再次，在合作方式上，要综合运用海外并购、权益投资、建立战略联盟、加强资源型企业间合作等方式。最后，要切实促进资源开发东道国的经济社会进步，实现互利共赢。在资源开发中，注重扩大当地就业、向当地转移适用技术、培养人才、承担社会责任，树立起我国资源企业良好的国际形象。

为了维护国家金融安全，我国需要从全球视野制定金融事业发展战略，在机制、体制、治理等方面加大改革力度，以提高金融业的竞争力。其中首要的是采取综合措施促进国际收支基本平衡。为此，要采取以下措施：推动经济结构性调整，促进经济增长向消费、投资、加大进口拉动转变，实现国民经济中储蓄、消费、投资等宏观指标比例关系的协调与均衡；扩大国内消费需求，降低储蓄率，增加进口；深化外汇管理体制改革，进一步放宽境内企业、个人使用和持有外汇的限制，增加合格境内机构投资者海外投资的限额，加大对企业"走出去"的金融支持，逐步允许境内居民对境外直接投资；按照"依法合规、有偿使用、提高效益、有效监管"的原则，积极探索和拓展外汇储备使用渠道和方式；继续坚持主动性、渐进性和可控性原则，完善人民币汇率形成机制。

第三节　发展开放型经济的主要形式

发展对外经济关系的主要形式有对外贸易、利用外资和对外投资、技术交流、承包工程和劳务合作。

一、对外贸易

对外贸易是指国际间的商品流通，即一个国家或地区同其他国家或地区之间发生的商品与劳务的交换关系及交换活动，包括出口和进口两个方面。对外贸易是人类社会历史发展到一定阶段的产物，它是各国进行国际分工的纽带，是社会主义国家对外经济关系最基本的形式。

（一）社会主义国家对外贸易的特征

由于各国的社会制度不同，对外贸易的性质也不同，社会主义对外贸易的性质决定了它具有以下一些主要特点：

第一，社会主义国家的对外贸易，是在国家的宏观调控管理下独立自主进行的。为了维护国家的主权，坚持本国经济独立，保护民族经济的发展，不受任何外国的控制。

第二，社会主义国家的对外贸易，是以社会主义公有制为基础的。其目的不是为了掠夺和剥削其他国家和民族，而是根据国内经济建设的总体需要，同其他国家发展商品交换活动，在全球范围内优化资源配置，促进国内经济发展和提高人民群众的生活水平。

第三，社会主义国家的对外贸易，是以平等互利为原则的。对外贸易要坚持平等互利，国家不分大小、不论强弱，在经济交往中，彼此都处于平等地位，不允许带有任何不平等的条件和不合理的要求，更不允许损害本国和别国的主权，使对外贸易既能促进本国经济的发展，维护本国的独立，又不损害别国的利益。

第四，社会主义国家的对外贸易，实行联合对外的原则。对外贸易涉及面广，内容繁多，情况复杂，必须联合对外，才有利于发展本国经济，防御资本主义的经济渗透。但也必须防止"一刀切"，要把统一管理与分散管理有机地结合起来。

（二）对外贸易对本国经济的影响

不同的行业在对外贸易中的地位不同，因而受对外贸易的影响也不一样。在其他条件不变的情况下，进口的结果是降低本国同类产品的市场价格，减少本国同类产品的生产，增加这类产品的消费，生产者的利益下降，消费者的利益提高并大于生产者的损失，进口使生产资源的配置和消费选择更优。而出口的结果会提高本国产品的市场价格，增加国内产量。生产者从出口中获利，消费者在出口中受损，但损失小于生产者的收益，出口同样使生产资源的使用更加有效。无论是出口还是进口，对外贸易能使一国的总收益或福利水平增加和提高，但也要避免对外部的过度依赖，否则将不利于本国经济持续发展。

（三）经济增长及生产要素国际流动对外贸的影响

以上对对外贸易结果的分析是静态的，是假定贸易双方的生产要素、技术水平和需求偏好是确定不变的。而事实上，全球的技术在不断进步，资本在不断积累，劳动力在不断增加，生产在不断发展。由于世界交通、通讯的发展，各国经济联系的加强，各国之间要素流动也不断扩大，这样，经济增长及国际间生产要素的流动，必将对各国的贸易模式、数量产生影响：一方面，通过生产的变动对对外贸易产生直接影响；另一方面，它使人们收入提高从而引起需求量及偏好变动，间接影响对外贸易。由于各部门增长速度不平衡及其在对外贸易中的地位不一样，经济增长对对外贸易的影响将会不同。其影响主要表现在以下几方面：

（1）不同的生产要素增长对一国的对外贸易产生不同影响。如果一国原来相对稀缺的生产要素增长，使该国的比较劣势减弱，国内产品与进口产品竞争的能力提高，减少进口，从而形成"进口替代型增长"。反之，如果一国原来就相对充裕的要素增长，会使一国原有出口产品的比较优势加强，出口增加，从而形成"出口扩张型增长"。

（2）对外贸影响的大小与该国在国际市场的地位有关。如果是贸易小国，该国贸易的变动不会引起国际市场价格的改变，进口替代增长会使国内产品生产增加，出口产品的生产下降，总贸易量减少；出口扩张型增长则使出口产品的生产增加，进口竞争产品的生产减少，总贸易量上升。如果一国是贸易大国，该国贸易的变动会引起国际市场价格的变动，进口替代增长会使该国的贸易条件改善，出口扩张型增长则会使贸易条件恶化。

（3）生产要素的国际流动能起到替代商品贸易的作用。如劳动力的自由流动会改变一国的资源配置。在资本不变的条件下，劳动力出口会使资本—劳动力比率上升，资本变得相对充裕，而劳动力接受国的情况则相反，劳动力变得充裕。从世界范围看，劳动力的自由流动同贸易一样，提高了资源的利用率，提高了资源的优化配置程度。

（4）有利于一国社会福利水平的提高。由于经济增长和要素流动促使资源配置的优化及生产效率的提高，从而增加居民的收入水平，提高该国的社会福利水平。

二、利用外资和对外投资

社会主义国家的经济发展需要大量的资本投入，但仅靠内部资本供给难以满足经济增长的需要，所以必须吸引外资，利用别国的资本、先进技术和管理方法促进经济发展。长期以来，中国无论在舆论导向还是在实践中，都比较重视引进外资在补足国内建设资金缺口、引进国外先进技术设备及管理等方面的积极作用。经过三十多年的改革开放，我国利用外资已有相当规模。

我国利用外资主要有三种形式：财政信贷、商品信贷、直接投资，我国以利用直接投资为主。其主要形式有以下几种：①中外合资经营企业。它是外商和我方企业共同投资，共同经营，共担风险，共负盈亏，企业所得收益按双方投资比例分成的企业。②中外合作经营企业。合作双方的责任、权利、义务由双方签订协议、合同予以规定，按合同规定的方式和比例分配企业收益。③外商独资企业。外方根据我国有关法律、法规提出申请，经我方批准兴办的自行投资的企业，自行经营或委托经营，产品自销，自负盈亏，并按规定享受优惠和承担赋税。

社会主义国家在利用外资时，必须坚持以下基本原则：第一，要维护国家主权和民族利益。在利用外资时不允许外资控制我国经济命脉，不接受有损国家主权的不平等要求，严禁外商设立有害于人民群众身心健康的企业。第二，要正确处理利用外资规模与结构的关系。在保持适当的规模基础上，要解决好利用外资的结构，即产业投向和地区投向问题。要根据我国的产业结构调整的需要，制定相应的政策，有计划地把国外资金、技术和管理经验等资源引导到急需发展的农业、能源、交通、原材料以及高新技术产业中去，并使之逐步由劳动密集型产业转向资本密集型和技术密集型产业。第三，要正确处理引进与创新的关系。通常，利用外资可以获得较先进的技术，但不能获得最先进的技术。因此，不仅要积极地引进外资，而且要切实利用外资，即对引进的技术进行消化、吸收和创新。引进只是手段，创新才是目的。否则，无论引进多少外资也只是持续不断地购买外国的生产线，只能成为西方发达国家的一个销售市场，永远跟在别人的后面。

随着我国经济发展，企业竞争力的提高，我国也开始实行对外投资与跨国经营。社会主义国家对外投资与跨国经营主要有三类：①向发达资本主义国家和地区投资，是为了更有效地获得国外先进技术和管理经验，并有利于发挥我国在某些方面的经济优势和技术特长，参与国际市场竞争，提高经济效益。②向一些资源丰富的国家和地区进行投资，开发矿藏资源，以保证本国需要进口的某些矿产品及其他物资来源。③向发展中国家提供资金援助，以帮助它们的经济真正独立和发展。近年来，我国对外直接投资快速增长，据统计，2008 年达 559.1 亿美元，比 2007 年增长了一倍多，2012 年达 772.2 亿美元。

三、技术交流

科学技术已经成为第一生产力。在一定条件下，技术在经济发展中起着决定性的作用。当今的经济大国，一般都是科技大国。由于历史的原因，我国科学技术与发达国家有很大的差距。为了进入世界先进行列，除了努力开发研制外，引进先进技术是不可缺少的环节。对外进行技术交流，是一切国家发展科学技术的需要，更是社会主义现代化建设的要求。首先，引进先进技术有利于赢得时间，较快地填补国内技术的空白，加速国民经济的技术改造。其次，引进先进技术可以在引进的基础上创新和发展，从而节约从头开始的研制费用，降低生产商品的成本，迅速提高劳动生产效率，用较少的投资获得较高的经济效益。再次，引进先进技术有利于提高本国科研水平和经营管理水平，把先进的技术装备、先进的管理方法结合到本国的生产、经营过程中，可以有效利用和节约社会资源，提高经济效益。

引进先进技术，内容十分广泛，大致包括：先进设备或部件，新型和优质的材料，新的定理、数据和配方，新的工艺和科学的操作规程，先进的管理方法。引进形式也是多种多样。我国采用的主要有：购买先进的设备、许可证贸易、咨询服务、合作生产及合作研究。面对世界科学技术日新月异的蓬勃发展，我们一方面要积极跟踪世界新技术革命的进程，大力发展高新技术，如生物工程技术、电子信息技术、自动化技术及新能源、新材料、海洋工程等高新技术；另一方面，要善于学习和引进已有的国外先进技术，特别是西方国家的先进技术和关键设备，以取人之长、补已之短。

先进技术是一种昂贵的商品，从国外引进先进技术需要支付很高的代价，因此引进先进技术必须有正确的战略，做到有目的、有计划、有选择地引进。首先要从我国实际出发，制定引进技术的战略目标和重点。战略目标应以经济建设为中心，引进的重点应是我国亟待解决和更新技术的传统产业和基础产业。其次要避免盲目性和重复引进。引进工作必须从我国的需要出发并把可能性结合起来，进行充分的可行性分析。为了避免重复引进造成的浪费，国家对先进技术引进要加以宏观调控和指导。再次，引进国外新技术必须与国内消化、吸收、运用、创新结合起来。因为关键技术和核心技术是买不到的，同时，引进的目的是为了促进本国经济技术发展，增强自力更生的能力。因此，引进技术的同时，要充分发挥本国科技的作用，经过消化、吸收、改造、创新，发展有自己特色的新技术，并进而转化为技术出口，开拓国际市场，参与国际分工和技术交流。这将更有利于发挥本国技术优势，在国际分工和国际交流中，获得更大效益。

四、对外承包工程和劳务合作

劳务市场是国际市场的有机组成部分。在国际劳务市场上，劳务输出主要采取对外承包工程和劳务合作两种形式。国际间的劳动力流动，可以促进劳动力资源的优化配置，促进经济的共同发展。对输出国而言，可以缓解就业压力，增加外汇收入；对输入国而言，可以获得需要的劳动力资源，弥补劳动力的不足。

劳务合作是通过向国外提供劳务来获取盈利的经济活动，如派遣技术人员、管理人员、工人、医务人员、海员等为外商服务。我国人力资源丰富，应发挥这一优势，以缓和国内就业矛盾，增加外汇收入，促进经济增长和对外开放。

对外承包工程是一国通过承包国外工程，输出劳务、设备、技术和其他商品，以获取盈利的经济活动。对外承包工程一般通过投标、议标或其他协商途径签订合同，实施建设项目。我国对外承包工程大多属于劳动密集型项目，主要分布在亚洲、北非、欧洲及北美等的一些国家。

由于我国是一个发展中国家，资金、技术相对缺乏，而劳动力资源相对充裕，发展对外劳务输出对现代化建设具有重要意义。第一，可以带动国内产品出口，促进相关行业发展。对外承包工程不仅是劳务输出，也可以增加相关行业产品的出口。按国际惯例，工程所需材料、设备除少数由业主指定产地国外，其余均可由承包者在本国采购。第二，有利于增加外汇收入，改善国际收支平衡。劳务输出具有投资少、创汇快、风险小等特点，能在短时间内创收大量外汇，缓解外汇的短缺。第三，有利于扩大就业，减轻国内就业压力。由于我国人口众多，大量存在城市失业人口和农村的隐性失业人口，通过劳务输出可以增加就业机会，扩大就业人数。第四，可以增加劳动者收入，提高人民的生活水平。第五，有利于学习国外先进技术和管理经验，培养人才。

我国劳务输出起步较晚，加上总体输出水平偏低，而且输出人员和劳务人员收入数额都很少，与我国作为人口大国的地位很不相称。在世界劳务市场竞争日益激烈的今天，我国在劳务输出方面迫切需要进一步放宽政策，简化手续，鼓励输出，并培训和提高输出人员的文化技术素质，以适应国际劳务市场的需要。

第四节　完善开放型经济体系

一、全面提高开放型经济效应

开放型经济水平的不断提高，有利于我国从外部获得短缺要素，并使其与我国的突出优势相结合，使我国经济在更长的时期内保持较高增长速度，更多地获得国际分工利益，逐步形成核心技术开发能力。同时对经济全球化产生的不确定性和风险，应充分估计并做好应对准备，以有效控制风险、回避风险。

（一）发展开放型经济对我国经济的正面效应

20世纪90年代以来，对外经济发展得更快，世贸组织不断扩大，特别是跨国公司的发展显著加快，有力地推动了经济全球化。发展开放型经济对我国有以下正面效应：

第一，有利于我国从外部获得短缺要素。在开放经济条件下，意味着资本、产品、服务以及一些重要的生产要素可以实现较大规模的跨国界流动。各个国家的要素条件是不同的，有各自丰裕的要素和短缺的要素。我们既可以较多地进口紧缺的资源类产品，还可以利用国外资金，以创造更多的就业机会。例如，外商直接投资设厂可以增加国内的就业岗位，适时解决部分失业人员的再就业问题，并且缓解当前沉重的就业压力，从而保证社会的稳定。

第二，有利于我国更多地获得国际分工利益，逐步形成核心技术开发能力。随着对外经济开放的不断深入，我国大量引进国外资金和先进技术、设备，在若干产业中形成了较大规模和较低成本的制造能力。制造能力的扩大和成熟，有利于我们形成核心技术研发能力：较大规模的制造能力，使企业有能力分摊高额研发投资；技术能力的不断积累，使企业开始形成必要的技术选择和技术组合能力；配套产业群的形成和水平升级，使核心技术的突破能够较快地体现在成熟、有竞争力的最终产品和产品群上。上述能力的逐步形成，标志着在这些领域中自主开发核心技术的条件正在形成，并且具备了在商业上获得成功的可能性。在这些产业中，我们要加大研发投入，研发和掌握核心技术，实现跨越式发展，使我国在全球技术与制造分工格局中获得更多利益。

第三，有利于缓解我国的就业压力。我国是一个人口大国，适龄劳动人口众多，加上经济发展相对缓慢，人口与就业机会存在着矛盾。失业人口的存在既影响经济发展的投入问题，也影响提高人民群众的生活水平问题，同时还会给社会的稳定造成影响。经济全球化使我国有机会进行劳务输出，也有利于引进外资兴办企业，增加就业机会。实践证明，近年来我国在劳务输出和引进外资上取得了很好的成绩，合资企业的从业人数在不断上升，从而缓解了我国的就业压力。

第四，促进了我国跨国公司的发展，使其在世界市场的竞争力逐渐增强。我国跨国公司已从贸易活动深入到国际生产领域和高科技领域，并开始参与国际市场的竞争，向发达国家的跨国公司提出了挑战。当然，从总体上说，我国跨国公司由于起步较晚，目前发展水平较低，普遍投资规模较小，生产规模不大，且产品多属于技术含量低的劳动密集型产品。但从发展趋势看，对外经济开放程度的提高为发展中国家提供了在更广泛的领域内积极参与国际竞争的机会，我国跨国公司更积极地活跃在世界经济舞台上的时代指日可待。海尔、联想等公司已经跻身世界舞台。

第五，有利于推进我国产业结构升级和经济持续增长。发展开放型经济总体上推动着全球经济的发展，但各国由于条件不同，在经济全球化中所处的地位不同，因而从全球化中获得的利益份额也不同。我国国内市场规模较大，国内产业比较齐全、配套能力强，低成本劳动力供给充裕。这些因素决定了我国在经济全球化中有可能争取到有利的地位：将我国具有的市场优势、产业规模优势与劳动力优势与国外的资金优势、技术优势和管理优势等有效结合，形成具有较强竞争力的开放型经济。到2020年实现全面建设小康社会的目标，意味着改革开放以来我国经济的高速增长要持续40年。经济高速增长持续40年，不是一件容易的事，只有少数国家和地区曾经做到过。许多国家的经验表明，在高速增长一个时期后，国内需求和出口需求都要求产业结构升级，而本国可能不具备结构升级所需的一些重要条件，如技术能力、国内市场规模等，因此，继续较快增长就面临困难。我们的有利条件是处于经济全球化进程加快的大环境中，有可能通过利用外部资源获得持续增长所需要的短缺要素，并使其与我国的突出优势有机结合，在更长的时期内保持经济的较快增长速度。

（二）发展开放型经济对我国经济的挑战

发展开放型经济在给中国带来机遇的同时，也给中国带来了巨大的挑战。具体表现在以下几个方面：

第一，从跨国公司看对国家主权的影响。外国合资企业对投资后的垄断主要集中在掌握先进技术、管理和品牌上，这就导致中国一些企业在合资后，尽管股权占有量大，但由于受"独占性生产要素"的限制，往往并不能实现对企业生产的真正控制。与此同时，外资却在利用中国的资源、廉价劳动力和广大的市场，赚取大量的利润。此外，在逃避税收方面，一些跨国公司的政策对我国的主权实际上也是一种践踏。跨国公司通过子公司在中国各地的扩张，用占股和收购的办法控制中国大型企业，对中国的经济主权也带来了威胁。

第二，对我国对外贸易的影响。改革开放后，中国的对外贸易依存度不断增加。然而，中国在不断引进外资之后，至今还没有形成出口主导型产业，我国出口的商品大多数仍然属于以数量和低价销售为主的粗放型类型。照此发展下去，再过十年，中国产品在国际上仍然不会有竞争能力，而低价销售的数量扩张将会因国际反倾销而不得不萎缩。2008年的金融危机导致我国吸引外资减缓；经济增长放缓、失业增加；出口萎缩；经济发展的信心受到打击。其中，首当其冲的是纺织服装行业。中国拥有有史以来规模最大的纺织服装行业，有2000多万职工，超过世界上任何一个国家制造业全体职工的总和。纺织业外贸依存度为50%以上，在金融危机冲击下，2008年前11个月出口仍旧实现8%的增长，但是11月已经是0.26%的负增长。

第三，对金融业的影响。以美国为例，美国金融机构在金融市场上的能量和工具都是中国金融机构所不及的，对国有金融大企业可能构成生存威胁，同时中国股市逐步开放，美国投资基金的巨大冲击可能难以提防。金融安全是国家经济安全的核心问题。而金融体制的弊端和漏洞恰恰是中国经济体制的痼疾。中国金融体制重建和金融开放的两个时间表之间的时间差，可能成为美国资本大规模打入中国市场的机会。同时中美之间的汇率问题日趋白热化，汇率的剧烈变动，对中国的出口、就业、外汇储备、金融体系以及中国的整体经济实力都将产生严重的影响。同时，跨国公司每年在我国的利润达到1000多亿元人民币，对任何一个国家来说，外资滞留过多都将对国家的金融安全带来隐患，如果外资大量流出，或出现集中挤兑的现象，我国很可能出现外汇危机，甚至引发金融危机。跨国公司造成一国出现金融危机的教训，在世界上屡见不鲜。

第四，贫富差距引起的国内社会安全问题。由于我国东部沿海较大程度上参与全球化，接受较多的外资，发展比较快，而西部仍然处于较慢的发展阶段，两地的GDP差距很大，贫困阶层对社会分配不均、不公有强烈的反响，其中一部分人对社会产生不满情绪，产生逆反心理，甚至走上违法犯罪道路。刑事案件的增多其中就有这方面的原因。目前，专家估计我国的"基尼系数"为0.49，有人认为实际比这个比例要高。

二、完善我国开放型经济体系的具体措施

(一)完善开放型经济体系的外在条件

随着知识经济的崛起，大大加快了经济全球化步伐，这是因为以信息产业为代表的高

新技术产业的迅速发展大大促进了国际贸易结构的改善，使国际服务贸易、技术贸易的比重上升，国际投资业务迅速发展。各国和地区之间的经济联系与经济互补已从商品流通扩大到技术、服务、信息、资金融通等各个领域。同时，信息技术的发展和全球信息网络的建立以及全球海陆空现代交通网络的形成，大大节省了国际交易成本，减少了空间障碍，使各国生产与消费的距离拉近，使资源优势的全球化共享更为方便。为了适应新经济发展的需要，我国必须提高开放水平，充分利用全人类的先进技术和优秀的管理经验，促进经济持续健康发展。

（二）完善开放型经济体系的主要措施

完善开放型经济体系，全面提高我国开放经济水平，主要从以下几方面入手：

（1）加快转变对外经济发展方式，推动开放朝着优化结构、拓展深度、提高效益的方向转变。第一，优化开放结构。从外贸看，重点是扩大自主品牌和高附加值的产品的出口，提升对发展中国家出口的比重，推动货物贸易和服务贸易协调发展，促进进出口基本平衡。从引进外资看，重点是引导外资更多投向中西部地区，更多投向现代服务业、高新技术、先进制造、节能环保、新能源新材料、现代农业等产业。第二，拓展开放深度。主要是通过降低关税、减少非关税壁垒来深化货物贸易开放，通过增加多样化服务供给、提高服务业的国际化水平来深化服务贸易开放，深化涉外投资体制改革。第三，提高开放效益。主要是提高开放的经济效益、社会效益。

（2）创新开放模式，促进沿海内陆沿边开放优势互补，形成引领国际经济合作和竞争的开放区域，培育带动区域发展的开放基地，完善全方位的对外开放新格局。首先，促进沿海内陆沿边开放优势互补。沿海开放要率先转型升级，内陆开放要加快培育全球重要的加工制造基地，沿边开放要加强同周边地区的合作，打造沿海内地和沿边分工协作、优势互补、均衡协调发展的区域开放新格局。其次，形成引领国际经济合作和竞争的开放区域。巩固东部和全国特大城市开放的先导地位，推进科技研发基地建设，重点引进前沿高端产业，加快形成全球研发和先进制造基地，大力发展现代服务业。发挥长江三角洲、珠江三角洲、环渤海地区对外开放的门户作用，建设一批全国性和世界性的经济、贸易、航运、金融中心和次中心。最后是培育带动区域发展的开放高地。主要是在长江、陇海、京广、京九等交通干线沿线，形成若干世界加工制造基地和外向型产业集群，增强开放对区域发展的带动作用。

（3）坚持出口和进口并重，强化贸易政策和产业政策的协调，形成以技术、品牌、质量、服务为核心的出口竞争的新优势，促进加工贸易转型升级，发展服务贸易，推动对外贸易平衡发展。①加快培育出口竞争新优势。主要是出口企业，要从传统的生产成本优势，转向技术、品牌、质量、服务的新优势，促进由"中国制造"优势向"中国创造"和"中国服务"优势转换。②促进加工贸易转型升级。主要是促进从产业链低端的组装加工，向研发、设计、核心产品制造、物流营销等产业链高端转型升级。③发展服务贸易。健全服务贸易促进体系，扩大新兴服务出口，加强外国先进或我国短缺的服务进口，发展服务外包。

（4）提高利用外资综合优势和总体效益，推动引资、引技、引智有机结合。①要提高利用外资的综合优势。把利用外资从主要依靠生产成本优势转到依靠人才、环境、和市场上来。推进投资环境透明化和便利化。深化外商投资体制改革。保护投资者合法权益。②推动引资、引技、引智有机结合。鼓励跨国公司在华设立研发中心等功能性机构。鼓励外资投向创新孵化器等公共科技服务平台建设。大力引进技术研发人才和经营管理人才，建设归国留学人员创新创业基地。引导利用外资从注重规模，向注重提高质量和综合效益转变。

（5）加快走出去的步伐，增强企业国际化经营能力，培育一批世界水平的跨国公司。①积极扩大对外投资合作。鼓励有比较优势的企业到境外投资设厂；鼓励重化工业企业到境外能源资源产地建立生产基地；支持有条件的企业到境外进行基础设施建设和投资。改进企业分散走出去的方式，采用企业集群的方式走出去。提升对外承包工程和劳务合作的质量。②增强企业国际化经营能力，培育一批有世界水平的跨国公司。支持国内大企业在世界范围通过跨国并购、股权置换、境外上市、联合重组等方式，开展资源和价值链整合，在研发、生产、销售等方面开展国际化经营，提高国际化经营管理水平，形成一批世界著名的有影响力的中国的跨国公司。

（6）统筹双边、多变、区域次区域开放合作，加快实施自由贸易区战略，推动同周边国家互联互通，提高抵御国际经济风险的能力。

思考题

1. 解释下列基本概念：
开放型经济　经济特区　比较优势　后发优势
2. 社会主义国家为什么要发展开放型经济？
3. 简论对外开放与自力更生的关系。
4. 为什么要实行"走出去"战略？
5. 如何完善我国的开放型经济体系？
6. 发展开放型经济对我国经济有哪些挑战？

阅读书目

1. ［美］保罗·克鲁格曼：《国际经济学》，中国人民大学出版社 1998 年版。
2. 《中国共产党第十八次全国代表大会文件汇编》，人民出版社 2012 年版。

第十九章　社会主义宏观经济
运行和宏观调控

本章将社会主义经济作为一个整体，分析宏观经济运行中的总量均衡关系和宏观调控理论。着重阐述宏观经济的含义、社会总供给和社会总需求均衡的条件、失衡的原因、总量均衡与结构均衡的关系；社会主义市场经济条件下政府职能及其转变以及宏观调控的必要性、目标、方式、手段和政策，以揭示国民经济顺利运行的规律性。

第一节　社会主义宏观经济运行

一、社会主义宏观经济

（一）宏观经济的内涵

宏观经济是指总量经济活动，即整个国民经济或国民经济总体及其经济活动和运行状态，反映各种总量的变化及其相互联系。主要涵盖四个方面：一是社会总供给与总需求的总量与结构变动，包括国民经济中的主要比例关系、各地区部门产业结构的调整与优化，其严重失衡必然导引经济危机；二是货币供给与需求变化，这涉及物价的总水平与通货膨胀率、财政收支变化，其严重失衡必然导引金融危机；三是国民生产总值增长率变化，这关乎国家整体经济实力、劳动就业的总水平与失业率、居民收入水平和生活质量的高低；四是国际收支变化，即进出口贸易的总规模及其变动，这影响着开放型经济体的国际地位和获取国际贸易利益的能力。"宏观经济"一词源于挪威经济学家拉格纳·费里希（1895～1973年）所建立的"宏观经济学"。

微观经济是指单个经济实体的经济活动以及各种相关经济变量的变动。如单个企业的生产、供销、利润率变化状况，某种商品的供给量、需求量和价格的变动等。此词源于英国经济学家马歇尔所建立的"微观经济学"。

微观经济的运行，以价格和市场信号为诱导，通过竞争而自行调整与平衡；而宏观经济的运行，由于有许多市场机制的作用不能达到的领域，从而需要国家从社会的全局利益出发，运用各种手段，进行宏观调节和控制。

（二）宏观经济与微观经济的关系

宏观经济与微观经济是经济活动和经济运行的两个不同层次，是相互依存又相互矛盾的经济范畴。

宏观经济与微观经济二者之间的联系性表现在：①宏观经济是由微观经济组成的，微观经济运行正常，可为宏观经济的全面、稳定、协调、可持续发展奠定基础。因为国民经济各种总量的变化最终要取决于微观经济个量的变化，只有各地区、各部门和各经济实体在注重经济效益的基础上生产有较快增长，才能实现国民经济良性循环和国民生产总值的较快增长；只有微观经济活动符合宏观经济总体目标的要求，才有可能实现宏观经济目标。在市场经济条件下，如果微观经济活动的主体不是独立的商品生产者和经营者，没有独立的经济利益和经营自主权，就不能实现宏观经济运行的市场化。②微观经济的运行正常，离不开宏观调控的指导。宏观经济运行正常，可以为微观经济正常运行创造良好的发展环境。只有保持社会总供给与总需求的基本均衡，各部门、各企业才能顺利地发展，实现生产规模的不断扩大；只有宏观经济运行良好，微观经济主体才能在良好的市场环境下运行；只有国民经济保持稳定的增长，宏观经济效益不断提高，各部门、各企业才能长期地实现较好的经济效益。

宏观经济和微观经济之间的矛盾性表现在：①所追求的目标及其确定依据不同。宏观经济活动追求整个国民经济的全面、稳定、协调、可持续发展，要实现的经济增长目标是一个综合目标，即经济增长是在社会总供给与总需求大体均衡、产业结构不断优化、人民收入水平相应提高基础上的经济增长。这一目标确定的基本依据是社会主义经济发展要不断满足人民日益增长的物质和文化生活的需要。微观经济主体则追求自身发展，其经营目标就是依据现实的市场需求实现利润的最大化。这种区别性说明，微观经济活动目标不可能完全自觉地同宏观经济活动目标相一致，在一定的条件下，会产生矛盾。②利益取向不同。宏观经济活动在于追求国家、社会整体利益和长远利益；微观经济个体往往只考虑获取个人利益和短期利益。从地区、部门和企业来看，有些经济活动可能一时能够获得较好的经济效益，但是从国民经济整体和长期的角度来衡量，则有可能损害宏观经济效益，同自然资源的合理利用、生态环境的保护及治理等发生矛盾。③收入分配趋向不同。宏观经济活动更加注重公平的社会分配，通过国民收入的再分配和相应政策缩小各阶层之间的收入差距。微观经济主体则追求个人和个体致富，注重资源配置效率。④宏观经济活动和微观经济活动所涉及的领域和范围不同，所以它们所能解决的经济问题是有区别的。例如，实现充分就业不是微观经济主体所要解决和能够解决的社会问题，只能通过国家的宏观调控和相应的经济活动来解决。而且，从单个企业的利益角度来看，为了实现生产要素的最优配置，内在倾向是把多余的劳动力推向市场。

宏观经济与微观经济达到协调发展状态，才能实现国民经济的健康发展。要实现宏观经济与微观经济的现实结合和有效运行必须完善社会主义市场经济体制,使宏观经济的主导作用和微观经济的基础作用通过市场有机地连接起来。国家是宏观调控的主体,企业是宏观调控的基础。现代市场经济虽然仍以单个微观经济主体为基本单位,但经济活动已不再是单纯的个体行为,个人财富、家庭福利和企业利润的增加,已经不再单纯地取决于自身的努力,还必然要依赖于整体经济状况,整个经济运行越来越表现出明显的总量、综合和全局性特征。国家只有依据客观经济规律、形势采取适当的调控措施,企业只有在发挥自觉性和主动性的基础上自觉接受国家的宏观调控,才能实现宏观经济与微观经济互为补充、互相促进的协调发展。

二、社会总供给和社会总需求的内涵

一个国家在一定时期内总产出的物质产品和服务,绝大部分进入市场并且通过市场实现其价值,由此产生了社会总供给的概念。社会总供给是指一个国家在一定时期内提供给全社会使用的物质产品和服务的价值总和。广义的社会总供给,是包括中间产品、最终产品和服务在内的总供给,在国民经济统计中以"总产出"为代表。它反映一年内全部生产经营活动的总成果,既包括最终产品和服务的供给,又包括中间产品的供给,还应加上进口值减去出口值。狭义的社会总供给,在国民经济统计中可以用国内生产总值(或国民生产总值$(c_2 + v + m)$)即"总产出$(c_1 + c_2 + v + m)$"减去"中间投入 c_1"为代表。它反映一年内生产经营活动的最终成果,仅包括最终产品和服务的供给。

社会总需求是与社会总供给相对应的概念,是指一定的支付能力和价格水平下人们对于全社会物质产品和服务的有效需要,包括整个社会的投资需求和消费需求以及出口需求。

投资需求(又称投资支出)是指整个社会在一定时期内通过货币资金的支出所形成的对投资品的需求。从构成上看,社会总投资既包括对固定资产的投资,即对建筑物(如厂房、住宅、公共建筑、码头、水坝等)和固定设备(如机器、仪器、器具等)的投资,又包括对流动资产(如增加各种库存品和国家物资储备等)的投资两部分。从资金来源看,社会总投资又可区分为重置投资(更新改造投资)和新增投资两部分。

消费需求(又称消费支出)是指整个社会在一定时期内通过货币资金支出所形成的对消费品和服务的需求,包括居民个人消费和社会公共消费两部分。个人消费需求是指居民个人日常生活中对各种消费品和生活服务的需求。公共消费需求是为满足社会成员共同需要的消费需求,如城乡居民对公共、医疗卫生、文化、健康健身、环保事业、救火防火等公共消费品的需求,这类公共消费品不具有排他性。社会公共消费还包括政府部门和居民工作单位提供的集体消费对消费品和服务的需求。

出口需求是指一个国家在一定时期内对投资品和消费品的外部需求,即通过本国企业的产品打入国际市场，参与国际竞争，扩大自己的产品销路（包括正常的出口和由资本流出带动的出口）。

按支出法计算的国内生产总值，由资本形成、最终消费及净出口三部分组成，即投资需求、消费需求和出口需求，这三部分一般称为最终需求。GDP 的增长是由最终需求拉动的，即通常所说的拉动经济增长的"三驾马车"。三者对经济增长的拉动率（也称贡献率）是三者当年的增量分别占 GDP 总增量的比重。可以分别按当年价格和可比价格计算，由于对外公布的 GDP 的增长速度一般要求用可比价格计算，因此贡献率常采用可比价格来计算。

投资需求、消费需求和出口需求之和，构成对社会最终产品的需求，这是狭义的社会总需求。对最终产品的需求必然间接地引起对中间产品的需求。包括中间需求在内的社会总需求，即广义的社会总需求。由于社会对生产的需求集中表现在对最终产品的需求上，而且在一定时期的最终产品价值中已经包括了生产中所耗用的本期生产的中间产品的价值，所以在以下分析社会总需求的主要内容以及社会总供求的均衡关系时，主要分析狭义的社会总需求。

由于社会总需求和社会总供给的内涵不仅包括物质生产部门也包括非物质生产部门的供给和需求，而且只计算最终产品和服务，并不包括重复计算的部分，所以对一定时期的社会供给总量、需求总量、供需差额、差率及其供需态势进行分析，有利于观察、了解、掌握国民经济和社会发展的状况，为宏观决策提供可靠的依据。在实际统计部门和决策部门，都采用了社会总供给和社会总需求的统计指标，作为总量分析的手段和理论基础。

三、社会总供给和社会总需求的均衡

(一)社会总需求和总供给均衡的一般条件

为了分析的方便起见，这里首先考察国内的狭义的社会总需求和社会总供给的均衡条件。根据前面的分析，国内的社会总需求 = 投资需求 + 消费需求。由于对投资品和消费品的需求通过货币资金的支出而形成，因此上式又可以改写成：社会总需求 = 投资支出 + 消费支出。社会总供给 = 投资品 + 消费品，其价值式为：投资品产值 + 消费品产值 = 国内生产总值。将社会总需求和社会总供给的分析结合起来，可以得出封闭条件下社会总需求和社会总供给均衡的一般公式：

投资支出 + 消费支出 = 投资品产值 + 消费品产值 = 国内生产总值

这一均衡公式的实现条件是：①投资支出和消费支出的唯一资金来源是本期的 $c_2 + v + m$（即由国内生产总值直接或间接形成的收入，下同）；②固定资产折旧 c_2 全部转化为重置投资支出；③$v + m$ 通过分配和再分配，全部转化为消费支出和投资支出。

但是，实际经济生活并不能完全满足上述实现条件。具体地说：①投资支出和消费支

出的资金来源不一定是本期的 $c_2 + v + m$，还可以有其他资金来源。例如，重置投资支出的资金还可能来自上期积累的固定资产折旧，净投资支出和消费支出的资金还可能有一部分来自上期的节余资金、财政赤字拨款和信贷的过度扩张等。②当年的固定资产折旧 c_2 不是全部用于重置投资支出或不是都用于净投资支出，而是积累起来，等达到一定数量后再进行投资。③本期的 $v + m$ 并不全部转化为消费支出和投资支出，$v + m$ 通过分配和再分配所形成的国家收入、企业收入和居民个人收入中，都可能有一部分被闲置起来。考虑到这些情况，社会总需求和社会总供给的均衡公式可改写成：

由 $c_2 + v + m$ 转化的投资支出和消费支出 + 由其他资金来源转化的投资支出和消费支出 = 国内生产总值

这个均衡公式的条件是：$c_2 + v + m$ 未转化为投资支出和消费支出的部分，刚好为其他资金来源转化的投资支出和消费支出所补充，从而使均衡公式左端两式相加等于国内生产总值。

（二）引入财政、信贷因素的社会总需求和社会总供给的均衡条件

引入财政收支后，社会总需求和社会总供给的均衡公式是：

$$(c_2 + v + m) + 净财政支出 = 国内生产总值$$

由于 $c_2 + v + m$ 与国内生产总值在总量上是相等的，因而社会总需求与社会总供给是否均衡，要看财政收支是否均衡，即财政收支相抵是否等于零。如果净财政支出等于零，即财政收支均衡，则总需求等于总供给；如果净财政支出大于零，即支大于收，有财政赤字，则总需求大于总供给；如果净财政支出小于零，即收大于支，财政有结余，则总需求小于总供给。

引入信贷收支后，社会总需求和社会总供给的均衡公式是：

$$(c_2 + v + m) + 净信贷支出 = 国内生产总值$$

由于 $c_2 + v + m$ 与国内生产总值在总量上是相等的，因而社会的总需求与总供给是否均衡，要看信贷收支是否均衡，即信贷收支相抵是否等于零。

同时引入财政收支、信贷收支后，社会的总需求和总供给的均衡公式是：

$$(c_2 + v + m) + 净财政支出 + 净信贷支出 = 国内生产总值$$

这时社会的总需求和总供给是否均衡，同时取决于财政收支和信贷收支二者之间是否均衡。

（三）引入进出口贸易和资本的国际流动后社会总需求和社会总供给均衡的条件

引入进出口贸易后，进口引起总供给扩大，出口引起总需求扩大。引入资本流入流出后，资本流入能增加进口从而引起总供给扩大，资本流出引起国内需求的减少。因此，发生进出口贸易和资本的国际流动后，社会总供给和社会总需求的构成变为：

社会总供给 = 国内生产总值 + 进口（包括正常的进口和资本流入引起的进口）

社会总需求 =（国内资本 – 资本流出 + 资本流入）转化的投资需求和消费需求

　　　　　　 + 出口（包括正常的出口和由资本流出带动的出口）

这样，同时引入进出口贸易和资本流动后，社会总需求和社会总供给的均衡公式即为：

　　　（国内资本 – 资本流出 + 资本流入）转化的投资需求和消费需求 + 出口

　　　　= 国内生产总值 + 进口

经过移项整理后为：

　　　（国内资本 – 资本流出 + 资本流入）转化的投资需求和消费需求

　　　　= 国内生产总值 + 净进口

上述社会总需求和社会总供给均衡公式的实现条件也有两个：①国内资本全部来自国内生产总值，并且在扣除资本流出后全部转化为投资支出和消费支出。②资本净流入 = 净进口，或资本净流出 = 净出口。实际上要求国际收支均衡。

上述两个条件不具备时，只有在以下两种情况下社会总需求和社会总供给才能均衡：①当国内资本还有其他来源时，投资需求和消费需求总额就可能大于国内生产总值，从而总需求大于总供给，就要通过净进口大于资本流入的部分来抵消，即用国际收支逆差来弥补。如果长期出现国际收支逆差，又要通过压缩国内总需求来消除。②当国内资本未能全部转化为投资需求和消费需求时就会出现总需求小于总供给，就要通过净出口大于资本流出的部分来补充，即用国际收支顺差来均衡。如果长期出现国际收支顺差，又要通过扩大国内总需求来冲销。

从社会总供给和社会总需求的内涵与均衡条件的分析，可推导出其与 GDP 或 GNP、货币供求、物价总水平及国际收支平衡之间有密切的关系：社会总供给代表"总产出"，在货币形式可以用国内生产总值（GDP）或国民生产总值（GNP）为代表；社会总供给和社会总需求的均衡包括了货币供求和国际收支平衡状态。一旦均衡被打破，必将引起通货膨胀或通货紧缩，影响物价总水平的稳定以及国际收支的平衡。因此，在分析宏观经济运行的总量变化及其相互联系时，要着重考察社会总供给和社会总需求的均衡与失衡。

四、社会总供给和社会总需求的失衡

(一)社会总供给与社会总需求失衡的可能性

上述分析说明：社会总供给与社会总需求的均衡，是有条件制约的。国内总供求的均衡有两个前提：①现实中货币流通量恰好与流通中所需要的货币量相适应；②社会中各个商品经营主体都会自觉地保持其行为与国民经济运行目标相适应。在开放条件下，还要求国际收支均衡，即前面所指一国的国际收支既无赤字又无盈余。这包括两个方面的内容：一是资本流出流入的平衡，二是进口与出口的均衡。

然而，在社会主义市场经济条件下，这几个条件很难自行达到：①企业和个人的经济活动是分散的，按各自的利益和意图决策行事，难以与国民经济运行的整体目标相适应。②在纸币流通情况下，由于信息的不完全性和人们处理信息能力的局限，货币发行量与流通中实际需要的货币量难以完全相适应。③造成国际收支失衡的因素很多，如经济增长和由经济增长引起的国民收入的变化、世界经济结构的变化和外汇的变动都会引起国际收支的不均衡。

由此就产生了社会总供给与社会总需求失衡的可能，其形式是：一种是社会总供给大于社会总需求，另一种是社会总需求大于社会总供给。

(二)社会总供给大于社会总需求

社会总供给大于社会总需求，是指社会总需求绝对或相对不足而社会总供给绝对或相对过剩的情况。其主要表现或后果，首先是造成企业的产品滞销，实际存货水平上升，资金周转不灵，甚至不得不停产或减产；产品降价销售，减少盈利甚至发生亏损，严重者可以导致破产。同时，流通中的货币量不足，物价总水平持续地下降，即发生通货紧缩。其次，居民就业机会和收入明显减少，一部分劳动者陷入失业。即使仍处于就业状态的劳动者，也会由于企业的不景气而使工资水平下降，从而导致生活水平下降。最后，整个国民经济将陷入停滞状态，即经济零增长、负增长或只有少量增长。

导致社会总供给大于社会总需求的可能性存在于商品生产和商品交换之中。以货币为媒介的商品交换导致买卖的分离、供给和需求的分离、生产过程和流通过程的分离，供给大于需求也就具备了一般的可能性。但如果是简单商品生产而不是社会化大生产，这种供给大于需求的问题只表现在局部的狭小的范围内，尚不会表现为全社会的供给和需求失衡。一旦商品生产发展到社会化大生产，随着生产规模和市场规模的扩大，商品生产的基本矛盾即私人劳动(或局部劳动)和社会劳动的矛盾也会随之扩大。当生产和市场的扩大不能同步进行而又缺乏宏观调控时，就会逐渐演变为社会总供给与社会总需求的严重失衡。所以社会总供给大于社会总需求的原因不仅在于商品生产的基本矛盾和买卖在时间上和空间上的分离，而且还在于社会能否有效地对国民经济运行进行宏观调控。

我国从 1997 年开始出现社会总供给大于社会总需求(也称总有效需求不足)。1992—1996 年按可比价格计算的平均 GDP 增长率是 12.44%，1997 年下降到 9.3%，1999 年为 7.6%，2003 年基本恢复到 1996 年的水平，为 10.0%。这一时期，600 多种主要商品供大于求，价格低迷，由通货膨胀转为通货紧缩，1995 年通货膨胀率高达 17.1%，1997 年降到 2.8%，1998 年为 -0.8%，1999 年 -1.4%，2002 年 -0.8%，2003 年回升到 1.2%；劳动者失业人数增多，1998 - 2003 年，国有企业累计失业 2818 万人，过剩劳动力多，城镇登记的失业率由 1996 年的 3% 增加到 2004 年的 4.7%；居民存款剧增，2002 年超过 10 万亿元。

我国这一时期出现的这种社会总供给大于社会总需求有其具体原因：一是宏观调控和

经济改革措施所导致的。①从1993年以后实施宏观紧缩措施所带来的滞后效应。为治理经济过热和严重的通货膨胀，中央政府在货币政策和财政政策两方面采取了高强度的紧缩措施，如控制投资规模，直接干预价格（降低物价），1997年大体实现了低通胀，这些平抑物价措施出现滞后效应，引起通货惯性紧缩。②我国经济体制改革力度加大，初步建立了社会主义市场经济体制：国企实行增效减员，推行股份制，改革劳动就业制度、收入分配制度、住房制度、教育制度等，使人们对未来收入的预期下降，提高了储蓄倾向，减少了即期消费。二是产业结构失衡。一方面，无效供给过多，大量质量低劣、低技术含量不符合社会需要的消费品、投资品过剩。这种无效供给和闲置的生产要素市场不但挤占了社会资金，而且使投资需求不旺。同时缺乏有效的投资信息，投资的预期收益不明和高风险也限制了人们的投资行为。从消费需求看，居民收入水平低，消费结构升级慢。三是国际环境影响。1997年下半年爆发的东南亚金融危机及其蔓延，使各国经济都出现了通货膨胀到经济衰退的转折，我国经济发展的外部环境骤变，外需大幅度滑坡，使得社会总需求不足问题更加突出。为此政府实施了一系列调控措施，包括：①采取积极的财政政策和稳健的货币政策；②推进经济结构特别是产业结构优化；③调整收入分配，增加中低收入者的收入；④发展消费信贷，培育新的消费热点；⑤积极加入世贸组织，实施"走出去"战略，扩大对外投资和提振出口贸易等，使我国经济逐步摆脱了困境，进入了新一轮经济快速增长，2006年和2007年最终核实的GDP增长率分别为11.6%和11.9%。但2008年以来，世界金融危机严重影响到我国的实体经济，使我国经济再次陷入经济增长、就业水平和利率下降以及通货紧缩难以摆脱的状况，2009年和2012年的GDP增长率分别为9.2%和7.8%，通货膨胀率分别为−0.7%和2.65%，社会总供给大于社会总需求的特征又较明显。

（三）社会总需求大于社会总供给

社会总需求持续地超过社会总供给，称为需求膨胀。需求膨胀有如下一些表现：①经济增长过快，超过资源的供给能力和国民经济承受的程度，由此引起结构失调，效益下降，短线制约突出。②投资基金和消费基金的增长超过国民收入的增长，呈现"双膨胀"的态势。③信贷支出额大于存款额，出现信贷膨胀。④商品供不应求，发生了通货膨胀。一种是显性或公开的通货膨胀：流通中的货币量过多，导致物价的持续上涨；一种是隐性或抑制的通货膨胀：流通中的货币量过多不直接表现为物价上涨，而首先表现为货币流通速度的减慢，商品脱销或供给紧张，货币净投放量增长过多，但如果流通中的货币量继续增大，最终导致价格呈持续上涨趋势。所以公开性通货膨胀同隐藏性通货膨胀就其实质而言是一致的。

需求膨胀会产生严重的后果：其一，使经济陷入过热状态，导致资源的过度利用，损害经济持续增长机制并导致结构扭曲，劳动浪费。其二，导致经济超常波动。其三，价格上涨导致价格扭曲，既不能反映价值，也不能反映供求关系，使资源配置非合理化。其四，通货膨胀还会使居民的实际生活水平下降。

　　造成社会总需求大于社会总供给的原因，除了前面分析的以货币为媒介的商品交换所导致的买卖分离、供求分离、生产流通分离和宏观调控不力等一般原因外，对于不同体制下的具体原因还要进行具体分析。

　　在我国计划经济体制下，一直存在需求膨胀、供给短缺现象。一方面的原因来自需求过旺。由于政府和企业都存在追求高增长率的倾向，而财政约束软化，出现持续的投资饥渴，在货币发行不能受到严格控制时由投资饥渴导致投资膨胀和信贷膨胀。另一方面的原因来自供给不足，供给效率过低，包括资源配置效率过低、组织效率过低和由技术创新不足引起的动态技术效率过低；深层次的原因则是特定的决策机制、动力机制、约束机制、收入与资源分配机制等与经济体制有关的一系列机制不合理，尤其是动力机制或激励机制不合理，导致社会总产出水平低。

　　在市场经济体制下，由于信息的不完全性和不及时性，以及经济运行的不确定性，社会总需求与社会总供给也难以实现完全平衡。我国在 20 世纪 90 年代市场经济体制建立初期，就曾经出现严重的以高增长率、高通胀率为典型特征的需求膨胀，如 1994 年通货膨胀率达 24.1%。即使在市场经济体制成熟阶段，社会总需求与社会总供给失衡也是经常可能发生的，只是发生的程度不同而已。政府宏观调控的任务就是要将这种失衡控制在不影响国民经济正常运行的幅度内，实现社会总需求与社会总供给的大体均衡。

五、总量均衡和结构均衡的关系

　　国民经济的协调稳定发展不仅要求社会总供求在总量上保持均衡，而且还要求二者在结构上保持均衡。社会总供求的总量均衡主要是价值均衡，其中包括财政收支、信贷收支、货币供求、国际收支等方面的均衡。社会总供求的结构均衡，则主要是从实物方面来考察的均衡，包括供给结构（如产业结构、地区结构、产品结构等）与需求结构（如投资结构、消费结构）的相互均衡。实现实物均衡，则要求保持投资品供求的均衡、消费品供求的均衡、中间产品供求的均衡以及中间产品与最终产品之间的供求均衡。

　　社会总供求的总量均衡和结构均衡之间存在着相互依存、相互制约的关系。社会总供求的总量均衡是结构均衡得以实现的基础和国民经济协调发展的前提，而结构均衡是总量均衡的保证。在我国经济改革与发展中，总量均衡一直是矛盾的主要方面。总量失衡的两种形式都曾发生，严重影响了国民经济的协调稳定发展。但强调总量均衡并不意味着忽视结构均衡。在现实经济生活中，总量均衡与结构均衡相互影响并可发生转化。如果社会生产结构与社会消费结构不相适应，首先直接影响到社会总供求的结构均衡，进而还会影响到社会总供求的总量均衡。例如，有的产品生产出来后，形成了货币购买力，但由于产品不符合社会需求，转为库存积压或降价处理，这就会造成一部分货币购买力没有实物与之相对应，使这类产品的需求超过供给。如果这种结构失衡继续发展，以至带有一定的普遍性，结构失衡就会转化为总量失衡。从一定意义上说，只有在结构合理的基础上才能实现总量均衡。

总量均衡侧重于对国民经济运行的短期调节，而结构均衡主要涉及国民经济的中长期发展问题。因为总量均衡一般可以通过调节社会总需求在较短的时期内得到实现，而结构均衡则需要在相当长的一段时间内才能实现。总量均衡和结构均衡是政府宏观调控的最重要的目标。

第二节　社会主义宏观经济调控

一、政府职能及其转变

在社会主义市场经济体制中，政府是重要的宏观经济管理与调控组织。政府的主要职能概括为五个方面：

第一，提供公共产品。公共产品或公共服务，是现代经济学对一类产品或服务的概括，其共同特点是它们的消费不具有排他性，即对同样一个产品或一项服务，你可以消费，我也可以消费。对于这类产品或服务，不会因为消费的人增多而使其减少，一个人的消费不会影响另一个人的消费。除国家公园、路灯等都属于这类产品外，还有公共卫生、义务教育方面的建设与投资等也属于这类产品。政府作为公共利益的代表，必然要承担提供公共产品或公共服务的职责。

第二，优化社会（公共）环境，既包括生态环境优化、自然资源的开发利用合理化、城市整体规划、市容美化、消防救灾和国防建设强化等"硬件"，也包括提供完善的法律、法规等基本制度与规则，保护各类产权主体合法的财产权利，维持社会治安与社会秩序以及维护公平竞争的市场秩序等"软件"。创建良好的有利于国民经济发展的稳定的社会环境，需要总体策划并筹措很多费用。只有政府能承担起治理和改进社会（公共）环境的重任。

第三，实施微观规制。微观规制是政府在微观层面对经济的干预或管制。政府作为市场组织者和监督者，应培育和健全社会主义市场体系，建立比较完善的市场规制，监督市场运行，规范各类经济主体的行为。微观规制内容包括市场准入与退出规制，市场交易中的产权、契约、价格、数量、质量规制，统计、会计规制，社会保障规制，治污环保规制，反不正当竞争和反垄断规制等，目的在于维护公开、公正、公平的竞争环境和市场秩序，使市场价格合理，个人收入体现效率与公平；资源使用效率和经济运行效益最大化。微观规制通过改善宏观经济的微观市场基础，追求长期持续的经济绩效，与宏观调控职能互补。

第四，管理国有资产。政府作为国有资产所有者的代表，行使国有资产的管理职能。

政府委托国有资产管理委员会行使所有者职能，在保证国有资产保值与增值的前提下，政府不再直接干预企业的生产经营活动，而是实行宏观的管理和调节。

第五，进行宏观调控。这主要是指政府要对整个国民经济统筹规划，制定政策，抓管大事，公平分配。政府要制定一定时期国民经济和社会发展的战略规划，确定全局性的国民经济和社会发展的重要指标，制定和执行宏观调控政策，决定其他必须由政府统一抓管的重大事项。例如控制某种资源消费方式、控制人口增长等。调节收入分配方面，政府通过调整生产要素相对价格，征收累进的个人所得税和财产税，实行直接的转移支付制度及对商品和劳务的国家分配政策等措施，贯彻"初次分配和再分配都要处理好效率和公平的关系，再分配更加注重公平"①的原则，调节收入分配与缩小贫富差距，达到共同富裕的目标。

长期以来，人们往往把社会主义国家宏观经济管理与调控的职能，同国家机构直接经营企业混为一谈，认为政府管理调控越直接、越具体就越有效，从而形成了高度集权、政企不分的经济管理体制，企业实际上成为行政机构的附属物。政府直接干预企业的生产经营，既阻碍了企业成为独立法人实体，也使政府陷入了要对企业承担无限责任的境地；政企职能错位，造成企业的低效率；产权管理责任不明，既提供了政企不分的物质基础，也使企业难以进入市场，造成国有资产的流失；政企不分还阻碍了政府行使社会经济管理职能，难以创造公平竞争的环境。因此，由高度集权的计划经济体制向社会主义市场经济体制转变，不仅要求国有企业转换其经营机制，也要求政府转变其经济职能。

转变政府职能，首先必须实现政企分开。企业不再在行政上附属于专业经济管理部门。政府只对企业投入的资产享有所有者权益，对其债务承担有限责任；专业经济管理部门的职能转向制定行业规划与政策，引导本行业产品结构调整等方面。其次，要推进政府机构改革，提高政府效率，建立办事高效、运转协调、行为规范的政府管理体系。

二、社会主义宏观经济调控的必要性

在当代，无论是社会主义市场经济国家还是资本主义市场经济国家，宏观调控都是不可缺少的。

西方资本主义国家对于由国家来调节宏观经济的认识经历了一个较长的过程，并付出了一定的代价。在一个多世纪前的早期自由市场经济阶段，西方发达国家采用的是亚当·斯密的市场这只"看不见的手"的调节理论，政府的职能只是充当私有财产的"守夜人"。但是，以机器大工业生产为特征的资本主义经济的发展，暴露了自由市场经济的痼疾，即市场机制的调节不能保持社会经济的总量平衡，无法摆脱经济运行的巨大波动及不断出现

---

① 《中国共产党第十八次全国代表大会文件汇编》，人民出版社2007年版，第37页。

的生产过剩经济危机的困扰。特别是 1929～1933 年世界性经济危机的爆发，给资本主义经济以重创，使资本主义世界的工业生产下降了 40%，彻底暴露了市场机制自发调节的缺陷。据此，凯恩斯倡导国家干预经济，摒弃自由市场经济理论，并提出国家调节社会总需求的一系列主张。第二次世界大战以后的一段时间里，凯恩斯主义在英、美等西方发达国家的实际运用中，确实取得了促进经济增长、延缓经济危机爆发的某些效果。至此，国家调节经济活动已成为共识，市场经济进入了有政府调节的现代市场经济阶段。虽然 20 世纪 70 年代的滞胀及以后的现实表明，凯恩斯主义不是解决资本主义经济痼疾的灵丹妙药，而宣扬自由市场经济的理论和政策也一直未停止过，但西方发达国家的政府始终没有放弃过对宏观经济的调节。因为政府的宏观经济调节，有助于实现经济稳定持续增长，有助于推动市场经济良性发展。20 世纪 90 年代，克林顿政府采取大幅削减联邦赤字的财政政策和着眼生产、科技的投资政策的"行动主义"干预方针，使美国摆脱了经济不景气的阴影，创造了 10 年持续经济增长的新经济时代；2008 年由美国次贷危机引发的世界金融危机来临，奥巴马政府采取了一系列干预市场的措施，例如，向濒临破产的房地美和房利美两家房地产公司分别注资 1000 亿美元，并接管"两房"；美联储向全球最大的保险公司——美国国际集团（AIG）注资 850 亿美元，收管 AIG；政府提出了 7000 亿美元的金融市场救援方案，再加上 1000 亿美元减税和其他政策性措施，救援方案总价值 8500 亿美元，为 20 世纪 30 年代经济大萧条以来美国政府最大的市场救援行动。

社会主义市场经济的发展更需要政府的宏观调控，要坚持把"看不见的手"和"看得见的手"有机地结合起来，强化政府对市场经济的调节。社会主义宏观调控，是指政府按照社会主义经济满足人民需要的基本要求和国民经济能以较快速度稳步协调发展的需要，综合运用经济的、计划的、法律的和必要的行政手段，对整个国民经济运行和发展进行的调节和控制。宏观调控的基本要求是：使宏观经济活动通过市场中介和微观经济活动有机地结合起来，保持总供求的基本平衡，顺利实现经济发展的战略目标。

在社会主义市场经济条件下，发挥政府职能，实行政府对国民经济的宏观调控有其必要性，这是因为：

第一，实行宏观调控是实现社会主义生产目的的需要。社会主义的生产目的，归根到底是为了满足人民的物质文化生活需要。这个根本目的是通过各个不同发展阶段的具体发展目标体现的。在社会主义市场经济条件下，市场在资源配置中虽然占有基础地位，但单纯地依靠市场的自发调节，通过市场竞争所达到的资源配置和收入分配目标不一定与社会主义生产目的和经济发展战略目标完全吻合。为了将市场的自发调节纳入整个经济发展的轨道，实现社会主义预定的目标和预期目的，政府自觉地对国民经济进行宏观调控是完全必要的。

第二，实行宏观调控是实现社会化大生产按比例发展、自觉保持社会总供求平衡的需要。社会化大生产要求按比例地配置资源，建立起适合于国民经济协调发展的总量关系和结构关系，保证社会各个部门和社会再生产各个环节顺利进行。而要达到这个目标，单靠市场的自发调节是不够的，还须依靠国家对国民经济的宏观调控。经济体制改革必然涉及利益关系的调整，为了协调多元化、多层次的经济主体的利益关系，克服各地区、各部门经济发展的不平衡性，也必须对国民经济运行进行宏观调控。改革的中心环节是搞好搞活企业，在转换企业的经营机制时，要协调国家的整体利益和企业的局部利益，必须加强宏观调控。

第三，实行宏观调控是矫正"市场失灵"的需要。市场虽能在资源配置中发挥基础性调节作用，但它并不是万能的，也会发生诸多"市场失灵"：不易解决诸如企业生产经营的外部性、公共产品供给等问题，如生态环境的维护；市场自发的竞争可以导致垄断，从而导致效率的损失；单靠市场不能完全实现公正的收入分配，容易引起收入分配差距的扩大，引发社会矛盾；市场调节是事后的调节，带有一定的盲目性和滞后性。所以单纯依靠市场机制的作用难以实现国民经济的稳定发展，必须由政府运用经济手段、法律手段和其他调控手段规范和调节市场，并通过市场引导国民经济按照宏观经济的目标运行。

三、宏观调控体系

为了有效地实现政府对国民经济的宏观调控，需要建立一个比较完整的宏观调控体系。宏观调控体系包括宏观调控目标、宏观调控方式和手段等。

（一）宏观调控的目标

宏观调控的主要目标包括五个方面：促进经济稳定增长、保持物价稳定、实现充分就业、收入分配公平、国际收支平衡。

1. 促进国民经济稳定增长

促进经济稳定增长是宏观调控的最重要目标。为了尽快缩小同发达国家发展水平的差距，早日实现国强民富，我国需要持续快速的经济增长率，但必须根据客观实际的可能量力而行，因为经济增长是否稳定，直接关系到社会总供给和社会总需求能否保持基本平衡，经济结构是否优化，社会资源配置的效率和社会经济效益是否提高。如果经济增长过快，导致社会总供给和社会总需求总量失衡，国民经济比例失调，最终速度被迫大副下降。纵观世界各国经济发展的过程，可以看出经济活动经常处于强势波动的国家，国民经济发展迟缓。相反，以渐进模式并保持连续而稳定协调发展的国家，国民经济及现代化的进程就比较快。可见，促进经济稳定增长是在调节社会总供给与社会总需求的关系中实现的。同时也是在经济结构不断优化的过程中实现的。经济结构优化包括所有制结构、分配结构、消费结构、就业结构、产业结构、产品结构、技术结构、资源结构、投资结构、部门结构、地区结构优化等方面。结构优化的实质是要求资源配置合理化，保持不同产业的部门通过适当的投入产出，彼此间形成最佳组合的比例关系。它关系到国民经济各部门之间的产业结构和产品结构是否协调的问题，更关系到公有制经济与非公有制经济确定在何种比例上，既能保持国民经济稳定增长，又能保持社会公平和基本经济制度的社会主义性质。这些问题客观上需要国家和市场共同做出适当的选择和调节。

经济稳定增长是指它既能够满足社会发展的需要，又是目前技术进步和资源状况所能达到的，并同经济结构和经济绩效相适应的经济增长。在一定时期内，经济增长率多高为宜，则因经济条件不同而不同。其中国民生产总值（或国内生产总值）是最主要的指标。一般认为，在发展中国家，1%～3%的年均增长率为低增长，4%～5%的年均增长率为中速增长，6%～10%的年均增长率为高速增长，10%以上的年均增长率为超高速增长。由于我国各地的条件和经济发展水平不一样，条件好的地区可以力争更高的经济增长率。作为国家宏观经济调控的职能，还要为落后地区的经济增长提供可能的支持和帮助；要保持国民经济稳定增长，实现社会资源的有效利用和配置，避免出现经济的大起大落。

2. 保持物价稳定

物价稳定是通货稳定、经济稳定、比例协调的综合反映。物价稳定不是指个别商品价格的稳定，而是指物价总水平的稳定，但又不是指物价水平的固定不变。它主要是指物价变动应保持在经济顺利运行所允许而居民又能承受的范围内。物价总水平的基本稳定是相对于物价较快上涨或下降而言的，常用物价变动率的高低来衡量。物价总水平稳定的主要标志是：零售商品物价指数上升的幅度应低于银行存款利率（年利率以上），职工生活费用上升的幅度应低于职工平均工资的增长速度。

我国多年经济实践证实：过高的通货膨胀率使价格、利率等市场信息失真，误导企业盲目扩大规模追求数量增长，降低了资源配置效率和社会经济效益，不利产业结构调整，易陷入收入－成本－价格轮番上涨的恶性循环。零通货膨胀率或过低的通货膨胀率（大幅低于银行存款利率）难免引发通货紧缩，抑制经济增长甚至导致经济衰退，失业率上升、需求不足。所以要将通货膨胀率控制在适度区间，是保持物价总水平基本稳定的前提。

3. 实现充分就业

就业是民生之本，是人民群众改善生活的基本前提和基本途径。劳动者充分就业是经济繁荣的标志。但在当今世界上，没有任何一个国家能做到百分之百的就业，充分就业仅仅意味着将失业率保持在一个尽可能低的水平上。一般可以把失业分为两类：自然性失业与经济性失业。自然性失业，指自自愿放弃工作机会而不愿意寻找工作而造成的失业。经济性失业又称非自愿失业，即劳动者愿意接受目前的工资，仍然找不到工作的状态。西方发达国家一般将4%～6%失业率作为充分就业的标准，如美国在20世纪60年代曾把4%～5%的自然失业率作为充分就业的标准。到了20世纪80年代，由于劳动力结构的变化，即女工、青工的比例增加，5.5%～6%的失业率就被认为是实现了充分就业。我国一方面劳动供给数量庞大，另一方面劳动力需求数量有限，实现充分就业的任务非常繁重。为此，政府从严格控制人口和劳动力数量增长制约劳动供给，从促进经济持续快速增长来增加就业岗位。在进一步推进国有企业改革进程、调整经济结构的同时，一直注重妥善解决劳动生产率提高与富余人员的就业问题，特别是鼓励支持非公有制经济共同发展，吸纳了大量劳动力就业。近年城镇登记的失业率控制在 5% 左右，但随着农业产业化、农村城镇化的推进，大量农村剩余劳动力转向城镇和非农产业，对"农民工""转业工"的就业压力很大。政府要通过改革产业结构、就业结构，积极发展劳动密集型产业、第三产业、民营中小企业，广开就业门路；改善劳动力市场，提供就业信息；进行人力资本投资，进行新技术教育，培训失业人员，提高劳动者素质，使劳动者尽快走上就业岗位。

4. 实现收入分配公平

把收入分配公平作为宏观调控的目标，是社会主义本质要求。而要消灭剥削，消除两极分化，最终达到共同富裕，也只有政府出手才能实现。因为市场机制本身并不具有实现公平分配、调节收入和财富占有差距的功能，市场竞争和效率机制的结果是优胜劣汰、两极分化。严重的收入分配不公影响社会和谐稳定：不仅挫伤了劳动者的积极性和创造性，引发不同行业投资者、经营者的非理性行为，降低了社会经济活动的效率，而且导致部分社会成员陷入严重的心理不平衡，对政府、对非法非正常致富者产生强烈不满情绪，可能扰乱社会秩序。目前我国的收入分配不公已经发展到比较严重的程度，用反映居民收入差距的基尼系数考量，我国 2000 年已达到 0.432，超过了国际公认的 0.4 的警戒线。2008 年达到最高值 0.491。因此，政府必须把实现收入分配公平作为宏观调控的目标之一，建立起合理的收入分配制度和完善调控机制。党的十七大报告明确指出：合理的收入分配制度是社会公平的重要体现，初次分配和再分配都要处理好效率与公平的关系，再分配更加注重公平。逐步提高居民收入在国民收入分配中的比重，提高劳动报酬在初次分配中的比重。着力提高低收入者收入，逐步提高扶贫标准和最低工资标准，建立企业职工工资正常增长机制和支付保障机制。创造条件让更多群众拥有财产性收入。保护合法收入，调节过高收入，取缔非法收入。扩大转移支付，强化税收调节，打破经营垄断，创造机会公平，整顿分配秩序，逐步扭转收入差距扩大趋势。党的十八大报告进一步强调，完善劳动、资本、技术、管理等生产要素按贡献参与分配的初次分配机制，加快健全以税收、社会保障、转移支付为主要手段的再分配调节机制。并提出全面建成小康社会宏伟目标，人民生活水平全面提高，基本公共服务均等化总体实现。收入分配公平作为宏观调控目标，与其他宏观调控目标一样，也有具体的量化指标，即要把反映全国城乡居民收入分配差距的总体基尼系数控制在国际公认的警戒线 0.4 以下。

5. 保持国际收支平衡

在开放经济系统中，国际收支状况不仅反映这个国家对外经济交往的情况，而且会影响该国国内经济的稳定程度。当国际收支出现逆差时，会导致外汇短缺、本国货币的汇率下降等现象，严重的国际收支逆差会大量消耗国家储备，影响金融实力，使国家信用受损。当国际收支出现大量的持续顺差时，会导致汇率上涨，影响出口，并诱发国内通货膨胀，也易造成与逆差国经济关系的紧张。所以，国际收支是否平衡一直是各国政府非常关注的问题，并力图通过宏观经济调节达到平衡。

实行对外开放后，我国与国际间的经济联系范围不断扩大，进出口贸易、资金、技术和劳务的引进和输出，都伴随着外汇的收付。保持国际收支大致平衡也成为我国政府宏观调控的一个非常重要的目标。

宏观调控的出发点和最终归宿是提高人民的生活水平和改善生活质量。既要防止只重积累忽视人民生活水平提高的倾向，又要防止脱离生产实际增长水平片面地强调消费的倾向，即追求膨胀消费和超前消费的倾向。总之，妥善地处理生产建设与人民生活改善的关系，使两者相互适应、相互促进，这既有利于调动劳动者的积极性，又有利于社会主义经济的协调发展。

(二) 宏观调控的方式

政府对经济活动进行宏观调控的方式分为直接调控和间接调控两种。

直接调控，即指国家依靠控制的经济资源，主要运用行政手段或指令性计划手段，对社会经济活动通过行政部门，特别是主管部门进行强制性调控，约束企业、家庭和个人的经济行为，使之符合国家宏观经济发展的目标。其方式主要包括定量供给、额度控制、行政调拨和非参数式的数量和价格的调节。直接调控方式具有调节速度较快、力度较大、约束性强、在短时期内可以实现政府所期待的调控目标的优点。不足之处集中体现在：一是调节对象的自主决策能力受到了限制；二是容易忽视经济主体的利益，窒息其经济活动的积极性；三是因为社会经济活动纷繁复杂，一旦政府调节不当或过度，不仅达不到有效调节的目的，有时还会引发人为的非正常的经济波动；四是由于直接调控方式通常使用于非均衡状态比较严重时，付出的成本比较大。

间接调控，即指国家主要依靠经济手段等，通过调节经济运行主体的利益关系引导其经济活动符合或接近国家宏观调控目标的要求。主要是通过调整货币供给量、市场参数来影响市场，从而间接影响市场主体的经济活动。与直接调控方式相比，间接调控方式的优点主要是：一是由于间接调控方式是通过市场参数，主要是以价格调节为主来影响市场运行和发展的。二是当经济开始出现波动时，就可随时利用利率、税率、汇率、价格等市场参数进行调控，因而间接调控的成本比较低。

长期以来，由于理论上混淆了经济制度与经济体制的区别，错误地将市场经济与资本主义私有制相联系，因而包括我国在内的各社会主义国家一开始就建立了高度集中的计划经济体制，强调政府在社会经济活动中的绝对支配地位，把一切经济活动直接纳入计划轨道，对国民经济的活动采取直接调控方式，排斥市场机制的作用，价格仅作为经济核算的工具存在，基本上不起调节作用。主要通过指令性计划手段等配置资源，其方法包括短缺物资定量供应、银行贷款实行额度控制、住房分配采取行政配给等。采用直接调控的方式调节经济活动，在新中国成立初期显示了重要的作用，也暴露了不少弊端。由于信息的不对称、政府系统运行的低效率、政府决策的某些主观随意性，导致调控不当，管理过死。

当我国由计划经济体制向社会主义市场经济体制转轨后，国家的宏观调控方式也进行了市场取向的改革。政府改变了过去那种单一的直接调控方式，逐步采取直接调控和间接调控相结合，以间接调控为主的宏观经济调控方式。具体内容是：第一，整个宏观调控是在市场调节的基础上进行的。市场在国家宏观调控下对资源配置起基础性的作用，经济活动遵循价值规律的要求，适应供求的变化；价格杠杆和竞争机制充分发挥功能，把资源配置到效益好的环节中去，并给企业以压力和动力，实现优胜劣汰；运用市场对各种经济信号反应比较灵敏的优点，促进生产和需求的及时协调。第二，计划的形式和作用的范围发生了重大的变化。虽然整个经济调控的形式仍是实行计划与市场相结合，但指令性计划的范围受到严格的限制，主要是扩大指导性计划范围，并以中长期计划为主，更多地利用市场机制的作用。即使有限范围内的直接计划管理也必须遵循价值规律的作用，考虑市场供求关系。第三，对企业的调控方式是"抓大放小"。社会主义市场经济中的企业大致可分为三类：一类是交通、邮电等关系国计民生的基础设施企业，一类是生产一般性产品的大中型骨干企业，一类是绝大多数的中小企业。由于前两类企业中的一小部分企业在规模和技术上具有优势，在市场中处于举足轻重的地位，其发展可以决定国民经济发展的方向和产业结构的变化。在一定时期内，为了加快基础设施建设，合理调整产业结构，克服国民经济中的薄弱环节和瓶颈环节，对上述一二类骨干带头企业可以实行必要的直接调控。例如，目前中央政府着重抓五百强企业，对其他凡是市场机制能够解决问题的企业，政府不再进行直接调控。

（三）宏观调控的手段

宏观调控手段主要包括经济手段、法律手段、行政手段和计划手段。

1. 经济手段

经济手段是指国家根据一定时期经济和社会发展目标制定各项宏观经济政策，相应采用各种经济杠杆来对国民经济进行调控。它是宏观调控的主要手段。经济政策主要有财政政策、货币政策、产业政策、收入政策和汇率政策。经济杠杆主要有价格、税收、信贷、利率、工资及汇率等。各种经济政策和经济杠杆各自有不同的功能和作用，但在实际经济生活中它们的作用是相互联系、相互制约的。如果运用得好、配合得好，它们就可以沿着同一方向作为一种合力发挥作用。因此，国家在运用经济政策和经济杠杆时，必须协调配套、综合运用，使之发挥合力作用调节好各方面的经济关系。经济手段具有诱导性、间接性、自觉性和灵活性的特点。

（1）财政政策。财政政策的具体运作主要是通过国家预算、税收、国家信用、财政投资和财政补贴等手段来实现的。

国家预算是经法定程序审查批准的国家对集中性资金进行统筹分配的年度财政的收支计划。它是以收支一览表形式表现的、具有法律地位的文件。它明确规定了财政收入的规模、来源、形式和财政支出的方向与数量，以及各项收支结构的内部比例关系。国家预算的调节功能主要表现在两个方面：一方面是通过国家预算的规模来调节社会总需求的规模及其与总供给的关系，另一方面是通过预算收支结构的变动来调节供需结构的平衡和国民经济发展中的一些比例关系。

国家税收是财政收入的一种主要形式，它是国家为实现其职能，按照固定比例对社会产品所进行的强制的、无偿的分配。其特点有四：①通过对经济行为和经济主体征税与不征税、多征税与少征税来发挥鼓励或限制作用。②通过对生产经营过程中的各种不同的客观因素征税，使生产经营者有一个公平的竞争环境。③通过对纳税人所得征税，并辅以累进的税率，实现对收入分配的调节。④通过对进出口贸易征税与不征税，起到平衡外贸收支的作用。

国家信用是国家按照经济有偿原则筹集和供应财政资金的一种分配手段。其主要形式是国债和国家向银行等金融机构的财政性借款。它具有有偿性、归还性和强制性的特点。国家发行国债，通过发行的偿还数量、发行对象和国债利率的调整，对社会总供给和总需求的总量与结构，起着显著的调节作用。但国债规模要适度，不能超过国际警戒线。

财政投资即用国家财产安排的预算内投资。它是进行国家重点建设和其他大中型项目的主要资金来源，是形成国有资产的主要基础。财政投资的增减可引起社会总需求的增减，并可调整产业结构和投资结构。

财政补贴包括生产性补贴和生活补贴。生产性补贴可以保证某些亏损或微利企业的生存发展，也可用以鼓励某个行业的发展；生活补贴用以补助居民的生活。财政补贴可以稳定生产和生活，并具有调节供求的作用。

在财政政策运用中，各种手段应相互协调，并且要与货币政策的目标相一致。根据不同时期经济波动发展的态势，政府可以采取不同类型的财政政策。当社会总需求小于社会总供给时，国家采取扩张性财政政策，即通过减少税收、回收公债、增加补贴及预算支出来刺激总需求的增长。此时财政支出增加所形成的赤字主要靠发行公债来弥补。当社会总需求大于社会总供给时，国家采取紧缩性的财政政策，即增加税收、限制补贴、减少预算支出来抑制过度的需求，使社会总需求和社会总供给趋于平衡，同时减轻通货膨胀的压力。

（2）货币政策。货币政策由中央银行通过利率、信贷、汇率、货币发行、外汇管理及金融法规条例等金融工具来实施。其具体运作主要通过公开市场业务、再贴现率和法定存款准备金来实现。

公开市场业务是中央银行在市场上公开买卖各种政府债券，如国库券、公债，以及银行机构发行的证券等，以调节货币供应量的活动。公开市场业务要逆经济风向行事。

再贴现率是中央银行在商业银行以有价证券作抵押时向商业银行放款的利率。在商业银行资金不足时，可以向中央银行筹资，它可以把企业向它贴现的票据再贴现给中央银行取得资金，也可以开出期票并用政府债券做担保获得中央银行的贷款。这样，中央银行就可以通过调节再贴现率来影响商业银行的借款成本，从而达到调节商业银行放款规模、调节货币供应量的目的。当中央银行认为总需求不足，就降低再贴现率；反之，总需求过大，就提高再贴现率。

法定存款准备金是中央银行规定商业银行和金融机构按一定比例将所吸收存款的一部分交存中央银行而形成的。所交存的准备金与存款额的比例就是法定存款准备金率。如果中央银行调低法定存款准备金率，商业银行则减少了上缴中央银行的存款准备金数额，相应增加了本身的贷款规模，从而起到了扩张经济的作用；反之，如果中央银行调高法定存款准备金率，则会导致货币供应量的收缩，从而起到了收缩经济的作用。

以上货币政策的运作基本上可以归纳为两种类型，即扩张性货币政策和紧缩性货币政策。根据经济运行的实际情况，两种政策可以交替使用。

（3）产业政策。产业政策包括产业结构、产业组织、产业技术、本国产业与国际产业关系等方面。其中产业结构政策和产业组织政策是核心。产业结构政策是根据经济发展的内在联系和变化趋势确定支持、鼓励哪些产业，限制哪些产业发展，使各产业部门之间均衡协调发展的政策。产业组织政策主要是解决企业在市场上的行为规范问题，国家通过维护或改变现存的市场秩序，来选择高效益的产业组织形式，促使资源合理流动和有效使用，具体包括市场竞争、反垄断及产业联合政策。产业技术政策包括新技术引进、开发的方向和方法。本国产业与国际产业关系的政策包括进出口、国际竞争、国际技术转让等。

产业政策主要通过调整供给的总量和结构来达到供求的基本平衡。产业政策对供给总量的调节功能主要体现在：组织高效使用资源的大批量生产体系，组织起合理分配资源的产业关系，组织起资源充分使用而不被浪费的产业竞争秩序。产业政策对供给结构的调节路径是通过对产业结构的调整，进而调节供给结构，从而提高供给结构与需求结构适应性的。运用产业政策对产业结构的调节大致有两个方面：第一，制定正确的产业政策，扶持和发展主导产业，通过主导产业的发展来带动国民经济各产业部门按比例发展；第二，在发展主导产业或新兴产业的同时，促进落后产业改造和淘汰，更快地提高产业结构的现代化水平，增加产业结构的适应能力。

（4）收入政策。收入政策是通过工资、财政预算、税收等手段实施的。工资是社会总需求的重要组成部分，工资上涨是总需求膨胀和通货膨胀的重要因素。运用工资手段进行调节，一方面是政府规定最低工资标准，以保障社会成员的最低生活水平；另一方面就是通过财政预算的方式，对积累和消费的比例和工资总水平进行调节，使工资总量保持在合理的幅度内，在通货膨胀情况下提高工资水平，在通货紧缩情况下则降低工资水平。税收是实施收入政策的重要手段，在实行有利于调动劳动者积极性、提高效率的分配政策的同时，对个人收入征收累进所得税，征收高额财产税和遗产税等，可抑制一部分人的收入过高，有利于实现分配的社会公平，防止收入分配差距的过分拉大。同时，将征收的税收用于公共投资，也有利于增加就业，降低失业率，提高某些个人和阶层的收入。除采取工资、税收手段实施收入政策调节外，政府通常还采取增加转移支付和其他各种福利措施，如对失业者、待业者和低收入阶层发放失业、待业补助金和救济等，以改善低收入者的处境。

（5）汇率政策。汇率是指两国不同货币之间的比价。汇率之所以能够成为宏观调控的有效手段，主要是政府有可能根据国际市场的变化，调整汇率的升降，以引起国际收支、国际贸易的变化，进而影响社会总供给和社会总需求的平衡关系。运用汇率政策调控就是指自觉地运用汇率变动的效应，最终达到促进国民经济协调发展的预期目标。

汇率调节作用的发挥与市场的发育程度和开放程度有着密切的关系。在市场发育比较充分、开放程度较大的条件下，汇率的主要作用表现为：调节进出口贸易，调节资金的流出和流入，影响国内物价水平，从而起到调节国内经济协调发展的作用。

2. 法律手段

法律手段是指国家或经济组织运用经济法律规范控制经济的运行。法律手段作为宏观调控的必要手段，是其他手段所不能替代的。法律手段包括三个方面的内容：①立法。把宏观调控的办法和措施用法律确立下来，加以规范化，有利于宏观调控的政策、措施切实得到落实，如税法、国家预算法等。还可以用立法手段对宏观调控部门的组织结构、调控职能、办事程序、法律责任及调控的原则和手段等加以具体的规范，如"中央银行法"等。②执法。执行宏观调控的部门必须依法行事。为此，在立法时就要明确规定负责实施调控的部门、必要的执法手段和措施以及执法的责任等。③监督检查。一方面是对执法机构进行的监督和检查，另一方面是对法律调控对象的监督与检查。

3. 行政手段

行政手段是国家凭借政权力量，通过颁布命令、规章、制度、条例、指示、规定等形式，直接干预和控制经济活动的手段。行政手段与经济手段有所不同，它具有权威性、强制性、垂直性三个相互联系的特点。这些特点有一定的积极作用，但也容易产生行政垄断、企业缺乏活力、经济运行震荡等弊端。在社会主义市场经济条件下，行政手段仍然要保留，但它只是作为经济手段和法律手段的补充。这是因为，经济手段和法律手段也存在某些局限，如经济手段的调节往往具有滞后性和后果不确定性的缺陷，法律手段难以对变化的经济活动进行灵活的调节。当这两种手段不能有效发挥作用时，就可以适当采取行政手段。但由于行政手段是一种超经济的强制干预，因而应把它限制在一定限度之内。

4. 计划手段

计划手段是指政府根据国内外经济环境对未来经济发展趋势进行科学预测的基础上进行计划安排，包括国民经济发展规模速度、重大比例关系、重大项目建设、地区布局结构调整及科技发展、人口、就业等方面提出指导性的计划目标和下达指令性计划指标，并通过有关职能机构监督执行。

上述四种手段相互补充，必须将它们协调配合运用，才能产生预期的效果。但在以间接调控为主的宏观调控方式中，要以经济、法律手段和指导性计划为主。

（四）健全和完善宏观调控体系

实现有效的宏观调控，还必须有健全而完善的宏观调控体系作保证。健全和完善宏观调控体系是一项艰巨的系统工程，要与市场运行主体的确立、市场体系的发育同步进行。为此，应着重抓好以下措施的落实：

1. 加强宏观调控目标和政策手段机制化建设

对宏观调控的长期目标和短期目标，经济发展的战略、规划、重大的政策措施以及重大经济活动和基础建设项目，都应广泛征求社会各个方面的意见，包括有关专家、学者和企业的意见，认真进行可行性研究和科学论证，有的还需要提出不同思路和不同方案加以比较，择优选用。国民经济和社会发展中的重要指标，重大的基本建设和技术改造项目，都必须按照国家规定的审批权限和审批程序予以确定，加强经济决策和经济管理的责任制。

2. 深化财税、金融体制改革

深化财税体制改革，健全中央和地方财力与事权相匹配的体制，完善促进基本公共服务均等化和主体功能区建设的公共财政体系，构建地方税体系，形成有利于结构优化、社会公平的税收制度。深化预算制度改革，强化预算管理和监督，加快形成统一规范透明的财政转移支付制度，提高一般性转移支付规模和比例，加大公共服务领域投入；增强基层政府提供公共服务能力；建立健全资源有偿使用制度和生态环境补偿机制。建立公共资源出让收益合理共享机制。

推进金融体制改革，形成多种所有制和多种经营形式、结构合理、功能完善、能促进宏观经济稳定、支持实体经济发展的现代金融体系。加快发展多层次资本市场，稳步推进利率和汇率市场化 逐步实现人民币资本项目可兑换。加快发展民营金融机构，完善金融监管，推进金融创新，提高银行、证券、保险等行业的竞争力，维护金融稳定。①

---

① 《中国共产党第十八次全国代表大会文件汇编》，人民出版社 2012 年版，第 19 - 20 页。

3. 建立健全宏观调控管理体制

政府宏观调控的有效实施，有赖于建立一套可行的管理体制。同时，为了降低政府在信息搜集、加工、处理方面的成本，就需要在保持全国经济的统一性和灵活性、发挥中央和地方两个积极性的前提下，处理好中央与地方(省、自治区、直辖市)的关系，对两级政府的事权、财权和经济调控权进行必要的调整和明确划分；坚持集中与分散、统一与分权相结合的原则，建立分级管理与分级调控的两级宏观调控体制。

4. 加强法制建设

首先要建立和完善适应社会主义市场经济体制的法律体系，规范市场经济条件下的财产关系、信用关系和契约关系，维护市场秩序，保护公平竞争。其次要加快推行执法责任制、评议考核制，提高行政执法水平。推进司法改革，完善司法保障，强化司法监督，依法行使审判权和检察权，严格执法，公正司法。最后要健全依法行使权力的制约机制，加强对权力运行的监督。

思考题

1. 解释下列基本概念：
宏观经济   社会总供给   社会总需求   宏观调控
2. 社会总供给与社会总需求失衡的原因是什么？
3. 社会主义市场经济条件下政府的职能有哪些？
4. 阐述社会主义国家宏观调控的必要性、目标和手段。
5. 宏观经济调控的政策有哪些？
6. 如何健全和完善宏观调控体系？

阅读书目

1. [英]凯恩斯：《就业利息和货币通论》，商务印书馆1983年第2版。
2. [美]萨缪尔森：《经济学》第19版下册，商务印书馆2012年版。